Marvin Merdon

Die Abgrenzung von Insolvenzforderung und Massenverbindlichkeit im Ertragsteuerrecht

Schriften zum Steuerrecht

Band 17

LIT

Marvin Merdon

Die Abgrenzung von Insolvenzforderung und Massenverbindlichkeit im Ertragsteuerrecht

LIT

∞

Gedruckt auf alterungsbeständigem Werkdruckpapier entsprechend
ANSI Z3948 DIN ISO 9706

D 6

Bibliografische Information der Deutschen Nationalbibliothek
Die Deutsche Nationalbibliothek verzeichnet diese Publikation in der Deutschen Nationalbibliografie; detaillierte bibliografische Daten sind im Internet über https://dnb.dnb.de abrufbar.

ISBN 978-3-643-15644-0 (br)
ISBN 978-3-643-35644-4 (PDF)
Zugl.: Münster (Westf.), Univ., Diss., 2024

Verlagskontakt:
Fresnostr. 2 D-48159 Münster
Tel. +49 (0) 2 51-62 03 20
E-Mail: lit@lit-verlag.de https://www.lit-verlag.de

Auslieferung:
Deutschland: LIT Verlag, Fresnostr. 2, D-48159 Münster
Tel. +49 (0) 2 51-620 32 22, E-Mail: vertrieb@lit-verlag.de

Vorwort

Das Manuskript wurde im Juli 2023 fertiggestellt und im Sommersemester 2023 von der Universität Münster als Dissertation angenommen. Rechtsprechung und Literatur wurden bis Juli 2023 berücksichtigt.

Mein besonderer Dank gilt Herrn Professor Dr. Marcel Krumm. Ich danke ihm herzlich für die Betreuung dieser Arbeit, seine wertvollen Anregungen und die rasche Erstbegutachtung. Auch Herrn Professor Dr. Stefan Korch danke ich für die zügige Erstellung des Zweitgutachtens.

An dieser Stelle gebührt auch meinen Freunden Dank, die mich während des Promotionsvorhabens auf vielfältige Art und Weise unterstützt und begleitet haben, allen voran Hendrik Klostermann für ein umfangreiches Korrekturlesen, Roland Ruthenschrör, Marian Husmann, Benjamin Löckener und Dr. Malte Kramer.

Von Herzen bedanke ich mich bei meinen Eltern, Eberhard und Bärbel Merdon. Ihre bindungslose Unterstützung in allen Lebenslagen und insbesondere während des Studiums und der Promotion bildet den Grundstein für den Erfolg dieser wissenschaftlichen Arbeit.

Von tiefem Herzen möchte ich nicht zuletzt meiner langjährigen Partnerin, Nicola Grade, danken, die mir unentwegt zu Seite steht und mir insbesondere nach der Geburt unseres gemeinsamen Sohnes die notwendige Rückendeckung für das Gelingen der Promotion gegeben hat.

Münster, im Oktober 2024

Marvin Merdon

Inhalt

Einführung

„[…] es sei wirthschaftlich richtiger, wenn der Verlust sich auf die Gesamtheit aller Steuerpflichtigen vertheilt, als wenn die wenigen, durch den Konkurs ohnehin beschädigten Gläubiger den Ausfall des Staates zusammensteuern.“[1]

Bereits zur Einführung der Konkursordnung[2] wurde über die grundsätzliche Konzeption eines Fiskusprivilegs kontrovers diskutiert. Mit der Kodifikation der Insolvenzordnung[3] hat sich der Gesetzgeber dazu entschlossen, das Vorrecht aus § 61 Abs. 1 Nr. 2 KO abzuschaffen, den Steuergläubiger als gleichrangiges Mitglied der Haftungsgemeinschaft anzusehen und in das gesamtvollstreckungsrechtliche Gefüge der gemeinschaftlichen Befriedigung zu integrieren. Diesem Umstand wirkt die finanzgerichtliche Rechtsprechung entgegen; sie springt dem Steuergläubiger bei: Durch die Auslegung der insolvenzrechtlichen Begründetheit erfahren Steuerforderungen auch unter Geltung der Insolvenzordnung eine Sonderstellung. Die Rechtsprechung engt den Tatbestand einer Insolvenzforderung so weit ein, dass sie die Steuerforderung als Masseverbindlichkeit überqualifiziert.

Die Abgrenzung der Insolvenzforderung von der Masseverbindlichkeit ist geprägt von unbestimmten Rechtsbegriffen, einer eigenständigen Systematik und eigennützigen Bestrebungen. Wann ist eine Steuerforderung begründet? Welche Kriterien kann der Rechtsanwender zur Lösung dieser Rechtsfrage heranziehen? Vordergründig liegt der Fokus auf dem unbestimmten Rechtsbegriff der *Begründetheit*, § 38 InsO. Aufgrund der Offenheit dieses Begriffs droht eine vielfältige und interessengeleitete Interpretation mit dem Ziel, sich eine Besserstellung in der umkämpften Mangelsituation – der Insuffizienz des Schuldnervermögens – zu erstreiten. Für eine neutrale Rechtsanwendung ist der Blick jedoch von der konkreten Vorschrift zu lösen und auf eine Gesamtheit von Rechtsnormen zu erweitern: Die insolvenzrechtliche Begründetheit ist Teil eines rechtlichen Gebildes und im Einklang mit anderen insolvenzrechtlichen, aber auch den der Forderung zugrunde liegenden Rechtsvorschriften anzuwenden. Eine Konkretisierung der Begründetheit erfolgt aus ihrem teleologischen

1 *Hahn,* Motive zur KO, S. 239.

2 Konkursordnung vom 10.03.1877 (RGBl. S. 351).

3 Insolvenzordnung vom 05.10.1994 (BGBl. I S. 2866).

Grundverständnis, ihrem systematischen Umfeld und ihrer wirtschaftlichen Bedeutung. Bildhaft gesprochen ist die Begründetheit des § 38 InsO der Kapitän einer Mannschaft, welcher nur im Zusammenspiel mit seinen Mitspielern vollkommen ist und nur im Team erfolgreich auftreten kann.

Besondere Mühen bereitet es dem Rechtsanwender, einen gestreckten, mehraktigen Tatbestand auf seine insolvenzrechtliche Begründetheit zum Zeitpunkt der Insolvenzeröffnung zu überprüfen. Dem potenziellen Tatbestand ist eine solche zeitpunktbezogene Untersuchung fremd; aus seiner Sicht untypisch, aber für insolvenzrechtliche Zwecke erforderlich, wird ein einheitlicher Tatbestand aufgespalten. Der Rechtsanwender hat der Frage nachzugehen, ob im Zeitpunkt der Insolvenzeröffnung bereits so viele Teilelemente des Tatbestandes verwirklicht sind und der einzuordnende Tatbestand einen entsprechenden Verwirklichungsgrad aufweist, dass man von einem begründeten Vermögensanspruch sprechen kann. Gegenstand dieser Arbeit ist es, das Begriffsverständnis vom notwendigen Verwirklichungsgrad einer Ertragsteuerforderung aufzuhellen.

Die Vorschrift des § 38 InsO ist aber nicht isoliert zu betrachten. Sie ist nur eine Seite der Medaille. Ferner ist ihr „Gegenspieler" – die Vorschrift des § 55 InsO – in den Blick zu nehmen. Sie enthält die Voraussetzungen für die Qualifizierung einer Forderung als Masseverbindlichkeit. Ist im Einzelfall eine einzuordnende Forderung zum Zeitpunkt der Verfahrenseröffnung nicht im Sinne des § 38 InsO begründet, ist aus dieser Feststellung nicht reflexartig auf das Vorliegen einer Masseverbindlichkeit zu schließen. Für die Annahme einer Masseverbindlichkeit ist erforderlich, dass die zusätzlichen Voraussetzungen des § 55 InsO vorliegen.[4]

Daher gilt es die Vorschriften des § 38 InsO und § 55 InsO jeweils isoliert zu untersuchen und inhaltlich näher zu bestimmen, um sie dann voneinander abzugrenzen. Es wird sich zeigen, dass eine rein begriffliche Abgrenzung – insbesondere in den zweifelhaften Fällen – auf Widerstände stößt. Ergänzend und unterstützend ist deswegen zu fragen, welcher Typus der Insolvenzforderung einerseits und der Masseverbindlichkeit andererseits zugrunde liegt. Diese Betrachtungsweise fußt auf der Annahme, dass der Gesetzgeber ein bestimmtes Leitbild und Verständnis von Insolvenz- und Massegläubiger vor Augen hatte und sich dazu veranlasst sah, diese in einer vereinheitlichen Vollstreckungsform zusammenzufassen. Die begriffliche, definitorische Abgrenzung ist um eine Ähnlichkeitsprüfung zu ergänzen.

---

4 *Kahlert/Kayser/Bornemann*, Perspektiven für eine kohärente und praxisgerechte Verzahnung von Steuer- und Insolvenzrecht, Rn. 81.

Die begriffliche und die typenorientierte Abgrenzung gilt für alle Forderungen; zwischen den Rechtsgründen wird nicht unterschieden. Zur gleichmäßigen Befriedigung aller Gläubiger ist es unerlässlich, alle am Insolvenzverfahren teilnehmenden Gläubiger in Ansehung des insolvenzrechtlichen Gläubigergleichbehandlungsgrundsatzes gleich zu behandeln. Zivil-, verwaltungs- und steuerrechtliche Forderungen sind nach gleichen Prämissen insolvenzrechtlich zu qualifizieren. Wenn allerdings die Vorschriften einseitig konkretisiert oder divergierende Maßstäbe angewandt werden, kommt es zu Dysbalancen der austarierten Befriedigungsrangfolge. Eine solche Dysbalance droht durch eine Umqualifizierung einer Insolvenzforderung zur Masseverbindlichkeit.[5] Wendet die finanzgerichtliche Rechtsprechung die Forderungszuordnung der Insolvenzordnung im Verhältnis zur übrigen Rechtsprechung uneinheitlich an, zeigt sich eine Disparität. Die im Einzelfall spezifische Anwendungsfrage der Abgrenzung von Insolvenzforderung und Masseverbindlichkeit führt zu tiefergehenden Prinzipienverstößen und berührt Belange einer widerspruchsfreien Rechtsanwendung.

Ausgehend von den insolvenzrechtlichen Rahmenbedingungen der Einbindung des Steuergläubigers in das Insolvenzverfahren (*A./B.*) ist die konkrete Rechtsfrage der Abgrenzung von Insolvenzforderung und Masseverbindlichkeit in den Blick zu nehmen. Um einen Überblick über die praktische Relevanz der Abgrenzung zu gewinnen, ist zunächst zu untersuchen, unter welchen Voraussetzungen und Annahmen nichtsteuerliche Forderungen den Forderungskategorien zuzuordnen sind (*C.*). Auf Basis dieser Erkenntnisse ist unter Auswertung der Rechtsprechung und Literatur zu klären, wann eine Steuerforderung begründet ist (*D.*). Anschließend sind die vorherrschenden Begründungsvorschläge von Rechtsprechung und Literatur kritisch zu würdigen (*E.*) Da sich das Begriffsverständnis der insolvenzrechtlichen Begründetheit des § 38 InsO nur aus einer Abgrenzung zur Masseverbindlichkeit gemäß § 55 InsO bestimmen lässt, sind ferner die Voraussetzungen der bevorzugten Befriedigung des Steuergläubigers im Insolvenzverfahren zu betrachten (*F.*), bevor die Darstellung um einen eigenen Begründungsversuch für die insolvenzrechtliche Zuordnung der Steuerforderung ergänzt werden soll (*G.*) Daran anknüpfend ist speziell zu untersuchen, welche konkreten Tatbestandselemente verwirklicht sein müssen, um eine einkommensteuerliche Forderung als Insolvenzforderung oder als Masseverbindlichkeit zu qualifizieren (*H.*). Schließlich ist die herausgearbeitete Abgrenzung von Insolvenzforderung und Masseverbindlichkeit an Fallbeispielen zu erproben (I.).

---

5 *Frotscher*, Besteuerung bei Insolvenz, S. 20.

A. Insolvenzsystemwidrigkeit des Steuerrechts? – Das Insolvenzsteuerrecht in seiner abstrakten Systematik

I. Einführung

Das Insolvenz- und das Steuerrecht basieren jeweils auf eigenständigen Prinzipien und spezifischen Wertungen. Die Grundaussagen der beiden Rechtsgebiete stehen in einem Spannungsverhältnis zueinander. Es liegt ein derartiges Konfliktpotenzial vor, dass der Versuch einer Harmonisierung[6] bei formellen wie materiellen Anwendungsfragen erschwert ist. Aus dem jeweiligen Blickwinkel betrachtet, kommt es zu Beschränkungen sowohl insolvenzrechtrechtlicher als auch steuerrechtlicher Prinzipien. Aus insolvenzrechtlicher Sicht besteht die Besorgnis, dass nicht weniger als die Funktionsfähigkeit des Insolvenzrechtsrecht samt seiner Ordnungsfunktion durch eine Bevorteilung des Steuergläubigers gefährdet sei.[7] Aus steuerlicher Sicht erscheint es jedenfalls begründungsbedürftig, dass der Fiskus im Fall der Insolvenz einer Gleichordnung mit den übrigen Gläubigern unterliegt und seine Forderungen nicht – wie gewohnt – vollumfänglich durchsetzen kann.[8] Diese Zielkonflikte sind Grundlage der Abgrenzung von Insolvenzforderung und Masseverbindlichkeit bei der Qualifizierung steuerrechtlicher Forderungen.

Die insolvenzrechtlichen Grundlagen bilden das Fundament der Forderungszuordnung. Aus ihnen ergibt sich eine innere Rechtfertigung für eine systematisch vorzunehmende Forderungsbestimmung. Die Einbindung

---

6 Vgl. *Seer*, Beihefter zu DStR 42/2014, 117. Auf Anregung des Bundesministeriums für Justiz und Verbraucherschutz wurde eine Kommission gebildet, um aktuelle Problemlagen im Dialog von Steuer- und Insolvenzrechtlern zu untersuchen und Vorschläge zur Problemlösung zu entwickeln. Vgl. auch *Kahlert/Kayser/Bornemann*, Perspektiven für eine kohärente und praxisgerechte Verzahnung von Steuer- und Insolvenzrecht, Rn. 577 ff., wonach ein Reihe von grundsätzlichen für die Insolvenzpraxis vordringlichen Verzahnungsproblemen von Steuer- und Insolvenzrecht untersucht und einer Lösung zugeführt werden.

7 *Kahlert/Kayser/Bornemann*, Perspektiven für eine kohärente und praxisgerechte Verzahnung von Steuer- und Insolvenzrecht, Rn. 2.

8 *Kahlert/Kayser/Bornemann*, Perspektiven für eine kohärente und praxisgerechte Verzahnung von Steuer- und Insolvenzrecht, Rn. 3.

des Steuergläubigers im Allgemeinen und die Funktionsweise der speziellen steuerrechtlichen Forderungsqualifizierung richtet sich nach insolvenzrechtlichen Grundwertungen.

II. Insolvenzrechtliche Grundlagen

1. Die Definition und Aufgabe des Insolvenzrechts

Die Insolvenz ist geprägt von einer Insuffizienz. Dem Schuldner stehen nicht mehr ausreichend Mittel zur Verfügung, um seine Gläubiger zu befriedigen. Zwangsläufig schreckt diese Mangelsituation die Gläubiger auf: Jeder Einzelne versucht seine eigenen wirtschaftlichen Interessen durchzusetzen, um noch eine vollständige Befriedigung der ihm gebührenden Forderung zu erhalten.[9] Es kommt zu einem Sozialkonflikt zwischen den konkurrierenden Gläubigern.[10]

Die Stärkeren verdrängen die Schwächeren. Die vom Egoismus getriebene individuelle Zerschlagung des Schuldnervermögens führt ökonomisch betrachtet zu einem Wohlfahrtsverlust.[11] Der Einzelzugriff zerschlägt Werte und verschließt den Weg zu besseren Verwertungsoptionen.[12] Aufgrund der mangelnden Bereitschaft zur Kollektiventscheidung kommt es zu einer ineffektiven Nutzung der Ressourcen.[13]

Diese Problemlage löst das Insolvenzrecht in seiner Funktion als *Ordnungsrecht*.[14] Das Insolvenzrecht gibt einen Rechtsrahmen, der die unterschiedlichen Interessen der Wirtschaftsbeteiligten beim Marktaustritt eines versagenden Marktteilnehmers berücksichtigt.[15] Die Ordnungsaufgabe besteht darin, den Schwächeren zu schützen und einen gerechten Ausgleich

---

9 *Jackson,* Logic and Limits of Bankruptcy Law, S. 10.

10 BT-Drucks. XII/2443, S. 75.

11 Entsprechend untersucht die ökonomische Theorie des Insolvenzrechts die Insolvenz unter volkswirtschaftlichen Gesichtspunkten. *Eidenmüller*, in MünchKomm, InsO, Vor §§ 217–269, Rn. 23.

12 Vgl. *Jackson,* Logic and Limits of Bankruptcy Law, S. 10.

13 *Jackson,* Logic and Limits of Bankruptcy Law, S. 10 leitet diesen Gedanken aus der Spieltheorie des Gefangenendilemmas ab. Ebenfalls zum Gefangenendilemma *Balz,* ZIP 1988, 1438 (1439); *Eidenmüller,* Unternehmenssanierung, S. 20; *Krumm*, Formelle Insolvenz, S. 29 f.

14 BT-Drucks. XII/2443, S. 75; *Eidenmüller*, Unternehmenssanierung, S. 22; *Schmerbach*, in Frankfurter Kommentar, InsO, Vor §§ 1 ff., Rn. 23; *Schmidt,* Ökonomische Analyse, S. 35.

15 BT-Drucks. XII/2443, S. 75.

unter den verschiedenartigen Gläubigern zu finden.[16] Das Insolvenzrecht löst den Sozialkonflikt der Beteiligten auf.[17]

Um eine zufriedenstellende und friedensstiftende Ordnung herzustellen, ist ein gemeinsames Wirken der beteiligten Gläubiger erforderlich. Eintracht wird erzielt, indem die Insolvenzordnung ein von allen Beteiligten gebilligtes und erstrebenswertes Interesse als Zielbestimmung ausgibt. Zentrale Funktion und Zielbestimmung der Insolvenzordnung ist die bestmögliche Haftungsverwirklichung.[18] Das Insolvenzrecht ist ein vermögensorientiertes Haftungsrecht[19] und besinnt sich auf seine ökonomische Funktion.[20]

Aus der Sicht der Gläubiger stellt die Insolvenz eine Leistungsstörung dar.[21] Der Schuldner kann die Verbindlichkeiten aufgrund seiner Zahlungsunfähigkeit oder Überschuldung nicht mehr vollständig bedienen. In dieser Knappheitssituation ist es Aufgabe des Insolvenzrechts, diese Leistungsstörung bestenfalls in Gänze zu beheben oder möglichst gering zu halten.[22] Das Insolvenzrecht führt eine Schadensbegrenzung herbei.[23] Die Insolvenzordnung stellt denjenigen Zustand her, auf welchen sich die rational und eigennützig handelnden Beteiligten geeinigt hätten, wenn die Transaktionskosten[24] eines solchen umfassenden Vertrages Null gewesen wären.[25] Aus ökonomischer und sozial friedensstiftender Sicht tritt das Recht aus seiner passiven Rolle heraus und sorgt aktiv dafür, dass ein

16 BT-Drucks. XII/2443, S. 75.

17 BT-Drucks. XII/2443, S. 75.

18 *Balz,* ZIP 1988, 273 (277); *Drukarczyk*, Unternehmen und Insolvenz, S. 62 ff.; *Eidenmüller,* in MünchKomm, InsO, Vor §§ 217–269, Rn. 6; *Funke*, BFuP 1995, 26 (27); *Hax/Marschdorf,* BFuP 1983, 112 (123 ff.).

19 BT-Drucks. XII/2443, S. 75.

20 *Balz*, ZIP 1988, 1438 (1438).

21 *Drukarczyk,* Unternehmen und Insolvenz, S. 5; *Schmidt,* Ökonomische Analyse, S. 35 spricht von einem „Unfall".

22 *Schmidt*, Ökonomische Analyse, S. 35.

23 *Drukarczyk*, Unternehmen und Insolvenz, S. 56; *Krumm*, Formelle Insolvenz, S. 34.

24 Die Transaktionskostentheorie geht auf *Coase*, Economica 1937, S. 386 ff. zurück. Der Ursprung von Transaktionskosten sind begrenzente Rationalität und Opportunismus der Marktteilnehmer. Vor dem Hintergrund der Beschränkung der Fähigkeiten an Wissen und Zeit sowie dem Streben nach einer individuellen Nutzenmaximierung treffen die Marktteilnehmer Vorkehrungen zur optimalen Vertragsgestaltung. *Williamson*, Economic Institions of Capitalism, S. 47 f.; *Wiegandt*, in Theorien und Methoden der Betriebswirtschaft, 115 (119). Vertiefend zum Begriff der Transaktionskosten auch *Eidenmüller*, Effizienz als Rechtsprinzip, S. 97 ff.

25 Vgl. *Eidenmüller*, Effizienz als Rechtsprinzip, S. 112.

wohlfahrtsökonomisches Ergebnis hergestellt wird.[26] Die knappen Ressourcen werden effizient verteilt, sodass jeder Gläubiger das für seine Voraussetzungen Bestmögliche beanspruchen kann.

Dem Insolvenzrecht kommt zudem eine *marktspezifische Bereinigungs-*[27] und *Stimulierungsfunktion*[28] zu. Auf dem freien Markt besteht grundsätzlich Vertrauen in die Solvenz des jeweiligen Vertragspartners. Die Erfüllung von Verträgen ist eine allgemeine Erwartungshaltung. Marktteilnehmer einer Lieferkette treffen mit Blick auf eine effiziente Gestaltung des Produktionsprozesses über den direkten Lieferweg hinaus Prädispositionen. Wenn das grundsätzliche Vertrauen erschüttert wird sowie ausführliche Kontrollen der Kreditwürdigkeit eines jeden direkten oder mittelbaren Vertragspartners in der Lieferkette vorgenommen werden, entstehen hohe Transaktionskosten. Dies führt zu einer Ineffizienz des Marktes. In dieser Situation fungiert das Insolvenzrecht als verlängerter Arm und Unterstützer der Wirtschaftsbeteiligten. Mit Hilfe der insolvenzrechtlichen Instrumente wird ein untauglicher Marktteilnehmer geordnet vom Markt genommen. In Anwendung der Marktgesetze ist einer Perpetuierung und einer Unsterblichkeit von Unternehmen entgegenzuwirken.[29] Eine Verzerrung des Wettbewerbs zwischen den gesunden Marktteilnehmern ist zu vermeiden.[30] Das Insolvenzrecht gewährleistet die Funktionsfähigkeit des Marktes sowie die Bildung eines grundlegenden Marktvertrauens.[31] Es schützt die Gläubiger vor weiteren Schädigungen eines Wirtschaftsakteurs.[32]

Herauszustellen ist weiterhin eine *Anreizfunktion* des Insolvenzrechts. Das Insolvenzrecht ordnet nicht nur nachträglich die Haftungsverwirklichung der Gläubiger, sondern beeinflusst im Vorhinein das Verhalten von

[26] Vergleichbar definiert *Eidenmüller*, Effizienz als Rechtsprinzip, S. 112 den Auftrag einer ökonomisch effizienten Regelung als *ultima ratio*: Wenn private Verhandlungen an prohibitiv hohen Transaktionskosten scheitern und wenn es nicht möglich ist, das Transaktionskostenniveau zu senken, hat eine Rechtordnung das hypothetische Verhandlungsergebnis der Beteiligten zu simulieren.

[27] *Drukarczyk*, Unternehmen und Insolvenz, S. 64 f.; *Smid*, Insolvenzrecht, § 1, Rn. 23 f.; *Uhlenbruck,* in Braun/Uhlenbruck, Unternehmensinsolvenz, S. 47 f.; *Eidenmüller,* ZIP 2010, 649 (650) spricht von einer Filterfunktion des Insolvenzrechts.

[28] BT-Drucks. XII/2443, S. 75.

[29] BT-Drucks. XII/2443, S. 76; *Balz*, ZIP 1988, 273 (275).

[30] BT-Drucks. XII/2443, S. 75; *Ganter/Lohmann,* in MünchKomm, InsO, § 1, Rn. 43.

[31] *Braun,* in Braun/Uhlenbruck, Unternehmensinsolvenz, S. 423; *Drukarczyk*, Unternehmen und Insolvenz, S. 56.

[32] *Eidenmüller,* ZIP 2010, 649 (650); *Smid*, Insolvenzrecht, § 1, Rn. 23.

Marktteilnehmern.[33] Das Insolvenzrecht hat in wirtschaftsregulierender Weise Ausstrahlung auf den Kreditmarkt und die Investitionsbereitschaft in einer Wirtschaftsordnung.[34] Kreditgeber passen sich bei ihrer Darlehensvergabe an das jeweilig geltende Insolvenzrecht an.[35] Ist ein Insolvenzrecht eher *gläubigerfeindlich* ausgestaltet, verlangen die Banken höhere Sicherheiten, um die antizipierten, geringeren Insolvenzquoten auszugleichen.[36] Es findet eine gewisse Übersicherung der Kreditgeber statt. Dies schränkt kleine Unternehmen in der Gestaltung ihrer Finanzierung ein, da sie nicht immer über entsprechend hohe Sicherheiten verfügen. Neben der Höhe der Sicherung steht die Art der Kreditsicherungsrechte in einem engen Verhältnis zur Insolvenzquote.[37] Werden beispielsweise Grundstückssicherheiten von einer Insolvenzordnung weniger geschützt als Sicherungsabtretungen, dominieren letztere die Vergabepraxis.[38] Unter der Geltung eines eher *gläubigerfreundlichen* Insolvenzrechts, bei dem die gesicherten Gläubiger mehr Schutz genießen, ist eine erhöhte Kreditvergabe zu prognostizieren.[39]

Eine Anreizwirkung des Insolvenzrechts lässt sich ferner am Restschuldbefreiungsverfahrens, §§ 286 ff. InsO, für natürliche Personen beobachten. Das Restschuldbefreiungsverfahren bestärkt natürliche Personen, eine Geschäftstätigkeit aufzunehmen, da ein unternehmerisches Scheitern nicht den lebenslangen finanziellen Ruin bedeutet. Der Unternehmer wird bewegt, Neues zu versuchen und mit einer Idee *den einen Durchbruch* zu schaffen.[40] Findet die Idee wider Erwarten ihr Ende im Versuch, gibt

---

33 *Drukarczyk*, Unternehmen und Insolvenz, S. 56; *Eidenmüller*, Unternehmenssanierung, S. 28 f. plädiert dafür, dass das Insolvenzrecht eine Sanktionswirkung ausstrahlt. Die Insolvenz sei nicht als ein risikoloses Entschuldungsinstrument für den Schuldner anzusehen.

34 *Schäfer/Ott*, Ökonomische Analyse des Zivilrechts, S. 639.

35 *Davydenko/Franks*, The Journal of Finance, April 2008, 565 (566); *Schäfer/Ott*, Ökonomische Analyse des Zivilrechts, S. 636 f.

36 *Davydenko/Franks*, The Journal of Finance, April 2008, 565 (566 f.).

37 *Davydenko/Franks*, The Journal of Finance, April 2008, 565 (567).

38 *Davydenko/Franks*, The Journal of Finance, April 2008, 565 (566 f.) weisen darauf hin, dass Banken in Frankreich aufgrund zu hoher Ausfallquoten bei der Realisierung von Grundstückssicherheiten vordergründig Sicherheiten aus Forderungen verlangen.

39 So *La Porta/Lopez-De-Silanes/Shleifer/Vishny*, The Journal of Finance, Juli 1997, 1131 (1149); dagegen konnten *Davydenko/Franks*, The Journal of Finance, April 2008, 565 (568) eine erhöhte Kreditvergabe im Vergleich mit den Insolvenzordnungen Frankreichs und Großbritannien nicht feststellen. Sie stellen die Vermutung an, dass eine nicht erhöhte Kreditvergabe in Großbritannien mit der fehlenden Konkurrenz auf dem britischen Bankenmarkt zusammenhängt.

40 Beispielsweise ist darin eine Förderung von Jungunternehmern und Start-Ups zu entdecken.

die Restschuldbefreiung zudem einen Anreiz, sich nach dem Scheitern wieder wirtschaftlich zu betätigen. Ein dauerhaftes Versinken in einem Schuldenkreislauf und einer illegalen Schattenwirtschaft ist nach einem unternehmerischen Versuch nicht zu befürchten.[41] Das Restschuldbefreiungsverfahren ermöglicht dem Unternehmer vielmehr einen wirtschaftlichen Neubeginn.[42]

2. Die Mechanismen des Insolvenzrechts

a) Die Anordnung eines Gesamtvollstreckungsverfahrens

In dem besonderen Fall der Insolvenz führt die Anwendung des Prioritätsprinzips der Zivilprozessordnung zu unerwünschten sozialen und wirtschaftlichen Effekten.[43] Es ist ein *Zusammenlaufen* der Gläubiger zu beobachten.[44] Gewalt,[45] Willkür[46] und Kumpanei[47] prägen den Wettlauf der Gläubiger. Erhöhte Transaktions- und Risikokosten der Gläubiger verursachen einen gesamtwirtschaftlichen Schaden.[48] Eine Kooperation der Gläubiger durch einen für alle bindenden Vertrag, in dem sich die Gläubiger selbst ordnen und disziplinieren, ist in dieser Situation nicht denkbar.[49] Es besteht eine Kooperationsmangelbereitschaft. Um dennoch die positiven Wirkungen eines Vertrages herbeizuführen, tritt der Staat auf: Die Insolvenzordnung bewirkt, dass die Gläubiger mit einer geeinten Stimme sprechen.[50] Der Staat übernimmt die Transaktionskosten der Gläubiger durch Institutionalisierung eines Gesamtvollstreckungsverfahrens.[51]

---

41 *Schäfer/Ott*, Ökonomische Analyse des Zivilrechts, S. 648; *Stephan*, in MünchKomm, InsO, Vor §§ 286–303, Rn. 7; *Vallendar,* in Uhlenbruck, InsO, Vor § 286, Rn. 10.

42 *Hess*, in Hess, InsO, § 286, Rn. 84.

43 *Schäfer/Ott*, Ökonomische Analyse des Zivilrechts, S. 638.

44 *Ganter/Lohmann,* in MünchKomm, InsO, § 1, Rn. 51; *Krumm*, Formelle Insolvenz, S. 29; *Smid*, Insolvenzrecht, § 1, Rn. 20.

45 *Smid,* Insolvenzrecht, § 1, Rn. 20.

46 *Krumm,* Formelle Insolvenz, S. 29.

47 *Häsemeyer*, Insolvenzrecht, Rn. 2.01.

48 *Balz,* ZIP 1988, 273 (276); *Eidenmüller*, Unternehmenssanierung, S. 20; *Drukarczyk*, BFuP 1995, 40 (41) weist auf Opportunitätsverluste und einen Ressourcenverzehr hin.

49 *Balz*, ZIP 1988, 1438 (1439); *Eidenmüller*, Unternehmenssanierung, S. 21 begründet die Kooperationsmangelbereitschaft mit zu hohen Transaktionskosten für das Zustandekommen des Vertrages, mit asymmetrischen Informationslagen hinsichtlich wesentlicher Entscheidungsgrundlagen und mit fehlenden Anreizen aufgrund divergierender Interessen der heterogenen Gläubigergesamtheit.

50 *Jackson*, Logic and Limits of Bankruptcy Law, S. 12.

51 *Schmidt*, Ökonomische Analyse, S. 26 f.

Er zwingt die Gläubiger zur Kollektivierung[52] und zur Disziplinierung[53]. Die Insolvenzordnung hebt die Einzelzwangsvollstreckung und den mit ihr einhergehenden Prioritätsgrundsatz auf. Der Staat schafft einen gesamtwirtschaftlich vorteilhaften, allgegenseitigen Haftungsrahmen.[54] Der Verteilungskampf um die individuelle, bestmögliche Stellung erübrigt sich.

b) Die Gläubigergleichbehandlung

Das Gesamtvollstreckungsverfahren befriedigt die Gläubiger in einer gesetzlich geordneten Gruppengerechtigkeit.[55] Erreicht wird diese Gruppengerechtigkeit durch den Gläubigergleichbehandlungsgrundsatz.[56] In Ausformung des Gesamtvollstreckungsverfahrens gewährleistet der Gläubigergleichbehandlungsgrundsatz eine effiziente, gerechte und strukturierte Haftungsverwirklichung.[57] Inhaltlich besagt der Gläubigergleichbehandlungsgrundsatz zweierlei: Einerseits nehmen alle Gläubiger im Wege einer Universalität am Insolvenzverfahren teil, andererseits werden die Gläubiger gleichmäßig und gemeinschaftlich befriedigt.[58] Bei näherer Betrachtung bedeutet dies keine unterschiedslose Gleichbehandlung aller

---

52 *Eidenmüller*, Unternehmenssanierung, S. 21; *Uhlenbruck*, in Uhlenbruck, InsO, § 1, Rn. 2.

53 *Jackson,* Logic and Limits of Bankruptcy Law, S. 12; *Krumm*, Formelle Insolvenz, S. 32.

54 *Drukarczyk*, Unternehmen und Insolvenz, S. 61; *Eidenmüller*, Unternehmenssanierung, S. 20.

55 *K. Schmidt*, Gutachten zum 54. DJT, Bd. I, D Ziffer 51.

56 Als Kernstück der Insolvenzordnung ist der Gläubigergleichbehandlungsgrundsatz anerkannt. BGH vom 29.01.1964, Ib ZR 197/62, BGHZ 41, 98 (101); *Bauer*, Ungleichbehandlung der Gläubiger, S. 63; *Baur/Stürner,* Insolvenzrecht, Bd. II, Rn. 5.36; *Uhlenbruck*, in Uhlenbruck, InsO, § 1, Rn. 2. Die dogmatische Herleitung ist jedoch umstritten. *Häsemeyer*, KTS 1982, 507 (515 ff.) vertritt die Theorie einer Ausgleichshaftung, wonach die Insolvenzgläubiger im Innenverhältnis untereinander haften. Unter einem wechselseitigen Verzicht erlangen alle Gläubiger Befriedigung. *Baur/Stürner,* Insolvenzrecht, Bd. II, Rn. 5.37 gehen von einem Billigkeitsgrundsatz aus, nach welchem aus Gerechtigkeitserwägungen Gleiches gleich und Ungleiches ungleich behandelt werden muss. *Bauer*, Ungleichbehandlung der Gläubiger, S. 81 geht davon aus, dass allen Gläubigern aufgrund der Eigentumsgarantie und dem Gebot des effektiven Rechtsschutzes eine wechselseitige Ausgleichshaftung zusteht. Neuere Auseinandersetzung mit der dogmatischen Herleitung bei *Nachtmann*, Fiskusvorrecht im deutschen Insolvenzrecht, S. 59 ff.; *Weidmüller,* Rückschlagsperre als Instrument zur Haftungsverwirklichung, S. 25 ff.; *Witfeld,* Umsatzsteuerverfahren und die Insolvenz, S. 94 ff.

57 *Krumm,* Formelle Insolvenz, S. 32.

58 *Bauer*, Ungleichbehandlung der Gläubiger, S. 64; *Häsemeyer*, Insolvenzrecht, Rn. 2.14; *Stürner*, in MünchKomm, InsO, Einl., Rn. 64.

Beteiligten.[59] Eine klassenlose Insolvenz gibt es nicht.[60] Die Ansprüche der Gläubiger werden in eine unwiderrufliche und austarierte Rangordnung gebracht.[61] Die Insolvenzordnung behandelt Gleiches gleich und Ungleiches ungleich.[62]

c) Der freie Wettbewerb zwischen Sanierung und Liquidation

Neben der Disziplinierung, Kollektivierung und Zuordnung von Gläubigeransprüchen ist es für eine effektive Umsetzung der maximalen Haftungsverwirklichung von besonderer Bedeutung, Haftungsmasse zu realisieren. Hierzu gibt § 1 S. 1 InsO einen Leitfaden vor: Rationale Entscheidungen der Gläubiger bestimmen, ob eine Sanierung oder eine Liquidation zur Haftungsverwirklichung durchzuführen ist. Die Sanierung und die Liquidation sind Formen der marktorientierten Haftungsverwirklichung, die situationsspezifisch als Instrumente zur bestmöglichen Gläubigerbefriedigung fungieren.[63] Maßgebliches Leitbild ist die Marktkonformität:[64] Die wirtschaftlich Betroffenen entscheiden aufgrund ökonomischer Wertungen über den Fortgang des Verfahrens.[65] Im Einzelfall legen die Gläubiger im Berichtstermin fest, mit welcher Modalität ein Höchstmaß an Wohlfahrt herbeigeführt wird, §§ 156, 157 InsO.[66]

---

[59] *Bauer*, Ungleichbehandlung der Gläubiger, S. 64; *Stürner*, in MünchKomm, InsO, Einl., Rn. 62.

[60] *Hellmann*, Lehrbuch des deutschen Konkursrechts, S. 2; *K. Schmidt*, Gutachten zum 54. DJT, Bd. I, D Ziffer 51.

[61] *Drukarczyk*, Unternehmen und Insolvenz, S. 61. Zu unterscheiden sind Aussonderungs- und Absonderungsberechtigte, Massegläubiger, Insolvenzgläubiger und nachrangige Insolvenzgläubiger.

[62] *Baur/Stürner,* Insolvenzrecht, § 5, S. 41.

[63] *Balz*, ZIP 1988, 1438; *Eidenmüller,* in MünchKomm, InsO, Vor §§ 217–269, Rn. 23.

[64] *Ganter/Lohmann*, in MünchKomm, InsO, § 1, Rn. 43.

[65] BT-Drucks. XII/2443, S. 76; *Balz*, ZIP 1988, 273 (280).

[66] BT-Drucks. XII/2443, S. 76.

III. Die Einbindung des Steuergläubigers in das Insolvenzverfahren

1. Die Universalität des Insolvenzverfahrens

Der Steuergläubiger ist Beteiligter des Insolvenzverfahrens. Das ergibt sich nicht ausdrücklich aus einem einheitlich normierten Insolvenzsteuerrecht, welches die Rechtsbeziehungen zwischen Fiskus und Insolvenzschuldner in der Knappheitssituation der Insolvenz umfassend regelt. Es besteht kein Insolvenzsteuerrecht.[67] Vielmehr gibt es nur einzelne, spezielle Vorschriften, die Teilbereiche des Schnittstellenbereichs regeln.[68] Die systematische Einbindung des Steuergläubigers in das Kollektivverfahren ist stattdessen aus der Insolvenzordnung selbst zu entwickeln. Die insolvenzrechtlichen Vorschriften über die Forderungskategorien geben Aufschluss über die zulässigen Beteiligten des Insolvenzverfahrens. § 38 InsO definiert denjenigen als Insolvenzgläubiger, der als *persönlicher Gläubiger* einen *Vermögensanspruch* hat. §§ 53, 55 InsO ordnen *Verbindlichkeiten* einer bevorzugten Befriedigung zu. § 48 InsO gestattet *Gläubigern* eine abgesonderte Befriedigung. § 47 InsO benennt mit dem Relativpronomen *Wer* denjenigen Gläubiger, der mit der Inhaberschaft eines dinglichen oder persönlichen Rechts zur Aussonderung berechtigt ist. All diese Formulierungen beschreiben neutral und ohne konkretisierenden Zusatz die Beteiligung am Insolvenzverfahren. Die Insolvenzordnung unterscheidet weder nach der Eigenart der Gläubiger noch nach der Rechtsnatur der Forderung.[69] Privatrechtssubjekte mit zivilrechtlichen Ansprüchen und Hoheitsträger mit öffentlich-rechtlichen Forderungen werden den Forderungskategorien nach Maßgabe der insolvenzrechtlichen Vorschriften zugeordnet. Insoweit ist auch der Steuergläubiger Teil dieser insolvenzrechtlichen Kollektivierung.[70]

Die Universalität des Insolvenzrechts sichert die Teilnahme des Steuergläubigers am Insolvenzverfahren. Wie alle anderen Gläubiger hat auch der Fiskus ein Interesse daran, nicht nur am Verfahren teilzunehmen, sondern für seine Forderungen in der Mangelsituation eine bestmögliche Befriedigung zu erhalten. Im Insolvenzverfahren tritt der Fiskus als Insolvenzgläubiger, Massegläubiger oder aufrechnungsbefugter Gläubiger auf.

---

67 *Seer*, FR 2014, 721 (723); *Sonnleitner*, in Insolvenzsteuerrecht, Kap. 1, Rn. 2.

68 Einen Überblick über die gesetzliche Verzahnung von Steuer- und Insolvenzrecht liefern *Kahlert/Rühland*, Sanierungs- und Insolvenzsteuerrecht, Rn. 7.102 ff.

69 *Krumm*, Formelle Insolvenz, S. 43.

70 So auch *Frotscher*, Besteuerung bei Insolvenz, S. 18; *Krumm*, Formelle Insolvenz, S. 43.

Er kann sogar gegen den Schuldner persönlich mit einer Forderung gegen das insolvenzfreie Vermögen vorgehen. Nicht selten verwirklicht der Steuergläubiger in einem Insolvenzverfahren sogar alle Forderungstypen.

Dieser Einbindung des Steuergläubigers liegen strukturelle Probleme zugrunde. In einem Wechselspiel von insolvenz- und steuerrechtlichen Wertungen nimmt der Steuergläubiger seine Stellung im Insolvenzverfahren ein. Aus insolvenzrechtlicher Sicht besteht kein Gebot einer umfassenden Wahrung steuerrechtlicher Prinzipien. Die insolvenzrechtliche Forderungszuordnung weist der Steuerforderung kraft ihrer Kompetenz zur Qualifizierung der am Insolvenzverfahren teilnehmenden Forderungen eine Forderungsart zu.[71] Grundlage dieser Einordnung ist allein ein insolvenzrechtlicher Gedanke.[72] Aufgrund eigener Wertungen ordnet die Insolvenzordnung autonom eine vor- oder nachrangige Befriedigung an. Auf die Forderungszuordnung haben die hinter den jeweiligen Forderungen stehenden Rechtsgründe keinen Einfluss. Das Steuerrecht hat sich an diese Vorgaben der Insolvenzordnung zu orientieren. Die Gleichmäßigkeit der Besteuerung und die Pflicht zur Haushaltsplanung gewährleisten in der Insolvenz nicht die Befriedigung der Steuer als vollständig zu erfüllende Masseverbindlichkeit.[73] Den steuerrechtlichen Prinzipien ist unter dem Deckmantel der universellen Haftungszuordnung entsprochen, wenn die Besteuerung im Insolvenzverfahren dem Grunde nach Berücksichtigung findet.[74] Der Vollzugsauftrag und die Staatsfinanzierung sind in das Gesamtkonstrukt der Insolvenzordnung und ihrer Prinzipien einzuordnen.[75] Die steuerrechtlichen Prinzipien verpflichten und berechtigen zu einer Gleichstellung und Gleichbehandlung der Steuerforderungen gegenüber den übrigen Forderungen, nicht aber zu einer Besserstellung im Insolvenzverfahren.[76] Die Besteuerungsgrundsätze stellen lediglich eine Legitimierung des Steuergläubigers dar, die ihn zur Teilnahme am Insolvenzverfahren berechtigen.

Bei einer generellen Abgrenzung der Regelungsbereiche von Steuerrecht und Insolvenzrecht ist festzustellen, dass das Steuerrecht abstrakt über den

---

71 *Häsemeyer*, Insolvenzrecht, Rn. 23.42.

72 *Häsemeyer*, Insolvenzrecht, Rn. 23.38.

73 *Krumm*, Formelle Insolvenz, S. 120 ff.; *Seer*, FR 2014, 721 (722).

74 *Krumm*, Formelle Insolvenz, S. 125.

75 *Häsemeyer*, Insolvenzrecht, Rn. 23.42; *Krumm*, Formelle Insolvenz, S. 125.

76 *Häsemeyer*, Insolvenzrecht, Rn. 23.40 f. Ein allgemeiner Nachrang des Steuergläubigers in der Insolvenz wäre aufgrund eines strukturellen Vollzugsdefizits verfassungswidrig; *Krumm*, Formelle Insolvenz, S. 62.

Besteuerungsgrund und die Höhe der Besteuerung entscheidet.[77] Es legt das Bestehen einer Steuerforderung fest. Das Insolvenzrecht hingegen bestimmt in einem sich daran anschließenden Schritt, wie die Steuerforderung in der Insolvenz zu befriedigen ist.[78] Die konkrete Ausgestaltung und die Art und Weise der Befriedigung regelt allein das Insolvenzrecht.[79] Mit der Anordnung eines Kollektivvollstreckungsverfahren erfahren die gegen den Schuldner gerichteten Forderungen – in Abweichung zum Einzelzwangsvollstreckungsverfahren – eine Neujustierung. Im Rahmen dieser Neuordnung institutionalisiert das Insolvenzrecht eine abgestufte Befriedigungsrangfolge. Das Insolvenzrecht legt fest, wie und unter welchen Tatbestandsvoraussetzungen eine Forderung im Gesamtvollstreckungsverfahren befriedigt wird.[80] Diese materielle Forderungszuordnung vollzieht sich nach einem einheitlichen Regelungsmuster, welches für alle am Insolvenzverfahren teilnehmenden Forderungen gilt. Dort, wo das Spezialgesetz die Entstehung des Anspruchs autonom bestimmt, setzt das Insolvenzrecht zur vollstreckungsrechtlichen Zuordnung an. In diesem Sinne sind die am Insolvenzverfahren teilnehmenden Forderungen nach einem *Primat des Konkursrechts*[81] oder dem Ausspruch des Reichsgerichts *Konkursrecht vor Steuerrecht*[82] einzuordnen. Das Insolvenzrecht ist dem Steuerrecht nicht übergeordnet.[83] Vielmehr besteht ein gewisses Nebeneinander: Für den Kollisionsfall in der Insolvenz wird beiden Rechtsgebieten ein gewisser Aufgabenbereich ohne Bevorzugung des einen oder des anderen zugewiesen.[84] Die Aufgabenbereiche überschneiden sich nicht, sondern knüpfen aneinander an.

---

77 BFH vom 16.05.2013, IV R 23/11, BStBl. II 2013, 759 (760); BFH vom 09.12.2014, X R 12/12, BStBl. II 2016, 852 (855).

78 *Farr*, Besteuerung in der Insolvenz, Rn. 46; *Häsemeyer*, Insolvenzrecht, Rn. 23.42.

79 BFH vom 14.02.1978, VIII R 28/73, BStBl. II 1978, 356 (356); *Frotscher*, Besteuerung bei Insolvenz, S. 20; *Weiss*, FR 1990, 539 (541).

80 BFH vom 14.02.1978, VIII R 28/73, BStBl. II 1978, 356 (356); *Frotscher*, Besteuerung bei Insolvenz, S. 21; *Loose*, in Tipke/Kruse, AO/FGO, § 251, Rn. 5 (168. Lfg. November 2021); *Zeek*, KTS 2006, 406 (422).

81 *Weiss*, FR 1990, 539 (541).

82 RFH vom 23.09.1925, V A 215/25, RFHE 17, 185; RFH vom 02.12.1925, VI B 179/25, RFHE 18, 85; RFH vom 25.10.1926, GR S 1/26, RFHE 19, 355.

83 *Onusseit*, in Kübler/Prütting/Bork, InsO, Steuerrecht in der Insolvenz, Umsatzsteuer, Rn. 188 (77. Lfg. August 2018).

84 *Frotscher*, Besteuerung bei Insolvenz, S. 21; *Onusseit*, in Kübler/Prütting/Bork, InsO, Steuerrecht in der Insolvenz, Umsatzsteuer Rn. 188 (77. Lfg. August 2018).

2. Die Disziplinierung des steuerrechtlichen Insolvenzgläubigers

Gemäß § 38 InsO sind Insolvenzgläubiger diejenigen Gläubiger, die einen zur Zeit der Eröffnung des Insolvenzverfahrens begründeten Vermögensanspruch gegen den Schuldner haben. Angenommen eine Steuerforderung erfüllt diese Tatbestandsmerkmale und ist als Insolvenzforderung zu qualifizieren, gilt es, die daraus resultierende Rechtsfolge zu ermitteln. Es ist zu hinterfragen, wie sich die insolvenzrechtliche Qualifizierung auf die materielle Steuerbelastung in der Insolvenz auswirkt.

Die materielle Steuerbelastung in der Insolvenz ist von verfahrensrechtlichen Besonderheiten abhängig. Bei der Bestimmung der verfahrensrechtlichen Geltendmachung ist die Kollisionsregel des § 251 Abs. 2 S. 1, 1. Var. AO rechtlicher Ausgangspunkt. Sie normiert, dass die Vorschriften der Insolvenzordnung *unberührt bleiben*. Unter Beachtung der systematischen Stellung des § 251 AO im sechsten Teil der Abgabenordnung (Vollstreckung) ist § 251 Abs. 2 S. 1, 1. Var. AO dahingehend auszulegen, dass sich die Zwangsvollstreckung steuerrechtlicher Ansprüche grundsätzlich nach den Vorschriften der Insolvenzordnung richtet.[85] Damit wird die steuerrechtliche Einzelzwangsvollstreckung (§§ 249 ff. AO) durch die Einbindung des Steuergläubigers in das Gesamtvollstreckungsverfahren der Insolvenzordnung verdrängt.[86] Dieser Grundsatz findet bei der Geltendmachung von Insolvenzforderungen Anwendung. In Ausformung des Gesamtvollstreckungsverfahrens unterliegt die Insolvenzforderung einem allgemeinen Vollstreckungsverbot, §§ 87, 89 Abs. 1 InsO. Der Fiskus als Insolvenzgläubiger ist nicht mehr dazu befugt, eine Steuerforderung festzusetzen oder aber nach den Vorschriften der Abgabenordnung eine Zwangsvollstreckung zu betreiben. Das Steuerfestsetzungsverfahren gemäß §§ 155–178 AO wird unterbrochen,[87] weil der Steuerbescheid nach § 157 AO auf die Festsetzung einer Steuer gerichtet ist und damit der im Insolvenzverfahren unzulässigen individuellen Befriedigung des Steuergläubigers dient.[88] Der Steuergläubiger muss seine Forderung einheitlich zur Insolvenztabelle anmelden, § 174 Abs. 1 S. 1 InsO. Dies gilt auch für

---

85 *Häsemeyer*, Insolvenzrecht, Rn. 23.39; *Krumm*, Formelle Insolvenz, S. 67 f.; *Schüppen/Ruh*, in MünchKomm, Insolvenzsteuerrecht, Rn. 1.

86 Näheres zu dem vollstreckungsrechtlichen Normenwiderspruch zwischen §§ 249 ff. AO und §§ 89, 87 InsO und dessen methodischer Auflösung im Wege der Spezialität bei *Kahlert/Rühland*, Sanierungs- und Insolvenzsteuerrecht, Rn. 7.152; *Krumm*, Formelle Insolvenz, S. 66 ff.

87 BFH vom 24.08.2004, VIII R 14/02, BStBl. II 2005, 246 (248).

88 *Frotscher*, Besteuerung bei Insolvenz, S. 296.

einen steuerlichen Haftungsanspruch.[89] Die Anmeldung der Forderung selbst führt unmittelbar noch nicht zur anteilmäßigen Befriedigung. Weil die Anmeldung zur Tabelle nur die Prüfung nach § 176 InsO zur Folge hat, ist sie nur eine Erklärung des Steuergläubigers ohne Gestaltungswirkung.[90] Widersprechen weder der Insolvenzverwalter noch andere Insolvenzgläubiger der Anmeldung der Steuerforderung, wird sie nach § 175 Abs. 1 S. 1 InsO mit dem Inhalt nach § 174 Abs. 2, 3 InsO in die Tabelle eingetragen. Rechtliche Grundlage der Geltendmachung der Steuerforderung ist nicht mehr die Steuerfestsetzung, sondern der Tabelleneintrag gemäß §178 Abs. 3 i.V.m. § 201 Abs. 2 S. 1 InsO.[91] Widerspricht der Insolvenzverwalter oder der Insolvenzschuldner im Prüftermin der angemeldeten Steuerforderung, ist das Finanzamt gemäß § 251 Abs. 3 AO befugt, einen Feststellungsbescheid zu erlassen und damit die Steuerforderung durch schriftlichen Verwaltungsakt festzustellen.[92] Der Feststellungsbescheid ist mangels Festsetzung einer Steuer kein Steuerbescheid im Sinne des § 155 AO.[93] Der Bescheid hat lediglich zum Inhalt, dass der bestrittene Anspruch in der geltend gemachten Höhe besteht und im Sinne des § 38 InsO begründet ist.[94] Gegen die Feststellung nach § 251 Abs. 3 AO kann Klage beim Finanzgericht erhoben werden.[95] Wird die Steuerforderung zur Tabelle angemeldet, erfolgt eine Befriedigung nach der Insolvenzquote, die sich aus der bereinigten Insolvenzmasse ergibt. Dem steuerrechtlichen Insolvenzgläubiger steht eine anteilige Befriedigung seiner Forderung zu. Durch die Qualifizierung der Steuerforderung als Insolvenzforderung wird der Steuergläubiger in die Gläubigergesamtheit eingebettet.[96] Der Maximalanspruch des Steuergläubigers wandelt sich in der Insolvenz zu einem Optimalanspruch um, der sich mit dem Ziel einer höchstmöglichen Befriedigung an der Insolvenzquote orientiert.[97]

---

89 BFH vom 13.11.2007, VII R 61/06, BStBl. II 2008, 790 (792).

90 *Frotscher,* Besteuerung bei Insolvenz, S. 306.

91 *Frotscher,* Besteuerung bei Insolvenz, S. 307.

92 BFH vom 07.08.2018, VII R 24, 25/17, BStBl. II 2019, 19 (20); BFH vom 10.12.1975, II R 150/67, BStBl. II 1976, 506 (507).

93 BFH vom 26.11.1987, V R 130/82, BStBl. II 1988, 124 (126).

94 BFH vom 26.02.1987, V R 114/79, BStBl. II 1987, 471 (472).

95 *Krumm* in Tipke/Kruse, AO/FGO, § 33 FGO, Rn. 41 (166. Lfg. Mai 2021).

96 Ausführlich *Krumm*, Formelle Insolvenz, S. 43 ff., S. 116 ff., der auch die verfassungsrechtlichen Rahmenbedingungen zur Einbindung des Steuergläubigers in das Gesamtvollstreckungsverfahren herausarbeitet.

97 *Krumm,* Formelle Insolvenz, S. 167.

3. Die Vorrechtsstellung der steuerrechtlichen Masseverbindlichkeit

Unter den in § 55 InsO genannten Voraussetzungen ist eine Steuerforderung als Masseverbindlichkeit zu qualifizieren. Unterstellt die Voraussetzungen sind im Einzelnen erfüllt, sind im Vergleich zur Qualifizierung einer Insolvenzforderung die vermögenswirksamen Auswirkungen auf die Insolvenzmasse zu untersuchen.

Steuerrechtliche Masseverbindlichkeiten erfahren eine Sonderbehandlung im Insolvenzverfahren: Sie werden vorweg und vollständig in Höhe des Nominalwertes aus der Insolvenzmasse befriedigt, § 53 InsO. Für die Masseverbindlichkeiten gilt das Vollstreckungsverbot des § 89 Abs. 1 InsO nicht. Der Fiskus kann Masseverbindlichkeiten per Verwaltungsakt festsetzen.[98] Adressat des Festsetzungsbescheides ist der Insolvenzverwalter.[99] Aufgrund dieses Titels kann das Finanzamt nach Ablauf von sechs Monaten vollstrecken, § 90 Abs. 1 InsO.[100] Im Übrigen erfolgt die Vollstreckung nach den §§ 249–346 AO.[101]

Soweit der Steuergläubiger – wie gewohnt – Steuerforderungen per Verwaltungsakt festsetzen kann, erfahren die Gleichmäßigkeit der Besteuerung und die Haushaltsplanung in der Mangelsituation der Insolvenz uneingeschränkte Geltung. Im Gegensatz zur Insolvenzforderung wird die steuerrechtliche Masseverbindlichkeit bevorrechtigt befriedigt. Mit anderen Worten wird bei der Durchsetzung der steuerrechtlichen Masseverbindlichkeit die insolvenzrechtliche Maxime der bestmöglichen Haftungsverwirklichung eingeschränkt.[102] Diese Beeinträchtigung toleriert die Insolvenzordnung in Ausgestaltung der Forderungszuordnung bewusst.[103] Aufgrund der mit der Vermögensverwaltung einhergehenden Teilnahme am Wirtschaftsverkehr achtet die Insolvenzmasse diese allgemeingültigen Abgaben.[104] Das Insolvenzrecht nimmt einen insolvenzfremden, steuerrechtlich geprägten Kostenfaktor auf und akzeptiert damit eine Verkürzung

[98] BFH vom 18.05.2010, X R 60/08, BStBl. II 2011, 429 (431).

[99] *Frotscher*, Besteuerung bei Insolvenz, S. 321.

[100] *Frotscher*, Besteuerung bei Insolvenz, S. 86.

[101] *Frotscher*, Besteuerung bei Insolvenz, S. 321.

[102] Vgl. *Krumm*, Formelle Insolvenz, S. 55 f. hinsichtlich der verfassungsrechtlichen Anforderungen einer Fiskusprivilegierung.

[103] Vgl. *Krumm*, Formelle Insolvenz, S. 56.

[104] *Hefermehl*, in MünchKomm, InsO, § 53, Rn. 5 und 22a; *Jarchow*, in Hamburger Kommentar, InsO, § 53, Rn. 5; *Thole*, in K. Schmidt, InsO, § 55, Rn. 16.

der maximalen Haftungsverwirklichung.[105] Aufgrund der Ausgestaltung der Steuerforderung als Masseverbindlichkeit überlagern, anders als bei der Insolvenzforderung, die steuerrechtlichen Prinzipien diejenigen des Insolvenzrechts.

4. Die Einbindung des Steuergläubigers im Übrigen – Die steuerrechtliche Masseverbindlichkeit als ein Sanierungshindernis

a) Insolvenzrechtliche Prämissen der Sanierung

Eine bestmögliche Befriedigung der Gläubiger gelingt, wenn man die Gesamtstrukturen des abzuwickelnden Objekts betrachtet. Ein Unternehmen ist eine organisatorische Einheit aus werthaltigen Rechten und Pflichten, die zur Betätigung und Aufrechterhaltung einer wirtschaftlichen Tätigkeit notwendig sind.[106] Die Verflechtungen und Informationsabläufe innerhalb und außerhalb eines Unternehmens sind hochkomplex. Die Besonderheiten eines Unternehmens sind für jeden Insolvenzfall betriebswirtschaftlich neu zu bewerten. Das Insolvenzrecht ist marktkonform ausgestaltet:[107] Für eine Vielzahl von gewachsenen Unternehmensstrukturen besteht ein Abwicklungs- und ein Fortentwicklungsinstrument zur bestmöglichen Haftungsrealisierung.[108]

Dementsprechend hat die Insolvenz- im Gegensatz zur Konkursordnung[109] die Liquidation, die übertragende Sanierung und die Reorganisation als gleichwertige Verwertungsmethoden institutionalisiert.[110] Die Sanierung an sich ist kein Selbstzweck und ist nicht um jeden Preis durchzuführen. Nach marktwirtschaftlichen Überlegungen ist eine Sanierung vorzunehmen,

---

105 Vgl. *Krumm*, Formelle Insolvenz, S. 56.

106 *Groß*, Sanierung durch Fortführungsgesellschaften, S. 1; *Görg/Janssen*, in Münch/Komm, InsO, § 160, Rn. 14; *K. Schmidt*, Handelsrecht, § 3 I, Rn. 4 ff.

107 *Balz*, ZIP 1988, 1438; *Ganter/Lohmann*, in MünchKomm, InsO, § 1, Rn. 43.

108 BT-Drucks. XII/2443, S. 77 f.; *Balz*, ZIP 1988, 273 (280).

109 Die Konkursordnung war allein auf die Zerschlagung des Unternehmens ausgerichtet, BGH vom 10.04.1979, VI ZR 77/77, NJW 1980, 55 (55). Eine Sanierung sah bereits das Vergleichsverfahren vor. Allerdings bestanden hohe Hürden. So musste den Gläubigern gemäß § 7 I 2 VglO mindestens 35 % ihrer Forderung gewährt werden. Insofern war es dem Gesetzgeber ein Anliegen, den Mangel des alten Rechts zu beheben und einen Rechtsrahmen für die Sanierung zu schaffen. BT-Drucks. XII/2433, 73.

110 BT-Drucks. XII/2443, 77 f.; *Koch/de Bra*, in Gottwald/Haas, Insolvenzrechts-Handbuch, § 66, Rn. 9; *Ganter/Lohmann*, in Münch/Komm, InsO, § 1, Rn. 45; *Schmerbach*, in Frankfurter Kommentar, InsO, Vor §§ 1 ff., Rn. 30.

wenn im Rahmen einer betriebswirtschaftlichen Investitionsentscheidung der Fortführungswert den Liquidationswert übersteigt.[111] Dieser Investitionsentscheidung liegt ein freier Wettbewerb zwischen Sanierung und Liquidation zugrunde, um eine Verzerrung zugunsten oder zulasten einer Verwertungsmethode zu vermeiden.[112]

Den Sanierungsmodalitäten ist die Notwendigkeit von Liquidität gemein. Die Durchführung einer übertragenden Sanierung und die der Reorganisation setzen jeweils eine liquiditätsabhängige Betriebsfortführung voraus.[113] Ziel der *übertragenden Sanierung* ist es, durch eine Versteigerungskomponente die maximale Zahlungsbereitschaft eines Investors zu realisieren und einhergehend einen Kaufpreis nahe dem Fortführungswert zu erzielen.[114] Im Bestfall stehen die Käufer in einem Wettbewerb untereinander und überbieten sich gegenseitig.[115] Unter einem zu hohen Liquiditätsdruck droht eine solche Versteigerung auszufallen, da der Insolvenzverwalter den Betrieb nicht so lange fortführen kann, bis ausreichend Bieter zur Verfügung stehen. Ein Verkauf unter mangelnder Bieternachfrage führt nach Marktgesetzen nicht zu dem gewünschten Kaufpreis nahe dem Fortführungswert.[116]

Die Betriebsfortführung ist für die Reorganisation mittels eines Insolvenzplans[117] von zentraler Bedeutung. Der Ersteller[118] hat ein nachhaltiges, gewinnorientiertes Sanierungskonzept zu entwickeln, das in die Tiefen und Teilbereiche einer Unternehmung abtaucht. In einer Krisenanalyse und einer systematischen Lagebeurteilung sind die wirtschaftlichen

111 BT-Drucks. XII/2443, 76; *Eidenmüller*, Unternehmenssanierung, S. 31 f.; *Funke*, BfuP 1995, 26 (28); *Schmerbach*, in Frankfurter Kommentar, InsO, §§ Vor 1 ff., Rn. 26.

112 BT-Drucks. XII/2443, S. 77 f.

113 *Borchardt,* in Borchardt/Frind, Betriebsfortführung im Insolvenzverfahren, Rn. 558.

114 BT-Drucks. XII/2443, S. 94; *Balz*, ZIP 1988, 273 (289); *Bork*, Insolvenzrecht, Rn. 435.

115 *Eidenmüller,* Unternehmenssanierung, S. 36.

116 *Eidenmüller,* Unternehmenssanierung, S. 37 f.; *K. Schmidt*, ZIP 1980, 328 (336 f.).

117 Ein Insolvenzplan wird auch zur Vorbereitung einer übertragenden Sanierung genutzt. Statt als Sanierungs- wird dieser als Übertragungsplan bezeichnet. *Eilenberger*, in MünchKomm, InsO, § 220, Rn. 56 ff. Bei knapp 90 % der ausgehandelten Insolvenzpläne für Unternehmen wird ein Sanierungsplan entworfen. *Kranzusch*, ZInsO 2007, 804 (805).

118 Insolvenzverwalter und Schuldner haben gemäß § 218 I 1 InsO ein Initiativrecht. Die Gläubiger können lediglich den Verwalter beauftragen, einen Plan zu entwerfen und beratend mitzuwirken, §§ 157 S. 2, 218 II, III InsO.

Problemfelder und deren relative Bedeutung herauszuarbeiten.[119] Die Analyse bildet sodann die Basis für finanz-[120] und leistungswirtschaftliche[121] Maßnahmen zur dauerhaften Krisenbewältigung. Je nach Größe des Unternehmens ist die Bestandsaufnahme und Planung der Reorganisation sehr zeitintensiv.[122]

In Abgrenzung dazu setzt die Liquidation eine Betriebsfortführung nicht voraus. Die Berechnung des Liquidationswertes erfolgt unabhängig von der Sachgesamtheit aus materiellen und immateriellen Gütern eines lebenden, betrieblichen Organismus'. Die Wertrealisierung aus der Zerschlagung leidet unter keinem Liquiditätsdruck.

b) Die Einwirkung der steuerrechtlichen Masseverbindlichkeit auf die Sanierungsmodalitäten

Die steuerrechtliche Masseverbindlichkeit als Leistung ohne Gegenleistung beeinträchtigt den Wettbewerb der Verwertungsarten. Die übertragende Sanierung und die Reorganisation des Rechtsträgers setzen eine Betriebsfortführung voraus.[123] Nur mit ausreichend Liquidität ist eine

[119] *Braun*, in Braun/Uhlenbruck, Unternehmensinsolvenz, S. 552; *Mönning*, Betriebsfortführung in der Insolvenz, Rn. 611 f.

[120] *Braun*, in Braun/Uhlenbruck, Unternehmensinsolvenz, S. 571. Aus finanzwirtschaftlicher Sicht sind die Insolvenzgründe der Zahlungsunfähigkeit und/oder der Überschuldung zu beseitigen. Zur Beseitigung der Zahlungsunfähigkeit können Kredite oder Vereinbarungen über die Fälligkeit von Verbindlichkeiten getroffen werden. Die Befreiung von der Überschuldung wird beispielsweise durch eine Entlastung der Passivseite erreicht. In Betracht kommen Forderungsverzicht, Rangrücktritt und Umwandlung von Verbindlichkeiten in Gesellschaftsrechte (debt-equity-swap).

[121] Leistungswirtschaftliche Maßnahmen sind dahingehend zu treffen, dass das Unternehmen im Anschluss an die Bereinigung der Insolvenzgründe erfolgreich wirtschaften kann. Es sind je nach Einzelfall strategische, administrative Restrukturierungen zu treffen. *Braun*, in Braun/Uhlenbruck, Unternehmensinsolvenz, S. 572.

[122] Zwei Monate halten *Engberding*, DZWiR 1998, 94 (97); *Kaltmeyer*, ZInsO 1999, 316 (323); *Lüer*, in Uhlenbruck, InsO, § 218, Rn. 34 für ausreichend. Drei Monate sind nach *Eidenmüller*, Unternehmenssanierung, S. 288; *Jaffé*, in Frankfurter Kommentar, InsO, § 218, Rn. 35; *Lüke*, in FS Uhlenbruck, S. 519 (531) angemessen.

[123] Ob eine Reorganisation oder eine übertragende Sanierung durchzuführen ist, bestimmt sich nach Spezifika des Unternehmens. Vorteile einer übertragenden Sanierung gegenüber einer Reorganisation: Eine Trennung von Vermögen und Schulden wird gewährleistet. Verbindlichkeiten verbleiben beim Veräußerer und werden dort mit dem Insolvenzverfahren abgewickelt. Die steuerliche Erwerberhaftung ist ausgeschlossen, § 75 II AO. Die Erwerberhaftung gemäß § 25 HGB wird teleologisch reduziert, BGH vom 11.04.1988, II ZR 313/87, BGHZ 104, 151 (153). Es erfolgt eine sofortige Befriedigung der Gläubiger aus dem erzielten Kaufpreis. Es werden Anreize für effizientes

Betriebsfortführung so lange aufrechtzuerhalten, dass entweder ein Bieterverfahren durchgeführt oder ein Insolvenzplan entworfen werden kann.[124] Die steuerrechtliche Masseverbindlichkeit als reine Abgabe knüpft an diese Faktoren an. Sie entzieht der Haftungsmasse die zur Betriebsfortführung notwendige Liquidität.[125] Dadurch benachteiligt sie die Sanierung in der Durchführung ihrer Grundstrukturen.[126] Die steuerrechtliche Masseverbindlichkeit bewirkt, dass die strukturellen Mechanismen des Sanierungsplans und der übertragenden Sanierung unter Zeitdruck ineffizient durchgeführt werden.[127]

Der Insolvenzverwalter ist daher angehalten – wie jeder andere Kaufmann – die Steuer in sein Handeln einzupreisen. Im Zuge der Betriebsfortführung tritt der Insolvenzverwalter als Unternehmer auf. Er schließt neue Verträge ab, verlangt die Erfüllung bislang beiderseitig nicht vollständig erfüllter Verträge und tritt beispielsweise in Verhandlungen mit Gläubigern über etwaige Zahlungserleichterungen, Stundungen sowie Forderungsverzichte. Diesen zivilrechtlichen Vorgängen liegen besteuerungswürdige Sachverhalte zugrunde. Nur weil über das Vermögen des Schuldners das Insolvenzverfahren eröffnet wurde und nunmehr der Insolvenzverwalter gemäß § 80 Abs. 1 InsO die Verwaltungs- und Verfügungsbefugnis übernimmt, ist

---

Unternehmensmanagement gesetzt. Managern droht eine persönliche Sanktionierung durch Wechsel der Rechtsträgerschaft, *Eidenmüller*, Unternehmenssanierung, S. 33. Nachteile einer übertragenden Sanierung gegenüber einer Reorganisation: Übernahme von günstig ausgehandelten Verträgen nur aufgrund von Haftungsnormen möglich, vgl. §§ 566, 593a BGB. Unterbewertung durch den Markt. Häufig wird aufgrund von zeitlich bedingten Informationsdefiziten potenzieller Erwerber und einem anzahlmäßig geringen Bieterkreis ein unter dem Fortführungswert liegender Kaufpreis realisiert, K. Schmidt, ZIP 1980, 326 (336); Eidenmüller, Unternehmenssanierung, S. 36 ff. § 613a BGB bleibt anwendbar. Erwerber tritt in die Arbeitsverhältnisse ein. Es besteht einschränkend eine Haftung für nach Betriebsübergang begründete Verbindlichkeiten aus den Arbeitsverhältnissen, BAG vom 17.01.1980, 3 AZR 160/79, BAGE 32, 326 (333). Personenbezogene öffentlich-rechtlichen Genehmigungen können nicht übertragen werden, Krumm/Wolf, NWB 2010, 3465 (3468 f.); Eidenmüller, Unternehmenssanierung, S. 44 f. Zudem kommt es zu einem Verlust der Firmierung und der Reputation des Unternehmens.

124 *Borchardt,* in Borchardt/Frind, Betriebsfortführung im Insolvenzverfahren, Rn. 558.

125 *Kahlert/Rühland*, Sanierungs- und Insolvenzsteuerrecht, Rn. 9.710; *Nachtmann*, Fiskusvorrecht im deutschen Insolvenzrecht, S. 103 und 205.

126 *Sterzinger*, BB 2011, 1367 (1372); *Sinz/Oppermann*, DB 2011, 2185 (2186); *Kahlert*, FR 2014, 731 (731 f. und 740 ff.).

127 Auf die Mechanismen der Zerschlagung hat die steuerrechtliche Masseverbindlichkeit indes keinen Einfluss, weil die Zerschlagung nicht unter einem Liquiditätsdruck leidet und ohne Liquidität effektiv durchzuführen ist.

der Insolvenzschuldner nicht davon befreit, für die Verwirklichung eines Steuertatbestandes einzustehen. Im Rahmen der Betriebsfortführung hat sich der Insolvenzverwalter stets zu vergewissern, ob der geldwerte Vorteil einer Verwaltungsmaßnahme die Höhe der auf ihr lastenden Steuerforderung übersteigt. Beispielsweise wird der Insolvenzverwalter ein in die Masse fallendes Grundstück nur veräußern, wenn der zur Masse fließende Ertrag größer ist als die steuerliche Belastung.

Abschließend ist folgendes festzuhalten: Die Masseverbindlichkeit entzieht der Insolvenzmasse Liquidität. Mangelnde Liquidität hindert eine längere Betriebsfortführung. Ohne ausreichende Betriebsfortführung greifen die Mechanismen der Sanierungsmodalitäten nicht. Dies führt zu einer Benachteiligung der Sanierung gegenüber der Zerschlagung. Damit hat die steuerrechtliche Masseverbindlichkeit Auswirkungen auf den Wettbewerb der Verwertungsarten. Es ist ein allgemeines Abhängigkeitsverhältnis als theoretische Schlussfolgerung festzustellen: Je höher die Anzahl an steuerrechtlichen Masseverbindlichkeiten ist, desto stärker wird der Wettbewerb der Verwertungsmethoden zum Nachteil der Sanierungsmodalitäten beeinträchtigt.

IV. Ergebnis

Sowohl das Steuer- als auch das Insolvenzrecht sind durch ihre jeweiligen Wertungen und Prinzipien geprägt. Beim Zusammentreffen dieser beiden Rechtsgebiete kommt es zwangsläufig zu Reibungen. Dennoch sind die Grundpfeiler der jeweiligen Rechtsgebiete zu beachten.[128] Je nach Einbindung und Qualifikation der steuerrechtlichen Forderung werden entweder insolvenzrechtliche oder steuerrechtliche Prinzipien eingeschränkt. Weder Insolvenz- noch Steuerrecht besitzen einen generellen Vorrang.[129] Indem das Insolvenzrecht über die Art und Weise der Geltendmachung einer am Insolvenzverfahren teilnehmenden Forderung bestimmt und das Steuerrecht über den Grund und die Höhe der Besteuerung entscheidet, wird das Spannungsverhältnis der diametralen Rechtsgebiete aufgelöst.[130]

[128] *Roth*, Insolvenzsteuerrecht, Rn. 1.7.
[129] *Frotscher*, Besteuerung bei Insolvenz, S. 20.
[130] *Frotscher*, Besteuerung bei Insolvenz, S. 20.

B. Insolvenzrechtliche Forderungszuordnung – Das abstrakte Normgeflecht

I. Einführung

Bevor auf die Entwicklung der Rechtsprechung einzugehen ist, soll zuvorderst als Grundlage das der Rechtsprechung zugrundeliegende Normgeflecht – die insolvenzrechtliche Forderungseinordnung – in ihrem Anwendungs- und Wirkungskreis dargestellt werden. Auf die Besonderheiten der Tatbestände und ihre Wechselwirkung ist einzugehen. Nachfolgend sind – im Sinne einer Einführung – diejenigen Vorschriften näher zu beleuchten, anhand derer die Rechtsprechung die Insolvenzforderung von der Masseverbindlichkeit abgrenzt. Soweit bisher nur allgemein zu fragen war, wie Insolvenzforderung und Masseverbindlichkeit im abstrakten Verhältnis von Steuer- und Insolvenzrecht wirken, ist fortan zu untersuchen, welche Voraussetzungen und Regelungsmechanismen den einzelnen Tatbeständen zugrunde liegen.

II. Der insolvenzrechtliche Regelungsmechanismus des § 38 InsO

1. Allgemeines

§ 38 InsO ist zunächst diejenige Vorschrift, welche die Zweckbestimmung der in §§ 35–37 InsO dargelegten Insolvenzmasse enthält.[131] § 38 InsO bestimmt, dass die Insolvenzmasse dazu dient, die persönlichen Gläubiger zu befriedigen. Erst mit dem anschließenden Relativsatz[132] erfolgt die materielle Legaldefinition des Begriffs des Insolvenzgläubigers und damit einhergehend die Definition der Insolvenzforderung.[133] Die Begriffsbestimmung des Insolvenzgläubigers dient im Satzgefüge des § 38 InsO

---

[131] *Andres,* in Nerlich/Römermann, InsO, § 38, Rn. 1 (15. Lfg. April 2008); *Ehricke/Behme,* in MünchKomm, InsO, § 38, Rn. 1; *Holzer*, in Kübler/Prütting/Bork, InsO, § 38, Rn. 1 (74. Lfg. November 2017).

[132] Die Zweckbestimmung der Insolvenzmasse wird in einem Hauptsatz und der Begriff der Insolvenzgläubiger nur in einem Nebensatz erörtert.

[133] *Andres,* in Nerlich/Römermann, InsO, § 38, Rn. 2 (15. Lfg. April 2008); *Holzer*, in Kübler/Prütting/Bork, InsO, § 38, Rn. 1 (74. Lfg. November 2017); *Sinz*, in Uhlenbruck, InsO, § 38, Rn. 1.

dazu, festzulegen, welcher Gläubiger zur Teilnahme an der gemeinschaftlichen Befriedigung aus der Insolvenzmasse berechtigt ist.[134] Ferner weist § 38 InsO eine Forderung einer bestimmten Vermögensmasse zu: Verbindlichkeiten des Schuldners – aus bilanzieller Sicht seine Passiva – werden dem vorinsolvenzlichen Vermögen zugeordnet.[135] Ist eine Forderung des Gläubigers vor Insolvenzeröffnung begründet, bezieht sich diese auf die vorinsolvenzliche Marktteilnahme des Schuldners. § 38 InsO ordnet Forderungen ein, die vor Insolvenzeröffnung nicht mehr äquivalent zu erfüllen waren und Teil des ökonomischen Versagens des Schuldners sind.

Mit der Begriffsbestimmung der Insolvenzforderung wird eine grundlegende Vorgabe für die inhaltliche Ausgestaltung der Forderungszuordnung getroffen: Insolvenzgläubiger bilden eine Haftungsgemeinschaft und werden gleichmäßig aus der Masse befriedigt. Normativer Ausgangspunkt für die Befriedigungsrangfolge ist die in § 38 InsO benannte insolvenzrechtliche *Begründetheit.* Dieses Tatbestandsmerkmal umschreibt die Maßstäbe und Anforderungen, nach denen Forderungen in der Insolvenz einer Rechtsfolge zuzuordnen sind. Als Ausdruck der Universalität des Insolvenzverfahrens verfolgt § 38 InsO einen übergeordneten Ansatz zur Forderungsbestimmung.[136] § 38 InsO differenziert nicht zwischen Rechtsgründen und erfasst daher beispielsweise gesetzliche wie vertragliche Forderungen.[137]

Ferner ist die Begründetheit einer Forderung der Ausgangspunkt für die Abgrenzung von Insolvenzforderung und Masseverbindlichkeit. Sofern ein Anspruch vor Insolvenzeröffnung insolvenzrechtlich begründet ist, schließt dies grundsätzlich seine Qualifizierung als Masseverbindlichkeit aus.[138]

Im Übrigen greift der Gesetzgeber an weiteren Stellen der Insolvenzordnung auf den Terminus der *begründeten Forderungen* zurück, um Forderungen eine weitere Rechtsfolge zuzuordnen.[139] Der Begriff wird in

---

134 *Andres,* in Nerlich/Römermann, InsO, § 38, Rn. 2 (15. Lfg. April 2008).

135 *Ahrens*, in Ahrens/Gehrlein/Ringstmeier, InsO, § 38, Rn. 5; *Ehricke/Behme*, in MünchKomm, InsO, § 38, Rn. 3.

136 *Hahn,* Motive zur KO, S. 54.

137 *Ahrens*, in Ahrens/Gehrlein/Ringstmeier, InsO, § 38, Rn. 5; *Lüdtke*, in Hamburger Kommentar, InsO, § 38, Rn. 8.

138 Beispielsweise qualifizieren die §§ 55 II, 55 IV, 115 III 2, 118 S. 2, 123 II 1 InsO Insolvenzforderungen zu Masseverbindlichkeiten außerhalb der grundsätzlichen Forderungszuordnung um.

139 §§ 25 II 1; 26 IV 3; 55 I Nr. 1; 55 II 1; 55 III 1; 55 IV; 61 S. 1; 90 I; 209 I Nr. 2; 265 S. 1; 265 S. 2; 270b III; 290 I Nr. 4 InsO.

der Insolvenzordnung als eigenständige Vokabel mit einer spezifischen Bedeutung verwandt. Nach den Grundsätzen der Einheitlichkeit der Terminologie ist davon auszugehen, dass dem gleichen Sprachgebrauch die gleiche Interpretation zukommt.[140]

2. Die Begründetheit als unbestimmter Rechtsbegriff

Obwohl dem Tatbestandsmerkmal der Begründetheit insbesondere bei der insolvenzrechtlichen Befriedungsreihenfolge eine systemtragende Bedeutung zukommt, hat sich der Gesetzgeber dazu entschieden, die Befriedigungsreihenfolge durch einen unbestimmten Rechtsbegriff auszugestalten. Insoweit kommt dem Gesetzgeber eine Einschätzungsprärogative zu, eine konkrete, detaillierte oder eine generelle, flexible Norm zu schaffen.[141] Wählt er eine flexible Norm, ergeben sich Ungenauigkeiten und Zweifel bei der Rechtsanwendung. Vordergründig ist der Rechtsanwender berufen, eine Auslegung vorzunehmen. Die insolvenzrechtliche Begründetheit ist ein normativer, wertausfüllungsbedürftiger Rechtsbegriff, der ein Werturteil des Rechtsanwenders verlangt,[142] um die qualifizierte Unschärfe[143] aufzuhellen. Der Ausdruck ist geprägt von einer Interpretationsoffenheit und einer Konkretisierungsbedürftigkeit. Idealtypisch für einen unbestimmten Rechtsbegriff ist der Begriffshof der insolvenzrechtlichen Begründetheit im Verhältnis zum Begriffskern stark ausgeprägt. Im Einzelnen:

Im Allgemeinen weist ein Normtext je nach Ausgestaltung in gradueller Sicht divergierende Begriffskerne und Begriffshöfe auf. Zu dem Begriffskern eines juristischen Begriffs zählen diejenigen Merkmale, die dem Begriff sprachlich eindeutig zuzuordnen sind. Der Begriffshof umfasst diejenigen Gegenstände, die nach dem Sprachgebrauch möglich erscheinen, jedoch zweifelhaft sind. Je vager eine Vorschrift konzipiert ist, desto größer fällt das Verhältnis von Größe des Begriffskerns und dem ihn umschließenden Begriffshof aus. Von besonderer Bedeutung ist die Bestimmung der Außengrenze des Begriffshofes: Diese entscheidet über die Subsumtion des Sachverhalts unter die gegenständliche Norm. Sie bestimmt maßgeblich die allgemeine Grenze der gesamten Gesetzesauslegung. Das

---

[140] *Braun*, in Braun/Uhlenbruck, Unternehmensinsolvenz, S. 529; *Zippelius*, Juristische Methodenlehre, S. 43.

[141] BVerfG vom 27.01.1983, 1 BvR 1008/79, BVerfGE 63, 88 (115); BVerfG vom 20.06.1984, 1 BvR 1494/78, BVerfGE 67, 157 (175).

[142] Vgl. *Engisch*, Einführung in das juristische Denken, S. 161 f.; *Tipke*, in Handwörterbuch unbestimmter Rechtsbegriffe, S. 2.

[143] Vgl. *Ebinger*, Unbestimmter Rechtsbegriff, S. 20.

Auslegungsergebnis aus der Subsumtion des Sachverhalts muss sich im Begriffshof wiederfinden.

Nach diesen Grundsätzen ist der *Begriffskern* der insolvenzrechtlichen Begründetheit die Vollverwirklichung einer Forderung. Zweifelsfrei ist eine Forderung als begründet anzusehen, wenn sie entstanden ist.[144] Wenige Probleme bereiten demzufolge diejenigen Fälle, in denen eine Forderung vollständig vor oder nach Insolvenzeröffnung verwirklicht ist: Ist die Forderung vor Insolvenzeröffnung vollständig verwirklicht, ist eine Insolvenzforderung anzunehmen. Liegt die vollständige Verwirklichung nach Insolvenzeröffnung, ist unter den zusätzlichen Voraussetzungen des § 55 InsO eine Masseverbindlichkeit gegeben.[145]

Der *Begriffshof* der Begründetheit weist hingegen einen unsicheren Bedeutungsgehalt auf. Die Außengrenze des erforderlichen Verwirklichungsgrades ist schwierig zu bestimmen: Als weiteste Auslegungsmöglichkeit für die Annahme einer Insolvenzforderung kommt in Betracht, dass lediglich wenige Teile der Forderung verwirklicht sein müssen. Besondere Brisanz besitzt dementsprechend eine zum Zeitpunkt der Insolvenzeröffnung teilverwirklichte Forderung.[146] In diesen Fallkonstellationen ist die zu untersuchende Forderung weder vollständig vor noch vollständig nach Insolvenzeröffnung entstanden. Es bleibt offen, unter welchen Voraussetzungen eine teilverwirklichte Forderung als begründet anzusehen ist. Es bleibt zudem offen, welcher Verwirklichungsgrad der Forderung die Rechtsfolge auslöst.[147]

Infolge der bloß vagen Gesetzesformulierung handelt es sich bei der konkreten Rechtsanwendung um eine Frage mit Wertungscharakter. In Zweifelsfällen drängt sich folgende Frage auf: Welcher Verwirklichungsgrad der Forderung löst die Rechtsfolge aus, dass man von einem begründeten Anspruch sprechen kann?[148] Naturgemäß kommt es bei den Beteiligten zu

---

[144] BGH vom 22.09.2011, IX ZB 121/11, NZI 2011, 953 (953 f.); *Eckardt*, in Kölner Schrift zur InsO, S. 744 (747); *Ehricke/Behme*, in MünchKomm, InsO, § 38, Rn. 16; *Lüdtke*, in Hamburger Kommentar, InsO, § 38, Rn. 29.

[145] *Kahlert/Kayser/Bornemann*, Perspektiven für eine kohärente und praxisgerechte Verzahnung von Steuer- und Insolvenzrecht, Rn. 81; *Ries*, in Kayser/Thole, InsO, § 38, Rn. 28. Sind die Voraussetzungen des § 55 InsO nicht erfüllt, richtet sich die Forderung gegen den Schuldner persönlich.

[146] *Lüdtke*, in Hamburger Kommentar, InsO, § 38, Rn. 29.

[147] *Kahlert/Kayser/Bornemann*, Perspektiven für eine kohärente und praxisgerechte Verzahnung von Steuer- und Insolvenzrecht, Rn. 82.

[148] *Kahlert/Kayser/Bornemann*, Perspektiven für eine kohärente und praxisgerechte Verzahnung von Steuer- und Insolvenzrecht, Rn. 82.

unterschiedlichen Auslegungsergebnissen. Die jeweiligen Tendenzen sind ergebnisorientiert: Der Insolvenzverwalter handelt im Interesse der Gläubigergemeinschaft und ist berufen, für deren bestmögliche Befriedigung zu sorgen.[149] Er gelangt im Rahmen der Auslegung interessengeleitet zu einer masseschonenden Insolvenzforderung. Gläubiger hingegen neigen zur Annahme einer Masseverbindlichkeit an, um eine bevorzugte Befriedigung zu erhalten.

Subjektive, irrationale und interessengeleitete Interpretationen[150] stehen aber im Widerspruch zu einer wertungsjuristischen[151] Gesetzesanwendung. Es gilt, das Gesetz abstrakt, rational nachprüfbar und umsichtig auszulegen. Gesetze sind nämlich kein Selbstzweck[152] für individuelle Begehrlichkeiten. Die Gesetze sind vielmehr ein Instrument für die Übermittlung gesetzgeberischer Vorgaben.[153] Doch wie gelingt es, den originären Sinngehalt eines unbestimmten Rechtsbegriffs zu ermitteln? Mit Hilfe der Methodik ist die im Normtext abstrahierte Wertentscheidung des Gesetzgebers herauszufiltern. Im Auftrage eines denkenden Gehorsams ist mittels Rechtsanwendung eine Vervollkommnung des unvollkommenen Textes zu entwickeln.[154] Unbestimmte Rechtsbegriffe sind daher über die reine Wortlautauslegung hinaus zu konkretisieren.[155] Die Methodenlehre als Handwerkszeug[156] des Rechtsanwenders ist zur Ermittlung des objektivierten Willens des Gesetzgebers heranzuziehen.[157] Mit der Methodik steht dem

[149] *Adolphsen*, in Gottwald/Haas, Insolvenzrechts-Handbuch, § 39, Rn. 1; *Häsemeyer*, Insolvenzrecht, Rn. 9.06; *Smid*, Insolvenzrecht, § 13, Rn. 11.

[150] So in der Freiheitslehre zu Beginn des 20. Jahrhunderts als Antwort auf die Begriffsjurisprudenz. *Tipke*, Steuerrechtsordnung, Bd. III, S. 1596; *Larenz*, Methodenlehre der Rechtswissenschaft, S. 62.

[151] Aus der Interessensjurisprudenz hat sich die heute dominierende Wertungsjurisprudenz entwickelt. *Larenz*, Methodenlehre der Rechtswissenschaft, S. 119 f.; *Larenz*, Methodenlehre der Rechtswissenschaft, S. 214 f.

[152] *Englisch*, in Tipke/Lang, Steuerrecht, § 5, Rn. 5.48.

[153] *Tipke*, Steuerrechtsordnung, Bd. III, S. 1598; *Zippelius*, Juristische Methodenlehre, S. 15.

[154] *Tipke*, in Handwörterbuch unbestimmter Rechtsbegriffe, S. 9.

[155] BVerfG vom 11.11.1999, 2 BvF 2/98, BVerfGE 101, 158 (1. Leitsatz).

[156] *Fikentscher*, Methoden des Rechts, Bd. I, S. XIX. Der Kanon geht auf *Savigny* zurück, der zwischen einer grammatischen, logischen, historischen und systematischen Auslegungsmethode unterscheidet. *Savigny*, System des heutigen Römischen Rechts, Bd. I, S. 213 ff.

[157] BVerfG vom 21.05.1952, 2 BvH 2/52, BVerfGE 1, 299 (312); BVerfG vom 05.11.1974, 2 BvL 6/71, BVerfGE 38, 154 (163); BVerfG vom 09.05.1978, 2 BvR 952/75, BVerfGE 48, 246 (256); BGH vom 30.06.1966, KZR 5/65, BGHZ 46, 74 (76); BGH vom 08.11.1967, Ib ZR 135/65, BGHZ 49, 221 (223). *Savigny*, System des heutigen Römi-

Rechtsanwender ein Entscheidungsmaßstab zur Verfügung.[158] Die Methodik hilft, die entkoppelte Maßstabs- und Entscheidungskompetenz zu verbinden: Die Methodik ermittelt den Sinngehalt des Gesetzes. Es ist daher erforderlich, zur Konkretisierung der insolvenzrechtlichen Begründetheit auf das Instrument der Auslegungsmethoden zurückzugreifen. Die jeweiligen Schlüsse aus den Methoden ergeben kumulativ den objektivierten Willen des Gesetzgebers und den Inhalt der Norm.[159] Im Ergebnis ist der Rechtsanwender gefordert: Um den im Begriffshof enthaltenen erforderlichen Verwirklichungsgrad einer Forderung rechtssicher und einheitlich zu ermitteln, bedarf es der Anwendung der Methodenlehre.

schen Rechts, Bd. I, S. 216 f.: „Ist es nun Aufgabe der Auslegung, uns den Inhalt des Gesetzes zum Bewusstseyn zu bringen …".

158 BVerfG vom 21.07.1955, 1 BvL 33/51, BVerfGE 4, 219 (236); BVerfG vom 13.01.1982, 1 BvR 848/77, BVerfGE 59, 231 (263); *Hesse*, Verfassungsrecht, Rn. 503.

159 *Bydlinski,* Juristische Methodenlehre, S. 564; *Larenz,* Methodenlehre der Rechtswissenschaft, S. 316 f.; *Savigny,* System des heutigen Römischen Rechts, Bd. I, S. 215 bekräftig: „Es sind also nicht vier Arten der Auslegung, unter denen man nach Geschmack und Belieben wählen könnte, sondern es sind verschiedene Thätigkeiten, die vereinigt wirken müssen, wenn die Auslegung gelingen soll".

III. Der insolvenzrechtliche Regelungsmechanismus des § 55 InsO

1. Die Berichtigung der Masse durch die Masseverbindlichkeit

Die Insolvenzordnung spricht in Ausgestaltung des ressourcenschonenden Verfahrensprozesses an vielen Stellen von der *Berichtigung* der Masse.[160] Das umschreibt die Aufgabe des Verwalters, das bei Insolvenzeröffnung vorhandene Vermögen des Insolvenzschuldners zu isolieren und in ein Haftungsvermögen umzuwandeln.[161] Der Insolvenzverwalter hat die *Ist-Masse* durch Verringerung, aber auch durch Anreicherung in eine *Soll-Masse* umzuformen.[162] Es ist dasjenige Vermögen herzustellen, aus dem die Insolvenzgläubiger bei der Schlussverteilung zu befriedigen sind.[163] Eine Anreicherung der Ist-Masse erfolgt durch Forderungseinzug[164] und Insolvenzanfechtung, §§ 129 ff. InsO. Verringert wird die Ist-Masse durch eine Aussonderung von Gegenständen, die dem Schuldner nicht gehören, §§ 47, 48 InsO, sowie einer Vorabbefriedigung absonderungsberechtigter Gläubiger, §§ 49 ff., 165 ff. InsO.[165] Ebenso führt die Aufrechnung zu einer Verringerung der Insolvenzmasse, §§ 94 ff. InsO, 387 ff. BGB.[166]

Eine *Berichtigung* der Insolvenzmasse ordnet die Insolvenzordnung auch für Masseverbindlichkeiten in Form von Massekosten und sonstigen Masseverbindlichkeiten an, §§ 53 ff. InsO. Die Masseverbindlichkeiten sind bevorzugt zu berichtigen. Es erfolgt eine bevorzugte Befriedigung gegenüber den Insolvenzgläubigern. Allerdings ergibt sich einschränkend eine

[160] § 25 II 2; § 39 I, II; § 53; § 123 II 1; § 199 S. 1; § 207 III 1; § 209 I; § 214 III; § 258 II 1; § 292 I 2; § 300 I 2 Nr. 1; 358 InsO.

[161] *Adolphsen*, in Gottwald/Haas, Insolvenzrechts-Handbuch, § 39, Rn. 1; *H*äsemeyer, Insolvenzrecht, Rn. 9.06; *Smid*, Insolvenzrecht, § 13, Rn. 11.

[162] *Baur/Stürner*, Insolvenzrecht, § 12, S. 162; *Bork*, Insolvenzrecht, Rn. 227; *Smid*, Insolvenzrecht, § 13, Rn. 11.

[163] Aus diesem Grund wird die Soll-Masse auch als Teilungsmasse bezeichnet. *Bork*, Insolvenzrecht, Rn. 228.

[164] Streng genommen handelt es sich um einen Aktivtausch. Die Forderung wird ausgebucht. Die geschuldete und eingezogene Leistung wird auf der Aktivseite eingebucht.

[165] Im Gegensatz zur Konkursordnung hat nun der Insolvenzverwalter das Verwertungsrecht an den beweglichen, absonderungsberechtigten Gegenständen. Die Gefahr eines unkontrollierten Entzugs betriebsnotwendiger Wirtschaftsgüter besteht nicht mehr. *Ganter/Lohmann*, in MünchKomm, InsO, § 1, Rn. 31

[166] Anstatt einer quotalen erhält der Insolvenzgläubiger aufgrund der Aufrechnung eine volle Befriedigung seiner Insolvenzforderung. *Bork,* Insolvenzrecht, Rn. 230; *Hefermehl,* in MünchKomm, InsO, § 53, Rn. 16.

nachrangige Berichtigung gegenüber den Aussonderungs- und Absonderungsberechtigten, da die Befriedigung der Masseverbindlichkeiten aus der verbleibenden Insolvenzmasse vorzunehmen ist.[167]

Begrifflich und systematisch werden die Masseverbindlichkeiten in Massekosten, § 54 InsO, und sonstige Masseverbindlichkeiten eingeteilt, § 55 InsO. Die Begriffe sind streng voneinander getrennt. Inhaltlich werden durch diese Regelung die reinen Verfahrenskosten abgeschichtet. Begründung für die Anordnung ist, die Hürden für die Verfahrenseröffnung abzusenken.[168]

Die Masseverbindlichkeiten allein als Berichtigungsposten auf dem Weg der Ist- zur Soll-Masse zu charakterisieren, wird ihrer vielschichtigen Bedeutung nicht gerecht. Vielmehr weisen die Masseverbindlichkeiten eine unterschiedliche, materielle Wirkungsweise hinsichtlich des ressourcenschonenden Verfahrensprozesses auf. Eine andere Systematisierung der Masseverbindlichkeiten ergibt sich, wenn man ihren jeweiligen Entstehungsgrund näher in den Fokus rückt. Um die Wirkungsweise und die Zweckrichtung der Masseverbindlichkeiten besser darzustellen, dient die Einflussmöglichkeit des Insolvenzverwalters nachfolgend als Differenzierungsmerkmal. Im Folgenden ist zwischen gewillkürten und aufgezwungenen Masseverbindlichkeiten zu unterscheiden.[169]

2. Die gewillkürte Masseverbindlichkeit

Dogmatische Grundlage der gewillkürten Masseverbindlichkeiten sind die Tatbestände der §§ 55 Abs. 1 Nr. 1, 1. Var., 55 Abs. 1 Nr. 2, 1. Var. und 55 Abs. 2, S. 1 InsO. Der Insolvenzverwalter begründet die gewillkürten Masseverbindlichkeiten bewusst.[170] Sie sind dem Verwalter ein Instrument und Hilfsmittel, um für die Masse vorteilhafte Gestaltungen vorzunehmen.[171]

[167] *Häsemeyer*, Insolvenzrecht, Rn. 14.01; *Sinz*, in Uhlenbruck, InsO, § 53, Rn. 3.

[168] Gemäß § 26 Abs. 1 S. 1 InsO ist das Insolvenzverfahren zu eröffnen, wenn die Kosten des Verfahrens nach § 54 InsO gedeckt sind. BT-Drucks. XII/2443, S. 73, 84 f.; *Grundlach*, in Gottwald/Haas Insolvenzrechts-Handbuch, § 15, Rn. 1; *Smid*, Insolvenzrecht, § 28, Rn. 5.

[169] In Teilen sah dies die Systematik der Konkursordnung vor. Nach § 58 KO wurden aufgezwungene Masseverbindlichkeiten wie Verfahrenskosten und Ausgaben für die Verwaltung und Verwertung, unter dem Begriff der Massekosten zusammengefasst. Gewillkürte Masseverbindlichkeiten wurden nach § 59 KO als Masseschulden bezeichnet.

[170] BGH vom 03.04.2003, IX ZR 101/02, BGHZ 154, 358 (363); *Wimmer-Amend*, Frankfurter Kommentar, InsO, § 90, Rn. 5.

[171] *Thole*, in K. Schmidt, InsO, § 53, Rn. 3.

Mit Kalkül werden zweckmäßige Rechtsgeschäfte abgeschlossen, die zur Vergrößerung der Haftungsmasse erforderlich sind.[172] Die gewillkürten Masseverbindlichkeiten erhöhen den unternehmerischen Handlungsspielraum des Insolvenzverwalters.[173] Denkt man sich die Masseverbindlichkeiten versuchsweise weg, würden Vertragspartner aus Sorge um einen Forderungsausfall mit einem insolventen Schuldner keine Verträge mehr schließen oder hilfsweise in den Verträgen eine Vorleistung vereinbaren.[174] Eine Betriebsfortführung[175] wäre unter dieser Prämisse von kurzer Dauer. Die Rechtsfolgen der gewillkürten Masseverbindlichkeiten in der Form der bevorrechtigten Befriedigung und einer Ersatzhaftung des Verwalters (§ 61 InsO) rufen bei den Gläubigern ein ökonomisches Interesse hervor, mit dem Schuldner auch in der Insolvenz zu kontrahieren.[176] Die rechtlichen Wirkungen der Masseverbindlichkeit wecken bei den Gläubigern ein Vertrauen auf ein leistungsstörungsfreies Austauschverhältnis. Gewillkürte Masseverbindlichkeiten dienen einer ordnungsgemäßen Abwicklung des Insolvenzverfahrens im Interesse der Insolvenzgläubiger.[177]

3. Die aufgezwungene Masseverbindlichkeit

Oktroyierte, aufgedrängte oder ererbte Masseverbindlichkeiten: All dies sind Synonyme für die aufgezwungenen Masseverbindlichkeiten.[178] Sie entstehen durch Gesetz und ohne eine Rechtshandlung des Verwalters.[179] Der Gestaltungspielraum des Insolvenzverwalters ist hinsichtlich dieser aufgedrängten Kosten eingeschränkt.[180] Der Insolvenzverwalter

---

172 *Häsemeyer,* Insolvenzrecht, Rn. 14.08; *Hefermehl,* in MünchKomm, InsO, § 53, Rn. 7; *Henckel*, in FS 100 Jahre KO, S. 169 (174).

173 *Hefermehl,* in MünchKomm, InsO, § 55, Rn. 5.

174 *Hefermehl,* in MünchKomm, InsO, § 53, Rn. 1.

175 Die gesetzliche Konzeption sieht vor, dass der Betrieb bis zum Berichtstermin zunächst fortgeführt wird, §§ 22 I 2 Nr. 2, § 107 II, § 158 InsO. Eine vorzeitige Stilllegung des Unternehmens ist bei erheblicher Verminderung des Schuldnervermögens vorgesehen. *Haarmeyer/Schildt,* in Münch/Komm, InsO § 22, Rn. 111; *von Websky*, in Betriebsfortführung im Insolvenzverfahren, Rn. 1703; *Wellensiek*, FS Uhlenbruck, S. 199 (205).

176 *Hefermehl,* in MünchKomm, InsO, § 53, Rn. 1.

177 *Häsemeyer,* Insolvenzrecht, Rn. 14.03; *Hefermehl,* in MünchKomm, InsO, § 53, Rn. 1; *Lohmann*, in Kayser/Thole, InsO, § 55, Rn. 1.

178 *Uhlenbruck*, in Uhlenbruck, InsO, § 90, Rn. 2.

179 *Eckardt*, in Jaeger, InsO, § 90, Rn. 4; *Kroth,* in Braun, InsO, § 90, Rn. 3; *Kuleisa*, in Hamburger Kommentar, InsO, § 90 Rn. 2; *Wimmer-Amend*, in Frankfurter Kommentar, InsO, § 90, Rn. 4.

180 *Häsemeyer*, Insolvenzrecht, Rn. 7.29; *Hefermehl,* in MünchKomm, InsO, § 53, Rn. 59; *Lohmann*, in Kayser/Thole, InsO, § 53, Rn. 2.

hat antizipierend die aufgezwungenen Belastungen einzuplanen und sein Massemanagement unter Umständen anzupassen. In Abgrenzung zu gewillkürten Masseverbindlichkeiten erbringen die aufgezwungenen Masseverbindlichkeiten keinen Vorteil für die Masse. Die aufgezwungenen Masseverbindlichkeiten bestehen aufgrund anderer Zielsetzungen, die im Insolvenzfall mit dem Prinzip eines ressourcenschonenden Verfahrensprozesses kollidieren.[181] Aufgrund übergeordneter gesetzlicher Beweggründe haben die rein wirtschaftlichen Interessen der ungesicherten Gläubiger zurückzustehen. Die übergeordneten Beweggründe lassen sich an den Tatbeständen der §§ 54, 55 Abs. 1 Nr. 1, 2. Var., 55 Abs. 1 Nr. 2, 2. Var. und 55 Abs. 1 Nr. 3 InsO verdeutlichen.

Nach 54 InsO sind die wesentlichen gerichtlichen und außergerichtlichen Kosten der Insolvenzmasse aufgezwungen. Dabei handelt es sich um bevorrechtigte, aufgezwungene Masseverbindlichkeiten, da die rechtsstaatlich einwandfreie Durchführung des Insolvenzverfahrens gesichert sein muss.[182]

Ebenfalls zu den aufgezwungenen Masseverbindlichkeiten zählen die nach § 55 Abs. 1 Nr. 2, 2. Var. InsO bevorrechtigten Lohn- und Mietzinsforderungen. Die Schuldner bilden aus diesen Dauerschuldverhältnissen ein schutzwürdiges Vertrauen auf ein längerfristiges Austauschverhältnis von Leistung und Gegenleistung.[183] Eine abrupte Vertragsbeendigung aufgrund des vom Insolvenzverwalter ausgeübten Wahlrechts (§ 103 InsO) weist ein hohes Schädigungspotenzial auf. Aus diesem Grund wirken die Arbeits- und Mietverhältnisse kraft Gesetzes fort.

Ein Vorteil der Insolvenzmasse, welcher nach dem Gesamturteil der Rechtsordnung und nach Grundsätzen materieller Gerechtigkeit nicht zu beanspruchen ist,[184] ist im Wege der ungerechtfertigten Bereicherung als eine aufgezwungene Masseverbindlichkeit zu berichtigen, § 55 Abs. 1 Nr. 3 InsO.

Die aufgezwungenen Masseverbindlichkeiten, die nach § 55 Abs. 1 Nr. 1, 2. Var. InsO durch die Verwaltung, Verwertung und Verteilung ausgelöst werden, verfolgen keinen höherrangigen insolvenzrechtsspezifischen Grund. Vergleichbare Gründe wie ein besonderer Vertrauensschutz ausgewählter

---

181 *Häsemeyer*, Insolvenzrecht, Rn. 14.04.

182 BGH vom 13.04.2006, IX ZR 22/05, BGHZ 167, 178 (183).

183 *Häsemeyer*, Insolvenzrecht, Rn. 14.04; *Henckel*, in FS 100 Jahre KO, S. 169 (175); *Wegener*, in Uhlenbruck, InsO, § 108, Rn. 2.

184 *Sprau*, in Grüneberg, BGB, Einf. v. § 812, Rn. 1.

Vertragspartner, eine erhöhte Schutzbedürftigkeit längerfristiger Verträge oder die rechtstaatliche Durchführbarkeit des Verfahrens bestehen nicht.[185] Der Zweck der Belastung bestimmt sich vielmehr aus einem außerhalb der Insolvenz liegenden Rechtsgrund.[186] § 55 Abs. 1 Nr. 1, 2. Var. InsO umschreibt den durch die Durchführung des Verfahrens entstehenden Kosten- und Belastungsaufwand.[187] Die Insolvenzverwaltung ist eine Vermögensverwaltung. Diesbezüglich fallen im wirtschaftlichen Geschäftsverkehr Kosten an, die jeder Verkehrsteilnehmer aufgrund von bestimmten Voraussetzungen wie Rechtshandlungen, Sachherrschaft über Gegenstände oder organisatorischen Vorgängen zu tragen hat. Die Insolvenzverwaltung als Vermögensverwaltung ist davon nicht befreit. Die Insolvenzverwaltung hat sich bei unternehmerischer Betriebsfortführung wie andere Verkehrsteilnehmer an außerhalb der Insolvenz geltende Spielregeln zu halten. Der Belastungsgrund des § 55 Abs. 1 Nr. 1, 2. Var. InsO liegt mithin darin, dass die Insolvenzmasse diejenigen Kosten zu tragen hat, die zurechenbar auf ihre eigene Verwaltung im allgemeinen Geschäftsverkehr zurückzuführen sind.[188] Aufgrund der besonderen Situation der formellen Insolvenz ist die Insolvenzmasse nicht von dem allgemeinen Grundsatz befreit, dass derjenige die Kosten zu tragen hat, der sie zurechenbar hervorgerufen hat.[189]

4. Zwischenergebnis

Die Masseverbindlichkeiten lassen sich zusammenfassend als Vermögensverwaltungskosten[190] des Gesamtvollstreckungsverfahrens bezeichnen.[191]

---

[185] *Sinz*, in Uhlenbruck, InsO, § 55, Rn. 25.

[186] Siehe hierzu die Kasuistik bei *Jarchow*, in Hamburger Kommentar, InsO, § 55, Rn. 8; *Lohmann*, in Kayser/Thole, InsO, § 55, Rn. 8 ff.

[187] *Hefermehl,* in MünchKomm, InsO, § 53, Rn. 5 und 22a; *Jarchow*, in Hamburger Kommentar, InsO, § 53, Rn. 5; *Lent*, in Jaeger, KO, § 58, Rn. 1; *Thole*, in K. Schmidt, InsO, § 55, Rn. 16.

[188] *Hefermehl,* in MünchKomm, InsO, § 53, Rn. 5 und 22a; *Thole*, in K. Schmidt, InsO, § 55, Rn. 16.

[189] *Jarchow*, in Hamburger Kommentar, InsO, § 53, Rn. 5.

[190] *Bauer,* ZInsO 2010, 1917 (1919) spricht diesbezüglich von echten Masseverbindlichkeiten. *Häsemeyer,* Insolvenzrecht, Rn. 14.02 betitelt sie als Liquiditätskosten.

[191] Bei einer ökonomischen Betrachtungsweise ist zwischen direkten und indirekten Kosten des Insolvenzverfahrens zu unterschieden. Direkte Kosten werden durch das Verfahren selbst ausgelöst. Beispielhaft sind Verfahrenskosten wie Gerichtsgebühren, Vergütungen und Auslagen des Insolvenzverwalters und der Mitglieder des Gläubigerausschusses zu benennen. Indirekte Kosten beschreiben den Wertverlust des Unternehmens, der durch die Auslösung eines Insolvenzverfahrens eintritt. Dazu zählen die Abwanderung qualifizierter Mitarbeiter, Verlust von Lieferbeziehungen, ein Verlust von Reputation auf dem Wirtschaftsmarkt oder eine zurückhaltende Investitionsbereitschaft

Die Kosten gehen zwangläufig auf den gesetzlichen Auftrag zur Betriebsfortführung zurück. Eine Differenzierung ist anhand des Belastungszwecks vorzunehmen: Einerseits ermöglichen die gewillkürten Masseverbindlichkeiten eine Wertschöpfung in der Insolvenz. Sie fördern den innverhalb der Insolvenzordnung liegenden Zweck der bestmöglichen Gläubigerbefriedigung. Andererseits gewährleisten die aufgezwungenen Masseverbindlichkeiten, dass sich die Insolvenzverwaltung in den Pflichtenkreis des allgemeinen Rechtsverkehrs einfügt. Masseverbindlichkeiten entsprechen damit insolvenzrechtsspezifischen und insolvenzfremden Bestrebungen. Dogmatisch ist insbesondere zwischen § 55 Abs. 1 Nr. 1, 1. Var. InsO und § 55 Abs. 1 Nr. 1, 2. Var. InsO zu unterscheiden. Bei der ersten Tatbestandsvarianten handelt es sich um gewillkürte Masseverbindlichkeiten, da diese durch ein Handeln des Insolvenzverwalters entstehen. Die zweite Tatbestandsvariante umschreibt aufgezwungene Masseverbindlichkeiten; sie entstehen als Annex aus der allgemeinen Vermögensverwaltung in sonstiger Weise.

IV. Die Forderung gegen das insolvenzfreie Vermögen

Im Vergleich zur Insolvenzforderung (§ 38 InsO) und zur Masseverbindlichkeit (§ 55 InsO) sieht die Insolvenzordnung für eine Forderung gegen das insolvenzfreie Vermögen keine Vorschrift vor, die speziell deren Voraussetzungen definiert. Ursache für die mangelnde Regelung ist, dass es um eine Forderung handelt, die nicht am Insolvenzverfahren per se teilnimmt. Sie richtet sich gegen den Schuldner persönlich und dessen Vermögen. Zugriffsobjekt des Anspruchs ist nicht die Insolvenzmasse, da dem Schuldner nach Verfahrenseröffnung die Rechtsmacht fehlt, die Masse zu verpflichten, §§ 80, 81 InsO.[192] Der Insolvenzschuldner hat vertragliche wie gesetzliche Verbindlichkeiten aus seinem privaten Vermögen zu erfüllen. Die Neugläubiger können im Rahmen der §§ 850d und 850f ZPO, § 89 Abs. 2 InsO die Einzelzwangsvollstreckung betreiben, auch wenn diese

bei profitablen Projekten. *Aghion/Hart/Moore*, Journal of Law, Economics and Organization, June 1992, 523 (530); *Gilson/John/Lang*, Journal of Financial Economics 27, May 1990, 315 (319); *Hax*, Journal of Institutional and Theoretical Economics, March 1985, 80 (83); *Haugen/Senbet*, The Journal of Finance, May 1978, 383 (385); *Warner*, The Journal of Finance, May 1977, 337 (338). Sowohl die aufgezwungen als auch die gewillkürten Masseverbindlichkeiten sind bei dieser Kategorisierung den direkten Kosten des Insolvenzverfahrens zuzuordnen.

192 BFH vom 16. 11.2004, VII R 62/03, BStBl. II 2005, 309 (310); *Onusseit*, in Kübler/Prütting/Bork, InsO, Steuerrecht in der Insolvenz, Umsatzsteuer Rn. 263 (77. Lfg. August 2018).

wegen der Einbeziehung des Neuerwerbs in die Masse (§ 35 InsO) wirtschaftlich wenig erfolgversprechend sein wird.[193] Insoweit bedarf es keiner gemeinschaftlichen Haftungszuordnung, wenn sich Gläubiger und Schuldner außerhalb einer haftungsrechtlichen Kollektivierung direkt gegenüberstehen. Die Qualifizierung einer Forderung gegen das insolvenzfreie Vermögen beruht zusammengefasst auf dem Gedanken, dass zwar nach § 80 Abs. 1 InsO die Verwaltungs- und Verfügungsbefugnis auf den Insolvenzverwalter übergeht, dies aber nur diejenigen Gegenstände betrifft, die auch tatsächlich zur Insolvenzmasse gehören.[194] Soweit jedoch nicht die Insolvenzmasse betroffen ist, ist der Schuldner befugt, Verträge abzuschließen, sie zu erfüllen und für Verbindlichkeiten zu haften.[195]

Was sind das jedoch für Fälle, in denen ein Insolvenzschuldner trotz formeller Insolvenzeröffnung selbst Schuldner einer persönlichen Steuerverpflichtung wird? Das betrifft vordergründig Sachverhalte, in denen der Insolvenzschuldner nach Verfahrenseröffnung Verbindlichkeiten mit Bezug zum insolvenzfreien Vermögen eingeht.[196] Dem Grunde nach ergibt sich das insolvenzfreie Vermögen aus einer negativen Abgrenzung zum Insolvenzbeschlag aus § 35 Abs. 1 InsO. Daher sind alle Gegenstände, die nicht der Zwangsvollstreckung unterliegen, dem persönlichen Vermögen des Schuldners zugewiesen, § 36 Abs. 1 InsO. Entsprechendes gilt für vom Insolvenzverwalter freigegeben Gegenstände.[197] Veräußert beispielsweise der Insolvenzschuldner einen dieser freigegebenen Gegenstände, ist die daran anknüpfende Umsatzsteuer gegen den Schuldner persönlich festzusetzen. Der Insolvenzverwalter kann jedoch nicht nur Gegenstände, sondern auch eine selbständige Tätigkeit des Insolvenzschuldners freigeben, § 35 Abs. 2 InsO. Die aus dieser Tätigkeit resultierenden Einkommensteuerschulden sind gegen das insolvenzfreie Vermögen des Schuldners festzusetzen.[198]

Interessant sind vor allem die Fallgestaltungen, in denen Steuerforderungen gegen das insolvenzfreie Vermögen entstehen, weil Steuerforderungen

[193] *Onusseit*, in Kübler/Prütting/Bork, InsO, Steuerrecht in der Insolvenz, Umsatzsteuer Rn. 263 (77. Lfg. August 2018).

[194] *Kahlert*, WPg 2015, 1197 (1198).

[195] *Ries*, ZInsO 2009, 2030 (2033).

[196] *Onusseit*, in Kübler/Prütting/Bork, InsO, Steuerrecht in der Insolvenz, Umsatzsteuer Rn. 263 (77. Lfg. August 2018).

[197] Vgl. zur Anerkennung der gesetzlich nicht normierten Freigabe nur BGH vom 21.04.2005, IX ZR 281/03, BGHZ 163, 32 (37); *Hirte/Praß,* in Uhlenbruck, InsO, § 35, Rn. 71.

[198] BFH vom 16.04.2015, III R 21/11, BStBl. II 2016, 29 (30 f.).

weder als Insolvenzforderung noch als Masseverbindlichkeit zu qualifizieren sind.[199] Wenn eine Steuerforderung zum Zeitpunkt der Insolvenzeröffnung nicht nach § 38 InsO begründet ist oder die zusätzlichen Voraussetzungen des § 55 InsO nicht vorliegen, verbleibt als Belastungsobjekt nur das insolvenzfreie Vermögen.[200] Denn insoweit gibt es keine andere Vermögensmasse, zu der die Forderung sonst zugeordnet werden könnte. Für diese Fälle kommt der Forderung gegen das insolvenzfreie Vermögen eine Auffangfunktion zu.[201]

Es bleibt folgendes festzuhalten: Mit der Einordnung als Forderung gegen das insolvenzfreie Vermögen nimmt der Steuergläubiger nicht am Insolvenzverfahren teil. Die Forderung richtet sich nicht gegen die Insolvenzmasse. Befriedigung erhält der Steuergläubiger aus dem Vermögen des Schuldners. Die Forderung unterfällt nicht der kollektivierten Haftungsverwirklichung. In Abgrenzung zur Insolvenzforderung und Masseverbindlichkeit steht dieser Steuergläubiger in keinem Rang- und Konkurrenzverhältnis zu anderen Gläubigern, die auf eine bestmögliche Befriedigung drängen.

V. Der insolvenzrechtliche Regelungsmechanismus der §§ 95 Abs. 1, 96 Abs. 1 Nr. 1 InsO

Insolvenzgläubiger sind dahingehend diszipliniert, dass sie gemäß §§ 87, 89 Abs. 1 InsO ihre Forderungen nach den Vorschriften über das Insolvenzverfahren verfolgen müssen und einem Vollstreckungsverbot unterliegen. Das Gesamtvollstreckungsverfahren weist den Insolvenzgläubigern eine quotale Befriedigung aus der Insolvenzmasse zu. Eine Ausnahme von diesem Grundsatz gilt für diejenigen Insolvenzgläubiger, die zur Zeit der Insolvenzeröffnung gegenüber dem Schuldner zur Aufrechnung berechtigt sind. Gemäß den §§ 94–96 InsO bleibt die Aufrechnungslage unter Berücksichtigung der allgemeinen zivilrechtlichen Voraussetzungen, §§ 387 ff. BGB, in der Insolvenz bestehen. Dadurch erhält der Insolvenzgläubiger eine vollständige Befriedigung seiner Insolvenzforderung, soweit die Hauptforderung des Schuldners eine entsprechende Höhe ausweist.[202]

---

199 *Onusseit*, in Kübler/Prütting/Bork, InsO, Steuerrecht in der Insolvenz, Umsatzsteuer Rn. 264 (77. Lfg. August 2018).

200 *Onusseit*, in Kübler/Prütting/Bork, InsO, Steuerrecht in der Insolvenz, Umsatzsteuer Rn. 264 (77. Lfg. August 2018).

201 *Onusseit*, in Kübler/Prütting/Bork, InsO, Steuerrecht in der Insolvenz, Umsatzsteuer Rn. 196 (77. Lfg. August 2018).

202 *Lojowsky*, in Braun, InsO, § 94, Rn. 26.

Rechtstechnisch wirkt die Aufrechnung wie die Befriedigung der absonderungsberechtigten Gläubiger.[203] Es handelt sich bei der Aufrechnung um eine bevorzugte Art der Befriedigung, da eine wertlose, quotenabhängige Insolvenzforderung in eine werthaltige Forderung umgewandelt wird.[204] Der aufrechnende Gläubiger verbucht einen Zugewinn in der Differenz zwischen Nennwert der Forderung und zu erwartender Insolvenzquote. Der Insolvenzgläubiger vollzieht bei wirtschaftlicher Betrachtungsweise als Ausnahme vom Gesamtvollstreckungsverfahren eine private Zwangsvollstreckung unter dem Deckmantel der Aufrechnung.[205]

Der Aufrechnung im Insolvenzverfahren kommt eine Befriedigungs- und Sicherungsfunktion zu.[206] Dabei liegen der Aufrechnung Vertrauensschutzgedanken zugrunde.[207] Eine bestehende und sichere Aufrechnungsbefugnis bleibt erhalten und wird nicht nachträglich durch den Eintritt der Insolvenz beseitigt.[208] Ein solches Vertrauen in eine sichere Rechtsposition wird in vergleichbarer Weise im allgemeinen Schuldrecht geachtet, §§ 389, 392, 406 BGB.[209] Über den Schutz einer bestehenden Sicherheit hinaus erweitert die Insolvenzordnung das Vertrauen in eine erst künftige Aufrechnungslage.[210] Der § 95 InsO sichert insoweit das Vertrauen in eine Aufrechnungsanwartschaft.[211]

Die grundsätzliche Anerkennung der Aufrechnung im Insolvenzverfahren ist vergleichbar mit der Berücksichtigung von dinglichen Sicherheiten im Insolvenzverfahren.[212] Beiden Fällen liegt die rechtspolitische Entscheidung zugrunde, im Vorfeld der Insolvenzeröffnung bestehende und

---

[203] BGH vom 04.05.1995, IX ZR 256/93, BGHZ 129, 336 (341); *Adolphsen*, in Gottwald/Haas, Insolvenzrechts-Handbuch, § 45, Rn. 3.

[204] *Brandes/Lohmann*, in MünchKomm, InsO, § 94, Rn. 3.

[205] *Bötticher*, in FS Schima, S. 95 (95) spricht von einer Selbstexekution.

[206] *Bötticher*, in FS Schima, S. 95 (95); *Lüke*, Kübler/Prütting/Bork, InsO, § 94, Rn. 7 (61. Lfg., November 2014).

[207] *Adolphsen*, in Gottwald/Haas, Insolvenzrechts-Handbuch, § 45, Rn. 1; *J. Schmidt*, in Kayser/Thole, InsO, § 94, Rn. 3.

[208] BGH vom 20.06.1951, GSZ 1/51, BGHZ 2, 300 (304 f.); *Brandes/Lohmann*, in MünchKomm, InsO, § 94, Rn. 1; *Häsemeyer*, Insolvenzrecht, Rn. 19.02.

[209] *Lüke*, in Kübler/Prütting/Bork, InsO, § 94, Rn. 6 (61. Lfg. November 2014).

[210] BGH vom 14.12.2006, IX ZR 194/05, BGHZ 170, 206 (209); *Kahlert/Kayser/Bornemann*, Perspektiven für eine kohärente und praxisgerechte Verzahnung von Steuer- und Insolvenzrecht, Rn. 283; *J. Schmidt*, in Kayser/Thole, InsO, § 94, Rn. 3.

[211] *Adolphsen*, in Gottwald/Haas, Insolvenzrechts-Handbuch, § 45, Rn. 44; *Lent*, in Jaeger, KO, § 54, Rn. 1.

[212] *Lüke*, Kübler/Prütting/Bork, InsO, § 94, Rn. 8 (61. Lfg. November 2014); *Smid*, Insolvenzrecht, § 16, Rn. 1.

erworbene Rechtspositionen zu achten.[213] Das Insolvenzverfahren erkennt die gesicherten Rechtspositionen an, modifiziert aber deren rechtliche Behandlung.[214] Zudem kommt in der Aufrechterhaltung der Aufrechnungsbefugnis die friedensstiftende Ordnungsfunktion des Insolvenzrechts zum Ausdruck. Ein wildes Zusammenlaufen der aufrechnungsbefugten Gläubiger vor Insolvenzeröffnung wird vermieden.

Durch die Aufrechterhaltung der Aufrechnungsbefugnis in der Insolvenz kommt es zum Ausgleich eines Interessenskonflikts. Die §§ 94–96 InsO schaffen einen Ausgleich zwischen dem Vertrauensschutz einerseits und einem ressourcenschonenden Verfahrensprozess andererseits. Die bevorzugte Behandlung des aufrechnungsbefugten Insolvenzgläubigers führt zu einer Belastung der Insolvenzmasse. Dies geht zulasten der Haftungsverwirklichung im Interesse der ungesicherten Gläubiger. In normativer Ausgestaltung vertreten die §§ 94, 95 InsO die Vertrauensschutzgesichtspunkte. § 96 grenzt diese Gesichtspunkte korrespondierend zum Schutz der Insolvenzmasse ein, indem das Erfordernis der Gegenseitigkeit verschärft wird.[215] Aus dem Normkonzept der §§ 94–96 InsO ergibt sich ein schutzwürdiges Vertrauen für die bis zum Zeitpunkt der Insolvenzeröffnung sichere Aufrechnungslage. Eine später eintretende Gegenseitigkeit von Haupt- und Gegenforderung schließt die Aufrechnung aus. Es käme andernfalls zu einer wertungsmäßig ungerechtfertigten Belastung der Insolvenzmasse, welche das austarierte Verhältnis von Vertrauensschutz und Haftungsverwirklichung aufbräche.[216]

Als Ausdruck der Universalität der Insolvenzordnung regelt § 94 InsO die fortbestehende Aufrechnungsberechtigung eines Insolvenzgläubigers. Damit wird auch der Steuergläubiger ermächtigt, in der Insolvenz aufzurechnen. Die normative Grundlage der Ermächtigung ergibt sich aus einem Zusammenwirken von zivil-, insolvenz- und steuerverfahrensrechtlichen

---

213 *Brandes/Lohmann*, in MünchKomm, InsO, § 94, Rn. 1.

214 Für die Einbeziehung dinglich gesicherter Gläubiger sprachen sich *Balz,* Sanierung von Unternehmen oder Unternehmensträgern, S. 26 ff.; *Jackson*, Logic and Limits of Bankruptcy Law, S. 59 ff. aus. Zur Forderung einer Abschaffung oder Beschränkung der Absonderungsrechte siehe *Adams*, Ökonomische Analyse der Sicherungsrechte, S. 286 ff.; *Dorndorf/Frank*, ZIP 1985, 65 ff.; *Gottwald*, in Insolvenzrecht im Umbruch, S. 197, 207 f.; *Meyer-Cording,* NJW 1979, 2126 (2127 ff.). Eine Übersicht über die rechtliche Behandlung von Sicherungsrechten in der Insolvenz liefern *Gottwald/Adolphsen*, in Kölner Schrift zur InsO, S. 1043 ff.

215 *Lüke*, in Kübler/Prütting/Bork, InsO, § 96, Rn. 3 (61. Lfg. November 2014).

216 *Brandes/Lohmann*, in MünchKomm, InsO, § 96, Rn. 1; *Windel*, in Jaeger, InsO, § 94, Rn. 1.

Vorschriften, namentlich der §§ 387 ff. BGB, 94 ff. InsO, 226 AO. Die Befriedigung im Wege der Aufrechnung vollzieht sich verfahrensrechtlich außerhalb des Gesamtvollstreckungsverfahrens.[217] Die Aufrechnungserklärung ist gegenüber dem Insolvenzverwalter zu erklären.[218] Eine Festsetzung per Verwaltungsakt ist nicht erforderlich.[219] Es muss kein Haftungsbescheid oder eine Feststellung ergehen.[220]

---

217 *Adolphsen*, in Gottwald/Haas, Insolvenzrechts-Handbuch, § 45, Rn. 36; *Lojowsky*, in Braun, InsO, § 94, Rn. 26.

218 *Adolphsen*, in Gottwald/Haas, Insolvenzrechts-Handbuch, § 45, Rn. 34; *Loose*, in Tipke/Kruse, AO/FGO, § 251, Rn. 103 (168. Lfg. November 2021).

219 BFH vom 04.05.2004, VII R 45/03, BStBl. II 2004, 815 (818).

220 *Frotscher,* Besteuerung bei Insolvenz, S. 93 f.; *Loose*, in Tipke/Kruse, AO/FGO, § 226, Rn. 43a (155. Lfg. Februar 2019).

C. Fallbeispiele – Praktische Relevanz der Abgrenzung von Insolvenzforderung und Masseverbindlichkeit

I. Einführung

Soweit sich zuvorderst zu fragen war, wie Insolvenz- und Steuerrecht grundlegend miteinander verzahnt sind, der Steuergläubiger in das Insolvenzverfahren eingebunden wird und auf welchem Normgeflecht die Abgrenzung von Insolvenzforderung und Masseverbindlichkeit beruht, ist sich fortlaufend der dieser Arbeit zugrundeliegenden konkreten Rechtsfrage zu widmen. Ausgangspunkt soll hierzu zunächst die Untersuchung sein, wie nicht steuerliche Forderung insolvenzrechtlich eingeordnet werden. Diese Betrachtung dient vordergründig einem Problemaufriss. Insoweit ist die der Arbeit zugrundeliegende Frage zur Einordnung von Ertragsteuern in einen größeren Kontext einzuordnen. Darüber hinaus sollen die Ausführungen zur Einordnung einer nicht steuerlichen Forderung schon einmal ein Gespür dafür geben, vor welche grundlegenden Herausforderungen der Rechtsanwender bei der Abgrenzung von Insolvenzforderung und Masseverbindlichkeit gestellt wird. So sei an dieser Stelle bereits erwähnt, dass sich Abgrenzungsprobleme nicht nur im Steuerrecht stellen, sondern auch bei der Qualifizierung von beispielsweise zivil- oder verwaltungsrechtlichen Forderungen. Einheitlich ist nämlich der Frage nachzugehen, ob die bei Insolvenzeröffnung vorliegende Tatbestandsverwirklichung ausreicht, um von einer im insolvenzrechtlichen Sinne begründeten Forderung zu sprechen, oder aber, ob vielmehr die weiteren Voraussetzungen des § 55 InsO vorliegen und vom Bestehen einer Masseverbindlichkeit auszugehen ist.

Dass die Abgrenzung von Insolvenzforderung und Masseverbindlichkeit kein originär steuerrechtliches Problem darstellt, wurzelt in der Normstruktur der §§ 38, 55 InsO. Im Rahmen der insolvenzrechtlichen Forderungszuordnung verlangt die Insolvenzordnung vom Rechtsanwender, dass er – ausgehend vom Wortlaut des § 38 InsO – bestimmt, wann ein Vermögensanspruch zum Zeitpunkt der Insolvenzeröffnung begründet ist. Kraft der Universalität des Insolvenzrechts ist dies der Maßstab zur Einordnung jeglicher Forderungen; zwischen den jeweiligen Rechtsgründen der Forderungen wird nicht differenziert. Folglich stellen sich zivilrechtliche Gläubiger, verwaltungsrechtliche Gläubiger oder auch der Steuergläubiger vergleichbare dogmatischen Fragen, wenn es darum geht, ihre Forderungen insolvenzrechtlich einzuordnen.

Unter welchen Voraussetzungen ist eine Forderung begründet? Im Grundsatz bestehen keine Zweifel an der Begründetheit, wenn sämtliche Tatbestandsvoraussetzungen bei Insolvenzeröffnung verwirklicht sind. Wie ist es aber, wenn zum Zeitpunkt der Insolvenzeröffnung die Forderung nur teilverwirklicht ist. Diese Frage lässt der Wortlaut des § 38 InsO offen. Eine nähere Konkretisierung trifft die Vorschrift auf den ersten Blick nicht. Um sich den insolvenzrechtlichen Anforderungen an einen begründeten Anspruch zu nähern, soll folgendes Beispiel dienen. Kommt es vor Verfahrenseröffnung zu einen Verkehrsunfall, bei welchem der spätere Insolvenzschuldner die Vorfahrtsregelung missachtet und der Geschädigte einen Sachschaden am Kraftfahrtzeug erleidet, stellt dessen Schadensersatzforderung aus § 7 Abs. 1 StVG eine Insolvenzforderung dar. Denn sämtliche Tatbestandsvoraussetzungen der deliktischen Forderung sind vor Verfahrenseröffnung verwirklicht. Abgrenzungsprobleme bestehen aber, wenn von einem mehraktigen Tatbestand einer Forderung Teile vor und Teile nach Insolvenzeröffnung verwirklicht sind. Stellt sich am Beispiel des Verkehrsunfalls erst nach Insolvenzeröffnung heraus, dass der Gläubiger ärztlich behandelt werden muss und ihm fortan Heilbehandlungskosten entstehen, ist der Rechtsanwender gefordert: Insolvenzrechtlich betrachtet, ist in diesem Fall der haftungsbegründende Tatbestand vor Insolvenzeröffnung, jedoch der haftungsausfüllende Tatbestand hinsichtlich der Heilbehandlungskosten nach Verfahrenseröffnung verwirklicht. Es stellt sich für den Rechtsanwender die Frage, ob das Vorliegen des haftungsbegründenden Tatbestandes den Anforderungen der insolvenzrechtlichen Begründetheit entspricht. Um dieses Beispiel nicht ungelöst im Raum stehen zu lassen und weitere problematische Fallkonstellationen aufzuzeigen, ist sich im Folgenden der einschlägigen Rechtsprechung zu widmen.

II. Die Einordnung zivilrechtlicher Forderungen

In der zivilrechtlichen Rechtsprechung sind Schadensersatzansprüche aus Vertrag[221] und Delikt[222] mit dem Eintritt des schädigenden Verhaltens begründet. Unbeachtlich für die Qualifizierung als Insolvenzforderung sei der sich nach Verfahrenseröffnung ereignende Schadenseintritt und die entsprechende Vollverwirklichung des Anspruchs.[223] Bei dem Ersatz materieller Schäden komme es nicht darauf an, zu welchem Zeitpunkt der Gläubiger seine Ansprüche beziffern kann.[224] Der sich später aus der Rechtsverletzung ergebene Haftungsumfang sei Bestandteil des einheitlichen Schuldverhältnisses.[225] Überträgt man diese Grundsätze auf den beschriebenen Verkehrsunfall und die Haftung aus § 7 Abs. 1 StVG ist zu schlussfolgern, dass es im Rahmen der insolvenzrechtlichen Begründetheit nicht auf die Verwirklichung aller Tatbestandsmerkmale ankommt. Ohne Auswirkung auf die insolvenzrechtliche Qualifizierung ist daher beispielsweise das Entstehen der Heilbehandlungskosten nach Insolvenzeröffnung. Die Verwirklichung des haftungsausfüllenden Tatbestandes geht in dem insolvenzrechtlich maßgeblichen schadensbegründenden Ereignis – hier der konkreten Unfallverursachung – auf. Die zivilrechtliche Rechtsprechung weist eine Schadensersatzforderung bereits dann dem Typus einer Insolvenzforderung (§ 38 InsO) zu, wenn der Anspruch in seinen wesentlichen Grundlagen verwirklicht ist.[226]

Nach vergleichbaren Grundsätzen ist nach Ansicht des Bundesgerichthofs ein vertraglicher Anspruch auf Erstattung von Rücknahmekosten einer Mietsache als Insolvenzforderung einzuordnen, wenn der Mietvertrag erst nach Verfahrenseröffnung durch Kündigung beendet und die Mietsache anschließend abgeholt worden ist.[227] Grundlage des Ersatzanspruches ist die vor Verfahrenseröffnung ausgehandelte, mietvertragliche Klausel über die Abbaukosten.[228] Dabei bilden die anspruchsauslösenden Umstände des Abbaus und der Abholung nicht die Schuldgrundlage des Anspruchs, da

---

221 RG vom 18.06.1915, III 80/15, RGZ 87, 82 (85).

222 OLG Koblenz vom 03.02.2012, 10 U 742/11, ZInsO 2012, 1787 (1788).

223 RG vom 18.06.1915, III 80/15, RGZ 87, 82 (84); OLG Koblenz vom 03.02.2012, 10 U 742/11, ZInsO 2012, 1787 (1788).

224 OLG Koblenz vom 03.02.2012, 10 U 742/11, ZInsO 2012, 1787 (1788).

225 RG vom 18.06.1915, III 80/15, RGZ 87, 82 (85).

226 OLG Koblenz vom 03.02.2012, 10 U 742/11, ZInsO 2012, 1787 (1788); AG Göttingen vom 15.01.2016, 26 C 27/15, ZInsO 2016, 468 (468).

227 BGH vom 06.11.1978, VIII ZR 179/77, BGHZ 72, 263 (265 f.).

228 BGH vom 06.11.1978, VIII ZR 179/77, BGHZ 72, 263 (265 f.).

dies lediglich Folgen aus der Beendigung des ausgehandelten Mietverhältnisses sind.[229]

Kürzlich bezog der Bundesgerichtshof zur insolvenzrechtlichen Einordnung eines Räumungsanspruchs aus § 546 Abs. 1 BGB wie folgt Stellung:[230] Der Räumungsanspruch ist in Abgrenzung zum Herausgabeanspruch zusätzlich darauf gerichtet, dass der Mieter nach Beendigung des Mietverhältnisses die eingebrachten Gegenstände und Einrichtungen entfernt.[231] Mögliche Anknüpfungspunkte für die insolvenzrechtliche Begründetheit des Anspruchs § 546 Abs. 1 BGB sind das Einbringen der Gegenstände in Mietsache oder die Beendigung des Mietverhältnisses.[232] Nach dem Bundesgerichtshof hat die Abgrenzung zwischen Masseverbindlichkeit und Insolvenzforderung – unterstellt vor Ende des Mietverhältnisses ist das Insolvenzverfahren über das Vermögen des Mieters eröffnet worden – danach zu erfolgen, wann das Räumungsgut auf das Mietgrundstück verbracht worden ist.[233] Soweit die zu räumenden Gegenstände und Einrichtungen bereits vor Eröffnung des Insolvenzverfahrens auf dem Mietgrundstück vorhanden waren, stellt der Räumungsanspruch eine Insolvenzforderung dar.[234] Eine Masseverbindlichkeit ist nur anzunehmen, wenn die Gegenstände nach Verfahrenseröffnung eingebracht worden sind.[235]

Vergleichbar qualifiziert der Bundesgerichtshof einen Rückgriffsanspruch eines Gesamtschuldners gemäß § 426 Abs. 1 BGB: Erfüllt ein Gesamtschuldner nach Eintritt der Insolvenz des anderen Gesamtschuldners die vor Verfahrenseröffnung begründete Hauptverbindlichkeit gegenüber dem Gläubiger, ist die zunächst auf Befreiung gerichtete, sich durch Zahlung in einen Rückgriffsanspruch wandelnde Forderung als Insolvenzforderung zu qualifizieren.[236] Der Rückgriffsanspruch entsteht bereits mit der Begründung der Gesamtschuld unter der aufschiebenden Bedingung, dass

---

[229] BGH vom 06.11.1978, VIII ZR 179/77, BGHZ 72, 263 (265 f.).

[230] BGH vom 11.04.2019, IX ZR 79/18, NJW 2019, 1877.

[231] BGH vom 11.05.1988, VIII ZR 96/87, BGHZ 104, 285 (288).

[232] Stellt man auf das Einbringen der Mietsache ab, entsteht zu diesem Zeitpunkt ein aufschiebend bedingter Anspruch. Er steht nämlich unter Bedingung, dass die Gegenstände zu entfernen sind, wenn sie bei Ende des Mietverhältnisses noch vorhanden sind. Der Anspruch aus § 546 Abs. 1 BGB ist hingegen vollständig verwirklicht, wenn das Mietverhältnis endet.

[233] BGH vom 11.04.2019, IX ZR 79/18, NJW 2019, 1877 (1880).

[234] BGH vom 11.04.2019, IX ZR 79/18, NJW 2019, 1877 (1880).

[235] BGH vom 11.04.2019, IX ZR 79/18, NJW 2019, 1877 (1880).

[236] BGH vom 21.03.1991, IX ZR 286/90, BGHZ 114, 117 (122).

ein Gesamtschuldner die Verbindlichkeit erfüllt.[237] Auf die konkrete Auslösung des Rückgriffsanspruch im Sinne eines Zahlungsanspruchs durch Befriedigung des Gläubigers kommt es für die insolvenzrechtliche Qualifizierung nicht an.[238]

Entsprechend positioniert sich die Literatur. Sie erachtet die Rechtsprechung des Bundesgerichtshofes in weiten Teilen für zutreffend.[239] Insbesondere hält sie die Einordnung von Schadensersatzansprüchen aus Vertrag und Delikt für überzeugend.[240] Nach der Literatur liegt eine Insolvenzforderung vor, wenn der anspruchsbegründende Tatbestand bereits vor Verfahrenseröffnung abgeschlossen ist.[241] Unbeachtlich ist, ob sich eine Forderung des Gläubigers daraus erst nach Beginn des Insolvenzverfahrens ergibt.[242] Bei einem mehraktigen Entstehungstatbestand müssen zumindest so viele Merkmale erfüllt sein, dass der Schuldner die Rechtsposition des Erwerbers nicht mehr durch einseitiges Verhalten zerstören kann.[243] Nur die schuldrechtliche Grundlage des Anspruchs muss vor Eröffnung des Insolvenzverfahrens entstanden sein.[244] Erforderlich ist das Bestehen eines Schuldrechtsorganismus.[245] Auf Grundlage dieser abstrakten Rechtsgrundsätze ordnet die Literatur einen Gewährleistungsfall aus § 637 Abs. 1 BGB wie folgt ein:[246] Erstellt der Werkunternehmer vor Insolvenzeröffnung ein mangelhaftes Werk, woraufhin der Mangel – beispielsweise ein Feuchtigkeitsschaden – aber erst nach Insolvenzeröffnung zu tagetritt, ist der Aufwendungsersatzanspruch aus § 637 Abs. 1 BGB als Insolvenzforderung zu qualifizieren. Das gilt selbst dann, wenn die Nacherfüllung erst vom Insolvenzverwalter abgelehnt und die Selbstvornahme vom Besteller nach Eröffnung ausgeführt wurde.

---

237 BGH vom 21.03.1991, IX ZR 286/90, BGHZ 114, 117 (122).

238 BGH vom 21.03.1991, IX ZR 286/90, BGHZ 114, 117 (122).

239 So ausdrücklich *Holzer*, in Kübler/Prütting/Bork, InsO, § 38, Rn. 7 (74. Lfg. November 2017).

240 *Holzer*, in Kübler/Prütting/Bork, InsO, § 38, Rn. 31 (74. Lfg. November 2017); *Pape*, ZInsO 2016, 14 (16); *Sinz*, in Uhlenbruck, InsO, § 38, Rn. 41.

241 *Bremen*, in Graf-Schlicker, InsO, § 38 InsO, Rn. 16; *Sinz*, in Uhlenbruck, InsO, § 38, Rn. 26.

242 *Ries*, in Kayser/Thole, InsO, § 38, Rn. 27; *Sinz*, in Uhlenbruck, InsO, § 38, Rn. 26.

243 *Ries*, in Kayser/Thole, InsO, § 38, Rn. 27.

244 *Holzer*, in Kübler/Prütting/Bork, InsO, § 38, Rn. 7 (74. Lfg. November 2017); *Ries*, in Kayser/Thole, InsO, § 38, Rn. 27; *Sinz*, in Uhlenbruck, InsO, § 38, Rn. 26.

245 *Ehricke/Behme*, in MünchKomm, InsO, § 38, Rn. 21.

246 Dieses Beispiel geht auf *Sinz*, in Uhlenbruck, InsO, § 38, Rn. 26 zurück.

Insgesamt ist damit festzustellen, dass zivilrechtliche Forderungen von Rechtsprechung und Literatur nach vergleichbaren Grundsätzen eingeordnet werden. Zur Annahme einer Insolvenzforderung muss ein Typus vorliegen, wonach ein Anspruch in seinen wesentlichen Zügen besteht. Die jeweiligen Bestandteile des Anspruchs sind zu untersuchen, um anschließend wertungsmäßig festzulegen, ob der Anspruch hinreichend verwirklicht ist. Eine vollständige Verwirklichung des zivilrechtlichen Tatbestandes ist nicht erforderlich. Es muss nur die Schuldgrundlage bei Verfahrenseröffnung gelegt sein.

III. Die Einordnung verwaltungsrechtlicher Forderungen

Vergleichbar zur Rechtsprechung des Bundesgerichtshofes ordnet das Bundesverwaltungsgericht einen öffentlich-rechtlichen Rückforderungsanspruch gemäß § 49a Abs. 1 S. 1 VwVfG aus einer zweckgebundenen Beihilfe ein. Der Anspruch ist nach dem Bundesverwaltungsgericht insolvenzrechtlich begründet, wenn von seinem Entstehungstatbestand so viele Merkmale verwirklicht sind, dass der Gläubiger eine gesicherte haftungsrechtliche Anwartschaft am Vermögen des Schuldners erlangt hat.[247] Die Verwirklichung des anspruchsbegründenden Tatbestands genügt.[248] Der Anspruch aus § 49a Abs. 1 S. 1 VwVfG ist nicht erst begründet, wenn der Verwaltungsakt, der der Leistung zugrunde liegt, mit Wirkung für die Vergangenheit aufgehoben und der Rechtsgrund der zweckgebundenen Leistung beseitigt wird.[249] Der Aufhebungs- und Widerrufsbescheid samt behördlicher Ermessensausübung ist unmaßgeblich.[250] Vielmehr kommt es auf die den Erstattungsanspruch materiell begründenden Umstände an.[251] Das ist derjenige Zeitpunkt, in dem der der Leistung zugrunde liegende Zweck weggefallen ist und die

[247] BVerwG vom 26.02.2015, 3 C 8/14, BVerwGE 151, 302 (306); so auch das OVG Berlin-Brandenburg vom 02.04.2014, OVG 6 B 16.12, ZInsO 2014, 1162 (1163) in der Vorinstanz. Zuvor unter Geltung der Konkursordnung auch das OVG Münster vom 13.05.1996, 4 A 2970/94, NVWBl. 1997, 24 und das OVG Lüneburg vom 25.06.1986, 9A 1/84, OVGE 39, 441 (442 f.).

[248] BVerwG vom 26.02.2015, 3 C 8/14, BVerwGE 151, 302 (306).

[249] OVG Berlin-Brandenburg vom 02.04.2014, OVG 6 B 16.12, ZInsO 2014, 1162 (1164).

[250] BVerwG vom 26.02.2015, 3 C 8/14, BVerwGE 151, 302 (306); OVG Berlin-Brandenburg vom 02.04.2014, OVG 6 B 16.12, ZInsO 2014, 1162 (1164).

[251] BVerwG vom 26.02.2015, 3 C 8/14, BVerwGE 151, 302 (307); OVG Berlin-Brandenburg vom 02.04.2014, OVG 6 B 16.12, ZInsO 2014, 1162 (1163).

tatbestandlichen Voraussetzungen für die Rücknahme vorliegen.[252] Damit hat das Bundesverwaltungsgericht entschieden, dass ein öffentlich-rechtlicher Erstattungsanspruch gemäß § 49a Abs. 1 VwVfG bereits dann nach § 38 InsO begründet ist, wenn vor Eröffnung des Insolvenzverfahrens der Widerrufsgrund der Zweckverfehlung gemäß § 49 Abs. 3 S. 1 Nr. 1 VwVfG vorliegt. Ob zu diesem Zeitpunkt der Zuwendungsbescheid bereits wirksam aufgehoben worden ist, ist unbeachtlich; ebenso wenig ist eine Kenntnis der die Insolvenzforderung begründenden Umstände erforderlich.

Soweit das Bundesverwaltungsgericht entschieden hat, dass ein öffentlich-rechtlicher Erstattungsanspruch gemäß § 49a Abs. 1 VwVfG bereits dann eine Insolvenzforderung darstellt, wenn vor Eröffnung des Insolvenzverfahrens der Widerrufsgrund der Zweckverfehlung nach § 49 Abs. 3 S. 1 Nr. 1 VwVfG gegeben ist, hat es diese Rechtsprechung mit der Entscheidung vom 19.06.2019[253] fortgeführt. Die entwickelten Grundsätze sollen nämlich auch dann Anwendung finden, wenn eine Subvention aufgrund eines Auflagenverstoßes nach § 49 Abs. 3 S. 1 Nr. 2 VwVfG zurückgefordert wird. Da die Widerrufsgründe der Zweckverfehlung und des Auflagenverstoßes eine enge Verknüpfung in historischer, gesetzessystematischer und teleologischer Hinsicht aufweisen, ist eine entsprechende Gleichbehandlung in der Insolvenz gerechtfertigt.[254] Maßgeblicher Anknüpfungspunkt für die insolvenzrechtliche Qualifizierung als Insolvenzforderung ist, dass der Widerrufsgrund des Auflagenverstoßes gemäß § 49 Abs. 3 S. 1 Nr. 2 VwVfG wegen der unterbliebenen Erbringung eines vollständigen Verwendungsnachweises für die Subvention vor Verfahrenseröffnung verwirklicht ist.[255] Zu diesem Zeitpunkt sind die den Erstattungsanspruch materiell begründenden Umstände eingetreten.[256] Auf die Ermessensentscheidung der Behörde für die Frage, ob die Beihilfe tatsächlich zurückgefordert werden kann, kommt es für die insolvenzrechtliche Begründetheit nicht an. Denn die materielle Grundlage des Erstattungsanspruchs gemäß § 49a Abs. 1 VwVfG beruht maßgeblich auf der Zweckverfehlung.[257]

---

[252] BVerwG vom 26.02.2015, 3 C 8/14, BVerwGE 151, 302 (307).
[253] BVerwG vom 19.06.2019, 10 C 2/18, NZI 2019, 765
[254] BVerwG vom 19.06.2019, 10 C 2/18, NZI 2019, 765 (766).
[255] BVerwG vom 19.06.2019, 10 C 2/18, NZI 2019, 765 (766).
[256] BVerwG vom 19.06.2019, 10 C 2/18, NZI 2019, 765 (766).
[257] BVerwG vom 19.06.2019, 10 C 2/18, NZI 2019, 765 (766).

Die Literatur befürwortet diese Rechtsprechung.[258] Dies bezieht sich sowohl auf die abstrakten Grundsätze,[259] als auch auf deren konkrete Anwendung. Insofern gehe die Rechtsprechung zutreffend davon aus, dass allein die insolvenzrechtliche Vermögenszuordnung darüber bestimme, welche Anforderungen an einen vermögensrechtlichen Anspruch zu stellen sind.[260] Die Zuordnung sei insbesondere nicht aus dem öffentlichen Recht, sondern aus dem Insolvenzrecht zu entwickeln.[261] Mit Blick auf die konkrete Rechtsanwendung sei die Entstehung des Rückforderungsanspruch mit Aufhebung des Bescheides irrelevant.[262] Die vielmehr maßgebliche haftungsrechtliche Sicherheit des Rückforderungsanspruchs orientiere sich an den jeweiligen Bewilligungsvoraussetzungen; zweckgebundene Fördermittel stehen stets unter dem Vorbehalt der Einhaltung der zweckgemäßen Verwendung der Zuwendung.[263] Eine Insolvenzforderung sei daher anzunehmen, wenn die wesentlichen Bewilligungsvoraussetzungen vor Insolvenzeröffnung weggefallen sind.[264] Unter diesen Voraussetzungen sei nämlich der Rückforderungsanspruch im Sinne von § 38 InsO haftungsrechtlich begründet.[265] Insbesondere führe der vom Insolvenzrecht vorgegebene Maßstab – insolvenzrechtliche Begründetheit bei einer gesicherten Haftung – dazu, dass das der Verwaltung eingeräumte Ermessen hinsichtlich der Rückforderung zugunsten einer einheitlichen und eindeutigen insolvenzrechtlichen Kategorisierung zurücktreten müsse.[266] Wenn nach insolvenzrechtlichen Grundsätzen die wesentliche Tatbestandsvoraussetzung erforderlich sei, könne es auf die Ermessensausübung auf Rechtsfolgenseite nicht ankommen.[267]

---

[258] Grundlegend *Bornheimer/Krumm,* KTS 2008, S. 145 (150) zum Rückforderungsanspruch in der Insolvenz des Fördermittelnehmers. Daneben *Birkemeyer/Meyer,* NJW 2015, 2300 (2303); *Ehlers*, JZ 2015, 1000 (1001); *Finke,* KTS 2016, 373 (378); *Holzer*, in Kübler/Prütting/Bork, InsO, § 38, Rn. 41e (74. Lfg. November 2017); *Nebel*, NVwZ 2015, 1392 (1396); *Sinz*, in Uhlenbruck, InsO, § 38, Rn. 55.

[259] So *Ehlers*, JZ 2015, 1000 (1001), der die grundsätzlichen Ausführungen des BVerwG zur insolvenzrechtlichen Begründetheit befürwortet. Er kritisiert allein, dass es das BVerwG versäumt habe, sich mit der zum Teil divergierenden Rechtsprechung des BFH auseinanderzusetzen.

[260] *Bornheimer/Krumm,* KTS 2008, S. 145 (150); *Birkemeyer/Meyer,* NJW 2015, 2300 (2301); *Ehlers*, JZ 2015, 1000 (1000 f.).

[261] *Bornheimer/Krumm,* KTS 2008, S. 145 (150); *Ehlers*, JZ 2015, 1000 (1001).

[262] *Bornheimer/Krumm,* KTS 2008, S. 145 (150); *Birkemeyer/Meyer,* NJW 2015, 2300 (2301).

[263] *Bornheimer/Krumm,* KTS 2008, S. 145 (150).

[264] *Birkemeyer/Meyer,* NJW 2015, 2300 (2302).

[265] *Bornheimer/Krumm,* KTS 2008, S. 145 (150).

[266] *Finke,* KTS 2016, 373 (379).

[267] *Finke*, KTS 2016, 373 (376, 379).

Zusammenfassend liegt die verwaltungsrechtliche Rechtsprechung bei der insolvenzrechtlichen Einordnung von verwaltungsrechtlichen Ansprüchen auf der Linie der zivilrechtlichen Rechtsprechung. Im Rahmen der Qualifizierung wird auf vergleichbare Grundsätze und Maßstäbe zurückgegriffen.

IV. Die Einordnung arbeitsrechtlicher Forderungen

Gegenstand der arbeitsgerichtlichen Rechtsprechung im Schnittstellenbereich zum Insolvenzrecht war insbesondere die Einordnung von Ansprüchen aus Sozialplänen. Nach der Legaldefinition des § 112 Abs. 1 S. 2 BetrVG ist ein Sozialplan eine Vereinbarung zwischen Betriebsrat und Arbeitgeber über den Ausgleich oder die Milderung der wirtschaftlichen Nachteile, die den Arbeitnehmern infolge von geplanten Betriebsänderungen entstehen. Während nach früherem Recht Ansprüche aus einem vor Verfahrenseröffnung aufgestellten Sozialplan bevorrechtigte Konkursforderungen waren (§ 61 Abs. 1 Nr. 1 KO), erfahren derartige Ansprüche unter Geltung der Insolvenzordnung mit den § 123 Abs. 2 InsO und § 124 Abs. 1 und 2 InsO eine neue insolvenzrechtliche Qualifizierung.[268]

Bei der insolvenzrechtlichen Qualifizierung von Sozialansprüchen ist zwischen den folgenden Fällen zu unterscheiden: Unproblematisch sind zunächst diejenigen Fälle, in denen der Sozialplan früher als drei Monate vor oder nach Insolvenzeröffnung abgeschlossen wird. Im ersten Fall sind Ansprüche aus dem Sozialplan als Insolvenzforderungen und im zweiten Fall gemäß § 123 Abs. 2 S. 1 InsO als Masseverbindlichkeiten einzustufen. Problematisch ist jedoch die Qualifikation der Ansprüche aus insolvenznahen Sozialplänen: Diejenigen Sozialpläne, die vor Verfahrenseröffnung, jedoch nicht früher als drei Monate vor dem Eröffnungsantrag aufgestellt werden, können vom Insolvenzverwalter und dem Betriebsrat nach Verfahrenseröffnung widerrufen werden, § 124 Abs. 1 InsO. Das Bundesarbeitsgericht hat die Ansprüche aus einem solchen, nicht nach Insolvenzeröffnung widerrufenen, insolvenznahen Sozialplan als Insolvenzforderungen qualifiziert. Denn der für den § 38 InsO maßgebliche Rechtsgrund sei vor Verfahrenseröffnung durch den Abschluss des Sozialplans verwirklicht.[269]

---

[268] *Ehricke/Behme,* in MünchKomm, InsO, § 38, Rn. 68.

[269] BAG vom 31.07.2002, 10 AZR 275/01, BAGE 102, 82 (86). In vergleichbarer Weise hat der Große Senat des Bundesarbeitsgerichts, BAG vom 13.12.1978, GS 1/77, BAGE 31, 176, noch zur Konkursordnung entschieden. Es war zu klären, ob Ansprüche aus Sozialansprüchen als Masseverbindlichkeit oder als bevorrechtigte Insolvenzforderung nach § 61 I Nr. 1 KO einzustufen waren. Demnach seien Ansprüche aus einem Sozialplan bevorrechtigte Insolvenzforderungen; auf das Zustandekommen des Plans vor oder nach Verfahrenseröffnung komme es nicht an. Diese Grundsätze werden im Urteil

Der formal auslösende Akt und die durch den unterlassenen Widerruf nach Verfahrenseröffnung vollumfänglich bestehende Sicherheit über das Entstehen des Anspruchs sind nach dem Bundesarbeitsgericht für die insolvenzrechtliche Qualifizierung unbeachtlich.

Diese Rechtsprechung findet im Wesentlichen die Zustimmung der Literatur.[270] Da die Ansprüche aus insolvenznahen Sozialplanen keine gesetzliche Regelung erfahren haben, verbleibe es bei der grundsätzlichen Anwendung des § 38 InsO.[271] Um die strukturelle Differenzierung von Insolvenzforderung und Masseverbindlichkeit zu wahren, seien die Ansprüche aus insolvenznahen Sozialplanen als Insolvenzforderung einzuordnen.[272]

Ergänzend ist die insolvenzrechtliche Qualifikation eines Nachteilsausgleichsanspruchs Gegenstand der arbeitsgerichtlichen Rechtsprechung. Versäumt es der Insolvenzverwalter, einen Interessenausgleich mit dem Betriebsrat über geplante Betriebsänderungen durchzuführen und entstehen dem Arbeitnehmer daraus wirtschaftliche Nachteile, steht dem Arbeitnehmer gemäß § 113 Abs. 3 BetrVG ein Nachteilsausgleichsanspruch zu. Der Anspruch ist nach Auffassung des Bundesarbeitsgerichts nicht erst mit Vollverwirklichung des Tatbestandes im Zeitpunkt der Entlassung und dem tatsächlichen Schadenseintritt insolvenzrechtlich begründet.[273] Vielmehr kommt es auf rechtsgeschäftliche Handlungen an, die das „Ob" und „Wie" der Betriebsänderungen vorwegnehmen.[274] Die Durchführung der Betriebsänderung und die Verteilung des Verhandlungsanspruches sind Grundlage der insolvenzrechtlichen Qualifikation.[275] Eine Masseverbindlichkeit ist nur anzunehmen, wenn die Betriebsänderung nach Insolvenzeröffnung beschlossen und durchgeführt werde.[276]

Vergleichbar ordnet das Bundesarbeitsgericht einen Abfindungsanspruch ein. Ein Abfindungsanspruch stellt eine Insolvenzforderung dar, wenn er

---

des BAG vom 27.10.1998, 1 AZR 94/98, DB 1999, 1069 (1070), auch für Abfindungsansprüche aus einem Sozialplan bestätigt, die erst nach Insolvenzeröffnung durch die Beendigung des Arbeitsverhältnisses entstehen, aber im Kern auf einen vorinsolvenzlichen Sozialplan zurückgehen.

270 *Ahrens*, ZInsO 2003, 581 (582); *Ehricke/Behme,* in MünchKomm, InsO, § 38, Rn. 68.; *Holzer*, in Kübler/Prütting/Bork, InsO, § 38, Rn. 41f. (74. Lfg. November 2017); *Sinz*, in Uhlenbruck, InsO, § 38, Rn. 57..

271 *Holzer*, in Kübler/Prütting/Bork, InsO, § 38, Rn. 41f. 74. Lfg. November 2017).

272 *Moll/Langhoff,* EWiR 2001, 771 (772).

273 BAG vom 04.12.2002, 10 AZR 16/02, BAGE 104, 94 (98).

274 BAG vom 04.12.2002, 10 AZR 16/02, BAGE 104, 94 (98).

275 BAG vom 04.12.2002, 10 AZR 16/02, BAGE 104, 94 (98).

276 BAG vom 04.12.2002, 10 AZR 16/02, BAGE 104, 94 (98).

vor Insolvenzeröffnung vereinbart wird. Unbeachtlich ist, dass die Forderung erst nach Insolvenzeröffnung mit der Beendigung des Arbeitsverhältnisses entsteht.[277] Im Zuge einer wertenden Betrachtung sind Abfindungen kein Entgelt für nach Insolvenzeröffnung erbrachte Arbeitsleistungen, sondern ein Ausgleich für durch den Verlust des Arbeitsplatzes entstehende Nachteile und eine Honorierung der Zustimmung des Arbeitnehmers zur vorzeitigen Vertragsauflösung.[278]

Ähnlich argumentiert das Bundesarbeitsgericht in der Entscheidung vom 27.04.2006[279] bei der Qualifizierung eines Abfindungsanspruchs, der auf einem vor Insolvenzeröffnung ausgehandelten Tarifvertrag beruht. Es handelt sich um eine Insolvenzforderung gemäß § 38 InsO, weil der Grund des Anspruchs vor der Eröffnung des Verfahrens gelegt worden ist. Auch wenn der konkrete Anspruch erst mit Kündigung oder Ausscheiden des Arbeitnehmers entsteht, wurde bereits vor Verfahrenseröffnung mit Abschluss des Tarifvertrags eine durch den Kündigungsfall aufschiebend bedingte Forderung begründet. Das tatsächliche Ausscheiden des Arbeitnehmers nach Verfahrenseröffnung stellt lediglich einen im Rahmen von § 38 InsO unbeachtlichen anspruchsauslösenden Umstand dar.

Im Ergebnis legt die arbeitsrechtliche Rechtsprechung die insolvenzrechtliche Begründetheit nach der wesentlichen Verwirklichung des zugrunde liegenden Tatbestandes aus.

V. Die Einordnung sozialrechtlicher Forderungen

Nach dem Bundessozialgericht ist eine Forderung gemäß § 38 InsO begründet, wenn der Schuldrechtsorganismus und nicht schon die Forderung selbst vor der Verfahrenseröffnung verwirklicht ist.[280] Abseits der abstrakten Grundsätze stellen nach Insolvenzeröffnung entstehende Säumniszuschläge gemäß § 24 Abs. 1 S. 1 SGB IV keine Masseverbindlichkeiten dar.[281] Für die insolvenzrechtliche Qualifikation ist unbeachtlich, dass die Zuschläge formal nach Verfahrenseröffnung durch ein Ausbleiben der Zahlung entstehen.[282] Eine bevorzugte Befriedigung der Säumniszuschläge verstößt nach Auffassung des Bundessozialgerichts gegen die gesetzliche Zielsetzung, die Insolvenzgläubiger gleichermaßen zu

---

277 BAG vom 27.09.2007, 6 AZR 975/06, BAGE 124, 150 (155).
278 BAG vom 27.09.2007, 6 AZR 975/06, BAGE 124, 150 (155).
279 BAG vom 27.04.2006, 6 AZR 364/05, BAGE 118, 115.
280 BSG vom 18.12.2003, B 11 AL 37/03 R, BSGE 92, 82 (85).
281 BSG vom 18.12.2003, B 11 AL 37/03 R, BSGE 92, 82 (86).
282 BSG vom 18.12.2003, B 11 AL 37/03 R, BSGE 92, 82 (86).

behandeln.[283] Eine Qualifikation als Insolvenzforderung gemäß § 38 InsO kommt nicht in Betracht, da es sich bei den Säumniszuschlägen um kraft Gesetzes angeordnete nachrangige Insolvenzgläubiger handele, § 39 Abs. 1 Nr. 1 InsO.[284]

Vergleichbar judiziert das Sozialgericht München: Ein Rückforderungsanspruch gemäß § 50 Abs. 1 SGB X für vor Insolvenzeröffnung überbezahltes Elterngeld, welches nach Verfahrenseröffnung zurückgefordert werde, stelle eine Insolvenzforderung dar.[285] Die Rückzahlungsverpflichtung der zweckgebundenen staatlichen Zuwendung sei begründet, wenn die öffentlich-rechtlichen Voraussetzungen der Rücknahme gegeben seien.[286] Auf die Aufhebung des Zuwendungsbescheides oder den Erlass des Rückforderungsbescheides nach Verfahrenseröffnung komme es nicht an.[287]

VI. Zwischenergebnis

Welchen abstrakten Erkenntniswert haben diese Ausführungen? Zunächst ist festzustellen, dass zivil-, verwaltungs-, arbeits- und sozialrechtliche Rechtsprechung und Literatur im Wesentlichen übereinstimmen. Dies betrifft einerseits die Frage, nach welchen abstrakten Maßstäben eine Forderung gemäß § 38 InsO begründet ist. Andererseits bezieht sich die Übereinstimmung auch auf die Anwendung im Einzelfall. Insoweit wendet die Rechtsprechung die abstrakten Rechtssätze einheitlich – unter dem Postulat einer systemgerechten Anwendung der §§ 38, 55 InsO – an.[288]

Mit Blick auf die Bildung von abstrakten Grundsätzen ist nach Rechtsprechung und Literatur eine Forderung nach § 38 InsO begründet, wenn deren Schuldgrundlage haftungsrechtlich gesichert ist. Insbesondere in den problematischen Fällen, in denen eine Forderung zum Zeitpunkt der Insolvenzeröffnung nur in Teilen verwirklicht ist, genügt es, wenn zumindest so viele Merkmale erfüllt sind, dass der Schuldner die Rechtsposition des Erwerbers nicht mehr durch einseitiges Verhalten zerstören kann. Von diesen Grundsätzen ausgehend ist für den Einzelfall der Blick auf die jeweilig zugrundeliegende Forderung zu richten. Der zivil-, verwaltungs-, arbeits- oder sozialrechtliche Tatbestand muss zum Zeitpunkt der Insolvenzeröffnung diesen Verwirklichungsgrad aufweisen, damit eine Forderung als

[283] BSG vom 18.12.2003, B 11 AL 37/03 R, BSGE 92, 82 (86).
[284] BSG vom 18.12.2003, B 11 AL 37/03 R, BSGE 92, 82 (86).
[285] SG München vom 25.02.2014, S 33 EG 54/12, ZInsO 2014, 846 (847).
[286] SG München vom 25.02.2014, S 33 EG 54/12, ZInsO 2014, 846 (847).
[287] SG München vom 25.02.2014, S 33 EG 54/12, ZInsO 2014, 846 (847).
[288] So treffend *Moll/Langhoff,* EWiR 2001, 771 (772).

Insolvenzforderung einzuordnen ist. Es ist mithin ein Wechselspiel zwischen Insolvenzrecht und dem der Forderung zugrundliegenden Rechtsgebiet zu beobachten: Zunächst legt das Insolvenzrecht den Typus einer Insolvenzforderung fest. Aufgrund dieser Anordnung ist für die spezifisch einzuordnende Forderung der jeweilige zivil-, verwaltungs-, arbeits- und sozialrechtliche Tatbestand zu untersuchen.

Gut zu beobachten, war dieser Mechanismus bei der insolvenzrechtlichen Qualifizierung des Rückforderungsanspruch nach § 49a Abs. 1 VwVfG durch das Bundesverwaltungsgericht. Nach der Maßgabe, dass bloß die haftungsrechtliche Schuldgrundlage bei Verfahrenseröffnung verwirklicht sein muss, kam es nach dem Bundesverwaltungsgericht folgerichtig nicht auf das Wirksamwerden des Aufhebungs- und Widerrufsbescheid samt behördlicher Ermessensausübung an. Denn zu diesem Zeitpunkt wäre der Rückforderungsanspruch in seiner Gänze verwirklicht, namentlich der Tatbestand vollständig verwirklicht, das Ermessen auf Ebene der Rechtsfolge betätigt und der Verwaltungsakt formell bekanntgegeben. Da Maßstab aber allein die wesentliche Verwirklichung des Tatbestandes ist und somit die Elemente der Rechtsfolge und der formellen Entstehung ausscheiden, ist der spezifische verwaltungsrechtliche Schuldgrund für die Rückforderung zu ermitteln. Für die insolvenzrechtliche Begründetheit ist allein maßgeblich, ob bei Verfahrenseröffnung die Widerrufsgründe der § 49 Abs. 3 S. 1 Nr. 1 VwVfG und § 49 Abs. 3 S. 1 Nr. 2 VwVfG verwirklicht sind.

VII. Ausblick: Die Einordnung steuerrechtlicher Forderungen

Ausgehend von diesen Beobachtungen wendet sich der Blick fortan auf die Einordnung steuerrechtlicher Forderungen. Bei der Einordnung einer Steuerforderung und im speziellen bei der Einordnung einer Einkommensteuerforderung handelt es um ein Anwendungsbeispiel, bei welchem der Rechtsanwender allein aufgrund der Konzeption des steuerrechtlichen Tatbestandes besondere Fragen zu beantworten hat. Ähnlich einer deliktischen Forderung oder der Rückforderung einer Zuwendung nach § 49a Abs. 1 VwVfG entstehen Steuerforderungen per Gesetz. Der Steuergläubiger ist ein Zwangsgläubiger: Der Gesetzgeber bestimmt den aus seiner Sicht besteuerungswürdigen Sachverhalt – meist ein marktorientierter, leistungswirtschaftlicher Vorgang – und knüpft an diesen mittels bestimmten Tatbestandsmerkmalen an. Ohne Rücksicht auf einen Willen der Beteiligten entsteht eine Steuerforderung kraft hoheitlicher Anordnung.[289]

[289] Vgl. BT-Drucks. XVII/3030, S. 23 und 42.

Um die Steuerforderung insolvenzrechtlich zuzuordnen, ist der Rechtsanwender zur Analyse des steuerrechtlichen Tatbestandes gezwungen. Es stellt sich die Frage nach dessen Ausgestaltung und der insoweit möglichen Anknüpfungspunkte. Es gibt nicht den einen Anknüpfungspunkt, auf welchen zum Zwecke der insolvenzrechtlichen Qualifizierung abzustellen ist. Da die Steuerforderung – vergleichbar zur deliktischen Schadensersatzforderung – einen mehraktigen Tatbestand aufweist, gibt es mehre valide Anknüpfungspunkte. Bei der Ausgestaltung des gesetzlichen Tatbestandes und im Besonderen bei der des Einkommensteuertatbestand ist zwischen der Steuerentstehung gemäß § 38 AO, §§ 36, § 2 Abs. 7 EStG[290] am Ende der Veranlagung, der Einkünfteermittlung nach § 2 Abs. 2 EStG[291] und der unterjährig fortlaufenden Einkünfteerzielung der in § 2 Abs. 1 EStG[292] genannten Einkunftsarten zu unterscheiden.

Betrachtet man den Einkommensteuertatbestand mit den drei Entwicklungsstadien der Steuerentstehung, Einkünfteermittlung und der Einkünfteerzielung, ergeben sich für den Rechtsanwender nunmehr *vier*

[290] Die Steuerentstehung gemäß § 38 AO, §§ 36, § 2 VII.EStG am Ende eines Veranlagungszeitraums ist ein originär steuerverfahrensrechtliches Konstrukt, um die Steuer praktikabel und gesichert zu erheben. Die unterjährig anfallenden Berechnungsposten werden aufaddiert und zu einer einheitlichen Forderung verbunden. BFH vom 11.02.1998, I R 81/97, BStBl. II 1998, 485 (486); *Frotscher*, Besteuerung bei Insolvenz, S. 137.

[291] Im Rahmen der Einkünfteermittlung gemäß § 2 II EStG unterscheidet das Einkommensteuergesetz zwischen Gewinn- und Überschusseinkünften als periodisierte Ermittlungsgrößen. Haben Bilanzierungspflichtige und freiwillig bilanzierende Unternehmen einen Betriebsvermögensvergleich durchzuführen, §§ 4 I, 5 I EStG, werden die Ergebnisse des Wirtschaftens periodengerecht nach ihrer wirtschaftlichen Verursachung zugeordnet. Für die Ermittlungsgröße des Gewinns gilt das Realisationsprinzip. Im Gegensatz dazu führen nicht bilanzierungspflichtige Steuerpflichtige eine Überschussrechnung durch, §§ 4 Abs. 3, 8 Abs. 1 EStG. Diese Berechnung basiert auf dem Zuflussprinzip, § 11 Abs. 1 EStG, wonach es auf den Zeitpunkt des Zufließens und des Erlangens der wirtschaftlichen Verfügungsmacht ankommt. *Hey*, in Tipke/Lang, Steuerrecht, § 8, Rn. 8.59; *Lang*, Bemessungsgrundlage der Einkommensteuer, S. 276, 321.

[292] Bei der Einkünfteerzielung gemäß § 2 I EStG knüpft das Einkommensteuergesetz an ein vorsatzgesteuertes, zweckgerichtetes, finales Handeln des Steuerpflichtigen an. Mittelpunkt der Einkünfteerzielung ist die tätigkeitsbezogenen Erwerbstätigkeit und die am Markt geschaffenen erhöhten Leistungsfähigkeit in Form eines konkreten Erfolges. Im Kern kommt es auf die originär leistungsfähigkeitserhöhende Marktteilnahme an. *P. Kirchhof*, in Kirchhof/Söhn/Mellinghoff, EStG, § 2, A 79 (121. Lfg. Mai 2002); *Lang*, Bemessungsgrundlage der Einkommensteuer, S. 238.

Anknüpfungspunkte, zwischen denen er zum Zwecke der insolvenzrechtlichen Forderungszuordnung differenzieren muss. Mit dem Entwicklungsstadium der Steuerentstehung ist das Ende der *Veranlagung am Jahresende* ein Anknüpfungspunkt. Bilanziert der Steuerpflichtige, ist im Rahmen des tatbestandlichen Entwicklungsstadiums der Einkünfteermittlung auf das *Realisationsprinzip* abzustellen. Spiegelbildlich kommt es bei einer Einnahme-Überschussrechnung auf den *Zufluss* an. Erachtet man die Einkünfteerzielung als maßgebliches tatbestandliches Entwicklungsstadium ist der Frage nachzugehen, wann es aufgrund einer finalen Marktteilnahme zu einer *leistungsfähigkeitsrelevanten Vermögensmehrung* kommt.

Dem Steuerjuristen vermag diese rein steuerrechtlich geprägte Bestandsaufnahme des Einkommensteuertatbestandes bekannt sein. Schwieriger wird es jedoch – aus steuerrechtlicher Perspektive gedacht – den insolvenzrechtlich zutreffenden Anknüpfungspunkt zu auszuwählen. Welches tatbestandliche Entwicklungsstadium der sich über das Jahr entwickelnden Steuerforderung entspricht der insolvenzrechtlichen Begründetheit? Welches Tatbestandsmerkmal und mithin welcher Zeitpunkt ist für insolvenzrechtliche Zwecke maßgeblich? Unter welchen Voraussetzungen entspricht eine Steuerforderung dem Typus einer Insolvenzforderung und wann einer Masseverbindlichkeit? Die mit diesen Fragen umschriebene Abgrenzung von Insolvenzforderung und Masseverbindlichkeit beschäftig die finanzgerichtliche Rechtsprechung bereits seit Mitte der 1960er Jahren. In Anbetracht der Fülle an bisher ergangener finanzgerichtlicher Rechtsprechung und der entsprechend zugrundeliegenden praktischen Relevanz erfährt die Dogmatik der §§ 38, 55 InsO gerade in Bezug auf die Steuerforderungen besondere Bedeutung. Man ist geneigt zu formulieren, dass das Hauptanwendungsbeispiel der §§ 38, 55 InsO das der insolvenzrechtlichen Qualifizierung einer Steuerforderung ist. Zumindest besteht ein nicht geringfügiges Streitpotenzial.

Diese damit angedeutete Rechtsprechung soll nachfolgend samt ihrer Entwicklung dargestellt werden.[293] Zudem ist zu untersuchen, wie diese von der Literatur reflektiert wird. Es stellt sich die Frage, ob Rechtsprechung und Literatur steuerrechtliche Forderungen ähnlich übereinstimmend in die Befriedigungsreihenfolge des Insolvenzrechts einordnen, wie es bei zivil-, verwaltungs-, arbeits- und sozialrechtlichen Forderung zu beobachten ist. Der Blick richtet sich auf die abstrakten Obersätze und deren Anwendung

---

293 Vgl. hierzu auch die Darstellung bei *Kahlert/Kayser/Bornemann*, Perspektiven für eine kohärente und praxisgerechte Verzahnung von Steuer- und Insolvenzrecht, Rn. 467 ff.

im Einzelfall. Untersuchungsgegenstand ist, ob der Bundesfinanzhof im Vergleich zu den anderen Bundesgerichten vergleichbare abstrakte Rechtsgrundsätze aufstellt und wie er diese auf die einzelnen Steuerarten sowie den Einzelfall anwendet.

D. Die Insolvenzforderung – Voraussetzungen einer anteiligen Befriedigung des Steuergläubigers

I. Einführung

Nicht nur aufgrund der dogmatischen Ausgestaltung des Steuertatbestandes als gesetzliches Schuldverhältnis samt seiner Entwicklungsstadien als mögliche Anknüpfungspunkte, sondern auch wegen der vielfältigen normativen Anwendungsbereiche ist die Abgrenzung der Insolvenzforderung von der Masseverbindlichkeit Kernelement des Insolvenzsteuerrechts. In der Praxis zeigen sich Problemlagen, in denen eine teilverwirklichte Steuerforderung im Zeitpunkt der Verfahrenseröffnung einer Vermögenssphäre zuzuordnen ist. Maßgebliche Rechtsgrundlagen für diese vermögensmäßige Zuordnung der Steuerforderung sind die §§ 38, 55, 95, 96 InsO. Die Rechtsprechung bekam in verschiedenen Fallkonstellationen Gelegenheit, die Vorschriften auszulegen und zu konkretisieren. Die inhaltliche Entwicklung der insolvenzrechtlichen Forderungszuordnung lässt sich zeitlich in zwei Bereiche aufteilen: Auf der einen Seite stehen die ursprünglichen und grundlegenden Entscheidungen unter Geltung der Konkursordnung. Auf der anderen Seite entwickelt der Rechtsanwender mit Inkrafttreten der Insolvenzordnung[294] die Konkretisierung fort. Das Inkrafttreten der Insolvenzordnung ist aufgrund der tradierten Rechtssätze allerdings nur als eine zeitliche Zäsur anzusehen.[295] Trotz der Gesetzesänderung sind die Ergebnisse von der Konkursordnung auf die Insolvenzordnung übertragbar.[296] Die gegenständlichen Vorschriften haben sich inhaltlich nicht verändert.[297]

[294] Insolvenzordnung vom 05.10.1994 (BGBl. I S. 2866). Inkrafttreten am 01.01.1999.

[295] *Kahlert*, FS Kayser, S. 405 (407).

[296] BT-Drucks. XII/2443, S. 141; BFH vom 05.10.2004, VII R 69/03, BStBl. II 2005, 195 (196).

[297] § 3 KO entspricht ohne Änderungen dem § 38 InsO. BT-Drucks. XII/2443, S. 123. § 95 I InsO schränkt die Aufrechnungsmöglichkeiten im Vergleich zu § 54 I KO ein. In Abkehr von der Regelung in § 54 I KO ist nach § 95 I InsO mit aufschiebend bedingten Forderungen aufzurechnen, wenn die Bedingung eintritt. Das Hindernis hat fortzufallen, sodass sich die Forderungen in aufrechenbarer Weise gegenüberstehen. Die Vorzugsstellung des § 95 I InsO schützt denjenigen Gläubiger, der zum Zeitpunkt der Verfahrenseröffnung ein schutzwürdiges Vertrauen in die Aufrechnungslage gebildet haben. Unverändert ist die Tatsache, dass mit aufschiebend bedingten Forderungen aufgerechnet werden kann. Allein der Zeitpunkt ihrer Durchführbarkeit ändert sich. BT-

II. Die Rechtsprechung und die Auslegung der insolvenzrechtlichen Begründetheit und des Schuldigwerdens

1. Die Auslegung der insolvenzrechtlichen Begründetheit

a) Die Auslegung unter Geltung der Konkursordnung zu § 3 KO

aa) Die Begründetheit und das Erfordernis der Verwirklichung des steuerrechtlichen Tatbestandes

Besondere Bedeutung hat die Auslegung der insolvenzrechtlichen Begründetheit[298] bei der Frage, wie Einkommensteuerforderungen aufgrund von Veräußerungsgewinnen in der Insolvenz einzuordnen sind. In drei Entscheidungen bezieht der Bundesfinanzhof Stellung zur Behandlung von stillen Reserven, die der Steuerpflichtige vor Insolvenzeröffnung angesammelt und nach Insolvenzeröffnung durch Veräußerung realisiert hat. Entscheidenden Anteil an der gerichtlichen Konkretisierung hat der IV. Senat des Bundesfinanzhofes. Aufgrund der Bedeutung für die weitere Entwicklung sind die folgenden drei Urteile zusammenfassend als einheitliche Rechtsprechungsserie dargestellt.

In der ersten Entscheidung vom 07.11.1963[299] führt der IV. Senat aus, dass die Einkommensteuerforderung aus vor Verfahrenseröffnung angesammelten, aber nach Verfahrenseröffnung aufgedeckten stillen Reserven als Masseverbindlichkeit zu qualifizieren sei.[300] Argumentationsgrundlage für diese Qualifizierung ist das Gewinnrealisierungsprinzip: Die Steuerschuld

Drucks. XII/2443, S. 140 f. § 96 I Nr. 1 InsO entspricht im Anwendungsbereich dem § 55 Nr. 1 KO. BT-Drucks. XII/2443, S. 141.

298 Der Einfachheit und Einheitlichkeit halber greift die Darstellung auf die Termini der Insolvenzordnung und nicht auf die der Konkursordnung zurück. Beispielsweise werden die Begriffe der Insolvenzeröffnung, des Insolvenzverwalters oder der Insolvenzforderung verwendet.

299 BFH vom 07.11.1963, IV 210/62 S, BStBl. III 1964, 70.

300 Gegenteilig hat das FG Düsseldorf vom 16.02.1962, V 99/61 E, EFG 1962, 537 in der Vorinstanz entschieden. Das FG Düsseldorf lehnt Masseverbindlichkeiten ab, da die stillen Reserven vor Insolvenzeröffnung begründet seien und eine Wertsteigerung nach Verfahrenseröffnung nicht mehr erfolge. In diesem Falle sei die Steuerforderung aufgrund der stillen Reserven, nicht wie von § 58 Nr. 2 KO gefordert, durch eine Verwaltung des Insolvenzverwalters entstanden. Die Bildung der stillen Reserven gehe auf die gewerbliche Betätigung vor Insolvenzeröffnung zurück, an welcher der Insolvenzverwalter nicht beteiligt sei. Eine Auslegung von § 3 KO und der insolvenzrechtlichen Begründetheit erfolgt seitens des FG Düsseldorf nicht.

auf Basis des Veräußerungsvorganges sei zu dem Zeitpunkt entstanden, in dem sich der realisierende Betriebsvorgang abspiele.[301] Der Gewinn sei erst festzustellen, wenn der zu Buch stehende Wert und der Veräußerungspreis zu vergleichen seien.[302] Der Senat argumentiert anhand § 58 Nr. 2 KO: Das veräußerte Wirtschaftsgut und der realisierte Veräußerungsgewinn unterliegen der Verwaltung des Insolvenzverwalters, sodass die daraus abzuleitende Steuerschuld eine Ausgabe für die Verwaltung der Masse darstelle.[303] Eine inhaltliche Auseinandersetzung mit § 3 KO und der insolvenzrechtlichen Begründetheit erfolgt nicht.

In der zweiten Entscheidung vom 29.03.1984[304] bestätigt der IV. Senat ausdrücklich seine Entscheidung vom 07.11.1963[305]. Zudem liefert der Senat eine tiefergehende Begründung und setzt sich inhaltlich ausführlicher mit den insolvenzrechtlichen Forderungskategorien auseinander. Der IV. Senat nimmt erstmals zur insolvenzrechtlichen Begründetheit Stellung. Eine Forderung ist nach Ansicht des Senats als begründet anzusehen, „*wenn der Rechtsgrund für ihre Entstehung bereits gelegt ist.*“[306] Für die Einkommensteuerforderung sei das der Fall, „*wenn im Laufe des Veranlagungszeitraums die einzelnen für die Höhe des Jahreseinkommens maßgebenden Besteuerungsmerkmale erfüllt werden.*“[307] Es sei entscheidend, „*ob die Besteuerungsmerkmale, insbesondere die Einkünfte des § 2 Abs. 1 EStG, vor oder nach Konkurseröffnung verwirklicht wurden.*“[308] Der IV. Senat lehnt im Fall die Annahme einer Insolvenzforderung ab und qualifiziert die Einkommensteuer als Masseverbindlichkeit, weil durch das Begründen und das Halten von stillen Reserven vor Insolvenzeröffnung entsprechende Besteuerungsmerkmale nicht verwirklicht seien.[309] Beachtlich sei bloß die Erfolgswirksamkeit des Geschäftsvorfalls.[310] Das sei der Fall, wenn der Bilanzierende seine Leistung durch Veräußerung des Wirtschaftsgutes erbracht habe.[311]

---

301 BFH vom 07.11.1963, IV 210/62 S, BStBl. III 1964, 70 (72).
302 BFH vom 07.11.1963, IV 210/62 S, BStBl. III 1964, 70 (72).
303 BFH vom 07.11.1963, IV 210/62 S, BStBl. III 1964, 70 (72).
304 BFH vom 29.03.1984, IV R 271/83, BStBl. II 1984, 602.
305 BFH vom 07.11.1963, IV 210/62 S, BStBl. III 1964, 70.
306 BFH vom 29.03.1984, IV R 271/83, BStBl. II 1984, 602 (603).
307 BFH vom 29.03.1984, IV R 271/83, BStBl. II 1984, 602 (603).
308 BFH vom 29.03.1984, IV R 271/83, BStBl. II 1984, 602 (603).
309 BFH vom 29.03.1984, IV R 271/83, BStBl. II 1984, 602 (603).
310 BFH vom 29.03.1984, IV R 271/83, BStBl. II 1984, 602 (604).
311 BFH vom 29.03.1984, IV R 271/83, BStBl. II 1984, 602 (604).

In der dritten Entscheidung, welche sich mit der Einordung einer Einkommensteuerforderung aufgrund stiller Reserven befasst, schließt sich der XI. Senat mit Urteil vom 11.11.1993[312] dem IV. Senat an.[313] Unter Verweis auf die im Wortlaut gleiche Definition der insolvenzrechtlichen Begründetheit[314] verneint der XI. Senat ebenfalls die Annahme einer Insolvenzforderung: Unter Beachtung des Realisierungs- und Leistungsfähigkeitsprinzips sei der steuerrechtliche Tatbestand erst mit Vornahme der Verwertungshandlung verwirklicht.[315]

Auch die umsatzsteuerrechtliche Rechtsprechung des V. Senats trägt zur Konkretisierung der Begründetheit bei.[316] Richtungsweisend in der umsatzsteuerrechtlichen Rechtsprechung ist das Urteil vom 13.11.1986.[317] Mit Bezugnahme auf den IV. Senat vom 29.03.1984[318] ist eine Steuerforderung für den V. Senat begründet, „*wenn der den Anspruch begründende Tatbestand zum Zeitpunkt der Insolvenzeröffnung vollständig verwirklicht, also abgeschlossen ist.*[319] *Entscheidend ist nicht der Entstehungszeitpunkt für die Steuer [...], sondern der Zeitpunkt, in dem die [...] maßgebenden Tatbestandsmerkmale erfüllt sind.*“[320] Nach dem V. Senat muss der steuerrechtliche Tatbestand in Gänze verwirklicht sein. Diese Definition hat im Laufe der weiteren Rechtsprechung des V. Senats Bestand: Auf das Urteil vom 13.11.1986[321] und dessen angeführte Definition wird in der weiteren Rechtsprechungsserie der V. Senats verwiesen.[322]

---

312 BFH vom 11.11.1993, XI R 73/92, BFH/NV 1994, 477.

313 In dem Urteil vom 12.10.1994, XI R 78/93, BStBl. II 1995, 33 legt der XI. Senat § 3 KO nicht aus. Auf die bestehende Definition des BFH vom 11.11.1993, XI R 73/92, BFH/NV 1994, 477 wird ebenfalls nicht verwiesen.

314 Eine Forderung ist im Sinne von § 3 I KO begründet, „*wenn im Laufe des Veranlagungszeitraums die einzelnen für die Höhe des Jahreseinkommens maßgebenden Besteuerungsmerkmale erfüllt werden. Für die konkursrechtliche Betrachtung ist danach grundsätzlich entscheidend, ob die Besteuerungsmerkmale vor oder nach Konkurseröffnung verwirklicht werden.*“ BFH vom 11.11.1993, XI R 73/92, BFH/NV 1994, 477 (478).

315 BFH vom 11.11.1993, XI R 73/92, BFH/NV 1994, 477 (479).

316 Zur umsatzsteuerrechtlichen Rechtsprechung unter der Konkursordnung siehe *Witfeld*, Umsatzsteuerverfahren in der Insolvenz, S. 155 ff.

317 BFH vom 13.11.1986, V R 59/79, BStBl. II 1987, 226.

318 BFH vom 29.03.1984, IV R 271/83, BStBl. II 1984, 602.

319 BFH vom 13.11.1986, V R 59/79, BStBl. II 1987, 226 (227).

320 BFH vom 13.11.1986, V R 59/79, BStBl. II 1987, 226 (227).

321 BFH vom 13.11.1986, V R 59/79, BStBl. II 1987, 226.

322 BFH vom 09.04.1987, V R 23/80, BStBl. II 1987, 527 (529); BFH vom 21.12.1988, V R 29/86, BStBl. II 1989, 434 (435); BFH vom 29.01.2009, V R 64/07, BStBl. II 2009, 682 (683); BFH vom 09.12.2010, V R 22/10, BStBl. II 2011, 996 (998); BFH vom

bb) Die Begründetheit und das Erfordernis insolvenzrechtlicher Wertungen

In den frühen 1970er Jahren nimmt der II. Senat des Bundesfinanzhofes in zwei vergleichbaren Entscheidungen[323] Stellung zur insolvenzrechtlichen Begründetheit. In beiden Fällen hat der Insolvenzschuldner vor Insolvenzeröffnung ein Grundstück erworben. Von der Grunderwerbssteuer ist der Insolvenzschuldner befreit, da er versichert, auf den Grundflächen steuerbegünstigte Gebäude des sozialen Wohnungsbaus zu errichten. Nach Insolvenzeröffnung veräußert der Insolvenzverwalter die steuerbegünstigt erworbenen Grundflächen. Streitgegenstand der zwei Entscheidungen ist nunmehr, wie der durch die Veräußerung entstehende Nachversteuerungstatbestand aufgrund des Wegfalls des begünstigten Zwecks insolvenzrechtlich einzuordnen ist. Unter Verweis auf die insolvenzrechtliche Literatur legt der II. Senat die Begründetheit folgendermaßen aus: Nach Ansicht des II. Senats ist eine Steuerforderung begründet, wenn bei Eröffnung des Konkurses das der späteren Forderung zugrunde liegende Grundverhältnis bereits gegeben sei,[324] während die sich daraus ergebende Forderung selbst noch nicht entstanden zu sein brauche.[325] Darunter fallen ergänzend Forderungen, die „*zwar aus einem vor Konkurseröffnung begründeten Rechtsverhältnis abgeleitet sind, aber als solche erst durch konkursrechtliche Handlungen des Konkursgläubigers oder des Konkursverwalters entstehen.*“[326] Für die Begründetheit der Forderung sei ausreichend, dass „*im Zeitpunkt der Konkurseröffnung zu ihrer Entstehung noch ein ungewisses künftiges Ereignis fehlt.*“[327] In Anwendung dieser Grundsätze sieht der II. Senat die Nachversteuerungsforderung als Insolvenzforderung an: Mit Erwerb des Grundstücks sei der Grundtatbestand gesetzt und es bestehe eine Anwartschaft auf die künftige Entstehung der Nachsteuer.[328] Die Aufgabe des begünstigten Zwecks durch den Insolvenzverwalter stelle nur das auslösende Moment für die formelle Entstehung der Steuer dar.[329] Mit der Weiterveräußerung sei das letzte Tatbestandsmerkmal der Nachversteuerung

---

24.11.2011, V R 13/11, BStBl. II 2012, 298 (304).

323 BFH vom 29.09.1970, II B 22/70, BStBl. II 1970, 830; BFH vom 27.08.1975, II R 93/70, BStBl. II 1976, 77.

324 BFH vom 27.08.1975, II R 93/70, BStBl. II 1976, 77 (79).

325 BFH vom 29.09.1970, II B 22/70, BStBl. II 1970, 830 (833).

326 BFH vom 29.09.1970, II B 22/70, BStBl. II 1970, 830 (833).

327 BFH vom 27.08.1975, II R 93/70, BStBl. II 1976, 77 (79).

328 BFH vom 29.09.1970, II B 22/70, BStBl. II 1970, 830 (832).

329 BFH vom 27.08.1975, II R 93/70, BStBl. II 1976, 77 (78).

verwirklicht.[330] Der innere Grund der Forderung finde sich vielmehr in dem Erwerb des Grundstücks durch den Insolvenzschuldner.[331]

Mit Verweis auf den II. Senat ordnet der III. Senat in gleicher Weise in dem Urteil vom 14.10.1977[332] einen steuerrechtlichen Rückforderungsanspruch als Insolvenzforderung ein.[333] Der III. Senat übernimmt die Definition der insolvenzrechtlichen Begründetheit des II. Senates.[334] In der Rechtsanwendung sei die Rückforderung einer vor Insolvenzeröffnung gewährten Investitionszulage im Zeitpunkt der Bewilligung insolvenzrechtlich begründet.[335] Der Rechtsgrund der Rückforderung sei zu diesem Zeitpunkt gelegt, da die Bewilligung unter dem Vorbehalt stehe, dass eine Rückforderung bei Nichteinhaltung der Haltefrist zurückzuzahlen ist.[336] Das Entstehen des Rückforderungsanspruchs durch das Ausscheiden des begünstigt angeschafften Wirtschaftsgutes sei unbeachtlich.[337]

Hervorzuheben ist zudem das Urteil des VIII. Senats vom 14.02.1978.[338] Unmittelbar trifft der VIII. Senat zwar keine Aussagen zur insolvenzrechtlichen Begründetheit. Die Entscheidung ist dennoch bemerkenswert, da der VIII. Senat konträr zur Judikatur des IV. und XI. Senats urteilt. Für vor Insolvenzeröffnung angesammelte und nach Verfahrenseröffnung durch Veräußerung realisierte stille Reserven nimmt der VIII. Senat keine

---

330 BFH vom 29.09.1970, II B 22/70, BStBl. II 1970, 830 (833).

331 BFH vom 27.08.1975, II R 93/70, BStBl. II 1976, 77 (78).

332 BFH vom 14.10.1977, III R 111/75, BStBl. II 1978, 204.

333 Mit diesem Urteil hebt der III. Senat die gegenteilige Rechtsfassung des VI. Senats auf. Der VI. Senat hatte mit Urteil vom 26.03.1971, VI R 285/69, BStBl. II 1971, 582 (583) entschieden, dass der Rückforderungsanspruch aus der Auflösung der Investitionszulage eine Masseverbindlichkeit darstellt. Eine Auslegung der insolvenzrechtlichen Begründetheit nimmt der VI. Senat indes nicht vor.

334 Begründet ist ein Anspruch, „*wenn die Grundlagen des Schuldverhältnisses bestehen, aus dem sich der Anspruch ergibt, der Rechtsgrund für sein Entstehen bereits vor Konkurseröffnung gelegt war, mag die Forderung auch erst nach Konkurseröffnung entstehen. So können Ansprüche im Sinne des § 3 KO bereits im Zeitpunkt der Eröffnung des Konkursverfahrens begründet sein, obwohl sie […] noch nicht entstanden sind.*“ BFH vom 14.10.1977, III R 111/75, BStBl. II 1978, 204 (205).

335 Vergleichbar judiziert das FG Niedersachsen vom 19.10.1976, VI Kö 120/76, EFG 1977, 288 (288). Die Rückforderung einer vor Insolvenzeröffnung gewährten Sonderabschreibung auf Wirtschaftsgüter des Anlagevermögens stellt eine Insolvenzforderung dar. Mit Bewilligung der Sonderabschreibung ist die Steuerforderung materiell entstanden. Auf die Veräußerung des Wirtschaftsgutes und das Verwirken der Sonderabschreibung kommt es nicht an.

336 BFH vom 14.10.1977, III R 111/75, BStBl. II 1978, 204 (205).

337 BFH vom 14.10.1977, III R 111/75, BStBl. II 1978, 204 (205).

338 BFH vom 14.02.1978, VIII R 28/73, BStBl. II 1978, 356.

Masseverbindlichkeiten an. Dies begründet der VIII. Senat mit der besonderen Fallkonstellation: Masseverbindlichkeiten seien abzulehnen, da der Verwalter an der Veräußerung nicht beteiligt sei.[339] Die Tatbestandsvarianten der § 58 Nr. 2 KO und § 59 Abs. 1 Nr. 1 KO seien nicht verwirklicht, weil absonderungsberechtigte Dritte die Veräußerung des Grundstücks selbstständig vorgenommen haben.[340] Ohne Zutun des Insolvenzverwalters gelange der Kaufpreis abzüglich der Vorabbefriedigung der gesicherten Gläubiger zur Insolvenzmasse.[341] Mittelbar deutet der VIII. Senat aufgrund dieser Feststellung an, dass die Steuerforderung als Insolvenzforderung qualifiziert werden könne. Dies belegt der VIII. Senat mit einem Verweis auf das Urteil des II. Senats vom 29.09.1970[342] und dessen Prämissen für die insolvenzrechtliche Begründetheit. Ohne explizit Stellung zu beziehen, mahnt der VIII. Senat an, dass Steuerforderungen aufgrund von nach Verfahrenseröffnung realisierten stillen Reserven mit den allgemeinen Grundsätzen des II. Senats durchaus divergierend einzuordnen seien.[343]

In Ansehung der umsatzsteuerrechtlichen Rechtsprechung zur insolvenzrechtlichen Begründetheit vertritt der V. Senat in dem Urteil 02.02.1978[344] eine isolierte Rechtsauffassung, auf die in keiner weiteren Entscheidung des V. Senats zurückgegriffen wird.[345] Der V. Senat sah in diesem Urteil eine Umsatzsteuerforderung im Zeitpunkt der Leistungserbringung in seinen materiellen Merkmalen als verwirklicht an.[346] Auf die Entstehung des Anspruchs aus steuertechnischen Gründen komme es nicht an.[347] Entscheidend für die insolvenzrechtliche Begründetheit sei die zivilrechtliche Grundlage des Umsatzsteueranspruchs.[348] Im konkreten Fall sei auf die konkrete Werklieferung vor Insolvenzeröffnung abzustellen.[349]

---

339 BFH vom 14.02.1978, VIII R 28/73, BStBl. II 1978, 356 (358).

340 BFH vom 14.02.1978, VIII R 28/73, BStBl. II 1978, 356 (358). Diese besondere Fallkonstellation und die sich daraus ergebenen Probleme zur einkommensteuerrechtlichen Forderungsqualifizierung werden gesondert unter D, II, 5 erörtert.

341 BFH vom 14.02.1978, VIII R 28/73, BStBl. II 1978, 356 (358).

342 BFH vom 29.09.1970, II B 22/70, BStBl. II 1970, 830.

343 Im konkreten Fall ist eine darüberhinausgehende insolvenzrechtliche Qualifizierung der Steuerforderung als Insolvenzforderung nicht erforderlich, da sich die Anfechtungsklage des Insolvenzverwalters gegen den Steuerbescheid aus der vom Finanzamt festgesetzten Masseverbindlichkeit richtet.

344 BFH vom 02.02.1978, V R 128/76, BStBl. II 1978, 483.

345 So *Witfeld*, Umsatzsteuerverfahren und die Insolvenz, S. 156.

346 BFH vom 02.02.1978, V R 128/76, BStBl. II 1978, 483 (486).

347 BFH vom 02.02.1978, V R 128/76, BStBl. II 1978, 483 (486).

348 BFH vom 02.02.1978, V R 128/76, BStBl. II 1978, 483 (486).

349 BFH vom 02.02.1978, V R 128/76, BStBl. II 1978, 483 (486).

cc) Zwischenergebnis

Der IV., V. und XI. Senat des Bundesfinanzhofes sehen eine Steuerforderung als begründet an, wenn der Tatbestand *vollständig verwirklicht* ist. Die Formel zur Begründetheit geht auf das vom IV. Senat am 29.03.1984[350] veröffentlichte Urteil zurück, welches seinerseits die Rechtsprechung vom 07.11.1963[351] bestätigt. Eine ausgewogene Begründung für diese steuerrechtliche Auslegung liefern die Senate nicht. Die insolvenzrechtliche Begründetheit wird mit steuerrechtlichen Grundsätzen der Gewinnrealisierung konkretisiert. Dogmatisch argumentieren der IV., V. und XI. Senat nicht mit den Eigenarten der Forderungszuordnung. Die Rechtsprechung ist fiskalpolitisch orientiert: Durch die Anknüpfung an das Realisationsprinzip wird auf den letztmöglichen Zeitpunkt des gestreckten Tatbestandes abgestellt. Die Senate verlangen die vollständige Verwirklichung des steuerrechtlichen Tatbestandes, obwohl er nach seiner Definition allein die *maßgebenden Besteuerungsmerkmale* für beachtlich erklärt. Mit dieser Anknüpfung verlagert sich der für die Qualifizierung maßgebliche Zeitpunkt in den Zeitraum nach Insolvenzeröffnung. Dadurch qualifizieren die Senate Steuerordnungen vermehrt als Masseverbindlichkeit.

Der IV. Senat stützt im Urteil vom 07.11.1963[352] seine Annahme einer Masseverbindlichkeit mit einer Billigkeitserwägung: Es erscheine nicht gerechtfertigt, den Fiskus von der Teilnahme an den meist ohne Mühe zu erzielenden Veräußerungsgewinnen auszuschließen.[353] *Onusseit*[354] verweist in diesem Zusammenhang auf *Enno Beckers* Aussage, dass der Bundesfinanzhof dem Fiskus ermögliche, „*auf Kosten der Gläubiger unter dem unhaltbaren Stichwort eines großen Gewinns mit dem Raub davonzuziehen.*“[355]

Demgegenüber steht die Judikatur des II., III., VIII. und in Teilen die des V. Senats. Insbesondere der II. Senat nimmt eine insolvenzrechtliche Auslegung vor. Er formuliert Maßstäbe, die übergreifend auf eine Vielzahl von Forderungen unterschiedlicher Rechtsgründe anzuwenden sind. Der II. Senat argumentiert nicht steuerspezifisch. Der III. und der VIII. Senat schließen sich diesen allgemein gehaltenen Ausführungen an. In diesem Sinne ist eine Steuerforderung als Insolvenzforderung zu

---

350 BFH vom 29.03.1984, IV R 271/83, BStBl. II 1984, 602.

351 BFH vom 07.11.1963, IV 210/62 S, BStBl. III 1964, 70.

352 BFH vom 07.11.1963, IV 210/62 S, BStBl. III 1964, 70.

353 BFH vom 07.11.1963, IV 210/62 S, BStBl. III 1964, 70 (72).

354 *Onusseit*, ZIP 1986, 77 (79).

355 *Becker*, StuW 1939, 1035 (1052).

qualifizieren, wenn das der Steuerforderung zugrunde liegende Grundverhältnis verwirklicht ist.

Die Entscheidungen des II. und III. Senats einerseits und des IV. und XI. Senates andererseits laufen parallel zueinander. Es wird kein gegenseitiger Bezug hergestellt. Dies erscheint bemerkenswert, da beiden Senate miteinander vergleichbare Fallkonstellationen zur Entscheidung vorlagen: Bei der Einordnung von nach Verfahrenseröffnung realisierten stillen Reserven und der Nachversteuerung einer gewährten Steuervergünstigung kreditiert der Fiskus vergleichbar die Besteuerung.[356] Materiell ist der Steueranspruch dem Grunde nach angelegt. Trotz erhöhter Leistungsfähigkeit in Form einer Anschaffung oder eines Wertzuwachs einzelner Wirtschaftsgüter bleibt die Besteuerung aus. Es fehlt in beiden Fällen allein der die Steuer auslösende formale Umstand.

b) Die Auslegung unter Geltung der Insolvenzordnung zu § 38 InsO

aa) Die Begründetheit und das Erfordernis der Verwirklichung des steuerrechtlichen Tatbestandes

(1) Die ertragsteuerliche Rechtsprechung des IV. und des X. Senates

(a) Die insolvenzrechtliche Qualifizierung von stillen Reserven

In der ertragsteuerlichen Rechtsprechung liegen der IV. und der X. Senat bei der Auslegung der insolvenzrechtlichen Begründetheit auf einer Linie und festigen die bisherigen Erkenntnisse unter Geltung der Insolvenzordnung. Beide Senate bestimmen die Begründetheit nach der vollständigen Verwirklichung des steuerrechtlichen Tatbestandes.

Der IV. Senat bestätigt und erweitert mit dem Urteil vom 16.05.2013[357] die Rechtsprechungsserie aus den Jahren 1963 und 1984. Eine Einkommensteuerforderung aus vor Verfahrenseröffnung angesammelten und nach Verfahrenseröffnung realisierten stillen Reserven sei weiterhin als Masseverbindlichkeit zu qualifizieren.[358] Basis dieser Annahme ist für den IV. Senat eine rein steuerrechtliche Interpretation der insolvenzrechtlichen Begründetheit: Ein Steueranspruch sei begründet, wenn der gesetzliche Besteuerungstatbestand verwirklicht werde.[359] Die Art und Weise

[356] *Frotscher*, Besteuerung bei Insolvenz, S. 155; *Roth*, FR 2013, 441 (444).
[357] BFH vom 16.05.2013, IV R 23/11, BStBl. II 2013, 759.
[358] BFH vom 16.05.2013, IV R 23/11, BStBl. II 2013, 759 (761).
[359] BFH vom 16.05.2013, IV R 23/11, BStBl. II 2013, 759 (760).

der Verwirklichung *„richtet sich auch im Anschluss an die Eröffnung des Insolvenzverfahrens ausschließlich nach steuerrechtlichen Grundsätzen. Bezogen auf die Einkommensteuer kommt es für die insolvenzrechtliche Begründung der Steuerforderung folglich darauf an, ob der einzelne (unselbstständige) Besteuerungstatbestand – insbesondere die Einkünfte nach § 2 Abs. 1 EStG – vor oder nach Insolvenzeröffnung verwirklicht wurde.“*[360] Mit diesem Urteil definiert der IV. Senat grundlegend die insolvenzrechtliche Begründetheit für die Steuerforderung unter Geltung der Insolvenzordnung.[361]

Im Zuge dessen ist laut Beschluss des IV. Senats vom 27.10.2016[362] eine Nichtzulassungsbeschwerde zur Revision unbegründet. Mit Verweis auf das Urteil vom 16.05.2013[363] sei nämlich höchstrichterlich geklärt, dass eine Steuerforderung aufgrund der Aufdeckung stiller Reserven im Insolvenzverfahren als Masseverbindlichkeit zu qualifizieren sei.[364] Die Frage sei aus diesem Grund weder von grundsätzlicher Bedeutung noch zur Rechtsfortbildung erforderlich, § 115 Abs. 2 Nr. 1 und 2 FGO.[365] In der Sache ergänzt der IV. Senat, dass der Wechsel der Gewinnermittlungsart für die Besteuerungsgrundsätze der stillen Reserven unbeachtlich sei.[366] Die beim Wechsel auf die Gewinnermittlungsart der Tonnagenbesteuerung[367] gesonderte und einheitliche Feststellung der stillen Reserven diene

---

360 BFH vom 16.05.2013, IV R 23/11, BStBl. II 2013, 759 (760).

361 *Kahlert/Kayser/Bornemann*, Perspektiven für eine kohärente und praxisgerechte Verzahnung von Steuer- und Insolvenzrecht, Rn. 473 f. weisen darauf hin, dass der IV. Senat die von ihm herangezogene Literaturmeinung nur unvollständig zitiere. Soweit sich der IV. Senat auf die Ansicht von *Ehricke*, in MünchKomm, InsO, 2. Auflage, § 38, Rn. 16 beziehe, um die Auslegung der insolvenzrechtlichen Begründetheit nach der vollständigen Verwirklichung des Steuertatbestandes zu stützen, gehe dieser Verweis fehl, weil die Literaturmeinung entgegengesetzt lediglich die Verwirklichung des Schuldrechtsorganismus‘ vor Insolvenzeröffnung verlange.

362 BFH vom 27.10.2016, IV B 119/15, BFH/NV 2017, 320.

363 BFH vom 16.05.2013, IV R 23/11, BStBl. II 2013, 759.

364 BFH vom 27.10.2016, IV B 119/15, BFH/NV 2017, 320 (320).

365 BFH vom 27.10.2016, IV B 119/15, BFH/NV 2017, 320 (320).

366 BFH vom 27.10.2016, IV B 119/15, BFH/NV 2017, 320 (321).

367 Zum Hintergrund: Gewerbebetriebe mit Geschäftsleitung im Inland, deren Gewinn auf den Betrieb von Handelsschiffen im internationalen Verkehr entfällt, können gemäß § 5a I, III EStG anstelle der Ermittlung des Gewinns nach § 4 I oder § 5 EStG in die sogenannte Tonnagenbesteuerung optieren. Statt mittels konkreten Betriebsvermögensvergleichs ist der Gewinn pauschal auf Grundlage der Größe des Schiffes (sog. Nettoraumzahl) zu bestimmen. § 5a IV ordnet an, dass zum Schluss des Wirtschaftsjahres, in welchem in die Tonnagenbesteuerung optiert wird, eine Vermögensaufstellung zu

der Verfahrensvereinfachung, § 5a Abs. 4 EStG.[368] Eine Realisation der stillen Reserven sei darin nicht zu sehen.[369]

Mit dem Urteil vom 09.12.2014[370] bestätigt und konkretisiert der X. Senat die vom IV. Senat aufgestellten Prämissen zur Begründetheit.[371] Er erweitert die steuerrechtliche Definition auf Fälle, in denen der Steuerpflichtige seinen Gewinn durch Einnahme-Überschussrechnung gemäß § 4 Abs. 3 EStG bestimmt. Für die Begründetheit der steuerrechtlichen Forderung komme es richtungsweisend auf die Art der Gewinnermittlung an.[372] Diese entscheide über die für die Begründetheit erforderlichen Tatbestandsmerkmale und demzufolge über den entscheidenden Zeitpunkt der Begründetheit.[373] Der steuerrechtliche Tatbestand sei erst vollständig verwirklicht, wenn die Einnahmen nach dem Zuflussprinzip bezogen seien, § 11 Abs. 1 S. 1 EStG.[374] In Anwendung dieser Grundsätze qualifiziert zunächst das Finanzgericht Thüringen in der Vorinstanz die Steuerforderung als Masseverbindlichkeit, weil der Insolvenzschuldner den Kaufpreis aus der Veräußerung eines Grundstücks erst nach Verfahrenseröffnung vereinnahme.[375] In der Revision nimmt der X. Senat daraufhin an, dass die Gewinnermittlung durch Betriebsvermögensvergleich zu erfolgen habe.[376] Aufgrund nachzuholender Feststellungen in Bezug auf die Begründetheit der Steuerforderung wurde die Sache an das Finanzgericht Thüringen gemäß § 126 Abs. 3 Nr. 2 FGO zurückverwiesen. Das Finanzgericht Thüringen qualifiziert die Forderung als Masseverbindlichkeit, weil der steuerrechtliche

---

erfolgen hat. Im Zuge dessen sind Unterschiedsbeträge zwischen Buch- und Teilwert gesondert und einheitlich festzustellen.

368 BFH vom 27.10.2016, IV B 119/15, BFH/NV 2017, 320 (321). Nach dem FG Hamburg vom 25.11.2015, 2 K 152/15, EFG 2016, 504 (506) sei Zweck der gesonderten und einheitlichen Feststellung, die Besteuerung der stillen Reserven zu sichern. Die Tonnagenbesteuerung gemäß § 5a I EStG erfolge pauschal, sodass die stillen Reserven andernfalls nicht erfasst würden.

369 FG Hamburg vom 25.11.2015, 2 K 152/15, EFG 2016, 504 (506).

370 BFH vom 09.12.2014, X R 12/12, BStBl. II 2016, 852.

371 Der X. Senat vom 09.12.2014, X R 12/12, BStBl. II 2016, 852 (855) formuliert die Begründetheit wortgleich zum IV. Senat vom 16.05.2013, IV R 23/11, BStBl. II 2013, 759 (760). Der X. Senat ergänzt am Ende der Konkretisierung, dass der Besteuerungstatbestand vollständig verwirklicht sein müsse.

372 BFH vom 09.12.2014, X R 12/12, BStBl. II 2016, 852 (855).

373 BFH vom 09.12.2014, X R 12/12, BStBl. II 2016, 852 (855).

374 BFH vom 09.12.2014, X R 12/12, BStBl. II 2016, 852 (855).

375 FG Thüringen vom 30.11.2011, 3 K 581/09, EFG 2013, 317 (320).

376 BFH vom 09.12.2014, X R 12/12, BStBl. II 2016, 852 (855).

Tatbestand erst mit der nachträglichen, stillschweigenden Genehmigung des Insolvenzgerichts vollständig verwirklicht sei.[377]

Dadurch zeigt sich im Fall eine Besonderheit: Obwohl das Grundstück vor Verfahrenseröffnung veräußert wurde, ist die Steuerforderung nicht als Insolvenzforderung zu qualifizieren. Mit der Anknüpfung an das Zuflussprinzip ist die Steuerforderung trotz Gewinnrealisation vor Verfahrenseröffnung als Masseverbindlichkeit einzustufen. Der relevante Zeitpunkt der Begründetheit wird durch die Erweiterung der steuerrechtlichen Interpretation in den Zeitraum nach Verfahrenseröffnung verschoben.

Letztlich bestätigt der X. Senat mit der Entscheidung vom 07.07.2020[378] die steuerrechtliche Auslegung: Im Streitfall veräußerten absonderungsberechtigte Dritte ein Grundstück. Der Insolvenzverwalter war an der Veräußerung nicht beteiligt. Die auf die Veräußerung entfallende Einkommensteuerforderung beruht auf der Auflösung stiller Reserven. Insoweit liegt der Entscheidung der gleiche Sachverhalt zugrunde wie er bereits vom VIII. Senat im Jahr 1978[379] zu entscheiden war. Damals hatte der VIII. Senat in einem obiter dictum vertreten, die Einkommensteuerforderung aus der Auflösung der stillen Reserven sei als Insolvenzforderung zu qualifizieren.[380] Dieser Annahme tritt der X. Senat nun entgegen: Eine Insolvenzforderung scheide aus, weil die Einkommensteuer aus der Veräußerung nicht zum Zeitpunkt der Insolvenzeröffnung begründet sei.[381] Maßgeblich sei, dass der Besteuerungstatbestand – im Streitfall Einkünfte aus Gewerbebetrieb durch Veräußerung des zum Betriebsvermögen der Insolvenzschuldnerin gehörenden Grundstücks, § 15 Abs. 1 S. 1 Nr. 1, Abs. 2 EStG, – nach Insolvenzeröffnung verwirklicht worden ist.[382] Unbeachtlich sei in diesem Zusammenhang, dass der Besteuerungstatbestand nicht durch eine Veräußerung seitens des Insolvenzverwalters selbst, sondern durch das Verhalten eines absonderungsberechtigten

---

377 FG Thüringen vom 18.11.2015, 3 K 198/15, juris, Rn. 93.

378 BFH vom 07.07.2020, X R 13/19, BFHE 270, 24.

379 BFH vom 14.02.1978, VIII R 28/73, BStBl. II 1978, 356 (358).

380 Streitgegenständlich war vom VIII. Senat nur zu klären, ob die Einordnung als Masseverbindlichkeit (damals Massekosten gemäß § 58 II KO) rechtmäßig war. Wesentlich kam es diesbezüglich für den VIII. Senat darauf an, dass die Steuerforderung auf eine aktive Beteiligung des Insolvenzverwalters zurückgeführt werden kann. An einer solchen Beteiligung fehlte es, sodass der VIII. Senat die Qualifizierung als Masseverbindlichkeit für rechtswidrig hielt und den Steuerbescheid aufhob.

381 BFH vom 07.07.2020, X R 13/19, BFHE 270, 24 (29 f.).

382 BFH vom 07.07.2020, X R 13/19, BFHE 270, 24 (30).

Insolvenzgläubigers ausgelöst worden sei.[383] Die Zugehörigkeit des Grundstücks zum Betriebsvermögen endete mit dem Zuschlag, § 90 Abs. 1 ZVG. Durch den Zuschlag habe sich der Gewinn samt Aufdeckung der stillen Reserven realisiert.[384] Auf das Entstehen der stillen Reserven vor Verfahrenseröffnung komme es daher nicht an.[385] Im Streitfall hat der X. Senat die Einkommensteuer als Masseverbindlichkeit gemäß § 55 Abs. 1 Nr. 1 2. Alt. InsO eingeordnet.

(b) Die insolvenzrechtliche Forderungseinordnung bei der Besteuerung von Personengesellschaften

Mit dem Urteil vom 18.05.2010[386] überträgt der X. Senat die vom IV. Senat unter der Konkursordnung aufgestellten Grundsätze auf die Gewinnrealisierung von unechten Erträgen. Der X. Senat hat zu entscheiden, ob eine Steuerforderung, die aus der Auflösung einer Rückstellung einer Personengesellschaft resultiert, beim Gesellschafter als Insolvenzforderung oder Masseverbindlichkeit zu qualifizieren ist. Der X. Senat stellt grundsätzlich fest, dass einem insolventen Gesellschafter der Gewinn einer Personengesellschaft aus der Ausbuchung einer Rückstellung in der Insolvenz in Anwendung des Transparenzprinzips gemäß § 15 Abs. 1 S. 1 Nr. 2 EStG steuerrechtlich zugerechnet werde.[387] Die Einkommensteuerforderung aus der nach Insolvenzeröffnung aufgelösten Rückstellung sei beim Gesellschafter als Masseverbindlichkeit zu qualifizieren, weil dieser Buchgewinn steuerrechtlich nach Eröffnung des Insolvenzverfahrens

---

383 BFH vom 07.07.2020, X R 13/19, BFHE 270, 24 (30 f.).

384 BFH vom 07.07.2020, X R 13/19, BFHE 270, 24 (30).

385 BFH vom 07.07.2020, X R 13/19, BFHE 270, 24 (30).

386 BFH vom 18.05.2010, X R 60/08, BStBl. II 2011, 429.

387 Diesbezüglich werden die seitens des BFH vom 05.03.2008, X R 60/04, BStBl. II 2008, 787 (788) aufgestellten Grundsätze zur Einkünftezurechnung bei Personengesellschaften in der Insolvenz bestätigt. Die einkommensteuerrechtliche Einkünftezurechnung hat in der Insolvenz Bestand. Gemäß § 1 EStG unterliegen der Einkommensteuer natürliche Personen. Die Personengesellschaft fungiert als Steuersubjekt bei der Feststellung der Einkunftsart und der Einkünfteermittlung. Die steuerrechtlichen Folgen treffen allein den Gesellschafter. Die insolvenzrechtliche Trennung der Vermögensmassen aufgrund der jeweiligen Insolvenzrechtsfähigkeit der Gesellschafter und der Personengesellschaft (§ 11 I und II Nr. 2 InsO) wird nicht nachvollzogen. Entstehende Friktionen aufgrund der Gewinn- und Verlustzuweisung an den Gesellschafter sind nach Grundsätzen der einkommensteuerrechtlichen Leistungsfähigkeit zu lösen. So *Benne*, BB 2001, 1977 (1980 f.); *Frotscher*, Besteuerung bei Insolvenz, S. 176; *Onusseit/Kunz,* Steuern in der Insolvenz, Rn. 594. Zur Rechtsanwendung bei verschiedenen Fallgruppen *Kahlert/Rühland*, Sanierungs- und Insolvenzsteuerrecht, Rn. 9.774 ff.

realisiert werde.[388] *„Bei der Verwertung des betrieblichen Vermögens ist auf den Zeitpunkt der Realisation abzustellen; nicht maßgeblich ist der Zeitpunkt, indem die Wertzuwächse entstanden sind.“*[389] Diese Begründung ist aus Sicht einer steuerrechtlichen Interpretation der Begründetheit konsequent.

In den Entscheidungen vom 18.12.2014[390], 03.08.2016[391] und 10.07.2019[392] stärkt der X. Senat die steuerrechtliche Auslegung. Mit einer wortgleichen Übernahme der vom IV. Senat in dem Urteil vom 16.05.2013[393] aufgestellten Grundsätze nimmt der X. Senat eine Masseverbindlichkeit für eine Einkommensteuerforderung an.[394] Der Steuertatbestand, dem eine Gewinnzuweisung der Personengesellschaft gemäß § 15 Abs. 1 S. 1 Nr. 2 EStG[395] nach Insolvenzeröffnung zugrunde liege, sei erst im Zeitpunkt der Realisierung und der Zurechnung an den Gesellschafter vollständig verwirklicht.[396] Nach Sicht des Senates sei unbeachtlich, ob die Gewinne auf Ebene der Gesellschaft vor der Insolvenz des Gesellschafters angelegt seien und entsprechend mittelbar die Beteiligung des Gesellschafters einen Wertzuwachs verzeichne.[397] Soweit mit dieser steuerrechtlichen Begründung die Qualifikation als Insolvenzforderung ausscheidet, ist aber noch nicht die Frage beantwortet, ob hinsichtlich der Steuerforderung eine Masseverbindlichkeit anzunehmen ist. Für die den Entscheidungen zugrundliegenden Problemlagen hinsichtlich der zusätzlichen Voraussetzungen des

---

388 In der Entscheidung vom 18.05.2010, X R 60/08, BStBl. II 2011, 429 (432) präzisiert der BFH, dass der Buchgewinn wie ein echter Vermögenszufluss zu besteuern sei. Mit Bildung der Rückstellung sei eine Steuerersparnis festzustellen, die mit Ausbuchung nachversteuert werde. Eine damalige bilanzielle Gewinnverkürzung werde korrigiert.

389 BFH vom 18.05.2010, X R 60/08, BStBl. II 2011, 429 (432).

390 BFH vom 18.12.2014, X B 89/14, BFH/NV 2015, 470.

391 BFH vom 03.08.2016, X R 25/14, BFH/NV 2017, 317.

392 BFH vom 10.07.2019, X R 31/16, BFHE 265, 300.

393 BFH vom 16.05.2013, IV R 23/11, BStBl. II 2013, 759.

394 BFH vom 18.12.2014, X B 89/14, BFH/NV 2015, 470 (471); BFH vom 03.08.2016, X R 25/14, BFH/NV 2017, 317 (319).

395 Insoweit wird die einkommensteuerrechtliche Einkünftezurechnung des BFH vom 05.03.2008, X R 60/04, BStBl. II 2008, 787 (788) nochmals bestätigt. BFH vom 18.12.2014, X B 89/14, BFH/NV 2015, 470 (471).

396 BFH vom 18.12.2014, X B 89/14, BFH/NV 2015, 470 (471); BFH vom 03.08.2016, X R 25/14, BFH/NV 2017, 317 (319).

397 BFH vom 10.07.2019, X R 31/16, BFHE 265, 300 (310); BFH vom 03.08.2016, X R 25/14, BFH/NV 2017, 317 (319); a.A. FG Rheinland-Pfalz vom 11.09.2013, 2 K 2120/12, EFG 2014, 1404 (1406).

§ 55 Abs. 1 InsO ist systematisch an anderer Stelle einzugehen.[398] Untersuchungsgegenstand sei an dieser Stelle nur die inhaltliche Ausgestaltung von § 38 InsO.

(2) Die umsatzsteuerliche Rechtsprechung des V. und des XI. Senates

Der V. Senat bestätigt und verfeinert im Urteil vom 29.01.2009[399] seine unter der Konkursordnung getroffene Konkretisierung der Begründetheit.[400] Zur Erläuterung verweist er auf die Urteile vom 13.11.1986[401], 09.04.1987[402], 21.12.1988[403] und auf die Rechtsprechung des IV. Sentas zu den stillen Reserven vom 29.03.1984[404]. Eine Steuerforderung ist demnach begründet, „*wenn der den Umsatzsteueranspruch begründende Tatbestand vollständig verwirklicht und damit abgeschlossen ist. Kommt es zur vollständigen Tatbestandsverwirklichung bereits vor Verfahrenseröffnung, handelt es sich um eine Insolvenzforderung, erfolgt die vollständige Tatbestandsverwirklichung erst nach Verfahrenseröffnung, liegt unter den Voraussetzungen des § 55 InsO eine Masseverbindlichkeit vor.*“[405] Bei dem der Entscheidung zugrunde liegenden Fall komme es bei der Versteuerung nach der Ist-Versteuerung gemäß § 13 Abs. 1 Nr. 1 b UStG auf den Zeitpunkt der Vereinnahmung des Entgeltes an.[406] Es sei eine Masseverbindlichkeit anzunehmen, da sich die Entgeltvereinnahmung nach Verfahrenseröffnung ereigne.[407]

Die im Wortlaut gleichen Prämissen zur Begründetheit führt der V. Senat in den Entscheidungen vom 30.04.2009[408] und vom 09.12.2010[409] an. Entsprechend verweist er auf die Rechtsprechung des V. und IV. Senates unter Geltung der Konkursordnung. Im Urteil vom 30.04.2009[410]

---

398 Vgl. F., IV.

399 BFH vom 29.01.2009, V R 64/07, BStBl. II 2009, 682.

400 Eine tiefergehende Analyse der umsatzsteuerrechtlichen Rechtsprechung führt *Witfeld*, Umsatzsteuerverfahren in der Insolvenz, S. 185–282 an.

401 BFH vom 13.11.1986, V R 59/79, BStBl. II 1987, 226.

402 BFH vom 09.04.1987, V R 23/80, BStBl. II 1987, 527.

403 BFH vom 21.12.1988, V R 29/86, BStBl. II 1989, 434.

404 BFH vom 29.03.1984, IV R 271/83, BStBl. II 1984, 602.

405 BFH vom 29.01.2009, V R 64/07, BStBl. II 2009, 682 (683).

406 BFH vom 29.01.2009, V R 64/07, BStBl. II 2009, 682 (683).

407 BFH vom 29.01.2009, V R 64/07, BStBl. II 2009, 682 (683).

408 BFH vom 30.04.2009, V R 1/06, BStBl. II 2010, 138 (139 f.).

409 BFH vom 09.12.2010, V R 22/10, BStBl. II 2011, 996 (997)

410 BFH vom 30.04.2009, V R 1/06, BStBl. II 2010, 138.

konnte der V. Senat für die Soll-Versteuerung gemäß § 13 Abs. 1 Nr. 1 a UStG noch offenlassen, ob es für die Begründetheit des umsatzsteuerrechtlichen Tatbestandes ebenfalls auf den Zeitpunkt der Entgeltvereinnahmung oder in Abweichung zur Ist-Versteuerung auf die Leistungserbringung ankommt. Denn nach beiden Auslegungsvarianten der Begründetheit sei eine Masseverbindlichkeit anzunehmen; sowohl die Leistungserbringung als auch die Vereinnahmung ereignen sich nach Verfahrenseröffnung.[411]

In der Sache vom 09.12.2010[412] hat der V. Senat richtungsweisend für die Soll-Besteuerung entschieden, dass ein Gleichlauf zur Ist-Besteuerung hinsichtlich der insolvenzrechtlichen Einordung herzustellen sei.[413] Für die Soll-Besteuerung sei ebenfalls der Zeitpunkt der Entgeltvereinnahmung maßgeblich.[414] Der V. Senat stellt folgende Erwägungen an: Es stehe vom Sachverhalt zwar zunächst nicht fest, ob eine Besteuerung nach der Ist- oder Soll-Besteuerung beim Insolvenzschuldner durchzuführen sei.[415] Eine Entscheidung könne dennoch ergehen, da für den Zeitpunkt der insolvenzrechtlichen Begründetheit betreffend beider Sachverhaltsalternativen auf die Entgeltvereinnahmung abzustellen sei.[416] Die Vereinnahmung und einhergehend die vollständige Verwirklichung des steuerrechtlichen Tatbestandes liege nach Insolvenzeröffnung, sodass eine Masseverbindlichkeit für beide möglichen Konstellationen anzunehmen sei.[417] Der umsatzsteuerrechtliche Tatbestand sei für die Soll-Versteuerung gemäß § 17 Abs. 2 Nr. 1 UStG mittels einer doppelten Berichtigung wegen rechtlicher Uneinbringlichkeit erst im Zeitpunkt der Entgeltvereinnahmung vollständig verwirklicht.[418]

---

411 BFH vom 30.04.2009, V R 1/06, BStBl. II 2010, 138 (140).

412 BFH vom 09.12.2010, V R 22/10, BStBl. II 2011, 996.

413 BFH vom 09.12.2010, V R 22/10, BStBl. II 2011, 996 (997.

414 BFH vom 09.12.2010, V R 22/10, BStBl. II 2011, 996 (997).

415 BFH vom 09.12.2010, V R 22/10, BStBl. II 2011, 996 (997).

416 BFH vom 09.12.2010, V R 22/10, BStBl. II 2011, 996 (997).

417 BFH vom 09.12.2010, V R 22/10, BStBl. II 2011, 996 (997).

418 BFH vom 09.12.2010, V R 22/10, BStBl. II 2011, 996 (999); zur Kritik an dieser Begründung *Hölzle*, BB 2012, 1571 (1573 ff.); *Kahlert*, DStR 2011, 921 (925 f.); *Meyer*, Zukunftsfragen des Steuerrechts III, S. 59 ff.; *Meyer*, in FS 100 Jahre BFH, Bd. I, S. 659 (669); *Nachtmann*, Fiskusvorrecht im deutschen Insolvenzrecht, S. 150 ff.; *Onusseit*, ZIP 2016, 452 (453 f.); *Roth*, Insolvenzsteuerrecht, Rn. 4.331 ff.; *Witfeld*, Umsatzsteuerverfahren in der Insolvenz, S. 215 ff.

Mit den Urteilen vom 24.11.2011[419] und vom 24.09.2014[420] bestätigt der V. Senat seine steuerrechtliche Prämisse zur insolvenzrechtlichen Begründetheit. Insbesondere im Urteil vom 24.09.2014 überträgt der V. Senat seine Grundsätze zur doppelten Berichtigung wegen rechtlicher Uneinbringlichkeit auf den Tatbestand des § 55 Abs. 4 InsO. Für die Begründetheit einer Steuerforderung im Eröffnungsverfahren solle Gleiches wie im eröffneten Verfahren gelten.[421]

Der XI. Senat hat sich indessen mit den Entscheidungen vom 09.02.2011[422], 11.07.2013[423] und 01.03.2016[424] den Ausführungen des V. Senats angeschlossen. Nach der Rechtsprechung kommt es für die Umsatzsteuer einheitlich auf die vollständige Verwirklichung des steuerrechtlichen Tatbestandes an.

(3) Die Rechtsprechung des VII. Senats zur insolvenzrechtlichen Qualifizierung einer Haftungsforderung gemäß §§ 191 Abs. 1 Satz 1, 69 AO

In der Entscheidung vom 12.06.2018[425] nimmt der Bundesfinanzhof erstmals zu der Frage Stellung, wann eine Haftungsforderung gemäß §§ 191 Abs. 1 S. 1, 69 AO nach § 38 InsO begründet ist. Hierzu greift der VII. Senat zunächst auf die Rechtsprechung des IV. Sentas vom 16.05.2013[426] zurück,

419 BFH vom 24.11.2011, V R 13/11, BStBl. II 2012, 298 (300): „*Für die Begründetheit [...] kommt es dabei nicht auf den Zeitpunkt der Entstehung der Steuer für diesen Besteuerungszeitraum an. Maßgeblich ist vielmehr, ob bei Insolvenzeröffnung der Tatbestand für die in diesem Besteuerungszeitraum vorliegenden Steueransprüche, Vorsteuerbeträge und Berichtigungen bereits vollständig verwirklicht und damit abgeschlossen ist.*“

420 BFH vom 24.09.2014, V R 48/13, BStBl. II 2015, 506.

421 BFH vom 24.09.2014, V R 48/13, BStBl. II 2015, 506 (509).

422 BFH vom 09.02.2011, XI R 35/09, BStBl. II 2011, 1000 (1001): „*Ob es sich bei einem Umsatzsteueranspruch des FA um eine Insolvenzforderung oder um eine Masseverbindlichkeit handelt, bestimmt sich nach dem Zeitpunkt, zu dem der den Umsatzsteueranspruch begründende Tatbestand vollständig verwirklicht und damit abgeschlossen ist.*“

423 BFH vom 11.07.2013, XI B 41/13, BFH/NV 2013, 1647 (1649).

424 BFH vom 01.03.2016, XI R 21/14, BStBl. II 2016, 756 (758), der die Grundsätze zur doppelten Berichtigung wegen Uneinbringlichkeit gemäß § 17 II Nr. I UstG für eine Besteuerung im Eröffnungsverfahren bestätigt, auch wenn der vorläufige Insolvenzverwalter bei Leistungserbringung noch nicht bestellt worden ist. Die vollständige Tatbestandsverwirklichung durch die zweite Berichtigung trete erst durch die vom Insolvenzverwalter getätigte Vereinnahmung des Entgelts ein.

425 BFH vom 12.06.2018, VII R 2/17, ZInsO 2018, 2827.

426 BFH vom 16.05.2013, IV R 23/11, BStBl. II 2013, 759.

wonach es im Grundsatz auf die Verwirklichung des gesetzlichen Besteuerungstatbestandes ankomme.[427] Für die insolvenzrechtliche Qualifizierung komme es nicht auf die zugrunde liegende Steuerschuld an.[428] Maßgeblich sei allein, ob die haftungsbegründende Handlung oder Unterlassung vor Eröffnung des Insolvenzverfahrens begangen wurde.[429] Im konkreten Fall qualifiziert der VII. Senat die Haftungsforderung als Masseverbindlichkeit. Denn der Insolvenz- und zugleich Haftungsschuldner habe als Erster Vorsitzende eines eingetragenen Vereins nach der Insolvenzeröffnung die ihm obliegende Pflicht zur rechtzeitigen Abgabe einer Steuererklärung verletzt (§ 26 Abs. 1 BGB, §§ 34 Abs. 1, 37 Abs. 1, 149 AO, § 31 Abs. 1 KStG). Maßgebliche Pflichtverletzung sei insbesondere nicht die Erteilung der Vollmacht an den damaligen Schatzmeister und die Verletzung von Kontroll- und Überwachungspflichten vor Insolvenzeröffnung.[430]

Die aufgestellten Grundsätzen zur insolvenzrechtlichen Einordnung einer Haftungsforderung bestätigt der VII. Senat mit der Entscheidung vom 19.01.2021[431]. Der Senat ergänzt sodann, dass zur Ermittlung der haftungsbegründenden Pflichtverletzung des Haftungsschuldners in erster Linie der Haftungsbescheid auszulegen sei.[432] Im Streitfall gelangt der VII. Senat zur Annahme einer Masseverbindlichkeit. Die maßgebliche Pflichtverletzung – nach Auslegung des Haftungsbescheides die Nichtzahlung der fälligen Steuern – sei vom Haftungs- und Insolvenzschuldner nach Insolvenzeröffnung begangen worden.[433]

(4) Die Rechtsprechung zum Ertragsteuerrecht im Übrigen

Im Folgenden ist sich mit Entscheidungen zu befassen, die bereits gewonnenen Erkenntnisse fortentwickeln. Insoweit sei auf drei Entscheidungen des XI. Senat, des III. Senat und des VIII. Senats hinzuweisen, welche interessante Parallelen zu anderen Fallkonstellationen aufweisen und neue Überlegungen hinsichtlich einer vereinzelt gebliebenen Entscheidung liefern.

---

[427] BFH vom 12.06.2018, VII R 2/17, ZInsO 2018, 2827 (2828).

[428] BFH vom 12.06.2018, VII R 2/17, ZInsO 2018, 2827 (2828).

[429] BFH vom 12.06.2018, VII R 2/17, ZInsO 2018, 2827 (2828).

[430] So aber das FG Saarland vom 07.12.2016, 2 K 1072/14, EFG 2017, 974 (976 f.) in der Vorinstanz.

[431] BFH, vom 19.01.2021, VII R 38/19, ZIP 2021, 1663.

[432] BFH, vom 19.01.2021, VII R 38/19, ZIP 2021, 1663 (1664).

[433] BFH, vom 19.01.2021, VII R 38/19, ZIP 2021, 1663 (1664).

Mit Beschluss vom 15.11.2018[434] hat der XI. Senat über die insolvenzrechtliche Qualifizierung einer Körperschaftsteuer entschieden, welche auf einen Sanierungsgewinn entfällt. Der Sanierungsgewinn geht auf einen genehmigten Sanierungsplan zurück. Nach Verfahrenseröffnung hat die Insolvenzschuldnerin – eine GmbH – einen außerordentlichen Ertrag aus dem Insolvenzplan ausgewiesen. Im Hinblick auf die insolvenzrechtliche Qualifikation der Körperschaftsteuer schließt sich der XI. Senat der Rechtsprechung des IV. Senats vom 16.05.2013[435] an. So sei eine Steuerforderung begründet, wenn deren Tatbestand vollständig verwirklicht sei. Ausdrücklich weist der XI. Senat im Rahmen der rechtlichen Ausführungen auf die Entscheidung des X. Senats vom 18.05.2010[436] hin. So stelle Besteuerung des Sanierungsgewinns eine Parallele zu der Fallkonstellation dar, in welcher nach Verfahrenseröffnung Rückstellungen steuerwirksam aufgelöst werden. In beiden Fällen komme es nämlich zu einer Art Nachversteuerung für vor Insolvenzeröffnung erzielte Gewinne.[437] Ähnlich zur Auflösung von Rückstellungen beruhe der Sanierungsgewinn auf einer bilanziell zu passivierenden Verbindlichkeit, die im späteren Verlauf wegen ihres tatsächlichen Erlöschens auszubuchen sei.[438] Für den daraus entstehenden bilanziellen Buchgewinn gelte das Realisationsprinzip: Erst wenn die Verbindlich tatsächlich auszubuchen sei, sei der Steuertatbestand verwirklicht.[439] Auf Basis dieser Argumentation scheidet die Annahme einer Insolvenzforderung aus, weil der Steuertatbestand erst mit der Rechtskraft des Insolvenzplans gemäß § 254 Abs. 1 InsO nach Verfahrenseröffnung vollständig verwirklicht ist.[440] Neben der Tatsache, dass nunmehr auch der XI. Senat der steuerrechtlichen Auslegung folgt, ist die Entscheidung vom 15.11.2018 interessant, weil nunmehr höchstrichterlich geklärt ist, dass die für die Einkommensteuer entwickelten Grundsätze auch auf die Körperschaft- und die Gewerbesteuer Anwendung finden sollen.[441] Für die Körperschaftsteuer stellt dies der XI. Senat mit Hinweis auf die Verweisungsnorm des § 8 Abs. 1 KStG fest.[442] Für die Gewerbesteuer

434 BFH vom 15.11.2018, XI B 49/18, NZI 2019, 239.
435 BFH vom 16.05.2013, IV R 23/11, BStBl. II 2013, 759.
436 BFH vom 18.05.2010, X R 60/08, BStBl. II. 2011, 429.
437 BFH vom 15.11.2018, XI B 49/18, NZI 2019, 239 (240).
438 BFH vom 15.11.2018, XI B 49/18, NZI 2019, 239 (240).
439 BFH vom 15.11.2018, XI B 49/18, NZI 2019, 239 (240).
440 BFH vom 15.11.2018, XI B 49/18, NZI 2019, 239 (240).
441 *Kahlert*, FS Kayser, S. 405 (417); *Kahlert/Kayser/Bornemann*, Perspektiven für eine kohärente und praxisgerechte Verzahnung von Steuer- und Insolvenzrecht, Rn. 483 f.
442 BFH vom 15.11.2018, XI B 49/18, NZI 2019, 239 (240).

hat dies bereits der IV. Senat mit Beschluss vom 27.10.2016[443] entschieden. Insoweit folge aus der Anknüpfung an die Gewinnermittlung nach den Vorschriften des Einkommensteuergesetz (§ 7 S. 1 GewStG), dass die Begründung der Gewerbesteuerforderung nicht anders beurteilt werden könne als die der Einkommensteuerforderung.[444]

Hervorzuheben ist ferner der Beschluss des III. Senats vom 31.10.2018[445]. Dies vor allem deswegen, weil dieser in einem engen Zusammenhang mit der Entscheidung des X. Senates vom 01.04.2008[446] steht. Beiden Entscheidungen liegt nämlich ein vergleichbarer Sachverhalt zugrunde, der rechtlich unterschiedlich bewertet wird. Im Wesentlichen geht es in beiden Entscheidungen um die Frage, wie eine bei Einnahme-Überschussrechnung durch die Rückgewähr von Zahlungen nach Insolvenzanfechtung ausgelöste Einkommensteuerforderung insolvenzrechtlich zu qualifizieren ist. Zunächst erkannte der X. Senat mit der Entscheidung vom 01.04.2008 auf eine Insolvenzforderung. Denn losgelöst und ohne Verweis auf bereits ergangene Entscheidungen sah der X. Senat im Beschluss vom 01.04.2008[447] eine Steuerforderung als begründet an, wenn die Hauptforderung ihrem Kern nach vor Eröffnung des Insolvenzverfahrens entstanden ist.[448] Es komme darauf an, *„ob in diesem Zeitpunkt nach insolvenzrechtlichen Grundsätzen der Rechtsgrund für den Anspruch bereits gelegt war. Ein Steueranspruch ist immer dann Insolvenzforderung im Sinne des § 38 InsO, wenn er vor Eröffnung des Verfahrens in der Weise begründet worden ist, dass der zu Grunde liegende zivilrechtliche Sachverhalt, der zur Entstehung der Steuerforderung führt, bereits vor Eröffnung des Insolvenzverfahrens verwirklicht worden ist. Rechtsgrund für die Entstehung einer Forderung ist der sogenannte Schuldrechtsorganismus.“*[449] In Anwendung dieser Grundsätze sei eine Einkommensteuerforderung, der eine Vermögensmehrung aus einem Rückgewähranspruch gemäß §§ 143 Abs. 1 S. 1, 129 ff. InsO zugrunde liegt, im Rahmen einer Gewinnermittlung nach § 4 Abs. 3 EStG als Insolvenzforderung zu qualifizieren.[450] Zwar erfolge die Anfechtung und der entsprechende Zufluss nach Insolvenzeröffnung, dennoch sei die schuldrechtliche Grundlage des

443 BFH vom 27.10.2016, IV B 119/15, NZI 2017, 115.
444 BFH vom 27.10.2016, IV B 119/15, NZI 2017, 115 (116).
445 BFH vom 31.10.2018, III B 77/18, ZInsO 2019, 111.
446 BFH vom 01.04.2008, X B 201/07, BFH/NV 2008, 925.
447 BFH vom 01.04.2008, X B 201/07, BFH/NV 2008, 925.
448 BFH vom 01.04.2008, X B 201/07, BFH/NV 2008, 925 (926).
449 BFH vom 01.04.2008, X B 201/07, BFH/NV 2008, 925 (926 f.).
450 BFH vom 01.04.2008, X B 201/07, BFH/NV 2008, 925 (927).

Rückgewähranspruchs mit der Anfechtbarkeit gelegt.[451] Vor Insolvenzeröffnung bestehe aufgrund der anfechtbaren Rechtshandlung ein aufschiebend bedingter Rückgewähranspruch.[452] Bezüglich dieser Ausführungen verweist der X. Senat auf die noch darzustellende Rechtsprechung des VII. Senats, der – das sei an dieser Stelle bereits erwähnt – die insolvenzrechtliche Begründetheit einer Steuerforderung bis zur Entscheidung vom 25.07.2012[453] nach dem Vorliegen des zugrundliegenden zivilrechtlichen Grundgeschäfts bestimmt.

Dieser Auffassung folgt der III. Senat in dem Beschluss vom 31.10.2018 nicht. Er ist vielmehr unter Verweis auf die Rechtsprechung des IV. Senats vom 16.05.2013[454] und des X. Senates vom 09.12.2014[455] der Ansicht, dass eine Steuerforderung insolvenzrechtlich begründet sei, wenn der steuerrechtliche Tatbestand verwirklicht ist. Im Fall der Einnahmen-Überschussrechnung sei dies nach dem Zuflussprinzip erst mit tatsächlicher Vereinnahmung der Fall.[456] Folgerichtig stellt der III. Senat nicht auf den Zeitpunkt der potenziellen Anfechtbarkeit vor Verfahrenseröffnung, sondern auf die Vereinnahmung der Zahlung nach Insolvenzeröffnung ab.[457] Im Ergebnis ist damit die Rechtsprechung des X. Senat vom 01.04.2008 als überholt anzusehen.

Letztlich sei noch auf den Beschluss des VIII. Senat vom 12.10.2015[458] hinzuweisen. Mit Bezug auf das Urteil des IV. Senats vom 16.05.2013[459] und den Beschluss des X. Senats vom 18.12.2014[460] legt der VIII. Senat die Begründetheit nach steuerrechtlichen Grundsätzen aus. Insoweit ordnet er nämlich eine Steuerschuld als Masseverbindlichkeit ein, die auf Kapitalerträgen beruht. Die entsprechenden Kapitalerträge sind erst nach Verfahrenseröffnung – im Streitfall eine Nachlassverwaltung – generiert und erzielt worden.[461]

---

451 BFH vom 01.04.2008, X B 201/07, BFH/NV 2008, 925 (927).
452 BFH vom 01.04.2008, X B 201/07, BFH/NV 2008, 925 (927).
453 BFH vom 25.07.2012, VII R 29/11, BStBl. II 2013, 36.
454 BFH vom 16.05.2013, IV R 23/11, BStBl. II 2013, 759.
455 BFH vom 09.12.2014, X R 12/12, BStBl. II 2016, 852.
456 BFH vom 31.10.2018, III B 77/18, ZIP 2019, 133 (134).
457 BFH vom 31.10.2018, III B 77/18, ZIP 2019, 133 (134).
458 BFH vom 12.10.2015, VIII B 143/14, ZIP 2015, 2487.
459 BFH vom 16.05.2013, IV R 23/11, BStBl. II 2013, 759.
460 BFH vom 18.12.2014, X B 89/14, ZInsO 2015, 360.
461 BFH vom 12.10.2015, VIII B 143/14, ZIP 2015, 2487 (2488).

bb) Zwischenergebnis

Gab es unter Geltung der Konkursordnung für § 3 Abs. 1 KO noch ein Gleichgewicht zwischen steuer- und insolvenzrechtlicher Interpretation, hat sich das Bild für die Auslegung des § 38 InsO gewandelt: Die steuerrechtliche Sichtweise hat sich durchgesetzt.[462] Die steuerrechtlichen Grundsätze erfahren Zustimmung von den Finanzgerichten und den Senaten des Bundesfinanzhofes. Überdies hat die ertragsteuerliche Rechtsprechung die steuerrechtliche Sichtweise auf weitere Fallkonstellationen erweitert: Unechte Gewinne durch die Befreiung von Verbindlichkeiten, unechte Gewinne durch die Ausbuchung von Passivposten sowie vor Verfahrenseröffnung im Eröffnungsverfahren realisierte Erträge führen nach steuerrechtlichen Grundsätzen zu Masseverbindlichkeiten, § 55 Abs. 1 InsO. Diejenigen Fälle, in denen der Fiskus eine vollständige Befriedigung seiner Forderung erhält, gewinnen an Gewicht.

Zwei Entscheidungen sind nochmals hervorzuheben: Zum einen festigt der IV. Senat in der Entscheidung vom 16.05.2013[463] die steuerrechtliche Interpretation grundlegend. Im Kern wird dadurch der Entscheidung des IV. Senates vom 29.03.1984[464] leitbildende Prägung verliehen. Die zur Konkursordnung ergangene Rechtsprechung des IV. Senats bildet das Fundament der steuerrechtlichen Interpretation. Die vom IV. Senat in der Entscheidung früh entwickelten Grundsätze erfahren vollumfängliche Geltung in der späteren Rechtspraxis. Zum anderen liefert das Finanzgericht Hamburg eine vollumfassende Definition der Begründetheit. Mit ihr fasst das Finanzgericht die fortlaufend entwickelten Grundsätze der Rechtsprechung einheitlich zusammen.[465]

---

[462] *Kahlert/Kayser/Bornemann*, Perspektiven für eine kohärente und praxisgerechte Verzahnung von Steuer- und Insolvenzrecht, Rn. 467.

[463] BFH vom 16.05.2013, IV R 23/11, BStBl. II 2013, 759.

[464] BFH vom 29.03.1984, IV R 271/83, BStBl. II 1984, 602.

[465] Das FG Hamburg vom 25.11.2015, 2 K 152/15, EFG 2016, 504 (505) nimmt Bezug auf die Rechtsprechung des IV., V. und X. Senat des Bundesfinanzhofes und fügt die jeweils neu gewonnenen Erkenntnisse an: „*Die Abgrenzung zwischen Insolvenzforderungen und Masseverbindlichkeiten richtet sich ausschließlich nach dem Zeitpunkt der insolvenzrechtlichen Begründung. Auf die steuerliche Entstehung der Forderung und deren Fälligkeit kommt es dagegen nicht an. Entscheidend ist nach der Rechtsprechung des BFH, wann der Rechtsgrund für den Anspruch gelegt wurde. Der Rechtsgrund für einen (abstrakten) Steueranspruch ist gelegt, wenn der gesetzliche Besteuerungstatbestand verwirklicht wird. Ob und wann ein Besteuerungstatbestand nach seiner Art und Höhe tatbestandlich verwirklicht und damit insolvenzrechtlich begründet ist, richtet sich auch im Anschluss an die Eröffnung des Insolvenzverfahrens ausschließlich nach steuerrechtlichen Grundsätzen. Hinsichtlich der Einkommensteuer kommt es für*

2. Die Auslegung des insolvenzrechtlichen Schuldigwerdens

a) Die Auslegung unter Geltung der Konkursordnung zu den §§ 54 Abs. 1, 55 Nr. 1 KO

Im Rahmen der Normstruktur der §§ 54 Abs. 1, 55 Nr. 1 KO überprüft der VII. Senat, ob das Finanzamt mit einer Insolvenzforderung gegen einen Steuererstattungsanspruch des Insolvenzschuldners aufrechnen kann.[466] Das ist zulässig, wenn der Erstattungsanspruch zum Zeitpunkt der Insolvenzeröffnung aufschiebend bedingt ist, § 54 Abs. 1 KO, und, mit anderen Worten, der Gläubiger nicht erst im Insolvenzverfahren den Erstattungsanspruch schuldig geworden ist, § 55 Nr. 1 KO. Entscheidungserheblicher Untersuchungsgegenstand dieser Fragestellung ist, ob der Schuldner vor oder nach Verfahrenseröffnung auf die Steuerforderung vorauszahlt.

Das Urteil des VIII. Senats vom 25.05.1979[467] bildet das Fundament hinsichtlich der Dogmatik zur insolvenzrechtlichen Einordnung eines Steuererstattungsanspruch. Gegenstand der Entscheidung ist ein Einkommensteuererstattungsanspruch des Schuldners, der aus einer vor Insolvenzeröffnung überbezahlten Einkommensteuervorauszahlung resultiert. Es ist zu entscheiden, ob der Steuererstattungsanspruch dem Insolvenzschuldner persönlich oder der Insolvenzmasse zusteht. Nach Ansicht des VIII. Senats gehört ein Anspruch zur Masse, „*wenn zum Zeitpunkt der Insolvenzeröffnung nach insolvenzrechtlichen Grundsätzen der Rechtsgrund für den Erwerbsanspruch gelegt worden ist.*“[468] Unerheblich sei der Zeitpunkt der rechtlichen Entstehung des Anspruchs am Ende des Kalenderjahres, wenn feststeht, dass der Gesamtbetrag der Steuerschuld

---

die insolvenzrechtliche Begründung der Steuerforderung darauf an, ob der einzelne (unselbständige) Besteuerungstatbestand – insbesondere die Einkünfte nach § 2 Abs. 1 EStG – vor oder nach Insolvenzeröffnung verwirklicht wurde. Wann dies der Fall ist, hängt auch von der Art der Gewinnermittlung ab. Ein durch Auflösung stiller Reserven entstandener Steueranspruch stellt eine Masseverbindlichkeit dar, wenn der in den Einkünften enthaltene Veräußerungserlös aus der Verwertung von Vermögensgegenständen zur Masse gelangt ist. Dies gilt auch dann, wenn durch die Veräußerung nach Insolvenzeröffnung stille Reserven realisiert worden sind, die bereits vor Eröffnung des Insolvenzverfahrens entstanden sind.“

466 BFH vom 12.01.1984, VII R 155/82, juris, Rn. 14; BFH vom 04.08.1987, VII R 11/84, BFH/NV 1987, 707; BFH vom 29.01.1991, VII R 45/90, BFH/NV 1991, 791; BFH vom 21.09.1993, VII R 119/91, BStBl. II 1994, 83; BFH vom 21.09.1993, VII R 68/92, BFH/NV 1994, 521; BFH vom 06.02.1996, VII R 116/94, BStBl. II 1996, 557.

467 BFH vom 22.05.1979, VIII R 58/77, BStBl. II 1979, 639.

468 BFH vom 22.05.1979, VIII R 58/77, BStBl. II 1979, 639 (640).

geringer ausfällt als die geleisteten Vorauszahlungen.[469] Vielmehr sei auf den Zeitpunkt der Vorleistung abzustellen: Mit Entrichtung der Vorleistung entstehe ein Anspruch unter der aufschiebenden Bedingung, dass die geleisteten Vorauszahlungen die Jahressteuerschuld übersteigen.[470] In der konkreten Entscheidung erfolgt die Zahlung vor Verfahrenseröffnung; der Erstattungsanspruch stehe demnach der Masse zu.[471] Bezugspunkt und Argumentationsgrundlage für die Ansicht des VIII. Senats sind ein Urteil des Reichsgerichts vom 20.06.1902[472] sowie das bereits dargestellte Urteil des II. Senats vom 27.08.1975[473].

Es ist festzuhalten, dass ein Steuererstattungsanspruch mit Zahlung aufschiebend bedingt entstanden ist und dementsprechend in diesem Zeitpunkt insolvenzrechtlich begründet ist. Diese Erkenntnis überträgt der VII. Senat auf die insolvenzrechtliche Aufrechnungssystematik der §§ 54 Abs. 1, 55 Nr. 1 KO und deren Tatbestandsmerkmale *aufschiebend bedingt* und *schuldig werden*.[474] In der Rechtsanwendung beruft sich der VII. Senat auf die grundlegenden Ausführungen des VIII. Senats zum Steuererstattungsanspruch. Entsprechend ist auch der VII. Senat der Auffassung, ein Steueranspruch sei aufschiebend bedingt und der Gläubiger werde im insolvenzrechtlichen Sinne etwas schuldig, wenn die zur Aufrechnung gestellte Forderung ihrem Kern nach vor der Insolvenzeröffnung entstanden ist.[475] Die rechtlich unvollkommene Entstehung der Forderung vor Insolvenzeröffnung sei ausreichend.[476] Zahlt der Schuldner also vor Verfahrenseröffnung, wird der Gläubiger den Erstattungsanspruch entsprechend vor Verfahrenseröffnung schuldig. Entsprechend ist die Aufrechnung

---

[469] BFH vom 22.05.1979, VIII R 58/77, BStBl. II 1979, 639 (640).

[470] BFH vom 22.05.1979, VIII R 58/77, BStBl. II 1979, 639 (640).

[471] BFH vom 22.05.1979, VIII R 58/77, BStBl. II 1979, 639 (640).

[472] Nach Einschätzung des RG vom 20.06.1902, II 114/02, RGZ 52, 49 (52) gehöre ein erst nach Verfahrenseröffnung entstehender Versicherungsanspruch zur Insolvenzmasse, wenn die Zahlung vor Insolvenzeröffnung erfolge. Der Rechtsgrund des Versicherungsanspruchs sei bereits mit Zahlung gelegt.

[473] Der BFH vom 27.08.1975, II R 93/70, BStBl. II 1976, 77 (78 f.) bestimmt die insolvenzrechtliche Begründetheit des § 3 Abs. 1 KO für die Nachversteuerung der Grunderwerbssteuer grundlegend nach insolvenzrechtlichen Grundsätzen.

[474] BFH vom 04.08.1987, VII R 11/84, BFH/NV 1987, 707 (707); BFH vom 21.09.1993, VII R 119/91, BStBl. II 1994, 83 (84).

[475] BFH vom 21.09.1993, VII R 119/91, BStBl. II 1994, 83 (84); BFH vom 21.09.1993, VII R 68/92, BFH/NV 1994, 521 (522).

[476] BFH vom 12.01.1984, VII R 155/82, juris, Rn. 14; BFH vom 04.08.1987, VII R 11/84, BFH/NV 1987, 707 (707); BFH vom 29.01.1991, VII R 45/90, BFH/NV 1991, 791 (792); BFH vom 06.02.1996, VII R 116/94, BStBl. II 1996, 557 (558).

zuzulassen. *Vice versa* ist die Aufrechnung unzulässig, wenn der Schuldner nach Verfahrenseröffnung zahlt, weil die Aufrechnungslage in diesem Fall erst im Insolvenzverfahren einritt.

Im Ergebnis ordnen der VII. und der VIII. Senat den Erstattungsanspruch des Schuldners nach gleichen Grundsätzen der Insolvenzmasse zu. Dem Bezugspunkt der Zahlung misst der VII. Senat im Rahmen der Aufrechnung – bei der Anwendung der §§ 54 Abs. 1, 55 Nr. 1 KO – nur eine weitergehende, rechtliche Bedeutung zu: Neben der Vermögenszuweisung zur Insolvenzmasse erlischt der mit Zahlung begründete Erstattungsanspruch, wenn ihm eine aufrechenbare Insolvenzforderung gegenübersteht.

b) Die Auslegung unter Geltung der Insolvenzordnung, §§ 95 Abs. 1, 96 Abs. 1 Nr. 1 InsO

aa) Fortführung der Rechtsprechung: Die Aufrechnungssystematik auf Basis des zugrunde liegenden zivilrechtlichen Grundgeschäfts

Die insolvenzrechtlich geprägte Auslegung der Aufrechnungssystematik setzt sich zunächst unter der Insolvenzordnung fort: Der VII. Senat gestattet eine Aufrechnung, wenn „*eine Forderung ihrem Kern nach bereits vor der Eröffnung des Insolvenzverfahrens entstanden ist.*“[477] Der zugrunde liegende zivilrechtliche Sachverhalt, der zur Entstehung des steuerrechtlichen Anspruchs führt, müsse vor Eröffnung des Insolvenzverfahrens verwirklicht sein.[478] Für Erstattungsansprüche aus Grunderwerb-, Körperschaft- und Kraftfahrzeugsteuer sei dieser Rechtsgrund mit Zahlung gelegt, da der Anspruch zu diesem Zeitpunkt aufschiebend bedingt und insolvenzrechtlich begründet sei.[479]

Der VII. Senat zieht in der Entscheidung vom 17.04.2007[480] zur Einordnung der Grunderwerbsteuer mit einem *obiter dictum* eine Parallele zur insolvenzrechtlichen Qualifizierung von Steuerforderungen des Fiskus: Diese seien in Anwendung des § 38 InsO nach den gleichen

---

477 BFH vom 17.04.2007, VII R 27/06, BStBl. II 2009, 589 (590); BFH vom 28.02.2012, VII R 36/11, BStBl. II 2012, 451 (452).

478 BFH vom 17.04.2007, VII R 27/06, BStBl. II 2009, 589 (590); BFH vom 28.02.2012, VII R 36/11, BStBl. II 2012, 451 (452).

479 BFH vom 17.04.2007, VII R 27/06, BStBl. II 2009, 589 (590) zur Einordnung einer Grunderwerbsteuerforderung. BFH vom 31.01.2008, VII B 119/07, BFH/NV 2008, 822 (823) zur Einordnung einer Körperschaftsteuerforderung. BFH vom 26.11.2013, VII B 243/12, BFH/NV 2014, 581 (582) zur Einordnung einer Kraftfahrzeugsteuerforderung.

480 BFH vom 17.04.2007, VII R 27/06, BStBl. II 2009, 589.

insolvenzrechtlichen Grundsätzen einzuordnen.[481] Dem VII. Senat war es ein besonderes Anliegen, den Gleichlauf von §§ 38, 95, 96 InsO festzuhalten. Insofern schließt sich der VII. Senat ausdrücklich den Ausführungen des II. Senats vom 27.08.1975[482] an, wonach die insolvenzrechtliche Begründetheit des § 3 Abs. 1 KO für die Nachversteuerung der Grunderwerbssteuer grundlegend nach insolvenzrechtlichen Grundsätzen zu bestimmen sei.[483]

Der I. Senat des Bundesfinanzhofes liegt ebenfalls auf der Linie des VII. Senats. In den Parallelentscheidungen vom 23.02.2011[484] legt der I. Senat die Vorschriften der §§ 95, 96 InsO nach insolvenzrechtlichen Grundsätzen aus.[485] Im Streitfall scheint es sich auf den ersten Blick um einen vergleichbaren Fall zu handeln, bei welchem der Steuerpflichtige durch Zahlung vor Insolvenzeröffnung einen Steuererstattungsanspruch erwirkt, gegen den das Finanzamt aufrechnen kann.[486] Mit der Bildung eines vorinsolvenzlichen Körperschaftsteuerguthabens[487] habe der Schuldner im Wege

---

481 BFH vom 17.04.2007, VII R 27/06, BStBl. II 2009, 589 (591).

482 BFH vom 27.08.1975, II R 93/70, BStBl. II 1976, 77.

483 Vgl. BFH vom 27.08.1975, II R 93/70, BStBl. II 1976, 77 (79).

484 BFH vom 23.02.2011, I R 20/10, BStBl. II 2011, 822; BFH vom 23.02.2011, I R 38/10, BFH/NV 2011, 1298.

485 Die insolvenzrechtliche Aufrechnung ist zulässig, wenn „*eine Forderung ihrem Kern nach bereits vor der Eröffnung des Insolvenzverfahrens entstanden ist. Maßgeblich hierfür ist, wann der zugrunde liegende zivilrechtliche Sachverhalt, der zur Entstehung des Anspruchs aus dem Steuerschuldverhältnis führt, verwirklicht worden ist; dann ist (dem Rechtsgedanken des § 38 InsO entsprechend) ein begründeter Vermögensanspruch gegen den Insolvenzgläubiger entstanden. Es muss insoweit damit ein gesicherter Rechtsgrund der Forderung gelegt sein.*“ BFH vom 23.02.2011, I R 20/10, BStBl. II 2011, 822 (823); BFH vom 23.02.2011, I R 38/10, BFH/NV 2011, 1298 (1299 f.).

486 FG Thüringen vom 18.02.2010, 2 K 215/09, EFG 2010, 750 (752); FG Niedersachen vom 20.05.2010, 6 K 408/09; EFG 2010, 1390 (1392); FG Niedersachen vom 20.05.2010, 6 K 434/09, EFG 2010, 1393 (1395).

487 Zum Hintergrund: Zur Abwicklung des alten körperschaftsteuerlichen Anrechnungssystems und zum Übergang vom Anrechnungsverfahren zum Halb- bzw. Teileinkünfteverfahren war es einer unbeschränkt steuerpflichtigen Kapitalgesellschaft gemäß § 37 KStG möglich, ein sog. Körperschaftsteuerguthaben zu bilden. Denn unter dem Anrechnungssystem unterlagen ausgeschüttete Gewinne mit 30 % der Körperschaftsteuer. Diese waren auf Ebene der Anteilseigner auf deren Einkommensteuerschuld anzurechnen. Im Fall der Thesaurierung wurde jedoch eine höhere Körperschaftsteuerbelastung erhoben, die zuletzt 40 % betrug. Erfolgte unter dem Anrechnungssystem eine Ausschüttung thesaurierter Rücklagen war die Ausschüttungsbelastung i.H.v. 30 % herzustellen, sodass hinsichtlich der ausgeschütteten Rücklagen Körperschaftsteuer i.H.v. 15 %-Punkten erstattet wurde. § 37 KStG regelt, wie mit diesem Steuererstat-

der Unternehmenssteuerreform des Steuersenkungsgesetzes[488] und der einhergehenden Umstellung auf das Halbeinkünfteverfahren lediglich einen vom Zeitablauf abhängigen und aufschiebend bedingten Anspruch auf Vergütung erhalten.[489] Dieser sei mit Verwirklichung der körperschaftsteuerlichen Tatbestände bis zum Ablauf des Anrechnungsverfahrens aufschiebend bedingt und damit insolvenzrechtlich begründet.[490] Im Grundsatz bestätigt der I. Senat zwar die Rechtsprechung eines mit Zahlung aufschiebend bedingten Erstattungsanspruchs.[491] In der Sache sieht der I. Senat des Bundesfinanzhofes aber in Ansehung der insolvenzrechtlichen Qualifikation keine Parallele zu derartigen Fällen. Denn nach dem I. Senat sei ein Anspruch aus § 37 Abs. 5 S. 1 KStG auf Vergütung des Körperschaftsteuerguthabens erst mit der Verwirklichung zweier Voraussetzungen begründet: *Erste* notwendige, aber nicht hinreichende Voraussetzung sei das Vorhandensein und die Bildung eines Körperschaftsteuerguthabens.[492] Diese Voraussetzung – so der I. Senat – führe noch nicht zu einem für die insolvenzrechtliche Begründetheit notwendigen werthaltigen Anspruch, da der Vergütungsanspruch weiterhin von einem Gewinnausschüttungsbeschluss abhängig sei.[493] Erst mit der *zweiten* Voraussetzung – einem Gewinnausschüttungsbeschluss – entfalle auch das Realisationsrisiko des Vergütungsanspruchs.[494] Fehle es an einem solchen Beschluss, sei der Anspruch nicht

tungspotenzial unter dem nunmehr neuen Halb- bzw. Teileinkünfteverfahren umzugehen ist. *Lange* in: Rödder/Herlinghaus/Neumann, KStG, § 37 KStG, Rn. 7.

488 Gesetz zur Senkung der Steuersätze und zur Reform der Unternehmensbesteuerung vom 23.10.2000, BGBl. I 2000, S. 1433.

489 FG Thüringen vom 18.02.2010, 2 K 215/09, EFG 2010, 750 (752); FG Niedersachen vom 20.05.2010, 6 K 408/09; EFG 2010, 1390 (1392); FG Niedersachen vom 20.05.2010, 6 K 434/09, EFG 2010, 1393 (1395 f.); *Ladiges*, DStR 2008, 2041 (2044 f.); *Sterzinger*, BB 2008, 1480 (1481 f.).

490 FG Thüringen vom 18.02.2010, 2 K 215/09, EFG 2010, 750 (752); FG Niedersachen vom 20.05.2010, 6 K 408/09. EFG 2010, 1390 (1392); FG Niedersachen vom 20.05.2010, 6 K 434/09, EFG 2010, 1393 (1395 f.); *Ladiges*, DStR 2008, 2041 (2044 f.); *Sterzinger*, BB 2008, 1480 (1481 f.).

491 Insoweit wird auf BFH vom 29.01.1991, VII R 45/90, BFH/NV 1991, 791 (792) und BFH vom 16.11.2004, VII R 75/03, BStBl. II 2006, 193 (195) verwiesen.

492 BFH vom 23.02.2011, I R 20/10, BStBl. II 2011, 822 (824); BFH vom 23.02.2011, I R 38/10, BFH/NV 2011, 1298 (1301).

493 BFH vom 23.02.2011, I R 20/10, BStBl. II 2011, 822 (824); BFH vom 23.02.2011, I R 38/10, BFH/NV 2011, 1298 (1301).

494 BFH vom 23.02.2011, I R 20/10, BStBl. II 2011, 822 (824); BFH vom 23.02.2011, I R 38/10, BFH/NV 2011, 1298 (1301).

hinreichend gesichert und seinem Kern nach nicht verwirklicht.[495] Ohne einen Gewinnausschüttungsbeschluss sei der Vergütungsanspruch erst durch die Entstehung des Anspruchs am 31.12.2006 begründet.[496] In diesem Fall ersetze der § 37 Abs. 5 S. 2 KStG nämlich den Beschluss.[497]

Soweit sich der I. Senat mit seiner insolvenzrechtlichen Einordnung des Körperschaftsteuerguthabens der grundsätzlichen Betrachtungsweise des VII. Senats angeschlossen hat, gilt ähnliches für die Rechtsprechung des Bundesgerichtshofes. Hinzuweisen ist auf zwei Entscheidungen des Bundesgerichtshofes: Dem Beschluss vom 12.01.2006[498] liegt die Frage zugrunde, wie ein Einkommensteuererstattungsanspruch gemäß § 37 Abs. 2 AO insolvenzrechtlich einzuordnen ist. In dem vom Bundesgerichtshof zu entscheidendem Fall steht dem Insolvenzschuldner für das Veranlagungsjahr 2003 ein Einkommensteuererstattungsanspruch zu. Da unterjährig das Insolvenzverfahren durch Beschluss aufgehoben worden ist, ist der Erstattungsanspruch anteilig aufzuteilen. Derjenige Teilbetrag des Erstattungsanspruchs, der aus der Zeit nach Aufhebung des Insolvenzverfahrens resultiert, steht dem Insolvenzschuldner zu. Dieser Gesichtspunkt ist zwischen den Parteien unstreitig. Hinsichtlich des übrigen Teils des Erstattungsanspruchs, welcher auf die Zeit während des Insolvenzverfahrens zurückgeht, nimmt der Bundesgerichtshof allerdings wie folgt Stellung: Dieser Betrag sei gemäß § 203 Abs. 1 Nr. 3 InsO i. V. m. § 35 InsO als Gegenstand der Masse anzusehen.[499] Mit Verweis auf die höchstrichterliche Finanzrechtsprechung des VIII. und VII. Senats[500] sei der Erstattungsanspruch der Insolvenzmasse zuzuweisen, wenn dessen Rechtsgrund und wesentliche Grundlage während des Verfahrens durch Zahlung verwirklicht sei.[501] Dieser Rechtsgrund sei bereits mit der Abführung der Lohnsteuer entstanden, die auf die Einkommensteuer

---

495 *Gundlach/Rautmann*, DStR 2011, 1404 (1405); *Hubertus/Fürwentsches*, DStR 2010, 2382 (2386).

496 BFH vom 23.02.2011, I R 20/10, BStBl. II 2011, 822 (824); BFH vom 23.02.2011, I R 38/10, BFH/NV 2011, 1298 (1301); bestätigt durch BFH vom 16.06.2015, VII S 35/14, juris; *Hubertus/Fürwentsches*, DStR 2010, 2382 (2385 f.); *Gundlach/Rautmann*, DStR 2011, 1404 (1405 f.).

497 OFD Münster vom 20.04.2007, ZInsO 2007, 706; OFD Koblenz vom 07.12.2007, ZInsO 2008, 502 (503); *Hubertus/Fürwentsches*, DStR 2010, 2382 (2386).

498 BGH vom 12.01.2006, IX ZB 239/04, ZInsO 2006, 139.

499 BGH vom 12.01.2006, IX ZB 239/04, ZInsO 2006, 139 (140).

500 Der BGH schließt sich dem BFH vom 22.05.1979, VIII R 58/77, BStBl. II 1979, 639, den BFH vom 21.09.1993, VII R 119/91, BStBl. II 1994, 83 und dem BFH vom 06.02.1996, VII R 116/94, BStBl. II 1996, 557 an.

501 BGH vom 12.01.2006, IX ZB 239/04, ZInsO 2006, 139 (140).

anzurechnen ist.[502] Der Insolvenzschuldner habe „*mit der Vorauszahlung eine Anwartschaft auf den am Ende des Veranlagungszeitraums entstehenden Erstattungsanspruch, so dass dieser in die Masse fällt, wenn vor Eröffnung des Insolvenzverfahrens oder während dessen Dauer der ihn begründende Sachverhalt verwirklicht werde.*“[503] Die Zuordnung von insolvenzrechtlich relevantem Vermögen „*bestimmt sich für die Zwecke des Insolvenzverfahrens nicht nach Steuerrecht, sondern nach Insolvenzrecht. Maßgebend ist danach nicht der Zeitpunkt der Vollentstehung des Rechts, sondern der Zeitpunkt, in dem nach insolvenzrechtlichen Grundsätzen der Rechtsgrund für den Anspruch gelegt worden ist.*“[504] Im Ergebnis übernimmt der Bundesgerichtshof die gefestigte Rechtsprechung des Bundesfinanzhofes zum Erstattungsanspruch gemäß § 37 Abs. 2 AO. Mit dieser Entscheidung schließt sich der Bundesgerichtshofs der vom VIII. Senat entwickelten und vom VII. Senat für die §§ 95, 96 InsO übernommenen Kasuistik zum steuerrechtlichen Erstattungsanspruch an.

In der zweiten näher hier zu betrachtenden Entscheidung schließt sich der Bundesgerichtshof ebenfalls dem VII. Senat an. In der Entscheidung vom 18.04.2013[505] hatte der Bundesgerichtshof die Frage zu klären, ob dem Kläger gegen das Finanzamt ein Rückgewähranspruch aus einer Schenkungsanfechtung zusteht, §§ 143 Abs. 1, S. 1, 134 Abs. 1 InsO. Das hänge davon ab, ob die Zahlung des Klägers auf eine fremde Steuerschuld eines in die Insolvenz gefallenen Tochterunternehmens als unentgeltlich anzusehen ist. Das sei nur der Fall, wenn das Finanzamt die Steuerschuld gegen das Tochterunternehmen lediglich als Insolvenzforderung geltend machen könne. Unter diesen Voraussetzungen sei die Steuerforderung als wertlos anzusehen. Im konkreten Streitfall nimmt der Bundesgerichtshof aber an, dass das Finanzamt mit der Steuerinsolvenzforderung gegen einen Erstattungsanspruch des Tochterunternehmens aufrechnen könne. Demnach sei die Steuerforderung werthaltig, sodass dem Kläger mangels unentgeltlicher Leistung kein Rückgewähranspruch aus einer Schenkungsanfechtung gegen das Finanzamt zustehe. In dem zu entscheidenden Fall erkennt der Bundesgerichtshof auf eine werthaltige Steuerschuld, da der Steuergläubiger mit einer Insolvenzforderung gegen einen Steuererstattungsanspruch des Insolvenzschuldners aufrechnen könne. Hinsichtlich der Begründung argumentiert der Bundesgerichtshof wie folgt: Der Erstattungsanspruch verleihe trotz fehlender formeller Entstehung am Jahresende bereits mit

502 BGH vom 12.01.2006, IX ZB 239/04, ZInsO 2006, 139 (140).
503 BGH vom 12.01.2006, IX ZB 239/04, ZInsO 2006, 139 (140).
504 BGH vom 12.01.2006, IX ZB 239/04, ZInsO 2006, 139 (140).
505 BGH vom 18.04.2013, IX ZR 90/10, ZInsO 2013, 1085.

Verwirklichung des Rechtsgrundes einen messbaren Wert.[506] Es könne gegen einen mit Zahlung aufschiebend bedingten Erstattungsanspruch aufgerechnet werden.[507] Dieser wertbildende Faktor der Möglichkeit zur Aufrechnung erstrecke sich auf die Bewertung der ihr gegenüberstehenden Steuerforderung.[508] Durch die Anerkennung der Aufrechnungsmöglichkeit mit einem vor Verfahrenseröffnung aufschiebend bedingten Erstattungsanspruch legt der Bundesgerichtshof die §§ 95, 96 InsO ebenfalls nach insolvenzrechtlichen Grundsätzen aus.

bb) Rechtsprechungsanpassung des VII. Senats – Die Aufrechnungssystematik und das Erfordernis einer rein steuerrechtlichen Betrachtungsweise

Soweit die Rechtsprechung – vornehmlich der VII. Senat – die Aufrechnungssystematik der §§ 95, 96 InsO mit Blick auf das Tatbestandsmerkmal des Schuldigwerdens einheitlich ausgelegt hat, steht dies im Widerspruch zur Auslegung der Begründetheit nach § 38 InsO. Denn wie gesehen, legen bis Mitte 2012 der IV. Senat[509], der V. Senat[510] und der X. Senat[511] die Begründetheit gem. § 38 InsO nach steuerrechtlichen Grundsätzen aus.

Besondere Bedeutung kommt in diesem Zusammenhang dem Urteil des VII. Senats vom 25.07.2012[512] zu, in welchem er über die Rechtmäßigkeit einer Aufrechnung gegen einen umsatzsteuerrechtlichen Berichtigungsanspruchs gemäß § 17 Abs. 2 UStG zu entscheiden hat. Der Senat hat die Frage zu klären, ob das Finanzamt gegen einen Umsatzsteueranspruch des Insolvenzschuldners aus einer Umsatzsteuervoranmeldung aufrechnen kann. Der Umsatzsteueranspruch des Insolvenzschuldners beruht auf einer Forderung des Insolvenzschuldners aus Lieferung und Leistung, die bereits vor Insolvenzeröffnung bestand und offen war, aber nach Verfahrenseröffnung gemäß § 17 Abs. 2 Nr. 1 UStG uneinbringlich wurde.[513] Der VII. Senat gibt seine bisherige Rechtsprechung zu den §§ 95, 96 InsO mit Blick auf die Einheitlichkeit der Rechtsprechung auf.[514] Wie im Urteil

---

506 BGH vom 18.04.2013, IX ZR 90/10, ZInsO 2013, 1085 (1086).

507 BGH vom 18.04.2013, IX ZR 90/10, ZInsO 2013, 1085 (1087).

508 BGH vom 18.04.2013, IX ZR 90/10, ZInsO 2013, 1085 (1087).

509 BFH vom 29.03.1984, IV R 271/83, BStBl. II 1984, 602.

510 BFH vom 18.05.2010, X R 60/08, BStBl. II 2011, 429.

511 BFH vom 29.01.2009, V R 64/07, BStBl. II 2009, 682; BFH vom 09.12.2010, V R 22/10, BStBl. II 2011, 996.

512 BFH vom 25.07.2012, VII R 29/11, BStBl. II 2013, 36.

513 Vgl. hierzu auch *Kahlert*, DStR 2020, 1993 (1997).

514 BFH vom 25.07.2012, VII R 29/11, BStBl. II 2013, 36 (38).

vom 17.04.2007[515] angesprochen, erkennt der VII. Senat zunächst, dass die Normen der §§ 38, 95, 96 InsO nach gleichen Grundsätzen auszulegen seien. Demnach sei es widersprüchlich, wenn der V. Senat für das Feststellungsverfahren im Rahmen des § 38 InsO eine vollständige Verwirklichung des steuerrechtlichen Tatbestandes und der VII. Senat im Erhebungsverfahren hinsichtlich der §§ 95, 96 InsO eine Teilverwirklichung der Steuerforderung nach dem inneren Kern fordere.[516] Anders als im Urteil vom 17.04.2007 angedeutet,[517] orientiert sich der VII. Senat jedoch an der rein steuerrechtlichen Betrachtungsweise des V. Senats. Insoweit sei ein Steueranspruch nach geänderter Rechtsprechung insolvenzrechtlich begründet, wenn der *materiell-rechtliche Steuertatbestand* verwirklicht sei.[518] Im konkreten Fall komme es daher für den VII. Senat hinsichtlich der Begründetheit des umsatzsteuerrechtlichen Berichtigungsanspruch nicht mehr auf die Begründung der zu berichtigenden Steuerforderung an.[519] Vielmehr sei auf die Tatbestandsverwirklichung des eigentlichen Berichtigungsanspruchs abzustellen, § 17 Abs. 2 UStG.[520]

Betrachtet man die vom VII. Senat gewählte Darstellungsform und Argumentationslinie ist folgendes festzustellen: Zunächst ist zu beobachten, dass der VII. Senat im Rahmen der rechtlichen Begründung schwerpunktmäßig seine bisherige Auslegung darstellt. Er stützt und befürwortet seine bisherige Interpretation mit der übereinstimmenden Auslegung durch den Bundesgerichtshof[521] und die Literatur[522]. Es erfolgt keine argumentative

---

[515] BFH vom 17.04.2007, VII R 27/06, BStBl. II 2009, 589 (591).

[516] BFH vom 25.07.2012, VII R 29/11, BStBl. II 2013, 36 (38).

[517] So sind die nach §§ 38, 95 I, 96 I Nr. 1 InsO einzuordnenden Steuerforderungen einheitlich nach dem zugrunde liegenden Rechtsgrund zu qualifizieren. BFH vom 17.04.2007, VII R 27/06, BStBl. II 2009, 589 (591).

[518] BFH vom 25.07.2012, VII R 29/11, BStBl. II 2013, 36 (38).

[519] BFH vom 25.07.2012, VII R 29/11, BStBl. II 2013, 36 (38).

[520] BFH vom 25.07.2012, VII R 29/11, BStBl. II 2013, 36 (38).

[521] Der BGH vom 29.06.2004, IX ZR 147/03, BGHZ 160, 1 (4) gestattet eine insolvenzrechtliche Aufrechnung, wenn diejenige Forderung gegen, die aufgerechnet wird, in ihrem Kern bereits verwirklicht ist. Es könne gegen einen Abfindungsanspruch eines Gesellschafters aufgerechnet werden, wenn dieser Abfindungsanspruch im Gesellschaftsvertrag angelegt sei und automatisch ohne weitere Erfordernisse von selbst entsteht.

[522] Der BFH vom 25.07.2012, VII R 29/11, BStBl. II 2013, 36 (38) führt diesbezüglich aus, dass der Bundesgerichtshof die Aufrechnungssystematik bei der Behandlung von nicht steuerrechtlichen Forderungen nach den gleichen Grundsätzen auslege. Zudem habe die Literatur wenig Kritik an der bisherigen Auslegung geäußert. Beispielhaft verweist der VII. Senat auf *Kahlert/Rühland*, Sanierungs- und Insolvenzsteuerrecht, Rn 9.279 und *Frotscher*, Besteuerung bei Insolvenz, S. 92 ff.

Auseinandersetzung mit der steuerrechtlichen Betrachtungsweise des V. Senats; der VII. Senat schließt sich dieser lediglich an.[523] In der rechtlichen Begründung nehmen die Erwägungen zur bisherigen Auslegungsmaxime drei Gliederungspunkte ein. Dem Ansatz des V. Senats samt dem Umstand, dass eine Rechtsprechungsänderung zum Wohl der Einheitlichkeit erforderlich sei, wird nur ein Gliederungspunkt gewidmet.[524]

Wirft man ferner einen Blick auf die konkrete Begründung weicht die vom VII. Senat getroffene Auslegung im Wortlaut ab: Der VII. Senat beruft sich auf die *materiell-rechtliche Verwirklichung* des steuerrechtlichen Tatbestandes, obwohl der V. Senat – wie vom VII. Senat zuvor noch zitiert – auf die *vollständige Verwirklichung* abstellt. Inwieweit sich diese Unterschiede am praktischen Fall unterscheiden und was der VII. Senat im Konkreten unter der materiell-rechtlichen Verwirklichung versteht, bleibt mit der Entscheidung des VII. Senats vom 25.07.2012[525] zunächst offen. Was der VII. Senat unter der materiell-rechtlichen Tatbestandsverwirklichung versteht, lässt sich anhand derjenigen Entscheidungen ableiten, die im Anschluss an die Rechtsprechungsänderung ergangen sind.[526] Auf diese ist fortan näher einzugehen.

Der VII. Senat nutzt die Entscheidung vom 08.11.2016[527], um die nunmehr geänderte Rechtsprechung zu bestätigen. Der VII. Senat betont die Maßgeblichkeit der materiell-rechtlichen Tatbestandsverwirklichung für das Schuldigwerden im Sinne des § 96 Abs. 1 Nr. 1 InsO hinsichtlich der insolvenzrechtlichen Einordnung eines Umsatzsteuerberechtigungsanspruchs gemäß § 14c Abs. 2 UStG i. V. m. § 17 Abs. 1 UStG. Im konkreten Fall hat der Insolvenzschuldner vor Insolvenzeröffnung Rechnungen mit Umsatzsteuerausweis erteilt und die Umsatzsteuer an das beklagte Finanzamt abgeführt. Nach Insolvenzeröffnung hat das beklagte Finanzamt einem der Empfänger dieser Rechnungen die Erstattung der Vorsteuer versagt. Daraufhin hat die Schuldnerin die erstellten Rechnungen berichtigt und

523 In diese Richtung geht auch die Kommentierung von *Rüsken*, BFH/PR 2013, 30 (31). *Rüsken*, Mitglied des VII. Senats, stellt schwerpunktmäßig die bisherige Rechtsprechung dar. Mit nur einem Viertel der Entscheidungsbesprechung wird auf die geänderte Rechtsprechung eingegangen.

524 Nach *Kahlert/Kayser/Bornemann*, Perspektiven für eine kohärente und praxisgerechte Verzahnung von Steuer- und Insolvenzrecht, Rn. 98 erfolge die Aufgabe der bisherigen Rechtsprechung ausweislich der Urteilsbegründung „gewissermaßen unter Protest".

525 BFH vom 25.07.2012, VII R 29/11, BStBl. II 2013, 36 (38).

526 *Kahlert*, DStR 2020, 1993 (1993 ff.) mit einer ausführlichen Bestandsaufnahme der Rechtsprechung des BFH zur Aufrechnung in der Insolvenz.

527 BFH vom 08.11.2016, VII R 34/15, BStBl. II 2017, 496.

beim Finanzamt die Berichtigung des geschuldeten Steuerbetrags nach § 14c Abs. 2 UStG i. V. m. § 17 Abs. 1 UStG beantragt. Entsprechend steht dem Insolvenzschuldner aufgrund der Umsatzsteuerminderung eine Restgutgaben zu, wo gegen das beklagte Finanzamt mit einer ihr gebührenden Steuerforderung die Aufrechnung erklärt hat. Diese vom Finanzamt erklärte Aufrechnung ist nach Auffassung des VII. Senats aber gemäß § 96 Abs. 1 Nr. 1 InsO unzulässig. Denn der selbstständige Anspruch aus *§ 14c Abs. 2 UStG i. V. m. § 17 Abs. 1 UStG* sei nicht bereits im Zeitpunkt der Rechnungsausgabe vor Insolvenzeröffnung insolvenzrechtlich entstanden.[528] *Sämtliche materiell-rechtliche Tatbestandsvoraussetzungen des Berichtigungsanspruch, welcher* gemäß § 14c Abs. 2 UStG auf einem unberechtigten Steuerausweis beruht, seien erst verwirklicht, wenn die Gefährdung des Steueraufkommens beseitigt sei.[529] Der VII. Senat lässt im Ergebnis offen, ob es dafür auf den zustimmenden Verwaltungsakt des Finanzamts gemäß § 14c Abs. 2 UStG oder auf die tatsächliche Beseitigung der Gefährdung des Steueraufkommens ankomme.[530] Denn beide Zeitpunkte liegen im Streitfall nach Insolvenzeröffnung, sodass die Aufrechnung in jedem Fall gemäß § 96 Abs. 1 Nr. 1 InsO ausgeschlossen sei.[531]

Interessant ist zudem die Entscheidung des VII. Senats vom 13.12.2016[532]. Dies vor allem deswegen, weil der VII. Senat die Gelegenheit bekommt, einen Anspruch des Insolvenzschuldners auf Auszahlung eines Körperschaftsteuerguthabens insolvenzrechtlich zu qualifizieren. Wie gesehen, sieht der I. Senat in der Entscheidung vom 23.02.2011[533] den zivilrechtlichen Sachverhalt dieses Anspruchs als verwirklicht an, wenn zwei Voraussetzungen vorliegen: Zunächst muss ein Körperschaftsteuerguthaben aufgebaut worden sein; ferner bedarf es eines formalen

---

528 BFH vom 08.11.2016, VII R 34/15, BStBl. II 2017, 496 (497). Insoweit gibt der VII. Senat seine Rechtsprechung mit Urteil vom 04.02.2005, VII R 20/04, BStBl. II 2010, 55 auf.

529 BFH vom 08.11.2016, VII R 34/15, BStBl. II 2017, 496 (497).

530 BFH vom 08.11.2016, VII R 34/15, BStBl. II 2017, 496 (498).

531 BFH vom 08.11.2016, VII R 34/15, BStBl. II 2017, 496 (498). Soweit der VII. Senat den Zeitpunkt der Rechnungsstellung für die Frage des Schuldigwerdens nicht für maßgeblich hält, weisen *Kahlert/Kayser/Bornemann*, Perspektiven für eine kohärente und praxisgerechte Verzahnung von Steuer- und Insolvenzrecht, Rn. 297 weisen darauf hin, dass die Sichtweise im Spannungsverhältnis zur Entscheidung des V. Senats vom 20.10.2016, V R 26/15, BFHE 255, 348 stehe. Der V. Senat halte die Rechnung für eine materielle Voraussetzung und so könne man auf den Zeitpunkt der Rechnungsstellung abstellen.

532 BFH vom 13.12.2016, VII R 1/15, BStBl. II 2017, 541.

533 BFH vom 23.02.2011, I R 20/10, BStBl. II 2011, 822.

Gewinnausschüttungsbeschlusses, wodurch sichergestellt wird, dass das Guthaben auch tatsächlich realisiert wird.[534] Liegen diese Voraussetzungen bei Insolvenzeröffnung nicht vor, sei der Anspruch nicht gemäß § 95 InsO aufschiebend bedingt.[535] Er entstehe nämlich erst gemäß § 37 Abs. 5 S. 2 KStG mit Ablauf des 31.12.2006.[536] Der VII. Senat setzt sich nunmehr – infolge der Rechtsprechungsänderung aus dem Jahr 2012 – in seiner Entscheidung vom 13.12.2016[537] nicht mehr mit diesen zwei Voraussetzungen zur Verwirklichung des zivilrechtlichen Sachverhalts auseinander. Unter Berücksichtigung der Rechtsprechungsänderung hinterfragt der VII. Senat lediglich, ob der Tatbestand gemäß § 37 Abs. 5 S. 2 KStG mit Ablauf des 31.12.2006 verwirklicht ist. In folgerichtiger Umsetzung der Rechtsprechungsänderung stellt er für den Ausschluss des § 96 Abs. 1 Nr. 1 InsO allein auf die Entstehung des Anspruchs mit Ablauf des 31.12.2006 ab. Im konkreten Fall war das Finanzamt nicht befugt mit einer Steuerforderung während des laufenden Insolvenzverfahrens gegen das Steuerguthaben des Insolvenzschuldners aufzurechnen. Denn dieser Anspruch ist erst nach Insolvenzeröffnung zum 31.12.2016 entstanden.[538]

---

[534] Treffend formuliert der I. Senat zur Notwendigkeit der beiden Voraussetzungen wie folgt: *„Das Vorhandensein eines Körperschaftsteuerguthabens kann zwar als wirtschaftlicher Ausgangs- und zugleich Schwerpunkt der Entstehungsvoraussetzungen anzusehen sein. Es handelt sich aber nur um eine notwendige, nicht aber um eine hinreichende Bedingung für das Entstehen eines Erstattungsanspruchs. Auslösendes Moment für eine „Mobilisierung" des Körperschaftsteuerguthabens ist vielmehr ein den handelsrechtlichen Vorschriften entsprechender Gewinnausschüttungsbeschluss im gesetzlich vorgegebenen Zeitrahmen. Erst dieser Beschluss komplettiert den eigentlichen Rechtsgrund für die – im Rahmen der Veranlagung zur Körperschaftsteuer zu berücksichtigende – Minderung der Körperschaftsteuer des Ausschüttungsjahres*", BFH vom 23.02.2011, I R 20/10, BStBl. II 2011, 822 (824).

[535] BFH vom 23.02.2011, I R 20/10, BStBl. II 2011, 822 (824).

[536] BFH vom 23.02.2011, I R 20/10, BStBl. II 2011, 822 (824).

[537] BFH vom 13.12.2016, VII R 1/15, BStBl. II 2017, 541.

[538] Hinzu kam im Streitfall allerdings noch folgender Gesichtspunkt: Das Aufrechnungsverbot aus § 96 I Nr. 1 InsO gelte nach Auffassung des VII. Senats nicht mehr, wenn das Insolvenzverfahren beendet ist; gemäß § 201 I InsO können Insolvenzgläubiger ihre Forderungen nach Aufhebung des Insolvenzverfahrens gegen den Schuldner unbeschränkt geltend machen. Entsprechend war das Finanzamt im Streitfall befugt, nach Beendigung des Insolvenzverfahrens die Aufrechnung zu erklären. Die Tatsache, dass der Insolvenzverwalter den Anspruch auf das Körperschaftsteuerguthaben während des Insolvenzverfahrens an einen Dritten abgetreten hat, stehe dem wegen der Schuldnerschutzvorschrift des § 406 BGB nicht entgegen. BFH vom 17.04.2007, VII R 27/06, BStBl. II 2009, 589 (593).

Besonders deutlich ist die Umsetzung der Rechtsprechungsänderung an der Entscheidung des VII. Senats vom 15.01.2019[539] zu erkennen. Gegenstand der Entscheidung ist die Frage, wann ein Anspruch des Insolvenzschuldners auf Erstattung der Grunderwerbsteuer nach § 16 Abs. 1 Nr. 2 GrEStG insolvenzrechtlich begründet ist. Im Streitfall hat der Insolvenzschuldner vor Verfahrenseröffnung ein Grundstück erworben und die daraufhin festgesetzte Grunderwerbssteuer an das Finanzamt abgeführt. Nach Verfahrenseröffnung hat der Insolvenzschuldner nunmehr gegenüber dem Verkäufer die Nichterfüllung gemäß § 103 Abs. 2 InsO erklärt. Infolgedessen hat das Finanzamt den Grunderwerbsteuerbescheid wegen Rückgängigmachung des Erwerbsvorgangs nach § 16 Abs. 1 Nr. 2 GrEStG aufgehoben und die Aufrechnung mit einer vor Verfahrenseröffnung begründeten Lohnsteuerforderung erklärt. Der VII. Senat ist der Ansicht, dass diese Aufrechnung des Finanzamts gemäß § 96 Abs. 1 Nr. 1 InsO unzulässig sei. Zwar habe der VII. Senat mit Urteil vom 17.04.2007[540] entschieden, der zivilrechtliche Sachverhalt einer Erstattung von Grunderwerbsteuer, die aufgrund eines Rücktritts vom Vertrag nach Eröffnung des Insolvenzverfahrens ausgelöst worden ist, sei wegen der Anknüpfung von § 1 Abs. 1 Nr. 1 GrEStG an das zivilrechtliche Grundgeschäft mit Abschluss desselben verwirklicht. An dieser Sichtweise sei jedoch infolge der Rechtsprechungsänderung vom 25.07.2012[541] nicht mehr festzuhalten.[542] Soweit allein die vollständige materielle Tatbestandsverwirklichung für das Schuldigwerden gemäß § 96 Abs. 1 Nr. 1 InsO zu beachten sei, komme es auf das Rückgängigmachen“ gemäß § 16 Abs. 1 Nr. 2 GrEStG an.[543]

Abschließend ist Folgendes festzuhalten: Soweit mit der Grundsatzentscheidung aus dem Jahr 2012 noch offen war, wie weit die Rechtsprechungsänderung des VII. Senats reicht und welche inhaltlichen Konkretisierungen sich aus der Anknüpfung an die materiell-rechtliche Tatbestandsverwirklichung ergeben, verdeutlichen die Folgeentscheidungen vom 08.11.2016[544], 13.12.2016[545] und 15.01.2019[546] die neue Interpretation der Aufrechnungs-

[539] BFH vom 15.01.2019, VII R 23/17, BStBl. II 2019, 329.
[540] BFH vom 17.04.2007, VII R 27/06, BStBl. II 2009, 589 (592).
[541] BFH vom 25.07.2012, VII R 29/11, BStBl. II 2013, 36.
[542] BFH vom 15.01.2019, VII R 23/17, BStBl. II 2019, 329 (330).
[543] BFH vom 15.01.2019, VII R 23/17, BStBl. II 2019, 329 (339).
[544] BFH vom 08.11.2016, VII R 34/15, BStBl. II 2017, 496.
[545] BFH vom 13.12.2016, VII R 1/15, BStBl. II 2017, 541.
[546] BFH vom 15.01.2019, VII R 23/17, BStBl. II 2019, 329.

systematik der §§ 95, 96 InsO.[547] In folgerichtiger Umsetzung der neuen Maßstäbe sah sich der VII. Senat dazu veranlasst, in weiteren Fallgruppen eine Rechtsprechungsänderung vorzunehmen.

cc) Der Erstattungsanspruch gemäß § 37 Abs. 2 AO und seine Sonderstellung im Zusammenhang mit der insolvenzrechtlichen Einordnung

Die zuvor betrachteten Entscheidungen zeigen, dass der VII. Senat seine ursprüngliche Rechtsprechung aufgegeben hat und nunmehr für das Schuldigwerden gemäß § 96 Abs. 1 Nr. 1 InsO auf die materielle vollständige Tatbestandsverwirklichung abstellt. Der VII. Senat hat im Anschluss an das Urteil vom 25.07.2012[548] seine Rechtsprechung mit Blick auf einen Anspruch aus § 17 Abs. 2 UStG, § 37 Abs. 5 KStG und § 16 Abs. 1 Nr. 2 GrEStG ausdrücklich geändert und ordnet einen Anspruch aus § 14c Abs. 2 UStG erstmalig nach steuerrechtlichen Grundsätzen insolvenzrechtlich ein. Vor diesem Hintergrund stellt sich die Frage, inwieweit sich diese Tendenz auf einen Erstattungsanspruch nach § 37 Abs. 2 AO auswirkt. Wie gesehen, geht die Judikatur zum Erstattungsanspruch auf das Urteil des VIII. Senat aus dem Jahr 1979[549] zurück. Anknüpfungspunkt für die insolvenzrechtliche Zuordnung ist seit jener Zeit stets die Vorauszahlung auf die später am Ende der Veranlagung festzusetzende Steuer. Denn mit Zahlung entstehe bereits ein Anspruch unter der aufschiebenden Bedingung, dass die geleisteten Vorauszahlungen die Jahressteuerschuld übersteigen. Zu untersuchen ist, inwieweit der VII. Senat diese Rechtsprechung zum Erstattungsanspruch, welche seinerseits im Lichte eines insolvenzrechtlichen Verständnisses von § 96 Abs. 1 Nr. 1 InsO ergangen ist, vor dem Hintergrund der nunmehr geänderten Grundsätze fortführt. Hierzu sind im Folgenden zwei Entscheidungen des VII. Senats näher zu betrachten.[550]

547 Im Zuge dessen sei beispielhaft noch auf den Beschluss des VII. Senats vom 21.03.2014 hingewiesen. Der VII. Senat sieht einen Anspruch auf Gewährung einer Investitionszulage nicht mit Anschaffung des Wirtschaftsgutes vor Insolvenzeröffnung als begründet an. Vielmehr sei dieser Anspruch nach nunmehr geänderter Rechtsprechung begründet, wenn dasjenige Kalenderjahr abgelaufen sei, in welchem die förderfähigen Investitionen abgeschlossen worden seien. Vgl. BFH vom 21.03.2014, VII B 214/12, BFH/NV 2014, 1088 (1089).

548 BFH vom 25.07.2012, VII R 29/11, BStBl. II 2013, 36.

549 BFH vom 22.05.1979, VIII R 58/77, BStBl. II 1979, 639.

550 Die Entscheidung des BFH vom 24.02.2015, VII R 27/14, BStBl. II 2015, 993 soll nicht näher dargestellt werden. Im Fall war es nicht entscheidungserheblich, eine tiefergehende Prüfung des Erstattungsanspruches vorzunehmen. Die Vorauszahlung erfolgte nach Insolvenzeröffnung, sodass sowohl der Rechtsgrund und als auch der materiell-

In der Entscheidung vom 18.08.2015[551] steht dem Insolvenzschuldner ein Erstattungsanspruch gemäß § 37 Abs. 2 AO aufgrund folgender Sachverhaltskonstellation zu: Der Insolvenzschuldner betrieb vor der Eröffnung des Insolvenzverfahrens eine Spielhalle. Er erzielte umsatzsteuerpflichtige Umsätze aus Spielautomaten, für die er die Umsatzsteuer vor Verfahrenseröffnung entrichtete. Nach Verfahrenseröffnung beantrage der Insolvenzverwalter unter Berufung auf Art. 13 Teil B Buchst. f 6. RL 77/388/EWG und die Linneweber-Rspr. des EuGH[552] die Spielautomatenumsätze – aus der Zeit vor Verfahrenseröffnung – als steuerfrei zu behandeln. Das Finanzamt folgte diesem Antrag und änderte die Umsatzsteuerbescheide. Gegen den daraus entstehenden Erstattungsanspruch aus § 37 Abs. 2 AO erklärte das Finanzamt die Aufrechnung mit rückständigen, vorinsolvenzlichen Steuern. Nach Ansicht des VII. Senats stehe die Vorschrift des § 96 Abs. 1 Nr. 1 InsO dieser Aufrechnung nicht entgegen. Unter Verweis auf das das Urteil vom 17.04.2007[553] komme es für die insolvenzrechtliche Einordnung des Erstattungsanspruchs darauf an, dass der innere Kern der Forderung verwirklicht sei.[554] Interessanterweise grenzt sich der VII. Senat von seiner Entscheidung vom 25.07.2012[555] folgendermaßen ab: Der Entscheidung aus dem Jahr 2012 lag nach Ansicht des VII. Senats allein die Frage zu Grunde, wann ein Anspruch aus § 17 Abs. 2 UStG insolvenzrechtlich begründet ist. Für die Einordnung eines Erstattungsanspruches aus § 37 Abs. 2 AO sollen die für § 17 Abs. 2 UStG aufgestellten Besonderheiten nicht gelten.[556] Vor dem Hintergrund dieser Abgrenzung stellt der VII. Senat im Streitfall für das Schuldigwerden des Erstattungsanspruchs gemäß § 96 Abs. 1 Nr. 1 InsO auf die Entrichtung und mithin Zahlung der Umsatzsteuer vor Verfahrenseröffnung ab.[557] Entsprechend folgt der VII. Senat den rechtlichen Ausführungen des Klägers – im Streitfall der

rechtliche Tatbestand nach Verfahrenseröffnung verwirklicht sind. Soweit man auf die Zahlung oder aber die Festsetzung der überbezahlten Steuer abstellt, ist die Aufrechnung des Steuergläubigers in beiden Fällen gemäß § 96 I Nr. 1 InsO ausgeschlossen.

551 BFH vom 18.10.2015, VII R 29/14, ZInsO 2015, 2441.

552 EuGH vom 07.02.2005, C-453/02 und C-462/02, Slg. 2005, I-1151 (1161). Der EuGH hat entschieden, es sei nicht zulässig, einerseits den Betrieb von Glücksspielgeräten in öffentlichen Spielbanken von der Umsatzsteuer zu befreien, andererseits aber die Ausübung der gleichen Tätigkeit durch andere Wirtschaftsteilnehmer mit Umsatzsteuer zu belasten.

553 BFH vom 17.04.2007, VII R 27/06, BStBl. II 2009, 589.

554 BFH vom 18.08.2015, VII R 29/14, NZI 2016, 228 (229).

555 BFH vom 25.07.2012, VII R 29/11, BStBl. II 2013, 36.

556 BFH vom 18.08.2015, VII R 29/14, NZI 2016, 228 (229).

557 BFH vom 18.08.2015, VII R 29/14, NZI 2016, 228 (229).

Insolvenzverwalter – nicht, wonach für die Einordnung des Erstattungsanspruchs im Zuge der geänderten Rechtsprechung auf die vollständige Tatbestandsverwirklichung abzustellen sei. Im Ergebnis setzt der VII. Senat die ständige Rechtsprechung zur insolvenzrechtlichen Einordnung eines Erstattungsanspruchs fort. Nachdem es für das Schuldigwerden gemäß § 96 Abs. 1 Nr. 1 InsO auf die vollständige materiell-rechtliche Verwirklichung des Tatbestandes ankommen soll, bleibt Anknüpfungspunkt für die Einordnung eines Erstattungserstattungsanspruch die Zahlung auf die später festzusetzende Steuer. Die geänderten Grundsätze für das Schuldigwerden gemäß § 96 Abs. 1 Nr. 1 InsO überträgt der VII. Senat nicht auf den Erstattungsanspruch nach § 37 Abs. 2 AO. Indem sich der VII. Senat auf sein Urteil vom 17.04.2007 beruft, kehrt er in Teilen zu den ursprünglichen, insolvenzrechtlich geprägten Prämissen der Begründetheit zurück. Wie vor der Rechtsprechungsänderung komme es für die Einordnung des Erstattungsanspruchs bloß auf die Verwirklichung des inneren Kerns an.

Soweit der VII. Senat dem Erstattungsanspruch gemäß § 37 Abs. 2 AO mit der Entscheidung vom 18.08.2015[558] eine Sonderstellung im Rahmen der insolvenzrechtlichen Forderungszuordnung zugemessen hat, bestätigt er diese mit dem Urteil vom 15.10.2019[559]. Im Streitfall ist die Insolvenzschuldnerin vor Insolvenzeröffnung fehlerhaft davon ausgegangen, dass sie Organgesellschafterin einer umsatzsteuerlichen Organgesellschaft gewesen ist. Infolge dieser fehlerhaften Annahme sind ihre Umsätze besteuert und die entsprechende Umsatzsteuer vor Insolvenzeröffnung entrichtet worden. Nach Verfahrenseröffnung hat das beklagte Finanzamt die entsprechenden Umsatzsteuerbescheide aufgehoben. Gegen den daraus entstehenden Erstattungsanspruch der Insolvenzschuldnerin hat das Finanzamt und mit einem Haftungsanspruch gemäß § 73 AO die Aufrechnung erklärt. Der VII. Senat ist der Auffassung, § 96 Abs. 1 Nr. 1 InsO sei im Streitfall nicht anwendbar. Für das Insolvenzrechtliche Schuldigwerden sei auf den Zeitpunkt der Zahlung vor Verfahrenseröffnung abzustellen. Denn *„ein Erstattungsanspruch nach § 37 Abs. 2 AO aufgrund zu hoher bzw. nicht geschuldeter Vorauszahlungen entsteht (§ 38 AO) nach ständiger Rechtsprechung bereits im Zeitpunkt der Entrichtung der jeweiligen Vorauszahlung unter der aufschiebenden Bedingung, dass am Ende des Besteuerungszeitraums die geschuldete Steuer geringer ist als die Vorauszahlung. Dementsprechend wird nach der Senatsrechtsprechung der Rechtsgrund für eine Erstattung von Einkommensteuer (auch)*

[558] BFH vom 18.08.2015, VII R 29/14, NZI 2016, 228.

[559] BFH vom 15.10.2019, VII R 31/17, DStRE 2020, 423

im insolvenzrechtlichen Sinne bereits mit der Leistung der entsprechenden Vorauszahlungen gelegt."[560] Mit Blick auf diese Ausführungen zitiert der VII. Senat seine ständige Rechtsprechung zum Erstattungsanspruch aus den Jahren vor der Rechtsprechungsänderung vom 25.07.2012.[561] Zudem betont er abermals, dass der Erstattungsanspruch aus § 37 Abs. 2 AO anders zu beurteilen sei als die Tatbestände der §§ 14c, 17 UStG und § 16 GrEStG. Denn diese Regelungen würden allesamt eigenständige Berichtigungsansprüche mit jeweils eigenen materiell-rechtlichen Tatbestandsvoraussetzungen darstellen, an die sich besondere Rechtsfolgen knüpfen, denen keine Rückwirkung zukomme.[562]

Soweit der VII. Senat dem Erstattungsanspruch gemäß § 37 Abs. 2 AO eine Sonderstellung zuordnet und eine insolvenzrechtlich geprägte Argumentation bemüht, liegt er damit auf einer Linie mit der Rechtsprechung des Bundesgerichtshofes.[563] Wie dargestellt, ordnet der Bundesgerichtshof in den Entscheidungen vom 12.01.2006[564] und 18.04.2013[565] einen Erstattungsanspruch nach vergleichbaren Grundsätzen ein. Der V. Senat bestätigt mit seiner Entscheidung vom 27.02.2020[566] die Rechtsprechung des VII. Senats zur insolvenzrechtlichen Qualifikation eines Anspruchs gemäß § 37 Abs. 2 AO.

c) Zwischenergebnis

Insgesamt lässt sich für die Entwicklung der Auslegung des Schuldigwerden gemäß § 96 Abs. 1 Nr. 1 InsO eine ähnliche Bilanz ziehen, wie es bereits zu § 38 InsO festzustellen war. Vergleichbar dominiert unter Geltung der Konkursordnung zunächst eine rein insolvenzrechtliche geprägte Begriffsbestimmung des Schuldigwerdens, welche unter Geltung der Insolvenzordnung zunehmend verdrängt wird. Eine wichtige Zäsur bildet die Entscheidung des VII. Senats vom 25.07.2012[567]. Zwar erfolgt die Recht-

[560] BFH vom 15.10.2019, VII R 31/17, DStRE 2020, 423 (424 f.).

[561] Hierzu zitiert der VII. Senat folgende Entscheidungen: Zur Einordnung eines Erstattungsanspruchs unter der Konkursordnung: BFH vom 06.02.1996, VII R 116/94, BStBl. II 1996, 557. Im Übrigen unter Geltung der Insolvenzordnung: BFH vom 28.02.2012, VII R 36/11, BStBl. II 2012, 451; BFH vom 07.06.Juni 2006, VII B 329/05, BStBl. II 2006, 641; BFH vom 31.05.2005, VII R 74/04, BFH/NV 2005, 1745.

[562] BFH vom 15.10.2019, VII R 31/17, DStRE 2020, 423 (424 f.).

[563] *Kahlert*, DStR, 2020, 1993 (2000).

[564] BGH vom 12.01.2006, IX ZB 239/04, ZInsO 2006, 139 (140).

[565] BGH vom 18.04.2013, IX ZR 90/10, ZInsO 2013, 1085 (1087).

[566] BFH vom 27.02.2020, V R 28/19, BFH/NV 2020, 1275 (1277).

[567] BFH vom 25.07.2012, VII R 29/11, BStBl. II 2013, 36.

sprechungsänderung nicht auf Basis einer materiellen Auseinandersetzung mit dem inhaltlichen Verständnis des Schuldigwerdens. Zur Begründung der Rechtsprechungsänderung führt der VII. Senat nämlich keine materiellen Argumente an. Die Rechtsprechungsänderung erfolgte allein in dem Bestreben, die Einheitlichkeit der Rechtsprechung wiederherzustellen. Im Zuge dieser Rechtsprechungsänderung hat der VII. Senat in nachfolgenden Entscheidungen judiziert, dass es bei Ansprüchen des Schuldners gemäß §§ 14c Abs. 2, 17 Abs. 1 und 2 UStG, § 37 Abs. 5 KStG und § 16 Abs. 1 GrEStG allein darauf ankomme, wann der materiell-rechtliche Tatbestand vollständig verwirklicht ist.

Eine Ausnahme besteht jedoch für den Erstattungsanspruch gemäß § 37 Abs. 2 AO. Auch nach der Rechtsprechungsänderung aus dem Jahr 2012 greift der VII. Senat auf die vom VIII. Senat[568] entwickelten Grundsätze zur insolvenzrechtlichen Qualifizierung des Erstattungsanspruch zurück. Maßgeblich für die insolvenzrechtliche Zuordnung ist der Zeitpunkt, in dem auf die nicht geschuldete Steuer gezahlt wird. Die Ungleichbehandlung begründet der VII. Senat mit der fehlenden Vergleichbarkeit des Erstattungsanspruchs mit den Tatbeständen der §§ 14c, 17 UStG und § 16 GrEStG.

3. Stellungnahme – Eine kritische Auseinandersetzung zur Rechtsprechungsentwicklung

a) Eine abschließende Bestandsaufnahme der Rechtsprechung des Bundesfinanzhofes

Im Zuge der folgenden Bestandsaufnahme soll zunächst außer Betracht bleiben, wie und aufgrund welcher Annahmen die Rechtsprechung die insolvenzrechtliche Forderungszuordnung inhaltlich konkretisiert und wie diese vorzugsweise zu bestimmen ist. Zu würdigen ist an dieser Stelle vielmehr die formale, für den Rechtsanwender gegenwärtige Lage.

Betrachtet man die Rechtsprechung in ihrem Gesamtzusammenhang ist der derzeitige Entwicklungstand zu begrüßen. Für den Rechtsanwender ergibt sich ein klares und verständliches Bild: Der Bundesfinanzhof verwendet zur Konkretisierung der §§ 38, 96 InsO Obersätze, auf die er in ständiger Rechtsprechung zurückgreift. Am Beispiel der Steuerforderung erachtet er

[568] BFH vom 22.05.1979, VIII R 58/77, BStBl. II 1979, 639 (640).

die Einkünfteermittlung gemäß § 2 Abs. 2 EStG samt Realisation[569] und Zufluss[570] für maßgeblich.

In Anwendung der Obersätze bildeten sich bestimmte Fallgestaltungen heraus, die der Bundesfinanzhof folgerichtig und im Einklang mit vorangegangenen Entscheidungen auflöst. Etwaige Divergenzen in der Auslegung, hat der Bundesfinanzhof mittlerweile aufgelöst. In Umsetzung dieser Prämissen kann der Rechtsanwender beispielsweise darauf vertrauen, dass Steuerforderungen aufgrund von bilanziellen Steuervorteilen – beispielsweise stille Reserven und Rückstellungen – nach Maßgabe des Realisationsprinzips den insolvenzrechtlichen Forderungskategorien zugeordnet werden. Zudem ist mit Blick auf die jüngere Rechtsprechung positiv, dass sie neue Fallgestaltungen unter Berücksichtigung der bekannten Prämissen qualifiziert. Insoweit ordnet die Rechtsprechung Haftungsforderungen gemäß §§ 191, 69 AO[571] oder Sanierungsgewinne[572], welche aus einem Insolvenzplan resultieren, folgerichtig nach der vollständigen Verwirklichung des steuerrechtlichen Tatbestandes ein. Die Rechtsprechung hat ebenfalls feststellt, dass die zur Einkommensteuer entwickelten Grundsätze auf die Körperschaft- und Gewerbesteuer zu übertragen sind.[573] Insoweit gelten wegen der Verweisungsnormen der § 8 Abs. 1 KStG und § 7 GewStG für das Ertragsteuerrecht vereinheitlichte Grundsätze. Hervorzuheben ist die offene Haltung der Rechtsprechung – insbesondere die des VII. Senats – bestehende Widersprüche in der Judikatur durch Rechtsprechungsänderungen aufzulösen. Beispielsweise werden die Rückgewähr von Zahlungen nach erklärter Insolvenzanfechtung[574] oder Ansprüche des Schuldners aus §§ 14c, 17 UStG, § 37 Abs. 5 KStG und § 16 GrEStG folgerichtig nach geänderten und vereinheitlichten Grundsätzen insolvenzrechtlich qualifiziert. Auch für den Sonderfall eines Steuererstattungsanspruchs aus § 37 Abs. 2 AO judiziert die Rechtsprechung in gefestigter Weise. Ob dieser Umstand – dem Erstattungsanspruch eine Sonderrolle

---

569 Beispielhaft für die Anwendung des Realisationsprinzips BFH vom 16.05.2013, IV R 23/11, BStBl. II 2013, 759 (760).

570 Für die Maßgeblichkeit des Zuflussprinzips BFH vom 09.12.2014, X R 12/12, BStBl. II 2016, 852 (855).

571 BFH vom 12.06.2018, VII R 2/17, ZInsO 2018, 2827; BFH, vom 19.01.2021, VII R 38/19, ZInsO 2021, 1496.

572 BFH vom 15.11.2018, XI B 49/18, ZInsO 2019, 340.

573 BFH vom 27.10.2016, IV B 119/15, NZI 2017, 115 (116); BFH vom 15.11.2018, XI B 49/18, NZI 2019, 239 (240).

574 Mit dem Beschluss des BFH vom 31.10.2018, III B 77/18, ZInsO 2019, 111 ist die Rechtsprechung des X. Senat vom 01.04.2008, X B 201/07, BFH/NV 2008, 925 als überholt anzusehen.

zuzuweisen – jedoch unter dem Gesichtspunkt einer folgerichtigen Umsetzung der Rechtsprechungsänderung aus dem Jahr 2012[575] und dessen Fortentwicklung entspricht, soll im weiteren Verlauf gesondert untersucht werden.[576]

Aus Sicht von Beratern und Insolvenzverwaltern, welche das Recht unter Berücksichtigung eines Haftungsrisiko anwenden, ist diese stringente Entwicklung als positiv einzustufen. So ist es ihnen möglich, Steuerrisiken unter Auswertung der individuellen Tatsachengrundlage rechtssicher abzuschätzen. Das Risiko für eine nachträgliche zu korrigierenden Umqualifizierung einer Insolvenzforderung zu einer vorweg zu berichtigenden Masseverbindlichkeit wird durch die Rechtsprechung nicht erhöht.

Positiv hervorzuheben sei schließlich, dass die Rechtsprechung einen Gleichklang zwischen den §§ 38, 96 InsO herbeigeführt hat. Insoweit ist es vor dem Hintergrund einer systematischen Auslegung samt einer strukturwahrenden Gesetzesanwendung erforderlich, Vorschriften gleich auszulegen, die einen identischen Regelungsinhalt aufweisen. Die Tatbestandsmerkmale der *Begründetheit* (§ 38 InsO) und das *Schuldigwerden* (§ 96 Abs. 1 Nr. 1 InsO) stellen Synonyme dar. Im Rahmen der Rechtsanwendung von den §§ 38, 96 InsO ist eine dogmatisch identische Analyse einer Forderung dahingehend vorzunehmen, dass die Forderung auf ihren Verwirklichungsgrad zu untersuchen ist. Dabei kann es keinen Unterschied machen, ob einerseits der Insolvenzgläubiger definiert wird oder andererseits ein Aufrechnungsausschluss statuiert wird. Treffend formuliert daher der Bundesfinanzhof[577] wie folgt: Es wäre nur schwer vereinbar, „*wenn § 38 InsO im [...] Festsetzungsverfahren anders ausgelegt und angewendet würde als § 96 Abs. 1 Nr. 1 InsO bei der Erhebung der [...] -steuer. Denn beide Vorschriften beruhen auf demselben Rechtsgedanken: unter einem Vermögensanspruch, der gegen das Finanzamt zur Zeit der Eröffnung des Insolvenzverfahrens begründet war (§ 38 InsO), kann unbeschadet der unterschiedlichen Wortwahl des Gesetzes nichts anderes verstanden werden als etwas, was das Finanzamt nicht erst nach Eröffnung des Insolvenzverfahrens schuldig geworden ist (§ 96 Abs. 1 Nr. 1 InsO). Dass letztere Vorschrift vor allem im Erhebungsverfahren zum Zuge kommt, nämlich bei einer Aufrechnung, während erstere die Zuordnung von Ansprüchen zu den Insolvenzforderungen – im Unterschied zu den Masseverbindlichkeiten (§§ 53 bis 55 InsO) – betrifft, die zumindest in erster Linie für*

---

[575] BFH vom 25.07.2012, VII R 29/11, BStBl. II 2013, 36.

[576] Vgl. D., II., 3., e).

[577] BFH vom 25.07.2012, VII R 29/11, BStBl. II 2013, 36 (38).

das Steuerfestsetzungsverfahren bedeutsam ist, ist insofern belanglos und ändert an der rechtslogischen Notwendigkeit nichts, die beiden vorgenannten Vorschriften gleich auszulegen." Ob die inhaltliche Annahme von der Maßgeblichkeit der vollständigen Verwirklichung des steuerrechtlichen Tatbestandes vorzugswürdig ist, ist in diesem Zusammenhang zweitrangig. Zuvorderst kommt vor dem Hintergrund einer widerspruchsfreien Rechtsprechung unter besonderer Berücksichtigung der wirtschaftlich betroffenen Adressaten – Insolvenzschuldner, Insolvenzverwalter und Berater – darauf an, das Insolvenzrecht einheitlich anzuwenden.

b) Eine Folgenbetrachtung der Rechtsprechungsentwicklung: Privilegierung des Steuergläubigers?

aa) Wirkungsweise des § 38 InsO

Was sind die wirtschaftlichen Auswirkungen der Rechtsprechung? Inwieweit wirkt sich die Forderungszuordnung des Bundesfinanzhofes auf die Insolvenzmasse aus? Beantwortet man diese Fragestellung, so ist zu formulieren, dass die Auslegung der Rechtsprechung zu § 38 InsO im Ergebnis mittelbar profiskalisch wirkt. Sie wirkt zunächst nicht unmittelbar massebelastend, weil die Auslegung der Begründetheit des § 38 InsO keine direkten Auswirkungen auf die Qualifizierung der Steuerforderung als Masseverbindlichkeit hat. Eine Masseverbindlichkeit ist vielmehr nur anzunehmen, wenn deren zusätzlichen Voraussetzungen vorliegen. Die Begründung einer aufzehrenden Masseverbindlichkeit ist per se unabhängig und folgt eigenen Gesetzmäßigkeiten. Soweit es damit an einen direkten Unmittelbarkeitszusammenhang fehlt, besteht aber dennoch eine gewisse Wechselwirkung zwischen Insolvenzforderung und Masseverbindlichkeit. Dies resultiert maßgeblich aus dem Umstand, dass eine Masseverbindlichkeit nur dann anzunehmen ist, wenn die Voraussetzungen einer Insolvenzforderung nicht vorliegen. Der Anwendungsbereich der Masseverbindlichkeit ergibt sich aus einer Negation der Insolvenzforderung. Vor diesem Hintergrund wirkt die Auslegung der Rechtsprechung zu § 38 InsO mittelbar profiskalisch, weil sie den Anwendungsbereich einengt. Vor dem Hintergrund, dass die Rechtsprechung an die Begründetheit mit der vollständigen Verwirklichung des Steuertatbestands erhöhte Anforderungen stellt, verschlankt sie den Anwendungsbereich der masseschonenden Insolvenzforderung. Entsprechend erweitert sich der einer masseaufzehrenden Masseverbindlichkeit. Durch die Auslegung der Begründetheit wird der potenzielle Anwendungsbereich einer Masseverbindlichkeit gegenüber der einer Insolvenzforderung erweitert beziehungsweise der einer Insolvenzforderung eingeschränkt. Insoweit gibt es

Fallgestaltungen, in denen man unter einem anderen Begriffsverständnis bereits zur Qualifizierung einer Insolvenzforderung gelangen würde und die einer Masseverbindlichkeit folgewirksam ausscheiden würde. Dies erklärt sich im Einzelnen wie folgt:

Die Rechtsprechung tendiert vermehrt zu der Annahme einer Masseverbindlichkeit, wenn sie eine Forderung als begründet ansieht, wenn deren steuerrechtlicher Tatbestand vollständig verwirklicht ist. Nicht bei wesentlicher nach anwartschaftsrechtlichen Gesichtspunkten gesicherter, sondern erst bei vollständiger Tatbestandsverwirklichung – also einem „mehr“ des gesetzlichen Tatbestandes – löst die Rechtsfolge aus. Damit muss zum Zeitpunkt der Insolvenzeröffnung ein erhöhter Grad des gestreckten Steuertatbestandes verwirklicht sein. Der für die Rechtsprechung maßgebliche Zeitpunkt der Realisation oder des Zuflusses liegt – auf einer gedachten Zeitlinie – hinter dem anderer Anknüpfungspunkte, beispielsweise dem der bloß wesentlichen Verwirklichung des Tatbestandes. Kommt es nun zwischen wesentlicher und vollständiger Verwirklichung zur Insolvenzeröffnung, wirkt sich die Rechtsprechung folgendermaßen aus: Für den Fall, dass der Stichtag der Insolvenz zwischen zwei Anknüpfungspunkten fällt, scheidet mit der Rechtsprechung die Annahme einer Insolvenzforderung aus. Soweit die zusätzlichen Voraussetzungen des § 55 Abs. 1 InsO vorliegen, ist die Steuerforderung als Masseverbindlichkeit bevorrechtigt und entsprechend massebelastend zu befriedigen.

Am Beispiel der stillen Reserven lässt sich diese profiskalische Wirkung gut verdeutlichen: Sofern man nämlich mit der Rechtsprechung eine vollständige Tatbestandsverwirklichung fordert, ist die daraus resultierende Einkommensteuer nicht als Insolvenzforderung zu qualifizieren. Eine Insolvenzforderung scheidet aus, weil mit der Bildung der stillen Reserven vor Verfahrenseröffnung der Steuertatbestand mangels Realisation nicht vollständig verwirklicht ist. Daran anschließend prüft die Rechtsprechung die Voraussetzungen des § 55 Abs. 1 InsO; sie gelangt zur Annahme einer Masseverbindlichkeit, weil dessen Voraussetzungen vorliegen. Weil die Rechtsprechung erhöhte Anforderungen an das Vorliegen einer Insolvenzforderung stellt, genügt die Ansammlung der stillen Reserven vor Verfahrenseröffnung nicht, um eine Insolvenzforderung zu begründen. Vielmehr ist der Anwendungsbereich des § 55 Abs. 1 InsO eröffnet und dessen Voraussetzungen sind zu prüfen. Vergleichbares zeigt sich am Beispiel der Rechtsprechung zur Rückgewähr von Zahlungen nach erfolgter Insolvenzanfechtung. Soweit die Rechtsprechung ursprünglich vertreten hat, dass es im Rahmen der Begründetheit auf die Verwirklichung des zivilrechtlichen Sachverhalts ankommt, ist der maßgebliche Anknüpfungspunkt die anfechtbare Rechtshandlung vor Verfahrenseröffnung.[578] Nunmehr ist jedoch bei einer Einnahme-Überschussrechnung der Zufluss maßgeblich.[579] Durchtrennt die Insolvenzeröffnung die Zeitpunkte der Vornahme der anfechtbaren Rechtshandlung und den Zufluss des Ertrags, ist die Steuerforderung nicht als Insolvenzforderung zu qualifizieren, weil zum Zeitpunkt der Insolvenzeröffnung der Tatbestand noch nicht vollständig verwirklicht ist. Profiskalisch wirkt sich dieser Befund aus, wenn in einem daran anschließenden Schritt die Voraussetzungen des § 55 Abs. 1 InsO vorliegen.

bb) Wirkungsweise des § 96 Abs. 1 Nr. 1 InsO

Mit Blick auf die Auslegung des Schuldigwerdens im Sinne des § 96 Abs. 1 Nr. 1 InsO zeigt sich eine zweigeteilte Wirkungsweise. Es ist zwischen der Rechtsprechung zu den Berichtigungsansprüchen und den Erstattungsansprüchen gemäß § 37 Abs. 2 AO zu unterscheiden. Soweit die Rechtsprechung für die Berichtigungsansprüche des Schuldners aus §§ 14c, 17 UStG und § 16 GrEStG auf die materielle Verwirklichung des steuerlichen Tatbestandes abstellt, wirkt diese Rechtsprechung in den meisten Fällen masseentlastend. Denn eine Aufrechnung des Fiskus wird in diesen Fällen regelmäßig an dem Ausschluss des § 96 Abs. 1 Nr. 1 InsO scheitern. Dem Fiskus ist es so nicht möglich, für eine im Grunde wertlose Insolvenzforderung eine vollständige Befriedigung aus der Masse zu erhalten. Wenn beispielsweise die Rechtsprechung für einen Anspruch des Schuldners auf Berichtigung gemäß *§ 16 Abs. 1 Nr. 2 GrEStG* nicht auf den Abschluss des Kaufvertrages, sondern auf die vollständige materielle Tatbestandsverwirklichung zum Zeitpunkt der Rückgängigmachung des Kaufvertrages abstellt, erweitert sie dadurch den Anwendungsbereich des Aufrechnungsausschluss aus *§ 96 Abs. 1 Nr. 1 InsO.* Wenn eine Forderung des Fiskus zum Stichtag der Insolvenzeröffnung vollständig verwirklicht sein muss, damit eine Aufrechnung nicht nach *§ 96 Abs. 1 Nr. 1 InsO* ausgeschlossen ist, stellt die Rechtsprechung damit erhöhte Anforderungen an die Möglichkeit der Aufrechnung in der Insolvenz. Die Aufrechnung ist also mit anderen Worten tendenziell eher aufgrund von *§ 96 Abs. 1 Nr. 1 InsO* unzulässig, weil die Forderung nach den Prämissen der Rechtsprechung einen höheren Grad der Verwirklichung aufweisen muss. Daher kommt es vermehrt dazu, dass sich Haupt- und Gegenforderung zum Zeitpunkt der Insolvenzeröffnung nicht aufrechenbar gegenüberstehen. Die Aufrechnung ist vermehrt unzulässig, weil der Fiskus die ihm obliegende Forderung des

[578] BFH vom 01.04.2008, X B 201/07, BFH/NV 2008, 925.
[579] BFH vom 31.10.2018, III B 77/18, BFH/NV 2019, 123.

Steuergläubigers bzw. Insolvenzschuldners erst nach Insolvenzeröffnung im Sinne des *§ 96 Abs. 1 Nr. 1 InsO* schuldig wird.

Ein andere Feststellung ist für die Einordnung des Erstattungsanspruchs gemäß § 37 Abs. 2 AO zu treffen. Der Erstattungsanspruch entsteht vollumfänglich mit Abschluss des Kalenderjahres, wenn feststeht, dass die vorgeleisteten Zahlungen die tatsächliche Steuerschuld übersteigen. In ständiger Rechtsprechung ist für das Schuldigwerden gemäß *§ 96 Abs. 1 Nr. 1 InsO* der Zeitpunkt maßgeblich, in welchem der Steuerschuldner auf die Steuer vorausbezahlt hat. Unter dieser Maßgabe ist es offen, ob der Ausschluss des *§ 96 Abs. 1 Nr. 1 InsO* greift oder nicht. Wird vor Insolvenzeröffnung auf die Steuerschuld vorausgezahlt ist eine Aufrechnung des Fiskus gegen den Erstattungsanspruch zulässig; erfolgt die Zahlung nach Insolvenzeröffnung greift der Ausschluss aus *§ 96 Abs. 1 Nr. 1 InsO*. In diesem Fall ist die Aufrechnung unzulässig, weil der Steuergläubiger den Erstattungsanspruchs des Insolvenzschuldners erst nach Insolvenzeröffnung im Sinne des *§ 96 Abs. 1 Nr. 1 InsO* schuldig wird. Je nach dem Einzelfall, kommt es schlicht auf den Zeitpunkt der Zahlung an. Eine Tendenz, ob die Rechtsprechung in Bezug auf den Erstattungsanspruch be- oder entlastend wirkt, ist nicht festzustellen.

c) Die Auslegungsdivergenz zur Rechtsprechung anderer Bundesgerichte

aa) Einführung

Soweit einleitend als Untersuchungsgegenstand formuliert wurde, die Rechtsprechung des Bundesfinanzhofs mit der der übrigen obersten Gerichtshöfe zu vergleichen, ist nunmehr folgendes festzustellen: Die finanzgerichtliche Rechtsprechung bestreitet einen Sonderweg. In Abgrenzung zu den anderen Bundesgerichten legt der Bundesfinanzhof in gefestigter Rechtsprechung ein anderes Begriffsverständnis der insolvenzrechtlichen Begründetheit zugrunde. Statt nach einer haftungsrechtlichen Anwartschaft zu fragen – wie es die übrigen Bundesgerichte praktizieren –, verlangt der Bundesfinanzhof für die Begründetheit einer Steuerforderung eine vollständige Verwirklichung des steuerrechtlichen Tatbestandes. Infolgedessen werden Steuerforderungen unter anderen Prämissen in die insolvenzrechtliche Befriedigungsreihenfolge eingeordnet als beispielsweise zivil- oder verwaltungsrechtliche Forderungen. Im Ergebnis ist es für den Steuergläubiger unter erleichterten Voraussetzungen möglich, eine bevorrechtigte Befriedigung zu erhalten. Denn – wie gesehen – wirkt die Auslegung des § 38 InsO mittelbar auf die des § 55 Abs. 1 InsO ein: Der

Anwendungsbereich des § 38 InsO wird verschlankt, sodass es unter den zusätzlichen Voraussetzungen vermehrt zu der Annahme einer Masseverbindlichkeit kommt. Um Einklang zwischen den verschiedenen Gerichtsbarkeiten herzustellen, wäre es wünschenswert, den Gemeinsamen Senat der obersten Gerichtshöfe des Bundes anzurufen, Art. 95 Abs. 3 GG.

bb) Hintergründe und Ursachen der Rechtsprechungsdivergenz

(1) Die fehlende zentrale Gerichtszuständigkeit für die Einordnung von Ansprüchen

Eine fehlende zentrale Gerichtszuständigkeit ist eine Ursache für die Auslegungsvarianz.[580] In einfachgesetzlicher Konkretisierung der verfassungsrechtlich gewährleisteten Rechtsweggarantie und des Justizgewährungsanspruchs, Art 19 Abs. 4 GG, bestimmt sich der zu bestreitende Rechtsweg nach der Rechtsnatur der Streitigkeit. Es kommt auf den im Klagevorbringen behaupteten Anspruch an.[581] Relevant sind diejenigen streitentscheidenden Vorschriften, die den Kläger berechtigen oder verpflichten.[582] Vor diesem Hintergrund entscheiden die verfassungsrechtlich garantierten Gerichtsbarkeiten, Art. 95 Abs. 1 GG, hinsichtlich der ihnen zugewiesenen Rechtsstreitigkeiten über die insolvenzrechtliche Befriedigungsrangfolge. Beispielsweise ist für Ansprüche in Abgabenangelegenheiten die Finanzgerichtsbarkeit zuständig, § 33 FGO; zur Einordnung von verwaltungsrechtlichen Forderungen in der Insolvenz ist die Verwaltungsgerichtsbarkeit berufen, § 40 Abs. 1 VwGO.[583] Es gibt keine ausschließliche Zuständigkeit eines Gerichtszweiges für Klagen, die grundlegend im Zusammenhang mit einem Insolvenzverfahren stehen. Durch diese Konzeption besteht die Möglichkeit, dass die Fachgerichtsbarkeiten die jeweiligen zivil-, sozial-, verwaltungs-, arbeits- und finanzrechtlichen Ansprüche divergierend auslegen.

Erschwerend kommt hinzu, dass sich beispielsweise die Geschäftsverteilung des Bundesfinanzhofes grundsätzlich an den jeweiligen Steuerarten ausrichtet. Jeder Senat entscheidet gemäß seiner sachlichen Zuständigkeit über die insolvenzrechtliche Qualifizierung der jeweiligen Steuerforderungen. Es gibt keine ausschließliche Zuständigkeit eines Senats des

580 *Kahlert*, ZIP 2014, 1101 (1102).

581 BVerwG vom 25.10.1972, VIII C 179.71, BVerwGE 41, 127 (129); *Hufen*, Verwaltungsprozessrecht, § 11, Rn. 13.

582 *Hufen*, Verwaltungsprozessrecht, § 11, Rn. 17; *Schenke*, Verwaltungsprozessrecht, § 3, Rn. 104.

583 Weitere Generalklauseln: §§ 13 GVG, 2 I ArbGG, 51 I SGG.

Bundesfinanzhofes für Rechtsstreitigkeiten bezüglich Insolvenzsachen. Beispielsweise sind die Einkommensteuerforderungen vornehmlich dem I. und III. Senat sowie die Umsatzsteuerforderungen dem V. und dem XI. Senat zugeordnet.[584] Eine Alleinzuständigkeit in Insolvenzsachen steht aber beispielsweise dem IX. Senat des Bundesgerichtshofes für die insolvenzrechtliche Einordnung zivilrechtlicher Forderungen zu.[585]

(2) Auslegungsbedürftige unbestimmte Rechtsbegriffe statt konkreter gesetzlicher Regelung

Fragt man nach den Hintergründen und Ursachen der Divergenz zwischen den Bundesgerichten, ist ergänzend der Blick auf die Struktur des deutschen Insolvenzrechts zu richten. Der Gesetzgeber hat nämlich keine konkreten Vorgaben für den Rechtsanwender geschaffen, wie die Forderungen in der Insolvenz einzuordnen sind. Die Forderungszuordnung der Insolvenzordnung ist von unbestimmten Rechtsbegriffe geprägt. Wie zivilrechtliche Forderungen oder sozialrechtliche Ansprüche werden auch die Steuerforderungen von den §§ 38, 96 InsO erfasst und einer insolvenzrechtlichen Qualifikation zugeführt. Es gibt weder ein einheitliches dogmatisches System noch konkrete gesetzliche Kriterien, nach welchen Grundsätzen die insolvenzrechtliche Begründetheit auszulegen sind.[586] Der Insolvenzgesetzgeber hat sich gegen eine konkrete gesetzliche Regelung entschieden. Vielmehr verwendet der Gesetzgeber unbestimmte Rechtsbegriffe. Unbestimmte Rechtsbegriffe weisen einen weit gefassten Begriffshof auf. Für den Rechtsanwender eröffnet sich ein Feld, in welchem er den objektivierten Willen des Gesetzgebers unter Anwendung der Auslegungsmethoden zu ermitteln hat. Je nach Schwerpunktsetzung, inhaltlicher Tiefgründigkeit oder Interesse an der Rechtsfolge gelangt er zu unterschiedlichen Auslegungsergebnissen. Es stellt sich die rechtspolitische Frage, ob es nicht im Hinblick auf die Komplexität der Rechtsfrage und die Rechtssicherheit vorzugswürdiger ist, die Tatbestände der insolvenzrechtlichen Forderungszuordnung mit Merkmalen zu füllen, die eine geringere Auslegungsvielfalt aufweisen.

Vor diesem Hintergrund ist es interessant sich die Rechtslage in Österreich zu vergegenwärtigen. Die österreichische Insolvenzordnung (IO) enthält

[584] BAnz AT vom 15.03.2022 S 1.
[585] BAnz AT vom 15.03.2022 S 1.
[586] *Kahlert*, ZIP 2014, 1101 (1102).

für die Einordnung der Steuerforderungen eine spezielle Vorschrift.[587] In § 46 Nr. 2 IO[588] heißt es auszugsweise:

Masseforderungen sind:

1. […]

2. alle Auslagen, die mit der Erhaltung, Verwaltung und Bewirtschaftung der Masse verbunden sind, […] sowie der die Masse treffenden Steuern, Gebühren, Zölle, Beiträge zur Sozialversicherung und anderen öffentlichen Abgaben, wenn und soweit der die Abgabepflicht auslösende Sachverhalt während des Insolvenzverfahrens verwirklicht wird. Hierzu gehören auch die nach persönlichen Verhältnissen des Gemeinschuldners bemessenen öffentlichen Abgaben; […].

In Abgrenzung zum deutschen Insolvenzrecht orientiert sich die Abgrenzung von Insolvenzforderung und Masseverbindlichkeit nicht am Tatbestandsmerkmal der Begründetheit, die insolvenzrechtliche Qualifikation bestimmt sich vielmehr am *auslösenden Sachverhalt* der Steuerforderung. Auf den ersten Blick vermag es sich bei § 46 Nr. 2 IO um eine Regelung handeln, mit der etwaige Auslegungsprobleme behoben sind, weil dem Rechtanwender zur insolvenzrechtlichen Qualifizierung speziellere Kriterien an die Hand gegeben werden. Bei näherer Betrachtung ist diese Hypothese jedoch nicht zu bestätigen. Denn so entspricht es weder dem Willen des österreichischen Gesetzgebers eine derart umfassende Regelung zu schaffen noch zeigt eine Analyse der Rechtsprechung, dass mit ihr sämtliche Auslegungsschwierigkeiten behoben sind. Im Einzelnen:

Nach dem Willen des österreichischen Gesetzgebers sollte das Tatbestandsmerkmal des auslösenden Sachverhalts gemäß § 46 Nr. 2 IO verdeutlichen, dass bei der Einordnung der Steuerforderung nicht auf das Entstehen der Steuerforderung zum Jahresende abzustellen ist.[589] Insoweit auszugsweise die Gesetzmaterialien: „*Maßgebend ist die Verwirklichung des die Abgabenpflicht auslösenden Sachverhalts. Dies, und nicht die formale Anknüpfung an § 4 BAO ist nötig: Bei den eine Steuerpflicht auslösenden Dauersachverhalten versagt nämlich die Anwendung des § 4 Abs. 1*

587 Auf diesen Umstand weist *Kahlert*, ZIP 2014, 1101 (1102 f.) hin.

588 Insolvenzrechtsänderungsgesetz 1982; BGBl. für die Republik Österreich, 370. Bundesgesetz aus 1982.

589 OGH vom 17.12.1993, 8 Ob 14/93, EvBl. 1994/121; *Achatz/Kofler*, in Österreichisches Insolvenzrecht, Erster Zusatzband, Insolvenz und Steuern, Kap. II., Rn. 14.

BAO[590]*, weil dieser die Entstehung des immer auf einen Zeitpunkt projiziert, während die Konkursordnung eine zeitraumbezogene Abgrenzung im Auge hat […].*“[591]

Ausweislich des gesetzgeberischen Willens dient die Vorschrift des § 46 Nr. 2 IO samt ihrem Merkmal des die Abgabenpflicht auslösenden Sachverhalts lediglich dazu, die grundsätzliche Problemlage aufzulösen, dass die Steuerforderung als Dauersachverhalt über einen Zeitraum veranlagt wird, aber für insolvenzrechtliche Zwecke auf einen Zeitpunkt zu betrachten ist. Nach dem Willen des Gesetzgebers enthält die Vorschrift des § 46 Nr. 2 IO aber keine Aussage darüber, nach welchen Grundsätzen die insoweit notwendige Zeitpunktbetrachtung des Steuertatbestandes zu erfolgen hat.

Soweit dem Willen des österreichischen Gesetzgebers wenig darüber zu entnehmen ist, was konkret unter dem die Abgabenpflicht auslösenden Sachverhalt zu verstehen ist und unter welchen Maßstäben eine Steuerforderung als Insolvenzforderung einzuordnen ist, sind – wie in Deutschland – die österreichischen Gerichte berufen, eine Konkretisierung vorzunehmen. Zuvorderst ist anzumerken, dass die höchstrichterliche Rechtsprechung lange Zeit gespalten war. Obwohl ausweislich der Gesetzesbegründung zu § 46 Nr. 2 IO die Entstehung der Steuer zum Ende des Veranlagungszeitraums unbeachtlich sein sollte, waren sich der Obersten Gerichtshof (OGH) und der Verwaltungsgerichtshof (VwGH) in diesem Punkt uneinig.[592] Der Oberste Gerichtshof stellt seit je her für die Abgrenzung von Insolvenz- und Masseforderung nicht auf die Entstehung des Abgabenanspruchs nach § 4

[590] § 4 Abs. 1 BAO entspricht dem § 36 AO und lautet wörtlich: *Der Abgabenanspruch entsteht, sobald der Tatbestand verwirklicht ist, an den das Gesetz die Abgabepflicht knüpft.* Dies konkretisiert § 4 Abs. 2 a) Nr. 2 BAO nochmals für die Einkommen- und Körperschaftsteuer: § 4 Abs. 2 a) Nr. 2 BAO*: Der Abgabenanspruch entsteht insbesondere bei der Einkommensteuer und bei der Körperschaftsteuer für die zu veranlagende Abgabe mit Ablauf des Kalenderjahres, für das die Veranlagung vorgenommen wird […].*

[591] Bericht des Justizausschusses zum IRÄG, 1147 Blg 15. GP S. 20 i.V.m. S. 6 f; SZ 60/247; EvBl. 1993/102, 428.

[592] Bis zur Einführung des § 63a S. 1 IO zum 31.07.2017 (IRÄG 2017, BGBl. für die Republik Österreich, 122. Bundesgesetz aus 2017) waren sowohl der OHG als auch der VwGH dazu berufen, Steuerforderungen den insolvenzrechtlichen Forderungskategorien zuzuordnen. Der Oberste Gerichtshof ist für die Entscheidung über Streitigkeiten bezüglich der Einordnung von Abgaben allein zuständig, VwGH vom 26.03.1992, 90/16/0205, AnwBl. 1992/4250; OGH vom 28.11.2002, 8 Ob 92/02s, RDW 2003/327, 386; *Achatz/Kofler*, in Österreichisches Insolvenzrecht, Erster Zusatzband, Insolvenz und Steuern, Kap. II., Rn. 17.

BAO, sondern gemäß § 46 Nr. 2 IO auf die Verwirklichung des einzelnen, die Abgabenpflicht auslösenden Sachverhalt beziehungsweise Umstand ab.[593] Demgegenüber setzte der Verwaltungsgerichtshof den Zeitpunkt des die Abgabenpflicht auslösenden Sachverhalt gemäß § 46 Nr. 2 IO mit der Entstehung des Abgabenanspruchs gemäß § 4 Abs. 2 BAO gleich.[594] Maßgeblich für die Einordnung war für ihn das Entstehen der Einkommensteuer am Jahresende.[595] Mit seiner Entscheidung vom 11.12.2013[596] hat sich der Verwaltungsgerichtshof ausdrücklich der Rechtsansicht des Obersten Gerichtshof angeschlossen. Er vertritt nunmehr die Ansicht, dass es bei der Auslegung des die Abgabenpflicht auslösenden Sachverhalts gemäß § 46 Nr. 2 IO auf die Erzielung von Einkünften ankommt.[597]

Soweit mit der Entscheidung des Verwaltungsgerichtshofes aus Dezember 2013 höchstrichterlich geklärt ist, dass die Einkommensteuer bei unterjähriger Insolvenzeröffnung in die einzelnen Geschäftsvorfälle aufzuteilen und den Forderungskategorien der Insolvenzforderung, Masseverbindlichkeit und Forderung gegen das insolvenzfreie Vermögen anteilig zuzuordnen ist, ist aber noch nichts darüber ausgesagt, wie der auslösende Sachverhalt im Einzelfall zu konkretisieren ist. Die Divergenz selbst betraf nämlich nur die abstraktere Ebene hinsichtlich der Fragestellung, wie die Steuerforderung als zeitraumabhängige Bezugsgröße – aus steuerrechtlicher Perspektive – systemfremd auf den Zeitpunkt der Insolvenzeröffnung zu konkretisieren ist.[598] Wie im deutschen Recht ist es Aufgabe der Rechtsprechung, die erforderliche Konkretisierung am Einzelfall vorzunehmen.

---

593 OGH vom 17.12.1993, 8 Ob 14/93, EvBl. 1994/121; OGH vom 24.08.2011, 3 Ob 103/11k, EvBl. 2012/10 S 73; OGH vom 14.12.2011, 3 Ob 215/11f, EvBl. 2012/65 S 457; OGH vom 28.05.2013, 8 Ob 141/12m, RdW 2013/541 S 543.

594 VwGH vom 25.01.1989, 88/13/0181, ÖstZB 1989, 315; 19.12.1990, 87/13/0070, ÖstZB 1991, 426; VwGH vom 24.11.1994, 91/12/0259, ÖstZB 1995, 548.

595 Zur Begründung verweist der VwGH in der Entscheidung vom 24.11.1994, 91/12/0259, ÖstZB 1995, 548 auf die Regelung des § 4 BAO und auf die Tatsache, dass man die einzelnen Geschäftsvorfälle, die der Einkommensbesteuerung zugrunde zu legen sind, nicht als Einzelgeschehnisse zu erfassen sein. Die Einkommensbemessung müsse als Einheit erfolgen und könne sich in Gänze entweder vor oder nach Insolvenzeröffnung ereignen. Wie *Achatz/Kofler*, in Österreichisches Insolvenzrecht, Erster Zusatzband, Insolvenz und Steuern, Kap. II., Rn. 17 treffend feststellen, setzt sich der VwGH im Rahmen seiner Begründung nicht mit den Materialien zum IRÄG 1982 auseinander.

596 VwGH vom 11.12.2013, 2012/08/0288, VwSlg. 18752 A/2013.

597 So auch nochmal bestätigt in der Entscheidung vom 03.09.2020, Ra 2019/08/0082, abgerufen unter www.ris.bka.gv.at.

598 Ähnlich *Achatz/Kofler*, in Österreichisches Insolvenzrecht, Erster Zusatzband, Insolvenz und Steuern, Kap. IV., Rn. 22.

Insoweit führt der Oberste Gerichtshof treffend aus: „*Der erkennende Senat hat zwar stets die Ansicht vertreten, dass ein Abstellen auf einen möglichst frühen Zeitpunkt bezüglich der Abgrenzung zwischen Konkurs- und Masseforderungen wegen des vom Gesetzgeber erklärten Zweckes des IRÄG 1982, nämlich der Bekämpfung der Massearmut, geboten ist. Diese Intention findet jedoch dort ihre Grenze, wo strikte gesetzliche Regelungen vorliegen. Fasst der Gesetzgeber – wie im gegenständlichen Fall – die Forderung des Abgabengläubigers so, dass diese eine Vorverlagerung des die Abgabepflicht auslösenden relevanten Sachverhaltes auf einen Zeitpunkt vor Konkurseröffnung nicht zulässt, so hat es bei der Einordnung der Abgabenforderung als Masseforderung zu bleiben*“.[599] Auch nach österreichischem Recht obliegt es daher dem Rechtsanwender, die Steuerforderung – bildlich gesprochen – zu atomisieren und den individuellen Verwirklichungsgrad zu bestimmen. Die Konkretisierung des auslösenden Sachverhalts vollzieht sich – wie in Deutschland – nach Fallgruppen. Auszugsweise ist nachfolgend auf zwei Fallbeispiele einzugehen.

Beispielsweise erachtet der Oberste Gerichtshofs bei der Qualifizierung der Einkommensteuerforderung die Realisation der stillen Reserven für maßgeblich, wenn während der Insolvenz ein Grundstück veräußert wird.[600] Auslösender Sachverhalt gemäß § 46 Nr. 2 IO sei der Zeitpunkt, in welchem der Gewinn nach steuerrechtlichen Grundsätzen verwirklicht wird.[601] Die Bildung der stillen Reserven sei unbeachtlich.[602] Die Literatur befürwortet diese Sichtweise.[603] Damit liegt der Oberste Gerichtshof auf einer Linie mit dem Bundesfinanzhof.[604]

In einem weiteren Fall zum Einkommensteuerrecht sieht der Oberste Gerichtshof[605] den auslösenden Sachverhalt nach Insolvenzeröffnung als verwirklicht an. Im Streitfall war über das Vermögen eines Gesellschafters und dessen Gesellschaft das Insolvenzverfahren eröffnet worden. Ferner

---

599 OHG vom 28.11.2002, 8 Ob 92/02s, ZIK 2003/82, 61.

600 OGH vom 17.12.1993, 8 Ob 14/93, EvBl. 1994/121; OGH vom 11.06.2001, 8 Ob 228/00p, ZIK 2001/272, 173; OGH vom 24.08.2011, 3 Ob 103/11k, EvBl. 2012/10 S 73; OGH vom 14.12.2011, 3 Ob 215/11f, EvBl. 2012/65 S 457; OGH vom 28.05.2013, 8 Ob 141/12m, RdW 2013/541 S 543.

601 OGH vom 17.12.1993, 8 Ob 14/93, EvBl. 1994/121.

602 OGH vom 17.12.1993, 8 Ob 14/93, EvBl. 1994/121.

603 *Achatz/Kofler*, in Österreichisches Insolvenzrecht, Erster Zusatzband, Insolvenz und Steuern, Kap. II., Rn. 16 und 18, m.w.N.

604 BFH vom 29.03.1984, IV R 271/83, BStBl. II 1984, 602 (603); BFH vom 16.05.2013, IV R 23/11, BStBl. II 2013, 759 (760).

605 OHG vom 28.11.2002, 8 Ob 92/02s, ZIK 2003/82, 61.

verfügte der Gesellschafter über ein negative Kapitalkonto, welches er nach entsprechender Auflösung der Kommanditgesellschaft nicht ausgeglichen hatte. Der Anspruch des Fiskus gegen den Gesellschafter auf Besteuerung des Veräußerungsgewinns, welcher aus dem Umstand resultierte, dass der Gesellschafter mit der Insolvenz der Gesellschaft von seiner Auffüllungsverpflichtung des negativen Kapitalkontos befreit wurde, stellt eine Masseverbindlichkeit dar. Denn nach Auffassung des Obersten Gerichtshof sei der die Abgabenpflicht auslösende Sachverhalt verwirklicht, wenn beim endgültigen Ausscheiden des Gesellschafters ein negatives Kapitalkonto besteht, das nicht aufgefüllt werden muss. Derjenige abgabenrechtliche Sachverhalt, auf dessen Verwirklichung es ankommt, sei das Ausscheiden des Gemeinschuldners als Mitunternehmer aus dem Betrieb. Weder der Bestand eines negativen Kapitalkontos an sich, noch die Insolvenzeröffnung über die KG sei für das Entstehen eines zu versteuernden Veräußerungsgewinnes relevant, da in diesen Zeitpunkten noch eine Fortführung – beispielsweise durch Auffüllung des negativen Kapitalkontos durch spätere Gewinnzuweisung oder Sanierung durch Zwangsausgleich – möglich wäre.[606]

Zieht man nun abschließend zum diesem Komplex einen Vergleich zur deutschen Rechtlage ist, folgendes festzustellen: Die Abgrenzung von Insolvenzforderung und Masseverbindlichkeit ist nicht nur ein nationales Rechtsproblem der deutschen Rechtsordnung, welches die Rechtsanwender vor Schwierigkeiten stellt. Eine fehlende Verzahnung von Insolvenz- und Steuerrecht wirkt sich auch im österreichischem Recht aus. Dies ist insbesondere vor dem Hintergrund interessant, dass es in Österreich zwei wesentliche Änderungen zum deutschen Recht gibt, die aber im Ergebnis die Behandlung der Rechtsfrage nicht wesentlich vereinfachen. Zunächst gibt es in Österreich eine Alleinzuständigkeit des Obersten Gerichtshof – seit Mitte 2017 in § 63a S. 1 IO[607] normiert – für die insolvenzrechtliche Qualifikation von Forderungen. Dem Grunde nach führt das zu einer Entscheidungskonzentration der sich mit der insolvenzrechtlichen Forderungszuordnung beschäftigten Gerichte. Im Kern gibt es nur ein Obergericht, welches Forderungen jeglichen Rechtsgrundes einer Befriedigungsrangfolge zuordnet. Anders als in Deutschland ist es damit ausgeschlossen, dass sich beispielsweise das Bundesarbeitsarbeit und das

606 OHG vom 28.11.2002, 8 Ob 92/02s, ZIK 2003/82, 61.

607 § 63a S. 1 IO: Das Insolvenzgericht ist für Klagen, die unmittelbar aus dem Insolvenzverfahren hervorgehen und in engem Zusammenhang damit stehen, sowie für andere zivil- oder unternehmensrechtliche Klagen, die mit jenen im Zusammenhang stehen, ausschließlich zuständig.

Bundesverwaltungsgericht mit Fragen der insolvenzrechtlichen Forderungszuordnung befassen. Wie gesehen, führt die Alleinzuständigkeit des Obersten Gerichtshof in Österreich aber nicht dazu, dass andere Obergerichte – zumindest inzident als Vorfrage für nicht insolvenzrechtliche Fragestellungen – eine Abgrenzung von Insolvenzforderung und Masseverbindlichkeit vorzunehmen haben. Entsprechend sind Divergenzen in der Rechtsanwendung möglich. Einzelne Gerichte in Deutschland und Österreich waren zur Wahrung der Rechtseinheitlichkeit gezwungen, ihre über Jahre entwickelte Rechtsprechung aufzugeben.[608]

Hinsichtlich des zweiten Unterschieds zwischen österreichischen und deutschen Insolvenzrecht ist der Blick auf § 46 Nr. 2 IO zu richten. Der Tatbestand weist in Abgrenzung zu den §§ 38, 55, 96 InsO mit dem Merkmal des auslösenden Sachverhalts eine spezielleres Kriterium auf, um Steuerforderungen insolvenzrechtlich einzuordnen. Die Vorschrift ist allerdings nicht dazu geeignet, die Einordnung von Steuerforderungen zu erleichtern. Im Grunde grenzt die Vorschrift – nach dem Willen des österreichischen Gesetzgebers – nur die Anknüpfungspunkte der Steuerentstehung zum Ende der Veranlagung am Jahresende gemäß § 38 AO beziehungsweise § 4 BAO zur unterjährigen Teilverwirklichung der einzelnen Besteuerungsgrundlagen des Einkommensteuertatbestand voneinander ab. Daher kann formuliert werden, dass die Regelung des § 46 Nr. 2 IO im Vergleich zur Ausgestaltung der §§ 38, 96 InsO kein Instrument darstellt, mit welchem eine rechtsichsichere Einordnung erfolgt. Soweit sich der maßgebliche Inhalt des § 46 Nr. 2 IO darin erschöpft, dass das Entstehen der Steuerforderung für die insolvenzrechtliche Zuordnung unbeachtlich ist, sind deutsches und österreichisches Insolvenzrecht hinsichtlich der Einordnung von Steuerforderungen nahezu identisch ausgestaltet. Dass die Entstehung der Steuer zum Jahresende für die insolvenzrechtliche Qualifikation unbeachtlich ist und die einheitliche Einkommensteuer vielmehr auf die Forderungskategorien der Insolvenzforderung, Masseverbindlichkeit und Forderung gegen das insolvenzfreie Vermögen aufzuteilen ist, ist spätestens in Deutschland mit der Rechtsprechung des Bundesfinanzhofes vom 29.03.1984[609] als gesichert anzusehen; also zwei Jahre nach der Kodifikation des § 46 Nr. 2 IO. Soweit dann der österreichische Verwaltungsgerichtshof erst mit der Entscheidung vom 11.12.2013[610] die Steuerentstehung am Jahresende gem. § 4 BAO für unmaßgeblich erachtet hat, herrschte nach

[608] In Österreich der VwGH vom 11.12.2013, 2012/08/0288, VwSlg. 18752 A/2013. In Deutschland beispielsweise der BFH vom 25.07.2012, VII R 29/11, BStBl. II 2013, 36.

[609] BFH vom 29.03.1984, IV R 271/83, BStBl. II 1984, 602.

[610] VwGH vom 11.12.2013, 2012/08/0288, VwSlg. 18752 A/2013.

deutschen Recht über diese Teilfrage der insolvenzrechtlichen Einordnung von Steuerforderungen unlängst früher Klarheit.

Im Ergebnis sind die Tatbestände des *auslösenden Sachverhalts*, der *Begründetheit* und das *Schuldigwerden* Synonyme, die im Wesentlichen inhaltsgleich sind. Beiden Rechtsordnungen – der deutschen und österreichischen Insolvenzrechts – ist gemein, dass die finale Einordnung der Steuerforderung nach vergleichbaren Mustern zu erfolgen hat. In Österreich und Deutschland werden gleichsam unbestimmte Rechtsbegriffe verwendet, bei denen der Rechtsanwender vor Auslegungsschwierigkeiten gestellt wird. Mangels spezieller Regelung ist in jedem Einzelfall zu prüfen, wann der der Steuerforderung zugrundenliegen Tatbestand verwirklicht ist. Eine tiefergehende Konkretisierung ist der Rechtsprechung überlassen. Da der Steuertatbestand als gestrecktes gesetzliches Schuldverhältnis selbst wiederum mehrere Anknüpfungspunkte aufweist – beispielsweise bei der Besteuerung von stillen Reserven deren Bildung oder Realisierung –, sind unterschiedliche Auslegungsergebnisse denkbar. Rechtssicherheit ist unter diesen gesetzlichen Voraussetzungen nur durch das Erzeugen von Fallgruppen herzustellen. Dies ist insbesondere dem Obersten Gerichtshof und dem Bundesfinanzhof für den Fall der Besteuerung von stillen Reserven gelungen.

d) Die gefestigte Rechtsprechung des Bundesfinanzhof zur insolvenzrechtlichen Einordnung von stillen Reserven im Widerspruch zum Urteil des Bundesgerichtshofs vom 15.12.2020, II ZR 108/19?

aa) Einführung

Der Bundesfinanzhof ordnet eine Einkommensteuerforderung, die auf vor Insolvenzeröffnung angesammelten, aber nach Verfahrenseröffnung durch Veräußerung realisierten stillen Reserven beruht, nach gefestigten Prämissen den insolvenzrechtlichen Forderungskategorien zu. Maßgeblich ist der Zeitpunkt der Veräußerung – also die Realisation der stillen Reserven.[611] Diese Grundsätze gelten mit dem Urteil des Bundesfinanzhofes vom 27.10.2016[612] in zweierlei Weise entsprechend: Einerseits macht es für die insolvenzrechtliche Qualifikation wegen der Verweisungsnorm des

611 BFH vom 29.03.1984, IV R 271/83, BStBl. II 1984, 602; BFH vom 16.05.2013, IV R 23/11, BStBl. II 2013, 759; BFH vom 10.02.2015, IX R 23/14, BStBl. II 2017, 367; BFH vom 27.10.2016, IV B 119/15, BFH/NV 2017, 320; BFH vom 07.07.2020, X R 13/19, BFHE 270, 24.

612 BFH vom 27.10.2016, IV B 119/15, BFH/NV 2017, 320 (320).

§ 7 S. 1 GewStG keinen Unterschied, ob es sich bei der einzuordnenden Steuerforderung um eine Einkommen- oder Gewerbesteuerforderung handelt. Andererseits richtet sich die Forderungszuordnung bei dem steuerlich besonderen Fall der Tonnagengewinnermittlung nach der Realisation. Bei letzter besteht die Besonderheit darin, dass Gewerbebetriebe mit einer Geschäftsleitung im Inland, deren Gewinn auf den Betrieb von Handelsschiffen im internationalen Verkehr entfällt, gemäß § 5a Abs. 1 und 3 EStG anstelle der Ermittlung des Gewinns nach § 4 Abs. 1 oder § 5 EStG in die sogenannte Tonnagenbesteuerung optieren können. Statt mittels konkreten Betriebsvermögensvergleichs ist der Gewinn pauschal auf Grundlage der Größe des Schiffes (sog. Nettoraumzahl) zu bestimmen. § 5a Abs. 4 ordnet an, dass zum Schluss des Wirtschaftsjahres, in welchem in die Tonnagenbesteuerung optiert wird, eine Vermögensaufstellung zu erfolgen hat. Im Zuge dessen sind Unterschiedsbeträge zwischen Buch- und Teilwert gesondert und einheitlich festzustellen. Wenn beispielsweise der Steuerpflichtige vor Verfahrenseröffnung von der steuerlichen Gewinnermittlung durch Betriebsvermögensvergleich zur Gewinnermittlung durch Tonnage wechselt und im Zuge dessen gemäß § 5a Abs. 4 S. 1 und 2 EStG der Unterschiedsbetrag zwischen Buchwert und Teilwert eines später zu veräußernden Schiffes einheitlich und gesondert festgestellt wird, ändert dies nach der Rechtsprechung des Bundesfinanzhofs nichts an der Tatsache, dass der Besteuerungstatbestand erst durch den Verkauf des Schiffes verwirklicht wird. Der Umstand, dass die stillen Reserven beim Wechsel der Gewinnermittlungsart gesondert festgestellt werden, dient – so der Bundesfinanzhof – nur der Verwaltungsvereinfachung. Eine Bedeutung für die Verwirklichung des Steuertatbestandes bestehe nicht. Auch in dieser Fallkonstellation sei der Zeitpunkt der Veräußerung maßgeblich. Unter Beachtung dieser Grundsätze qualifizierte der Bundesfinanzhof in der Entscheidung vom 27.10.2016[613] die Gewerbesteuerforderung als Masseverbindlichkeit ein, weil der Insolvenzverwalter ein Schiff nach Insolvenzeröffnung veräußerte.

Die damit umschriebene Fallgestaltung lag auch dem Urteil des Bundesgerichtshofes vom 15.12.2020[614] zugrunde. Der Bundesgerichtshof hatte vordergründlich darüber zu befinden, ob ein Gesellschafter für eine Masseverbindlichkeit der Gesellschaft gemäß §§ 171, 172 Abs. 4, 128, 161 Abs. 2 HGB einzustehen hat. Inzident hatte der Bundesgerichtshof dabei zu klären, ob eine Gewerbesteuerforderung der insolventen Gesellschaft – ein

[613] BFH vom 27.10.2016, IV B 119/15, BFH/NV 2017, 320 (320).
[614] BGH vom 15.12.2020, II ZR 108/19, BGHZ 228, 28.

Schiffsbauunternehmen – als Insolvenz- oder als Masseforderung einzuordnen war. Im Einzelnen:

In dem vom Bundesgerichtshof zu entscheidenden Fall nahm der Insolvenzverwalter einen Kommanditisten einer insolventen Kommanditgesellschaft aus einer Außenhaftung in Anspruch. Der Kommanditist, der seine Einlage nicht voll geleistet hatte und dementsprechend der akzessorischen Haftung für Verbindlichkeiten der Gesellschaft nach §§ 171, 172 Abs. 4, 128, 161 Abs. 2 HGB unterworfen war, sollte für eine Gewerbesteuerforderung der Gesellschaft einstehen. Die Gewerbesteuerforderung der insolventen Kommanditgesellschaft war in Ansehung der Rechtsprechung des Bundesfinanzhofes als Masseverbindlichkeit zu qualifizieren, weil die stillen Reserven durch den Insolvenzverwalter nach Verfahrenseröffnung realisiert wurden. Nach bisheriger Rechtsprechung des Bundesgerichtshofs aus dem Jahr 2009[615] war für die akzessorische Haftung des Gesellschafters für solche Masseverbindlichkeiten der Gesellschaft wie folgt zu differenzieren[616]: Im Grundsatz sehe der § 128 HGB eine unbeschränkte Mithaftung für Verbindlichkeiten der Gesellschaft vor. Dies umfasse Masseverbindlichkeiten nach § 55 Abs. 1 Nr. 1 InsO, die allein durch Handlungen des Insolvenzverwalters entstehen. Vor dem Hintergrund der Korrespondenz von Herrschaft und Haftung[617] sei von dem Grundsatz der akzessorischen Haftung aber für diejenigen Masseverbindlichkeiten eine Ausnahme zu machen, die allein auf das Wirken des Insolvenzverwalters zurückzuführen sind. Da der Gesellschafter mit der Insolvenzeröffnung die Verwaltungs- und Verfügungsbefugnis an den Insolvenzverwalter verliert, § 80 Abs. 1 InsO, sei es nach Wertungsgesichtspunkten nicht mehr gerechtfertigt, dass der Gesellschafter für Verbindlichkeiten einzustehen habe, welche nicht aus seinem Verantwortungsbereich, sondern aus dem des Insolvenzverwalters entstammen. Die dogmatische Begründung für diese Überlegung stützt der Bundesgerichtshof in der Entscheidung aus dem Jahr 2009 maßgeblich auf die insolvenzrechtliche Wertung des § 80 InsO. Aus § 80 InsO ergebe sich eine immanente Haftungsbeschränkung des Insolvenzrechts: Der Verwalter sei nicht befugt, den Schuldner persönlich mit seinem insolvenzfreien Vermögen zu verpflichten, weil sich seine Verwaltungs- und Verfügungsbefugnis nach § 80 Abs. 1 InsO auf das

---

615 BGH vom 24.09.2009, IX ZR 234/07, NJW 2010, 69 (70).

616 Diese Erkenntnisse waren auf den Fall des Bundesgerichtshof vom 15.12.2020 zu übertragen, da der Kommanditist aufgrund der nicht geleisteten Einlage gleichsam einer akzessorischen Haftung unterliegt, §§ 171, 172 Abs. 4 HGB.

617 *K. Schmidt,* ZHR 174 (2010), 163 (167).

zur Insolvenzmasse gehörende Vermögen beschränke.[618] Mit dieser Rechtsprechung ist der Gesellschafter von Verbindlichkeiten der Gesellschaft befreit, die in der Insolvenz vom Insolvenzverwalter begründet werden.[619]

Im Ergebnis ist die insolvenzrechtliche Abgrenzung von Insolvenzforderung und Masseverbindlichkeit von wichtiger Tragweite für die Reichweite der Gesellschafterhaftung.[620] Für die Haftung des Gesellschafters in der Insolvenz ist auf die Kriterien zur Abgrenzung von Insolvenzforderung und Masseverbindlichkeit zurückzugreifen.[621] Soweit nämlich eine Forderung der Gesellschaft in der Insolvenz gemäß § 55 Abs. 1 Nr. 1 InsO als Masseverbindlichkeit einzuordnen ist, entfällt die akzessorische Haftung des Gesellschafters. Entsprechend kann der Insolvenzverwalter den Gesellschafter nur für Insolvenzforderungen Anspruch nehmen.[622]

Diesen insolvenzrechtlich geprägten Begründungsansatz aus dem Jahr 2009 hat der Bundesgerichtshof in der Entscheidung vom 15.12.2020[623] nunmehr aufgegeben. Zwar hält er nach wie vor die Maßgeblichkeit der Korrespondenz von Herrschaft und Haftung für zutreffend und befürwortet folgerichtig weiterhin die Möglichkeit einer Haftungsbeschränkung für persönlich haftende Gesellschafter. Allerdings begründet er diese nicht mehr insolvenzrechtlich anhand von § 80 InsO, sondern gesellschaftsrechtlich mit einer telelogischen Reduktion des § 128 HGB.[624] Die Haftung

---

618 Mit dieser Begründung folgt der Bundesgerichtshof *Kesseler,* NZI 2008, 41 (42)

619 Dieses Ergebnis wird von der Literatur im Wesentlichen begrüßt. *K. Schmidt,* ZHR 174 (2010), 163 (168 f.) m.w.N.; *Smid*, ZInsO 2013, 1233 (1238 f.). Nur vereinzelt sprechen sich Stimmen in der Literatur gegen eine Haftungsbeschränkung des persönlich haftenden Gesellschafters folgendermaßen aus: Die Verweis auf die Entkopplung von Herrschaft und Haftung sei zwar zutreffend, jedoch genüge dieser Befund nicht allein, um eine Haftungsprivilegierung der Gesellschafter herbeizuführen. Zu berücksichtigen sei ergänzend, dass die persönliche Haftung auch auf der fehlenden Kapitalsicherung der Gesellschaft beruhe und unmittelbar dem Schutz der Gesellschaftsgläubiger diene. Ferner knüpfe die persönliche Haftung des Gesellschafters nicht an die Geschäftsführungs- oder Vertretungsbefugnis an. Vgl. *Lüke*, in Kübler/Prütting/Bork, InsO, § 93, Rn. 83 (57. Lfg. Februar 2014).

620 *Jarchow/Hölken*, ZInsO 2021, 1937 (1938).

621 Exemplarisch die aktuelle Rechtsprechung des OLG Stuttgart vom 31.07.2019, 20 U 30/18, NZI 2019, 903; OLG Hamm vom 08.04.2019, I-8 U 91/18, ZInsO 2019, 1493; OLG Karlsruhe vom 24.07.2020, 1 U 75/19, NZI 2020, 955.

622 *Jarchow/Hölken*, ZInsO 2021, 1937 (1937).

623 BGH vom 15.12.2020, II ZR 108/19, BGHZ 228, 28.

624 Mit dieser Rechtsprechungsänderung liegt der Bundesgerichtshof nicht nur im Ergebnis, sondern auch hinsichtlich der dogmatischen Begründung auf der Linie von weiten Teilen der Literatur. *K. Schmidt,* ZHR 174 (2010), 163 (168 f.) begrüßten in der Ent-

des Gesellschafters für Verbindlichkeiten der Gesellschaft gemäß § 128 HGB gehe zu weit und sei in denjenigen Fällen teleologisch zu reduzieren, in denen auch ein ausgeschiedener Gesellschafter nach § 160 HGB nicht mehr haftet. Denn es seien – so nunmehr der Bundesgerichtshof – die Fälle wertungsmäßig miteinander vergleichbar, in denen einerseits ein persönlich haftender Gesellschafter aus der Gesellschaft ausscheide und andererseits die Insolvenz über das Vermögen der Gesellschaft eröffnet werde. In beiden Fällen verliere der Gesellschafter zum entsprechenden Stichtag – Insolvenzeröffnung oder Ausscheiden des Gesellschafters – die Möglichkeit zur Einflussnahme und die Befugnis, von Gegenleistungen und sonstigen Erträgen zu profitieren. Soweit also für den Fall des ausscheidenden Gesellschafters mit § 160 HGB eine Regelung vorhanden sei, die einen vergleichbaren Fall zur Nachhaftung regele, seien deren Grundsätze für den Fall des insolvenzbefangenen Gesellschafters zu beachten. In einer Gesamtschau der §§ 128, 160 HGB bestehe eine Haftung des Gesellschafters in der Insolvenz der Gesellschaft, wenn die Verbindlichkeit bis zum Zeitpunkt der Insolvenzeröffnung gesellschaftsrechtlich begründet ist.

Im Ergebnis reduziert der Bundesgerichtshof den Anwendungsbereich des § 128 HGB für die akzessorische Haftung des Gesellschafters teleologisch nach den Grundsätzen der Nachhaftung des § 160 HGB. Ferner weist der Bundesgerichtshof ausdrücklich darauf hin, dass in Abgrenzung zur bisherigen Rechtsprechung die insolvenzrechtliche Qualifikation der Verbindlichkeit der Gesellschaft als Insolvenzforderung oder Masseverbindlichkeit für die Reichweite der Gesellschafterhaftung unbeachtlich sei. Die Einordnung eines Anspruchs als Masseverbindlichkeit folge keinen einheitlichen Wertungsgedanken, sondern beruhe auf unterschiedlichen Gründen.[625] Die insolvenzrechtliche Qualifizierung richte sich nach §§ 38, 55 InsO und die der Gesellschafterhaftung nach §§ 128, 160 HGB.[626]

---

scheidung des BGH vom 24.09.2009, IX ZR 234/07, NJW 2010, 69 zwar die Rechtsfolge einer Haftungsbeschränkung für akzessorisch haftende Gesellschafter, kritisierten jedoch die rein insolvenzrechtlich geprägte Argumentation. Vorzugswürdiger erschien den Literaten schon damals eine teleologische Reduktion des § 128 HGB. Vgl. BGH vom 15.12.2020, II ZR 108/19, BGHZ 228, 28 (37), welcher umfassend auf Stimmen der Literatur verweist.

625 BGH vom 15.12.2020, II ZR 108/19, BGHZ 228, 28 (40).

626 Diesen gesellschaftsrechtlichen Begründungsansatz zur Haftung des Gesellschafters in der Insolvenz festigt der BGH mit der Entscheidung vom 28.01.2021, IX ZR 54/20, ZInsO 2021, 516. Auch nach dem neunten Zivilsenat soll die Abgrenzung von Insolvenzforderung und Masseverbindlichkeit keinen Einfluss mehr darauf haben, ob eine Haftung des Gesellschafters besteht. Maßgeblich sei allein eine gesellschaftsrechtliche Betrachtung aus einer Gesamtschau der §§ 128, 160 HGB.

bb) Bestandsaufnahme der divergierenden Rechtsprechung

Wendet man die abstrakten Grundsätze des Bundesgerichtshofs aus den Jahren 2009 und 2020 im Einzelfall auf die im Streit befangenen Gewerbesteuerforderung an, ist folgendes festzuhalten: Nach den Grundsätzen des Bundesgerichtshofes aus dem Jahr 2009 ergibt sich keine Haftung des Gesellschafters. Da die Gewerbesteuerforderung eine Masseverbindlichkeit darstellt, welche der Insolvenzverwalter durch die Veräußerung des Schiffs nach § 55 Abs. 1 Nr. 1 InsO begründet hat, scheitert die Inanspruchnahme des Gesellschafters an § 80 InsO.[627] Es besteht eine immanente Haftungsbeschränkung. Der Insolvenzverwalter ist nicht befugt, die Gesellschafter zu verpflichten.

Unter Berücksichtigung der Grundsätze des Bundesgerichtshof aus dem Jahr 2020 zeigt sich ein gegenteiliges Ergebnis. Der Bundesgerichtshof gelangt zu einer Haftung des Gesellschafters für die Gewerbesteuerforderung. Dieser Befund scheint zu verwundern. Denn wie dargestellt, ist allgemeiner Konsens, dass der Gesellschafter in Anwendung der §§ 128, 160 HGB nur für diejenigen Verbindlichkeiten einstehen soll, die vor Insolvenzeröffnung begründet sind. Nur in diesen Fällen besteht nämlich ein Gleichlauf von Herrschaft und Haftung. Für nach Insolvenzeröffnung begründete Forderungen habe der Gesellschafter nicht einzustehen, da diese allein auf den Insolvenzverwalter zurückzuführen sind. Der Gesellschafter – so ausdrücklich der Bundesgerichtshof in der Entscheidung vom 15.12.2020 – hafte nicht für sämtliche durch den Insolvenzverwalter begründete Verbindlichkeiten, auf deren Entstehung er keinen Einfluss nehmen konnte und die nicht in seinem, sondern im Gläubigerinteresse eingegangen wurden. Wenn die Rechtsprechungsänderung aus dem Jahr 2020 – so der Bundesgerichtshof – nur in dogmatischer Sicht eine Änderung herbeiführen und das grundsätzliche Ergebnis hinsichtlich der Haftung der Gesellschafters für Verbindlichkeiten der Gesellschaft unberührt bleiben sollte, erklärt sich dieser Befund nicht ohne Weiteres. Zu hinterfragen ist, wie der Bundesgerichtshof zu einer Haftung des Gesellschafters gelangt, wenn doch die Gewerbesteuerforderung nach insolvenzrechtlichen Grundsätzen – so jedenfalls der Bundesfinanzhof in der Entscheidung vom 27.10.2016[628] – eine Masseverbindlichkeit darstellt.

---

[627] So auch die Berufung des OLG Hamm vom 08.04.2019, I-8 U 91/18, ZInsO 2019, 1493.

[628] BFH vom 27.10.2016, IV B 119/15, BFH/NV 2017, 320 (320).

Klarheit liefert ein Blick auf die Auslegung des Bundesgerichtshofs zur *gesellschaftsrechtlichen Begründetheit* der Gewerbesteuerforderung gemäß § 160 Abs. 1 HGB. In ständiger Rechtsprechung des Bundesgerichtshofs zu § 160 Abs. 1 HGB sei eine Forderung zum Zeitpunkt des Ausscheidens des Gesellschafters begründet, „*wenn die Rechtsgrundlage der Verpflichtung gelegt ist, auch wenn die daraus resultierenden einzelnen Verpflichtungen erst später entstehen und fällig werden. Bei einem gesetzlichen Schuldverhältnis kommt es für die Abgrenzung [...] darauf an, ob der das Schuldverhältnis begründende Tatbestand bereits vor dem Ausscheiden des Gesellschafters erfüllt war.*“[629] Im Zuge dieser Betrachtungsweise sei die Rechtsprechung des Bundesfinanzhofes zur Abgrenzung von Insolvenzforderung und Masseverbindlichkeit außer Betracht zu lassen.[630] Diese insolvenz- und steuerrechtliche Betrachtung sei für die gesellschaftsrechtliche Abgrenzung der Gesellschafterhaftung in der Insolvenz nicht maßgeblich.[631] Demzufolge sei für die gesellschaftsrechtliche Begründetheit der Steuerforderung nicht auf die vollständige Verwirklichung des Besteuerungstatbestandes abzustellen, sondern auf den Zeitpunkt, in welchem der Grund der Besteuerung gelegt sei, der Gesellschafter noch Einfluss nehmen konnte und die Führung der Gesellschaft zu seinem Nutzen erfolge.[632]

Entsprechend stellt der Bundesgerichtshof für die *gesellschaftsrechtliche* Einordnung der Gewerbesteuerforderung auf den Zeitpunkt der Feststellung des Unterschiedsbetrages ab, welche im Zuge des Wechsels der Gewinnermittlungsart vor Insolvenzeröffnung erfolgte. Im Wesentlichen sei nach dem Bundesgerichtshof zum Zeitpunkt der Feststellung des Unterschiedsbetrages der besteuerungswürdige Sachverhalt abgeschlossen. Der bis dahin erfolgte Wertzuwachs sei dokumentiert und für die spätere Besteuerung eingefroren. Zu diesem Zeitpunkt stehe fest, dass der Unterschiedsbetrag eines Tages dem Gewinn hinzuzurechnen sein wird

---

629 So BGH vom 15.12.2020, II ZR 108/19, BGHZ 228, 28 mit Verweis auf BGH, vom 21.12.1970, II ZR 258/67, BGHZ 55, 267, (269 f).; BGH vom 27.09.1999, II ZR 356/98, BGHZ 142, 324, (329); BGH vom 29.04.2002, II ZR 330/00, BGHZ 150, 373 (376). Darüber hinaus siehe auch die Übersicht von *K. Schmidt*, in MünchKomm, HGB, § 128, Rn. 49 ff., welcher die gesellschaftsrechtliche Begründetheit einer Verbindlichkeit in Bezug auf verschiedene Forderungstypen gegenüberstellt.

630 BGH vom 15.12.2020, II ZR 108/19, BGHZ 228, 28 (40).

631 BGH vom 15.12.2020, II ZR 108/19, BGHZ 228, 28 (40).

632 BGH vom 15.12.2020, II ZR 108/19, BGHZ 228, 28 (40).

und entsprechend die stillen Reserven zu versteuern sein werden. Im Zeitpunkt der Feststellung seien die maßgeblichen Grundlagen für die spätere Besteuerung bereits so konkretisiert, dass der Steuerschuldner die folgende Besteuerung nicht mehr einseitig verhindern kann. Der Sache nach sei die Nachbesteuerung des festgestellten Unterschiedsbetrages der Situation bei einer aufschiebend bedingten Forderung vergleichbar. Ähnlich zur insolvenzrechtlichen Qualifizierung eines aufschiebend bedingten Provisionsanspruchs eines Handelsvertreters[633] sei der Gewerbesteueranspruch bei Feststellung des Unterschiedsbetrages begründet, obwohl die letztliche Bedingung noch nicht eingetreten ist. Daher sei unbeachtlich, dass bei der Feststellung des Unterschiedsbetrages noch ungewiss sei, wann der Besteuerungstatbestand steuerrechtlich durch eine Realisationshandlung vollständig verwirklicht wird.[634]

Im Ergebnis stellt der Bundesgerichtshof für die gesellschaftsrechtliche Begründetheit auf die gesicherte Anwartschaft einer erst später entstehenden Gewerbesteuerforderung ab. Bei der Auslegung von §§ 128, 160 HGB kommt es nach dem Bundesgerichtshof auf die Feststellung der stillen Reserven an. Der Zeitpunkt der Veräußerung ist irrelevant.

---

[633] Insoweit zieht der Bundesgerichtshof argumentativ eine Parallele zu der Entscheidung des BGH vom 21.12.1989, IX ZR 66/89, ZIP 1990, 318 (319).

[634] In der Entscheidung des BGH vom 28.01.2021, IX ZR 54/20, ZInsO 2021, 516 ging es gleichsam um die Haftung eines Gesellschafters für eine Gewerbesteuerforderung aus der Veräußerung eines Schiffes. Im Streitfall war die Gewebesteuer nach insolvenzrechtlichen Grundsätzen der Masseverbindlichkeit nach § 55 IV InsO zuzuordnen, da das Schiff im Insolvenzeröffnungsverfahren mit Zustimmung eines schwachen vorläufigen Insolvenzverwalters vom Schuldner selbst veräußert wurde.
Da im Streitfall der Wechsel zur Tonnagenbesteuerung und die Veräußerung des Schiffes – und damit die relevanten Anknüpfungspunkte für die insolvenzrechtliche Qualifikation – vor Insolvenzeröffnung vorgenommen wurden, wäre die Gewerbesteuer auch nach der Rechtsprechung des Bundesfinanzhof vom 27.10.2016, IV B 119/15, BFH/NV 2017, 320 (320) als Insolvenzforderung eingeordnet worden. Jedoch wird die Gewerbesteuer wegen der Zustimmung des vorläufigen Insolvenzverwalters kraft gesetzlicher Fiktion des § 55 IV von einer Insolvenzforderung zu einer Masseverbindlichkeit heraufgestuft. Infolge der Rechtsprechungsänderung aus dem Jahr 2020 hinsichtlich der alleinigen Maßgeblichkeit der gesellschaftsrechtlichen Begründetheit gemäß §§ 128, 160 HGB stellt der Bundesgerichtshof derartige Überlegungen folgerichtig nicht mehr an. Anders nur das Berufungsgericht OLG Karlsruhe vom 24.07.2020, 1 U 75/19, NZI 2020, 955, welches sich ausführlich mit der insolvenzrechtlichen Abgrenzung von Insolvenzforderung und Masseverbindlichkeit auseinandersetzt, weil es noch dem ursprünglichen Ansatz des BGH vom 24.09.2009, IX ZR 234/07, NJW 2010, 69 folgt.

cc) Die divergierende Rechtsprechung als ein systematischer Widerspruch?

(1) Grundlagen und Maßstabsbildung

Vergleicht man diesen Befund mit der Rechtsprechung des Bundesfinanzhofs vom 27.10.2016[635] zeigt sich eine Divergenz: Die Qualifikation des Bundesgerichtshofes weicht von der des Bundesfinanzhofes in formeller Hinsicht ab. Dieser stellt nämlich im Rahmen der §§ 38, 55 InsO auf die vollständige Verwirklichung des Steuertatbestands ab. Erst mit Realisation ist die Gewerbesteuerforderung insolvenzrechtlich begründet.

Nicht zu verkennen ist, dass sich die unterschiedliche Auslegung auf verschiedene Vorschriften bezieht. So legt der Bundesgerichtshof in den dargestellten Entscheidungen die §§ 128, 160 HGB und der Bundesfinanzhof die §§ 38, 55 InsO aus. Dabei postuliert der Bundesgerichtshof, dass er abweichend vom Bundesfinanzhof die sogenannten gesellschaftsrechtliche Begründetheit einer Forderung untersucht. Dennoch bleibt formell festzuhalten, dass ein und dieselbe Forderung – namentlich die Gewerbesteuerforderung aus der Realisation stiller Reserven – unterschiedlich betrachtet wird. Interessant ist dieser Befund vor allem deswegen, weil sich bei der gegenständlichen Forderung um eine Fallgruppe handelt, die maßgeblich die Rechtssprechungsentwicklung zur insolvenzrechtlichen Begründetheit einer Steuerverbindlichkeit geprägt hat. Es stellt sich mithin die Frage, ob diese unterschiedliche Auslegung der Steuerforderung systemgerecht ist. Ist es möglich die Steuerforderung für insolvenzrechtliche und gesellschaftsrechtliche Zwecke unterschiedlich zu betrachten oder hat dies vielmehr nach einheitlichen Grundsätzen zu erfolgen? Insoweit ist der Frage nachzugehen, ob sich die Auslegungen decken müssen. Soweit dies zu bejahen sein sollte, ergeben sich daraus zwangsläufig Nachfragen an die finanzgerichtliche Rechtsprechung. Mit Blick auf die gesicherte Rechtsprechung des IV. Senats des Bundesfinanzhofs werden neue Fragen aufgeworfen. Hat der Bundesfinanzhof seine gefestigte Ansicht zu überdenken? Kann der Rechtsanwender sogar – ähnlich zur Angleichung der §§ 38, 96 InsO zueinander durch den VII. Senat des Bundesfinanzhofes[636] – eine Rechtsprechungsänderung erwarten?[637] Fortan ist daher zu

[635] BFH vom 27.10.2016, IV B 119/15, BFH/NV 2017, 320.

[636] BFH vom 25.07.2012, VII R 29/11, BStBl. II 2013, 36 (38).

[637] Diese Überlegungen sind aber nur dann anstellen, wenn auch tatsächlich ein Systemverstoß zwischen der Auslegung des Bundesgerichtshofs und des Bundesfinanzhofes festzustellen ist.

untersuchen, wie das Urteil des Bundesgerichtshofs vom 15.12.2020[638] mit Blick auf die gesicherte Rechtsprechung des IV. Senats[639] einzuordnen ist.

Bezüglich des Prüfungsmaßstabs ist von Folgendem auszugehen: Eine Auslegung entspricht systematischen Anforderungen, wenn sich das Auslegungsergebnis zur Wahrung der Einheit des Rechts logisch und teleologisch widerspruchsfrei in den Kontext einer gleich- oder gar höherrangigen Vorschrift einfügt und eine einheitliche Terminologie des Gesetzestextes geachtet wird.[640] Bei der Auslegung ist der derjenige Zusammenhang für die Argumentationsgewinnung zu beachten, in welchem die Normen zueinanderstehen.[641] Das Gesetzeswort ist als Teil eines Kontextes zu verstehen.[642] Das gesamte Gefüge steht im Einklang und ergibt im Zusammenspiel einen verständlichen Sinn.[643] Prüfungsmaßstab einer systematisch widerspruchsfreien Rechtsanwendung ist daher die Einheitlichkeit der Terminologie, der Kontext des Gesetzeswortlautes sowie die teleologisch und logisch widerspruchsfreie Rechtsanwendung.

(2) Die Überprüfung eines systematischen Widerspruchs

(a) Einheit der Terminologie

Ausgehend vom Wortlaut drängt sich der Schluss auf, dass zwischen den § 160 HGB und § 38 InsO ein gleiches Begriffsverständnis zugrunde liegen muss. Denn insoweit verwendet der Gesetzgeber jeweils das Tatbestandsmerkmal der Begründetheit. So heißt es in § 160 HGB „begründete Verbindlichkeiten“ und in § 38 InsO „begründeter Vermögensanspruch“. Wenn man mit der Einheitlichkeit der Terminologie annimmt, dass sich das Gesetz eines einheitlichen Sprachgebrauchs bedienen will und das gleiche Wort in verschiedenen Normen die gleiche Bedeutung besitzt,[644] ist

---

638 BGH vom 15.12.2020, II ZR 108/19, BGHZ 228, 28.

639 BFH vom 29.03.1984, IV R 271/83, BStBl. II 1984, 602; BFH vom 16.05.2013, IV R 23/11, BStBl. II 2013, 759; BFH vom 10.02.2015, IX R 23/14, BStBl. II 2017, 367; BFH vom 27.10.2016, IV B 119/15, BFH/NV 2017, 320; BFH vom 07.07.2020, X R 13/19, BFHE 270, 24.

640 *Engisch,* Einführung in das juristische Denken, S. 117.; *Larenz,* Methodenlehre der Rechtswissenschaft, S. 324; *Zippelius*, Juristische Methodenlehre, S. 43.

641 *Zippelius*, Juristische Methodenlehre, S. 43.

642 *Looschelders/Roth,* Juristische Methodik, S. 149; *Zippelius*, Juristische Methodenlehre, S. 43.

643 BVerfG vom 09.05.1978, 2 BvR 952/75, BVerfGE 48, 246 (257); *Larenz,* Methodenlehre der Rechtswissenschaft, S. 325.

644 *Zippelius*, Juristische Methodenlehre, S. 44.

in der divergierenden Auslegung eine Widerspruch zu sehen. Allerdings gilt dieser Befund nicht absolut. Vielmehr unterliegt das Postulat nach der Einheitlichkeit der Terminologie einer einschränkenden Betrachtung. Ihr kommt als Auslegungsargument kein allzu großes Gewicht zu.[645] Denn dieser Untersuchungsgegenstand ist in seiner Analyse und Betrachtungsweise zu formal. Die Wortwahl an sich ist zwar ein Indiz für einen systematischen Widerspruch; diese Betrachtung muss sich jedoch in das Gefüge weiterer Untersuchungen einordnen. Eine Absolutheit ist ihr nicht zu entnehmen, weil die Sprache selbst bei der Beschreibung von Tatsachen und Rechtsvorgängen an Grenzen stößt. Ihr gelingt es häufig nicht, sämtliche Differenzierungsgrade in nur einem oder zwei Wörtern aufzunehmen. Unterschiede, Gemeinsamkeiten sowie diffizile Abgrenzungen lassen sich nur schwerlich durch konkrete Begriffspaare verdeutlichen. In aller Regelmäßigkeit bedient sich beispielsweise die Rechtsprechung dem Hilfsmittel einer konkretisierenden Definition, um einzelne Tatbestandsmerkmale tiefergehend zu umschreiben und inhaltlich auszufüllen, weil der Gesetzestext selbst zu unkonkret formuliert ist. Unter Zuhilfenahme von aneinandergerieten Obersätzen wird ein Merkmal konkretisiert. Dies sei als Beispiel angeführt, um zu verdeutlichen, dass die Identität im Wortlaut der § 160 HGB und § 38 InsO für sich genommen noch keinen Widerspruch zu begründen vermag.

(b) Kontext des Gesetzeswortlautes

Überdies ist der Kontext des Gesetzeswortlautes als Hilfsmittel heranzuziehen, um der Frage nachzugehen, ob es sich bei der divergierenden Auslegung um einen systematischen Widerspruch handelt. Hierbei ist zu fragen, welcher gesetzestechnischer Regelungszusammenhang den jeweiligen Vorschriften der § 160 HGB und § 38 InsO zugrunde liegt. Zu betrachten ist, welche gedankliche Aufgabe der Rechtsanwender am Tatbestandsmerkmal der Begründetheit zu bewältigen hat. Untersuchungsgegenstand ist der der Begründetheit zugrundeliegende Regelungsmechanismus. Wie gesehen hat der Rechtsanwender im Rahmen des § 38 InsO eine Forderung auf einen Zeitpunkt zu betrachten. Das Tatbestandsmerkmal der Begründetheit erfordert eine zeitpunktbezogene Zuordnung. Soweit der gesetzliche Tatbestand der Steuerforderung vor Insolvenzeröffnung verwirklicht ist, ist der Fiskus gleichmäßig aus der Insolvenzmasse als Insolvenzgläubiger zu befriedigen. Ist der Tatbestand erst nach Verfahrenseröffnung verwirklicht und liegen die zusätzlichen Voraussetzungen des § 55 Abs. 1 InsO vor,

[645] *Zippelius*, Juristische Methodenlehre, S. 44.

liegt eine Masseverbindlichkeit vor. Allein für insolvenzrechtliche Zwecke ist der mehraktige zeitraumbezogene Steuertatbestand hinsichtlich der einzelnen Besteuerungsgrundlagen aufzuteilen. Eine derartige Zeitpunktbetrachtung einer Forderung verlangt auch der § 160 HGB. In Abgrenzung zu § 38 InsO bezieht sich die Zeitpunktbetrachtung allerdings nicht auf den Zeitpunkt der Insolvenzeröffnung, sondern auf den des Ausscheidens des Gesellschafters. Soweit eine Forderung der Gesellschaft bis zum Ausscheiden des Gesellschaft begründet ist, besteht eine akzessorische Haftung des Gesellschafters. Ist der Tatbestand erst nach dessen Ausscheiden verwirklicht, scheidet eine Haftung des Gesellschafters entsprechend aus.

Eingekleidet in eine andere Rechtsfrage – Gesellschafterhaftung und Befriedigung in einem Gesamtvollstreckungsverfahren – wird damit eine vergleichbare Gesetzessystematik gewählt. Die jeweils unterschiedliche Rechtsfolge – anteilmäßige Befriedigung in der Insolvenz oder akzessorische Gesellschafterhaftung – hängt von der gleichen dogmatischen Untersuchung ab. Bestätigt wird dieser Befund ergänzend dadurch, dass sich die nähere Konkretisierung der gesellschaftsrechtlichen Begründetheit des § 160 HGB und die der Insolvenzrechtlichen aus § 38 InsO im Wesentlichen übereinstimmen. Hinsichtlich der normkonkretisierenden Obersätze zeigen sich vergleichbare Formulierungen. In beiden Fällen wird verlangt, dass die Rechtsgrundlage bis zum jeweiligen Zeitpunkt gelegt sein muss und der Tatbestand der einzuordnenden Forderung verwirklicht sein muss.[646] Das Entstehen oder die Fälligkeit der Forderung sind unbeachtlich.[647] Soweit damit feststeht, dass den § 38 InsO und § 160 HGB ein vergleichbarer Regelungsmechanismus zugrunde liegt, besteht für den Gesetzeswortlaut der Begründetheit ein gemeinsamer Kontext.[648]

---

646 Für § 160 HGB siehe *Hilmann*, in Ebenroth/Boujong/Joost/Strohn, HGB, § 160, Rn. 8 und § 128, Rn. 53; von *K. Schmidt*, in MünchKomm, HGB, § 128, Rn. 49. Für § 38 InsO siehe *Holzer*, in Kübler/Prütting/Bork, InsO, § 38, Rn. 7 (74. Lfg. November 2017); *Ries*, in Kayser/Thole, InsO, § 38, Rn. 27; *Sinz*, in Uhlenbruck, InsO, § 38, Rn. 26.

647 BFH vom 16.05.2013, IV R 23/11, BStBl. II 2013, 759 (760); BGH vom 15.12.2020, II ZR 108/19, BGHZ 228, 28 (41).

648 Eine vergleichbare Systematik ist ergänzend für die folgenden Beispiele festzustellen. Eine zeitpunktbezogene Betrachtung zeigt sich ebenfalls bei dem Erwerb eines Handelsgeschäfts gemäß § 25 Abs. 1 HGB. Erwirbt jemand ein Handelsgeschäft und führt dieses unter der bisherigen Firma fort, haftet der Erwerber für alle bereits begründeten Verbindlichkeiten des früheren Inhabers, § 25 Abs. 1 HGB. Ähnlich zum Fall des § 38 InsO ist für die Erwerberhaftung erforderlich, dass die Forderungen eines Gläubigers zum Zeitpunkt des Erwerbs begründet sind. Im Rahmen der Rechtsanwendung ist vergleichbar zu klären, ob die Verbindlichkeiten vor Erwerb des Handelsgewerbes als Passiva des bisherigen Inhabers anzusehen sind. Maßgebliches Kriterium ist auch an dieser

Aus den besonderen und jeweils verschiedenen Regelungsbereichen der Gesellschafterhaftung und der Befriedigung in der Insolvenz ist eine verallgemeinerungsfähige Strukturaussage zu entwickeln. Das Rechtsproblem der insolvenzrechtlichen Begründetheit ist kein spezielles, sondern ein allgemeines Rechtsproblem, welches nach einheitlichen Maßstäben rechtsgebietsübergreifend zu lösen ist. Das bei § 38 InsO bestehende Rechtsproblem ist in anderen Gesetzen wiederzufinden. Auch in anderen Zusammenhängen außerhalb der Insolvenz sind Forderungen zeitlich einer Vermögenssphäre zuzuordnen. Bei einem konkreten, zeitpunktbezogenen Ereignis tritt eine Zäsur ein, sodass eine Abgrenzung sowohl vor als auch nach diesem Ereignis vorzunehmen ist. Es ist notwendig, eine Differenzierung bezüglich bereits oder erst später verwirklichter Forderungen vorzunehmen. Dogmatisch vergleichbar wird eine Forderung in dem jeweiligen Zeitpunkt auf ihren Verwirklichungsgrad überprüft. Gleichermaßen liegt die besondere und typische Schwierigkeit darin, mehraktige und im Untersuchungszeitpunkt teilverwirklichte Erwerbsvorgänge rechtssicher zuzuordnen.

Es ist festzuhalten, dass mit dem Postulat nach einer Einheit der Terminologie und dem Grundsatz der widerspruchsfreien Anwendung des Gesetzeswortes Indizien bestehen, die einen Systemverstoß nahelegen.

Stelle der Rechtsgrund der Forderung. Für im Zeitpunkt des Erwerbes aufschiebend bedingte Ansprüche haftet der Erwerber. BGH vom 15.05.1990, X ZR 82/88, NJW-RR 1990, 1251 (1253); BGH vom 25.04.1996, I ZR 58/94, NJW 1996, 2866 (2867); *Merkt*, in Baumbach/Hopt, HGB, § 25, Rn. 11.

Des Weiteren fällt der Blick auf die Vorschriften des Nießbrauchs. Gläubiger des Nießbrauchbestellers können Befriedigung aus den dem Nießbrauch unterliegenden Gegenständen verlangen, § 1086 S. 1 BGB. Ihnen steht ein schuldrechtlicher Anspruch auf Duldung der Zwangsvollstreckung zu. Dieser setzt voraus, dass die Forderungen der Gläubiger gegen den Besteller des Nießbrauchs vor Bestellung entstanden sind. So wird ähnlich zu § 38 InsO die Forderung eines Gläubigers zum Zeitpunkt der dinglichen Bestellung des Nießbrauchs auf ihren Verwirklichungsgrad analysiert. Maßgebliches Definitionsmerkmal eines im Sinne von § 1086 S. 1 BGB entstandenen Anspruchs ist die Verwirklichung des Rechtsgrundes. Aufschiebend bedingte Forderungen sind ebenfalls als entstandene Forderung zu qualifizieren. Ausdrücklich wird zudem hervorgehoben, dass die Grundsätze von § 38 InsO zur Konkretisierung heranzuziehen seien. Bassenge, in Grüneberg, BGB, § 1086, Rn. 2; Heinze, in Staudinger, BGB, § 1086, Rn. 3; Pohlmann, in MünchKomm, BGB, § 1086, Rn. 2.

(c) Sinnzusammenhang des Gesetzeszwecks

(aa) Die Gesellschafterhaftung in der Insolvenz gemäß §§ 128, 160 HGB, 93 InsO

Fraglich ist, ob sich diese Tendenz mit einer Untersuchung der telelogischen und logischen widerspruchsfreien Rechtsanwendung bestätigen lässt. Hierzu ist der Sinnzusammenhang und der Gesetzeszweck der §§ 128, 160 HGB einerseits und des § 38 InsO andererseits in den Mittelpunkt der Betrachtung zu ziehen.[649] Soweit bislang auf formeller Ebene die Gesetzestechnik – Wortlaut samt Regelungsmechanismus – auf systematische Gemeinsamkeiten und Unterschiede überprüft wurde, ist nun der Blick auf den materiellen Sinngehalt zu richten. Nach dem Grundsatz der Gleichbehandlung und der Folgerichtigkeit sind diejenigen Regelungsbereiche gleich zu behandeln, die wesentlich gleich sind.[650] Es ist zu überprüfen, ob die insolvenzrechtliche Abgrenzung von Insolvenzforderung und Masseverbindlichkeit mit der gesellschaftsrechtlichen Abgrenzung des Umfangs der persönlichen Haftung der Gesellschafter in der Gesellschaftsinsolvenz wesentlich gleich ist. Denn nur wenn die materiellen Regelungsbereiche der §§ 38, 55 InsO einerseits und der §§ 128, 160 HGB andererseits miteinander vergleichbar sind, besteht die Pflicht, sie einander gleichlaufend zu konkretisieren. Es ist daher zu untersuchen, ob die Regelungsbereiche so miteinander verbunden sind, dass eine Gleichbehandlung folgerichtig wäre. Der Bundesgerichtshof verneint in der Entscheidung vom 15.12.2020 einen solchen zwingenden Gleichlauf. So folge insbesondere die Einordnung einer Forderung als Masseverbindlichkeit keinen einheitlichen Wertungsgedanken, sondern beruhe auf unterschiedlichen Gründen.[651] Diese vom Bundesgerichtshof so nicht weiter begründete These gilt es fortan näher zu überprüfen.

Nach § 128 HGB haften die Gesellschafter den Gläubigern persönlich und gesamtschuldnerisch für Verbindlichkeiten der Gesellschaft. Mit dieser Vorschrift ordnet der Gesetzgeber einer gesetzliche unmittelbare, primäre und unbeschränkte Haftung der Gesellschafter an.[652] Den Gläubigern steht ein Direktanspruch zu, mit welchem sie selbst gegen die Gesellschafter vorgehen können. Die Haftung erstreckt sich auf das gesamte Vermögen

---

[649] *Zippelius*, Juristische Methodenlehre, S. 43.

[650] *Zippelius*, Juristische Methodenlehre, S. 45.

[651] BGH vom 15.12.2020, II ZR 108/19, BGHZ 228, 28 (40).

[652] Das haftende Gesellschaftsvermögen wird beispielsweise nicht durch Verlustdeckungs- und Nachschusspflichten erweitert. *Boesche*, in Oetker, HGB, § 128, Rn. 1; *K. Schmidt*, Gesellschaftsrecht, § 49, S. 1413.

der Gesellschafter.[653] Die Gläubiger können frei zwischen der Inanspruchnahme von Gesellschaft und Gesellschafter wählen; es besteht kein Stufenverhältnis. Dies findet seine Entsprechung darin, dass Gesellschafterschuld und Gesellschaftsschuld in rechtlicher Sicht zwei eigenständige Forderungen darstellen.[654] Zur Durchsetzung ist ein gegen den Gesellschafter oder die Gesellschaft gerichteter Titel erforderlich, §§ 124 Abs. 2, § 129 Abs. 4 HGB. Hinsichtlich des Umfangs und der Durchsetzbarkeit ist die Haftung des Gesellschafters vom Bestand der Gesellschaftsschuld abhängig. Insoweit stehen den Gesellschafter nach § 129 Abs. 1 kraft der Akzessorietät alle Einwendungen und Einreden zu, die auch die Gesellschaft geltend machen kann.

Zweck der akzessorischen Haftung des Gesellschafters ist der Gläubigerschutz.[655] Wenn sich Gesellschafter in einer Gesellschaftsform ohne Kapitalsicherung zusammenschließen und entsprechend von vielfältigen marktwirksamen Synergieeffekten profitieren,[656] führt dies nicht zur Befreiung von allgemeinen Grundsatz der Gesamtvermögenshaftung.[657] Aus Sicht eines Gläubigers macht es keinen Unterschied, ob er einer einzelnen Person ohne Kapitalsicherheit oder einer Personenmehrheit ohne Kapitalsicherheit gegenübersteht. In beiden Fällen besteht ein vergleichbares Ausfallrisiko. Wenn personenrechtliche Handelsgesellschaften kein eignes Haftungskapital besitzen, beruht die Kreditwürdigkeit der Gesellschaft auf der ihrer Gesellschafter.[658] Zweck der unmittelbaren, primären und unbeschränkten Haftung der Gesellschafter ist es daher, das Vertrauen der Geschäftspartner in eben diese Kreditwürdigkeit der herrschenden Gesellschafter zu schützen.[659] Überzeugend formuliert *Thomale* zum Zweck der akzessorischen Haftung folgendermaßen: „Die Gesellschafter haften persönlich, weil sie […] mit ihrem Beitritt ihren persönlichen Kredit der Gesellschaft zur Verfügung stellen und so eine fiktive Eigenkreditbasis der Gesellschaft schaffen, die mindestens aus der Summe aller

653 *K. Schmidt*, Gesellschaftsrecht, § 49, S. 1414.
654 *K. Schmidt*, Gesellschaftsrecht, § 49, S. 1414.
655 *Boesche*, in Oetker, HGB, § 128, Rn. 1.
656 Beispielhaft können die Gesellschafter während ihrer Mitgliedschaft am Gesellschaftsvermögen partizipieren und unbehindert von Kapitalerhaltungsvorschriften Zugriff auf die Vermögenswerte nehmen, die die Gesellschaft bei ihrer wirtschaftlichen Betätigung geschaffen hat, *Klimke*, in BeckOK, HGB, Häublein/Hoffmann-Theinert, § 128, Rn. 1, Stand: 15.04.2021.
657 *K. Schmidt*, Gesellschaftsrecht, § 49, S. 1409.
658 *K. Schmidt*, Gesellschaftsrecht, § 49, S. 1410.
659 BGH vom 11.12.1978, II ZR 235/77, BGHZ 73, 217 (221); *Boesche*, in Oetker, HGB, § 128, Rn. 1; *K. Schmidt*, Gesellschaftsrecht, § 49, S. 1410.

Einzelkredite der Gesellschafter besteht.“[660] Insoweit ist § 128 HGB Ausdruck eines Fundamentalprinzip des Privatrechts.[661] Es ist ein allgemeiner Grundsatz des bürgerlichen- und Handelsrechts, dass derjenige, der mit anderen in Gemeinschaft am Markt auftritt, für die daraus entstehenden Verpflichtungen haftet, solange sich aus dem Gesetz oder einer individuellen Haftungsbeschränkung nicht etwas anderes ergibt.[662] Es stellt eine nur folgerichtige Konsequenz dar, dass die Gesellschafter mit dem Abschluss eines Gesellschaftsvertrages und der damit einhergehenden gemeinsamen Verpflichtung persönlich sowie gesamtschuldnerisch für Verbindlichkeiten der Gesellschaft haften.[663] Soweit eine natürliche Person individuell der Gesamtvermögenshaftung unterliegt, kann nichts anderes gelten, wenn sich mehrere natürliche Personen zu einer Personengesamtheit zusammenschließen. Durch den Zusammenschluss zu einer Personenmehrheit sollen Gesellschafter nicht ohne entsprechende Kapitalsicherheit eine Haftungsbeschränkungen erzeugen können.[664] Vor diesem Hintergrund folgt die gemeinschaftliche Vermögenshaftung des § 128 HGB der individuellen Vermögenshaftung.[665]

§ 160 HGB ist im Zusammenhang mit § 128 HGB zu lesen. Der Grundsatz der akzessorischen Gesellschafterhaftung findet in dem Zeitpunkt seine Begrenzung, in dem der Gesellschafter ausscheidet und fortan Neuverbindlichkeiten begründet werden. Soweit der Gesellschafter nicht mehr von dem positiven Effekten der Personengemeinschaft profitieren und auf die Gesellschaft einwirken kann, entfällt die Rechtfertigung ihn aus Verbindlichkeiten der Gesellschaft in Anspruch zu nehmen. Der Gesellschafter soll nicht mehr für Verbindlichkeiten eines anderen Rechtsträgers haften, soweit er an diesem gesellschaftsrechtlich nicht beteiligt ist. Der Gläubiger ist zudem nicht mehr schützenswert, weil er – abseits von Rechtscheingrundsätzen des § 15 HGB – nicht mehr auf die Kreditwürdigkeit des ausgeschiedenen Gesellschafter vertraut. Für Altverbindlichkeiten, die bei seinem Ausscheiden bereits begründet sind, haftet der Gesellschafter weiter.[666] Entsprechend bleibt es bei der Haftungsgrundlage des § 128 HGB.[667]

---

660 *Thomale*, ZGR 2021, 643 (665).
661 *Thomale*, ZGR 2021, 643 (665).
662 BGH vom 07.09.1999, II ZR 371/98, BGHZ 142, 315 (319).
663 BGH vom 07.09.1999, II ZR 371/98, BGHZ 142, 315 (319).
664 *Boesche*, in Oetker, HGB, § 128, Rn. 1.
665 *Thomale*, ZGR 2021, 643 (648).
666 *Boesche*, in Oetker, HGB, § 160, Rn. 1.
667 *K. Schmidt*, Gesellschaftsrecht, § 51, S. 1492.

Besteht nach materiellem Gesellschaftsrecht, §§ 128, 160 HGB, eine Haftung des Gesellschafters in der Insolvenz, ordnet § 93 InsO an, dass die Durchsetzung dieses Anspruchs dem Insolvenzverwalter obliegt.[668] Vergleichbar zur Regelung des § 171 Abs. 2 HGB hindert § 93 InsO die einzelnen Gläubiger, die Gesellschafterhaftung geltend zu machen; die Vorschrift ermächtigt allein den Insolvenzverwalter.[669] § 93 InsO ist keine Anspruchsgrundlage, sondern begründet eine Einziehungs- und Prozessführungsbefugnis für den Insolvenzverwalter.[670] Sinn und Zweck des § 93 InsO ist die gleichmäßige Befriedigung der Gläubiger.[671] Soweit der Insolvenzverwalter die alleinige Einziehungs- und Prozessführungsbefugnis besitzt, ist sichergestellt, dass sich kein Insolvenzgläubiger außerhalb eines geordneten Insolvenzverfahrens einen schnelleren Zugriff auf das Vermögen des Gesellschafters verschafft.[672] Ein Wettlauf der Gläubiger ist zu verhüten.[673]

(bb) Die insolvenzrechtliche Einordnung nach §§ 38, 55 InsO

Wie bereits im Rahmen der Einführung angedeutet,[674] besteht im Fall der Insolvenz eine Knappheitssituation. Das Vermögen des Schuldners genügt nicht, um alle Gläubiger zu befriedigen. Um in dieser angespannten Lage eine gerechte Verteilung des Schuldnervermögens und eine Befriedung der Gläubiger herbeizuführen, ordnet das Insolvenzrecht eine Befriedigungsrangfolge an. Ziel des Insolvenzverfahrens ist es, alle Gläubiger des Schuldners gemeinschaftlich zu befriedigen, § 1 S. 1 InsO. Es werden aber nicht alle Gläubiger gleich, sondern in einer gesetzlich geordneten Gruppengerechtigkeit befriedigt.[675] Gläubiger, die einem gewissen verallgemeinerungsfähigen Typus entsprechen, werden gleichbehandelt. Gleiches wird gleich und Ungleiches ungleich behandelt.[676] In den damit umschriebenen Gläubigergleichbehandlungsgrundsatz fügen sich die §§ 38, 55 InsO ein. Die §§ 38, 55 InsO sind eine Lösung für die Herausforderung, die zwischen den Gläubigern bestehenden Unterschiede in eine divergierende insolvenzrechtliche Befriedigung umzusetzen. Nur durch eine adäquate Gleichbehandlung von wesentlichen Gleichen und Ungleichbehandlung von wesentlich Ungleichen ist das Insolvenzrecht in der Lage, Akzeptanz

---

668 *Hirte*, in Uhlenbruck, InsO, § 93, Rn. 3.
669 *K. Schmidt*, Gesellschaftsrecht, § 51, S. 1444.
670 *Hirte*, in Uhlenbruck, InsO, § 93, Rn. 3.
671 *Hirte*, in Uhlenbruck, InsO, § 93, Rn. 3.
672 *Hirte*, in Uhlenbruck, InsO, § 93, Rn. 3.
673 *K. Schmidt*, Gesellschaftsrecht, § 51, S. 1444.
674 Vgl. A., II., 1.
675 *K. Schmidt*, Gutachten zum 54. DJT, Bd. I, D Ziffer 51.
676 *Baur/Stürner*, Insolvenzrecht, § 5, S. 41.

hervorzurufen und Konflikte zu beseitigen. Vor diesem Hintergrund ordnet § 38 InsO eine gemeinschaftliche Befriedigung der Gläubiger an, die einen bis zum Zeitpunkt der Insolvenzeröffnung begründeten Vermögensanspruch gegen den Schuldner besitzen. Im Ergebnis sind die §§ 38, 55 InsO Regelungen, die in der besonderen Mangelsituation der Insolvenz eine Gruppengerechtigkeit herbeiführen sollen. Hierzu sind sie Teil einer austarierten Befriedigungsrangfolge in einem Gesamtvollstreckungsverfahren.

(cc) Ein Vergleich des materiellen Sinnzusammenhangs der Gesellschafterhaftung und der insolvenzrechtlichen Befriedigungsrangfolge

Zur Einordnung: Hiesiger Untersuchungsgegenstand ist, ob sich die insolvenzrechtliche Qualifikation der Steuerforderung als Masseverbindlichkeit mit der gesellschaftsrechtlichen Abgrenzung des Umfangs der persönlichen Haftung der Gesellschafter in der Insolvenz decken muss. Es ist der These nachzugehen, ob die Behandlung der Gewerbesteuer aus der Realisation der stillen Reserven in Ansehung der Haftung des Gesellschafters als Insolvenzforderung und im Übrigen als Masseverbindlichkeit der gesetzlichen Regelung zuwiderlaufen und zu einer systemwidrigen Aufspaltung führt. Ist es mit anderen Worten systemgerecht, wenn die Gewerbesteuer im Insolvenzverfahren gegen die Gesellschaft als *nach* Verfahrenseröffnung begründete Verbindlichkeit behandelt und bei der Frage nach der Gesellschafterhaftung des solventen Gesellschafters hingegen als *vor* Verfahrenseröffnung begründete Verbindlichkeit eingestuft wird? Aus dem Postulat der Einheit der Terminologie und dem Grundsatz der widerspruchsfreien Anwendung des Gesetzeswortes ergeben sich bereits Indizien, die einen solchen Systemverstoß nahelegen.

Vergleicht man jedoch den teleologischen Sinnzusammenhang der der Gesellschafterhaftung zugrundeliegenden Vorschriften, §§ 128, 160 HGB, 93 InsO, und der der Abgrenzung von Insolvenzforderung und Masseverbindlichkeit, §§ 38, 55 InsO, miteinander, ist dieser Befund nicht zu bestätigen. Wie eingangs gefordert, fehlt es nämlich an einer inneren, materiellen Verbindung, welche es nach dem Grundsatz der Folgerichtigkeit benötigt, um dieselbe Forderung im Rahmen der gesellschafts- und insolvenzrechtlichen Abgrenzung einheitlich zu qualifizieren. Soweit die §§ 128, 160 HGB, 93 InsO Regelungen darstellen, welche zum Schutz der Gläubiger einer Personengesellschaft ohne Kapitalabsicherung eine akzessorische, unmittelbare und unbeschränkte Haftung der Gesellschafter begründen, weicht dies wesentlich vom Schutzzweck und materiellen Sinnzusammenhang der §§ 38, 55 InsO ab. Die jeweiligen Fragestellungen und Sinnrichtungen sind inhaltlich zu unterschiedlich und wertungsmäßig nicht miteinander vergleichbar. Wenn gesellschaftsrechtlich um eine singuläre Haftungsverwirklichung eines Gläubigers und dessen Vertrauen in die Mithaftung des Gesellschafters für eine einzelne Forderung gestritten wird, findet dieser Gesichtspunkt im Rahmen der insolvenzrechtlichen Forderungszuordnung keine Entsprechung. Im Einzelnen:

Im Rahmen der §§ 38, 55 InsO geht es im Wesentlichen um zwei Fragestellungen: Zunächst ist abstrakt zu fragen, ob ein Gläubiger überhaupt am Insolvenzverfahren teilnimmt, um bejahendenfalls zu klären, wie er dann am Verfahren zu berücksichtigen ist. Es geht grob gesprochen, um die Fragen des „Ob“ und des „Wie“ der Teilnahme am Gesamtvollstreckungsverfahren für eine bereits bestehende Forderung. In Abgrenzung dazu geht es bei den §§ 128, 160 HGB, 93 InsO nicht um die grundlegende Frage, „Ob“ eine Forderung gegen einen Schuldner besteht und wie diese durchzusetzen ist. Vielmehr richtet sich die Betrachtung darauf, ob für eine bestehende Forderung ein zusätzlicher Schuldner einzustehen hat. Die Forderung gegen die Gesellschaft ist nämlich von der gegen den Gesellschafter zu trennen. Es wird mithin nur erörtert, ob für eine bestehende Schuld ein zusätzliches Haftungssubstrakt zur Verfügung steht. Ähnliches ist zu formulieren, wenn es um ein Vergleich zu § 160 HGB und dessen Maßgeblichkeit für den Umfang der telelogischen Reduktion des § 128 HGB geht. So begrenzt § 160 HGB nämlich nur den Umfang der akzessorischen Haftung in zeitlicher Sicht. § 160 HGB betrifft nur einen Teilaspekt, der grundlegenden Fragestellung, ob neben der Gesellschaftsverbindlichkeit auch eine akzessorische Gesellschafterverbindlichkeit besteht. Zusammenfassend sei festgehalten, dass jeweils grundlegend verschiedene Regelungsbereich vorliegen: Die §§ 38, 55 InsO sind Teil eines (Gesamt-) Vollstreckungsrecht, bei der es um die Befriedigung einer bereits bestehenden Forderung geht, die in ihrem Bestand unstreitig ist. Die §§ 128, 160 HGB, 93 InsO gehen der Frage nach, ob für eine bestehende Forderung eine davon unabhängige, zusätzliche Verbindlichkeit begründet wird.

Sicherlich ist zunächst verwirrend, wenn die Gewerbesteuer gegen die Gesellschaft als Masseverbindlichkeit und im Rahmen der Haftung des Gesellschafters als Insolvenzforderung eingeordnet wird. Ein und dieselbe Forderung wird unterschiedlich betrachtet. Wesentlicher zu berücksichtigender Aspekt dieses Befundes ist jedoch die Tatsache, dass über das Vermögen der Gesellschaft das Insolvenzverfahren eröffnet wurde und über das des Gesellschafters nicht. Insoweit gelten für die Qualifizierung der Gesellschaftsforderung insolvenzrechtliche und für die Gesellschafterforderung gesellschaftsrechtliche Bestimmungen. Die insolvenzrechtliche Einordnung ist daher für die Haftung des Gesellschafters unbeachtlich. Ob und wie eine Forderung gegen die Gesellschaft in der Insolvenz zu realisieren ist, berührt den Gesellschafterhaftung nicht, weil Gesellschaftsforderung und Gesellschafterforderung zwei voneinander zu trennende Forderungen sind, die sich jeweils gegen anderen Vermögensmassen richten und aus getrennten Vermögensmassen zu befriedigen sind. Insoweit ist auch nur folgerichtig, dass zur Vollstreckung ein gegen den Gesellschafter und/oder die Gesellschaft gerichteter Titel erforderlich ist, §§ 124 Abs. 2, § 129 Abs. 4 HGB.

Wenn der Bundesgerichtshof ferner ausführt, dass die Einordnung eines Anspruchs als Masseverbindlichkeit keinen einheitlichen Wertungsgedanken folgt[677] und die Eigenschaft als Masseverbindlichkeit keine besondere Qualität der Forderung begründet,[678] und deswegen die insolvenzrechtliche Qualifikation als Masseverbindlichkeit keine Auswirkung auf die inhaltliche Konkretisierung der §§ 128, 160 HGB hat, ist dem zuzustimmen. Die insolvenzrechtlichen Qualifikation nach §§ 38, 55 InsO weist keine überschießende Tendenz auf. Das Insolvenzrecht besitzt nur die Kompetenz, die Befriedigungsrangfolge in der Mangelsituation zu definieren. Die insolvenzrechtliche Einordnung einer Forderung als Masseverbindlichkeit oder als Insolvenzforderung hat keinen Einfluss darauf, dass es sich bei der Forderung weiterhin um eine Steuerverbindlichkeit der Gesellschaft handelt.[679] Auch wenn der Insolvenzschuldner mit Verfahrenseröffnung die Verwaltungs- und Verfügungsbefugnis an den Insolvenzverwalter nach § 80 Abs. 1 InsO verliert, bleibt er weiterhin Schuldner der Forderung.[680] Überdies gewinnt die Forderung über die reine insolvenzrechtliche Qualifikation hinaus, keine besondere Bedeutung. Die gegenüber anderen Forderungstypen hervorgehobene Stellung bezieht sich nur auf das Insolvenzverfahren. Außerhalb der Insolvenz sind aus einer solchen Einordnung keine zusätzlichen Rechtsfolgen abzuleiten. Abzugrenzen ist dieser Befund beispielsweise zu einer Forderung, die auf einer vorsätzlich begangenen unerlaubten Handlung beruht.[681]

---

677 BGH vom 15.12.2020, II ZR 108/19, BGHZ 228, 28 (40).

678 BGH vom 28.01.2021, IX ZR 54/20, NJW 2021, 938 (939).

679 BGH vom 28.01.2021, IX ZR 54/20, NJW 2021, 938 (940).

680 *K. Schmidt*, in MünchKomm, HGB, § 128, Rn. 76.

681 Einer unerlaubten Handlung kommt der allgemeiner Wertungsgedanke zu, dass der Gläubiger Forderung über die Grenze des Bürgerlichen Gesetzbuchs hinaus bevorzugt durchsetzen kann. Insoweit kommt der Gläubiger in den Genuss ergänzender Vollstreckungsmöglichkeiten nach § 850f II ZPO und § 302 Nr. 1 InsO. Darüber hinaus begründet eine vorsätzliche unerlaubte Handlung ein feststellungsfähiges Rechtsverhältnis im

Soweit vorrangig festgestellt wurde, dass die §§ 128, 160 HGB und §§ 38, 55 InsO vor dem Hintergrund der Einheit der Terminologie und des Gesetzeskontexts systematisch miteinander vergleichbar sind, folgt aus diesem Umstand insbesondere mit Blick auf den unterschiedlichen Sinngehalt der gesellschafts- und insolvenzrechtlichen Vorschriften kein Zwang zur gleichen Auslegung der gesellschafts- und insolvenzrechtlichen Begründetheit. Die Betrachtung des Wortlautes und des Regelungsmechanismus sind formale gesetzestechnische Merkmale. Nur aber weil formal das gleiche Regelungskonstrukt verwendet wird, sagt dies noch nichts darüber aus, wie die Vorschriften inhaltlich und teleologisch ausgestaltet sind. Die Zeitpunkbetrachtung im Rahmen der §§ 38, 55 InsO erfolgt aufgrund einem ganz anderen Sachverhalt und Zweckrichtung als die des §§ 128, 160 HGB. Vor dem Hintergrund der teleologischen Differenz erscheint es zufällig, dass der Gesetzgeber für beide Regelungsbereiche auf den gleichen Wortlaut und Mechanismus zurückgegriffen hat. Ein allgemeiner Systemgedanke lässt sich daher allein aufgrund dieser Merkmale und besonders aus dem Zusammenspiel mit der inhaltlichen Zweckrichtung nicht begründen. Zwei völlig unterschiedliche Regelungen sind nicht deshalb gleich auszulegen, nur weil eine vergleichbare Gesetzestechnik verwendet wird. Die formalen Aspekte der Einheitlichkeit der Terminologie und des Gesetzeskontextes müssen mit dem Sinnzusammenhang der Regelungen zumindest vergleichbar sein. Soweit diese jedoch derart unterschiedlich sind, zwingen diese Befunde für sich genommen nicht zur Gleichbehandlung zweier inhaltlich divergierender Rechtsprobleme. Das Gebot der systematischen Folgerichtigkeit erstreckt sich nur auf materiell miteinander vergleichbare Regelungen.

dd) Kritische Stellungnahme zum Begründungsansatz des Bundesgerichtshofs im Übrigen

In der Entscheidung vom 15.12.2020[682] begründet der Bundesgerichtshofs einen nicht erforderlichen Gleichlauf der insolvenzrechtlichen Abgrenzung von Insolvenzforderung und Masseverbindlichkeit mit dem Umfang der persönlichen Haftung des Gesellschafters in der Insolvenz anhand einer Haftung des Gesellschafters für eine Masseverbindlichkeit nach § 55 Abs. 1 Nr. 2 InsO. Dabei stellt der Bundesgerichtshof den Fall der Einordnung einer Steuerforderung mit dem der Einordnung von Forderungen aus gegenseitigen Verträgen und Dauerschuldverhältnissen gleich, bei denen

---

Sinne des § 256 I ZPO. Der Schuldner kann in zulässiger Weise eine Feststellungsklage erheben. BGH vom 03.03.2016, IX ZB 33/14, BGHZ 209, 168 (172 f.).

682 BGH vom 15.12.2020, II ZR 108/19, BGHZ 228, 28 (40).

der Insolvenzverwalter nach § 103 InsO Erfüllung wählt bzw. bei Dauerschuldverhältnissen die Gegenleistung in Anspruch nimmt, § 55 Abs. 1 Nr. 2 InsO.

So der Bundesgerichtshof wörtlich: *„Dass sich die insolvenzrechtliche Abgrenzung zwischen Insolvenzforderungen (§ 38 InsO) und sonstigen Masseverbindlichkeiten (§ 55 InsO) nicht mit der gesellschaftsrechtlichen Abgrenzung des Umfangs der persönlichen Haftung der Gesellschafter in der Gesellschaftsinsolvenz decken muss, zeigt sich bereits daran, dass sich die persönliche Haftung der Gesellschafter nach überwiegender Meinung auch auf Masseverbindlichkeiten gemäß § 55 Abs. 1 Nr. 2 InsO erstreckt, da diese [...] ihren Rechtsgrund in den vor der Eröffnung des Insolvenzverfahrens geschlossenen Verträgen haben.“*[683]

Diesem Argument des Bundesgerichtshofs ist allerdings nur eingeschränkt zuzustimmen. Zutreffend ist zwar, dass es bei der Gesellschafterhaftung für die Erfüllung von gegenseitigen Verträgen und fortgeführten Dauerschuldverhältnissen im Ergebnis zu einer Divergenz von insolvenz- und gesellschaftsrechtlicher Forderungszuordnung kommt.[684] Insoweit wird nämlich im Allgemeinen eine Haftung des Gesellschafters für derartige Forderungen gemäß §§ 128, 160 HGB bejaht, weil es sich um Altverbindlichkeiten handele, die im Zeitpunkt der Insolvenzeröffnung unter der Herrschaft und Haftung der Gesellschafter begründet worden sind.[685] Im Rahmen der insolvenzrechtlichen Forderungszuordnung liegt dagegen eine Masseverbindlichkeit vor, weil gemäß § 55 Abs. 1 Nr. 2, 1. Alt. InsO bei einem gegenseitigen Vertrag die Erfüllung zur Insolvenzmasse verlangt wird. Als Beispiel sei der Fall angeführt, in welchem der Insolvenzverwalter auf die Erfüllung eines Kaufvertrages besteht, den eine insolvente offene Handelsgesellschaft vor Insolvenzeröffnung abgeschlossen hat, weil die Kaufsache zur effektiven Masseverwaltung benötigt wird. Formal betrachtet, kommt es in dieser Fallgestaltung – gegenseitige Austauschverträge und nachträgliche Erfüllungswahl – zu einem Auseinanderfallen der gesellschafts- und insolvenzrechtlichen Fragestellung. Der Gesellschafter haftet für die Kaufpreisforderung, weil sie eine Altverbindlichkeit der Gesellschaft darstellt, §§ 128, 160 HGB. In der Insolvenz wird die Kaufpreisforderung als Masseverbindlichkeit bevorzugt befriedigt, § 55 Abs. 1 Nr. 2, 1. Alt. InsO.

---

683 BGH vom 15.12.2020, II ZR 108/19, BGHZ 228, 28 (40).

684 So auch der BGH vom 15.12.2020, II ZR 108/19, BGHZ 228, 28 (43).

685 BGH vom 15.12.2020, II ZR 108/19, BGHZ 228, 28 (46) m.w.N. Insbesondere mit Verweis auf *Boesche,* in Oetker, HGB, § 128, Rn. 69. Darüber hinaus ausführlich *K. Schmidt,* ZHR 174 (2010), 163 (177 ff.).

Dieser Umstand allein – die formale Divergenz in gesellschafts- und insolvenzrechtlicher Einordnung – kann aber nicht darüber hinweghelfen, dass die Grundsätze zur insolvenz- und gesellschaftsrechtlichen Einordnung von Steuerforderungen einerseits und Forderungen aus gegenseitigen Verträgen und Dauerschuldverhältnissen andererseits nicht miteinander vergleichbar sind. Die insolvenzrechtliche Einordnung von Steuerforderungen und Forderungen aus gegenseitigen Verträgen und Dauerschuldverhältnissen vollziehen sich nach grundlegend anderen Maßstäben. Soweit bei der Steuerforderung zuvorderst mit § 38 InsO zu fragen ist, ob die Steuerforderung bereits bei Insolvenzeröffnung begründet ist und im Verneinungsfall anschließend die zusätzlichen Voraussetzungen des § 55 Abs. 1 Nr. 1 InsO zu prüfen sind, vollzieht sich dies bei der Forderung aus gegenseitigen Verträgen und Dauerschuldverhältnissen nach anderen Grundsätzen. Die insolvenzrechtliche Qualifikation der Forderung aus gegenseitigen Verträgen und Dauerschuldverhältnissen richtet sich für die Annahme einer Insolvenzforderung nach §§ 103 Abs. 2, 104 Abs. 5, 108 Abs. 3, 109 und 113 InsO und für eine Masseverbindlichkeit nach § 55 Abs. 1 Nr. 2 InsO. Für die insolvenzrechtliche Einordnung der Steuer gelten die Generalklauseln der §§ 38, 55 Abs. 1 Nr. 1 InsO und für die Einordnung der Forderungen aus gegenseitigen Verträge die Sondertatbestände der §§ 103 ff., 55 Abs. 1 Nr. 2 InsO.

Eine Ursache für die normative Sonderstellung liegt in der Besonderheit, dass Forderungen aus gegenseitigen Verträgen zurzeit der Verfahrenseröffnung noch von keiner Seite vollständig erfüllt sind. Der Insolvenzverwalter hat daher ein Erfüllungswahlrecht, ob er für die Masse ungünstigen Verträge ablehnt oder vorteilhafte Vertragsverhältnisse zur Durchführung bringen möchte.[686] Im ersten Fall – also der Ablehnung – kann der Gläubiger eine Forderung wegen der Nichterfüllung nur als Insolvenzgläubiger geltend machen. Hinsichtlich dieser insolvenzrechtlichen Forderungsqualifikation sind die §§ 103 Abs. 2, 104 Abs. 5, 108 Abs. 3, 109 und 113 InsO anzuwenden und lex speciales gegenüber § 38 InsO. Auf § 38 InsO samt der Frage nach der insolvenzrechtlichen Begründetheit kommt es nicht an. Für den besonderen Fall der Nichterfüllungswahl, ist die Forderung des Gläubigers nicht nach der Generalklausel, sondern nach einer speziellen Einzelfallregelung als Insolvenzforderung einzustufen. Im zweiten Fall – also einem Erfüllungsverlangen des Insolvenzverwalters – muss der Insolvenzverwalter wegen des in der Insolvenz geschützten funktionellen

[686] *Hefermehl*, in MünchKomm, InsO, § 55, Rn. 116.

Synallagmas die Gegenleistung vollständig aus der Masse erbringen.[687] Der Anspruch des Vertragspartners wird durch die Erfüllungswahl zu einer Masseverbindlichkeit, § 55 Abs. 1 Nr. 2 InsO.[688] Es ist festzuhalten, dass für die insolvenzrechtliche Qualifikation einer Steuerforderung die §§ 38, 55 Abs. 1 Nr. 1 InsO und für die Qualifikation der Forderungen aus Austauschverträgen und Dienstleistungen die §§ 103 ff. und § 55 Abs. 1 Nr. 2 InsO gelten.

Wenn nun der Bundesgerichtshof argumentiert, dass eine unterschiedliche Auslegung der Steuerforderung für gesellschaftsrechtliche und insolvenzrechtliche Zwecke möglich ist, weil bei der Einordnung von Forderungen aus gegenseitigen Verträgen unterschiedliche Ergebnisse zu beobachten sind, übergeht dieses Argument die Besonderheit, dass bei der insolvenzrechtlichen Einordnung von Forderungen aus gegenseitigen Verträgen der § 38 InsO nicht angewandt wird. Dieser vom Bundesgerichtshof vorgenommene Vergleich kann – mit anderen Worten – nicht dazu herangezogen werden, eine Ungleichbehandlung der *insolvenzrechtlichen* und *gesellschaftsrechtlichen* Begründetheit zu rechtfertigen, weil es bei der insolvenzrechtlichen Einordnung von Forderungen aus gegenseitigen Verträgen keine auslegungsfähige insolvenzrechtliche Begründetheit gibt, die einer gesellschaftsrechtlichen Auslegung gegenüberzustellen wäre. Die §§ 103 ff. InsO nehmen nämlich im Sinne einer Einzelfallreglung die insolvenzrechtliche Begründetheit vorweg. Für die Frage, ob ein und dieselbe Forderung im Hinblick auf die gesellschaftsrechtliche und insolvenzrechtliche Begründetheit divergierend ausgelegt werden kann, verhilft diese Argumentation nicht weiter. Denn die insolvenzrechtliche Qualifikation und Forderungszuordnung, fußt bei dem Beispiel der gegenseitigen Verträge nicht – wie am Beispiel der Steuerforderung – auf einer Abgrenzung von §§ 38, 55 Abs. 1 Nr. 1 InsO, sondern auf einer Anwendung der Sondertatbestände der §§ 103 ff., 55 Abs. 1 Nr. 2 InsO. Bei der Einordnung der Forderung aus gegenseitigen Verträgen ist nicht zu ergründen, wann dieser

687 BGH vom 07.03.2002, IX ZR 457/99, BGHZ 150, 138 (148).

688 Die erste Variante des § 55 I Nr. 2 InsO betrifft Masseverbindlichkeiten aus gegenseitigen Verträgen, soweit deren Erfüllung zur Insolvenzmasse verlangt wird. Umfasst sind davon Austauschverträge, die in einem Synallagma zueinanderstehen. Die zweite Variante des § 55 Abs. 1 Nr. 2 umfasst Masseverbindlichkeiten aus gegenseitigen Verträgen, deren Erfüllung für die Zeit nach Eröffnung des Insolvenzverfahrens zu erfolgen hat. Dabei handelt es sich um Verbindlichkeiten aus den in § 108 Abs. 1 genannten Miet-, Pacht- und Dienstverhältnissen. Diese Dauerschuldverhältnissen erlöschen nicht mit Eröffnung des Insolvenzverfahrens, sondern bestehen mit Wirkung für die Insolvenzmasse bis zur Beendigung fort. *Hefermehl,* in MünchKomm, InsO, § 55, Rn. 116 f.

Anspruch insolvenzrechtlich begründet ist, § 38 InsO. Auf § 38 InsO kommt es in diesem Zusammenhang nämlich nicht an. Vielmehr ist in Ansehung der §§ 103 ff., § 55 Abs. 1 Nr. 2 InsO allein maßgeblich, ob der Insolvenzverwalter eine Erfüllungswahl getroffen hat.

ee) Zwischenergebnis

Der Befund des Bundesgerichtshofes, dass sich die insolvenzrechtliche Abgrenzung von Insolvenzforderung und Masseverbindlichkeit nicht mit der gesellschaftsrechtlichen Abgrenzung des Umfangs der persönlichen Haftung des Gesellschafters in der Gesellschafterinsolvenz decken müssen, ist zutreffend. Infolgedessen kann die insolvenzrechtliche Begründetheit nach § 38 InsO und die gesellschaftsrechtliche Begründetheit zur Begrenzung der Haftung des Gesellschafters nach §§ 128, 160 HGB in Ansehung einer dem Grunde nach identischen Gewerbesteuerforderung unterschiedlich bestimmt werden. Eine unterschiedliche Behandlung ist gerechtfertigt, weil die §§ 38, 55 InsO einerseits und die §§ 128, 160 HGB andererseits hinsichtlich ihres materiellen Inhalts grundlegende Unterschiede aufweisen. Die jeweiligen Vorschriften weisen zwar formal eine ähnliche Gesetzesstruktur auf, sind in ihrem telelogischen Sinnzusammenhang aber zu unterschiedlich, als dass eine Gleichbehandlung folgerichtig wäre.

Soweit eingangs die Frage aufgeworfen wurde, ob der Bundesfinanzhof seine ständige Rechtsprechung zur Einordnung der stillen Reserven in der Insolvenz überdenken muss und sich die Frage mit dem Urteil des Bundesgerichtshofs neu gestellt, ist dies zu verneinen. Das Urteil des Bundesgerichtshofes vom 15.12.2020 hat keine Auswirkungen auf die Einordnung der stillen Reserven in der Insolvenz. Die Frage nach der insolvenzrechtlichen Einordnung von stillen Reserven stellt sich für den Bundesfinanzhof nicht neu, weil die Auslegung des Bundesgerichtshof allein auf die gesellschaftsrechtliche Begründetheit gemäß §§ 128, 160 HGB gerichtet ist und diese nicht auf die insolvenzrechtliche Begründetheit gemäß § 38 InsO übertragbar ist.

e) Die Sonderstellung des Erstattungsanspruchs im Gefüge der Aufrechnungssystematik

aa) Einführung

Dass die Rechtsprechung in Ansehung der insolvenzrechtlichen Zuordnung von Steuerforderungen als gesichert angesehen werden kann, ist nicht unwesentlich auf die Rechtsprechung des VII. Senats zurückzuführen. Einerseits hat dieser mit der Entscheidung vom 25.07.2012[689] und den Folgeentscheidungen für ein einheitliches Verständnis der Begründetheit gemäß § 38 InsO und dem Schuldigwerden gemäß § 96 Abs. 1 Nr. 1 InsO gesorgt. Für die insolvenzrechtliche Einordnung der Berichtigungstatbestände der §§ 14c Abs. 2, 17 Abs. 1 und 2 UStG, § 16 Abs. 1 GrEStG ist die materiell-rechtliche Verwirklichung des Steuertatbestandes maßgeblich. Andererseits besteht aufgrund der Rechtsprechung des VII. Senats auch deswegen Rechtssicherheit, weil er einen Steuererstattungsanspruch infolge einer Steuervorauszahlung im Wege gefestigter Rechtsprechung für insolvenzrechtliche Zwecke daraufhin untersucht, wann der Steuerpflichtige auf die am Jahresende entstehende Einkommensteuerschuld gezahlt hat. Nach gesicherter Rechtsprechung entsteht zu diesem Zeitpunkt nämlich ein aufschiebend bedingter Erstattungsanspruch.

Doch auch wenn diese Umstände für sich genommen zu begrüßen sind, stellt sich die Frage, ob die gesicherte Rechtsprechung auch abseits des formalen Ergebnisses inhaltlich überzeugt. Fortan ist daher zu untersuchen, ob die Rechtsprechung des VII. Senats zur Auslegung des Schuldigwerdens gemäß § 96 Abs. 1 Nr. 1 InsO dogmatisch widerspruchsfrei ist. Insoweit soll überprüft werden, ob die insolvenzrechtliche Einordnung des Steuererstattungsanspruchs infolge überbezahlter Vorauszahlungen mit der Rechtsprechungsänderung des VII. Senats vom 25.07.2012 vereinbar und folgerichtig ist. Daneben ist der Fragestellung nachzugehen, ob – wie vom VII. Senat behauptet – ein Zwang besteht, den steuerrechtlichen Erstattungsanspruch infolge der getätigten Vorauszahlungen auf die Einkommensteuer gegenüber den Berichtigungstatbeständen ungleich zu behandeln. Um diese Fragestellungen vorzubereiten, sind einleitend grundlegende Ausführungen zum Erstattungsanspruch des Insolvenzschuldners aus § 37 Abs. 2 AO voranzustellen.

Hierbei ist sich insbesondere mit der von *Kahlert/Kayser/Bornemann* aufgeworfenen Frage zu beschäftigen, „ob der spätere Wegfall des rechtlichen Grundes als materiell-rechtliche Tatbestandsvoraussetzung des

[689] BFH vom 25.07.2012, VII R 29/11, BStBl. II 2013, 36.

Erstattungsanspruchs nach § 37 Abs. 2 AO zu verstehen ist"[690] und ob diesbezüglich „die Voraussetzungen des § 37 Abs. 2 AO formell oder materiellrechtlich zu verstehen sind."[691] Denn für den Fall, dass der Steuerbescheid in Gestalt eines Steuerverwaltungsaktes als Rechtsgrund für eine Steuerzahlung anzusehen ist, „könnte § 37 Abs. 2 Satz 2 AO so verstanden werden, dass die formelle Aufhebung des entgegenstehenden Steuerbescheids eine materiell-rechtliche Voraussetzung für die Entstehung des Erstattungsanspruchs i. S. d. § 37 Abs. 2 AO darstellt."[692]

bb) Die Prämissen des Erstattungsanspruch des Insolvenzschuldners gemäß § 37 Abs. 2 AO bei Steuervorauszahlungen

(1) Grundlegendes zum Erstattungsanspruch gem. § 37 Abs. 2 AO

Dem Erstattungsanspruch liegt die Pflicht des Steuerschuldners zur Steuervorauszahlung und der entsprechenden unterjährigen Steuerentrichtung zugrunde. Eine solche Pflicht zur Steuervorauszahlung folgt beispielsweise aus § 37 Abs. 1 EStG[693]. Die Einkommensteuervorauszahlung ist ein selbständiger Anspruch aus dem Steuerschuldverhältnis, der neben die Jahressteuerschuld tritt.[694] Um einen stetigen staatlichen Mittelzufluss und eine zeitnahe Ausschöpfung der Steuerquellen sicherzustellen, werden die zu entrichtenden Vorauszahlungen vorläufig festgesetzt.[695] Es ergeht ein eigenständiger Vorauszahlungsbescheid.[696] Bemessungsgrundlage für die festzusetzende Vorauszahlung ist – im Falle der Vorauszahlung auf die Einkommensteuer – grundsätzlich die letzte Veranlagung, § 37 Abs. 3 S. 2 EStG. Fehlt eine letzte Veranlagung ist gemäß § 37 Abs. 1 S. 1 EStG auf eine voraussichtliche Einkommensteuerschuld des Veranlagungszeitraums abzustellen.[697] In beiden Fällen beruht die Vorauszahlungshöhe

---

[690] *Kahlert/Kayser/Bornemann*, Perspektiven für eine kohärente und praxisgerechte Verzahnung von Steuer- und Insolvenzrecht, Rn. 568.

[691] *Kahlert/Kayser/Bornemann*, Perspektiven für eine kohärente und praxisgerechte Verzahnung von Steuer- und Insolvenzrecht, Rn. 568.

[692] Kahlert/Kayser/Bornemann, Perspektiven für eine kohärente und praxisgerechte Verzah-nung von Steuer- und Insolvenzrecht, Rn. 568.

[693] Nach § 37 I 1 EStG sind Vorauszahlungen am 10.03., 10.06., 10.09. und 10.12 zu entrichten. Vergleichbar sind auch Vorauszahlungen auf die Körperschafts- und Gewerbesteuer zu zahlen, §§ 30 Nr. 2, 31 Abs. 1 KStG oder §§ 19 Abs. 1, 21 GewStG.

[694] *Frotscher/Schulze*, in Gottwald/Haas, Insolvenzrechts-Handbuch, § 120, Rn. 43.

[695] *Gosch/Avvento*, in Kirchhof/Seer, EStG, § 37, Rn. 1.

[696] *Boeker*, in HHSp., AO/FGO Kommentar, § 37 AO, Rn. 45 (256. Lfg. Februar 2020); *Gosch/Avvento*, in Kirchhof/Seer, EStG, § 37, Rn. 27.

[697] *Gosch/Avvento*, in Kirchhof/Seer, EStG, § 37, Rn. 3.

auf einer Schätzung des Finanzamts.[698] Die Bestimmung der Höhe der Vorauszahlungsschuld stellt eine Prognose- und Ermessensentscheidung dar.[699] Mit Erlass des Jahressteuerbescheides verliert der Vorauszahlungsbescheid seine selbstständige Bedeutung und Wirksamkeit.[700] Der Vorauszahlungsbescheid erledigt sich auf andere Weise, § 124 Abs. 2 AO.[701] Maßgebend für die zu zahlende Einkommensteuer ist fortan allein der Einkommensteuerbescheid.[702] Da die unterjährigen Vorauszahlungen nur die Vorauszahlungsschuld, nicht aber die Jahressteuerschuld tilgen[703], sind die entrichteten Vorauszahlungen auf die Jahressteuerschuld anzurechnen, § 36 Abs. 2 Nr. 1 EStG. Die Vorauszahlungen sind daher durch die Festsetzung der eigentlichen Steuerschuld auflösend bedingte Steueransprüche.[704] Mit dem Eintritt der auflösenden Bedingung tritt der Einkommensteueranspruch an die Stelle des Vorauszahlungsanspruchs.[705] Soweit die Vorauszahlungen die Jahressteuerschuld übersteigen, steht dem Steuerpflichtigen aus § 36 Abs. 4 S. 2 EStG ein Erstattungsanspruch zu. Dabei handelt es um einen Anspruch aus § 37 Abs. 2 AO.[706] Mit der Entrichtung der Vorauszahlungen erlangt der Steuerpflichtige einen Erstattungsanspruch unter der aufschiebenden Bedingung, dass die geschuldete Jahressteuer geringer ist als die Summe der geleisteten Vorauszahlungen.[707]

§ 37 Abs. 2 AO regelt den steuerrechtlichen Erstattungsanspruch umfassend.[708] Die Vorschrift enthält den Erstattungsanspruch des Steuerpflichtigen als auch den Rückforderungsanspruch des Steuerberechtigten. Die Vorschrift umschreibt den öffentlich-rechtlichen Erstattungsanspruch mit dem Inhalt, dass derjenige verpflichtet ist, den Betrag zu erstatten an den die Steuer ohne rechtlichen Grund gezahlt worden ist.[709] Der Erstattungsan-

---

698 *Gosch/Avvento*, in Kirchhof/Seer, EStG, § 37, Rn. 3.

699 *Drüen*, in Tipke/Kruse, AO/FGO, § 38 AO, Rn. 18 (163. Lfg. Oktober 2020); *Gosch/Avvento*, in Kirchhof/Seer, EStG, § 37, Rn. 3; *Loschelder*, in Schmidt, EStG, § 37, Rn. 15.

700 *Gosch/Avvento*, in Kirchhof/Seer, EStG, § 37, Rn. 28.

701 *Boeker*, in HHSp., AO/FGO Kommentar, § 37 AO, Rn. 46 (256. Lfg. Februar 2020); *Loschelder*, in Schmidt, EStG, § 37, Rn. 13.

702 *Gosch/Avvento*, in Kirchhof/Seer, EStG, § 37, Rn. 28.

703 BFH vom 23.06.1993, X B 134/91, BStBl. II 1994, 38 (41).

704 *Boeker*, in HHSp., AO/FGO Kommentar, § 37 AO, Rn. 46 (256. Lfg. Februar 2020); *Drüen*, in Tipke/Kruse, AO/FGO, § 37 AO, Rn. 45 (135. Lfg. Januar 2014); *Loschelder*, in Schmidt, EStG, § 37, Rn. 14.

705 *Drüen*, in Tipke/Kruse, AO/FGO, § 38 AO, Rn. 45 (163. Lfg. Oktober 2020).

706 *Gosch*, in Kirchhof/Seer, EStG, § 36, Rn. 18.

707 BFH vom 03.07.1995, GrS 3/93, BStBl. II 1995, 730 (732).

708 *Drüen*, in Tipke/Kruse, AO/FGO, § 37 AO, Rn. 9 (135. Lfg. Januar 2014).

709 BFH vom 31.10.1993, VII R 69/91, BStBl. II 1995, 846 (848).

spruch gemäß § 37 Abs. 2 AO bezweckt den Ausgleich ungerechtfertigter Vermögensverschiebungen, die mit dem materiellen Steuerrecht nicht übereinstimmen.[710] Er ist die Umkehrung der übrigen Ansprüche aus dem Steuerschuldverhältnis.[711] Der Erstattungsanspruch folgt aus der Negation eines dem Steuerrecht angehörenden Erwerbsgrundes für die vorhergehende Leistung.[712] Insoweit ist er die steuerrechtliche Version des auf dem Gewohnheitsrecht beruhenden allgemeinen öffentlich-rechtlichen Erstattungsanspruchs.[713] Er stellt überdies das Gegenstück zur ungerechtfertigten 29.06.Bereicherung des Bürgerlichen Gesetzbuchs dar.[714]

Betrachtet man das Entstehen des Erstattungsanspruchs bei der Vorauszahlung auf einer gedachten Entwicklungslinie, lassen sich drei Entwicklungsstufen identifizieren: Es ist zwischen dem aufschiebend bedingten, dem entstandenen und der letztlichen Verwirklichung des Erstattungsanspruchs zu unterscheiden. Im Einzelnen:

Soweit die Vorauszahlungsschuld hinsichtlich der Festsetzung auflösend bedingt ist, ist der Erstattungsanspruch bereits im Zeitpunkt der Zahlung aufschiebend bedingt.[715] Der Steuerpflichtige erlangt nämlich mit der Entrichtung der Vorauszahlung einen Erstattungsanspruch unter der aufschiebenden Bedingung, dass die Jahressteuer geringer ist als die Summe der Vorauszahlungen.[716]

Da der Erstattungsanspruch einen Anspruch aus dem Steuerschuldverhältnis darstellt, entsteht er erst, wenn der Tatbestand verwirklicht ist, an den das Gesetz die Erstattungspflicht knüpft, §§ 37 Abs. 1, 38 AO.[717] Die konkrete Erstattungspflicht resultiert aus der Zahlung ohne rechtlichen Grund.[718] Nach § 37 Abs. 2 AO ist dafür erforderlich, dass ohne rechtlichen Grund geleistet worden oder der rechtliche Grund für die Leistung

---

710 BFH vom 12.04.1994, VII B 278/93, BStBl. II 1995, 817 (819); *Hein*, DStR 1990, 301 (301).

711 BFH vom 18.06.1986, II R 38/84, BStBl. II 1986, 704 (706); *Hein*, DStR 1990, 301 (301).

712 *Drüen*, in Tipke/Kruse, AO/FGO, § 37 AO, Rn. 17 (135. Lfg. Januar 2014); *Hein*, DStR 1990, 301 (301).

713 *Drüen*, in Tipke/Kruse, AO/FGO, § 37 AO, Rn. 26 (135. Lfg. Januar 2014).

714 *Drüen*, in Tipke/Kruse, AO/FGO, § 37 AO, Rn. 26 (135. Lfg. Januar 2014).

715 *Drüen*, in Tipke/Kruse, AO/FGO, § 37 AO, Rn. 45 (135. Lfg. Januar 2014).

716 BFH vom 03.07.1995, GrS 3/93, BStBl. II 1995, 730 (732).

717 *Boeker*, in HHSp., AO/FGO Kommentar, § 37 AO, Rn. 27 (256. Lfg. Februar 2020); *Drüen*, in Tipke/Kruse, AO/FGO, § 37 AO, Rn. 42 (135. Lfg. Januar 2014); *Hein*, DStR 1990, 301 (301).

718 *Drüen*, in Tipke/Kruse, AO/FGO, § 37 AO, Rn. 42 (135. Lfg. Januar 2014).

weggefallen ist. Anspruchsbegründender Tatbestand ist damit die Zahlung eines nicht geschuldeten Betrags.[719] Im Fall eines Anspruchs auf Erstattung vorausgezahlter Steuern bildet zunächst der Vorauszahlungsbescheid den Rechtsgrund der Zahlung.[720] Dieser stellt sich als nachträglich rechtswidrig heraus, weil die Steuerlast zu hoch geschätzt wurde. Entsprechend fällt der Rechtsgrund nachträglich weg.[721] Zu welchem Zeitpunkt aber der Erstattungsanspruch einer fehlerhaft rechtswidrig festgesetzten und entrichteten Steuer entsteht und entsprechend der Rechtsgrund im Sinne des § 37 Abs. 2 AO fortfällt, ist umstritten.[722] Mit der *materiellen Rechtsgrundtheorie* ist rechtlicher Grund für die Erfüllung eines Anspruchs aus dem Steuerschuldverhältnis das Gesetz, nicht aber die Festsetzung der Jahressteuer durch Verwaltungsakt.[723] Für den Erstattungsanspruch ist das materielle Recht und nicht das Verfahrensrecht maßgeblich.[724] Nach der materiellen Rechtsgrundtheorie entsteht ein Anspruch auf Erstattung vorausgezahlter Steuern daher mit Ablauf des Besteuerungszeitraums; auf die Festsetzung der niedrigeren Jahressteuer soll es nicht ankommen.[725] Die *formelle Rechtsgrundtheorie* erkennt hingegen in einen fehlerhaften, aber wirksamen Bescheid den Rechtsgrund für die aufgrund des Bescheids bewirkte Leistung.[726] Die Vermögensverschiebung ist gerechtfertigt, solange der Bescheid wirksam ist.[727] Im Fall der Überzahlung auf einen fehlerhaften Vorauszahlungsbescheid entsteht der Erstattungsanspruch daher erst, wenn die dem materiellen Recht entgegengesetzte Festsetzung aufgehoben wird.[728] Insoweit ist die Festsetzung der Jahresteuer maßgeblich, weil sich in diesem Zeitpunkt der Vorauszahlungsbescheid gemäß § 124 Abs. 2 AO erledigt.

Von der Entstehung ist schließlich die Verwirklichung des Erstattungsanspruchs durch Rückforderung von materiell zu viel entrichteter Steuer zu

---

[719] *Drüen*, in Tipke/Kruse, AO/FGO, § 37 AO, Rn. 42 (135. Lfg. Januar 2014).

[720] *Koenig*, in Koenig, AO, § 37, Rn. 57.

[721] *Koenig*, in Koenig, AO, § 37, Rn. 57

[722] Insoweit instruktiv *Hein*, DStR 1990, 301 (302 ff.) und *Schuster*, in HHSp., AO/FGO Kommentar, § 38 AO, Rn. 73 (185. Lfg. Juni 2005).

[723] *Hein*, DStR 1990, 301 (303); *Ratschow*, in Klein, AO, § 37, Rn. 27.

[724] *Drüen*, in Tipke/Kruse, AO/FGO, § 37 AO, Rn. 35 (135. Lfg. Januar 2014).

[725] *Drüen*, in Tipke/Kruse, AO/FGO, § 37 AO, Rn. 35 (135. Lfg. Januar 2014); *Hein*, DStR 1990, 301 (303); *Schuster*, in HHSp., AO/FGO Kommentar, § 38 AO, Rn. 73 (185. Lfg. Juni 2005).

[726] *Koenig*, in Koenig, AO, § 37, Rn. 51f.

[727] *Koenig*, in Koenig, AO, § 37, Rn. 51.

[728] *Schuster*, in HHSp., AO/FGO Kommentar, § 38 AO, Rn. 74 (185. Lfg. Juni 2005).

unterscheiden.[729] Die Verwirklichung des Steueranspruchs orientiert sich an § 218 Abs. 1 AO. Da eine Rückforderung erst möglich ist, wenn ein ihr entgegenstehender Steuerbescheid aufgehoben oder geändert worden ist[730], kommt es für die Verwirklichung des Erstattungsanspruchs auf den Erlass des Jahressteuerbescheids an, weil erst dieser den Vorauszahlungsbescheid ablöst.[731] Der Vorauszahlungsbescheid ist nämlich im Sinne von § 124 Abs. 2 auf andere Weise erledigt und die geleisteten Vorauszahlungen sind zu diesem Zeitpunkt als Tilgungsleistungen mit der festgesetzten Steuer zu verrechnen.[732] Zu diesem Zeitpunkt steht ein anderslautender Vorauszahlungsbescheid der Geltendmachung des Erstattungsanspruchs nicht mehr entgegen.[733] Da die Abgabenordnung selbst keinen Erstattungsbescheid kennt, ist Grundlage der Verwirklichung von Erstattungsansprüchen der Jahressteuerbescheid.[734] Der Jahressteuerbescheid löst die Erstattung aus, ohne dass es eines gesonderten Erstattungsbescheides bedarf.[735] Der zu erstattende Betrag ergibt sich aus dem Differenzbetrag zwischen dem bereits geleisteten und festgestellten Betrag.[736] Über den Erstattungsanspruch ist schließlich von Amts wegen zu entscheiden.[737] Nur wenn Streit über den Erstattungsanspruch besteht, ergeht ein Abrechnungsbescheid.[738]

(2) Weiterführende Überlegungen zum Erstattungsanspruch gemäß § 37 Abs. 2 AO

Führt man sich nochmals vor Augen, dass die Pflicht zur Vorauszahlung auf einer Ermessens- und Prognoseentscheidung des Finanzamtes beruht und insbesondere keines der Jahressteuergesetze Tatbestände eine Regelung vorsieht, aus der sich die konkrete Höhe der Vorauszahlungsschuld ableiten lässt,[739] sind daraus Rückschlüsse auf die Grundstrukturen des daran anknüpfenden Erstattungsanspruch aus § 37 Abs. 2 AO

---

729 *Drüen*, in Tipke/Kruse, AO/FGO, § 37 AO, Rn. 88 (135. Lfg. Januar 2014); *Schuster*, in HHSp., AO/FGO Kommentar, § 38 AO, Rn. 77 (185. Lfg. Juni 2005).

730 *Ratschow*, in Klein, AO, § 37, Rn. 46.

731 *Ratschow*, in Klein, AO, § 37, Rn. 48.

732 *Rüsken*, in Klein, AO, § 218, Rn. 7.

733 *Ratschow*, in Klein, AO, § 37, Rn. 46.

734 *Loose*, in Tipke/Kruse, AO/FGO, § 218 AO, Rn. 6 (155. Lfg. Februar 2019); *Rüsken*, in Klein, AO, § 218, Rn. 15.

735 BFH vom 21.10.1985, GrS 2/84, BStBl. II 1986, 207 (212).

736 *Ratschow*, in Klein, AO, § 218, Rn. 5.

737 *Drüen*, in Tipke/Kruse, AO/FGO, § 37 AO, Rn. 97 (135. Lfg. Januar 2014); *Koenig*, in Koenig, AO, § 218, Rn. 66.

738 *Rüsken*, in Klein, AO, § 218, Rn. 15.

739 *Drüen*, in Tipke/Kruse, AO/FGO, § 38 AO, Rn. 18 (163. Lfg. Januar 2020).

zu ziehen. Wenn die Höhe der Vorauszahlungsschuld mangels konkreter Tatbestandsvoraussetzungen konstitutiv erst durch den Vorauszahlungsbescheid entsteht,[740] beruht der Erstattungsanspruch gleichsam zur Vorauszahlungsschuld auf keinen konkreten Tatbestandsvoraussetzungen. Insoweit ist der Erstattungsanspruch nämlich nur ein Reflex auf die zu hoch geschätzte Vorauszahlungsschuld. Im Kern kommt es beim Zusammenspiel von Vorauszahlungsschuld und Erstattungsanspruch zu einer einfachen Verrechnung von Zahlungsverpflichtungen. Beim Erstattungsanspruch wird nur aufgrund einer zum Teil fehlgehenden Ermessens- und Prognoseentscheidung ein rechnerischer Saldo von entrichteter Steuer und geschuldeter Steuer gebildet. Die Vorauszahlungen werden zwangsläufig an die endgültige Steuerschuld angeglichen, weil die Veranlagung der Vorauszahlungsschuld nur obligatorisch ist.[741] Es besteht eine *gesetzliche Ausgleichsautomatik* zwischen der auflösend bedingten Vorauszahlungsschuld und dem aufschiebend bedingten Erstattungsanspruch.[742] Mit dem Eintritt der – auflösenden und aufschiebenden – Bedingung, also der Steuerfestsetzung, fällt die Vorauszahlungsschuld in Gänze weg. Rechtstechnisch kommt es im Rahmen der Anrechnung von entrichteter Vorauszahlung und festgesetzter Steuerschuld zu einer Art Aufrechnung des Finanzamtes: Die Steuerverwaltung rechnet ihren Steueranspruch auf Grundlage des Jahressteuerbescheids gegen den Erstattungsanspruch auf. [743]

Zwar mag man anführen, dass der Erstattungsanspruch selbst insbesondere mit dem Erfordernis einer Leistung ohne rechtlichen Grund eigene Tatbestandsmerkmale aufweist. Tatsächlich handelt es bei dem Merkmal „ohne Rechtsgrund“ allerdings nur um eine Umkehrung und Berichtigung der Ermessenscheidung des Finanzamtes. Die Schätzung wird von Amts wegen korrigiert. Mit anderen Worten setzt sich die im Ermessen stehende Schätzung – welche selbst auf keinen konkreten Tatbestandsvoraussetzungen beruht – im Rahmen des Merkmals „ohne Rechtsgrund“ fort. Wenn die Ausgangsentscheidung über die Vorauszahlungsschuld ohne Tatbestandsvoraussetzungen allein aufgrund Ermessenserwägungen ergeht, gilt vergleichbares für ihre Umkehrung und Berichtigung im Rahmen des Erstattungsanspruchs. Insoweit ist zu schlussfolgern, dass sich der Erstattungsanspruch maßgeblich aus einer Fehleinschätzung des Finanzamtes ergibt: Der Erstattungsanspruch umfasst nämlich denjenigen Betrag, um

---

740 *Drüen*, in Tipke/Kruse, AO/FGO, § 38 AO, Rn. 18 (163. Lfg. Januar 2020).

741 *Söhn*, Steuerrechtliche Folgenbeseitigung durch Erstattung, S. 145.

742 *Söhn*, Steuerrechtliche Folgenbeseitigung durch Erstattung, S. 145 f.

743 *v. Canstein*, Der Erstattungsanspruch im Steuerrecht, S. 116; *Söhn*, FR 1970, 263 (265).

den das Finanzamt die Schätzung zu hoch angesetzt hat. In dieser Höhe ergeht dann ein ausgleichender Erstattungsanspruch.

Vergleicht man diesen Umstand mit dem Entstehen der Einkommensteuer, welche auf der fortdauernden Verwirklichung der Besteuerungsgrundlagen aus § 2 Abs. 1 EStG beruht, gibt es derartige Tatbestandsmerkmale beim Erstattungsanspruch nicht. Soweit der Einkommensteuertatbestand einzelne materiell-rechtliche Tatbestandsvoraussetzungen aufweist, die an Marktvorgänge – wie beispielsweise die gewerbliche Vermietung von Wohnraum anknüpfen – werden im Rahmen des Erstattungsanspruchs nur rechtsgrundlos entrichtete Zahlungen durch Bildung eines Saldos ausgeglichen. Ein besteuerungswürdiger Lebenssachverhalt liegt dem Erstattungsanspruch in Abgrenzung zum Einkommensteuertatbestand nicht zugrunde, wenn bloß Geldleistungen miteinander verrechnet werden. Ein *Atomisieren* einzelner Besteuerungsgrundlagen ist nicht möglich, da es allein auf die rechnerische Feststellung ankommt, ob die Jahressteuer die Vorauszahlungsschuld übersteigt.

In gewisser Weise ist das Entstehen des Erstattungsanspruchs gemäß § 37 Abs. 2 AO wegen der reflexartigen *Ausgleichautomatik*[744] von Jahressteuer- und Vorauszahlungsschuld vergleichbar mit der zivilrechtlichen bereicherungsrechtlichen Abwicklung von beiderseits ausgeführten gegenseitigen nichtigen Verträgen gemäß §§ 812, 818 Abs. 3 BGB. In dieser Fallgestaltung wendet die Rechtsprechung die sogenannte Saldotheorie wie folgt an:[745] Obwohl sich am Beispiel eines nichtigen, ausgeführten Kaufvertrages dem Grunde nach zwei selbständige Kondiktionsansprüche gegenüberstehen,[746] soll nur ein einheitlicher Anspruch auf Ausgleich aller mit der Vermögensverschiebung zurechenbar zusammenhängenden Vorgänge in Höhe des sich dabei ergebenden Saldos bestehen.[747] Gleichartige

---

744 *Söhn*, Steuerrechtliche Folgenbeseitigung durch Erstattung, S. 145.

745 BGH, Urteil vom 14.07.2000, V ZR 82/99, BGHZ 145, 52 (54); BGH vom 20.03.2001, XI ZR 213/00, BGHZ 147, 152 (157); *Schwab*, in MünchKomm, BGB, § 818, Rn. 241.

746 So die reine vom Wortlaut ausgehende Zweikondiktionenlehre: Am Beispiel des Kaufvertrages kann der Verkäufer vom Käufer die Rückgewähr des Gegenstandes verlangen. Dem Käufer steht ein Anspruch auf Rückzahlung des Kaufpreises zu.

747 Die Anwendung der Zweikondiktionenlehre führt zu unbilligen Ergebnissen, wenn sich beispielsweise der Käufer auf § 818 Abs. 3 BGB berufen kann, weil der Kaufgegenstand bei ihm unverschuldet untergegangen ist. In diesem Fall hätte der Verkäufer wegen § 818 Abs. 3 BGB keinen Anspruch auf Wertersatz gemäß §§ 812, 818 Abs. 2 BGB gegen den Käufer. Der Käufer indes hätte einen Anspruch auf Herausgabe des Geldes gemäß § 812 Abs. 1 BGB. Damit würde in dieser Situation der Verkäufer das Risiko des zufälligen Untergangs tragen, obwohl die Sachherrschaft beim Käufer liegt.

Leistungen sind automatisch – ohne dass es einer Aufrechnung bedarf – als unselbständige Rechnungsposten gegeneinander zu verrechnen.[748] Nach Verrechnung besteht nur ein bereicherungsrechtlicher Anspruch, der demjenigen zusteht, zu dessen Gunsten ein Überschuss verbleibt.[749] Im Vergleich zum Erstattungsanspruch stellen die Vorauszahlungsschuld und die Jahressteuer eben solche *unselbständige Berechnungsposten* dar. Wie die Bereicherungsansprüche sind die Vorauszahlung- und Jahressteuerschuld nur obligatorisch und zwangsläufig miteinander zu verrechnen.

Sicherlich basieren die bereicherungsrechtliche Saldotheorie zu §§ 812, 818 Abs. 3 BGB und der Erstattungsanspruch gemäß § 37 Abs. 2 AO bei überbezahlter Vorauszahlung auf unterschiedlichen Zwecken und Hintergründen. Jedoch sind die Voraussetzungen der beiden Ansprüche dahingehend miteinander vergleichbar, dass ihre Entstehung allein auf der Bildung eines Saldos beruht und nicht an die Verwirklichung von an Lebenssachverhalten orientierten materiell-rechtlichen Tatbestandsvoraussetzungen geknüpft ist. In beiden Fällen werden zur Bildung eines schlussendlichen Anspruchs vorausgehende und wechselseitige Ansprüche gegeneinander aufgehoben.

(3) Der Erstattungsanspruch gemäß § 37 Abs. 2 AO bei Steuervorauszahlungen im Gefüge der Aufrechnung in der Insolvenz

Soweit der Erstattungsanspruch gemäß § 37 Abs. 2 AO nach steuerrechtlichen Grundsätzen mit Zahlung aufschiebend bedingt entstanden sowie nach der materiellen Rechtsgrundtheorie mit dem Ende des Besteuerungszeitraums und nach der formellen Rechtsgrundtheorie mit Erlass des Jahressteuerbescheids vollständig entstanden ist, ist diese steuerrechtliche Einordnung für insolvenzrechtliche Zwecke nur bedingt von Bedeutung. Für die insolvenzrechtliche Zuordnung des Erstattungsanspruchs ist von geringerer Relevanz, unter welchen Voraussetzungen der Steuerpflichtige vom Finanzamt Erstattung verlangen kann. Im Wesentlichen stellen sich zwei davon abweichende, originär insolvenzrechtliche Fragen, bei denen jedoch inzident auf die steuerrechtlichen Erkenntnisse zurückzugreifen ist. Vornehmlich geht es um die Fragen, wann einerseits der Erstattungsanspruch gemäß § 35 InsO zur Insolvenzmasse „gehört“ und der

[748] BGH, Urteil vom 14.07.2000, V ZR 82/99, BGHZ 145, 52 (54); BGH vom 20.03.2001, XI ZR 213/00, BGHZ 147, 152 (157).

[749] BGH, Urteil vom 14.07.2000, V ZR 82/99, BGHZ 145, 52 (54); BGH vom 20.03.2001, XI ZR 213/00, BGHZ 147, 152 (157).

Insolvenzverwalter den überbezahlten Betrag zur Masse ziehen kann[750] und andererseits, wann das Finanzamt für Zwecke der Aufrechnung in der Insolvenz gemäß § 96 Abs. 1 Nr. 1 InsO etwas zur Insolvenzmasse „schuldig geworden" ist. Für insolvenzrechtliche Zwecke geht es also maßgeblich um die Auslegung der Begriffe „gehören" gemäß § 35 InsO und „schuldig werden" gemäß § 96 Abs. 1 Nr. 1 InsO. Zu beachten ist, dass die Fragestellungen um § 35 und § 96 InsO miteinander verzahnt sind: Bei § 35 InsO geht es isoliert nur um die Frage, wann ein Erstattungsanspruch zur Insolvenzmasse gehört. Mit anderen Worten ist zu klären, ob die Insolvenzmasse bereits ein Zugriffsrecht auf diesen Anspruch hat und dieser zur Masse zu ziehen ist. Mit Blick auf § 96 Abs. 1 Nr. 1 InsO stellt sich die vergleichbare Frage, wann das Finanzamt den Erstattungsanspruch schuldig wird. Es geht also ebenfalls darum, wann der Erstattungsanspruch der Insolvenzmasse zusteht und wann der Anspruch im insolvenzrechtlichen Sinne begründet ist. Hinsichtlich beider Begriffe ist im Ergebnis zu ergründen, wann der Erstattungsanspruch wertungsmäßig dem Insolvenzschuldner beziehungsweise der Insolvenzmasse zusteht.

Entsprechend dieser gesetzlichen Systematik verwendet die Rechtsprechung sowohl für Belange des § 35 InsO als auch für Fragen des § 96 Abs. 1 Nr. 1 InsO die gleichen Grundsätze, um den Erstattungsanspruch gemäß § 37 Abs. 2 AO insolvenzrechtlich einzuordnen. Wie gesehen, hat der VIII. Senat im Urteil vom 22.05.1979[751] den Grundstein für die rechtliche Behandlung eines steuerrechtlichen Erstattungsanspruchs in der Insolvenz gelegt. Aus Sicht des VIII. Senats war der Erstattungsanspruch insolvenzrechtlich begründet und dem Vermögen des Schuldners zuzuweisen, sobald der Insolvenzschuldner die Vorauszahlung geleistet hat.[752] Denn mit der Zahlung bestehe ein aufschiebend bedingter Anspruch, der seinem Wesen nach verwirklicht sei.[753] Der Anspruch hänge davon ab, dass die Summe der geleisteten Vorauszahlungen geringer sei als die geschuldete Steuer.[754] Insoweit erlangt der Insolvenzschuldner mit Zahlung bereits

---

750 So beispielsweise im Urteil des BFH vom 22.05.1979, VIII R 58/77, BStBl. II 1979, 639.

751 BFH vom 22.05.1979, VIII R 58/77, BStBl. II 1979, 639.

752 BFH vom 22.05.1979, VIII R 58/77, BStBl. II 1979, 639 (640).

753 BFH vom 22.05.1979, VIII R 58/77, BStBl. II 1979, 639 (640).

754 BFH vom 22.05.1979, VIII R 58/77, BStBl. II 1979, 639 (640).

eine Anwartschaft auf den am Ende des Veranlagungszeitraums entstehenden Erstattungsanspruchs.[755]

Dieser Auslegung zur inhaltlichen Konkretisierung der Insolvenzmasse gemäß § 35 InsO hat sich der VII. Senat für die Aufrechnungssystematik der §§ 94 ff. InsO folgendermaßen angeschlossen:[756] Da der Erstattungsanspruch des Steuerpflichtigen aus §§ 36 Abs. 4 S. 2 EStG, 37 Abs. 2 AO im Fall der Insolvenz als Teil des Schuldnervermögens (§ 35 Abs. 1 InsO) in die Insolvenzmasse fällt, kann der Steuergläubiger gegen diese Forderung nach Maßgabe der § 226 AO, §§ 387 ff. BGB, §§ 94 ff. InsO in der Insolvenz die Aufrechnung erklären. Maßgeblich geht es dabei – wie gesehen – um die Auslegung des § 96 Abs. 1 Nr. 1 InsO und die Frage, zu welchem Zeitpunkt der Steuergläubiger den Erstattungsanspruch aus der überbezahlten Steuer schuldig ist und mithin der Insolvenzmasse zusteht. Liegt dieser Zeitpunkt vor Insolvenzeröffnung, ist der Steuergläubiger befugt, mit einer ihm gebührenden Forderung gegen den Erstattungsanspruch aufrechnen. Wirtschaftlich betrachtet, ist dieser Umstand für den Steuergläubiger vorteilhaft, weil dadurch eine nur quotal zu befriedigende Insolvenzforderung zumindest in Höhe des dem Insolvenzschuldner zustehenden Erstattungsanspruch vollständig befriedigt wird.[757] Steht der Insolvenzmasse der Erstattungsanspruch erst nach Verfahrenseröffnung zu, scheitert eine Aufrechnung des Fiskus an § 96 Abs. 1 Nr. 1 InsO, weil in diesem Fall der Insolvenzgläubiger – das Finanzamt – erst nach Insolvenzeröffnung etwas zur Insolvenzmasse schuldig geworden ist. In gefestigter Rechtsprechung wird das Finanzamt den Erstattungsanspruch im Sinne des § 96 Abs. 1 Nr. 1 InsO im Zeitpunkt der Vorauszahlung schuldig.[758] Unbeachtlich ist daher der Zeitpunkt des Entstehens des Erstattungsanspruchs gemäß § 38 AO i.V.m. § 36 Abs. 1 EStG zum Ende des Besteuerungszeitraums (materielle Rechtsgrundtheorie) oder mit Festsetzung der Jahressteuer (formelle Rechtsgrundtheorie).

---

[755] BFH vom 22.05.1979, VIII R 58/77, BStBl. II 1979, 639 (640); *Peters*, in MünchKomm, InsO, § 35, Rn. 468.

[756] BFH vom 21.09.1993, VII R 119/91, BStBl. II 1994, 83 (84); BFH vom 17.04.2007, VII R 27/06, BStBl. II 2009, 589 (590); BFH vom 31.01.2008, VII B 119/07, BFH/NV 2008, 822 (823).

[757] *Frotscher/Schulze*, in Gottwald/Haas, Insolvenzrechts-Handbuch, § 45, Rn. 115.

[758] BFH vom 18.10.2015, VII R 29/14, NZI 2016, 228 (229); BFH vom 15.10.2019, VII R 31/17, VII R 31/17, DStRE 2020, 423 (424 f.); BFH vom 27.02.2020, V R 28/19, BFH/NV 2020, 1275 (1277).

cc) Die Rechtsprechungsänderung des Bundesfinanzhofes vom 25.07.2012, VII R 29/11 im Widerspruch zur Einordnung des Erstattungsanspruchs gemäß § 37 Abs. 2 AO?

(1) Einführung

Normative Grundlage für die Kasuistik zur Einordnung des Erstattungsanspruchs ist der § 96 Abs. 1 Nr. 1 InsO samt dem Tatbestandsmerkmal des Schuldigwerdens. Die Auslegung dieses Merkmals prägte der VII. Senat des Bundesfinanzhofes.[759] Ursprünglich war er der Ansicht, dass das Finanzamt einen Steueranspruch schuldig wird, wenn der zugrundeliegende zivilrechtliche Sachverhalt verwirklicht ist. Diese Grundsätze hat der VII. Senat mit der Entscheidung vom 25.07.2012 aufgegeben: Für das Schuldigwerden sei nunmehr die Verwirklichung des materiellrechtlichen Tatbestandes maßgeblich. Entsprechend ordnete der VII. Senat die Berichtigungstatbestände der §§ 14c Abs. 2, 17 Abs. 1 und 2 UStG und § 16 Abs. 1 GrEStG auf Grundlage der neu entwickelten Grundsätze insolvenzrechtlich ein. Mit Blick auf den steuerrechtlichen Erstattungstatbestand gemäß § 37 Abs. 2 AO und seiner insolvenzrechtlichen Einordnung verblieb es jedoch bei der Maßgeblichkeit der Zahlung auf die Vorauszahlungsschuld und dem Entstehen eines aufschiebend bedingten Anspruchs. Im Ergebnis kommt dem Erstattungsanspruch eine Sonderrolle zu, weil bei dessen insolvenzrechtlicher Einordnung das Entstehen eines aufschiebend bedingten Anspruchs genügt und bei den übrigen Fallgruppen die vollständige Verwirklichung des Tatbestandes erforderlich ist.

Es stellt sich daher Frage, wie diese Sonderrolle im Rahmen von schriftlichen Urteilsgründen widerspruchsfrei darzustellen ist, wenn es im Ausgangspunkt um die Auslegung und Anwendung derselben Vorschrift geht, namentlich des § 96 Abs. 1 Nr. 1 InsO. Zu untersuchen ist, ob sich die Grundsätze zum steuerrechtlichen Erstattungsanspruch widerspruchsfrei und ohne Bruch unter die neu entwickelten Grundsätze des Schuldigwerdens einfügen. Vor diesem Hintergrund ist das Verhältnis der normkonkretisierenden Obersätze zu betrachten. Um dieser Frage nachzugehen, ist der Blick auf drei Entscheidungen zu werfen, in denen der VII. Senat des

[759] Zum Verlauf der Rechtsprechung D., II., 2.

Bundesfinanzhofes[760] und das Finanzgericht Köln[761] einen steuerrechtlichen Erstattungsanspruch daraufhin überprüft, ob das Finanzamt mit einer ihr gebührenden Forderung die Aufrechnung erklären kann.

An dieser Stelle sei angemerkt, dass sich die hiesige Anmerkung allein auf die formale, für den Rechtsanwender gegenwärtige Rechtslage bezieht. Maßgeblicher Untersuchungsgegenstand ist die Folgerichtigkeit der Rechtsprechung. Unberührt bleibt die Frage, ob die Beibehaltung der ständigen Rechtsprechung zur insolvenzrechtlichen Einordnung des Erstattungsanspruchs ein vorzugswürdiges Auslegungsergebnis darstellt. Die folgenden Erörterungen stellen nicht die Forderung auf, dass die Rechtsprechung zum steuerlichen Erstattungsanspruch abzuändern sei. Die Kritik bezieht sich allein auf eine etwaig fehlende Konsequenz in der Argumentation.

(2) Ein fallgruppenbezogener Begründungsansatz zur Vermeidung von Widersprüchen

Betrachtet man die Entscheidungsgründe der drei Urteile zur Einordnung des steuerrechtlichen Erstattungsanspruchs, ist ein einheitliches Begründungsmuster zu beobachten. Die Entscheidungsgründe eint, dass sie nicht den *einen* allgemeinen, immer feiner werdenden, normkonkretisierenden Obersatz aufweisen, welcher auf Ebene der Subsumtion auf den Einzelfall angewandt wird. So wäre es beispielsweise denkbar, von der maßgeblichen Vorschrift des § 96 Abs. 1 Nr. 1 InsO ausgehend, grundsätzliche Erwägungen anzustellen, unter welchen Voraussetzungen der Steuergläubiger einen Erstattungsanspruch schuldig wird. Im Gegensatz zu dieser Vorgehensweise verwendet die Rechtsprechung vielmehr *zwei* voneinander abweichende Obersätze. Die Rechtsprechung stellt die Grundsätze zum Schuldigwerden gemäß § 96 Abs. 1 Nr. 1 neben denen zur Einordnung eines Erstattungsanspruchs. Insoweit werden zunächst die

[760] In der Entscheidung des BFH vom 18.10.2015, VII R 29/14, ZInsO 2015, 244 beruht der Erstattungsanspruch auf vor Insolvenzeröffnung gezahlten Umsatzsteuern. Nach Insolvenzeröffnung stellte sich jedoch aufgrund einer Entscheidung des Europäischen Gerichtshofs heraus, dass die versteuerten Spielautomatenumsätze als steuerfrei zu behandeln sind.
Demgegenüber resultierte der Erstattungsanspruch in der Entscheidung des BFH vom 15.10.2019, VII R 31/17, VII R 31/17, DStRE 2020, 423 aus der fehlerhaften Annahme, die Insolvenzschuldnerin sei Teil einer umsatzsteuerlichen Organgesellschaft. Infolge der fehlerhaften Annahme sind ihre Umsätze besteuert und die entsprechende Umsatzsteuer vor Insolvenzeröffnung entrichtet worden.

[761] FG Köln vom 11.12.2019, 14 K 1702/19, ZInsO 2020, 2049.

allgemeinen Rechtssätze des Schuldigwerdens vorgangestellt, wonach es mit der Rechtsprechungsänderung aus dem Jahr 2012 auf die Verwirklichung des materiell-rechtlichen Tatbestand ankommt. Einen Absatz später folgen – ohne entsprechende Überleitung – die Grundsätze zur Einordnung des Erstattungsanspruchs. Hierzu wird ausgeführt, dass der Erstattungsanspruch im Zeitpunkt der Zahlung bereits einen aufschiebend bedingten Anspruch darstellt. Im Anschluss an die Darstellung sollen – so die Rechtsprechung – die Grundsätze zum Schuldigwerden für den besonderen Fall der Einordnung eines Erstattungsanspruchs nicht zur Anwendung gelangen. Im Ergebnis wird sich in den drei Entscheidungen zwar zunächst inhaltlich dazu bekannt, dass das Schuldigwerden gemäß § 96 Abs. 1 Nr. 1 InsO mit der Rechtsprechungsänderung aus dem Jahr 2012 nach Maßgabe der Verwirklichung des materiell-rechtlichen Tatbestandes auszulegen ist. Anschließend wird – in einem separaten Absatz – die ständige Rechtsprechung zur Einordnung des Erstattungsanspruchs bestätigend wiedergegeben, wonach das Vorliegen eines aufschiebend bedingten Anspruchs für das Schuldigwerden genüge.

Um nun die sich widersprechenden Grundsätzen miteinander in Einklang zu bringen, sind die Urteilsgründe nicht normativ Anhang von § 96 InsO strukturiert. Vielmehr bildet die Rechtsprechung – zur Vermeidung von Widersprüchen – Fallgruppen. Insoweit ist maßgebliches Begründungselement für die Ungleichbehandlung des Erstattungsanspruchs und dafür, dass die allgemein gültigen Grundsätze des Schuldigwerdens – die vollständigen Verwirklichung des materiell-rechtlichen Tatbestandes – nicht zur Anwendung gelangen, eine fehlende Vergleichbarkeit des Erstattungsanspruchs mit den Berichtigungstatbeständen. Der Erstattungsanspruch weiche von den §§ 14c, 17 UStG und § 16 GrEStG so sehr ab, dass er nicht nach vergleichbaren Grundsätzen einzuordnen sei.

Soweit die Rechtsprechung in den Entscheidungsgründen zwar verdeutlicht, dass die insolvenzrechtlichen Grundsätze zum Schuldigwerden für den Erstattungsanspruch unbeachtlich sein sollen, bleibt aber unbeantwortet, welche Grundsätze an dessen Stelle Anwendung finden. Offen ist also die Frage, nach welchen allgemein gültigen Rechtssätzen hinsichtlich des Schuldigwerdens die Einordnung eines Erstattungsanspruchs erfolgt. Wenn die Rechtsprechung nur eine Aussage dazu trifft, dass die allgemeinen Erwägungen zum Schuldigwerden in Abgrenzung zu den Berichtigungstatbestände für den Erstattungsanspruch keine Anwendung finden sollen, fehlt eine Aussage dazu, was – aus normativer und nicht fallgruppenbezogener – Sicht die maßgeblichen Rechtsgrundsätze des Schuldigwerdens sind. Da der zitierte Obersatz der Rechtsprechungsänderung aus dem Jahr

2012 nicht maßgeblich sein soll und darüber hinaus keine weiteren Konkretisierungen zum Schuldigwerden erfolgen, ist den Urteilsbegründungen im Ergebnis nicht zu entnehmen, in welchem Verhältnis das Schuldigwerden zur insolvenzrechtlichen Einordnung des Erstattungsanspruchs steht. In den Urteilsgründen fehlt daher der für die Einordnung des Erstattungsanspruchs relevante Obersatz hinsichtlich des Schuldigwerdens. Letztlich steht – unter Zugrundelegung dieser Bestandsaufnahme – die Fallgruppe des Erstattungsanspruchs samt seiner in sich geschlossenen Überlegungen zum aufschiebend bedingtem Entstehen ohne normativen Anknüpfungspunkt im System der Aufrechnung. Losgelöst von den normativen Anforderungen des § 96 Abs. 1 Nr. 1 InsO, nimmt er eine Sonderrolle ein.

Fehlen mithin unmittelbare Ausführungen zum Verhältnis von § 96 Abs. 1 Nr. 1 InsO und der Einordnung des Erstattungsanspruch, lassen sich dennoch Grundaussagen zum dahinterstehenden Verständnis des Schuldigwerdens aus einzelnen Begründungselementen herausfiltern. Aus einzelnen Begründungselementen ist darauf zu schließen, dass diejenigen Grundsätze zum Schuldigwerden zum Zweck der Einordnung eines Erstattungsanspruchs gelten sollen, die vor der Rechtsprechungsänderung aus dem Jahr 2012 Anwendung fanden. In der Entscheidung vom 18.10.2015 führt der Bundesfinanzhof nämlich aus, dass das Aufrechnungsverbot nach § 96 Abs. 1 Nr. 1 InsO nicht besteht, wenn die Forderung „ihrem Kern nach" bereits vor der Eröffnung des Insolvenzverfahrens begründet ist. Hierzu verweist der VII. Senat auf seine Rechtsprechung aus dem Jahr 2007[762] und die diesbezüglich geltenden Rechtssätze. In der Entscheidung vom 15.10.2019 formuliert der VII. Senat zur Einordnung des Erstattungsanspruchs wie folgt: *„Die verfahrensrechtliche Festsetzung des Erstattungsanspruchs […] ist nicht maßgeblich. Es ist insolvenzrechtlich ausreichend, dass der Sachverhalt, der zu der Entstehung des Erstattungsanspruchs führt, verwirklicht ist.*"[763] Es wird auf Rechtsprechung verwiesen, die vor dem Grundsatzurteil aus dem Jahr 2012 ergangen ist.[764] Ähnlich ist mit dem Finanzgericht Köln der Erstattungsanspruch begründet, wenn der „Lebenssachverhalt" verwirklicht ist. Die von der Rechtsprechung bemühten Begründungselemente des inneren Kerns, des maßgeblichen Sach- und Lebenssachverhalt orientieren sich an der ursprünglichen Auslegung zum Schuldigwerden vor der Rechtsprechungsänderung. Überdies wird auf Rechtsprechung verwiesen, in welcher der VII. Senat in

[762] BFH vom 17.04.2007, VII R 27/06, BStBl. II 2009, 589.

[763] BFH vom 15.10.2019, VII R 31/17, DStRE 2020, 423 (424 f.).

[764] BFH vom 05.10.2004, VII R 69/03, BStBl. II 2005, 195; BFH vom 16.11.2004, VII R 75/03, BStBl. II 2006, 193.

ständiger Rechtsprechung eine Steuerforderung als begründet ansah, wenn dessen zivilrechtlicher Sachverhalt verwirklicht ist. Dies lässt im Ergebnis den Schluss zu, dass für den Erstattungsanspruch die ursprünglichen Rechtssätze zur Konkretisierung des Schuldigwerdens gelten sollen, die der VII. Senat vor seiner Rechtsprechungsänderung aus dem Jahr 2012 angewandt hat.

(3) Stellungnahme zum fallgruppenbezogenen Begründungsansatz des VII. Senats

Soweit die Rechtsprechung bemüht ist, durch das Bilden von Fallgruppen einen Widerspruch zu entgehen, ist dies sicherlich ein geeignetes Mittel dafür, Gemeinsamkeiten und Unterschiede herauszuarbeiten. Ein Denken in Fallgruppen verhilft, im Einzelfall Abgrenzungen von ähnlichen und vergleichbaren Sachverhaltskonstellationen zu verdeutlichen. Diese Art der Argumentation kann aber nicht als Rechtfertigung dafür herangezogen werden, eine streitentscheidene Norm im Abstraktum unterschiedlich auszulegen. Anwendungsübergreifende Rechtsgrundsätze sind allgemeingültig zu definieren. Für eine Vielzahl von Fällen ist der Inhalt einer Vorschrift im Abstraktum und im entsprechenden normkonkretisierenden Obersatz einheitlich zu konkretisieren. Dies gilt entsprechend für den § 96 Abs. 1 Nr. InsO und das Tatbestandsmerkmal des Schuldigwerdens. Der Verweis auf eine Diversität der Fallgruppen kann daher im Ergebnis nicht darüber hinwegtäuschen, dass ein und dieselbe Vorschrift unterschiedlich ausgelegt wird: Für die Einordnung von Berichtigungstatbeständen ist das Finanzamt eine Forderung im Sinne des § 96 Abs. 1 Nr. 1 InsO schuldig, wenn der materiell-rechtliche Tatbestand vollständig verwirklicht ist. Den Erstattungsanspruch ist das Finanzamt hingegen schuldig, wenn dessen Kern und Lebenssachverhalt verwirklicht ist. Aufgrund dieser Konkretisierung des § 96 Abs. 1 Nr. 1 InsO wird für Zwecke der Einordnung des Erstattungsanspruch nicht auf sein Entstehen am Jahresende,[765] sondern auf den Zeitpunkt der Zahlung abgestellt. Es ist daher festzustellen, dass der VII. Senat des Bundesfinanzhofes seine Rechtsprechungsänderung aus dem Jahr 2012 nicht konsequent umsetzt.[766] In konsequenter Umsetzung

765 Nach der materielle Rechtsgrundtheorie entsteht der Erstattungsanspruch zum Ende des Besteuerungszeitraums. Mit der formellen Rechtsgrundtheorie ist die Festsetzung der Jahressteuer maßgeblich.

766 *A. Schmidt*, DB 2015, 2724 (2725); *Witfeld*, BB 2020, 2214 (2214). *Kahlert/Kayser/Bornemann*, Perspektiven für eine kohärente und praxisgerechte Verzahnung von Steuer- und Insolvenzrecht, Rn. 574 f. verweisen in ihrer Analyse zur Rechtsprechung des VII. Senats darauf, dass die Rechtsprechungsänderung aus dem Jahr 2012 – der

der Rechtsprechungsänderung müsste der VII. Senat für die Einordnung des Erstattungsanspruchs auf den Zeitpunkt des Entstehens der Jahressteuer am 31.12. beziehungsweise auf den Erlass des Jahressteuerbescheides abstellen.[767]

Die fehlende Umsetzung vollzieht sich vermutlich in dem Bewusstsein einer Folgenbetrachtung:[768] Sofern die geänderte Rechtsprechung konsequent auf den Erstattungsanspruch umgesetzt wird, wäre es dem Finanzamt nicht mehr möglich mit ihr gebührenden Forderungen gegen Erstattungsansprüche aufzurechnen. Da der Erstattungsanspruch – anders als beispielsweise die Berichtigungstatbestände – keine eigenen Tatbestandsvoraussetzungen aufweist, die zu „atomisieren" sind und unterjährig verwirklicht werden, ist nur zwischen zwei Entwicklungsstufen zu unterscheiden. Einerseits gibt es das aufschiebend bedingte Entstehen bei Zahlung. Dieser Umstand ist einzelfallabhängig. In jedem Insolvenzfall stellt sich die Frage neu, wann der Insolvenzschuldner auf die Steuerschuld vorausgezahlt und mithin einen aufschiebend bedingten Anspruch erhalten hat. Andererseits entsteht der Erstattungsanspruch erst vollständig – wenn man der materiellen Rechtsgrundtheorie folgt – zum Jahresende am 31.12.

Würde man nunmehr in konsequenter Anwendung der geänderten Rechtsprechung auf die vollständige Verwirklichung des Tatbestandes abstellen, wäre das Entstehen des Erstattungsanspruch am Jahresende maßgeblich. Dies zugrunde gelegt, würde eine Aufrechnung des Finanzamtes stets an § 96 Abs. 1 Nr. 1 InsO scheitern lassen, weil das Finanzamt den Erstattungsanspruch erst nach Insolvenzeröffnung zur Insolvenzmasse schuldig wird, wenn die Insolvenz unterjährig eröffnet wird. Der Erstattungsanspruch würde stets nach Insolvenzeröffnung im insolvenzrechtlichen Sinne begründet sein. Eine entsprechende Aufteilung des Erstattungsanspruchs wäre wegen der besonderen steuerrechtlichen Entstehungsvoraussetzungen des Erstattungsanspruchs nicht möglich.

Gleichlauf der §§ 38, 96 InsO – für Zwecke der Umsatzsteuer und maßgeblich der ihr zugrundeliegenden unionsrechtlichen Gründen erfolgt sei. Dieser unionsrechtliche Ansatz könne aber für die Einordnung eines Ertragsteuererstattungsanspruch nicht herangezogen werden. Für die Einordnung diesen Anspruchs sei vielmehr maßgeblich, ob der Steueranspruch bei Insolvenzeröffnung nach insolvenzrechtlichen Wertungen bereits auf der Insolvenzmasse lastet.

[767] *Kahlert*, ZIP 2013, 500 (508); *A. Schmidt*, DB 2015, 2724 (2725); *Witfeld*, BB 2020, 2214.

[768] *A. Schmidt*, DB 2015, 2724 (2725).

(4) Zwischenergebnis

Die Sonderrolle des Erstattungsanspruchs beruht auf einer widersprüchlicher Gesetzesauslegung des § 96 Abs. 1 Nr. 1 InsO. Die Berechtigungsansprüche aus §§ 14c, 17 UStG, und § 16 GrEStG, wird das Finanzamt zur Insolvenzmasse schuldig, wenn deren materiell-steuerrechtlicher Tatbestand vollständig verwirklicht ist. Die Einordnung eines Erstattungsanspruchs gemäß § 37 Abs. 2 AO richtet sich demgegenüber nach einem anderen Begriffsverständnis. Das Tatbestandsmerkmal des Schuldigwerdens wird diesbezüglich anders konkretisiert. Den Erstattungsanspruch wird das Finanzamt schuldig, wenn dessen innerer Kern und dessen Lebenssachverhalt verwirklicht ist. Im Ergebnis ist festzustellen, dass der VII. Senat des Bundesfinanzhofs die Vorschrift des § 96 Abs. 1 Nr. 1 InsO widersprüchlich anwendet. Der VII. Senat setzt seine Rechtsprechungsänderung aus dem Jahr 2012[769] nicht konsequent um. Bezüglich eines Steuererstattungsanspruchs vollzieht der VII. Senat die steuerrechtliche Interpretation der insolvenzrechtlichen Forderungszuordnung nicht nach. Der VII. Senat ordnet den Erstattungsanspruch weiterhin nach zivilrechtlichen, wertenden Grundsätzen dem Schuldnervermögen zu. Streng genommen wäre der VII. Senat gezwungen, die gefestigte Rechtsprechung für die insolvenzrechtliche Begründetheit des Erstattungsanspruchs zu ändern. Für die insolvenzrechtliche Begründetheit und die entsprechende Vermögenszuweisung zum Schuldnervermögen käme es dann nicht mehr auf den Zeitpunkt der Zahlung an, sondern auf das Entstehen der Steuer am Jahresende an.

Soweit die streitentscheidende Vorschrift des § 96 Abs. 1 Nr. 1 InsO im Abstraktum unterschiedlich ausgelegt wird, ist dieser Umstand zu kritisieren. Für sich genommen ist eine Vorschrift auf normkonkretisierender Ebene allgemeingültig und einheitlich auszulegen. Eine Abgrenzung anhand von Fallgruppen – wie es die Rechtsprechung vorsieht – bietet sich erst an, wenn das abstrakte Normverständnis einheitlich konkretisiert ist, um auf Subsumtionsebene Gemeinsamkeiten und Unterschiede zu verdeutlichen.

---

[769] BFH vom 25.07.2012, VII R 29/11, BStBl. II 2013, 36.

dd) Ein Zwang zur Ungleichbehandlung von steuerrechtlichem Erstattungsanspruch und Berichtigungstatbestand?

(1) Einführung

Fortan ist der Frage nachzugehen, ob über den Gesichtspunkt einer unterschiedlichen abstrakten Konkretisierung des Schuldigwerdens ein zusätzlicher Kritikpunkt darin besteht, dass der VII. Senat die Fallgruppen der Berichtigungstatbestände und der Erstattungsansprüche zu Unrecht unterschiedlich betrachtet. Bei der bisherigen Betrachtung blieb außer Betracht, mit welcher Argumentation Erstattungs- und Berichtigungsansprüche von der Rechtsprechung als jeweils unabhängige und unterschiedlich zu behandelnde Fallgruppen angesehen werden. Soweit der VII. Senat diesbezüglich darauf verweist, dass die Rechtsprechung zu §§ 14c, 17 UStG, und § 16 GrEStG auf den Fall eines Erstattungsanspruchs nach § 37 Abs. 2 AO aufgrund zu hoher beziehungsweise materiell-rechtlich nicht geschuldeter Vorauszahlungen nicht anwendbar sei,[770] ist dieser Begründungssatz näher zu überprüfen. Hierzu ist ähnlich zu den Ausführungen zur Gesellschafterhaftung in der Insolvenz gemäß §§ 128, 160 HGB zu fragen, ob die Fallvarianten so unterschiedlich sind, dass eine Ungleichbehandlung gerechtfertigt ist. Maßgeblicher Untersuchungsgegenstand soll wiederum der teleologische Sinnzusammenhang des Gesetzes sein. Es ist also zu ergründen, ob die Regelungsbereiche von Erstattungs- und Berichtigungsanspruch so miteinander verbunden sind und einen inneren Zusammenhang zueinander aufweisen, dass eine Gleichbehandlung respektive Ungleichbehandlung in der Insolvenz folgerichtig wäre.

Für diese Betrachtung sind zunächst die Regelungsmaximen der §§ 14c, 17 UStG und § 16 GrEStG abstrakt darstellen, um sie anschließend mit denen des Erstattungsanspruchs aus § 37 Abs. 2 AO ins Verhältnis zu setzen. Im Rahmen dieser vergleichenden Betrachtungsweise sind Gemeinsamkeiten und Unterschieden herauszuarbeiten.

(2) Die Prämissen der Berichtigungstatbestände

(a) Die Berichtigung der Umsatzsteuer nach § 17 Abs. 2 UStG

Gemäß § 17 Abs. 2 Nr. 1 i.V.m. § 17 Abs. 1 S. 1 UStG hat der leistende Unternehmer einen Steuerbetrag zu berichtigen, wenn das vereinbarte Entgelt für eine steuerpflichtige Leistung uneinbringlich wird. Veräußert beispielsweise ein Großhändler eine Ware an einen Zwischenhändler, stellt dies eine umsatzsteuerpflichtige Lieferung gemäß § 1 Abs. 1 Nr. 1 UStG

[770] BFH vom 15.10.2019, VII R 31/17, DStRE 2020, 423 (424).

dar. Die Höhe dieser Umsatzsteuerpflicht richtet sich nach dem Entgelt, § 10 Abs. 1 UStG. Soweit sich im Rahmen der Soll-Besteuerung die Höhe der Umsatzsteuerpflicht zunächst an der geschuldeten und noch nicht vereinnahmten Gegenleistung bemisst, erfolgt nach § 17 Abs. 2 i.V.m. 17 Abs. 1 UStG eine Korrektur, wenn die letztlich vereinnahmte Gegenleistung hinter dem vereinbarten Betrag zurückbleibt.[771] Eine entsprechende Korrektur ist beispielsweise vorzunehmen, wenn über das Vermögen des Zwischenhändlers das Insolvenzverfahren eröffnet wird. Soweit der Zwischenhändler zu diesem Zeitpunkt die Gegenleistung für die Ware nicht beglichen hat, wird die Forderung des Großhändlers uneinbringlich.[772] Mit der Insolvenzeröffnung ist die Forderung nämlich nicht mehr durchsetzbar.[773] § 17 Abs. 2 UStG bewirkt, dass die Umsatzsteuer nach der tatsächlich erhaltenen Gegenleistung erhoben wird.[774] § 17 Abs. 2 UStG ist das notwendige Korrektiv zur Steuerentstehung nach dem Soll-Prinzip, weil die Steuer bereits mit Ablauf des Voranmeldezeitraums entsteht, in welchem die Leistung ausgeführt worden ist, ohne dass es auf die Vereinnahmung der Gegenleistung ankommt, § 13 Abs. 1 Nr. 1 a UStG.[775] Da gemäß § 17 Abs. 1 S. 8 UStG die Berichtigung für den Besteuerungszeitraum vorzunehmen ist, in dem die Änderung der Bemessungsgrundlage eingetreten ist, lässt die Regelung den ursprünglich entstandenen Steueranspruch selbst unberührt.[776] § 17 UStG zieht nur ex nunc Folgerungen aus einer nachträglichen Änderung der Bemessungsgrundlage.[777] Die Berichtigung knüpft nicht an die Entstehung des Steueranspruchs nach § 13 UStG an.[778]

---

771 *Kessens*, in Offerhaus/Söhn/Lange, UStG, § 17, Rn. 7 (324. Lfg. Juni 2020).

772 Mit der Rechtsprechung liegt Uneinbringlichkeit vor, wenn der Anspruch auf Entrichtung des Entgelts nicht erfüllt wurde und bei objektiver Betrachtung damit zu rechnen ist, dass der Leistende die Entgeltforderung ganz oder teilweise auf absehbare Zeit rechtlich oder tatsächlich nicht durchsetzen kann. BFH vom 11.07.2013, XI B 41/13, NZI 2013, 992 (994).

773 BFH vom 13.11.1986, V R 59/79, BStBl. II 1987, 226 (228); BFH vom 16.07.1987, V R 80/82, BStBl. II 1987, 691 (692).

774 *Huschens*, in Schwarz/Widmann/Radeisen, UStG, § 17, Rn. 13 und 27 (224. Lfg. November 2021); *Kessens*, in Offerhaus/Söhn/Lange, UStG, § 17, Rn. 1 (324. Lfg. Juni 2020); *Korn*, in Bunjes, UStG, § 17, Rn. 7; *Stadie*, in Stadie, UStG, § 17, Rn. 47.

775 *Korn*, in Bunjes, UStG, § 17, Rn. 1; *Stadie*, in Stadie, UStG, § 17, Rn. 47.

776 *Huschens*, in Schwarz/Widmann/Radeisen, UStG, § 17, Rn. 14 und 37 (224. Lfg. November 2021); *Stadie*, in Rau/Dürrwächter, UStG, § 17, Rn. 41 (191. Lfg. Januar 2021).

777 *Huschens*, in Schwarz/Widmann/Radeisen, UStG, § 17, Rn. 13 (224. Lfg. November 2021); *Stadie*, in Rau/Dürrwächter, UStG, § 17, Rn. 64 (191. Lfg. Januar 2021).

778 *Huschens*, in Schwarz/Widmann/Radeisen, UStG, § 17, Rn. 37 (224. Lfg. November 2021).

Mit anderen Worten enthält § 17 UStG die (Berichtigungs-) Pflicht, die nach § 16 UStG vorgenommene Steuerberechnung mit Wirkung für die Zukunft abzuändern.[779] Insoweit hat die Vorschrift den Charakter einer Änderungsvorschrift eigener Art und stellt gegenüber den Korrekturvorschriften einen eigenständigen materiell-rechtlichen Berichtigungstatbestand dar.[780] § 17 UStG regelt einen eigenen Berichtigungsanspruch, an denen sich besondere Rechtsfolgen knüpfen, denen keine Rückwirkung hinsichtlich des ursprünglichen Steueranspruchs zukommt.[781] Die bisherige Steuerfestsetzung bleibt von § 17 UStG unberührt.[782] Im Fall des § 17 UStG entsteht zwar ein steuerverfahrensrechtlich selbständiger Anspruch, der jedoch seinem Wesen nach einen kompensatorischen Charakter aufweist, indem er die ursprünglich vorgenommene Besteuerung ausgleicht und die damals für ein bestimmtes Ereignis erhobene Steuer aufgrund eines späteren, entgegengesetzten Ereignisses zurückführt.[783] Der kompensatorische Charakter des § 17 UStG zeigt sich daran, dass zwischen der ursprünglich begründeten Steuerforderung und der nachfolgenden Berichtigung ein gewisser enger Zusammenhang besteht: So lässt das Steuerrecht nämlich den Steueranspruch zunächst entstehen, bevor der eigentliche Belastungsgrund – Vereinnahmung des Entgelts – eingetreten ist.[784] Zum Ausgleich für diese ungewisse Vorverlagerung der Steuerschuldentstehung besteht mit § 17 UStG ein eigener materiell-rechtlicher Korrekturanspruch, welcher dem Steuerpflichtigen garantiert, dass der steuerliche Belastungsgrund nicht in der von dem Steuergesetz vorausgesetzten Weise dauerhaft eintritt.[785] Statt zu einer Korrektur der ursprünglichen Steuerfestsetzung

[779] *Stadie*, in Rau/Dürrwächter, UStG, § 17, Rn. 41 (191. Lfg. Januar 2021).

[780] *Kessens*, in Offerhaus/Söhn/Lange, UStG, § 17, Rn. 7 (324. Lfg. Juni 2020); *Korn*, in Bunjes, UStG, § 17, Rn. 14. Die Anwendungsbereiche der Änderungsvorschriften der AO und des § 17 UStG unterscheiden sich. Die Berichtigungsgrundlagen der §§ 129, 172 ff. AO betreffen eine bereits ursprünglich unzutreffende Steuerfestsetzung. Sie führen zu einer Durchbrechung der Rechtskraft. § 17 UStG hingegen ist anwendbar auf materiell-rechtlich nachträglich unrichtig werdende Steuerfestsetzungen. Es kommt zu keiner Durchbrechung der Rechtskraft; es werden lediglich materielle Änderungen in der laufenden Festsetzung berücksichtigt. *Huschens*, in Schwarz/Widmann/Radeisen, UStG, § 17, Rn. 13 und 35 (224. Lfg. November 2021).

[781] *Frotscher/Schulze*, in Gottwald/Haas, Insolvenzrechts-Handbuch § 45, Rn. 131; *Kessens*, in Offerhaus/Söhn/Lange, UStG, § 17, Rn. 8 (324. Lfg. Juni 2020).

[782] *Huschens*, in Schwarz/Widmann/Radeisen, UStG, § 17, Rn. 13 (224. Lfg. November 2021).

[783] BFH vom 25.07.2012, VII R 29/11, BStBl. II 2013, 36 (37).

[784] BFH vom 25.07.2012, VII R 29/11, BStBl. II 2013, 36 (37).

[785] BFH vom 25.07.2012, VII R 29/11, BStBl. II 2013, 36 (37).

kommt es gemäß § 17 UStG in einem späteren Besteuerungszeitraum zur Entstehung eines diesen entgegengesetzten selbständigen Anspruchs.[786]

In Abgrenzung zum Erstattungsanspruch wegen vorgeleisteter Vorauszahlungen entsteht der Berichtigungsanspruch aber nicht bereits im Zeitpunkt der Leistungserbringung unter einer aufschiebenden Bedingung.[787] Denn im Zeitpunkt der Leistungserbringung – beispielsweise der Lieferung der Ware – ist ungewiss, ob es überhaupt zu einer Korrektur aufgrund einer notwendigen Berichtigung gemäß § 17 Abs. 2 UStG kommen wird, weil der künftige, dafür erforderliche Eintritt der Bedingung – das Uneinbringlichwerden von Forderungen – nicht feststeht.[788]

Hat der Steuerpflichtige auf die bereits mit Ablauf des Voranmeldezeitraums entstehende Umsatzsteuerschuld gezahlt, steht ihm im Falle einer nachträglichen Minderung der Bemessungsgrundlage ein Erstattungsanspruch gegen das Finanzamt zu, weil der rechtliche Grund für die Zahlung der Steuer später ganz oder teilweise ex nunc wegefallen ist.[789] Dabei handelt es sich um einen Erstattungsanspruch gemäß § 37 Abs. 2 AO.[790]

Der aus der Berichtigung resultierende Anspruch auf Erstattung der bereits entrichteten Umsatzsteuer ist nach der Rechtsprechung[791] insol-

---

[786] BFH vom 17.04.2007, VII R 27/06, BStBl. II 2009, 589 (591).

[787] BFH vom 15.10.2019, VII R 31/17, DStRE 2020, 423 (424 f.); ähnlich auch *Stadie*, in Rau/Dürrwächter, UStG, § 18 Anhang 2, Rn. 304 (186. Lfg. April 2020), wonach der Umsatzsteuererstattungsanspruch nach § 17 II Nr. 1 UStG nicht unter einer aufschiebenden Bedingung im Zeitpunkt der Leistungsbewirkung entsteht.

[788] BFH vom 25.07.2012, VII R 29/11, BStBl. II 2013, 36 (37 f.).

[789] *Huschens*, in Schwarz/Widmann/Radeisen, UStG, § 17, Rn. 37 (224. Lfg. November 2021); *Stadie*, in Rau/Dürrwächter, UStG, § 17, Rn. 117 (191. Lfg. Januar 2021).

[790] *Stadie*, in Rau/Dürrwächter, UStG, § 17, Rn. 117 (191. Lfg. Januar 2021). Soweit diesbezüglich die Rechtsprechung im Urteil vom BFH vom 25.07.2012, VII R 29/11, BStBl. II 2013, 36 (37) nicht eindeutig auf einen Erstattungsanspruch gemäß § 37 Abs. 2 AO abstellt, sondern allgemein auf einen Vergütungsanspruch, die Wiedergutbringung der Steuer oder aber auf die Rückführung des die steuerliche Belastung selbst auslösende Ereignis verweist, vermag dies nicht überzeugen. Denn die Rückzahlung erfolgt gerade an denjenigen, der die Steuer zuvor entrichtet hatte. Beim Vergütungsanspruch betrifft die Rückzahlung jedoch eine Dritten, welcher mit dieser durch die Abwälzung über den Preis belastet worden war. Auch der Verweis auf eine Wiedergutbringung oder Rückführung der Steuer verfängt nicht, weil die Ansprüche aus dem Steuer-schuldverhältnis in § 37 Abs. 1 AO abschließend aufgezählt sind. Etwaige Ansprüche auf Wiedergutbringung oder Rückführung kennt die Abgabenordnung nicht, *Boeker*, in HHSp., AO/FGO Kommentar, § 37 AO, Rn. 8 (256. Lfg. Februar 2020); *Stadie*, in Rau/Dürrwächter, UStG, § 17, Rn. 117 (191. Lfg. Januar 2021).

[791] BFH vom 25.07.2012, VII R 29/11, BStBl. II 2013, 36 (38).

venzrechtlich im Zeitpunkt der Verwirklichung des materiell-rechtlichen Tatbestandes des § 17 Abs. 2 UStG begründet, also mit Uneinbringlichkeit des vereinbarten Entgelts für die erbrachte Leistung.[792] In der Entscheidung des VII. Senats vom 25.07.2012 kam es deshalb für die Frage, ob eine Aufrechnung des Finanzamtes nach § 96 Abs. 1 Nr. 1 InsO ausgeschlossen ist, darauf an, zu welchem Zeitpunkt die Forderung des Insolvenzschuldners wegen Uneinbringlichkeit zu berichtigen war. Im Streitfall war dies nach Insolvenzeröffnung der Fall, sodass es dem Finanzamt nicht gestattet war, mit einer Insolvenzforderung aufzurechnen. Diesbezüglich hat der VII. Senat seine Rechtsprechung aufgegeben, wonach zum Zeitpunkt der Leistungsbewirkung wegen der Sollbesteuerung ein aufschiebend bedingter Umsatzsteuererstattungsanspruch entstehe und auf dessen Entstehen für das Schuldigwerden gemäß § 96 Abs. 1 Nr. 1 InsO abzustellen war.[793]

(b) Die Berichtigung der Umsatzsteuer nach § 14c Abs. 2 i.V.m. § 17 Abs. 1 UStG

§ 14c Abs. 2 UStG regelt den sogenannten unberechtigten Steuerausweis. Stellt beispielsweise ein Unternehmer als Leistender eine Rechnung mit gesonderten Umsatzsteuerausweis aus, entsteht die Umsatzsteuer gemäß § 13 Abs. 1 Nr. 3 UStG mit der Ausgabe der Rechnung. Der Grund der Steuerschuld liegt nicht in der zugrundeliegenden Leistung, sondern in der Ausgabe der Rechnung.[794] Als abstrakter Gefährdungstatbestand soll die Vorschrift Missbräuche bei der Rechnungsausstellung verhindern, ohne dass es auf ein vorwerfbares Verhalten des Rechnungsausstellers ankommt.[795] Wenn wie in der bereits vorgestellten Entscheidung des VII. Senats vom 08.11.2016[796] der Unternehmer einen Steuerbetrag gesondert ausweist, obwohl er eine Lieferung oder sonstige Leistung nicht ausführt, § 14c Abs. 2 S. 2 Alt. 2 UStG, kann der insoweit nicht geschuldete Steuerbetrag berichtigt werden, § 14c Abs. 2 S. 3 UStG. § 14c Abs. 2 UStG bildet einen eigenen Steuerentstehungstatbestand im Sinne von § 38 AO, der an die Ausgabe der Rechnung anknüpft.[797] Ebenso wie § 17 Abs. 2 UStG gewährt der § 14c Abs. 2 UStG einen eigenständigen

---

[792] *Frotscher/Schulze*, in Gottwald/Haas, Insolvenzrechts-Handbuch § 45, Rn. 131.

[793] BFH vom 26.07.2005, VII R 72/04, BStBl. II 2006, 350 (352).

[794] *Hundt-Eßwein*, in Offerhaus/Söhn/Lange, UStG, § 14c, Rn. 1 (316. Lfg. August 2019).

[795] *Hundt-Eßwein*, in Offerhaus/Söhn/Lange, UStG, § 14c, Rn. 33 (316. Lfg. August 2019); *Stadie*, in Rau/Dürrwächter, UStG, § 14c, Rn. 14 und 17 (193. Lfg. April 2021).

[796] BFH vom 08.11.2016, VII R 34/15, BStBl. II 2017, 496

[797] *Hundt-Eßwein*, in Offerhaus/Söhn/Lange, UStG, § 14c, Rn. 31 (316. Lfg. August 2019); *Korn*, in Bunjes, UStG, § 14c, Rn. 18.

Berichtigungstatbestand.[798] Die zu berichtigende Umsatzsteuer entsteht mit der Vornahme des unberechtigten Steuerausweises und besteht materiell-rechtlich nach § 14c Abs. 2 UStG bis zu einer Berichtigung des Steuerbetrags fort.[799] Entsprechend wirkt die Berichtigung nach § 14 Abs. 2 UStG nicht auf die ursprüngliche Steuer zurück, sondern wirkt erst ex nunc für den Besteuerungszeitraum der vorzunehmenden Berichtigung,[800] Da die Vorschrift maßgeblich der Sicherung des Steueraufkommens dient,[801] ist Besteuerungszeitraum für die Berichtigung gemäß § 14c Abs. 2 S. 3 UStG der Zeitpunkt, in dem die Gefährdung des Steueraufkommens beseitigt ist. Erst wenn das Steueraufkommen nicht mehr gefährdet ist, ist der materiell-rechtliche Tatbestand vollständig verwirklicht.[802] Der Berichtigungsanspruch aus § 14c Abs. 2 UStG entsteht nicht bereits mit dem Entstehen der später zu berichtigen Umsatzsteuer – Ausgabe der Rechnung – unter einer aufschiebender Bedingung, da vergleichbar zu § 17 Abs. 2 UStG in diesem Zeitpunkt ungewiss ist, ob es überhaupt zu einer Berichtigung kommt.[803]

Hat der umsatzsteuerpflichtige Unternehmer die in der Rechnung ausgewiesene Umsatzsteuer an das Finanzamt abgeführt und erfolgt anschließend eine Berichtigung gemäß § 14c Abs. 2 UStG, steht ihm ein Erstattungsanspruch gemäß § 37 Abs. 2 AO zu.[804] Aufgrund der ex nunc Wirkung der Berichtigung fällt der Rechtsgrund für die Umsatzsteuerschuld später weg.

Mit Blick auf die insolvenzrechtliche Einordnung des Erstattungsanspruch kommt es nach der Rechtsprechung des VII. Senat auf die vollständige Verwirklichung des materiell-rechtlichen Tatbestandes an, also auf den Zeitpunkt, in dem das Steueraufkommen nicht mehr gefährdet

798 BFH vom 08.11.2016, VII R 34/15, BStBl. II 2017, 496 (497).

799 BFH vom 08.11.2016, VII R 34/15, BStBl. II 2017, 496 (497).

800 BFH vom 08.11.2016, VII R 34/15, BStBl. II 2017, 496 (497).

801 *Korn*, in Bunjes, UStG, § 14c, Rn. 1; *Stadie*, in Rau/Dürrwächter, UStG, § 14c, Rn. 14 (193. Lfg. April 2021).

802 Soweit der BFH in der Entscheidung vom 08.11.2016, VII R 34/15, BStBl. II 2017, 496 (498) noch offenlassen konnte, ob es für die Verwirklichung des materiell-rechtlichen des Tatbestandes allein auf die tatsächliche Beseitigung der Gefährdung oder aber zusätzlich auf den zustimmenden Verwaltungsakt des Finanzamts nach Antragstellung gemäß § 14c II 5 UStG ankommt, hat dies der Bundesfinanzhof in der Entscheidung vom BFH vom 27.07.2021, V R 43/19, DStR 2021, 2639 (2641) wie folgt definiert: Der Zeitpunkt, zu dem der Rechnungsaussteller den in § 14c II 5 UStG genannten Antrag stellt, ist nicht maßgeblich. Für die Tatbestandsverwirklichung des Berichtigungstatbestandes genügt es, wenn der Rechnungsempfänger die Vorsteuer an das Finanzamt tatsächlich gemäß § 14c II 4 UStG zurückzahlt.

803 BFH vom 08.11.2016, VII R 34/15, BStBl. II 2017, 496 (497).

804 *Bartone*, jurisPR-SteuerR 10/2019 Anm. 4.

ist.[805] Damit rückt der VII. Senat von seiner früheren Rechtsprechung ab, wonach der aus einer Rechnungsberichtigung resultierende Erstattungsanspruch insolvenzrechtlich bereits im Zeitpunkt der Rechnungsausgabe entstanden sein soll.[806]

(c) Die Berichtigung der Grunderwerbsteuer nach § 16 Abs. 1 GrEStG

Veräußert ein Grundstückseigentümer seine Immobilie, stellt dies einen grunderwerbssteuerpflichten Erwerbsvorgang gemäß § 1 Abs. 1 Nr. 1 GrEStG dar. Als Stichtagsteuer entsteht die Grunderwerbsteuer – vorbehaltlich des § 14 GrEStG – in den Fällen des § 1 Abs. 1 Nr. 1 GrEStG mit Abschluss des Kaufvertrages, das den Anspruch auf Übereignung begründet.[807] Maßgeblich ist der Zeitpunkt der Beurkundung, § 311b Abs. 1 S. 1 BGB.[808] Insoweit knüpft die Grunderwerbssteuer bereits vorgreiflich an das zivilrechtliche Verpflichtungsgeschäft an, ohne dass feststeht, ob die sich daraus ergebene schuldrechtliche Verpflichtung auch dinglich vollzogen wird. Da sich jedoch der Sinn und Zweck der Grunderwerbssteuer daran orientiert, den vollzogenen Eigentumsübergang zu belasten,[809] besteht die Möglichkeit die mit Abschluss des Kaufvertrages entstehende Steuer zu berichtigen, wenn es widererwartend nicht zum Eigentumsübergang kommt.[810] Der Besteuerung soll nur der wirtschaftliche Grundstücksumsatz unterliegen.[811] Für diese Fälle sieht § 16 Abs. 1 GrEStG vor, dass auf Antrag die Steuer nicht festgesetzt oder die Steuerfestsetzung aufgehoben wird. Die in § 16 Abs. 1 GrEStG vorgesehene Erstattung der Steuer soll die zu Unrecht erfolgte Besteuerung eines vorherigen Geschäftsvorfalles kompensieren und die Steuer auf Null zurückführen.[812] Trotz dieser Rückführung der ursprünglich entstanden Steuer ist § 16 Abs. 1 GrEStG ein originärer Steuertatbestand.[813] § 16 GrEStG lässt die materielle Rechtmäßigkeit des einmal entstandenen Steueranspruchs unberührt.[814] Der Anspruch hat keine echte materielle Rückwirkung. Der Anspruch nach § 16

---

805 BFH vom 08.11.2016, VII R 34/15, BStBl. II 2017, 496 (497).

806 BFH vom 04.02.2005, VII R 20/04, BStBl. II 2010, 55 (57).

807 *Pahlke*, in Pahlke, GrEStG, § 14, Rn. 4.

808 *Pahlke*, in Pahlke, GrEStG, § 14, Rn. 4.

809 *Weilbach*, in Weilbach, GrEStG, § 16, Rn. 5 (51.Lfg. Juli 2019).

810 *Loose*, in Viskorf, GrEStG, § 16, Rn. 11.

811 *Loose*, in Viskorf, GrEStG, § 16, Rn. 8.

812 BFH vom 17.04.2007, VII R 27/06, BStBl. II 2009, 589 (592); *Weilbach*, in Weilbach, GrEStG, § 16, Rn. 6 (51.Lfg. Juli 2019).

813 *Loose*, in Viskorf, GrEStG, § 16, Rn. 12; *Pahlke*, in Pahlke, GrEStG, § 16, Rn. 3.

814 BFH vom 15.01.2019, VII R 23/17, BStBl. II 2019, 329 (330); *Pahlke*, in Pahlke, GrEStG, § 16, Rn. 2; *Weilbach*, in Weilbach, GrEStG, § 16, Rn. 5 (51.Lfg. Juli 2019).

GrEStG ist vielmehr ein gegenläufiger, eigenständiger Anspruch aus dem Steuerschuldverhältnis nach § 37 Abs. 1 AO, der selbständig neben den Steueranspruch tritt.[815] Wie die §§ 14c Abs. 2 und 17 Abs. 2 UStG gewährt § 16 Abs. 1 GrEStG einen eigenständigen Berichtigungsanspruch.[816] Dieser entsteht, wenn ein Erwerbsvorgang „rückgängig gemacht" wird. Dazu ist erforderlich, dass über die zivilrechtliche Aufhebung des den Steuertatbestand erfüllenden Rechtsgeschäfts hinaus die Vertragspartner sich derart aus ihren vertraglichen Bindungen entlassen haben, dass die Möglichkeit zur Verfügung über das Grundstück nicht beim Erwerber verbleibt, sondern der Veräußerer seine ursprüngliche Rechtsstellung wiedererlangt.[817] Zu diesem Zeitpunkt ist der materiell-rechtliche Tatbestand vollständig verwirklicht. Ferner entsteht der Berichtigungsanspruch aus § 16 Abs. 1 GrEStG nicht aufschiebend bedingt mit dem Abschluss des Kaufvertrages.[818] Zu diesem Zeitpunkt ist nämlich ungewiss, ob der Erwerbsvorgang überhaupt rückgängig zu machen ist. Vielmehr ist unter typisierender Betrachtungsweise davon auszugehen, dass mit Abschluss des Kaufvertrags samt dessen Beurkundung ein Vollzug durch Eigentumsübertragung gewollt ist.[819]

Wie in den Fällen der die §§ 14c Abs. 2 und 17 Abs. 2 UStG steht dem Steuerpflichten ein Erstattungsanspruch gemäß § 37 Abs. 2 AO zu, wenn er auf die Grunderwerbssteuer gezahlt hat.[820] Ex nunc, also für die Zukunft, fällt der Rechtsgrund zum Behaltendürfen des geleisteten Steuerbetrages weg.[821]

Die insolvenzrechtliche Einordnung folgt der vollständigen materiell-rechtlichen Tatbestandsverwirklichung. Deshalb kommt es diesbezüglich auf das „Rückgängigmachen" des Erwerbsvorgangs an. Die ursprüngliche Rechtsauffassung, wonach auf den Abschluss des Kaufvertrages abzustellen war,[822] hat der VII. Senat des Bundesfinanzhofs aufgegeben.[823]

---

815 BFH vom 15.01.2019, VII R 23/17, BStBl. II 2019, 329 (330); *Pahlke*, in Pahlke, GrEStG, § 16, Rn. 3.

816 BFH vom 15.01.2019, VII R 23/17, BStBl. II 2019, 329 (330).

817 BFH vom 05.09.2013 II R 16/12, BStBl. II 2014, 42 (43); BFH vom 15.01.2019, VII R 23/17, BStBl. II 2019, 329 (330); *Pahlke*, in Pahlke, GrEStG, § 16, Rn. 13.

818 FG Rheinland-Pfalz vom 15.09.2005, 4 K 1213/03, EFG 2006, 1559 (1561).

819 *Pahlke*, in Pahlke, GrEStG, § 16, Rn. 2; *Weilbach*, in Weilbach, GrEStG, § 16, Rn. 5 (51. Lfg. Juli 2019).

820 BFH vom 15.01.2019, VII R 23/17, BStBl. II 2019, 329 (330).

821 *Weilbach*, in Weilbach, GrEStG, § 16, Rn. 6 (51. Lfg. Juli 2019).

822 BFH vom 17.04.2007, VII R 27/06, BStBl. II 2009, 589 (592).

823 BFH vom 15.01.2019, VII R 23/17, BStBl. II 2019, 329 (330).

(d) Zwischenergebnis

Zusammenfassend ist festzustellen, dass die Berichtigungstatbestände der §§ 14c, 17 UStG und § 16 GrEStG folgendes eint und charakterisiert: Die Berichtigung erfolgt jeweils aufgrund eigener materiell-rechtlicher Tatbestände, die mit Wirkung für die Zukunft neben die ursprüngliche Steuerschuld treten. Der Berichtigungsanspruch lässt die ursprüngliche Steuerschuld unberührt. Je nach Ausgestaltung des Berichtigungstatbestandes ist erforderlich, dass für die vorzunehmende Berichtigung ein neuer rechtlicher oder tatsächlicher Sachverhalt hinzutritt. So ist beispielsweise für die Uneinbringlichkeit gemäß § 17 Abs. 2 UStG erforderlich, dass der Leistungsempfänger in die Insolvenz fällt, oder im Falle des § 16 Abs. 1 GrEStG der Erwerbsvorgang durch Rücktritt vom Kaufvertrag rückgängig gemacht wird. Vor diesem Hintergrund entsteht der Berichtigungstatbestand nicht unter einer aufschiebenden Bedingung, weil bei Entstehen der ursprünglich geschuldeten Steuer ungewiss ist, ob es tatsächlich zur Korrektur kommen wird. Die Berichtigungstatbestände weisen einen Rückbezug auf die ursprüngliche Steuerschuld auf: Um eine zweckwidrige Steuerbelastung zu vermeiden, wird der bisherigen Steuerschuld ex nunc der Rechtsgrund zum Behaltendürfen entzogen. Den Berichtigungsansprüchen kommt insoweit ein kompensatorischer Charakter zu. Darüber hinaus eint die §§ 14c, 17 UStG und § 16 GrEStG, dass dem Steuerpflichtigen in ihrer Anwendung ein Erstattungsanspruch aus § 37 Abs. 2 AO gegen das Finanzamt zusteht, wenn der Steuerpflichtige auf die ursprüngliche, später zu korrigierende Steuerschuld gezahlt hat.

(3) Eine abschließende Gegenüberstellung eines Erstattungsanspruchs infolge einer Steuervorauszahlung und einer Steuerberichtigung

(a) Einführung

Wenn eingangs gefragt wurde, ob die unterschiedliche Behandlung von einem Erstattungsanspruch infolge einer Vorauszahlung und einer nachträglichen Steuerberichtigung in der Insolvenz gerechtfertigt ist, gilt es fortan, Gemeinsamkeiten und Unterschiede der beiden Fallkonstellationen gegenüberzustellen. Soweit sich ein innerer Zusammenhang, eine Ähnlichkeit und Vergleichbarkeit feststellen lassen, ist nach Maßgabe des teleologischen Sinnzusammenhangs eine Gleichbehandlung in der Insolvenz naheliegend. Wenn aber – wie es der VII. Senat des Bundesfinanzhofes vertritt – die beiden Konstellationen in ihrer Struktur und Eigenart unterschiedlich sind und entsprechend eigenständige Fallgruppen darstellen, ist eine Ungleichbehandlung unbedenklich.[824]

Einleitend ist für die vorzunehmende Gegenüberstellung darauf einzugehen, welche Parameter überhaupt miteinander zu vergleichen sind. Wie gesehen, kommt es sowohl im Fall der Vorauszahlung auf die Jahressteuer als auch im Fall einer nachträglichen Berichtigung zu einem Erstattungsanspruch gemäß § 37 Abs. 2 AO. In beiden Konstellationen leistet der Steuerpflichtige ohne rechtlichen Grund; dieser fällt entweder nachträglich fort, weil die Jahressteuerschuld die Vorauszahlungsschuld übersteigt oder weil die Voraussetzungen des Berichtigungstatbestandes eintreten. Untersuchungsgegenstand kann also nicht der Erstattungsanspruch aus § 37 Abs. 2 AO an sich sein. Mit Blick auf den formalen Befund des Entstehens eines Anspruchs gemäß § 37 Abs. 2 AO ergeben sich keine Differenzierungsmerkmale. Stattdessen gilt es, zwischen dem entstehenden Erstattungsanspruch gemäß § 37 Abs. 2 AO und den ihm zugrundeliegenden Besteuerungsvorgängen zu unterscheiden. So ist nämlich insbesondere der Berichtigungstatbestand kein Erstattungsanspruch,[825] sondern in der hiesigen Fallkonstellation nur ein integraler Bestandteil des Erstattungsanspruchs. Untersuchungsgegenstand muss es daher sein, den jeweiligen Entstehungsprozess des Erstattungsanspruchs zu vergleichen. Zu betrachten ist, unter welchen Eigenarten und Besonderheiten der rechtliche Grund für das Behaltendürfen des Geleisteten wegfällt. Mit anderen Worten ist zu prüfen, auf welchem Rechtsgrund der Erstattungsanspruch beruht und ob die jeweils die Erstattung auslösenden Ereignisse und Vorgänge so sehr divergieren, dass eine unterschiedliche Behandlung in der Insolvenz gerechtfertigt erscheint. Konkret sind die Vorauszahlungsschuld und Jahressteuerentstehung einerseits und die ursprüngliche Steuerentstehung und Berichtigung andererseits miteinander zu vergleichen. Für Zwecke der folgenden Darstellung wird für die Fallgruppe der Berichtigungstatbestände schwerpunktmäßig auf das Beispiel der Gewerbesteuerberichtigung gemäß § 16 Abs. 1 GrEStG zurückgegriffen.

---

[824] Sollte letzteres festzustellen sein, ändert es allerdings nichts daran, dass der § 96 Abs. 1 Nr. 1 InsO samt dem Tatbestandsmerkmal des Schuldigwerdens nach einheitlichen Grundsätzen auszulegen ist. An dieser Kritik wäre auch in diesem Fall festzuhalten.

[825] BFH vom 09.09.2015, II B 28/15; BFH/NV 2015, 1668 (1669); *Ratschow*, in Klein, AO, § 37, Rn.11.

(b) Vergleich der dem Erstattungsanspruch jeweils zugrundeliegende Steuerverbindlichkeiten von Vorauszahlungsschuld und später zu berichtigender Steuerschuld

Die beiden Vergleichsgruppen *eint* zunächst – bei formaler Folgenbetrachtung – die Tatsache, dass infolge ihrer Anwendung regelmäßig ein Erstattungsanspruch aus § 37 Abs. 2 AO entsteht. Vergleichbar sind Zahlungen auszugleichen, für die ursprünglich ein Rechtsgrund bestand, der aber nachträglich weggefallen ist. Im Fall der Vorauszahlung entfällt der rechtliche Grund, weil sich die Vorauszahlungsschuld mit Erlass der Jahressteuerschuld in anderer Weise erledigt, § 124 Abs. 2 AO. Die Berichtigung der ursprünglichen Steuer wirkt demgegenüber ex nunc, sodass dieser selbständige Steueranspruch die alleinige Grundlage für die Steuerschuld darstellt. Gemeinsame Essenz der Fallgruppen ist, dass aufgrund eines nachträglichen Ereignisses eine bestehende Steuerschuld auszugleichen ist. Übergreifender gemeinsamer Sinn, der den Fallgruppen zugrunde liegt, ist der Ausgleich einer ungerechtfertigten Vermögensverschiebung.

Überdies beruhen die ursprünglichen Zahlungen vergleichbar auf eigenständigen Steuerforderungen, namentlich der Vorauszahlungsschuld und der mit Abschluss des Kaufvertrages entstehenden Grunderwerbsteuerforderung. Entsprechend erfolgt in beiden Fällen eine Zahlung auf eine bestehende und selbständige Steuerschuld. Die Fallgruppen eint daher zudem, dass in beiden Fällen die Zahlung auf eine selbständige Steuerschuld rückgängig gemacht wird.

Die Vergleichsgruppen *trennt* hingegen, dass die Vorauszahlungsschuld in Abgrenzung zur später zu berichtigenden Gewerbesteuerforderung selbst nur vorläufig unter einer auflösenden Bedingung entsteht. Die Vorauszahlungsschuld ist lediglich obligatorisch. Bei Begründung der Vorauszahlungsschuld steht bereits fest, dass sie nicht in Gänze Bestand haben wird. Überdies beruht die Vorauszahlungsschuld nicht auf einzelnen festgelegten Tatbestandsmerkmalen, sondern auf einer Ermessens- und Prognoseentscheidung. Die später zu berichtigende Grunderwerbsteuerforderung entsteht jedoch im Zeitpunkt ihrer Begründung unbedingt und nicht unter einer auflösenden Bedingung. Es ist davon auszugehen, dass dem Verpflichtungsgeschäft – an welches die Steuer anknüpft – das dingliche Rechtsgeschäft nachfolgt. Im Zeitpunkt der Steuerentstehung ist unklar und nach dem typisierenden Willen der Parteien des Kaufvertrages ferner unerwünscht, dass der Erwerbsvorgang im Sinne des § 16 Abs. 1 GrEStG rückgängig gemacht wird. Wenn also der Steuerpflichtige die Vorauszahlungsschuld bloß zur Sicherung des Steueraufkommens obligatorisch schuldet und bereits von Anfang feststeht, dass diese Schuld auf Dauer keinen Bestand haben wird, weicht diese Feststellung grundlegend von dem endgültigen Entstehen einer Grunderwerbsteuerforderung ab. Soweit darüber hinaus die Vorauszahlungsschuld aufgrund von Ermessenserwägungen entsteht und nicht an konkrete Lebenssachverhalte anknüpft, ist dies bei der Grunderwerbsteuer ebenfalls anders. Denn diese entsteht nämlich zum Zwecke der der Grunderwerbsteuer innewohnenden Rechtfertigung, einen werthaltigen Marktvorgang – beispielsweise den Grundstückserwerb gemäß § 1 Abs. 1 Nr. 1 GrEStG – zu belasten.

(c) Vergleich der den Erstattungsanspruch auslösende Elemente der Jahressteuerentstehung und der Verwirklichung des Berichtigungstatbestandes

Wurden zunächst die dem Erstattungsanspruch zugrundeliegenden Bestandteile der Vorauszahlungsschuld und der ursprünglich entstandenen Steuerschuld miteinanderverglichen, ist ferner ein Blick auf die den Erstattungsanspruch auslösenden Momente der Entstehung der Jahressteuer und der Verwirklichung des Berichtigungstatbestands zu werfen. Zwischen den den Erstattungsanspruch auslösenden Momenten der Jahressteuer und der Verwirklichung des Berichtigungstatbestands bestehen folgende Unterschiede:

Zunächst besteht ein grundlegender Unterschied darin, dass die Jahressteuerentstehung dem Steuerverfahrensrecht und die Verwirklichung des Berichtigungstatbestandes dem Steuerschuldrecht zu zuordnen ist. Die Jahressteuer entsteht am Ende der Veranlagung zum Zwecke der Steuererhebung, am Beispiel der Einkommensteuer gemäß §§ 38 AO i.V.m. 36 Abs. 1, 25 Abs. 1, 2 Abs. 7 EStG. Innerhalb des Zeitraums von einem Jahr erfasst die Einkommensteuer das zu versteuernde Einkommen, welches sich aus den gesamten dem Schuldner zurechenbaren Einkünften errechnet. In einem zusammenhängenden und fortlaufenden Prozess werden Berechnungsposten aus Erlösen und Aufwendungen angesammelt und miteinander verrechnet.[826] Durch die Verwirklichung des Periodizitätsprinzip wird eine beständige Sicherung des Besteuerungsaufkommens und eine praktikable Steuererhebung gewährleistet.[827]

Demgegenüber handelt es sich bei der Berichtigung einer entstandenen Steuerschuld nicht um eine Frage der Steuererhebung, in der fortlaufende Steuerverbindlichkeiten für eine praktikable Verwirklichung

826 *Frotscher*, Besteuerung bei Insolvenz, S. 137.

827 BFH vom 11.02.1998, I R 81/97, BStBl. II 1998, 485 (486); *Hey*, in HHR, EStG, KStG, Einf. EStG, Rn. 17 (297. Lfg. April 2020).

zusammengefasst werden. Vielmehr ist die Berichtigung ein materiellrechtlicher Steuertatbestand, der konkret an einen einzelnen besteuerungswürdigen Sachverhalt anknüpft. Grundlage der Berichtigung ist ein eigenständiger Lebenssachverhalt. Wenn im Fall des § 16 Abs. 1 GrEStG der Kaufvertrag nachträglich rückabgewickelt wird oder im Fall des § 17 Abs. 2 UStG der Leistungsempfänger in die Insolvenz fällt, sind das tatsächliche Umstände, die der zuvor entstehenden Steuer den Rechtsgrund entziehen. Bei der Berichtigung handelt es sich um die Begründung einer materiellen Steuerschuld. Etwaige Fragen der Verwirklichung und Steuererhebung stellen sich erst an anderer Stelle. Gewichtige Unterschiede bestehen also darin, dass Fragen des Steuerverfahrensrecht (Jahressteuerentstehung) mit denen des Steuerschuldrechts (Verwirklichung des Berichtigungstatbestandes) miteinander zu vergleichen sind. Schuld- und Verfahrensrecht sind insoweit streng voneinander zu unterscheiden.

Wenn darüber hinaus der Berichtigungstatbestand einen kompensatorischen Charakter aufweist und auf die ursprüngliche Steuerentstehung Bezug nimmt, trifft dies nur in Teilen auf die Entstehung der Jahressteuer zu. Eine Bezugnahme ist zwar dahingehend zu beobachten, dass mit der Entstehung der Jahressteuer die auflösende Bedingung der Vorauszahlungsschuld eintritt. Die der Vorauszahlungsschuld zugrundeliegende Ermessens- und Prognoseentscheidung wird nach Maßgabe der tatsächlich bestehenden Leistungsfähigkeit korrigiert. Jedoch erfolgt diese Korrektur in Abgrenzung zur Berichtigung nach § 16 Abs. 1 GrEStG nicht aufgrund eines konkreten Anlasses, wie beispielsweise einem Rücktritt vom Kaufvertrag. Die Korrektur erfolgt vielmehr aufgrund des Gesetzes zu einem festgelegten Zeitpunkt. Zum 31.12. eines Jahres ist die Steuer für den ganzen Veranlagungszeitraum lediglich „glatt“ zu ziehen. Statt einem Rückbezug auf einen konkreten besteuerungswürdigen Lebenssachverhalts, kommt es im Rahmen einer automatischen Ausgleichsautomatik bloß zur Neuberechnung der über das Jahr verwirklichten Besteuerungsvorgänge. Aus Sicht der Steuerverwirklichung und Steuererhebung werden mit dem Entstehen der Jahressteuer am Ende des Jahres gewissermaßen alle besteuerungswürdigen Lebenssachverhalte im Verhältnis zur geschätzten Vorauszahlungsschuld neu bewertet. Eine Kompensation erfolgt daher nur abstrakt im Rahmen eines allgemeinen Rechenvorgangs ohne Bezug zu einem konkreten Tatbestand samt besteuerungswürdigen Sachverhalts. Da das Entstehen der Jahressteuer am Jahresende sich auf Fragen der Erhebung und Verwirklichung der Steuer bezieht, kommt es im Verhältnis zur Vorauszahlungsschuld bloß zu einer Verrechnung von Salden. Die einerseits geschätzten und andererseits festgestellten Berechnungsposten sind miteinander abzugleichen. Vorauszahlungsschuld und Jahressteuer sind derart eng miteinander verknüpft, dass das Entstehen der Jahressteuer die auflösende Bedingung der Voraussteuerschuld darstellt. Mit dem Entstehen der Jahressteuer erledigt sich die Vorauszahlungsschuld gemäß § 124 Abs. 2 AO in sonstiger Weise. Reflexartig erledigt sich die Vorauszahlungsschuld von Gesetzes wegen. Eine Koexistenz von Vorauszahlungsschuld und dem Entstehen der Jahressteuer ist nicht möglich.

Demgegenüber lässt die Berichtigung die ursprüngliche Steuerschuld unberührt; die berichtige Steuerschuld tritt als nunmehr maßgebliche neben die ursprüngliche Steuerschuld. Im Fall der Berichtigung besteht nämlich keine reflexartige Ausgleichsautomatik. Vielmehr wird aufgrund eines am Einzelfall orientierten, selbständigen Berichtigungstatbestandes eine neue selbständige Steuerschuld begründet, die mit ex nunc Wirkung für die Zukunft entsteht. Ein entsprechendes Abhängigkeitsverhältnis der ursprünglichen Steuerschuld von der Berichtigung besteht nicht. Sie bedingen einander nicht, sondern bestehen abstrakt voneinander fort. So stellt das Entstehen der berichtigten Steuer gerade keine auflösende Bedingung für die Existenz der ursprünglichen Steuerschuld dar. Es gibt im Vergleich zur Vorauszahlungsschuld keinen Schwebezustand, welcher über die Existenz der ursprünglichen Steuerschuld zunächst unbedingt ist. Sie entsteht endgültig und ist nur zu berichtigen, wenn außerordentliche, dem jeweiligen Besteuerungszweck zuwiderlaufende, Tatsachen eintreten. Im Ergebnis steht der einfache Rechenvorgang im Wege einer Zwangssaldierung der konkreten Tatbestandsverwirklichung eines Lebenssachverhalts diametral gegenüber.

Insgesamt betrachtet, entfällt der „Rechtsgrund" im Sinne des § 37 Abs. 2 AO in den hier betrachteten Fällen – Zahlung auf eine Vorauszahlung und der Steuerberichtigung – aufgrund unterschiedlicher Strukturen und gesetzlicher Wertungen. Daher ist die These der Rechtsprechung, dass diese Fallgruppen in der Insolvenz unterschiedlich zu behandeln sind, nicht zu beanstanden. Zurecht kann zwischen einem Steuererstattungsanspruch infolge überbezahlter Steuervorauszahlungen und einem Steuererstattungsanspruch infolge nachträglicher Steuerberechtigung in Ansehung der insolvenzrechtlichen Zuordnung unterschieden werden.[828]

[828] Nach welchen Grundsätzen ein Erstattungsanspruch in die Aufrechnungssystematik der Insolvenz einzuordnen ist, bestimmt sich jedoch nicht aufgrund einer Analyse der Fallgruppen zueinander. Der an dieser Stelle festgestellte Befund ändert nichts daran, dass die Einordnung des Erstattungsanspruchs gemäß § 37 II AO – gleich worauf er beruht – nach allgemeingültigen Grundsätzen einzuordnen ist. Diese Grundsätze sind dem Tatbestandsmerkmal des Schuldigwerden gemäß § 96 I Nr. 1 InsO abstrakt für jede Fallgruppe einheitlich zu entnehmen.

III. Die Literatur und die Auslegung der insolvenzrechtlichen Begründetheit

1. Einführung

Schwerpunktmäßig war sich bislang mit der Rechtsprechung samt der von ihr vertretenen Prämissen zur inhaltlichen Ausgestaltung der insolvenzrechtlichen Begründetheit einer Steuerforderung gemäß §§ 38, 96 InsO auseinanderzusetzen. Dieser Untersuchung lag einleitend die Frage zugrunde, ob eine Steuerforderung im Hinblick auf Forderungen anderer Rechtsgründe – beispielsweise zivil- oder verwaltungsrechtlichen Ansprüchen – nach vergleichbaren oder vielmehr nach unterschiedlichen Grundsätzen in die insolvenzrechtliche Befriedigungsrangfolge eingeordnet wird. Soweit festzustellen ist, dass nach der finanzgerichtlichen Rechtsprechung für die insolvenzrechtliche Begründetheit die vollständige Verwirklichung des steuerrechtlichen Tatbestand maßgeblich ist, erfährt der Steuergläubiger eine Sonderbehandlung in der Insolvenz. Diese Interpretation der Rechtsprechung ist für den Rechtsanwender als gesichert anzusehen. Um jedoch einen Gesamtüberblick über die Rechtsfrage zu gewinnen, ist fortan zu ergründen, nach welchen Grundsätzen die Literatur die Steuerforderung insolvenzrechtlich einordnet.

2. Die Konvergenz in der Literatur

Bei der Bestimmung der insolvenzrechtlichen Begründetheit der Steuerforderung besteht unter den Literaten in einem grundlegenden Punkt Einigkeit:[829] Die insolvenzrechtliche Begründetheit einer Forderung sei im Allgemeinen nach insolvenzrechtlichen Grundsätzen auszulegen.[830] Es gelten die insolvenzrechtlichen Ordnungsprinzipien.[831] Die Begründetheit sei ein insolvenzrechtlicher Begriff. Insofern sei die allseitige Begründetheit aus der Systematik der gesamten Insolvenzordnung zu entwickeln und als Ausgangspunkt weiterer Überlegungen zugrunde zu legen.[832] § 38 InsO

---

[829] So auch *Kahlert/Kayser/Bornemann*, Perspektiven für eine kohärente und praxisgerechte Verzahnung von Steuer- und Insolvenzrecht, Rn. 92.

[830] *Frotscher*, Besteuerung bei Insolvenz, S. 63; *Kahlert/Rühland*, Sanierungs- und Insolvenzsteuerrecht, Rn. 7.48; *Krumm*, Formelle Insolvenz, S. 47; *Meyer*, Zukunftsfragen des Steuerrechts III, S. 57; *Onusseit/Kunz*, Steuern in der Insolvenz, Rn. 298; *Wagenknecht-Hose*, Neuverbindlichkeiten in der Insolvenz, S. 158; *Weiss*, FR 1990, 539 (541).

[831] *Knobbe-Keuk*, BB 1977, 757 (758).

[832] *Frotscher*, Besteuerung bei Insolvenz, S. 63; *Kahlert/Rühland*, Sanierungs- und Insolvenzsteuerrecht, Rn. 7.48; *Onusseit/Kunz*, Steuern in der Insolvenz, Rn. 298; *Wagenknecht-Hose*, Neuverbindlichkeiten in der Insolvenz, S. 158.

sei von seiner Konzeption her nicht steuerrechtlich auszulegen.[833] Das sehe die Vorschrift in seiner Anwendung nicht vor. Der § 38 InsO erhalte in der korrekten Anwendung nur einen steuerrechtlichen Einschlag, wenn eine Steuerforderung mit Bezugnahme auf die Einzelsteuergesetze einzuordnen sei.[834] Aus diesem Grund sei das Entstehen der Steuerforderung gemäß § 38 AO[835] keine Voraussetzung der insolvenzrechtlichen Begründetheit.[836]

3. Die Divergenz in der Literatur

a) Die Maßgeblichkeit des zivilrechtlichen Sachverhalts und des Schuldrechtsorganismus

Zu divergierenden Positionen gelangen die Autoren bei der Frage, ob bei der konkreten Einordung der Steuerforderung allein insolvenzrechtliche Wertungen oder auch steuerrechtliche Umstände maßgeblich sind.[837]

Bei der Qualifizierung von Steuerforderungen argumentiert insbesondere *Frotscher*[838] insolvenznah. Seine Einordnung der Steuerforderung orientiert sich streng an den insolvenzrechtlichen Grundsätzen zur allgemeinen und rechtsgrundunabhängigen Forderungsbestimmung. Grundlage seiner Argumentation sind der Sinn und Zweck des § 38 InsO. Die Vorschrift nehme eine Vermögenszuordnung vor: Es sei diejenige Forderung als Insolvenzforderung zu qualifizieren, die auf vorinsolvenzliche Handlungen des Schuldners zurückzuführen sei. Nur Rechtsfolgen aus vorinsolvenzlichen Handlungen des Schuldners beziehen sich auf die

[833] *Reiß*, in GS Blomeyer, S. 427 (431).

[834] *Reiß*, in GS Blomeyer, S. 427 (431).

[835] Beispielsweise mit Ende der Veranlagung, § 36 I EStG, § 18 GewStG, § 30 Nr. 3 KStG, § 13 UStG.

[836] *Farr*, Besteuerung in der Insolvenz, Rn. 39; *Frotscher*, Besteuerung bei Insolvenz, S. 64; *Jatzke*, in HHSp, AO/FGO, § 251 AO, Rn. 333 (225. Lfg. November 2013); *Kinski*, Aufrechnung in der Insolvenz, S. 95; *Kahlert/Rühland*, Sanierungs- und Insolvenzsteuerrecht, Rn. 7.52; *Knobbe-Keuk*, BB 1977, 757 (758); *Loose*, in Tipke/Kruse, AO/FGO, § 251 AO, Rn. 5 (168. Lfg. November 2021); *Markert*, Steuerforderungen in der Insolvenz, S. 154 f.; *Maus*, Steuern im Insolvenzverfahren, Rn. 30; *Obermair*, BB 2004, 2610 (2610); *Onusseit/Kunz*, Steuern in der Insolvenz, Rn. 293; *Sämisch/Adam*, ZInsO 2010, 934 (935); *Stadie*, in Rau/Dürrwächter, UStG, § 18 Anhang 2, Rn. 58 (186. Lfg. April 2020).

[837] Speziell für den Qualifizierung eines Umsatzsteueranspruchs als Insolvenzforderung *Kahlert/Kayser/Bornemann*, Perspektiven für eine kohärente und praxisgerechte Verzahnung von Steuer- und Insolvenzrecht, Rn. 93.

[838] Auf die Ausführungen von *Frotscher*, Besteuerung bei Insolvenz, S. 67 ff. wird im folgenden Bezug genommen.

gesamtvollstreckungsrechtliche Haftungsgrundlage. Die einzuordnende Forderung habe eine solch enge Beziehung zum vorinsolvenzlichen Vermögen aufzuweisen, dass es gerechtfertigt sei, die Forderung nur aus diesem Vermögen zu befriedigen. Sinn und Zweck werde nur durch eine wertende Betrachtungsweise entsprochen. Die vorinsolvenzrechtliche Masse müsse durch den Anspruch wirtschaftlich *belastet* sein.[839] Auf eine steuerrechtliche Tatbestandsverwirklichung komme es bei dieser Wertungsfrage nicht an. Die Einordnung der Steuerverbindlichkeit sei allein eine insolvenzrechtliche Wertungsfrage. Vor diesem Hintergrund sei eine Steuerforderung begründet, „*wenn der zugrunde liegende zivilrechtliche Schuldrechtsorganismus, der zur Entstehung der Steueransprüche führt, vor Insolvenzeröffnung verwirklicht worden ist.*“[840]

Darüber hinaus qualifizieren weitere Autoren die Steuerforderung streng nach insolvenzrechtlichen Grundsätzen, indem sie – teilweise mit Bezugnahme auf die Ausführungen *Frotschers* – auf die Verwirklichung des zugrunde liegenden zivilrechtlichen Sachverhalts[841] und auf den Schuldrechtsorganismus[842] abstellen. Die allgemeinen insolvenzrechtlichen Grundsätze zur Forderungseinordnung seien ohne Weiteres für die Einordnung von Steuerforderungen übertragbar.[843] Allein insolvenzrechtliche Aspekte seien bei der Einordnung von Steuerforderungen zu beachten.[844] Es drohe ein „Flickenteppich“, wenn man steuerrechtliche Aspekte bei der insolvenzrechtlichen Forderungseinordnung einbeziehe.[845]

Diese Argumentation orientiert sich maßgeblich an der insolvenzrechtlichen Literatur, welche – aus dem Blickwinkel des § 38 InsO – versucht rechtsgebietsübergreifend allgemeingültige Anforderungen für die Einordnung von Forderung in die Befriedigungsreihenfolge aufzustellen.

---

839 So bei *Frotscher*, Besteuerung bei Insolvenz, S. 68. Den Begriff der Belastung übernimmt *Jatzke,* in HHSp, AO/FGO Kommentar, § 251 AO, Rn. 333 (225. Lfg. November 2013).

840 *Frotscher*, Besteuerung bei Insolvenz, S. 68.

841 *Andres*, in Nerlich/Römermann, InsO, § 38, Rn. 15, (10. Lfg. September 2005); *Neumann*, in Gosch, AO/FGO, § 251, Rn. 67 (89. Lfg. Juni 2011); *Schmittmann*, in K. Schmidt, InsO, Anhang, Steuerrecht, Rn. 107; *Steinberg*, Die insolvenzrechtliche Einordnung von Steuern, S. 9.

842 *Forgach*, DB 1976, 1561 (1561); *Jatzke,* in HHSp., AO/FGO Kommentar, § 251 AO, Rn. 333 (225. Lfg. November 2013); *Maus*, Steuern im Insolvenzverfahren, Rn. 31; *Meyer*, Zukunftsfragen des Steuerrechts III, S. 58; *Schmittmann*, in K. Schmidt, InsO, Anhang, Steuerrecht, Rn. 106.

843 *Maus*, Steuern im Insolvenzverfahren, Rn. 31.

844 *Steinberg*, Die insolvenzrechtliche Einordnung von Steuern, S. 10.

845 *Steinberg*, Die insolvenzrechtliche Einordnung von Steuern, S. 10.

Insoweit ist die Literatur bemüht, nicht zwischen Rechtsgründen der einzuordnenden Forderungen zu unterscheiden, sondern für alle Arten von Forderungen einheitliche Maßstäbe festzulegen. Dieser allumfassender Interpretationsansatz bleibt jedoch recht vage und eröffnet die Möglichkeit einer Einzelfallbetrachtung.[846] Soweit eine Steuerforderung im Einzelfall auf ihre insolvenzrechtliche Begründetheit zu untersuchen ist, wird dem Rechtsanwender nämlich nur eine grobe Orientierung an die Hand gegeben. Die in diesem Zuge verwandten Begrifflichkeiten, nach denen der Rechtsgrund,[847] die schuldrechtliche Grundlage,[848] der Schuldrechtsorganismus,[849] eine Forderungsanwartschaft,[850] der Abschluss des materiellrechtlichen,[851] anspruchsbegründenden[852] oder eines sachlich-rechtlichen[853] Tatbestandes die Begründetheit verwirklicht sein soll, lassen weitestgehend offen, wann dies für die jeweilige Steuerforderung gelten soll. Dies ist vor allem deswegen beachtlich, weil die Steuerforderung als gesetzliches Schuldverhältnis mehrere Entwicklungsstadien aufweist. Ab welchem Verwirklichungsgrad der Steuerforderung nun der geforderte Schuldrechtsorganismus verwirklicht ist, ist insoweit eine reine Wertungsfrage,[854] die nur anhand von einem Denken in Fallgruppen für die praktische Rechtsanwendung greifbar zu machen ist. Aus Sicht der Rechtsanwendung besteht das Problem einer gewissen Unklarheit: Unter Berücksichtigung der Maßgeblichkeit des zivilrechtlichen Schuldgrundes ist die Frage schwierig zu beantworten, wie fest der Zusammenhang zwischen dem anspruchsbegründenden Vorgang

---

846 *Markert*, Steuerforderungen in der Insolvenz, S. 152.

847 *Bornemann*, in Frankfurter Kommentar, InsO, § 38, Rn. 18; *Ehricke/Behme*, in MünchKomm, InsO, § 38, Rn. 16.

848 BGH vom 22.09.2011, IX ZB 121/11, NZI 2011, 953 (954); *Sinz*, in Uhlenbruck, InsO, § 38, Rn. 26.

849 *Bornemann*, in Frankfurter Kommentar, InsO, § 38, Rn. 18; *Ehricke/Behme*, in MünchKomm, InsO, § 38, Rn. 16.

850 *Büteröwe*, in K. Schmidt, InsO, § 38, Rn. 16; *Eckardt*, in Kölner Schrift zur InsO, S. 746 f.; *Klopp/Kluth/Pechartscheck*, in Gottwald/Haas, Insolvenzrechts-Handbuch, § 19, Rn. 16; *Lüdtke*, in Hamburger Kommentar, InsO, § 38, Rn. 30; *Ries*, in Kayser/Thole, InsO, § 38, Rn. 27.

851 BGH vom 07.04.2005, IX ZB 195/03, ZInsO 2005, 484 (485); BGH vom 22.09.2011, IX ZB 121/11, NZI 2011, 953 (953).

852 *Bäuerle*, in Braun, InsO, § 38, Rn. 5; *Büteröwe*, in K. Schmidt, InsO, § 38, Rn. 16; *Sinz*, in Uhlenbruck, InsO, § 38, Rn. 26.

853 *Hess*, in Hess, InsO, § 38, Rn. 11.

854 *Kahlert/Kayser/Bornemann*, Perspektiven für eine kohärente und praxisgerechte Verzahnung von Steuer- und Insolvenzrecht, Rn. 82

und dem daraus erst resultierenden Vermögensanspruchs sein muss, um den Begriff der Begründetheit zu verwirklichen.[855]

b) Die Maßgeblichkeit eines nach anwartschaftsrechtlichen Gesichtspunkten gesicherte Tatbestandsverwirklichung

Demgegenüber sieht eine zweite Gruppe von Autoren in der Qualifizierung der Steuerforderung keine rein wertungsgebundene Zuordnungsfrage. Der von ihnen vertretene Ansatz basiert auf einer formalisierten Anwendung des Rechts. Ihrer Ansicht nach ist der steuerrechtliche Tatbestand maßgeblicher Anknüpfungspunkt für die insolvenzrechtliche Qualifizierung der Steuerforderung. Prägnant formuliert: „Ohne den Tatbestand zu kennen, aus dem sich die Forderung ergibt, ist die Feststellung der Begründetheit nicht möglich.“[856] Die Prüfung des § 38 InsO habe stufenweise zu erfolgen:[857] Zunächst sei abstrakt zu hinterfragen, wann nach insolvenzrechtlichen Grundsätzen eine Forderung – gleich welchen Rechtsgrundes – insolvenzrechtlich begründet ist.[858] Anschließend sei – ausgehend von diesen allgemeinen Maßstäben – der Blick auf den jeweils zu untersuchenden Steuertatbestand zu richten.[859] Im Zuge dessen sei zu hinterfragen, ob der steuerrechtliche Tatbestand zum Zeitpunkt der Insolvenzeröffnung nach diesen Maßstäben hinreichend verwirklicht ist.[860] Im Ergebnis erfordere der Wirkmechanismus des § 38 InsO auf erster Ebene die Auslegung einer insolvenzrechtlichen Vorschrift, dessen Auslegungsergebnis dann auf

---

855 *Großmann*, DStR 1989, 22 (23); *Hüttner*, Aufrechnung in der Insolvenz, S. 56; *Markert*, Steuerforderungen in der Insolvenz, S. 150.

856 *Onusseit/Kunz*, Steuern in der Insolvenz, Rn. 297. In der Formulierung ähnlich *Wagenknecht-Hose*, Neuverbindlichkeiten in der Insolvenz, S. 162: „Ohne Rückgriff auf den steuerrechtlichen Tatbestand, aus dem sich die Forderung ergibt, sind die Grundlagen dieser Forderung nicht festzustellen“ und *Kahlert/Rühland*, Sanierungs- und Insolvenzsteuerrecht, Rn. 7.53: „§ 38 InsO hat nicht die Macht, Steueransprüche zu begründen“.

857 *Markert*, Steuerforderungen in der Insolvenz, S. 190 f.; *Wagenknecht-Hose*, Neuverbindlichkeiten in der Insolvenz, S. 162; *Witfeld*, Umsatzsteuerverfahren in der Insolvenz, S. 193 f.

858 *Markert*, Steuerforderungen in der Insolvenz, S. 191.

859 *Markert*, Steuerforderungen in der Insolvenz, S. 190; *Wagenknecht-Hose*, Neuverbindlichkeiten in der Insolvenz, S. 162; *Witfeld*, Umsatzsteuerverfahren in der Insolvenz, S. 194.

860 *Markert*, Steuerforderungen in der Insolvenz, S. 190; *Wagenknecht-Hose*, Neuverbindlichkeiten in der Insolvenz, S. 162; *Witfeld*, Umsatzsteuerverfahren in der Insolvenz, S. 194.

zweiter Ebene auf den konkreten Steuertatbestand angewandt wird.[861] § 38 InsO sei lediglich ein allgemeingültiger Blanketttatbestand, der die höhere und entscheidende Definitionsebene enthalte, nach der sich der Steuertatbestand zu orientieren habe.[862]

Von der Autorengruppe wird zwar ebenfalls anerkannt, dass ein Anspruch insolvenzrechtlich begründet sei, wenn der Schuldrechtsorganismus oder der zugrundliegende zivilrechtliche Sachverhalt verwirklicht ist.[863] Die einzuordnende Forderung müsse auf das vorinsolvenzliche Handeln des Schuldners zurückgehen.[864] In Übereinstimmung mit der zuvorderst dargestellten Literaturansicht sei der hiesigen Rechtsanwendungsfrage eine wertende Betrachtung immanent.[865] Allerdings seien in Abgrenzung zur oben dargestellten Meinung die insolvenzrechtlichen Grundlagen des § 38 InsO nicht unmittelbar auf die insolvenzrechtliche Qualifizierung von Steuerforderungen zu übertragen: Der Schuldrechtsorganismus oder der zugrunde liegende zivilrechtliche Sachverhalt seien nicht die einzigen Kriterien.[866] Dieses Begriffsverständnis des Schuldrechtsorganismus beruhe lediglich auf der Einordnung von zivilrechtlichen Ansprüchen.[867] Der Steueranspruch sei aber ein öffentlich-rechtliches gesetzliches Schuldverhältnis, bei welchem Besonderheiten zu beachten seien.[868] Daher dürfe der steuerrechtliche Tatbestand bei der Einordnung nicht unbeachtet bleiben.[869] Die Insolvenzordnung könne nicht für alle

---

861 *Witfeld*, Umsatzsteuerverfahren in der Insolvenz, S. 194 umschreibt dieses Zusammenspiel bildhaft wie folgt: „Das Insolvenzrecht stelle eine Schablone dar, welche über das Steuerrecht gelegt wird und die Leitplanken für die Erhebung von Steueransprüchen bilde."

862 *Witfeld*, Umsatzsteuerverfahren in der Insolvenz, S. 194.

863 *Krumm*, Formelle Insolvenz, S. 48; *Onusseit/Kunz*, Steuern in der Insolvenz, Rn. 290; *Reiß*, GS Blomeyer, S. 427 (430); *Schwarz*, Umsatzsteuer in der Insolvenz, S. 44; *Weiss*, FR 1990, 539 (541); *Wagenknecht-Hose*, Neuverbindlichkeiten in der Insolvenz, S. 160; *Witfeld*, Umsatzsteuerverfahren und die Insolvenz, S. 193.

864 *Farr*, Besteuerung in der Insolvenz, Rn. 39; *Onusseit/Kunz*, Steuern in der Insolvenz, Rn. 290; *Onusseit*, Umsatzsteuer im Konkurs, S. 85.

865 *Onusseit/Kunz*, Steuern in der Insolvenz, Rn. 298; *Wagenknecht-Hose*, Neuverbindlichkeiten in der Insolvenz, S. 165.

866 *Onusseit/Kunz*, Steuern in der Insolvenz, Rn. 297; *Stadie*, in Rau/Dürrwächter, UStG, § 18 Anhang 2, Rn. 58 (186. Lfg. April 2020).

867 *Weiss*, FR 1990, 539 (541).

868 *Wagenknecht-Hose*, Neuverbindlichkeiten in der Insolvenz, S. 160; *Weiss*, FR 1990, 539 (541).

869 *Hüttner*, Aufrechnung in der Insolvenz, S. 60; *Kahlert/Rühland*, Sanierungs- und Insolvenzsteuerrecht, Rn. 7.53; *Loose*, in Tipke/Kruse, AO/FGO, § 251 AO, Rn. 55 (168. Lfg. November 2021); *Stadie*, in Rau/Dürrwächter, UStG, § 18 Anhang 2, Rn. 58 (186. Lfg. April 2020).

denkbaren Forderungen festlegen, wann ein Anspruch begründet sei.[870] Es komme vielmehr zu einem *Rückkopplungseffekt*:[871] Bei der insolvenzrechtlichen Qualifizierung der Steuerforderung erfolge ein Rückgriff auf den jeweiligen steuerrechtlichen Tatbestand.[872] Nur dadurch sei der konkrete Lebenssachverhalt zu erfassen, welcher nach der Entscheidung des Gesetzgebers zu besteuern sei.[873] Im Sinne eines Wechsel- und Zusammenspiels von Insolvenz- und Steuerrecht sei die Begründetheit für den jeweiligen Anspruch aus dem Steuerschuldverhältnis für die jeweilige Steuerart gesondert festzustellen.[874] Daher sei die Begründetheit nach § 38 InsO anhand von § 38 AO in Verbindung mit dem jeweiligen Einzelsteuergesetz zu bestimmen.[875] Die Vielzahl an möglichen Anspruchs- und Rechtsgrundlagen erlaube keine losgelöste Feststellung der Begründetheit abseits des Tatbestandes.[876] Nach der Analyse des Einzelsteuergesetzes sei es beispielsweise möglich, dass auf den zugrunde liegenden zivilrechtlichen Sachverhalt oder den Schuldrechtsorganismus abzustellen sei; aber nur, weil das Steuergesetz dieses vorgebe.[877] Die Maßgeblichkeit eines zivilrechtlichen Sachverhalts könne sich nur aus der Auslegung des jeweiligen Steuertatbestand ergeben.[878] Die Forderung nach der Verwirklichung eines zivilrechtlichen Sachverhalts folge aus § 38 InsO nicht in einer allgemeingültigen Art und Weise.[879]

Demzufolge sei eine Steuerforderung begründet, wenn diejenigen Merkmale in ihren maßgeblichen Grundlagen verwirklicht seien, die über

---

870 *Onusseit/Kunz*, Steuern in der Insolvenz, Rn. 297.

871 *Weiss*, FR 1990, 539 (541).

872 *Hölzle*, BB 2012, 1571 (1573); *Kahlert/Rühland*, Sanierungs- und Insolvenzsteuerrecht, Rn. 7.53; *Krumm*, Formelle Insolvenz, S. 48; *Onusseit/Kunz*, Steuern in der Insolvenz, Rn. 297; *Reiß*, GS Blomeyer, S. 427 (430); *Schwarz*, Umsatzsteuer in der Insolvenz, S. 45; *Wagenknecht-Hose*, Neuverbindlichkeiten in der Insolvenz, S. 162; *Witfeld*, Umsatzsteuerverfahren und die Insolvenz, S. 193.

873 *Krumm*, Formelle Insolvenz, S. 48; *Witfeld*, Umsatzsteuerverfahren in der Insolvenz, S. 194.

874 *Kahlert/Rühland*, Sanierungs- und Insolvenzsteuerrecht, Rn. 7.54; *Kinski*, Aufrechnung in der Insolvenz, S. 96; *Wagenknecht-Hose*, Neuverbindlichkeiten in der Insolvenz, S. 165; *Weiss*, FR 1990, 539 (541).

875 *Schwarz*, Umsatzsteuer in der Insolvenz, S. 46; *Witfeld*, Umsatzsteuerverfahren und die Insolvenz, S. 195.

876 *Reiß*, GS Blomeyer, S. 427 (430); *Schwarz*, Umsatzsteuer in der Insolvenz, S. 46.

877 *Onusseit/Kunz*, Steuern in der Insolvenz, Rn. 297; *Reiß*, GS Blomeyer, S. 427 (431).

878 *Kahlert/Rühland*, Sanierungs- und Insolvenzsteuerrecht, Rn. 7.53; *Onusseit/Kunz*, Steuern in der Insolvenz, Rn. 297.

879 *Reiß*, GS Blomeyer, S. 427 (431); *Weiss*, FR 1990, 539 (542).

Grund und Höhe der Steuerforderung entscheiden.[880] In Abgrenzung zu rein verfahrenstechnischen Voraussetzungen müsse bloß derjenige Lebenssachverhalt verwirklicht sein, den der Gesetzgeber der Besteuerung unterwerfen wolle.[881] Das sei der Fall, wenn der Eintritt der steuerrechtlichen Tatbestandsverwirklichung derart gesichert sei, dass er als unausweichlich anzusehen sei.[882] Unter diesen Voraussetzungen komme es zu entsprechenden Vermögensumsetzungen der Steuerforderung.[883]

In vergleichbarer Weise wird für die Begründetheit der Steuerforderung auf einen Anwartschaftsgedanken zurückgegriffen.[884] Die Steuerforderung sei als Insolvenzforderung zu qualifizieren, wenn der steuerschuldrechtliche Tatbestand so weit erfüllt ist, dass die Erfüllung der nicht gegebenen Tatbestandsmerkmale als bloße Bedingung anzusehen sei.[885] Es müsse die nicht unerhebliche Wahrscheinlichkeit der Tatbestandsverwirklichung bestehen.[886] Von dem mehraktigen Tatbestand müssen bereits so viele Merkmale verwirklicht sein, dass sich der Steuerschuldner der materiellen Verwirklichung des Steuertatbestandes nicht mehr aus eigener Kraft entziehen könne.[887]

---

880 *Farr*, Besteuerung in der Insolvenz, Rn. 39; *Hüttner*, Aufrechnung in der Insolvenz, S. 61; *Sinz,* in Uhlenbruck, InsO, § 38, Rn. 67; *Meyer/Verführt*, BB 2007, 862 (864): *Onusseit/Kunz*, Steuern in der Insolvenz, Rn. 298; *Sämisch/Adam,* ZInsO 2010, 934 (935); *Stadie*, in Rau/Dürrwächter, UStG, § 18 Anhang 2, Rn. 58 (186. Lfg. April 2020); *Waza/Uhländer/Schmittmann*, Insolvenzen und Steuern, Rn. 1451; *Weiss*, FR 1990, 539 (542).

881 *Krumm*, Formelle Insolvenz, S. 48. Vergleichbar in der Formulierung auch: *Boochs/Dauernheim*, Steuerrecht in der Insolvenz, S. 29; *Dißars*, in Schwarz/Pahlke, AO/FGO Kommentar, § 251, Rn. 53 (203. Lfg. November 2021); *Obermair*, BB 2004, 2610 (2610); *Radeisen*, INF 2005, 658 (659); Rüsken, ZIP 2007, 2053 (2056); *Sonnleitner,* in Insolvenzsteuerrecht, Kap. 3, Rn. 56; *Zeek*, KTS 2006, 407 (422); *Ziegenhangen/Thieme*, Besteuerung in Krise und Insolvenz, S. 195.

882 *Bodden*, FR 2014, 1114 (1121); *Kießling*, Besteuerung der insolventen Personengesellschaft, S. 311; *Kinski*, Aufrechnung in der Insolvenz, S. 96; *Onusseit/Kunz*, Steuern in der Insolvenz, Rn. 298.

883 *Häsemeyer*, Insolvenzrecht, Rn. 23.42.

884 *Kahlert*, DStR 2011, 1973 (1980); *Markert*, Steuerforderungen in der Insolvenz, S. 192; *Steinberg*, Die insolvenzrechtliche Einordnung von Steuern, S. 13.

885 *Wagenknecht-Hose*, Neuverbindlichkeiten in der Insolvenz, S. 165.

886 *Ruhe*, Steuern in der Insolvenz, S. 95; *Werth*, AO-StB 2007, 70 (70); *Werth*, DStZ 2010, 572 (573).

887 *Witfeld*, Umsatzsteuerverfahren in der Insolvenz, S. 195.

c) Das Erfordernis der vollständigen Verwirklichung des steuerrechtlichen Tatbestandes

Einen dogmatisch der zweiten Strömung vergleichbaren Ansatz wählen vereinzelte Stimmen in der Literatur. Für die Einordnung als Insolvenzforderung komme es auf die Verwirklichung des steuerrechtlichen Tatbestands zum Zeitpunkt der Verfahrenseröffnung an.[888] In Anlehnung an die Rechtsprechung ist nach diesem Stimmen eine Steuerforderung begründet, wenn der zugrunde liegende Steuertatbestand vollständig verwirklicht ist.[889] Die insolvenzrechtliche Qualifizierung beurteile sich allein und in Gänze nach steuerrechtlichen und nicht nach insolvenzrechtlichen Grundsätzen.[890] Ausdrücklich bestätigen die Autoren die Rechtsprechung des V. Senats zur Umsatzsteuer.[891] Dies insbesondere deswegen, weil die Einordnung der Umsatzsteuer in die insolvenzrechtlichen Forderungskategorien auf einer unionsrechtlichen Ausgestaltung beruhe.[892] Dieser Ansatz führe allerdings nicht dazu, dass aus der insoweit zutreffenden Vereinbarkeit der Rechtsprechung des V. Senats mit unionsrechtlichen Vorgaben geschlossen werden könne, dass die Auslegung der insolvenzrechtlichen Begründetheit zur Umsatzsteuer auf weitere Steuerarten

---

888 *Schuster*, DStR 2013, 1509 (1511); *Wäger*, DStR 2011, 1925 (1928); *Widmann*, UR 2011, 555 (555).

889 *Frotscher/Schulze*, in Gottwald/Haas, Insolvenzrechts-Handbuch, § 120, Rn. 40; *Schuster*, DStR 2013, 1509 (1511); *Wäger*, DStR 2011, 1925 (1928); *Wäger*, DB 2012, 1460 (1462, 1464, 1466); *Widmann*, UR 2011, 555 (555).

890 *Schuster*, DStR 2013, 1509 (1511); *Wäger*, DStR 2011, 1925 (1928); *Widmann*, UR 2011, 555 (555). Vor dem Hintergrund, dass *Schuster* bis zum 23.08.2011 regelmäßige Vertreterin des X. Senats (BFHE 2012, XXI) und ab dem 24.08.2011 bis zum 31.07. Vorsitzende des VII. Senats war 2013 (BFHE 2012, XIX; BFHE 2014, XX) und auch *Wäger* Mitglied des V. Senates (BFHE 2012, XVIII) ist, mag diese Auslegung wenig überraschen. *Schuster* und *Wäger* haben die steuerrechtliche Sicht des V. und des VII. Senats (Rechtsprechungsänderung vom 25.07.2012, VII R 29/11) geprägt. *Rüsken* – Mitglied des VII. Senates (BFHE 2012, XIX) – schließt sich dieser rein steuerrechtlichen Auslegung indes nicht an. *Rüsken*, NZI 2006, 330 (332); *Rüsken*, ZIP 2007, 2053 (2056).

891 *Kahlert/Kayser/Bornemann*, Perspektiven für eine kohärente und praxisgerechte Verzahnung von Steuer- und Insolvenzrecht, Rn. 164 ff., 584.

892 *Kahlert/Kayser/Bornemann*, Perspektiven für eine kohärente und praxisgerechte Verzahnung von Steuer- und Insolvenzrecht, Rn. 165, 179 ff. Nach *Kahlert/Kayser/Bornemann*, Perspektiven für eine kohärente und praxisgerechte Verzahnung von Steuer- und Insolvenzrecht, Rn. 179 richte sich die insolvenzrechtliche Qualifikation der Umsatzsteuer danach, ob die Vereinnahmung des in der Gegenleistung enthaltenen Umsatzsteueranteils vor oder nach der Anordnung des Insolvenzverfahrens erfolgt sei.

übertragen werden könne.[893] Insbesondere für die Ertragsteuer sei eine andere Einordnung sachgerecht.[894]

IV. Zwischenergebnis

In einer Gesamtbetrachtung von Rechtsprechung und Literatur zeigt sich folgendes abschließendes Bild: Rechtsprechung und Literatur treffen in sich keine geschlossene Auslegung zur insolvenzrechtlichen Qualifizierung der Steuerforderung. Die Rechtsprechung erachtet eine Steuerforderung als insolvenzrechtlich begründet, wenn der steuerrechtliche Tatbestand vollständig verwirklicht ist. Die Literatur ist demgegenüber gespalten: Zum Teil begrüßen einige Autoren die streng steuerrechtliche Interpretation der Rechtsprechung und erachten die vollständige Verwirklichung des jeweiligen Steuertatbestand für maßgeblich. Andere Autoren verweisen hingegen auf die alleinige Maßgeblichkeit eines Schuldrechtsorganismus und eine Verwirklichung des zivilrechtlichen Sachverhalts. Eine dritte Autorengruppe wählt einen Zwischenweg, wonach die insolvenzrechtliche Begründetheit einer Steuerforderung aus einem Zusammenspiel von insolvenz- und steuerrechtlichen Wertungen zu ermitteln sei. Zusammenfassend gibt es daher drei dogmatische Begründungsansätze: Die streng steuerrechtliche, die streng insolvenzrechtliche und die Mischform einer insolvenz-steuerrechtlichen Ansicht.

Aus normtheoretischer Sicht erweitert die insolvenzrechtliche Sicht den Anwendungsbereich einer Insolvenzforderung im Verhältnis zur Masseverbindlichkeit, weil es weniger strenge Anforderungen an die Begründetheit einer Steuerforderung stellt.[895] Hinsichtlich einer mehraktigen und sukzessiv entwickelnden Steuerforderung verlangt dieser Begründungsansatz nur das Vorliegen der wesentlichen, steuerschuldrechtlichen Grundlagen der Steuerforderung und nicht die vollständige Verwirklichung des Tatbestandes.[896] Die Einordnung einer Steuerforderung als Masseverbindlichkeit kommt nach dieser Betrachtungsweise nur in Betracht, wenn von einem mehraktigen Steuertatbestand zum Zeitpunkt der Insolvenzeröffnung entweder noch kein Tatbestandsmerkmal verwirklicht ist, oder die bis dahin verwirklichten Tatbestandsmerkmale derart unwesentlich sind, dass die

---

[893] *Kahlert/Kayser/Bornemann*, Perspektiven für eine kohärente und praxisgerechte Verzahnung von Steuer- und Insolvenzrecht, Rn. 164, 585.

[894] *Kahlert/Kayser/Bornemann*, Perspektiven für eine kohärente und praxisgerechte Verzahnung von Steuer- und Insolvenzrecht, Rn. 489 ff; 585.

[895] *Onusseit*, ZInsO 2003, 677 (678).

[896] *Markert*, Steuerforderungen in der Insolvenz, S. 158.

Verwirklichung der Steuerverbindlichkeit letztlich noch völlig ungewiss ist und die wesentliche Tatbestandsverwirklichung nach Verfahrenseröffnung eintritt.[897]

Demgegenüber grenzt die streng steuerrechtliche Sicht den Anwendungsbereich einer Insolvenzforderung gegenüber einer Masseverbindlichkeit ein, weil von einem mehraktigen Steuertatbestand zum Zeitpunkt der Insolvenzeröffnung sämtliche Tatbestandsvoraussetzungen vorliegen müssen. Der Anwendungsbereich einer Masseverbindlichkeit ist eröffnet, wenn zum Zeitpunkt der Insolvenzeröffnung nur ein Tatbestandsmerkmal nicht erfüllt ist.

In Abgrenzung dazu stellt die insolvenz-steuerrechtliche Sicht vergleichbar zur insolvenzrechtlichen Sicht weniger strenge Anforderungen an die Begründetheit einer Steuerforderung. Zum Zeitpunkt der Insolvenzeröffnung müssen nämlich nicht alle, sondern nur diejenigen steuerlichen Tatbestandsmerkmale verwirklicht sein, sodass die spätere Entstehung der Steuerforderung hinreichend gesichert ist. In Angrenzung zur streng insolvenzrechtlichen Sicht kommt eine Masseverbindlichkeit aber in Betracht, wenn zum Zeitpunkt der Insolvenzeröffnung kein Tatbestandsmerkmal verwirklicht oder die Verwirklichung des Steuertatbestandes nach anwartschaftsrechtlichen Grundsätzen noch ungewiss ist. Es ist festzuhalten, dass die insolvenz-steuerrechtliche Sicht im Vergleich zur insolvenzrechtlichen Ansicht strengere – und zudem konkretere – Anforderungen an die Begründetheit stellt, wenn die Forderung nach anwartschaftsrechtlichen Grundsätzen gesichert und nicht nur der bloße Schuldgrund verwirklicht sein muss. Im Verhältnis zur streng steuerrechtlichen Sicht stellt die insolvenz-steuerrechtliche Sicht allerdings geringere Anforderungen an die Begründetheit, weil nicht die vollständige Verwirklichung des Steuertatbestandes erforderlich ist, sondern nur die nach anwartschaftsrechtlichen Grundsätzen gesicherte Tatbestandsverwirklichung.

Für Zwecke der insolvenzrechtlichen Forderungszuordnung knüpft die streng insolvenzrechtliche Sicht hinsichtlich einer gedachten Entwicklungslinie des mehraktigen Steuertatbestandes auf einen frühen, die streng steuerrechtliche Sicht auf den letzten und die insolvenz-steuerrechtliche Sicht auf einen gemittelten Teilakt eines gedachten Steuertatbestandes an.[898]

---

[897] Hierauf weist *Markert*, Steuerforderungen in der Insolvenz, S. 158 in Fn. 759 hin.

[898] *Markert*, Steuerforderungen in der Insolvenz, S. 165.

V. Die Auswirkung der unterschiedlichen Konkretisierungen der Begründetheit anhand des Fallbeispiels der stillen Reserven

1. Einführung

Soweit die abstrakten dogmatischen Begründungsansätze vorangestellt sind, ist zu fragen, wie sich die Unterschiede dieser Ansätze am praktischen Fall auswirken. Um Unterschiede und Gemeinsamkeiten zwischen den Definitionsversuchen zur insolvenzrechtlichen Begründetheit aufzudecken, ist fortan ein Anwendungsfall in die Fokus zu rücken. Da sich die finanzgerichtliche Rechtsprechung vermehrt mit der Frage auseinandersetze, wie die Einkommensteuer aus der Rückgängigmachung von vor Insolvenzeröffnung gewährten bilanziellen Steuervorteilen insolvenzrechtlich einzuordnen sind, sah sich die Literatur dazu veranlasst, diese Fallgestaltung näher zu kommentieren. Vor diesem Hintergrund bietet es sich an, die Einkommensteuerforderungen aus der Aufdeckung stiller Reserven hinsichtlich der insolvenzrechtlichen Begründetheit gemäß § 38 InsO einmal näher zu begutachten. Da die Einkommensteuerforderung mit Blick auf das Ansammeln der stillen Reserven und deren Realisation durch Veräußerung des Wirtschaftsguts zwei abgrenzbare und für die Dogmatik des § 38 InsO greifbare Anknüpfungspunkte liefert, ist diese Fallgruppe für die Gegenüberstellung der insolvenzrechtlichen Interpretationen geeignet. Doch bevor auf die unterschiedlichen Positionen einzugehen ist, sind die Grundlagen der Besteuerung von stillen Reserven voranzustellen.

Stille Reserven sind zusammengefasst der Unterschiedsbetrag zwischen Buchwert und höheren gemeinen Wert oder Teilwert eines aktvierten Wirtschaftsguts.[899] Sie beruhen auf den bilanziellen Prinzipien der Gewinn- und Verlustrealisierung.[900] Gemäß § 6 Abs. 1 Nr. 1 EStG sind Wirtschaftsgüter des Anlagevermögens nach dem sog. Anschaffungswertprinzip mit ihren Anschaffungs- und Herstellungskosten anzusetzen. Etwaige darüber hinaus gehende Wertsteigerungen – beispielsweise bei Grundstücken infolge steigender Grundstückspreise – werden in der Bilanz nicht abgebildet.[901] Diese Wertsteigerungen sind nach dem Realisationsprinzip erst steuerbar, wenn es zu einer Marktransaktion kommt und die Wertsteigerung

---

[899] BFH vom 29.03.1984, IV R 271/83, BStBl. II 1984, 602 (603); *Hennrichs*, in Tipke/Lang, Steuerrecht, § 9, Rn. 9.401.

[900] *Hennrichs*, in Tipke/Lang, Steuerrecht, § 9, Rn. 9.400.

[901] *Hennrichs*, in Tipke/Lang, Steuerrecht, § 9, Rn. 9.400.

realisiert wird.[902] Mit Blick auf den Einkommensteuertatbestand des § 2 Abs. 1 Nr. 1 EStG sind stille Reserven noch keine steuerbaren Einkünfte.[903] Vielmehr bilden sie bei ihrer Entstehung nur eine Vorstufe der Verwirklichung des Besteuerungstatbestandes, der erst erfüllt ist, wenn ein Realisationsereignis hinzutritt.[904] Trotzdem liegt in dieser Vorstufe bereits ein gewisser Vermögenswert und Vermögenszuwachs, der nach Maßgabe des Leistungsfähigkeitsprinzips Einkommen darstellt.[905] Auf die Besteuerung dieses Vermögenswertes wird allerdings aus Gründen der Verhältnismäßigkeit verzichtet.[906] Die konsequente Anwendung des Realisationsprinzips bewirkt – bei der Besteuerung von stillen Reserven – aufgrund des Verbots der Übermaßbesteuerung ein Zurückstellen von bereits vorhandener Leistungsfähigkeit.[907] Realisationsprinzip und Übermaßverbot legitimieren vor dem Hintergrund einer Bewertungsunsicherheit den Aufschub der Besteuerung bis zum Umsetzungsakt.[908] Im Zusammenspiel von Anschaffungswert- und Realisationsprinzip, welche selbst Ausformungen des Markteinkommenprinzips sind, wird die Gefahr falscher Bewertung nicht realisierten Vermögenszuwachs vermieden.[909] Dadurch ist gewährleistet, dass die Besteuerung nach der Leistungsfähigkeit maßvoll ausgestaltet ist und bei der Besteuerung auf sichere Werte abgestellt wird.[910] Das Realisationsprinzip als Wesensmerkmal des steuerlichen Gewinnbegriffs[911] transferiert latente, ruhende Wertsteigerungen zu steuerbaren Einkünften.[912]

Wenn mit *Tipke*[913] zum Zeitpunkt der Ansammlung der stillen Reserven nach dem Leistungsfähigkeitsprinzip bereits ein dem Grunde nach besteuerungswürdiger Vermögenszuwachs entsteht, wird das Leistungsfähigkeitsprinzip für Zwecke der Verhältnismäßigkeit, des Übermaßverbots

902 *Hennrichs*, in Tipke/Lang, Steuerrecht, § 9, Rn. 9.402.
903 *Hennrichs*, in Tipke/Lang, Steuerrecht, § 9, Rn. 9.432.
904 *Ratschow*, DStJG 34 (2011), S. 35 (56).
905 *Tipke*, DStJG 4 (1981), S. 1 (2).
906 *Tipke*, DStJG 4 (1981), S. 1 (5) merkt an, dass es unverhältnismäßig wäre, den Steuerpflichtigen – mangels Realisierung von Gewinn aus einer Veräußerung – zu zwingen, andere Wirtschaftsgüter zu veräußern, um eine Steuerzahlung hinsichtlich nicht realisierter Wertsteigerungen zu ermöglichen. Die Veräußerung einer Substanz, nur um Mittel für die Steuerzahlung freizusetzen, sei ultima ratio.
907 *Danz*, FR 2018, 160 (166).
908 *Hey*, in GS Trzaskalik, S. 219 (227).
909 *Hennrichs*, in Tipke/Lang, Steuerrecht, § 9, Rn. 9.402.
910 *Hennrichs*, in Tipke/Lang, Steuerrecht, § 9, Rn. 9.402.
911 *Lang*, Bemessungsgrundlage der Einkommensteuer, S. 171.
912 *Hennrichs*, in Tipke/Lang, Steuerrecht, § 9, Rn. 9.432.
913 *Tipke*, DStJG 4 (1981), S. 1 (5).

sowie einer Bewertungssicherheit in Ansehung des Realisationsprinzips durchbrochen. Das Realisationsprinzip genießt mit Blick auf kollidierende rechtstaatliche Interessen Vorrang, wenn es um die Besteuerung von stillen Reserven geht. Wirtschaftlich betrachtet führt diese Nichtbesteuerung trotz wirtschaftlicher Leistungsfähigkeit zu einem zinslosen Kredit oder eine Steuerstundung, welche in dem Zeitpunkt beginnt, in dem der Verkehrswert erstmals den Buchwert übersteigt.[914] Dieser Besteuerungsaufschub führt beim Steuerpflichtigen im Ergebnis zu einem Liquiditäts- und Zinsvorteil.

Soweit der Insolvenzverwalter das zur Insolvenzmasse gehörende Vermögen verwertet, § 159 InsO, und dementsprechend ein Grundstück veräußert, stellt dies im Falle der Insolvenz einen steuerbaren Realisationsakt dar.[915] Die unter Umständen über Jahre angesammelten Wertsteigerungen werden im Zeitpunkt der Veräußerung realisiert. Streitpunkt ist nun, ob die Einkommensteuerforderung aus dem Entstehen des außerordentlichen Gewinns bereits im Zeitpunkt der Bildung der stillen Reserven vor Insolvenzeröffnung oder erst im Zeitpunkt der Veräußerung durch den Insolvenzverwalter gemäß §§ 38, 55 InsO insolvenzrechtlich begründet ist. Die Beantwortung dieser Frage hängt entscheidend von der inhaltlichen Konkretisierung der insolvenzrechtlichen Begründetheit ab.

2. Maßgeblichkeit der vollständigen Verwirklichung des steuerrechtlichen Tatbestandes

Wenn die Rechtsprechung[916] und mit ihr Teile der Literatur[917] für die insolvenzrechtliche Begründetheit die vollständige Verwirklichung des steuerrechtlichen Tatbestandes verlangen, so stellen sie konsequent auf den Veräußerung durch den Insolvenzverwalter nach Insolvenzeröffnung ab. Entsprechend ist die Steuerforderung als Masseverbindlichkeit gemäß § 55 Abs. 1 Nr. 1 InsO zu qualifizieren.[918]

---

914 *Frotscher*, Besteuerung bei Insolvenz, S. 1568 *Onusseit*, ZInsO 2003, 677 (680); *Roth*, FR 2013, 441 (445). *Sämisch/Adam*, ZInsO 2010, 934 (937).

915 *Frotscher*, Besteuerung bei Insolvenz, S. 156; *Roth*, FR 2013, 441 (441 f.).

916 BFH vom 07.11.1963, IV 210/62 S, BStBl. III 1964, 70 (72); BFH vom 29.03.1984, IV R 271/83, BStBl. II 1984, 602 (603); BFH vom 16.05.2013, IV R 23/11, BStBl. II 2013, 759 (760); BFH vom 27.10.2016, IV B 119/15, BFH/NV 2017, 320 (320).

917 *Frotscher/Schulze*, in Gottwald/Haas, Insolvenzrechts-Handbuch, § 120, Rn. 40 f.; Jatzke, in HHSp, AO/FGO, § 251 AO, Rn. 343 (225. Lfg. November 2013); Loose, in Tipke/Kruse, AO/FGO, § 226, Rn. 72 (155. Lfg. Februar 2019); Neumann, in Gosch, AO/FGO, § 251, Rn. 77 (89. Lfg. Juni 2011).

918 Näheres zu den Voraussetzungen einer Masseverbindlichkeit unter F., III.

Wenn der Bundesfinanzhof im Urteil vom 07.11.1963 noch ergebnisorientiert argumentiert, dass der Fiskus nicht ungerechtfertigter Weise von den Gewinnen des Insolvenzverfahrens ausgeschlossen werden solle,[919] begründet er die Annahme einer Masseverbindlichkeit und die Maßgeblichkeit des Veräußerungsaktes nach Insolvenzeröffnung nunmehr anhand steuerrechtlicher Wertungen. Vordergründiges Argumentationswerkzeug ist der Steuertatbestand und das Realisationsprinzip: Entscheidend sei, wann die einzelnen Geschäftsvorfälle erfolgswirksam geworden sind und sich das Betriebsvermögen aus bilanzieller Sicht verändert habe.[920] Das Halten von stillen Reserven erfülle kein Besteuerungsmerkmal und sei nach Maßgabe des Realisierungsprinzip unbeachtlich.[921] Der Wertzuwachs unterliege erst der Besteuerung, wenn es durch einen steuerauslösenden Tatbestand zur Gewinnrealisation komme.[922]

Vereinzelt stimmt die Literatur der Rechtsprechung wie folgt zu: Die bloße Existenz der stillen Reserven sei mit keinerlei steuerlichen Wirkungen verbunden; erst mit der Realisierung werde ein gesicherter Rechtsgrund für die Steuerforderung gelegt.[923] In einem Halten von stillen Reserven sei darüber hinaus kein Schuldrechtsorganismus zu sehen; dieser entstehe erst durch die Verwertungshandlung des Insolvenzverwalters.[924] Ferner sei zu berücksichtigen, dass die Bildung und die Verflüchtigung von stillen Reserven ein fortlaufender Prozess sei; es bestehe ein gewisses Eigenleben.[925] Daher sei eine Fixierung auf den Zeitpunkt der Insolvenzeröffnung willkürlich.[926] Die Maßgeblichkeit des Realisationsprinzips und das Abstellen auf den konkreten Veräußerungsakt erlauben hingegen eine praxisgerechte und rechtssichere Bewertung des Wirtschaftsgutes, weil zu diesem Zeitpunkt ein messbarer Marktvorgang vorliege.[927] Schließlich könne dem Bundesfinanzhof nicht unterstellt werden, er argumentiere einseitig und er habe sich nicht mit den Argumenten des überwiegenden Schrifttums

---

919 Im Streitfall kam es zu der Besonderheit, dass sämtliche Insolvenzgläubiger vollständig befriedigt werden konnten. BFH vom 07.11.1963, IV 210/62 S, BStBl. III 1964, 70 (72).

920 BFH vom 29.03.1984, IV R 271/83, BStBl. II 1984, 602 (603).

921 BFH vom 29.03.1984, IV R 271/83, BStBl. II 1984, 602 (603).

922 BFH vom 16.05.2013, IV R 23/11, BStBl. II 2013, 759 (760).

923 *Jatzke*, in HHSp, AO/FGO, § 251 AO, Rn. 343 (225. Lfg. November 2013).

924 *Jatzke*, in HHSp, AO/FGO, § 251 AO, Rn. 343 (225. Lfg. November 2013).

925 *Neumann*, in Gosch, AO/FGO, § 251, Rn. 77 (89. Lfg. Juni 2011).

926 *Neumann*, in Gosch, AO/FGO, § 251, Rn. 77 (89. Lfg. Juni 2011).

927 *Neumann*, in Gosch, AO/FGO, § 251, Rn. 77 (89. Lfg. Juni 2011). So auch *Frotscher/Schulze*, in Gottwald/Haas, Insolvenzrechts-Handbuch, § 120, Rn. 41; *Kießling*, Besteuerung der insolventen Personengesellschaft, S. 318.

auseinandergesetzt.[928] Vielmehr habe sich der Bundesfinanzhof im Rahmen zulässiger Gesetzesauslegung für einen bestimmten Maßstab entschieden und diesen fortentwickelt, ohne dabei das Fiskalinteresse als zusätzliches Auslegungskriterium heranzuziehen.[929]

3. Die Maßgeblichkeit des zivilrechtlichen Sachverhalts und des Schuldrechtsorganismus

Soweit vornehmlich *Frotscher* für die insolvenzrechtliche Begründetheit auf die Maßgeblichkeit des Schuldrechtsorganismus abstellt, erachtet er im Fall der Aufdeckung von stillen Reserven das Ansammeln und Halten für maßgeblich. Der entscheidende zivilrechtliche Sachverhalt für die Besteuerung des Veräußerungsgeschäfts ereigne sich zu dem Zeitpunkt, in dem die stillen Reserven vorhanden waren und tatsächlich sowie wirtschaftlich erzielt wurden.[930] Nach Eröffnung des Insolvenzverfahrens vermehre sich der Umfang der der Besteuerung zugrundeliegenden Gewinne und damit das zur Masse gehörende Vermögen nicht mehr.[931] An steuerlich relevanten Tatbestandsmerkmalen trete nur noch der Akt des Aufdeckens der stillen Reserven durch die Veräußerung hinzu.[932] Der Akt des Aufdeckens bewirke lediglich die steuerrechtliche Realisation, welche jedoch streng von der insolvenzrechtlichen Begründetheit zu unterscheiden sei.[933] Für die Bestimmung des zivilrechtlichen Sachverhalts der Steuer komme es im Fall der stillen Reserven darauf an, zu welchem Zeitpunkt das Vermögen des Schuldners gemehrt sei und dementsprechend den Gläubigern als Haftungssubstrat zur Verfügung stehe.[934] Durch den Gewinnrealisierungsakt werde demgegenüber der Masse nichts hinzugefügt.[935] Die insolvenzrechtliche Begründetheit samt der ihr zugehörigen Verwirklichung einen Schuldrechtsorganismus erfordere[936] eine wertende Vermögenszuordnung, sodass es – entgegen der Rechtsprechung – nicht auf den formalen Realisationszeitpunkt ankommt, sondern auf die wertmäßige Veränderung des Vermögens.[937]

[928] *Frotscher/Schulze*, in Gottwald/Haas, Insolvenzrechts-Handbuch, § 120, Rn. 41.
[929] *Frotscher/Schulze*, in Gottwald/Haas, Insolvenzrechts-Handbuch, § 120, Rn. 41.
[930] *Frotscher*, Besteuerung bei Insolvenz, S. 158.
[931] *Frotscher*, Besteuerung bei Insolvenz, S. 158; *Roth*, FR 2013, 441 (444).
[932] *Frotscher*, Besteuerung bei Insolvenz, S. 158.
[933] *Frotscher*, Besteuerung bei Insolvenz, S. 158.
[934] *Frotscher*, Besteuerung bei Insolvenz, S. 159; *Markert*, Steuerforderungen in der Insolvenz, S. 310; *Roth*, FR 2013, 441 (444).
[935] *Frotscher*, Besteuerung bei Insolvenz, S. 159.
[936] *Frotscher*, Besteuerung bei Insolvenz, S. 66.
[937] *Frotscher*, Besteuerung bei Insolvenz, S. 159.

Die praktische Umsetzung dieser Maßstäbe erfordere – insbesondere in länger andauernden Insolvenzverfahren – eine Unterscheidung von stillen Reserven, die vor und nach Insolvenzeröffnung entstanden sind.[938] Nur wenn beispielsweise das Grundstück vor Verfahrenseröffnung an Wert gewonnen habe, sei eine Insolvenzforderung anzunehmen; für die übrigen Wertsteigerungen sei eine Masseverbindlichkeit gegeben.[939]

4. Die Maßgeblichkeit eines nach anwartschaftsrechtlichen Gesichtspunkten gesicherte Tatbestandsverwirklichung

Andere Literaten betonen ein Zusammen- und Wechselspiel von Steuer- und Insolvenzrecht. Das Insolvenzrecht verlange für die Begründetheit einer Steuerforderung eine nach anwartschaftsrechtlichen Gesichtspunkten gesicherte Entstehung. Wesentlich sei der Zeitpunkt, in dem der Steuergläubiger einen aufschiebend bedingten Anspruch erhalte, den der Schuldner nicht mehr einseitig verhindern kann. Wann das der Fall ist, sei für jeden Steuerfall gesondert zu untersuchen.

Unter Berücksichtigung dieser Maßstäbe erachten Teile der Literatur gleichsam das Entstehen und Halten der stillen Reserven für maßgeblich. Im Zeitraum der Begründung der stillen Reserven bis zum letztlichen Umsetzungsakt bestehe nämlich eine Anwartschaft des Fiskus auf die Steuerforderung.[940] Der Fiskus habe in diesem Zeitpunkt die begründete Aussicht, die tatsächlich vorhandene Steigerung der wirtschaftlichen Leistungsfähigkeit in ein Steueraufkommen umzuwandeln, weil die Steuerforderung nicht mehr vom Willen des Insolvenzschuldners abhängig sei.[941] Mit der Ansammlung der stillen Reserven bestehe eine aufschiebend bedingte Steuerforderung, die zum Zeitpunkt des Umsetzungsaktes vollverwirklicht sei.[942]

---

[938] Notfalls sei eine Steuerschätzung vorzunehmen. *Frotscher*, Besteuerung bei Insolvenz, S. 160.

[939] *Frotscher*, Besteuerung bei Insolvenz, S. 160.

[940] *Kahlert*, DStR 2013, 1584 (1588); *Kießling*, Besteuerung der insolventen Personengesellschaft, S. 316; *Markert*, Steuerforderungen in der Insolvenz, S. 311; *Roth*, FR 2013, 441 (444 f.).

[941] *Kahlert*, DStR 2013, 1584 (1588); *Markert*, Steuerforderungen in der Insolvenz, S. 311; *Roth*, FR 2013, 441 (444 f.).

[942] *Kahlert*, ZIP 2014, 1101 (1104); *Kahlert/Kayser/Bornemann*, Perspektiven für eine kohärente und praxisgerechte Verzahnung von Steuer- und Insolvenzrecht, Rn. 496; *Kießling*, Besteuerung der insolventen Personengesellschaft, S. 316; *Onusseit*, ZInsO 2003, 677 (681); *Sämisch/Adam*, ZInsO 2010, 934 (937).

Soweit man hiergegen einwenden möge, dass die Besteuerung noch davon abhängig sei, dass es überhaupt zu einem Umsetzungsakt durch den Insolvenzverwalter kommen muss und dieser nicht zwangsläufig oder gar reflexartig mit der Bildung von stillen Reserven einhergeht,[943] verfange dieser Einwand nicht.[944] Denn mit Insolvenzeröffnung gehe die Verwaltungs- und Verfügungsbefugnis des Insolvenzschuldners gemäß § 80 Abs. 1 InsO auf den Insolvenzverwalter über. Ab diesem Zeitpunkt hat der Insolvenzverwalter gemäß § 159 InsO dafür Sorge zu tragen, werthaltige Gegenstände im Interesse der Gläubiger zu verwerten. Infolgedessen könne der Insolvenzschuldner die Entstehung der Steuerforderung nicht mehr einseitig verhindern.[945] Vielmehr entstehe die Steuer zwangsläufig, weil der Insolvenzverwalter aufgrund seiner gesetzlichen Verpflichtung zur Verwertung werthaltiger Wirtschaftsgüter verpflichtet sei.[946]

Wirtschaftlich betrachtet stehe der Fiskus überdies jedem anderen Gläubiger gleich, der vorinsolvenzlich eine Forderung gegen den Insolvenzgläubiger erworben und diese anschließend über einen längeren Zeitraum hinweg gestundet habe.[947] Die Fallgestaltung der stillen Reserven sei beispielsweise mit der eines zivilrechtlichen Darlehensgewährung zu vergleichen[948]: Im Fall der Besteuerung der stillen Reserven verzichte der Gesetzgeber trotz erhöhter Leistungsfähigkeit insbesondere aus Gründen der Verhältnismäßigkeit zunächst auf eine Besteuerung. Unter einem Vorrang des Realisationsprinzip komme dem Steuerschuldner eine Steuerverschonung bis zum Umsetzungsakt zugute, obwohl nach rein wirtschaftlichen Gesichtspunkten ein Vermögenszuwachs besteht. Stelle man diesen Befund einer Darlehensgewährung gegenüber, sei festzustellen, dass der Darlehensgläubiger gleichsam zunächst auf eine Rückforderung des ihm zustehenden Betrages verzichte, wenn die Fälligkeit des Darlehens von einem Zeitablauf oder

---

943 *Steinberg,* Die insolvenzrechtliche Einordnung von Steuern, S. 33.

944 *Kießling*, Besteuerung der insolventen Personengesellschaft, S. 316; *Markert*, Steuerforderungen in der Insolvenz, S. 315; *Sämisch/Adam*, ZInsO 2010, 934 (937).

945 *Markert*, Steuerforderungen in der Insolvenz, S. 315; *Sämisch/Adam*, ZInsO 2010, 934 (937).

946 *Markert*, Steuerforderungen in der Insolvenz, S. 315; *Sämisch/Adam*, ZInsO 2010, 934 (937).

947 *Kahlert/Kayser/Bornemann*, Perspektiven für eine kohärente und praxisgerechte Verzahnung von Steuer- und Insolvenzrecht, Rn. 496; *Markert*, Steuerforderungen in der Insolvenz, S. 309; *Roth*, FR 2013, 441 (445).

948 *Kahlert/Kayser/Bornemann*, Perspektiven für eine kohärente und praxisgerechte Verzahnung von Steuer- und Insolvenzrecht, Rn. 496; *Markert*, Steuerforderungen in der Insolvenz, S. 309; *Roth*, FR 2013, 441 (445).

einer Tilgungsvereinbarung abhängig gemacht werde.[949] Umsetzungsakt und Fälligkeit stellen daher vergleichbar nur eine verfahrenstechnischen Vorgang und Auslösungsakt dar.[950] Einen wirtschaftlichen Vermögenswert besäßen die Steuerforderung und die Darlehensrückforderung schon zu einem vorherigen Zeitpunkt.[951]

5. Zwischenergebnis

Es bleibt festzuhalten, dass die vertretenen Begründungsansätze zur inhaltlichen Konkretisierung der insolvenzrechtlichen Begründetheit am Beispiel der stillen Reserven teilweise zu unterschiedlichen Ergebnissen gelangen. Auf der einen Seite ist mit der Rechtsprechung auf den Realisationsakt abzustellen. Auf der anderen Seite steht die herrschende Literatur, wonach es entweder auf einen zivilrechtlichen Sachverhalt oder eine Anwartschaft ankommen soll; die Einordnung bestimme sich – in beiden Fällen – nach der Entstehung und dem Halten der stillen Reserven.[952]

Aber welche Erkenntnisse lassen sich über diesen Befund der teilweisen unterschiedlichen Bewertung hinaus festhalten? Zunächst fällt auf, dass die Ansichten in der Literatur zwar formal andere dogmatische Begründungsansätze liefern, wenn einerseits das Vorliegen eines Schuldrechtsorganismus und andererseits eine Anwartschaft gefordert wird. Praktische Auswirkungen hat diese Differenzierung jedoch keine. Am Fall wird es kaum möglich sein, eine entscheidungserhebliche Differenzierung festzumachen. Soweit nämlich eine Forderung nach anwartschaftsrechtlichen Grundsätzen aufschiebend bedingt entstanden ist, wird zumindest der Schuldrechtsorganismus verwirklicht sein. *Vice versa* mag ähnliches gelten. Anderes mag nur dann zu beobachten sein, wenn eine Steuerforderung

[949] Nicht unbeachtet soll bleiben, dass der Fiskus ein Zwangsgläubiger ist und an die ihm zugewiesenen Kompetenzen gebunden ist. Der Steuergläubiger muss im Vergleich zum Darlehensgläubiger aufgrund von Gesetzes wegen eine Steuerverschonung gestatten. Der Darlehensgläubiger hingegen trifft diese Entscheidung privatwirtschaftlich unter Bildung eines natürlichen Rechtsbindungswillen.

[950] *Markert*, Steuerforderungen in der Insolvenz, S. 310; *Roth*, FR 2013, 441 (445).

[951] *Markert*, Steuerforderungen in der Insolvenz, S. 310; *Roth*, FR 2013, 441 (445).

[952] So die überwiegende Literaturmeinung: *Boochs/Dauernheim*, Steuerrecht in der Insolvenz, S. 93; *Ehricke/Behme*, in MünchKomm, InsO, § 38, Rn. 81a; *Frotscher*, Besteuerung bei Insolvenz, S. 156; *Frystatzki*, EStB 2004, 88 (89); *Kahlert*, FR 2014, 731, (742); *Kießling*, Besteuerung der insolventen Personengesellschaft, S. 316; *Meyer*, in FS 100 Jahre BFH, Bd. I, S. 659 (670); *Meyer/Verfürth*, BB 2007, 862 (865); *Onusseit*, ZInsO 2003, 677 (680); *Onusseit/Kunz*, Steuern in der Insolvenz, Rn. 523; *Petersen/Winkelhog*, in Insolvenzsteuerrecht, Kap. 4, Rn. 101; *Roth*, Insolvenzsteuerrecht, Rn. 4.17; *Roth*, FR 2013, 441 (447); *Sämisch/Adam*, ZInsO 2010, 934 (937).

derart viele Anknüpfungspunkte aufweist, dass zwischen aufschiebend bedingtem Anspruch und Schuldrechtsorganismus entscheidungserheblich zu unterscheiden ist. Im Fall der stillen Reserven ist das jedenfalls nicht zu beobachten. Es lässt sich daher anhand der praktischen Überprüfung konstatieren, dass die beiden Strömungen aus der Literatur zueinander typenverwandt sind und in aller Regel in der praktischen Anwendung zum gleichen Ergebnis gelangen. Eine Entscheidungserheblichkeit ergibt sich lediglich im Verhältnis zur Rechtsprechung: Wenn auf einen Schuldrechtsorganismus beziehungsweise eine Anwartschaft abgestellt wird, weicht dieser Verwirklichungsgrad von dem Erfordernis der vollständigen Verwirklichung des Steuertatbestands derart ab, dass unterschiedliche Anknüpfungspunkte in Betracht kommen.

E. Eine kritische Auseinandersetzung mit der Begründetheit einer steuerrechtlichen Forderung

I. Einführung

Im Folgenden ist sich inhaltlich mit der Begründetheit einer steuerrechtlichen Forderungen auseinanderzusetzen. Soweit in Rechtsprechung und Literatur drei Auslegungsvarianten zu identifizieren waren, sind diese kritisch zu hinterfragen. Die nachfolgenden Ausführungen beziehen sich zunächst nur auf die vornehmlich von der Rechtsprechung des Bundesfinanzhofes vertretenen Konkretisierung, wonach sich die Begründetheit nach der vollständigen Verwirklichung des Steuertatbestandes richtet, und die von *Frotscher* vorgetragenen Auslegung, wonach der Schuldrechtsorganismus beziehungsweise die Verwirklichung des zivilrechtlichen Sachverhalts maßgeblich sein soll. Soweit in Teilen der Literatur vertreten wird, der Maßstab des Anwartschaftsgedanken bestimme die erforderlichen Mindestvoraussetzungen für die Annahme einer gemäß § 38 InsO begründeten Forderung, ist dieser Konkretisierungsversuch im nachfolgenden Kapitel gesondert zu untersuchen.

II. Zur Kritik an der alleinigen Maßgeblichkeit des steuerrechtlichen Tatbestandes

1. Die alleinige Maßgeblichkeit des Steuerrechts als Verstoß gegen den Gläubigergleichbehandlungsgrundsatz

a) Einführung

Ausgangspunkt der hiesigen Kritik ist die Vorschrift des § 1 S. 1 InsO. Sie ordnet an, dass das Insolvenzverfahren dazu dient, die Gläubiger eines Schuldners *gemeinschaftlich* zu befriedigen. Mit der gemeinschaftlichen Befriedigung der Gläubiger ist der Gläubigergleichbehandlungsgrundsatz[953]

[953] Als Kernstück der Insolvenzordnung ist der Gläubigergleichbehandlungsgrundsatz anerkannt. BGH vom 29.01.1964, Ib ZR 197/62, BGHZ 41, 98 (101); *Bauer*, Ungleichbehandlung der Gläubiger, S. 63; *Baur/Stürner*, Insolvenzrecht, Bd. II, Rn. 5.36; *Uhlenbruck*, in Uhlenbruck, InsO, § 1, Rn. 2. Näheres zudem bei *Markert*, Steuerforderungen in der Insolvenz, S. 86 ff.; *Nachtmann*, Fiskusvorrecht im deutschen Insolvenzrecht,

umschrieben.[954] Er besagt, dass die Gläubiger im Rahmen des insolvenzrechtlichen Gesamtvollstreckungsverfahren in einer gesetzlich geordneten Gruppengerechtigkeit befriedigt werden.[955] Statt einer unterschiedslosen Gleichbehandlung aller Gläubiger, werden die Ansprüche der Gläubiger in eine unwiderrufliche und austarierte Rangordnung eingefasst.[956] Die Insolvenzordnung behandelt Gleiches gleich und Ungleiches ungleich.[957] Eine klassenlose Insolvenz gibt es nicht.[958]

Unterscheidet die Insolvenzordnung zwischen Insolvenzgläubigern gemäß § 38 InsO, nachrangigen Insolvenzgläubigern gemäß § 39 InsO, aussonderungsberechtigten Gläubigern, gemäß § 47 InsO, absonderungsberechtigten Gläubigern gemäß §§ 49 ff. InsO sowie den Massegläubigern gemäß § 53 ff. InsO, werden diese Gläubigergruppen aufgrund ihrer Unterschiede ungleich befriedigt. Soweit die Insolvenzordnung allerdings eine bestimmte Gläubigergruppe zusammenfasst, definiert und ihr im Gesamtvollstreckungsverfahren eine Befriedigungsqualität zuweist, ist diese Gruppe – in Ansehung des Gläubigergleichbehandlungsgrundsatzes – gleich zu behandeln. Diese Gleichbehandlung erfordert, dass eine von der Insolvenzordnung festgelegte Gruppe nach gleichen Maßstäben zu bestimmen ist. Eine besondere Schwierigkeit liegt nunmehr darin, die Gruppe der Insolvenzgläubiger einheitlich zu definieren, weil der Gesetzgeber zur Konkretisierung derer auf das Tatbestandsmerkmal der Begründetheit – einen unbestimmten und damit auslegungsbedürftigen Rechtsbegriff – zurückgreift.

b) Der Verstoß gegen den Gläubigergleichbehandlungsgrundsatz

Wenn Teile der Rechtsprechung und der Literatur die Steuerforderung insolvenzrechtlich nach der vollständigen Verwirklichung des Tatbestandes einordnen, widerspricht dies der aufgrund der insolvenzrechtlich geordneten Gruppengerechtigkeit gebotenen gleichmäßigen Befriedigung

---

S. 59 ff.; *Weidmüller,* Rückschlagsperre als Instrument zur Haftungsverwirklichung, S. 25 ff.; *Witfeld,* Umsatzsteuerverfahren und die Insolvenz, S. 94 ff.

954 In Ausformung des Gesamtvollstreckungsverfahrens gewährleistet der Gläubigergleichbehandlungsgrundsatz eine effiziente, gerechte und strukturierte Haftungsverwirklichung.

955 *K. Schmidt*, Gutachten zum 54. DJT, Bd. I, D Ziffer 51.

956 *Drukarczyk*, Unternehmen und Insolvenz, S. 61. Zu unterscheiden sind Aussonderungs- und Absonderungsberechtige, Massegläubiger, Insolvenzgläubiger und nachrangige Insolvenzgläubiger. *Krumm,* Formelle Insolvenz, S. 32.

957 *Baur/Stürner,* Insolvenzrecht, § 5, S. 41.

958 *Hellmann*, Lehrbuch des deutschen Konkursrechts, S. 2; *K. Schmidt*, Gutachten zum 54. DJT, Bd. I, D Ziffer 51.

der Insolvenzgläubiger.[959] Mit dieser Anknüpfung verlagert die Rechtsprechung die Begründetheit einer Steuerforderung auf zeitlicher Ebene nach hinten. Beispielsweise ist nach dieser Auslegung im Rahmen des Einkommensteuertatbestandes je nach Gewinnermittlungsart die Realisation oder der Zufluss maßgeblich. Dadurch kommt es zu einer vermehrten Qualifizierung der Steuerforderung als Masseverbindlichkeit, weil erhöhte Anforderungen an die Verwirklichung des gestreckten, ertragsteuerlichen Tatbestandes gestellt werden.

Innerhalb der Vergleichsgruppe der ungesicherten Insolvenzgläubiger wird der Fiskus bevorteilt; er nimmt eine Sonderstellung ein. Einerseits werden Forderungen ungesicherter Gläubiger, denen aufgrund der jeweiligen Ausgestaltung des Tatbestandes eine derart nachgelagerte Anknüpfung formal nicht zur Verfügung steht,[960] ungleich befriedigt. Andererseits werden diejenigen Forderungen einer ungleichen vollstreckungsrechtlichen Rangfolge zugeordnet, bei denen trotz gestreckten Tatbestandes und entsprechender Möglichkeit zu einer nachgelagerten Anknüpfung auf einen geringeren Verwirklichungsgrad abgestellt wird. Letzteres ist beispielsweise bei der deliktischen Haftung aus § 823 Abs. 1 BGB zu beobachten. Wie gesehen, erachtet die ordentliche Gerichtsbarkeit[961] samt der zivilrechtlichen Literatur[962] die anspruchsbegründende Handlung für maßgeblich; auf den anspruchsauslösenden Eintritt des Schadens – was insofern der Rechtsprechung des Bundesfinanzhofs entsprechen würde – wird nicht abgestellt. Ähnliches ist mit Blick auf die Rechtsprechung des Bundesverwaltungsgerichts für einen öffentlich-rechtlichen Rückforderungsanspruch gemäß § 49a Abs. 1 S. 1 VwVfG aus einer zweckgebundenen Beihilfe festzustellen. Anstatt für die insolvenzrechtliche Einordnung des Rückforderungsanspruchs auf das Wirksamwerden des der Beihilfe zugrundeliegenden Aufhebungs- und Widerrufsbescheid samt behördlicher Ermessensausübung abzustellen, verlangt das Bundesverwaltungsgericht ein weniger an Tatbestandsverwirklichung, wenn es für maßgeblich

---

[959] *Markert*, Steuerforderungen in der Insolvenz, S. 173; *Nachtmann*, Fiskusvorrecht im deutschen Insolvenzrecht, S. 165; *Roth*, ZInsO 2014, 309 (311).

[960] Es ist beispielsweise an einen gesetzlichen Aufwendungsersatzanspruch aus §§ 683, 677, 670 BGB zu denken. Fallen die Geschäftsbesorgung und das freiwillige Vermögensopfer zeitlich zusammen, ist das gesetzliche Schuldverhältnis in diesem Zeitpunkt begründet. Auf ein zeitlich nachgelagertes Merkmal kann kraft Ausgestaltung des Tatbestandes nicht abgestellt werden.

[961] RG vom 18.06.1915, III 80/15, RGZ 87, 82 (84); OLG Koblenz vom 03.02.2012, 10 U 742/11, ZInsO 2012, 1787 (1788).

[962] *Holzer*, in Kübler/Prütting/Bork, InsO, § 38, Rn. 31 (74. Lfg. November 2017); *Pape*, ZInsO 2016, 14 (16); *Sinz*, in Uhlenbruck, InsO, § 38, Rn. 41.

erachtet, ob bei Verfahrenseröffnung die Widerrufsgründe der § 49 Abs. 3 S. 1 Nr. 1 VwVfG[963] und § 49 Abs. 3 S. 1 Nr. 2 VwVfG[964] verwirklicht sind.

Im Ergebnis wird die einheitliche Gruppe der Insolvenzgläubiger aufgespalten, wenn für die Steuerforderung auf die vollständige Verwirklichung des Tatbestandes abgestellt wird. Dieses Interpretationsergebnis verletzt das insolvenzrechtliche Ordnungsprinzip des Gläubigergleichbehandlungsgrundsatzes, weil die Steuerforderung im Verhältnis zur Einordnung von Forderungen anderer Rechtsgründe vermehrt als Masseverbindlichkeit anstatt als Insolvenzforderung qualifiziert wird. Für die Steuerforderung wird der Anwendungsbereich der quotal zu befriedigenden Insolvenzgläubiger zugunsten einer bevorzugt zu befriedigenden Masseverbindlichkeit verkleinert. Entsprechend wird die Gruppe der Insolvenzgläubiger – entgegen der Anordnung des § 1 S. 1 InsO – nicht nach einheitlichen Maßstäben bestimmt, wenn die Steuerforderung erst mit vollständiger Tatbestandsverwirklichung begründet ist.

Der Annahme eines Verstoßes[965] gegen den Gläubigergleichbehandlungsgrundsatzes kann im Übrigen nicht entgegengehalten werden, dass Steuergläubiger und Gläubiger anderer Rechtsgründe – beispielsweise der Inhaber einer zivilrechtlichen Forderung – nicht einer miteinander vergleichbar sind.[966] Nur aufgrund der Tatsache, dass die Forderungen auf unterschiedlichen Rechtsgründen beruhen, gehören sie nicht bereits deswegen einer unterschiedlichen Vergleichsgruppe an. Kraft der Universalität des Insolvenzverfahrens nimmt jeder Gläubiger am Insolvenzverfahren teil. Es ist nach der Konzeption der Insolvenzordnung gleichgültig, auf welchem Rechtsgrund die jeweils am Insolvenzverfahren teilnehmenden Forderungen beruhen.[967] Die insolvenzrechtliche Befriedigungsrangfolge orientiert sich nicht an der Person des Gläubigers; die Qualität der Befriedigung folgt anderen Zwecken.[968] Am Beispiel der Insolvenzforderung

---

963 BVerwG vom 26.02.2015, 3 C 8/14, BVerwGE 151, 302.

964 BVerwG vom 19.06.2019, 10 C 2/18, ZInsO 2019, 1845.

965 Auf einen Verstoß gegen den Gläubigergleichbehandlungsgrundsatz erkennen auch *Großmann*, DStR 1989, 22 (25); *Markert*, Steuerforderungen in der Insolvenz, S. 351 ff.; *Nachtmann*, Fiskusvorrecht im deutschen Insolvenzrecht, S. 165; *Schwarz*, NZI 2011, 613 (614).

966 *Krumm*, Formelle Insolvenz, S. 55.

967 *Krumm*, Formelle Insolvenz, S. 43.

968 Beispielsweise werden aus- und absonderungsberechtigte Gläubiger bevorzugt behandelt, weil sie ein dingliches Recht an einem Gegenstand haben und dieser infolgedessen nicht dem Vermögen des Schuldners zuzurechnen ist. Insoweit hat sich der Gesetzgeber dazu entschieden, etwaige vor Insolvenzeröffnung erworbene Rechte auch in der Insolvenz zu schützen. *Witfeld*, Das Umsatzsteuerverfahren und die Insolvenz, S. 102.

gemäß § 38 InsO erfolgt die maßgebliche Differenzierung nicht nach der Rechtsnatur der Forderung oder der Eigenart des Gläubigers, weil die Vorschrift nur auf die „Begründetheit" bei Verfahrenseröffnung abstellt. Der Gesetzgeber hat sich dazu entschieden, diejenigen Forderung quotal zu befriedigen, die – gemessen am Zeitpunkt ihrer Begründung – vor Insolvenzeröffnung in dem Vermögen des späteren Insolvenzschuldners verhaftet sind. Daher kann eine wesentliche Ungleichheit von insolvenzrechtlich einzuordnenden Forderungen nur über den Zeitpunkt der Begründetheit und nicht über die Person des Gläubigers erfolgen.[969]

Abstrahiert man ferner den Gedanken der alleinigen Maßgeblichkeit des steuerrechtlichen Tatbestandes und würde man diese Methodik auf nicht steuerrechtliche Forderungen anwenden – also beispielsweise bei der deliktischen Haftung aus § 823 Abs. 1 BGB hypothetisch auf den Eintritt des Schadens abstellen – ergäbe sich folgender Grundsatz bei der insolvenzrechtlichen Forderungsbestimmung: Die Begründetheit wäre, ohne Rücksicht auf insolvenzrechtliche Zuordnungsmuster, spezifisch nach den der Forderung zugrunde liegenden Gesetzen zu bestimmen. Besonderheiten des jeweiligen Sonderrechts würden vollumfänglich über die Gläubigerbefriedigung entscheiden. Das Insolvenzrecht verlöre grundlegend die Kompetenz zur Bestimmung über die Art und Weise der Gläubigerbefriedigung. Die Art der Geltendmachung wäre auf die einzelnen Sondergesetze übertragen. Es gäbe für jede Art von Forderung andere Wertungen und Anknüpfungspunkte, die über die Befriedigungsqualität entscheiden würden. Eine einheitliche und geordnete Zuweisung nach einem übergeordneten Prinzip entfiele. Zivilrechtliche, sozialrechtliche oder steuerrechtliche Gläubiger würden autonom und nach divergierenden Grundsätzen eingeordnet. Das jeweilige Einzelgesetz hätte eine enorme Strahlkraft auf das Insolvenzrecht: Dasjenige Sondergesetz, welches die Vollverwirklichung an viele Voraussetzungen knüpft, wäre in der Insolvenz bevorzugt. Forderungen hätten bloß aufgrund der ihnen zugrundeliegenden Gesetzestechnik eine bessere Stellung in der Insolvenz. Die Ordnungsprinzipien des Insolvenzrechts wären außer Kraft gesetzt. Eine Gläubigergleichbehandlung gäbe es nur zufällig: Eine gleichmäßige Einordnung wäre nur möglich, wenn die jeweiligen Einzelgesetze vergleichbare Anforderungen an die Tatbestandsverwirklichung stellen. Das Gesamtvollstreckungsverfahren verlöre seine friedensstiftende Wirkung, da Gläubiger aufgrund sachfremder Erwägungen bevor- oder benachteiligt wären.

[969] *Markert*, Steuerforderungen in der Insolvenz, S. 353.

c) Die verfassungsrechtliche Relevanz des Verstoßes gegen den Gläubigergleichbehandlungsgrundsatz

aa) Einführung

Soweit die Auslegung des Bundesfinanzhofes den Steuergläubiger gegenüber anderen ungesicherten Gläubigern bevorteilt und damit einhergehend ein Verstoß gegen das insolvenzrechtliche Ordnungsprinzip des Gläubigergleichbehandlungsgrundsatzes festzustellen ist, stellt sich die Frage, wie dieser Befund im Lichte des Verfassungsrechts zu beurteilen ist. Fortan ist mithin der Frage nachzugehen, ob die Privilegierung des Steuergläubigers verfassungsrechtlich bedenklich und die Auslegung nicht nur gegen das einfache Recht der Insolvenzordnung verstößt, sondern auch mit dem Gesamtsystem dem Rechtsordnung unvereinbar ist. Ziel der nachfolgenden Ausführungen soll es sein, die Rechtsprechung des Bundesfinanzhofes auf ihre verfassungsrechtliche Relevanz zu untersuchen.

Diese Prüfung ist wie folgt zu strukturieren: Es soll der Frage nachgegangen werden, ob der Verfassung ein *Verbot* zur grundsätzlichen Privilegierung des Steuergläubigers zu entnehmen ist und es von Verfassungs wegen nicht gestattet ist, den Steuergläubiger gegenüber anderen Gläubigern zu bevorteilen. Zuvorderst sind die verfassungsrechtlichen Grundlagen voranzustellen.

bb) Das verfassungsrechtliche Gefüge der Privilegierung des Steuergläubigers

(1) Der grundrechtsverpflichtete Steuergläubiger

Infolge der Insuffizienz des Schuldnervermögens versteht sich das Insolvenzrecht als friedensstiftendes Ordnungsrecht. Durch die Institutionalisierung eines Gesamtvollstreckungsverfahrens, welches an die Stelle der Singularvollstreckung tritt, ist es ein Bestreben der Insolvenzordnung, eine im gesamtwirtschaftlichen Sinne bestmögliche Haftungsverwirklichung zu realisieren. Diese Haftungsverwirklichung orientiert sich an dem im § 1 S. 1 InsO verankerten Gläubigergleichbehandlungsgrundsatz, wonach die Gläubiger im Wege einer geordneten Gruppengerechtigkeit befriedigt werden. Vor diesem Hintergrund werden die mit der Eröffnung des Insolvenzverfahrens beteiligten Akteure in ein mehrpoliges Rechtsverhältnis zueinander gesetzt, welches die bis dahin bestehenden Rechte und Pflichten der Beteiligten modifiziert.[970] Hinsichtlich des verfassungsrechtlich zu würdigenden Verstoßes gegen den Gläubigergleichbehandlungsgrundsatz

[970] *Witfeld*, Umsatzsteuerverfahren in der Insolvenz, S. 80.

durch die bundesfinanzgerichtliche Auslegung der Begründetheit sind der Steuergläubiger und die übrigen Insolvenzgläubiger betroffen.[971]

Die Stellung als Steuergläubiger in der Insolvenz verlangt nach der Beachtung steuerrechtlicher Prinzipien und der Verpflichtung aus dem Grundgesetz. Der hoheitliche Steuergläubiger ist als Grundrechtsverpflichteter von den grundrechtsberechtigten übrigen ungesicherten Gläubiger zu unterscheiden. Die Gleichheit der Besteuerung und der strukturelle Vollzugsauftrag sind neben der hoheitlichen Haushaltsplanung in der Insolvenz zu wahren. Unter Beachtung des Gesetzmäßigkeitsprinzips hat sich der Steuergläubiger an den Grundsatz des Vorrangs des Gesetzes zu halten, Art. 20 Abs. 3 GG. Es besteht ein Anwendungsgebot.[972] Das Gesetz ist nicht nur Schranke, sondern zugleich Antrieb des Verwaltungshandelns.[973] Die Steuerbehörden sind deshalb verpflichtet, die gesetzlich geschuldeten Steuern durchzusetzen.[974] Es besteht ein struktureller Vollzugsauftrag für die Steuerbehörden.[975] Mit dieser Verwirklichung des steuerrechtlichen Legalitätsprinzips wird der Gleichheit der Besteuerung entsprochen (Art. 3 Abs. 1 GG), wodurch Rechtsanwendungsgleichheit im Belastungserfolg erreicht wird.[976] Art. 3 Abs. 1 GG verlangt eine Rechtsetzungsgleichheit im Sinne einer Gleichheit einer normativen Steuerpflicht und eine Rechtsanwendungsgleichheit, wonach Steuerfestsetzung, -erhebung und -vollstreckung tatsächlich durchzusetzen sind.[977] Steuergleichheit ist verwirklicht, wenn ein gleichheitssatzkonformes Gesetz gleichmäßig angewandt und

---

[971] Unmittelbarer Adressat der Auslegung der Begründetheit nach der vollständigen Verwirklichung des steuerrechtlichen Tatbestands ist der Steuergläubiger. Soweit der Steuergläubiger bevorteilt wird, sind dadurch ferner die ungesicherten Insolvenzgläubiger betroffen. Denn ihnen steht – soweit die Steuerforderung als Masseverbindlichkeit eingeordnet wird – eine geringere Insolvenzdividende zur Verfügung.

[972] *Ossenbühl*, in Handbuch des Staatsrechts, Bd. V, § 101, Rn. 5; *Tipke,* Steuerrechtsordnung, Bd. I, S. 131. Einfachgesetzlich und systemtragend verdeutlicht die Abgabenordnung die Rechtsanwendungsgleichheit anhand von § 3 I AO und § 85 AO. § 3 I AO bestimmt, dass *allen* die Steuer auferlegt wird, bei denen der Tatbestand verwirklicht ist, an den das Gesetz die Leistungspflicht knüpft. Gemäß § 85 S. 1 AO ist die Steuer in Erfüllung der Besteuerungsgrundsätze gleichmäßig festzusetzen und zu erheben. *Hey,* in Tipke/Lang, Steuerrecht, § 3, Rn. 3.96.

[973] *Bühler,* Lehrbuch des Steuerrechts, Bd. I, S. 70 f.

[974] *Birk,* StuW 1989, 212 (213); *Isensee,* in FS Flume, Bd. II, S. 129 (133).

[975] *Hahn,* Grundsätze der Gesetzmäßigkeit der Besteuerung und der Tatbestandsmäßigkeit der Besteuerung, S. 69 f.; *Tipke,* Steuerrechtsordnung, Bd. I, S. 131.

[976] BVerfG vom 27.06.1991, 2 BvR 1493/89, BVerfGE 84, 239 (268); *Seer,* FR 2014, 721 (721).

[977] *Birk,* StuW 1989, 212 (213); *Pezzer*, StuW 2007, 101 (102).

effektiv durchgesetzt wird.[978] Insoweit besteht ein verfassungsrechtliches Effektivitätsgebot.[979]

Das Steuerrecht unterscheidet nicht, ob es sich um einen solventen oder insolventen Schuldner handelt.[980] Das hat zur Folge, dass beide Umstände nach dem Anwendungsgebot gleich zu behandeln sind: Aus rein steuerrechtlicher Sicht besteht die Pflicht, Steuerforderungen – auch in der Insolvenz – vollständig durchzusetzen. Zudem verwirklicht die lückenlose Besteuerung in der Insolvenz das Postulat einer geordneten Haushaltsplanung des Staates, Art. 110 ff. GG. Um die Funktionsfähigkeit eines modernen Staates, die sowohl eine Gefahrenabwehr als auch eine auf positive Leistungen gerichtete Daseinsvorsorge beinhaltet, herzustellen und dauerhaft aufrechtzuerhalten, hat sich der Staat durch eine Steuererhebung zu finanzieren.[981] Der Staat gewährleistet mit Hilfe der Steuern in einer weitsichtigen Haushaltsplanung ein gedeihliches Zusammenleben seiner Bürger.[982]

Soweit der Steuergläubiger im Rang einer Insolvenzforderung befriedigt wird, sieht er sich einer Steuerverfolgungsschranke gegenüber.[983] Obwohl er von Verfassungs wegen zu einem gleichmäßigen Steuervollzug gemäß Art. 3 Abs. 1 GG i.V.m. 20 Abs. 3 GG angehalten ist, kann der Steuergläubiger aufgrund der insolvenzrechtlichen Haftungsanordnung nicht auf alle Instrumentarien zurückgreifen, um dem verfassungsrechtlichen Auftrag eines effektiven Steuervollzugs nachzukommen.[984] Wird eine Steuerforderung als Insolvenzforderung zur Tabelle angemeldet und erfolgt eine Befriedigung nach der Insolvenzquote bewegt sich der Steuergläubiger in einer einheitlichen Verlustgemeinschaft, in welcher alle zu gleichen Teilen aus der Insolvenzmasse befriedigt werden. Der Maximalanspruch des Steuergläubigers wandelt sich in der Insolvenz zu einem Optimalanspruch um, der sich mit dem Ziel einer höchstmöglichen Befriedigung an der Insolvenzquote orientiert.[985] Durch die kollektive Disziplinierung der Steu-

---

978 *Birk,* StuW 1989, 212 (213); *Hey,* in Tipke/Lang, Steuerrecht, § 3, Rn. 3.111.

979 *Krumm,* Formelle Insolvenz, S. 21.

980 *Witfeld,* Umsatzsteuerverfahren und die Insolvenz, S. 83.

981 *Hennecke,* Öffentliches Finanzwesen, Rn. 340; *Isensee*, in FS Ipsen, S. 409 (433); *P. Kirchhof*, Jura 1983, 505 (505); *Krumm,* Formelle Insolvenz, S. 19 ff.; *Rodi,* Rechtfertigung von Steuern als Verfassungsproblem, S. 29.

982 *Tipke,* Steuerrechtsordnung, Bd. I, S. 4.

983 *Witfeld*, Umsatzsteuerverfahren in der Insolvenz, S. 80.

984 *Witfeld*, Umsatzsteuerverfahren in der Insolvenz, S. 80.

985 *Krumm,* Formelle Insolvenz, S. 167.

erforderung dominiert die insolvenzrechtliche Haftungsverwirklichung die Gleichmäßigkeit der Besteuerung.[986]

Wird die Steuerforderung allerdings als Masseverbindlichkeit eingeordnet, entfallen die wesentlichen Haftungsbeschränkungen. Soweit der Steuergläubiger – wie gewohnt – Steuerforderungen per Verwaltungsakt festsetzen kann, erfahren die Gleichmäßigkeit der Besteuerung und die Haushaltsplanung in der Mangelsituation der Insolvenz uneingeschränkte Geltung. Im Gegensatz zur Insolvenzforderung wird die steuerrechtliche Masseverbindlichkeit – mit Ausnahme einer Masseunzulänglichkeit nach §§ 208 ff. InsO – bevorrechtigt befriedigt. Mit anderen Worten wird bei der Durchsetzung der steuerrechtlichen Masseverbindlichkeit die insolvenzrechtliche Maxime zur bestmöglichen Haftungsverwirklichung eingeschränkt.[987] Diese Beeinträchtigung toleriert die Insolvenzordnung in Ausgestaltung der Forderungszuordnung bewusst.[988] Aufgrund der mit der Vermögensverwaltung einhergehenden Teilnahme am Wirtschaftsverkehr achtet die Insolvenzmasse diese allgemeingültigen Abgaben.[989] Das Insolvenzrecht nimmt einen insolvenzfremden, steuerrechtlich geprägten Kostenfaktor auf und akzeptiert damit eine Verkürzung der maximalen Haftungsverwirklichung.[990] Aufgrund der Ausgestaltung der Masseverbindlichkeit überlagern anders als bei der Insolvenzforderung, die steuerrechtlichen Wertungen diejenigen des Insolvenzrechts.

(2) Die grundrechtsberechtigten Insolvenzgläubiger

Soweit der Steuergläubiger an die Rechts- und Vollzugsanwendungsgleichheit aus Art. 3 Abs. 1 GG i.V.m. 20 Abs. 3 GG gebunden ist und daraus zugleich die Berechtigung des Fiskus folgt, an der Verteilung des Schuldnervermögens zu partizipieren, können sich die grundrechtsberechtigten Gläubiger in Ansehung der ihn gegen den Insolvenzschuldner zustehenden Forderung auf Art. 14 Abs. 1 GG berufen. Denn Art. 14 Abs. 1 GG umfasst Eigentumsrechte und mithin private Forderungen.[991] Der Schutz des Art. 14 Abs. 1 GG erstreckt sich nicht nur auf den Gehalt der Forderung

---

[986] *Krumm*, Formelle Insolvenz, S. 59 ff.; *Seer*, FR 2014, 721 (723).

[987] *Krumm*, Formelle Insolvenz, S. 55 f. hinsichtlich der verfassungsrechtlichen Anforderungen einer Fiskusprivilegierung.

[988] *Krumm*, Formelle Insolvenz, S. 56.

[989] *Hefermehl,* in MünchKomm, InsO, § 53, Rn. 5 und 22a; *Jarchow*, in Hamburger Kommentar, InsO § 53, Rn. 5; *Thole*, in K. Schmidt, InsO, § 55, Rn. 16.

[990] *Krumm*, Formelle Insolvenz, S. 56.

[991] BVerfG vom 08.06.1977, 2 BvR 499/74, BVerfGE 45, 142 (179).; BVerfG vom 23.05.2006, 1 BvR 2530/04, BVerfGE 116, 1 (13).

an sich, sondern umfasst auch das daraus hervorgehende materielle Befriedigungsrecht.[992] Art. 14 Abs. 1 GG schützt darüber hinaus die vollstreckungsrechtliche Durchsetzung eines Anspruchs durch hoheitliches Verfahrensrecht.[993] Wenn also der Gesetzgeber das Gesamtvollstreckungsverfahren an die Stelle der Singularvollstreckung setzt, hat er in Ansehung des Grundrechtsschutzes der privaten Gläubiger aus Art. 14 Abs. 1 GG zu gewährleisten, dass die Gläubiger ihre Forderungen tatsächlich realisieren können. Art. 14 Abs. 1 GG erfordert die Gewährung eines effektiven Rechtsschutzes durch ein geordnetes Vollstreckungsverfahren.[994]

Wie der Steuergläubiger in seiner aus Art. 3 Abs. 1 GG i.V.m. 20 Abs. 3 GG folgenden Rechts- und Vollzugsanwendungsgleichheit werden auch die privaten Gläubiger in ihrem Recht aus Art. 14 Abs. 1 GG darin beschränkt, ihre Forderungen eigenständig zu verfolgen, wenn sie als Insolvenzgläubiger am Gesamtvollstreckungsverfahren teilnehmen.[995] Der aus Art. 14 Abs. 1 GG resultierende Schutz, seine Forderung – notfalls unter Zuhilfenahme staatlicher Vollstreckungsorgane – vollumfänglich durchzusetzen, verwandelt sich in der Insolvenz in den Schutz einer Realisierungschance.[996] Indem das Insolvenzrecht für Zwecke der bestmöglichen Haftungsverwirklichung den faktischen sowie rechtlichen Verlust eines Teils einer Forderung anordnet, liegt darin eine Inhalts- und Schrankenbestimmung gemäß Art. 14 Abs. 1 S. 2 GG.[997] Nur wenn der grundrechtsberechtigte Gläubiger als Massegläubiger eine Vorwegbefriedigung seiner Forderung beanspruchen kann, wird dem Schutz aus Art. 14 Abs. 1 GG vollständig Rechnung getragen.

992 BGH vom 25.03.1999, IX ZR 223/97, BGHZ 141, 173 (177); BGH vom 25.08.2004, IXa ZB 271/03, BGHZ 160, (197); *Markert*, Steuerforderungen in der Insolvenz, S. 63.

993 BVerfG vom 23.04.1974, 1 BvR 6/74, BVerfGE 37, 132 (148); BVerfG vom 24.04.1979, 1 BvR 787/78, BVerfGE 51, 150 (156).

994 *Bauer*, Ungleichbehandlung der Gläubiger im geltenden Insolvenzrecht, S. 72 ff.; *Witfeld*, Umsatzsteuerverfahren in der Insolvenz, S. 81.

995 *Krumm*, Formelle Insolvenz, S. 38; *Witfeld*, Umsatzsteuerverfahren in der Insolvenz, S. 80.

996 *Witfeld*, Umsatzsteuerverfahren in der Insolvenz, S. 80.

997 BVerfG vom 26.04.1995, 1 BvL 19/94, BVerfGE 92, 262 (271); *Krumm*, Formelle Insolvenz, S. 38; *Witfeld*, Umsatzsteuerverfahren in der Insolvenz, S. 81.

(3) Die Systemkonsequenz der Insolvenzordnung

Zur bestmöglichen Haftungsverwirklichung hat sich der Gesetzgeber für ein Verteilungsprinzip entschieden. So werden die Gläubiger nach einer geordneten Gruppengerechtigkeit in einen austarierten und abgestuften System befriedigt. Wählt der Gesetzgeber im Rahmen seines Gestaltungsermessen ein bestimmtes Verteilungsprinzip, betrifft jede Abweichung von der gewählten Systematik zumindest eine gleichheitsrechtliche Komponente.[998] Anhand von Art. 3 Abs. 1 GG stellt sich insoweit die Frage nach einer Systemkonsequenz.[999] Die gleichheitsrechtliche Komponente des Art. 3 Abs. 1 GG lässt die getroffene Wertentscheidung unberührt und fragt nicht nach deren Zweckmäßigkeit.[1000] Dementsprechend richtet sich die gleichheitsrechtliche Frage nicht an eine Systemgerechtigkeit oder -widrigkeit als solche.[1001] Nach welchem System der Gesetzgeber eine Materie ordnen will, obliegt nämlich allein seiner Entscheidung.[1002] Gegenstand des Gleichheitssatzes ist jedoch die folgerichtige Umsetzung des einmal gewählten gesetzlichen Prinzips. Soweit ein geschaffenes Ordnungsprinzip durchbrochen wird, bedarf es verstärkte Rechtfertigungsgründe, die ihrerseits in Gewicht und Intensität der Abweichung der zugrunde gelegten Ordnung entsprechen.[1003] Art. 3 Abs. 1 GG erfordert, dass jede Regel auf ihr rechtliches Umfeld abgestimmt sein muss, den Widerspruch zu ihren rechtlichen Vorgaben meidet und bestehende Rechtsgedanken fortführt.[1004] Wird gegen das Gcbot cincr folgcrichtigen Systemumsetzung verstoßen, steigen vor dem Hintergrund gleichheitsrechtlicher Aspekte die Anforderungen an ein Rechtfertigungsniveau.[1005] Insofern berührt der Verstoß gegen ein einfachgesetzliches Ordnungsprinzip – hier der Gläubigergleichbehandlungsgrundsatz der Insolvenzordnung – Belange des Verfassungsrechts, wenn gegen dieses Prinzip nach Maßgabe einer Systeminkonsequenz verstoßen wird. Eine einmal getroffene Prinzipienentscheidung ist konsequent umzusetzen.

---

998 *Krumm*, Formelle Insolvenz, S. 38.

999 *Krumm*, Formelle Insolvenz, S. 56; *Witfeld*, Umsatzsteuerverfahren in der Insolvenz, S. 97 f.

1000 *Krumm*, Formelle Insolvenz, S. 38.

1001 BVerfG vom 19.03.2014, 1 BvR 1417/10, NVwZ 2014, 1005 (1008).

1002 BVerfG vom 19.10.1982, 1 BvL 39/80, BVerfGE 61, 138 (149).

1003 BVerfG vom 15.05.1984, 1 BvR 464/81, BVerfGE 67, 70 (84): *Witfeld*, Umsatzsteuerverfahren in der Insolvenz, S. 98.

1004 Auf *P. Kirchhoff*, Handbuch des Staatsrechts, VIII, § 181, Rn. 210, 215 weist *Witfeld*, Umsatzsteuerverfahren in der Insolvenz, S. 98 hin.

1005 *Krumm*, Formelle Insolvenz, S. 39; *Witfeld*, Umsatzsteuerverfahren in der Insolvenz, S. 99.

Nach diesen Maßstäben ist Art. 3 Abs. 1 GG betroffen, wenn der Bundesfinanzhof den Steuergläubiger aus der Gruppe der Insolvenzgläubiger ausklammert und diesen nach eigenen Maßstäben einer quotalen Befriedigungsrangfolge zuordnet. Der Gesetzgeber hat mit § 38 InsO eine Vorschrift geschaffen, die weder nach dem Rechtsgrund noch nach der Person des Schuldners unterscheidet. Voraussetzung für die Annahme einer Begründetheit ist allein die zeitpunktbezogene Verwirklichung der Forderung bei Insolvenzeröffnung. Die Auslegung des Bundesfinanzhofes führt im Ergebnis formal zu einer Systeminkonsequenz, weil der Steuergläubiger – unter Zugrundelegung einer Bevorrechtigung – diesem Regelungsmechanismus nicht mehr unterfällt.

Von einem grundlegenden Systemwechsel ist im Übrigen ausweislich der Anforderungen des Bundesverfassungsgerichts nicht auszugehen, wenn nunmehr der Steuergläubiger aus dem Pool der Insolvenzgläubiger entnommen und bevorrechtigt befriedig wird. Die gesetzgeberische Gestaltungsfreiheit erfasst zwar von Verfassungs wegen die Befugnis, neue Regeln einzuführen, ohne durch Grundsätze der Folgerichtigkeit an frühere Grundentscheidungen gebunden zu sein.[1006] Dies setzt allerdings voraus, dass wirklich ein neues Regelwerk und nicht nur eine Ausnahmeregelung geschaffen wird. Die Abgrenzung von neuem Regelwerk und einfacher Ausnahmeregelung ist erforderlich, weil sich sonst anderenfalls jedwede Ausnahmeregelung als Anfang einer Neukonzeption deklarieren ließe.[1007] Die umfassende Gestaltungsfreiheit bei Entscheidungen für neue Regeln kann vom Gesetzgeber nicht in Anspruch genommen werden, wenn neue Regeln nach Ziel und Wirkung die Orientierung an alternativen Prinzipien nicht erkennen lassen.[1008] Einen zulässigen Systemwechsel kann es ohne ein Mindestmaß an neuer Systemorientierung nicht geben.[1009] Gemessen an diesen Maßstäben stellt das Fiskusprivileg nur eine Ausnahmeregelung dar und begründet keinen Systemwechsel. Die grundlegenden Maßstäben für die Annahme einer Insolvenzforderung bleiben unberührt. Die Maßgeblichkeit des Zeitpunktes der Forderungsverwirklichung sowie die fehlende Maßgeblichkeit des Rechtsgrundes der Forderung sowie der Person des Gläubigers bleiben bestehen. Die Annahme einer Insolvenzforderung richtet sich weiterhin allein danach zu welchem Zeitpunkt eine Forderung begründet ist. An der grundsätzlichen Abgrenzung von Insolvenzforderung zur Masseverbindlichkeit anhand des Merkmals der Begründetheit samt

[1006] BVerfG vom 09.12.2008 2 BvL 1/07, BVerfGE 122, 210 (242).
[1007] BVerfG vom 09.12.2008 2 BvL 1/07, BVerfGE 122, 210 (242).
[1008] BVerfG vom 09.12.2008 2 BvL 1/07, BVerfGE 122, 210 (242).
[1009] BVerfG vom 09.12.2008 2 BvL 1/07, BVerfGE 122, 210 (242).

der vorinsolvenzlichen Vermögensverhaftung des Gläubigers ändert sich durch die Rechtsprechung des Bundesfinanzhofes nichts. Wenn der Bundesfinanzhof die insolvenzrechtliche Begründetheit konkretisiert, führt dies nicht zu einem grundlegenden Systemwechsel der insolvenzrechtlichen Zuordnung.

(4) Zwischenergebnis

Der Gesetzgeber hat mit der Neujustierung der haftungsrechtlichen Zuordnung mehrpolige Rechtsverhältnisse miteinander in Beziehung gesetzt.[1010] Es treten dabei eine Vielzahl von Grundrechtsbelangen in eine unvermeidbare Wechselwirkung dergestalt miteinander ein, dass bei der Suche nach einem vertretbaren Ausgleichs stets zwischen der Effektivität des Gesamtvollstreckungsverfahrens und der Rechtfertigung der Grundrechtsbeeinträchtigung abzuwägen ist.[1011] Eine allseitige Befriedung sämtlicher Verfassungsbelange in der Situation der Verteilung des insuffizienten Schuldnervermögens ist nur mit einem austarierten Verteilungsprinzip zu erreichen.

Soweit einleitend gefragt wurde, welche verfassungsrechtlichen Belange die Rechtsprechung des Bundesfinanzhofes berührt, ist folgendes festzustellen: Durch die Auslegung des Bundesfinanzhofes wird dem gleichmäßigen Steuervollzug gemäß Art. 3 Abs. 1 GG i.V.m. 20 Abs. 3 GG und dem Postulat nach einer geordneten Haushaltsplanung des Staates gemäß Art. 110 ff. GG vermehrt Rechnung getragen. Indem der Anwendungsbereich einer Insolvenzforderung verengt wird, zeigen sich Fallkonstellationen, in denen die Steuerforderung nunmehr als bevorrechtigte Masseverbindlichkeit qualifiziert wird. Demgegenüber werden die Eigentumsrechte der übrigen ungesicherten Gläubiger aus Art. 14 Abs. 1 GG in zunehmendem Maße belastet. Soweit der Steuergläubiger dem Pool der Insolvenzgläubiger entnommen und bevorrechtigt aus der Masse befriedigt wird, verringert sich deren Insolvenzquote. In die Eigentumsgarantie der übrigen ungesicherten Gläubiger wird dergestalt eingegriffen, dass ihnen aufgrund der Vorwegbefriedigung des Fiskus ein geringerer Anteil an dem Haftungsvermögen zur Verfügung steht. Damit einher geht eine gemäß Art. 3 Abs. 1 GG gleichheitsrechtlich relevante Systeminkonsequenz, wenn die universelle Ausgestaltung des § 38 InsO samt einer rechtsgrundunabhängigen und bloß zeitpunktbezogenen Abgrenzung der Begründetheit nicht beachtet werden.

[1010] *Seer*, FR 2014, 721 (721).

[1011] *Krumm*, Formelle Insolvenz, S. 39.

cc) Verfassungsrechtliche Rechtfertigung der Grundrechtsbeeinträchtigung

(1) Prüfungsmaßstab für ein verfassungsrechtliches Verbot der bevorrechtigten Behandlung des Steuergläubigers in der Insolvenz

Bei der Bestimmung eines verfassungsrechtlichen Prüfungsmaßstabs hinsichtlich einer bevorrechtigten Behandlung des Steuergläubigers ist sich zunächst der Umstand einer verfassungsrechtlichen *Gemengelage* zu vergegenwärtigen. Die Gemengelage ist geprägt durch einen Gesetzgeber, welcher ein Gesamtvollstreckungsverfahren zur bestmöglichen Haftungsverwirklichung anordnetet, den an diesem Verfahren beteiligten Gläubigern samt ihrer divergierenden Grundrechtsberechtigung und Grundrechtsverpflichtung und schließlich durch eine Systemkonsequenz einmal gewählter Ordnungsprinzipien. Im Ausgangspunkt ist der Gesetzgeber in der Pflicht, die an einer Insolvenz des Schuldners beteiligten Gläubiger zu schützen. Aufgrund der Insuffizienz des Schuldnervermögens droht ein im allseitigen Interesse nachteiliges Zusammenlaufen der Gläubiger. Der Gesetzgeber hat mit der Insolvenzordnung einen rechtlichen Rahmen geschaffen, um sozialen Frieden zu schaffen und einen ökonomischen Wohlfahrtsverlust zu verhüten. An diesem Insolvenzverfahren ist der Steuergläubiger unter Berücksichtigung seiner Grundrechtsverpflichtung aus Art. 3 Abs. 1 GG i.V.m. 20 Abs. 3 GG beteiligt. Mit dem Steuergläubiger unterfallen auch die grundrechtsberechtigten Insolvenzgläubiger der kollektiven Haftungsverwirklichung, welche auf eine möglichst geringfügige Beeinträchtigung ihrer Eigentumsrechte aus Art. 14 Abs. 1 GG hoffen. Zusätzlich ist von verfassungsrechtlichem Belang, dass der vom Gesetzgeber gewählte Haftungsrahmen folgerichtig und systemkonsequent umgesetzt wird (Art. 3 Abs. 1 GG).

Soweit für die vorzunehmende Untersuchung anzunehmen ist, dass der Steuergläubiger gegenüber anderen Insolvenzgläubigern bevorzugt behandelt wird und damit in Anlehnung an § 61 Abs. 1 Nr. 2 KO ein Fiskusprivileg besteht, hat sich der Gesetzgeber für eine bestimmte steuerliche Gestaltung entschieden. Das Bundesverfassungsgericht betont dabei, dass dem Gesetzgeber ein weiter Gestaltungspielraum bei der Auswahl des Steuergegenstandes zusteht.[1012] Insoweit kann der Gesetzgeber diejenigen Sachverhalte selbst auswählen, an die er eine Rechtsfolge knüpfen möchte.[1013] Dieser gesetzgeberische Gestaltungsspielraum unterliegt aber den

[1012] BVerfG vom 22.06.1995, 2 BvL 37/91, BVerfGE 93, 121 (136).
[1013] BVerfG vom 07.05.1968, 1 BvR 420/64, BVerfGE 23, 242 (252).

verfassungsrechtlichen Grenzen des Art. 3 Abs. 1 GG.[1014] Art. 3 Abs. 1 GG verpflichtet den Gesetzgeber bei stetiger Orientierung an Gerechtigkeitsgedanken wesentlich Gleiches gleich und wesentlich Ungleiches verschieden zu behandeln. Aus dem Gleichheitssatz folgt die Verpflichtung zur Gewinnung bereichspezifischer, sachgerechter Wertungen.[1015] Aus Art. 3 Abs. 1 GG ergeben sich je nach Regelungsgegenstand und Differenzierungsmerkmalen unterschiedliche Grenzen, die vom bloßen Willkürverbot bis zu einer strengen Bindung an Verhältnismäßigkeitserfordernisse reichen.[1016] Die dem Gesetzgeber zustehende Rechtsetzungsbefugnis verstößt gegen Art. 3 Abs. 1 GG, wenn eine Gruppe von Normadressaten im Vergleich zu anderen Normadressaten verschieden behandelt wird, obwohl zwischen beiden Gruppen keine Unterschiede von solcher Art und solchem Gewicht bestehen, dass sie die ungleiche Behandlung rechtfertigen können.[1017] Mit Art. 3 Abs. 1 GG ist es hingegen vereinbar, wenn eine differenzierende Regelung auf sachgerechten Erwägungen beruht.[1018] Die Gestaltungsfreiheit des Gesetzgebers endet dort, wo die ungleiche Behandlung nicht mehr mit einer am Gerechtigkeitsgedanken orientierten Betrachtungsweise vereinbar ist, wo also kein einleuchtender Grund mehr für die Ungleichbehandlung besteht.[1019]

Festzuhalten ist, dass der Gesetzgeber bei der Wahl der Besteuerung an den Gleichheitssatz gebunden ist und die Wahl der Ungleichbehandlung zumindest auf sachlichen Erwägungen beruhen muss und nicht unverhältnismäßig sein darf. Insoweit sind dies die allgemeinen Maßstäbe, welche bei der Frage einer Verfassungswidrigkeit eines Fiskusprivileg zugrunde zu legen sind. Diese im Rahmen von Art. 3 Abs. 1 GG vorzunehmende Abwägung hat sich an der verfassungsrechtlichen Gemengelage zu orientieren: Es handelt sich dahingehend zunächst um ein bipolares Rechtsverhältnisse, dass für die Bevorrechtigung des Steuergläubigers das Vollzugsgebot aus 3 Abs. 1 GG i.V.m. 20 Abs. 3 GG anzuführen ist. Insoweit entspricht es einer effektiven Steuererhebung, wenn der Steuergläubiger in der Insolvenz bevorrechtigt behandelt wird. Gegenspieler des steuerrechtlichen

---

[1014] Voneinander abzugrenzen sind das an die Steuerverwaltung gerichtete Gebot aus Art. 3 Abs. 1 GG i.V.m. 20 Abs. 3 GG von der Verpflichtung des Gesetzgebers aus Art. 3 Abs. 1 GG bei der Wahl des Steuergegenstandes trotz weitreichendem Gestaltungsspielraums bereichsspezifische sachliche Wertungen zu beachten.

[1015] *Hey*, in Tipke/Lang, Steuerrecht, § 3, Rn. 3.118.

[1016] BVerfG vom 07.05.2013, 2 BvR 909/06, BVerfGE 133, 377 (408).

[1017] BVerfG vom 07.05.2013, 2 BvR 909/06, BVerfGE 133, 377 (408).

[1018] BVerfG vom 13.03.1979, 2 BvR 72/76, BVerfGE 50, 386 (392).

[1019] BVerfG vom 12.10.1978, 2 BvR 154/74, BVerfGE 49, 343 (392).

Vollzugsgebotes ist der Eigentumsschutz aus Art. 14 Abs. 1 GG. Die übrigen ungesicherten Gläubiger vertrauen auf eine bestmögliche Befriedigung in der Insolvenz. Letztlich bipolaren Charakter erfährt die gemäß Art. 3 Abs. 1 GG durchzuführenden Abwägung einer Ungleichbehandlung durch eine Systemkonsequenz des Insolvenzrechts an sich. Soweit mit Ausnahme des Steuergläubigers alle übrigen Gläubiger auf die Insolvenzdividende verwiesen werden, die zum Zeitpunkt der Insolvenzeröffnung einen begründeten Anspruch besitzen, stellen sich Fragen um eine folgerichtige Umsetzung einmal gewählter Ordnungsprinzipien.

Wenn es um die Frage eines Fiskusprivilegs in der Insolvenz geht, kann der Gesetzgeber zumindest den Interessen des Steuergläubigers aus dem Vollzugsauftrag aus Art. 3 Abs. 1 GG i.V.m. 20 Abs. 3 GG und dem Eigentumsschutz der übrigen Insolvenzgläubiger aus Art. 14 Abs. 1 GG nicht vollends gerecht werden, weil sich diese Interessen diametral gegenüberstehen.[1020] Soweit nämlich der Steuergläubiger aus dem Pool der ungesicherten Insolvenzgläubiger mittels Privilegierung entnommen wird, führt dies zwangsweise zu einer Schlechterstellung der übrigen ungesicherten Gläubiger. Wird der Steuergläubiger den übrigen Insolvenzgläubiger gleichgestellt, greift dies in den steuerrechtlichen Vollzugsauftrag ein und stärkt gleichsam den Eigentumsschutz aufgrund der insoweit erhöhten Insolvenzdividende. Die Bevorrechtigung des einen führt zur Benachteiligung des anderen.[1021]

Aber wenn der Gesetzgeber beiden Interessen nicht vollends entsprechen kann und es somit zwangsläufig zu einer verfassungsrechtlichen Beeinträchtigung kommt, führt dies nicht zwangsweise zu einer Verfassungswidrigkeit des Fiskalprivilegs. Denn wie gesehen, steht dem Gesetzgeber ein weiter Gestaltungsspielraum zu. Die Privilegierung des Fiskus in der Insolvenz obliegt seiner Einschätzungsprärogative. Grenze des Gestaltungsspielraum ist lediglich der Gleichheitssatz. So ist die Privilegierung des Fiskus samt der einhergehenden Ungleichbehandlung im Rahmen des von Art. 3 Abs. 1 GG vorgegebenen Prüfungsmaßstabs verfassungsgemäß, wenn die Differenzierung auf sachgerechten Erwägungen beruht und insgesamt nicht unverhältnismäßig ist.

[1020] *Krumm*, Formelle Insolvenz, S. 38; *Witfeld*, Umsatzsteuerverfahren in der Insolvenz, S. 89.

[1021] *Krumm*, Formelle Insolvenz, S. 54; *Witfeld*, Umsatzsteuerverfahren in der Insolvenz, S. 89.

(2) Sachgerechte Erwägungen für eine Vorrangstellung des Steuergläubigers

Die Vorrangstellung des Steuergläubigers in der Insolvenz muss nach den erfassungsrechtlichen Maßstäben des Art. 3 Abs. 1 GG auf einem tauglichen Differenzierungsgrund beruhen; sie darf nicht willkürlich sein. Insoweit fällt der Blick zunächst auf einen historischen Begründungsansatz, welchen der Gesetzgeber zur Einführung der Konkursordnung samt dem Vorrecht des § 61 Abs. 1 Nr. 2 KO wie folgt bemühte: *„Vorbedingung jeder Sicherheit des Eigentums und des Verkehrs sei der Schutz, den der Staat gewährt, und daß deshalb die Hülfsquellen, deren der Staat zur Gewährung solchen Schutzes bedarf, vorzugsweise sichergestellt werden müssen."*[1022] Insoweit begründet der historische Gesetzgeber den Vorrang des Steuergläubigers mit einer Gewährleistungsfunktion des Staates. Diese Argumentation zielt auf eine besondere Wertigkeit als Ausdruck einer besonderen Gegenleistung des Staates ab.[1023] Der Steuergläubiger vertritt den Staat und ist daher mit anderen privaten Gläubigern nicht zu vergleichen, die Verträge zur Gewinnmaximierung abschließen. Der Steuergläubiger verkörpert vielmehr einen besonderen Gläubiger, der Interessen des Gemeinwohls fördert. Weil der Staat für ein gedeihliches Zusammenleben seiner Bürger sorgt,[1024] ist eine bevorrechtigte Behandlung in der Insolvenz angemessen. Dieser Argumentationslinie folgt das Bundesverwaltungsgericht, wenn es ausführt, tragender Gesichtspunkt des Fiskusvorrechts ist die Privilegierungswürdigkeit der im Allgemeinwohlinteresse erfolgenden Aufgabenerfüllung.[1025] Ähnlich argumentiert der Bundesgerichtshof, welcher die Privilegierung des Steuergläubigers in der Insolvenz für gerechtfertigt erachtet, weil das Fiskusvorrecht vornehmlich dem öffentlichen Interesse an staatlichem Schutz und staatlicher Fürsorge Rechnung trägt.[1026] Ferner ist die finanzgerichtliche Rechtsprechung der Ansicht, eine Bevorrechtigung des Steuergläubiger könne gerechtfertigt werden.[1027]

Soweit gegen die Gewährleistungsfunktion des Staates vorgetragen wird, er beruhe auf einem nicht mehr zeitgemäßen, modernen Staatsverständnis und aus der Erfüllung der Gewährleistungsfunktion resultiere allein

[1022] *Hahn*, Motive zur KO, S. 239. So auch *Krumm*, Formelle Insolvenz, S. 53.

[1023] *Krumm*, Formelle Insolvenz, S. 53.

[1024] *Tipke*, Steuerrechtsordnung, Bd. I, S. 4.

[1025] BVerwG vom 11.07.1990, 5 C 41/87, BVerwGE 85, 248 (250).

[1026] BGH vom 29.05.1969, III ZR 172/68, BGHZ 52, 155 (165).

[1027] FG Hamburg vom 03.10.1979, II 119/78, EFG 1980, 60 (61), wonach § 61 I Nr. 2 KO nicht gegen Art. 14 I und 3 I GG verstoße. Im Ergebnis auch BFH vom 02.08.2001, VII B 317/00, ZInsO 2001, 1007 (1008).

keine Bevorrechtigung,[1028] ist dem entgegenzuhalten, dass die Gewährleistung und Erhaltung staatlicher Strukturen aus der geltenden Verfassung folgt. Die Gewährleistungsfunktion entspricht geltendem Staatsrecht. Art. 20 Abs. 3 GG verpflichtet beispielsweise den Staat in Ansehung des Sozialstaatsprinzips zur Fürsorge von Hilfsbedürftigen.[1029] Personen, die auf Grund ihrer persönlichen Lebensumstände oder gesellschaftlichen Benachteiligungen an ihrer persönlichen oder sozialen Entfaltung gehindert sind, haben Anspruch darauf, dass der Staat Mindestvoraussetzungen für ein menschenwürdiges Dasein sicherstellt.[1030] Vor diesem Hintergrund tritt der Steuergläubiger nach geltendem Verfassungsrecht wie für eine besondere im Allgemeinwohlinteresse liege sozialstaatliche Verpflichtung ein. Die Gewährleistungsfunktion des Staates rechtfertigt es daher, den Staat anders zu beurteilen als private Gläubiger, die in der Insolvenz lediglich auf eine bestmögliche Realisierung ihrer Forderung hoffen.

Neben der Gewährleistungsfunktion wird für ein Privilegierung des Steuergläubigers seine Eigenschaft als Zwangsgläubiger angeführt.[1031] Die Forderung des Steuergläubigers entsteht gemäß § 38 AO kraft Gesetzes. Mit der Tatbestandsverwirklichung entsteht ein gesetzliches Schuldverhältnis, dessen sich der Steuergläubiger nicht entziehen kann. Dem Steuergläubiger ist es verwehrt über das „Ob“ und das „Wie“ des Vertragsverhältnisses zu entscheiden und entsprechend über Gewinnchance und Ausfallrisiko zu kalkulieren.[1032] Verstärkt wird dieser Befund dadurch, dass es bei diesem Schuldverhältnis um ein Dauerschuldverhältnis handelt.[1033] Mit der zwangsweisen Anordnung eines Schuldverhältnisses ist es dem Steuergläubiger verwehrt über den Entstehung zu befinden; darüber hinaus ist er nicht in der Lage, sich bei Leistungsstörungen von der fortdauernden Sonderverbindung einseitig zu lösen. Zur Kündigung ist der Steuergläubiger nicht ermächtigt. Es handelt es sich insoweit um eine Zwangsgläubigerschaft von unendlicher Dauer. Soweit bei Störungen der vertraglichen Vertragsbeziehungen eine Kündigung oder eine Vertragsanpassung in Betracht kommt, bestimmt das Gesetz für den Steuergläubiger eine Fortsetzung des Schuldverhältnisses. Demgegenüber kann der private Gläubiger auch ex-ante frei über ein Entstehen eines Schuldverhältnisses disponieren: Soweit Rechtsubjekte im Rahmen einer eigenverantwortlichen

[1028] *Markert*, Steuerforderungen in der Insolvenz, S. 360.
[1029] *Jarass*, in Jarass/Pieroth, GG, Art. 20, Rn. 156.
[1030] BVerfG vom 18.06.1975, 1 BvL 4/74, BVerfGE 40, 121 (133).
[1031] *Orlopp*, DStZ 1979, 219 (223).
[1032] *Orlopp*, DStZ 1979, 219 (223).
[1033] *Witfeld*, Umsatzsteuerverfahren in der Insolvenz, S. 135.

Kosten-Nutzen-Betrachtung die Eingehung eines Vertrages für sinnvoll beziehungsweise für zu risikobehaftet erachten, können sie einen Vertrag schließen oder von diesem Abstand nehmen. Dauerschuldverhältnisse können sie verlängern oder unter Berücksichtigung von Fristen und Gründen kündigen. Sicherlich mag anzuführen sein, dass auch private Gläubiger mit der Begründung gesetzlicher Schuldverhältnisse keinen Einfluss auf das Entstehen der Forderung besitzen. Zu denken ist beispielsweise an Forderungen aus unerlaubter Handlung, Geschäftsführung ohne Auftrag oder ungerechtfertigter Bereicherung. Zu beachten ist allerdings, dass solche Forderungen privater Gläubiger Ausnahmen darstellen und in der besonderen Situation der Insolvenz nicht den Regelfall abdecken. Für den besonderen Fall, in welchem ein Rechtssubjekt in dem Rechtskreis eines Dritten handelt oder eingreift, ordnet das Gesetz für Zwecke eines friedenstiften Interessensausgleichs ein gesetzliches Schuldverhältnis an, §§ 677, 683 BGB. Die gesetzlichen Schuldverhältnisse des Privatrechts sehen vornehmlich eine Kompensation vor, wenn einander Unbekannte zum vermögensmäßigen Nachteil eines anderen zwangsweise miteinander in Beziehung treten, es also ungewollt zu Rechtskreisüberschneidungen mit vermögensmäßiger Relevanz kommt. Demgegenüber dominiert in der Privatwirtschaft die Privatautonomie. Rechtsubjekte begründen einvernehmlich Verträge mit der Hoffnung, beidseitig Wertschöpfungen zu erzielen. Soweit daher bei privaten Gläubigern die Zwangsgläubigerschaft einen Ausnahmefall darstellt, ist dies beim Steuergläubiger der Regelfall. Vor diesem Hintergrund greift der Einwand, private können nicht vollumfänglich über ihre vertraglichen Beziehungen frei disponieren, zu kurz, weil die jeweils geltenden Hautpanwendungsfälle miteinander zu vergleichen sind. Bei einer vergleichenden Betrachtung zweier Bezugsgegenstände ist nicht einerseits der Regelfall und andererseits der Ausnahmefall als Vergleichsmaßstab zugrunde zu legen. Für die Frage, ob ein Steuergläubiger in der Insolvenz bevorrechtigt zu behandeln ist, ist daher die Zwangsgläubigerschaft des Steuergläubigers der Dispositionsfreiheit der privaten Gläubiger gegenüberzustellen.

Die Zwangsgläubigerschaft des Steuergläubigers ist ferner durch die fehlende Möglichkeit des Fiskus gekennzeichnet, sich im Vorfeld gegen den Ausfall seiner Forderungen im Konkurs abzusichern.[1034] Es handelt sich um eine sicherungslose Zwangsgläubigerschaft. Wenn private Gläubiger den Vertragsschluss von Kreditsicherheiten wie beispielsweise einer

[1034] FG Hamburg vom 03.10.1979, II 119/78, EFG 1980, 60 (61); *Kruse,* Steuerrecht, S. 376; *Orlopp* DStZ 1979, 219 (223).

Sicherungsabtretung oder -übereignung abhängig machen können, ist der hoheitliche Steuergläubiger hierzu nicht ermächtigt. Soweit diesem Gesichtspunkt einschränkend entgegengehalten wird, dem Steuergläubiger stehe im Vorfeld der Insolvenz kompensierend die Befugnis zu, mit dem Erlass eines Steuerbescheides sich einen Titel zu verschaffen und gegenüber privaten Gläubigern noch vor der Insolvenz zu vollstrecken,[1035] vermag diese Erwägung nicht überzeugen. Sicherlich hat der Steuergläubiger durch den Erlass eines Steuerbescheides die Möglichkeit vor der Insolvenz unter günstigeren Voraussetzungen in das Vermögen des strauchelnden Schuldners zu vollstrecken. Jedoch ist zu berücksichtigen, dass diese Vollstreckung gleichsam der Insolvenzanfechtung gemäß §§ 129 ff. InsO unterliegt und das einseitige „Windhundrennen" des Steuergläubigers gleichwohl einschränkt. Eine während der kritischen Zeit im Vollstreckungsweg erlangte Sicherung oder Befriedigung ist nach dem geltenden Recht[1036] weiterhin unter den erleichterten Voraussetzungen einer Inkongruenzanfechtung nach § 131 InsO anfechtbar.[1037] Eine im Wege der Zwangsvollstreckung oder unter Vollstreckungsdruck erlangte Befriedigung oder Sicherung während der letzten drei Monate vor Insolvenzantragstellung ist inkongruent. So war es insbesondere ein Anliegen des Gesetzgebers, die Inkongruenzanfechtung nicht zugunsten öffentlich-rechtlicher Gläubiger einzuschränken, welche sich ihre Titel selbst verschaffen können.[1038] In der Insolvenz sei eine Ungleichbehandlung der Gläubiger nicht im Wege der Zwangsvollstreckung durch staatliche Machtmittel zu erzwingen.[1039] Vom Gesetzgeber war beabsichtigt, eine Privilegierung der selbsttitulierenden Gläubigergruppen samt einem zunehmenden Wettlauf der zwangsvollstreckenden Gläubiger und niedrigeren Eröffnungsquoten zu verhindern.[1040]

Schließlich ist neben dem Gesichtspunkt, dass der Fiskus keinen Einfluss auf die Auswahl seiner Schuldner nehmen kann, auf eine zwangsweise Kreditierung der Steuerforderungen hinzuweisen.[1041] Einkommen- und Körperschaftsteuer werden aufgrund der Abschnittsbesteuerung gemäß § 36 Abs. 1 EStG, § 30 Nr. 3 KStG erst weit nach ihrer Entstehung fäl-

---

1035 *Marotzke*, ZInsO 2010, 2163 (2178); *Markert*, Steuerforderungen in der Insolvenz, S. 364.

1036 Gesetz zur Verbesserung der Rechtssicherheit bei Anfechtungen nach der Insolvenzordnung und nach dem Anfechtungsgesetz vom 29.03.2017, BGBl. I 2017, S. 654.

1037 *Dahl/Schmitz*, NJW 2017, 1505 (1505).

1038 BR-Drucks. 495/15, S. 12.

1039 *Dahl/Schmitz*, NJW 2017, 1505 (1505).

1040 BR-Drucks. 495/15, S. 12.

1041 *Orlopp* DStZ 1979, 219 (224).

lig.[1042] Die Fälligkeit privater Forderungen richtet sich vielmehr nach § 271 Abs. 1 BGB, wonach der Gläubiger die Leistung im Zweifel sofort verlangen kann. Vor diesem Hintergrund ist der Steuergläubiger im Vergleich zum privaten Gläubiger schlechter gestellt, weil er an einer unverzüglichen Geltendmachung seiner Forderung gehindert wird. Entstehung und Fälligkeit einer Abgabenforderung liegen zeitlich oft weit auseinander, sodass Zugriffsmöglichkeiten erst lange nach der Verwirklichung des den Anspruch auslösenden Tatbestandes bestehen.[1043]

(3) Art. 14 Abs. 1 GG und die Eigentumsbeeinträchtigung der ungesicherten Gläubiger

(a) Das verfassungsrechtliche Schutzgut

Soweit sich nach dem Bundesverfassungsgericht aus Art. 3 Abs. 1 GG je nach Regelungsgegenstand und Differenzierungsmerkmalen unterschiedliche Grenzen ergeben, die vom bloßen Willkürverbot bis zu einer strengen Bindung an Verhältnismäßigkeitserfordernisse reichen,[1044] ist eine Privilegierung des Steuergläubigers gegenüber anderen privaten Gläubigern jedenfalls nicht verfassungswidrig, wenn die Ungleichbehandlung nicht in unverhältnismäßiger Weise in Grundrechte Dritter eingreift. Die dem Verhältnismäßigkeitsgrundsatz zugrunde liegende Zweck-Mittel-Relation erfordert, dass die Beeinträchtigung von Grundrechten nach ihrer Art und Intensität nicht außer Verhältnis zu demjenigen Rechtsgut steht, dessen Schutz der Zweck der Grundrechtsbeeinträchtigung ist. Bei der Beschränkung eines Grundrechts durch kollidierendes Verfassungsrecht ergibt sich für den Ausgleich dieser Güter ein Spielraum aus dem Umstand, dass das einzuschränkende Grundrecht bis zur Grenze der Verhältnismäßigkeit beschränkt werden kann, während der Schutz des zu fördernden Verfassungsguts nur in einem Kernbereich verfassungsrechtlich vorgegeben ist.[1045] Der Ausgleich ist primär eine Aufgabe des Gesetzgeber;[1046] ihm kommt dabei ein erheblicher Spielraum zu.[1047]

Verfassungsrechtliches Schutzgut eines Fiskusprivileg ist das steuerliche Vollzugsgebot aus Art. 3 Abs. 1 GG i.V.m. 20 Abs. 3 GG und das

---

[1042] *Kruse,* Steuerrecht, S. 376.

[1043] FG Hamburg vom 03.10.1979, II 119/78, EFG 1980, 60 (61); *Kruse,* Steuerrecht, S. 376.

[1044] BVerfG vom 07.05.2013, 2 BvR 909/06, BVerfGE 133, 377 (408).

[1045] *Jarass*, in Jarass/Pieroth, GG, Vorb. Art. 1, Rn. 52.

[1046] BVerfG vom 27.01.2015, 1 BvR 471/10, BVerfGE 138, 296 (312).

[1047] BVerfG vom 27.01.1998, 1 BvL 15/87, BVerfGE 97, 169 (176).

Postulat nach einer geordneten Haushaltsplanung des Staates gemäß Art. 110 ff. GG. Wird der Steuergläubiger in der Insolvenz gegenüber grundrechtsberechtigten Insolvenzgläubigern bevorzugt befriedigt, wird diesem Verfassungsgut verstärkt Rechnung getragen, weil der Steuergläubiger nicht auf die Insolvenzdividende verwiesen wird. Auch in der Insolvenz besteht die Forderung nach einer Gleichheit im Belastungserfolg. Eine Steuer aus bloßen Fiskalinteresse vermag eine Ungleichbehandlung aber nicht zu rechtfertigen.[1048] Der Fiskalzweck als solcher heiligt nicht jede beliebige Besteuerung.[1049] Vielmehr ist er in einem engen Verständnis des Gleichheitssatzes zu erfüllen.[1050] Dennoch betont das Bundesverfassungsgericht[1051] durchaus das staatliche Fiskalinteresse unter dem Stichwort der Erfordernisse einer verlässlichen Finanz- und Haushaltsplanung im Rahmen der Gewährung verfassungsrechtlichen Rechtschutzes gegenüber dem Steuerpflichtigen.[1052] Insoweit besteht durchaus ein gewichtiger budgetärer Dispositionsschutz des Staates, wonach eine verlässliche Finanz- und Haushaltsplanung legitime Zwecke darstellen.[1053] Diese Judikatur des Bundesverfassungsgericht schützt in legitimier Weise die Belastungsgleichheit, erhält der öffentlichen Hand Einnahmequellen und eröffnet dem Gesetzgeber notwendigen Planungs- und Entscheidungsspielraum.[1054] Der budgetäre Dispositionsschutz des Staates vermag daher – neben dem allgemeinen Vollzugsauftrag der Steuergesetze – etwaigen Grundrechtsbeeinträchtigungen entgegengehalten werden.[1055]

(b) Der Grad der Beeinträchtigung von Art. 14 Abs. 1 GG

Demgegenüber steht die Beeinträchtigung der grundrechtsberechtigten Insolvenzgläubiger in Art. 14 Abs. 1 GG, welchen aufgrund der Bevorrechtigung des Fiskus eine geringere Insolvenzdividende zugeteilt wird. Soweit die von Art. 14 Abs. 1 GG geschützte Forderung durch die Anordnung eines Gesamtvollstreckungsverfahrens zuvorderst diszipliniert wird, verstärkt sich die Beeinträchtigung, wenn der Steuergläubiger in Gänze

1048 BVerfG vom 17.01.1957, 1 BvL 4/54, BVerfGE 6, 55 (80); BVerfG vom 15.01.2014, 1 BvR 1656/09, BVerfGE 135, 126 (150).

1049 *Hey*, in Tipke/Lang, Steuerrecht, § 3, Rn. 3.130.

1050 *Hey*, in Tipke/Lang, Steuerrecht, § 3, Rn. 3.130.

1051 BVerfG vom 25.09.1992, 2 BvL 5/91, BVerfGE 87, 153 (178); BVerfG vom 22.06.1995, 2 BvL 37/91, BVerfGE 93, 121 (148).

1052 *Krumm*, Formelle Insolvenz, S. 54.

1053 *Drüen*, FR 1999, 289 (290 f.).

1054 *P. Kirchhof*, DStJG 18 (1995), 17 (39).

1055 Ähnlich *Lepsius*, JZ 2009, 260 (262), der sich für eine Aufwertung des Fiskalzwecks in der verfassungsrechtlichen Rechtfertigungsdogmatik ausspricht.

aus der Insolvenzmasse befriedigt wird. Die Bevorrechtigung bewirkt eine Verringerung der Insolvenzmasse und damit eine geringere quotale Befriedigung jedes einzelnen Gläubigers.

Ist im Rahmen der Zweck-Mittel-Relation nach der Intensität der Grundrechtsbeeinträchtigung zu fragen, ist festzustellen, dass der vordergründige und intensivere Eingriff nicht aus der Bevorrechtigung des Steuergläubigers folgt, sondern die Beeinträchtigung des Art. 14 Abs. 1 GG zuvorderst aus der insolvenzrechtlichen Kollektivierung der Gläubigerschaft herrührt. Der insolvenzrechtliche Gesetzgeber entwertet bereits durch die Anordnung eines Gesamtvollstreckungsverfahrens das verfassungsrechtliche geschützte Forderungsrechts. Insoweit bewirkt das Fiskusvorrecht nur eine graduelle Verböserung eines bereits anlässlich der Insuffizienz des Schuldnervermögens angeordneten Vollstreckungsverfahrens. Über das „Ob“ der Beeinträchtigung ist damit abseits der Steuerprivilegierung schon entschieden. Die steuerrechtliche Bevorteilung wirkt nur noch auf das „Wie“ der Beeinträchtigung ein.

Darüber hinaus ist der Eingriff in Art. 14 Abs. 1 GG mit Blick auf die Ertragsbesteuerung als gemäßigt einzustufen, weil sich beispielsweise die Einkommensteuer aufgrund von Verlustvorträgen des Insolvenzschuldners oder der Steuerfreiheit von Sanierungsgewinnen eine geringere Relevanz in der Insolvenz aufweist. Gemäß § 10d Abs. 2 EStG kann der Insolvenzschuldner nicht ausgeglichene negative Einkünfte bis zu einem Gesamtbetrag der Einkünfte von 1 Million Euro unbeschränkt, darüber hinaus bis zu 60 Prozent des 1 Million Euro übersteigenden Gesamtbetrags der Einkünfte vorrangig vor Sonderausgaben, außergewöhnlichen Belastungen und sonstigen Abzugsbeträgen abzuziehen.[1056] Von dieser steuerlichen Gestaltung wird der Insolvenzschuldner in aller Regel Gebrauch machen, wenn er sich in den Jahren vor Insolvenzeröffnung bereits in einer wirtschaftlichen Krise befand. Ist somit zum Zeitpunkt der Eröffnung des Insolvenzverfahrens ein Verlust vorhanden oder entsteht er im Laufe des Insolvenzverfahrens, ist dieser steuerlich abzugsfähig.[1057] Hinsichtlich der

[1056] Diese Vorschrift ist in der Insolvenz anwendbar, weil mit der Insolvenzeröffnung nur auf die Verwaltungs- und Verfügungsbefugnis des Schuldners eingewirkt wird. Die Güterzuordnung bleibt jedoch unberührt, sodass auch die steuerrechtliche Zuordnung der Einkünfte unverändert ist. BFH vom 07.11.1963, IV 210/62 S, BStBl. III 1964, 70 (72). Soweit dann die Vorschrift des § 10d EStG trotz seiner Einordnung als Sonderausgabe keine Regelung aus dem Bereich der Einkommensverwendung, sondern Teil der Einkommenserzielung ist, kann sich der Insolvenzschuldner in der Insolvenz auf § 10d EStG berufen. *Frotscher*, Besteuerung bei Insolvenz, S. 135.

[1057] *Frotscher*, Besteuerung bei Insolvenz, S. 135.

Steuerfreiheit von Sanierungsgewinnen ordnet § 3a Abs. 1 S. 1 EStG an, dass Betriebsvermögensmehrungen oder Betriebseinnahmen aus einem Schuldenerlass zum Zwecke einer unternehmensbezogenen Sanierung steuerfrei sind. Verzichtet ein Gläubiger im Wege eines Erlassvertrages auf eine ihm zustehende Forderung, führt die damit einhergehende Betriebsvermögensmehrung – bei einer Gewinnermittlung nach §§ 4 Abs. 1, 5 Abs. 1 EStG infolge der Verringerung der Passiva – zu einem steuerpflichtigen Gewinn. Dieser ist steuerfrei, wenn der Erlass zum Zwecke einer unternehmensbezogenen Sanierung erfolgt.[1058] Wenn beispielsweise eine Bank im Zeitpunkt der Krise aber noch vor Eröffnung eines Insolvenzverfahrens auf das ihr zustehende Darlehensrückförderungsrecht (teilweise) verzichtet, kann sich der spätere Insolvenzschuldner aus der daraus resultierenden Einkommensteuerforderung in Ansehung des § 3a Abs. 1 S. 1 EStG schadlos halten. Entsprechend nimmt diese Steuerforderung nicht am Insolvenzverfahren teil. Mit Blick auf vorinsolvenzliche Sanierungsinstrumente und die daraus hervorgehenden Steuerforderungen besteht so ohnehin keine steuerliche Beeinträchtigung der den ungesicherten Gläubigern zustehende Haftungsmasse.[1059] Ferner enthält das Ertragsteuerrecht noch weitere Steuerminderungspotenziale; in § 3a Abs. 3 EStG sind zahlreiche aufgelistet.

Im Übrigen bleibt die konkrete Bezifferung der Eingriffsbeeinträchtigung des Art. 14 Abs. 1 GG durch eine Privilegierung des Fiskus einer empirischen Untersuchung vorbehalten. Mittels einer Analyse einer ausreichenden Anzahl an Insolvenzfällen ist der Einfluss einer bevorrechtigten Behandlung des Steuergläubigers auf die Insolvenzquote der übrigen Gläubiger näher zu konkretisieren.

Aus normtheoretischer Sicht bleibt an dieser Stelle festzuhalten, dass sich die Bevorrechtigung des Steuergläubigers auf die Insolvenzquote der übrigen Insolvenzgläubiger auswirkt. Damit ist eine Grundrechtsbeeinträchtigung verbunden, die hinsichtlich der Intensität des Eingriffs lediglich eine graduellen Verböserung darstellt. Die eigentliche Grundrechtsbeeinträchtigung folgt schwerpunktmäßig aus der Anordnung eines Gesamtvollstreckungsverfahrens. In der Bevorrechtigung des Fiskus in der Insolvenz

[1058] Gemäß § 3a II EStG liegt eine unternehmensbezogene Sanierung vor, wenn der Steuerpflichtige für den Zeitpunkt des Schuldenerlasses die Sanierungsbedürftigkeit und die Sanierungsfähigkeit des Unternehmens, die Sanierungseignung des betrieblich begründeten Schuldenerlasses und die Sanierungsabsicht der Gläubiger nachweist.

[1059] Näheres zur Grundstruktur der gesetzlichen Neuregelung des § 3a EStG bei *Kahlert/Kayser/Bornemann*, Perspektiven für eine kohärente und praxisgerechte Verzahnung von Steuer- und Insolvenzrecht, Rn. 451 ff.

liegt eine relevante, aber nicht überbordende Beeinträchtigung des Art. 14 Abs. 1 GG.

(c) Die Abwägung der verfassungsrechtlichen Belange

(aa) Eine reduzierte Kontrolldichte der Einschätzungsprärogative des Gesetzgebers

Wird der Steuergläubiger in der Insolvenz bevorrechtigt behandelt, sind zwei kollidierende Güter von Verfassungsrang gegeneinander abzuwägen. Es stehen sich das Interesse der Gläubigergemeinschaft am Schutz der Eigentumsrechte und die Verwirklichung von Steuergerechtigkeit gegenüber. Da der Gesetzgeber gemäß Art. 1 Abs. 3, 20 Abs. 3 Abs. 1 GG an den Gleichheitssatz gebunden ist,[1060] trifft ihn das Gebot der Rechtsetzungsgleichheit, wonach er einen am Wertesystem des Grundgesetzes orientierten Gerechtigkeitsauftrag zu erfüllen hat.[1061] Zur Erfüllung dieses Auftrages steht ihm ein weiterechender Gestaltungspielraum zu. In dessen Rahmen kann er einen bestimmten tatsächlichen Belastungserfolg wählen. Die Umsetzung des Belastungserfolges hat sich bereichsspezifisch anhand sachgerechter Wertungen zu orientieren[1062] und ist folgerichtig auszugestalten.[1063] Insoweit besteht eine zweistufige Konzeption, wonach auf der ersten Stufe hinsichtlich der Auswahl des Steuergegenstandes weitreichende Gestaltungsfreiheit mit bloßer Willkürkontrolle gewährt und auf zweiter Stufe Folgerichtigkeit und verhältnismäßige Gleichheit verlangt wird.[1064]

Auf der ersten Stufe besteht hinsichtlich der dem Gesetzgeber zustehenden Einschätzungsprärogative eine deutlich reduzierte Kontrolldichte.[1065] Die Ausübung der dem Gesetzgeber bei der Wahl der Steuergegenstände zugebilligten Gestaltungsfreiheit wird lediglich auf evidente Ungerechtigkeiten überprüft.[1066] Dementsprechend mag die Bevorrechtigung des Steuergläubigers zwar zu einer Ungleichbehandlung führen, die Grenze einer Evidenz oder Unvertretbarkeit[1067] ist jedoch nicht überschritten. Allein die positiven Auswirkungen auf die Steuergerechtigkeit gewähren dem Gesetzgeber einen weiten Spielraum für Fiskalprivilegien.[1068] Wenn sich zudem die

---

1060 BVerfG vom 23.10.1951, 2BvG 1/51, BVerfGE 1, 14 (52).

1061 *Hey,* in Tipke/Lang, Steuerrecht, § 3, Rn. 3.110.

1062 *Tipke*, Steuerrechtsordnung, Bd. I, S.273.

1063 *Tipke*, Steuerrechtsordnung, Bd. I, S.327.

1064 *Hey,* in Tipke/Lang, Steuerrecht, § 3, Rn. 3.125.

1065 *Hey,* in Tipke/Lang, Steuerrecht, § 3, Rn. 3.124.

1066 *Hey,* in Tipke/Lang, Steuerrecht, § 3, Rn. 3.125.

1067 So maßgeblich *Krumm*, Formelle Insolvenz, S. 54.

1068 *Krumm*, Formelle Insolvenz, S. 54.

Interessen des Steuergläubigers und die der übrigen grundrechtsberechtigten Gläubiger diametral dahingehend gegenüberstehen, dass die Bevorzugung des einen die Beeinträchtigung des anderen zur Folge hat und der Interessenskonflikt von Grund auf nicht vollends aufzulösen ist, ist es nicht zu beanstanden, wenn sich der Gesetzeber für eine Seite entscheidet.[1069] Diese dem Gesetzgeber ausweislich der Gewaltenteilung zustehende Befugnis, den Steuergläubiger zulasten der übrigen Insolvenzgläubiger zu bevorteilen, ist von der Einschätzungsprärogative gedeckt.[1070]

Dass die Grenze einer Evidenz und Unvertretbarkeit nicht überschritten ist, zeigt sich nicht zuletzt aus einer rechtvergleichenden Betrachtung. Soweit andere Rechtsordnungen eine Fiskusprivilegierung anordnen, verdeutlicht dieser Umstand die Einschätzungsprärogative des Gesetzgebers zur Gleich- beziehungsweise Ungleichbehandlung bestimmter Gläubigergruppen. Beispielsweise ist auf den Privilegienkatalog des amerikanischen Insolvenzrechts[1071] zu verweisen. Vergleichbar zum ehemaligen § 61 Abs. 1 KO enthält der § 507 des Bankruptcy Code eine Vorwegbefriedigung bestimmter Gläubigergruppen, sogenannte *priority claims*. Erst nach Bezahlung sämtlicher priority claims werden die übrigen ungesicherten Gläubiger befriedigt.[1072] Unmittelbare Anwendung findet die Rangordnung bei dem Liquidationsverfahren des Chapter-7-Verfahrens.[1073] Im Einzelnen bestehen neun Klassen: Den ersten Rang genießen Unterhaltsforderungen, gefolgt von Kosten des Verfahrens sowie Verwaltungsaufgaben des Insolvenzverwalters. Im zweiten Rang stehen insbesondere Ansprüche der Federal Reserve Banken. Im vierten Rang genießen beispielsweise Forderungen natürlicher Personen auf Löhne und Gehälter bevorrechtigte Befriedigung. An achter Stelle sind Steuerforderungen aufgeführt (*priority of taxes*). Der Supreme Court hat schon 1874 die Gleichbehandlung der Gläubiger als wichtiges Prinzip des amerikanischen Insolvenzrechts

---

1069 *Krumm*, Formelle Insolvenz, S. 54.

1070 So auch *Witfeld*, Umsatzsteuerverfahren in der Insolvenz, S. 149, welcher die Grenzen des Vertretbarkeitsspielraums für das Fiskusprivileg des § 55 IV InsO nicht als überschritten ansieht.

1071 Im Wesentlichen kennt das amerikanische Insolvenzrecht zwei Verfahren: Das Chapter-7-Verfahren stellt ein Liquidationsverfahren, und das Chapter-11-Verfahren ein Reorganisationsverfahren dar. Beide Verfahren bewirken ein Einzelzwangsvollstreckungsverbot (*automatic stay*). Gläubiger dürfen während des Liquidations- oder Reorganisationsverfahrens keine Vollstreckungshandlungen vornehmen. Näheres bei *Fries*, Fiskusprivilegien, S. 25 f.

1072 *Kodek*, KTS 2014, 214 (229).

1073 *Fries*, Fiskusprivilegien, S. 60; *Kodek*, KTS 2014, 214 (229).

bezeichnet.[1074] Gleichwohl weist er auf die Möglichkeit hin, Ausnahmen zuzulassen und Gläubiger besser zu behandeln, wenn der Zweck hierfür klar aus dem Gesetz hervorgeht.[1075] Vor diesem Hintergrund sieht der amerikanische Gesetzgeber – im Rahmen seines Gestaltungsermessens – den Privilegienkatalog des § 507 Bankruptcy Code als eine notwendige Ausnahme zum Gläubigergleichbehandlungsgrundsatz an, um besonderen Umständen gerecht zu werden. Das Steuerprivileg (*tax priority*) ist nach Ansicht des amerikanischen Gesetzgebers gerechtfertigt, weil der Fiskus im Insolvenzverfahren einen besonders schutzwürdigen Gläubiger darstellt.[1076] So wollte der amerikanische Gesetzgeber den Steuergläubiger bevorzugen, weil er als Zwangsgläubiger seinen Schuldner nicht aussuchen sowie keine Sicherheiten bestellen kann.[1077]

Im Ergebnis obliegt es dem Gesetzgeber und seiner Einschätzungsprärogative über eine Bevorrechtigung des Fiskus in der Insolvenz zu befinden. Vor dem Hintergrund einer reduzierten Kontrolldichte am Maßstab einer Willkürprüfung ist das Fiskusprivileg nicht zu beanstanden, wenn der Gesetzgeber „die Hülfsquellen, deren der Staat zur Gewährung solchen Schutzes bedarf, vorzugsweise sicherstellt."[1078] Insoweit erfolgt die Privilegierung nicht zum Selbstzweck, sondern in vertretbarer Weise zur Gewährleistung und Erfüllung hoheitlicher Verpflichtungen. Umgekehrt ist es ebenso vertretbar, wenn sich der Gesetzgeber gegen ein Privilegierung des Steuergläubigers entscheidet. Diesbezüglich ist es gleichsam am Maßstab der Willkürprüfung nicht zu beanstanden, wenn der deutsche Gesetzgeber zur Abschaffung von Vorrechten samt der damit einhergehenden Beschränkung des steuerlichen Vollzugsauftrags auf eine verstärkte Verteilungsgerechtigkeit, einer Verhütung von Massearmut und einer Aufbesserung der Quote ungesicherter Gläubiger verweist.[1079] Ob eine

---

1074 *Bailey v. Glover*, 88 U.S. 342 (1874): „It is obviously one of the purposes of the Bankrupt Law that there should be a speedy disposition of the bankrupt‘s assets. This is only second in importance to securing equality of distribution.." So auch *Kodek*, KTS 2014, 214 (229).

1075 *Nathanson v NLRB*, 344 U.S. 25, 29 (1952): „The theme of the Bankruptcy Act is equality of distribution, […] and if one claimant is to be preferred over others, the purpose should be clear from the statute."

1076 *Fries*, Fiskusprivilegien, S. 61 mit Verweis auf die Kongress- und Verwaltungsmaterialien der USA S. Rep. 95-595, 1978 U.S.C.C.A.N. 5963 (6147).

1077 *Fries*, Fiskusprivilegien, S. 61 mit Verweis S. Rep. 95-595, 1978 U.S.C.C.A.N. 5963 (6150).

1078 *Hahn*, Motive zur KO, S. 239.

1079 BT-Drucks. XII/2443, S. 81.

Privilegierung letztlich rechtspolitisch zweckmäßig ist, entzieht sich einer gerichtlichen Kontrolle.[1080]

(bb) Angemessener Ausgleich widerstreitender Verfassungsgüter

Verlangt der Gleichheitssatz auf zweiter Stufe nach einen Ausgleich widerstreitendender Verfassungsgüter, bedürfen Differenzierungen der Rechtfertigung durch solche Sachgründe, die dem Differenzierungsziel und dem Ausmaß der Ungleichbehandlung angemessen sind.[1081] Daher richtet sich das Augenmerk auf die Härte und Intensität der Grundrechtsbeeinträchtigung des Art. 14 Abs. 1 GG im Verhältnis zum Schutzgut des steuerlichen Vollzugsauftrages aus 3 Abs. 1 GG i.V.m. 20 Abs. 3 GG.

Die Intensität der Ungleichbehandlung durch die Bevorrechtigung des Steuergläubigers zu den übrigen ungesicherten Gläubigern ist spürbar und weist eine Relevanz auf. Ihre Forderungen werden über die Anordnung zur gleichmäßigen Verlustverteilung hinaus entwertet. Diese Beeinträchtigung ist jedoch durch taugliche Sachgründe zu rechtfertigen. Einen solchen Sachgrund stellt zuvorderst der Fiskalzweck als solcher nicht dar. Bloße Fiskalzwecke können steuerliche Ungleichbehandlungen nicht rechtfertigen.[1082] Von daher kann für ein Fiskusprivileg in der Insolvenz nicht angeführt werden, dass das Steueraufkommen per se zu stärken ist und die Verluste zu minimieren sind. Soweit dahingehend der Gesetzgeber beispielsweise zur Einführung des § 55 Abs. 4 InsO auf die Verminderung von Steuerrückständen in der Insolvenz hinweist,[1083] stellt dies keinen tauglichen Differenzierungsgrund dar.

Eine Rechtfertigung kann jedoch durch die Kompensation von Vor- und Nachteilen erfolgen, soweit diese in einem unmittelbaren Zusammenhang zueinanderstehen und nicht zufällig zusammentreffen.[1084] Die Privilegierung erscheint gerechtfertigt, wenn man auf die Eigenschaft des Steuergläubigers als sicherungslosen Zwangsgläubigern hinweist. Der Steuergläubiger ist Teil der Verwaltung und entsprechend ist sein Handeln von dem Grundsatz der Gesetzmäßigkeit der Verwaltung determiniert.

1080 BVerfG vom 17.03.1959, 1 BvL 44/56, BVerfGE 9, 201 (206); BVerfG vom 05.11.1982, 1 BvR 796/81, ZIP 1982, 1457 (1458).

1081 *Hey,* in Tipke/Lang, Steuerrecht, § 3, Rn. 3.124.

1082 BVerfG vom 17.01.1957, 1 BvL 4/54, BVerfGE 6, 55 (80); BVerfG vom 15.01.2014, 1 BvR 1656/09, BVerfGE 135, 126 (150).

1083 BT-Drucks. XIII/3030, S. 43. Vertiefende Auseinandersetzungen zur verfassungsrechtlichen Rechtfertigung des § 55 IV InsO bei *Nachtmann*, Fiskusvorrecht im deutschen Insolvenzrecht, S. 198; *Witfeld*, Umsatzsteuerverfahren in der Insolvenz, S. 139 ff.

1084 *Hey,* in Tipke/Lang, Steuerrecht, § 3, Rn. 3.129.

Das steuerrechtliche Legalitätsprinzip ist zu wahren: Die Auferlegung von Steuern ist nur zulässig, wenn sie durch ein Gesetz angeordnet ist.[1085] Maßgeblich ist allein die gesetzliche Ermächtigung. Die steuerrechtlichen Ermächtigungsgrundlagen zwingen zur Begründung einer Sonderverbindung und sehen keine Sicherungsmöglichkeiten vor, die adäquat mit denen der grundrechtberechtigten Gläubiger vergleichbar sind. Wenn sich die Insolvenzordnung in einer Lenkungsfunktion beispielsweise dazu entscheidet, dingliche Sicherheiten in der Insolvenz zu schützen und damit ökonomische Anreize setzt, berührt dieser wirtschaftspolitische Ansatz den Steuergläubiger nicht. Damit soll gesagt sein, dass der Steuergläubiger eine Sonderrolle im Insolvenzverfahren einnimmt. Soweit es für grundrechtsberechtigte Gläubiger darum geht, als Insolvenzgläubiger, als Massegläubiger, als Ab- oder Aussonderungsberechtigter befriedigt zu werden, stellt sich für den Steuergläubiger regelmäßig nur die Frage, ob er die Voraussetzungen eines Insolvenz- oder Massegläubigers erfüllt. Von wesentlichen Teilen der insolvenzrechtlichen Befriedigungsrangfolge ist er von vornhinein ausgeschlossen.

Ferner verfängt der Hinweis auf die Gewährleistungsfunktion. Wenn Art. 3 Abs. 1 GG verfassungsrechtlich und § 85 AO einfachgesetzlich die gleichmäßige Anwendung der Steuergesetze durch die Finanzbehörden (sog. Rechtsanwendungsgleichheit) rechtlich sicherstellen, steht dahinter der Zweck, die Rechts- und Wirtschaftsordnung zu verwirklichen, die das Individuum schützt und ihm den institutionellen Rahmen für die Entfaltung seiner Persönlichkeit bietet.[1086] Steuern sind der Preis für den Schutz des Staates und die institutionelle Sicherheit, welche für das private Wirtschaften erforderlich ist.[1087] Die Bürger erwarten im Inneren ein hohes Niveau an Sicherheit und Funktionstüchtigkeit; im Äußeren verlangen sie, dass der Staat im Rahmen der Völkergemeinschaft seinen Verpflichtungen an den kollektiven Sicherheits- und Finanzsystemen nachkommt.[1088] Die Gewährleistungsfunktion an sich und das Bedürfnis nach einem handlungsfähigen Staat mag in Zeiten des Aufschwungs gefühlt in den Hintergrund treten. Bedeutsamer und aktueller wird es jedoch in Zeiten globaler Krisen und Unsicherheiten.[1089] Vor diesem Hintergrund kann der

---

[1085] *Hey,* in Tipke/Lang, Steuerrecht, § 3, Rn. 3.230.

[1086] *Seer,* in Tipke/Lang, Steuerrecht, § 3, Rn. 1.6.

[1087] *Seer,* in Tipke/Lang, Steuerrecht, § 3, Rn. 1.6.

[1088] *Seer,* in Tipke/Lang, Steuerrecht, § 3, Rn. 1.6.

[1089] Beispielhaft sei auf das Verlangen der Bürger hingewiesen, der Staat müsse für das Vorhandensein von Medikamenten für Kinder sorgen oder in einer Pandemie ausreichend Impfstoffe beschaffen.

Steuergläubiger wegen der Beihilfe zur Verwirklichung institutioneller Sicherheit in der Insolvenz mit einer Sonderrolle versehen werden. Im Ergebnis stellt die Bevorrechtigung des Steuergläubigers eine wirksame Inhalts- und Schrankenbestimmung gemäß Art. 14 Abs. 1 S. 2 GG dar. Die Ungleichbehandlung ist nicht unverhältnismäßig.

(4) Art. 3 Abs. 1 GG und die Systemkonsequenz der Insolvenzordnung

Soweit die Abgrenzung von Insolvenzforderung und Masseverbindlichkeit vornehmlich zeitpunktbezogen erfolgt und nicht von der Person des Gläubigers oder des Rechtsgrundes abhängig ist, verstößt es gegen das einfachgesetzliche Ordnungsprinzips des Gläubigergleichbehandlungsgrundsatzes, wenn hinsichtlich der der Steuerforderung auf die vollständige Verwirklichung des Tatbestandes abgestellt wird. Ob darin ein zugleich ein verfassungsrechtlicher Verstoß gegen Art. 3 Abs. 1 unter dem Gesichtspunkt einer Systeminkonsequenz zu sehen ist, orientiert sich an den folgenden Maßstäben: Zuvorderst ist festzuhalten, dass eine Systemwidrigkeit für sich allein noch keinen Gleichheitsverstoß darstellt; sie kann allenfalls einen solchen Verstoß indizieren.[1090] Von einem selbst gesetzten Regelsystem darf der Gesetzgeber abweichen, wenn es dafür gewichtige Gründe gibt.[1091] Art. 3 Abs. 1 GG ist in Ansehung einer Systeminkonsequenz erst dann verletzt, wenn sich Rechtsfolgeunterschiede ergeben, für die es sachbereichsbezogen keine einleuchtenden Gründen vorhanden sind.[1092] Die Gründe für eine Durchbrechung des einmal gewählten Ordnungsprinzips müssen in ihrem Gewicht der Intensität der Abweichung von der zugrunde gelegten Ordnung entsprechen.[1093]

Unter Berücksichtigung dieser Maßstäbe verstößt eine Privilegierung des Steuergläubigers in der Insolvenz nicht gegen Art. 3 Abs. 1 GG. Zwar verstößt die Bevorrechtigung gegen den ordnungsrechtlichen Systemgedanken der Insolvenzordnung. Jedoch steht es dem Gesetzgeber im Rahmen seines Gestaltungsermessens zu, den Regelungsbereich des Gläubigergleichbehandlungsgrundsatzes zu durchbrechen.[1094] Soweit sich mit dem Vollzugsgebot aus Art. 3 Abs. 1 GG i.V.m. 20 Abs. 3 GG und der Systemkonsequenz einfachgesetzlicher Ordnungsprinzipen aus Art. 3 Abs. 1

[1090] BVerfG vom 23.01.1990, 1 BvL 44/86, BVerfGE 81, 156 (207).

[1091] BVerfG vom 11.02.1992, 1 BvL 29/87, BVerfGE 85, 238 (247).

[1092] *P. Kirchhoff*, Handbuch des Staatsrechts, VIII, § 181, Rn. 210, 215.

[1093] BVerfG vom 15.05.1984, 1 BvR 464/81, BVerfGE 67, 70 (84).

[1094] *Krumm*, Formelle Insolvenz, S. 56 f. So auch *Witfeld*, Umsatzsteuerverfahren in der Insolvenz, S. 148 bezüglich der Verfassungswidrigkeit des § 55 IV InsO.

GG zwei verfassungsbelange diametral gegenüberstehen und wiederum die Bevorzugung des einen, die Benachteiligung des anderen zur Folge hat, kann sich der Gesetzgeber vertretbar für die Bevorrechtigung von einem Verfassungsgut entscheiden.[1095] Ferner lässt sich die Auflösung des Konflikts zugunsten des Steuergläubigers damit begründen, dass dieser gegenüber anderen ungesicherten Gläubigern als sicherungsloser Zwangsgläubiger benachteiligt ist. Legitimerweise dürfte unter diesem Gesichtspunkt der verfassungsrechtliche Verstoß gegen eine Systeminkonsequenz zu rechtfertigen sein.

dd) Zwischenergebnis

Eine bevorrechtigte Behandlung des steuerrechtlichen Insolvenzgläubigers berührt eine verfassungsrechtliche Gemengelage, welcher ein hypothetischer Gesetzgeber vor dem Hintergrund der ihn aus Art. 3 Abs. 1 GG bindenden Verpflichtung zur Rechtsetzungsgleichheit zu berücksichtigen hat. Ein Fiskusprivileg folgt vornehmlich dem Ruf eines effektivem Steuervollzugs aus Art. 3 Abs. 1 GG i.V.m. 20 Abs. 3 GG; dieser beeinträchtigt gleichsam die Eigentumsgarantie der ungesicherten Gläubiger aus Art. 14 Abs. 1 GG und Belange einer Systeminkonsequenz der Insolvenzordnung aus Art. 3 Abs. 1 GG. Vor dem Hintergrund eines dem Gesetzgeber zustehenden Gestaltungsspielraums und einer strukturell bedingten Besserstellung der grundrechtsberechtigten Insolvenzgläubiger, erscheinen die verfassungsrechtlichen Beeinträchtigungen nicht derart unangemessen, dass sich die Förderung des effektiven Steuervollzugs als unverhältnismäßig darstellen würde.

Soweit eingangs zu fragen war, ob die Bevorrechtigung des Steuergläubigers – losgelöst von der Auslegung des Bundesfinanzhofes zur insolvenzrechtlichen Begründetheit – verfassungswidrig ist, ist die Frage nunmehr zu verneinen. Festzustellen ist lediglich, dass die Bevorrechtigung gegen das einfachgesetzliche Ordnungsprinzip des Gläubigergleichbehandlungsprinzip verstößt, nicht aber gegen Verfassungsrecht.

[1095] *Krumm*, Formelle Insolvenz, S. 56 f.

2. Die steuerrechtliche Konkretisierung der Begründetheit und das Hervorrufen willkürlicher Ergebnisse

a) Einführung

Soweit die Rechtsprechung die Verwirklichung des steuerrechtlichen Tatbestandes für die Auslegung der Begründetheit als maßgeblich erachtet, differenziert sie für die Einkommensteuer zwischen der Gewinnermittlung durch Betriebsvermögensvergleich gemäß §§ 4 Abs. 1, 5 Abs. 1 EStG und der durch Einnahme-Überschuss-Rechnung gemäß § 4 Abs. 3 EStG. Im Rahmen des Betriebsvermögensvergleich ist für die Bestimmung des Steuertatbestandes das Realisationsprinzip gemäß § 252 Abs. 1 Nr. 4 HGB und hinsichtlich der Einnahme-Überschuss-Rechnung das Zuflussprinzip gemäß § 11 Abs. 1 EStG zu beachten. Diese Differenzierung ist aus steuerrechtlicher Sicht konsequent und folgerichtig. Die steuerrechtliche Interpretation der Begründetheit zwingt zu einer differenzierten Betrachtung der jeweiligen Gewinnermittlungsmethoden bei der insolvenzrechtlichen Forderungszuordnung. Jedoch führt diese Unterscheidung dazu, dass für den derselben Steuersachverhalt je nach Organisationsstruktur des Insolvenzschuldners unterschiedliche Zeitpunkte maßgeblich sind. Veräußert beispielsweise der Insolvenzverwalter Vermögensgegenstände eines Gewerbetreibenden stellt in Ansehung des Realisationsprinzips der Veräußerungsvorgang den maßgeblicher Zeitpunkt der Begründetheit dar. Handelt es sich beim Insolvenzschuldner hingegen um einen Freiberufler, ist der zeitlich nachfolgende Zeitpunkt der Kaufpreiszahlung zu beachten.

Diese Feststellung vermag auf den ersten Blick wenig Streitpotenzial besitzen, da in aller Regel Veräußerung und Entgeltvereinnahmung zeitlich derart nahe beieinander liegen, dass es für Zwecke der insolvenzrechtlichen Forderungsqualifizierung keinen Unterschied macht, ob man auf die Realisation oder den Zufluss abstellt. Jedoch ist diese naheliegende Vermutung nicht zu bestätigen. In der Rechtsprechung gibt es Fallkonstellationen, in denen die Insolvenzeröffnung den Zeitraum zwischen Realisation und Zufluss durchschneidet. In diesen Fällen ist es für die Abgrenzung von Insolvenzforderung und Masseverbindlichkeit entscheidungserheblich, ob der Gewinn durch Betriebsvermögensvergleich oder durch Einnahme-Überschuss-Rechnung ermittelt wird. Es ist zu beobachten, dass dieselbe Steuerforderung allein aufgrund der Organisationsstruktur des Insolvenzschuldners – als Gewerbetreibender oder Freiberufler – einerseits als Insolvenzforderung und andererseits als Masseverbindlichkeit qualifiziert wird.

Nachfolgend ist auf zwei Fallbeispiele aus der Rechtsprechung einzugehen, in denen die Insolvenzeröffnung zwischen die Zeitpunkte der

Realisation und des Zuflusses fällt. Mithin ist zu verdeutlichen, dass die konkret anzuwendende Gewinnermittlungsmethode und damit die Organisationstruktur des Insolvenzschuldner für die insolvenzrechtliche Abgrenzung von Insolvenzforderung und Masseverbindlichkeit entscheidungserheblich ist. Interessanterweise eint die beiden näher zu betrachtenden Fälle jeweils der Umstand, dass der Insolvenzschuldner noch vor Insolvenzeröffnung seinen Betrieb im steuerrechtlichen Sinne gemäß § 16 Abs. 3 S. 1 EStG aufgegeben hat.

b) Fallbeispiel 1: Die Besteuerung des Verkaufs von Anlagevermögen als Betriebsaufgabe

In der Entscheidung vom 09.12.2014[1096] hatte der Bundesfinanzhof insbesondere darüber zu befinden, ob Gewinne aus der Veräußerung von Einrichtungsgegenständen und Warenbeständen als Insolvenzforderung oder Masseverbindlichkeit zu qualifizieren sind. Im Streitfall betrieb der Insolvenzschuldner eine Bäckerei als Einzelunternehmer mit drei Ladenlokalen. Den steuerlichen Gewinn ermittelte der Insolvenzschuldner mittels Einnahme-Überschuss-Rechnung nach § 4 Abs. 3 EStG. Das Insolvenzgericht hatte im Eröffnungsverfahren angeordnet, dass die Stilllegung der Einzelunternehmung nur mit dessen Zustimmung – also der des Insolvenzgerichts – erfolgen könne. Kurz vor Insolvenzeröffnung wurde das Anlagevermögen aller drei Lokale veräußert. Die entsprechende Gegenleistung vereinnahmte der Insolvenzverwalter ca. zehn Tage später nach Abschluss des Kaufvertrages, mithin nach Insolvenzeröffnung. Entgegen der gerichtlichen Anordnung wurde die Veräußerung ohne Zustimmung des Insolvenzgerichts vollzogen. Der Insolvenzverwalter informierte das Insolvenzgericht erst ca. neun Monate nach Verfahrenseröffnung über die Veräußerung samt Stilllegung der Bäckerei. In der Veräußerung des Anlagevermögens kurz vor Verfahrenseröffnung sah der Bundesfinanzhof eine Betriebsausgabe. Damit war der (spätere) Insolvenzschuldner verpflichtet für den Zeitpunkt der Betriebsaufgabe einen Aufgabegewinn nach § 16 Abs. 2 S. 2 EStG i.V.m. § 16 Abs. 3 S. 1 EStG zu ermitteln. Der Insolvenzschuldner, welcher bislang seinen Gewinn zulässigerweise mittels Einnahme-Überschussrechnung nach § 4 Abs. 3 EStG ermittelt hat, musste insoweit zur Gewinnermittlung durch Betriebsvermögensvergleich nach § 4 Abs. 1 EStG übergehen.[1097] Für die insolvenzrechtliche Qualifizierung der Einkommensteuer war damit das Realisationsprinzip zu beachten. Mangels Feststellungen über die genauen Abläufe des Kaufvertrages konnte

[1096] BFH vom 09.12.2014, X R 12/12, BStBl. II 2016, 852.

[1097] BFH vom 09.12.2014, X R 12/12, BStBl. II 2016, 852 (855).

der Bundesfinanzhof in Sache aber nicht selbst entscheiden; zur weiteren Aufklärung wurde die Sache an das Finanzgericht Thüringen zurückverwiesen. Mit dem Finanzgericht Thüringen[1098] war daraufhin im Grundsatz die Einkommensteuerforderung als Insolvenzforderung zu qualifizieren, weil der Steuertatbestand mit der Veräußerung vor Verfahrenseröffnung vollständig verwirklicht wurde. Im Streitfall erkannte das Finanzgericht Thüringen aber dennoch nicht auf eine Insolvenzforderung, weil die Veräußerung letztlich ohne Zustimmung des Insolvenzgerichts erfolgte. Insoweit führte erst die nachträgliche sowie stillschweigende Genehmigung des Insolvenzgerichts zu einer Wirksamkeit des Vertrages und zu einer Begründetheit der Einkommensteuerforderung.[1099]

An der Entscheidung ist folgende Besonderheit interessant: Da die Insolvenzeröffnung zwischen Realisation und Zufluss fällt, sind zwei unterschiedliche insolvenzrechtliche Qualifizierungen der Einkommensteuerforderung möglich. Lässt man einmal die Besonderheit des Zustimmungsvorbehalts des Insolvenzgerichts außen vor, ist die Einkommensteuer in beliebig austauschbarer Weise einmal als Insolvenzforderung oder als Masseverbindlichkeit einzuordnen. Eine Insolvenzforderung ist anzunehmen, soweit für die Verwirklichung des Steuertatbestandes das Realisationsprinzip zu beachten ist. Demgegenüber ist eine Masseverbindlichkeit anzunehmen, wenn mit dem Zufluss der Gegenleistung der steuerrechtliche Tatbestand als verwirklicht anzusehen ist. Insoweit hat nämlich das Finanzgericht Thüringen in erster Instanz[1100] zunächst die Steuerforderung als Masseverbindlichkeit eingeordnet. So erachtete das Finanzgericht nämlich das Zuflussprinzip gemäß § 11 Abs. 1 EStG für maßgeblich, weil es in der Veräußerung des Anlagevermögens keine Betriebsaufgabe gemäß § 16 Abs. 3 S. 1 EStG gesehen hatte.[1101]

c) Fallbeispiel 2: Die Besteuerung nachträglich realisierter bestrittener Forderungen als Teil eines Betriebsaufgabegewinns

Das Entstehen zufälliger Ergebnisse lässt sich ferner an einer Sachverhaltskonstellation aufzeigen, mit der sich der neunte[1102] und zehnte[1103]

[1098] FG Thüringen vom 18.11.2015, 3 K 198/15, juris, Rn. 91.
[1099] FG Thüringen vom 18.11.2015, 3 K 198/15, juris, Rn. 93.
[1100] FG Thüringen vom 30.11.2011, 3 K 581/09, EFG 2013, 317.
[1101] FG Thüringen vom 30.11.2011, 3 K 581/09, EFG 2013, 317 (320).
[1102] FG Düsseldorf vom 08.07.2014, 9 K 2384/10 E, juris.
[1103] FG Düsseldorf vom 19.07.2016, 10 K 2384/10 E, EFG 2016, 1443.

Senat des Finanzgerichts Düsseldorf sowie der Bundesfinanzhof[1104] im Rahmen von zwei Nichtzulassungsbeschwerden auseinandersetzten. Im Wesentlichen ging es um die insolvenzrechtliche Einordnung von einkommensteuerrechtlichen außerordentlichen Einkünfte gemäß § 34 Abs. 2 Nr. 4 i.V.m. § 34 Abs. 1 S. 1 EStG infolge einer Umsatzsteuererstattung. Im Streitfall war der Insolvenzschuldner ein Spielhallenbetreiber. Er erzielte gewerbliche Einkünfte aus dem Betrieb von Geldspielgeräten. Noch vor Insolvenzeröffnung im August 2004 schloss der Insolvenzschuldner die Spielhallen und gab die Erlaubnisurkunden zurück. Nach Insolvenzeröffnung beantragte der Insolvenzverwalter aufgrund des Urteils des Europäischen Gerichtshofes Linneweber und Akritidis[1105] eine Änderung der Umsatzsteuerbescheide für die Veranlagungszeiträume 1999 bis 2002. Da die insoweit erzielten Einkünfte aus den Spielhallen nachträglich gemäß Art. 13 Teil B Buchst. f 6. RL 77/388/EWG steuerfrei waren, stand dem Insolvenzschuldner ein Umsatzsteuererstattungsanspruch zu. Diesbezüglich hat das Finanzamt einerseits einen Abrechnungsbescheid erlassen[1106] und andererseits den Erstattungsanspruch als nachträgliche gewerbliche Einkünfte erfasst und entsprechend die Einkommensteuer festgesetzt. Die Auszahlung des Erstattungsbetrages erfolgte schließlich im Juni 2006.

Strittig ist nun, ob das Finanzamt die Einkommensteuer aus den außerordentlichen Einkünfte gemäß §§ 34 Abs. 2 Nr. 4 i.V.m. 34 Abs. 1 S. 1 EStG infolge der Steuererstattung als Masseverbindlichkeit per Bescheid festsetzen konnte, oder ob es sich bei den Erträgen aus der Steuererstattung um

[1104] Nichtzulassungsbeschwerde gegen das Zwischenurteil des FG Düsseldorf vom 08.07.2014, 9 K 2384/10 E, juris der BFH vom 28.01.2015, X B 103/14, BFH/NV 2015, 702 und Nichtzulassungsbeschwerde gegen das Endurteil des FG Düsseldorf vom 19.07.2016, 10 K 2384/10 E, EFG 2016, 1443 der BFH vom 14.06.2017, X B 118/16, BFH/NV 2017, 1437.

[1105] EuGH vom 07.02.2005, C-453/02 und C-462/02, Slg. 2005, I-1151 (1161). Der EuGH hat entschieden, es sei nicht zulässig, einerseits den Betrieb von Glücksspielgeräten in öffentlichen Spielbanken von der Umsatzsteuer zu befreien, andererseits aber die Ausübung der gleichen Tätigkeit durch andere Wirtschaftsteilnehmer mit Umsatzsteuer zu belasten.

[1106] Der Insolvenzverwalter wandte sich gegen den Abrechnungsbescheid in einem gesonderten gerichtlichen Verfahren. So hält der BFH vom 18.08.2015, VII R 29/14, BFH/NV 2016, 87 (88 f.) den Abrechnungsbescheid für rechtmäßig. Das Finanzamt könne mit Insolvenzforderungen gegen den Umsatzsteuererstattungsanspruch aufrechnen, weil der § 96 Abs. 1 Nr. 1 InsO nicht zur Anwendung gelange. Der innere Kern und die entsprechenden materiell-rechtlichen Grundlagen des Erstattungsanspruchs seien vor Insolvenzeröffnung verwirklicht. Mit Zahlung der Umsatzsteuer vor Insolvenzeröffnung sei der Erstattungsanspruch verwirklicht, da sich der Insolvenzschuldner unmittelbar auf Art. 13 Teil B Buchst. F der Richtlinie 77/388 EWG berufen könne.

eine Insolvenzforderung handelt, die zur Tabelle anzumelden wäre. Die insolvenzrechtliche Qualifikation hängt davon ab, ob der Gewinn aus der Realisierung der Erstattungsansprüche zum Betriebsaufgabegewinn des Jahres 2004 (so Annahme einer Insolvenzforderung) oder zum nachträglichen laufenden Gewinn des Jahres 2006 zuzuordnen ist (so Annahme einer Masseverbindlichkeit). Diese Zuordnung steht unter dem Topos der Rechtsprechung, dass eine Steuerforderung insolvenzrechtlich begründet ist, wenn der Steuertatbestand vollständig verwirklicht ist.

Für eine Zuordnung zum Betriebsaufgabegewinn des Jahres 2004 und damit zugleich für eine Annahme einer Insolvenzforderung sprechen folgende Erwägungen: Der Insolvenzschuldner gab seinen gewerblichen Betrieb im Sinne von § 16 Abs. 3 S. 1 EStG im August 2004 auf, indem er insbesondere seine Erlaubnisurkunden zurückgab. Zu diesem Zeitpunkt waren die Umsatzsteuererstattungen noch bestritten, weil noch nicht sicher war, ob die Umsätze aus den Geldspielgeräten in Ansehung der Linneweber und Akritidis Entscheidung des Europäischen Gerichtshofes vom 07.02.2005 steuerfrei sind. Daher waren die Erstattungsansprüche bei der Ermittlung des Betriebsaufgabegewinns gemäß § 16 Abs. 2 S. 2 EStG i.V.m. § 16 Abs. 3 S. 1 EStG im Jahr 2004 zunächst nicht zu berücksichtigen.[1107] Da § 16 EStG samt der einhergehenden Steuerermäßigung aus § 34 Abs. 2 Nr. 1 EStG seinem Sinn und Zweck nach den tatsächlich erzielten Aufgabegewinn im Zeitpunkt der Aufgabe als einmaliges punktuelles Ereignis besteuern will, sind jedoch auch spätere Änderungen im Hinblick auf den Wert des Betriebsvermögens zu berücksichtigen.[1108] Nachträgliche Umstände sind auch deswegen zu berücksichtigen, um einer Übermaßbesteuerung entgegenzuwirken.[1109] Vor diesem Hintergrund kann die Realisierung des Steuererstattungsanspruchs nach Insolvenzeröffnung als ein gewissermaßen wertaufhellender, auf die Ermittlung des Betriebsaufgabegewinns zurückwirkenden Umstand anzusehen sein.[1110] Wandelt sich – mit anderen Worten – die bestrittene Forderung in eine Unbestrittene, führt dies mit dem Sinn und Zweck der §§ 16, 34 EStG zu einem materiellrechtlichem Zurückwirken auf den Zeitpunkt der Veräußerung. In diesem Fall kann der Steuerbescheid für das Jahr der Betriebsaufgabe nach § 175 Abs. 1 S. 1 Nr. 2 AO geändert werden. Die Rückwirkung der Änderung des

[1107] FG Düsseldorf vom 19.07.2016, 10 K 2384/10 E, EFG 2016, 1443 (1444).

[1108] BFH vom 19.07.1993, GrS 2/92, BStBl. II 1993, 897 (902); *Wacker*, in: Schmidt, EStG, § 16, Rn. 335.

[1109] BFH vom 19.07.1993, GrS 2/92, BStBl. II 1993, 897 (902); *Wacker*, in: Schmidt, EStG, § 16, Rn. 335.

[1110] FG Düsseldorf vom 19.07.2016, 10 K 2384/10 E, EFG 2016, 1443 (1444).

Aufgabegewinns hat zur Folge, dass der Vorgang, der zur Änderung führt, dem Betriebsaufgabevorgang zuzuordnen ist.[1111]

Mit diesen rechtlichen Erwägungen votiert der zehnte Senat des Finanzgerichts Düsseldorf für eine Zuordnung der außerordentlichen Einkünfte aus der Steuererstattung zu dem Aufgabegewinn im Jahr 2004. Mit dem zehnten Senat wäre die Einkommensteuerforderung insolvenzrechtlich als Insolvenzforderung zu qualifizieren. Im Streitfall jedoch war es dem zehnten Senat untersagt, dieser Argumentation zu folgen, weil er prozessrechtlich gemäß § 318 ZPO, § 155 FGO an die Entscheidung des neunten Senats des Finanzgerichts Düsseldorf gebunden war. Dieses hatte nämlich mit einem Zwischenurteil entscheiden, dass der Gewinn aus der Steuererstattung nicht Teil des im Jahr 2004 erzielten Aufgabegewinns, sondern Gegenstand nachträglicher, nach § 4 Abs. 3 EStG zu ermittelnder Einkünfte gemäß § 24 Nr. 2 i.V.m. § 15 Abs. 1 S. 1 Nr. 1 EStG sind.[1112] So verneint der neunte Senat ausdrücklich das Vorliegen eines rückwirkenden Ereignisses und damit eine Änderungsmöglichkeit nach § 175 Abs. 1 S. 1 Nr. 2 AO.[1113] Vielmehr stellt der neunte Senat des Finanzgericht Düsseldorf auf den Zufluss des Erstattungsbetrages im Juni 2006 nach Insolvenzeröffnung ab. Entsprechend qualifiziert er die Einkommensteuerforderung als Masseverbindlichkeit. Letztlich ist der zehnte Senat gezwungen, dem materiell-unrichtigen Zwischenurteil den neunten Senats zu folgen.[1114]

d) Stellungnahme

Wie bereits das vorausgehende Beispiel zeigt, soll auch dieser Streitfall verdeutlichen, dass die steuerrechtliche Auslegung der insolvenzrechtlichen Begründetheit zu Teils willkürlichen Ergebnissen führt. Ungeachtet der Tatsache, dass der neunte Senat des Finanzgericht Düsseldorf die zunächst bestrittene, erst nach Betriebsaufgabe realisierte Forderung rechtsfehlerhaft nicht dem Aufgabegewinn zuordnet, offenbart diese Sachverhaltskonstellation eine wesentliche Schwäche der steuerrechtlichen

[1111] BFH vom 10.02.1994, IV R 37/92, BStBl. II 1994, 564 (567).

[1112] FG Düsseldorf vom 08.07.2014, 9 K 2384/10 E, juris, Rn. 43

[1113] FG Düsseldorf vom 08.07.2014, 9 K 2384/10 E, juris, Rn. 44.

[1114] Eine vergleichbare Sachverhaltskonstellation lag im Übrigen auch der Entscheidung des FG Baden-Württemberg vom 05.07.2018, 1 K 2502/15, EFG 2018, 1712 zugrunde. Rechtskräftig hat dieses entschieden, dass die nach Insolvenzeröffnung erstattete Umsatzsteuer nicht als nachträglich zugeflossene Betriebseinnahmen, sondern als Aufgabegewinn im Jahr 2003 zu erfassen ist. Die Erstattung der Umsatzsteuer nach Verfahrenseröffnung ist, so das FG Baden-Württemberg, ein auf den Aufgabegewinn vor Verfahrenseröffnung zurückrückwirkendes Ereignis.

Auslegung zur insolvenzrechtlichen Begründetheit: Soweit nämlich zwischen den maßgeblichen Zeitpunkten der Gewinnrealisation im Rahmen des Betriebsvermögensvergleichs und dem Zufluss bei der Einnahme-Überschuss-Rechnung ein gewisser Zeitabstand liegt und zwischen diesen Zeitpunkten das Insolvenzverfahren eröffnet wird, hängt die insolvenzrechtliche Qualifikation der Steuerforderung allein von der Art und Weise der Gewinnermittlungsmethode ab. In dem ersten Beispielsfall liegen ca. zehn Tage und im zweiten Fall sogar ca. zwei Jahre zwischen dem Realisationszeitpunkt und dem Zufluss der Einkünfte. Die an sich je nach dem Insolvenzfall zufällige Art und Weise der Gewinnermittlung hat in diesen Fällen Einfluss auf eine gegebenenfalls bevorrechtigte oder nachrangige Befriedigung in der Insolvenz. Im Ergebnis wird der Steuergläubiger in der Insolvenz eines Gewerbetreibenden, der seinen Gewinn durch Betriebsvermögensvergleich ermittelt, gegenüber der Insolvenz eines Freiberuflers, welcher seinen Gewinn durch Einnahme-Überschuss-Rechnung bestimmt, schlechter gestellt, weil sich der Gewerbetreibende in Ansehung der insolvenzrechtlichen Forderungszuordnung auf den früheren Zeitpunkt des Realisationsaktes berufen kann und die Steuerforderung vermehrt als Insolvenzforderung qualifiziert wird. Demgegenüber vermag sich der Freiberufler in seiner Insolvenz nur auf das in der Regel später liegende Ereignis des Zuflusses berufen, woraufhin die Steuerforderung vermehrt als bevorrechtigte Masseverbindlichkeit einzuordnen ist.

Hinzu kommt, dass das Vorfinden einer bestimmten Art der Gewinnermittlung nicht nur als ein je nach Insolvenzfall zufälliges Ereignis anzusehen ist, sondern auch der Steuerpflichtige in einigen Fällen sogar in eine bestimmte Gewinnermittlungsmethode optieren kann. In Teilen kann der Steuerpflichtige die Art der Gewinnermittlung selbst wählen. Soweit also für die insolvenzrechtliche Begründetheit der vollständige Verwirklichung des Steuertatbestands erforderlich ist, bestehen für den steuerpflichtigen Insolvenzschuldner Gestaltungsmöglichkeiten. Mit dem Abstellen auf die alleinige Maßgeblichkeit des steuerrechtlichen Tatbestandes werden steuerrechtliche Gestaltungsmöglichkeiten auf die insolvenzrechtliche Forderungszuordnung übertragen. Insbesondere die steuerrechtlichen Grundsätze zum Wechsel der Gewinnermittlungsart wirken auf die insolvenzrechtliche Qualifizierung einer Steuerforderung ein. In Betracht kommen diesbezüglich die freiwilligen Gewinnermittlungswahlrechte zum Beginn eines Wirtschaftsjahres gemäß §§ 4 Abs. 3, 5a Abs. 1 und 13a Abs. 2 EStG. Aber auch aufgrund eines zwingenden, möglicherweise unterjährigen Wechsels der Gewinnermittlung wegen Eintritts der Buchführungspflicht nach § 5 Abs. 1 EStG oder – der hier schon betrachtenden – Betriebsaufgabe nach

§ 16 Abs. 3 EStG ergeben sich Gestaltungsmöglichkeiten. Insofern kann der Insolvenzschuldner mit einer entsprechenden Gestaltung aktiv auf die insolvenzrechtliche Qualifikation der Steuerforderung einwirken.

Dieser Umstand eröffnet bei einer vorinsolvenzlichen Planung und Beratung Gestaltungsmöglichkeiten: Mit einer vorinsolvenzlichen Wahl der Gewinnermittlungsart kann der Insolvenzschuldner den für die Qualifizierung der Steuerforderung beachtlichen Realisierungszeitraum selbst bestimmen. Es kann sich als vorteilhaft erweisen, von einer Einnahme-Überschuss-Rechnung zum Betriebsvermögensvergleich zu optieren, um dem im Verhältnis zum Zuflussprinzip vorgelagerten Zeitpunkt der Gewinnrealisation Geltung zu verleihen. Soweit beispielsweise vorinsolvenzlich ersichtlich ist, dass durch die Veräußerung von Anlagevermögen eine nicht unerhebliche Einkommensteuerforderung entstehen wird, ist zur Masseschonung – wie in den Beispielsfällen gesehen – eine vorinsolvenzliche Betriebsaufgabe oder aber – soweit die entsprechenden Voraussetzungen vorliegen – ein Optieren in den Betriebsvermögensvergleich in Erwägung zu ziehen. Entsprechend ist es möglich, die Steuerforderung in der Insolvenz bewusst zu entwerten und ihr den Rang einer Insolvenzforderung zu verleihen. Diese Möglichkeit der Gestaltung verstößt aber gegen die Ausgestaltung der Forderungszuordnung. Diese sieht eine rechtssichere und transparente Forderungseinordnung nach übergeordneten, feststehenden Gesichtspunkten für alle Teilnehmer des Insolvenzverfahrens vor. Der Insolvenzschuldner und sein zu verwaltendes Vermögen bilden lediglich ein passives Bezugsobjekt dieser Forderungszuordnung. Aktive Mitwirkungs- und Gestaltungsrechte für die Art und Weise der Befriedigung stehen den Akteuren nicht zu. Wenn der Insolvenzschuldner unter Zuhilfenahme von Beratern die Massebelastung beeinflussen kann, verstößt dies gegen die Grundwertung des § 80 Abs. 1 InsO, wonach dem Insolvenzschuldner mit Verfahrenseröffnung jegliche Verfügungsbefugnis entzogen wird. Die insolvenzrechtlichen Gläubigergruppen sind nach objektiven, allgemeingültigen Kriterien ohne Möglichkeit zur Einflussnahme des Insolvenzschuldners zu bestimmen.

III. Zur Kritik an der alleinigen Maßgeblichkeit insolvenzrechtlicher Grundsätze

Soweit sich bisher schwerpunktmäßig mit der rein steuerrechtlichen Interpretation inhaltlich auseinander zusetzen war, ist im Folgenden der Konkretisierungsversuch zu würdigen, wonach für die Begründetheit der Schuldrechtsorganismus beziehungsweise die Verwirklichung des zivilrechtlichen Sachverhalts maßgeblich sein soll. Die folgende Würdigung fällt dabei allein schon deswegen knapp aus, weil diese Auslegung mit ihrer Anwendung am konkreten Sachverhalt zu nicht zu beanstandenden Ergebnissen führt. In aller Regel gelangen nämlich die Auslegung unter der Maßgabe des – letztlich überzeugenden – Anwartschaftsgedankens und die Auslegung unter dem Topos des zivilrechtlichen Sachverhaltes zu vergleichbaren Ergebnissen. Beispielsweise stellen beide Auslegungsvarianten für die Einordnung der stillen Reserven auf deren Ansammeln ab. Soweit damit die Konkretisierung der Begründetheit anhand des zivilrechtlichen Sachverhalts in der praktischen Anwendung überzeugt, beschränkt sich die kritische Würdigung auf dogmatische Gesichtspunkte.

Überträgt man die aus der Insolvenzordnung gewonnenen Grundsätze mit den Formulierungen des zugrunde liegenden zivilrechtlichen Sachverhalts und des Schuldrechtsorganismus' auf die Einordnung der Steuerforderung, übergeht der Rechtsanwender steuerrechtliche Besonderheiten. Diese Ausdrücke sind ungeeignet, die steuerrechtliche Forderung einzuordnen. Bei der Steuerforderung handelt es sich nämlich um ein öffentlich-rechtliches Schuldverhältnis, welches nicht durch Parteivereinbarung, sondern durch Verwirklichung des Tatbestandes entsteht, §§ 37, 38 AO. Es ist also verkürzt zu formulieren, eine Steuerforderung sei begründet, wenn der zugrunde liegende zivilrechtliche Sachverhalt verwirklicht ist. Dieser Grundsatz mag zwar für einzelne Steuerforderungen, bei denen der Tatbestand an zivilrechtliche Rechtsverhältnisse anknüpft, zutreffen; er gilt jedoch nicht uneingeschränkt für alle Steuerforderungen. Es gibt Steuerforderungen, denen kein zivilrechtlicher Sachverhalt zugrunde liegt.[1115]

Zudem ist der Begriff des Schuldrechtsorganismus' ungeeignet, die insolvenzrechtliche Begründetheit der Steuerforderung zu konkretisieren.[1116]

1115 Grundlage der Besteuerung können beispielsweise reine Vorgänge aus dem öffentlichen Recht sein. Steuerbar sind ergänzend auch zivilrechtlich unwirksame Verträge, § 41 I AO. *Onusseit/Kunz*, Steuern in der Insolvenz, Rn. 298; *Stadie*, in Rau/Dürrwächter, UStG, § 18 Anhang 2, Rn. 60 (186. Lfg. April 2020).

1116 So auch *Wagenknecht-Hose*, Neuverbindlichkeiten in der Insolvenz, S. 160.

Der Begriff des Schuldrechtsorganismus' ist rein zivilrechtlich geprägt.[1117] Er umschreibt einen parteivereinbarten Vertragsschluss und die Gesamtheit seiner zivilrechtlichen Rechtsbeziehungen.[1118] Man kann allenfalls von einem *Steuerschuldrechtsorganismus* sprechen.[1119]

Den Begriffen des zivilrechtlichen Sachverhalts und des Schuldrechtsorganismus' fehlt eine klare Definitionsgrundlage: Es ist unklar, welcher Verwirklichungsgrad und welcher Zeitpunkt darunter zu verstehen sind. Es fehlen Maßstäbe für eine konkrete Einordnung. Bei der Auslegung nach einem Schuldrechtsorganismus und dem zugrunde liegenden zivilrechtlichen Sachverhalt wird übersehen, dass der Gesetzgeber dem Rechtsanwender mit den steuerrechtlichen Tatbestandsmerkmalen bereits konkrete Kriterien bereitstellt. Der Gesetzgeber knüpft bei der Besteuerung an typische zivilrechtliche Gestaltungen und Vorgängen des Rechtsverkehrs an, da diese wirtschaftlich bewertbare Potenzen verkörpern.[1120] Die Anknüpfung an zivilrechtliche Rechtsgeschäfte ist ein Hilfsmittel zur Erfassung wirtschaftlicher Sachverhalte.[1121] In dieser Hinsicht geht das Zivilrecht dem Steuerrecht zeitlich voran.[1122] Der Gesetzgeber formuliert den jeweiligen Steuertatbestand typisierend so aus, dass der am zivilrechtlichen Geschäft messbare Erfolg mit dem Ziel einer gerechten Steuerlastverteilung abzuschöpfen ist. Er beschreibt den wirtschaftlichen Vorgang, welcher nach seiner Grundentscheidung der Besteuerung zu unterwerfen ist.[1123] Eben dieser wirtschaftliche Vorgang, welcher vom Gesetzgeber als besteuerungswürdig erachtet wird, ist als Anknüpfungspunkt speziell in den Steuergesetzen bestimmt. Beispielsweise sind spezielle Anknüpfungspunkte für die Umsatzsteuer die Lieferung und Leistung gemäß §§ 1 Abs. 1 Nr. 1, 3 Abs. 1 UStG oder für die Einkommensteuer das Erzielen von Einkünften gemäß § 2 Abs. 1 S. 1 EStG, mit denen auf vielfältige zivilrechtliche Gestaltungen Bezug genommen wird. Insoweit beruft sich das Steuerrecht auf bestimmte beteuerungswürdige Lebenssachverhalte. Wenn man nunmehr im Rahmen der insolvenzrechtlichen Begründetheit abstrakt auf den zivilrechtlichen Sachverhalt abstellt, ohne den Steuertatbestand zu beachten,

[1117] *Stadie*, in Rau/Dürrwächter, UStG, § 18 Anhang 2, Rn. 60 (186. Lfg. April 2020).

[1118] *Siber*, Grundriß des Bürgerlichen Rechts, S. 1; *Wagenknecht-Hose*, Neuverbindlichkeiten in der Insolvenz, S. 160.

[1119] *Stadie*, in Rau/Dürrwächter, UStG, § 18 Anhang 2, Rn. 60 (186. Lfg. April 2020).

[1120] *Locher*, Grenzen der Rechtsfindung im Steuerrecht, S. 154; *Tipke,* Steuerrechtsordnung, Bd. I, S. 45.

[1121] *Tipke,* Steuerrechtsordnung, Bd. I, S. 51.

[1122] *Tipke,* Steuerrechtsordnung, Bd. I, S. 45.

[1123] *P. Kirchhof*, NJW 1987, 3217 (3221); *Krumm*, Formelle Insolvenz, S. 48.

wird die getroffene Wertung des Gesetzgebers übergangen. Statt auf die vom Gesetzgeber verwendeten Tatbestandsmerkmale zurückzugreifen, führt man mit der Forderung nach der Verwirklichung des zivilrechtlichen Sachverhalts ein neues Tatbestandsmerkmal ein und setzt es an die Stelle der bestehenden Tatbestandsmerkmale der Steuergesetze. Der vom Steuergesetz gewählte Anknüpfungspunkt – für die Umsatzsteuer beispielshaft die Lieferung und Leistung – wird allgemein durch den zivilrechtlichen Sachverhalt ersetzt. Obwohl der Gesetzgeber also bereits für jede Steuerforderung einen konkreten Anknüpfungspunkt vorsieht, verwendet man den vielmehr vagen und bestimmten Rechtsbegriff des zivilrechtlichen Sachverhalts. Abschließend ist daher zu formulieren, dass die gesetzte Wertentscheidung des Steuergesetzgebers zu wahren ist: Wenn der Gesetzgeber den relevanten zivilrechtlichen Sachverhalt normativ bereits festgelegt hat, ist nicht auf einen allgemeinen Tatbestand mit Wertungsspielraum zurückzugreifen.

F. Die Masseverbindlichkeit – Voraussetzungen einer Vorwegbefriedigung des Steuergläubigers

I. Einführung

Bei der Abgrenzung von Insolvenzforderung und Masseverbindlichkeit handelt es sich aus rein formaler Sicht um das Erfüllen zweier verschiedener Tatbestände. Insolvenzforderung und Masseverbindlichkeit stehen in einem Ausschließlichkeitsverhältnis zueinander: So kann ein und dieselbe Forderung eines Gläubigers nur Insolvenzforderung oder Masseverbindlichkeit sein. Dies insbesondere deswegen, weil wesentliches Tatbestandsmerkmal einer Masseverbindlichkeit die Begründung der Forderung nach Verfahrenseröffnung ist. Insoweit ist das Verneinen einer Insolvenzforderung eine von mehreren Voraussetzungen für die Annahme einer Masseverbindlichkeit. Aus diesem Befund folgt aber nicht, dass – wenn die Voraussetzungen einer Insolvenzforderungen im konkreten Fall zu verneinen sind – reflexartig eine Masseverbindlichkeit gegeben ist. Im Einzelfall ist vielmehr zu überprüfen, ob die besonderen Voraussetzungen einer Masseverbindlichkeit vorliegen.[1124] Sind weder die Voraussetzungen einer Insolvenzforderung noch die einer Masseverbindlichkeit erfüllt, kann die einzuordnende Forderung als Forderung gegen das insolvenzfreie Vermögen einzuordnen sein.

Soweit bislang schwerpunktmäßig die Vorschrift des § 38 InsO betrachtet wurde, ist im Folgenden zu untersuchen, welche Grundsätze und Leitlinien der Bundesfinanzhof bemüht, um die Tatbestandsvoraussetzungen der Masseverbindlichkeit gem. § 55 InsO zu konkretisieren. Um letztlich die Insolvenzforderung von der Masseverbindlichkeit abzugrenzen zu können, ist es erforderlich, jeweils den Inhalt der Vorschriften und die sich berührenden Problemlagen darzustellen. Die nachfolgende Darstellung orientiert sich an einzelnen Problemen, welche die Rechtsprechung im Zusammenhang mit der Annahme einer Masseverbindlichkeit diskutiert.

[1124] *Kahlert/Kayser/Bornemann*, Perspektiven für eine kohärente und praxisgerechte Verzahnung von Steuer- und Insolvenzrecht, Rn. 81.

II. Die Einkommensteuer als Masseverbindlichkeit

Einen Problemkreis bildet die grundlegende Frage, ob eine Einkommensteuerforderung überhaupt eine Masseverbindlichkeit darstellen kann. Praktische Relevanz erfuhr dieser insbesondere von *Flume*[1125] vorgetragene Gedanke durch das Urteil des Finanzgerichts Niedersachsen vom 29.06.1992[1126]. Im Streitfall hatte das Finanzgericht zu klären, wie Kapitaleinkünfte und Veräußerungsgewinne, die jeweils nach Insolvenzeröffnung entstanden sind, in der Insolvenz einzuordnen sind. In den Urteilsgründen verweist das Finanzgericht Niedersachsen auf die bisher zu diesem Komplex ergangene höchstrichterliche Rechtsprechung. Unter ausführlicher Auseinandersetzung mit den Entscheidungen des Reichsfinanzhofes vom 22.06.1938[1127], des Bundesfinanzhofes vom 07.11.1963[1128], 14.02.1978[1129] und 29.03.1984[1130] ist das Finanzgericht mit der in der Literatur vorgebrachten Argumenten und konträr zur bisherigen Rechtsprechung der Auffassung, dass die Einkommensteuer im Grundsatz nicht als Masseverbindlichkeit zu qualifizieren sei. So argumentiert das Finanzgericht mit *Flume*, dass die Einkommensteuer sprachlich keine Kosten seien und daher mit der Vorschrift des § 58 Abs. 2 KO keine Massekosten darstellen könnten.[1131] § 58 Abs. 2 KO bilde keine gesetzliche Grundlage, weil die Einkommensteuer ferner keine Ausgaben für die Verwaltung, Verwertung und Verwaltung seien.[1132] § 59 Abs. 1 Nr. 1 KO sei nicht einschlägig, weil die Steuer nicht aus Geschäften oder Handlungen des Verwalters entstehe.[1133] Im Wesentlichen beruft sich das Finanzgericht auf den Standpunkt, die Einkommensteuer könne wegen ihrer Eigenart als Personensteuer keine Masseverbindlichkeit darstellen.[1134] Denn die Insolvenzmasse selbst habe keine Einkünfte und generiere kein Einkommen. Einkommen habe

---

[1125] *Flume*, in FS 50 Jahre Finanzgerichtsbarkeit, S. 88 ff. In diese Richtung argumentieren auch *Classen*, BB 1985, 50 (51); *Knobbe-Keuk*, StbJb. 1973/74, 349 (360 ff.); *Onusseit*, ZIP 1986, 77 (84).

[1126] FG Niedersachsen vom 29.06.1992, XIII (XI) 38/89, FR 305.

[1127] RFH vom 22.06.1938, VI 687/37, RFHE 44, 162.

[1128] BFH vom 07.11.1963, IV 210/62 S, BFHE 78, 172.

[1129] BFH vom 14.02.1978, VIII R 28/73, BStBl. II 1978, 356.

[1130] BFH vom 29.03. 1984, IV R 271/83, BStBl. II. 1984, 602.

[1131] FG Niedersachsen vom 29.06.1992, XIII (XI) 38/89, FR 305 (308); *Flume*, in FS 50 Jahre Finanzgerichtsbarkeit, S. 88 (103).

[1132] FG Niedersachsen vom 29.06.1992, XIII (XI) 38/89, FR 305 (308); *Flume*, in FS 50 Jahre Finanzgerichtsbarkeit, S. 88 (103).

[1133] *Flume*, in FS 50 Jahre Finanzgerichtsbarkeit, S. 88 (103).

[1134] *Classen*, BB 1985, 50 (51); *Flume*, in FS 50 Jahre Finanzgerichtsbarkeit, S. 88 (103); *Knobbe-Keuk*, StbJb. 1973/74, 349 (360); *Onusseit*, ZIP 1986, 77 (84).

nur der Steuer- beziehungsweise Insolvenzschuldner als Steuersubjekt.[1135] Der Masse selbst fehle es an einem Personalcharakter, der aber für die Begründung einer Einkommensteuer wesentlich sei.[1136] Infolge dieser Argumentation hat das Finanzgericht Niedersachsen den Einkommensteuerbescheid im Streitfall aufgeboben, weil es für die Annahme einer Masseverbindlichkeit an einer gesetzlicher Grundlage mangele.

Der Bundesgerichtshof ist dieser Argumentationsgrundlage in der Revision mit dem Urteil vom 11.11.1993[1137] nicht gefolgt.[1138] Unter Verweis auf die ständige Rechtsprechung, welche das Finanzgericht Niedersachsen selbst herausarbeitet hatte, seien Einkommensteuern im Grundsatz als Masseverbindlichkeiten zu qualifizieren.[1139] Der Bundesfinanzhof argumentiert wie folgt: Die Vorschrift des § 58 Abs. 2 KO stelle eine entsprechende Rechtsgrundlage da. Denn insoweit bestimme sich die Berücksichtigung der Steuerforderung nach den Grundsätzen der Insolvenzordnung. Sofern die Insolvenzordnung für den Fall der Mangelsituation eine besondere Befriedigungsrangfolge in Form einer Masseverbindlichkeit anordnet, habe sich das Steuerrecht an selbige zu halten. Hinsichtlich der Teilnahme am Insolvenzverfahren gelten allein insolvenz- und nicht steuerrechtliche Maßgaben. Vor diesem Hintergrund stehe der Umstand, dass die Einkommensteuer eine Personen- und keine Objektsteuer sei, ihrer grundlegenden Einordnung als Masseverbindlichkeit nicht entgegen. Denn dieser Unterscheidung komme allein steuerrechtliche Bedeutung zu. Zusammengefasst argumentiert die Revision schwerpunktmäßig mit der allgemeinen Abgrenzung von Steuer- und Insolvenzrecht:[1140] Das Steuerrecht entscheidet abstrakt über den Besteuerungsgrund und die Höhe der Besteuerung.[1141] Es legt nur das Bestehen einer Steuerforderung fest. Das Insolvenzrecht hingegen regelt darauf aufbauend, wie die Steuerforderung in der Insolvenz zu befriedigen ist.[1142] Die konkrete Ausgestaltung und die Art und

---

1135 *Maus*, BB 1989, 672 (673); *Onusseit*, ZIP 1986, 77 (84).

1136 *Flume*, in FS 50 Jahre Finanzgerichtsbarkeit, S. 88 (103).

1137 BFH vom 11.11.1993, XI R 73/92, BFH/NV 1994, 477.

1138 So *Onusseit*, ZInsO 2003, 677 (678). Für die Praxis sei davon auszugehen, dass Steuerforderungen als Masseverbindlichkeit eingeordnet werden können.

1139 BFH vom 11.11.1993, XI R 73/92, BFH/NV 1994, 477 (478 f.).

1140 Vgl. oben A.,III., 2.

1141 BFH vom 16.05.2013, IV R 23/11, BStBl. II 2013, 759 (760); BFH vom 09.12.2014, X R 12/12, BStBl. II 2016, 852 (855).

1142 *Farr*, Besteuerung in der Insolvenz, Rn. 46; *Häsemeyer*, Insolvenzrecht, Rn. 23.42; *Schüppen/Ruh*, in MünchKomm, Insolvenzsteuerrecht, Rn. 1.

Weise der Befriedigung obliegt allein dem Insolvenzrecht.[1143] Wenn nun das Insolvenzrecht eine Befriedigungsrangfolge anordnet, berühre dies die Einkommensteuer als Personensteuer nicht. Denn unabhängig von der Einordnung in der Insolvenz bleibe der Insolvenzschuldner Steuersubjekt der Einkommensteuer.[1144] Infolge der Aufgabe der Separationsthese sei allein der Insolvenzschuldner und nicht die Insolvenzmasse im Sinne eines Zweckvermögens Steuersubjekt.[1145] Denke man den Gedanken fort, dass die Einkommensteuer wegen ihrer Eigenschaft als Personensteuer keine Masseverbindlichkeit darstellen könne, müsste man konsequenterweise die Einordnung der Einkommensteuer als Insolvenzforderung verneinen.[1146] Dies werde jedoch von der Gegenmeinung nicht vertreten.[1147]

Ferner ist anzuführen, dass dem streng am Wortlaut orientierten Argument, die Einkommensteuer sei keine Kosten oder Ausgaben im Sinne des § 58 Abs. 2 KO, mit der Gesetzesänderung der Boden entzogen wurde.[1148] So werden Masseverbindlichkeiten nach § 55 Abs. 1 Nr. 1 entweder durch Handlungen des Verwalters oder in sonstiger Weise begründet. Die Vokabeln der Kosten und Ausgaben werden nicht mehr im Zusammenhang mit Masseverbindlichkeiten verwendet. Vielmehr ist für den Begriff der

1143 BFH, vom 14.02.1978, VIII R 28/73, BStBl. II 1978, 356 (356); *Frotscher*, Besteuerung bei Insolvenz, S. 20; *Weiss*, FR 1990, 539 (541).

1144 *Benne*, BB 2001, 1977 (1979); *Weiss*, FR 1990, 539 (543).

1145 Die Separationsthese wurde begründet durch RFH vom 08.02.1928, VI A 71/27, RFHE 23, 70; aufgegeben durch RFH vom 22.06.1938, VI 687/37, RFHE 44, 162; Bestätigung der Aufgabe insbesondere durch BFH vom 12.09.1951, IV 135/51 U, BFHE 55, 477; BFH vom 07.11.1963, IV 210/62 S, BFHE 78, 172; BFH vom 14.02.1978, VIII R 28/73, BStBl. II 1978, 356; BFH vom 11.11.1993, XI R 73/92, BFH/NV 1994, 477 (478). Die Separationsthese hatte den Vorteil, dass für Zwecke des Insolvenzverfahrens die Steuerforderung auf die insolvenzrechtlichen Vermögensmassen aufzuteilen war. Mit Verfahrenseröffnung entstand ein selbständiger Veranlagungs- und Besteuerungszeitraum. Die Masse war selbst Besteuerungsobjekt und Zweckvermögen. Nachteil der Separationsthese war, dass es in den Steuergesetzen keine normative Grundlage für eine Durchbrechung der Veranlagung im Zeitpunkt der Insolvenzeröffnung gibt. Zudem ist die Einkommensteuer gemäß § 1 I 1 EStG keine Objekt-, sondern eine Personensteuer. Nicht die Insolvenzmasse, allein eine natürliche Person ist Schuldner der Steuer. Das Einkommen wird dem Schuldner und nicht der Masse zugerechnet. Vgl. Flume, in FS 50 Jahre Finanzgerichtsbarkeit, S. 88 (102 ff.).; Frotscher, BB 1975, 1445 (1446); Knobbe-Keuk, StbJb. 1973/1974, 349 (358 ff.); Maus, BB 1989, 672 (673); Weiss, FR 1990, 539 (539 f.).

1146 *Weiss*, FR 1990, 539 (543).

1147 *Weiss*, FR 1990, 539 (543).

1148 *Markert*, Steuerforderung in der Insolvenz, S. 296.

Kosten des Insolvenzverfahrens eine eigenständige Regelung geschaffen worden, namentlich mit § 54 InsO.

III. Die einfachgesetzliche Ausgestaltung der steuerrechtlichen Masseverbindlichkeit

1. Die Steuerforderung gemäß § 58 Abs. 2 KO unter Geltung der Konkursordnung

Da als gesichert anzusehen ist, dass die Einkommensteuer als Masseverbindlichkeit qualifiziert werden kann und insbesondere ihr Charakter als Personensteuer dem nicht entgegensteht, stellt sich die daran anschließende Frage, aufgrund welcher einfachgesetzlichen Grundlage die Einordnung erfolgt.

Unter Geltung der Konkursordnung[1149] nimmt die Rechtsprechung im Wesentlichen an, dass die Steuer gemäß § 58 Abs. 2 KO Ausgaben für die Verwaltung, Verwertung und Verteilung der Masse darstellen und nicht gemäß § 59 Abs. 1 Nr. 1 KO aus Geschäften oder Handlungen des Insolvenzverwalters entstehen.[1150] Eine vertiefte Auseinandersetzung zwischen den einzelnen Tatbeständen erfolgt nicht. Der Reichs- bzw. der Bundesfinanzhof stellt lediglich fest, der Tatbestand sei für nach Insolvenzeröffnung begründete Verbindlichkeiten verwirklicht.[1151] Vordergründig werden allein die Anforderungen für die Annahme einer Insolvenzforderung

[1149] Unter Geltung der Konkursordnung war – für die Einordnung der Steuerforderung – zwischen Massekosten gemäß § 58 Abs. 2 KO und Masseschulden gemäß § 59 Abs. 1 Nr. 1 KO zu unterscheiden. Massekosten gemäß § 58 Abs. 2 KO waren Ausgaben, die auf der Verwaltung, Verwertung und Verteilung der Masse beruhen. Masseschulden gemäß § 59 Abs. 1 Nr. 1 KO waren diejenigen Ansprüche, die aus Geschäften oder Handlungen des Konkursverwalters entstehen. Mit der Kodifizierung der Insolvenzordnung hat der Gesetzgeber diese beiden Tatbestände in § 55 Abs. 1 Nr. 1 InsO zusammengefasst. Die Unterscheidung zwischen Massekosten und Masseschulden war unter Geltung der Konkursordnung insbesondere bedeutsam, weil bei Masseunzulänglichkeit ein Rangverhältnis beststand. Nach § 60 Abs. 1 KO wurden Masseschulden gemäß § 59 Abs. 1 Nr. 1 KO gegenüber Massekosten § 58 Abs. 2 KO bevorrechtigt befriedigt.

[1150] RFH vom 22.06.1938, VI 687/37, RFHE 44, 162 (166); BFH vom 04.07. 1957, V 199/56 U, BFHE 65, 131 (133); BFH vom 07.11.1963, IV 210/62 S, BStBl. III 1964, 70 (72); BFH vom 14.02.1978, VIII R 28/73, BStBl. II 1978, 356 (358); BFH vom 29.03. 1984, IV R 271/83, BStBl. II. 1984, 602 (604); BFH vom 09.11.1994, I R 5/94, BStBl. II 1995, 255; BFH vom 11.11.1993, XI R 73/92, BFH/NV 1994, 477 (478).

[1151] RFH vom 22.06.1938, VI 687/37, RFHE 44, 162 (166); BFH vom 04.07. 1957, V 199/56 U, BFHE 65, 131 (133).

herausgearbeitet. Da für die Begründetheit einer Einkommensteuerforderung gemäß § 3 Abs. 1 KO das Realisationsprinzip gelte, kommt es für die Annahme einer Masseverbindlichkeit darauf an, wann der realisierte Wert den Buchwert übersteigt.[1152] Zur Annahme einer Masseverbindlichkeit gemäß § 58 Abs. 2 KO wird ausgeführt, aus der Verwaltung und Verwertung der Masse können im Grundsatz öffentliche Abgaben – wie die Einkommensteuer – herrühren.[1153]

Im Ergebnis wird aus der Versagung einer Insolvenzforderung, § 3 Abs. 1 KO, auf das Vorliegen einer Masseverbindlichkeit geschlussfolgert. Eine vertiefte Auseinandersetzung mit den besonderen und zusätzlichen Voraussetzungen des § 58 Abs. 2 KO ist nicht zu beobachten. Lediglich vereinzelt zieht die Rechtsprechung den Tatbestand der Masseschulden gemäß § 59 Abs. 1 Nr. 1 KO heran. So komme beispielsweise für einen Anspruch des Finanzamts auf Rückzahlung einer Investitionszulage allein der Charakter einer Masseschuld in Betracht.[1154] Ähnliches ist für eine nachträglich zu erhebende Grunderwerbssteuer für einen vor Konkurseröffnung erfüllten Grundstückserwerb zu beobachten: Ein solcher Steueranspruch beruhe auf Geschäften oder Handlungen des Insolvenzverwalters.[1155]

Die Einordnung der Steuer als Massekosten gemäß § 58 Abs. 2 KO wurde von der konkursrechtlichen Literatur, soweit diese annahm, die Einkommensteuer könne dem Grunde nach als Masseverbindlichkeit eingeordnet werden,[1156] im Wesentlichen wiedergeben[1157] und befürwortet.[1158] Soweit darüber hinaus vereinzelt vertreten wurde, die Steuerforderung könne sowohl Massekosten als auch Masseschulden darstellen, gehe die Einordnung gemäß § 58 Abs. 2 KO als lex speciales vor.[1159]

[1152] BFH vom 07.11.1963, IV 210/62 S, BStBl. III 1964, 70 (72).

[1153] BFH vom 29.03. 1984, IV R 271/83, BStBl. II. 1984, 602 (604).

[1154] BFH vom 26.03.1971, VI R 285/69, BStBl. II 1971, 582 (583).

[1155] BFH vom 27.10.1975, II R 93/70, BStBl. II 1976, 77 (78 f.). Im Streitfall hat sich das Gericht nicht zwischen Massekosten und Masseschulden entscheiden müssen, da es für den Anspruch auf Zahlung der Grunderwerbssteuer eine Insolvenzforderung angenommen hat. Maßgeblich für die Einordnung nach § 3 Abs. 1 KO sei der Zeitpunkt des Kaufs des Grundstücks vor Verfahrenseröffnung gewesen. Denn an diesen Lebenssachverhalt knüpfe der § 1 Abs. 1 Nr. 1 GrEStG maßgeblich an.

[1156] Dies verneinend *Classen*, BB 1985, 50 (51); *Flume*, in FS 50 Jahre Finanzgerichtsbarkeit, S. 88 (103); *Knobbe-Keuk*, StbJb. 1973/74, 349 (360); *Onusseit*, ZIP 1986, 77 (84).

[1157] *Hess,* in Hess, KO, § 58, Rn. 25 ff.; *Kilger/K. Schmidt,* KO/VglO/GesO, § 58, S. 285; *Mohrbutter*, Handbuch der Konkurs- und Vergleichsverwaltung, Rn. 375a.

[1158] *Jaeger/Henckel*, KO, § 3, Rn. 71; *Kuhn/Uhlenbruck*, KO, § 58, Rn. 9a und § 59, Rn. 1; *Schöne/Ley*, DB 1993, 1405 (1407).

[1159] *Kuhn/Uhlenbruck*, KO, § 59, Rn. 1.

Abschließend bleibt festzuhalten, dass sich unter Geltung der Konkursordnung sowohl Rechtsprechung als auch Literatur nur vereinzelt mit den Voraussetzungen einer Masseverbindlichkeit auseinandersetzten. Der Schwerpunkt lag auf der insolvenzrechtlichen Begründetheit und der Frage, wann eine Steuerforderung als Insolvenzforderung einzuordnen ist.

2. Die Steuerforderung als Masseverbindlichkeit unter Geltung der Insolvenzordnung gemäß § 55 Abs. 1 Nr. 1 InsO

Mit der Kodifizierung der Insolvenzordnung hat der Gesetzgeber die Tatbestände der §§ 58 Abs. 2 und 59 Abs. 1 Nr. 1 KO neu gefasst. Die bisherige Aufteilung der Masseverbindlichkeiten in Massekosten und Masseschulden wurde nicht übernommen. Insofern stellt sich nunmehr unter Geltung der Insolvenzordnung die Frage, ob Steuerforderungen durch *Handlungen des Insolvenzverwalters* (§ 55 Abs. 1 Nr. 1, 1. Alt. InsO) oder in *sonstiger Weise* durch die Verwaltung, Verwertung und Verteilung der Insolvenzmasse (§ 55 Abs. 1 Nr. 1, 2. Alt. InsO) begründet werden, ohne zu den Kosten des Insolvenzverfahrens (§ 54 InsO) zu gehören.

Zunächst können Steuerforderungen nicht außerhalb des Begriffs der unausweichlichen Verwaltungskosten zu den erstrangig zu befriedigenden Kosten des Verfahrens gemäß § 54 InsO gezählt werden.[1160] Steuerforderungen sind keine Kosten des Insolvenzverfahrens. Dies widerspräche nämlich dem Willen des Gesetzgebers der Insolvenzordnung.[1161] Denn so wollte der Gesetzgeber die Voraussetzungen für die Durchführung und Fortsetzung eines Insolvenzverfahrens durch ein gegenüber der Konkursordnung geringeres Deckungserfordernis herabsetzen.[1162] Sowohl für die Nichteröffnung als auch für die Einstellung des Verfahrens mangels Masse sollte es nur noch auf die Deckung der reinen Verfahrenskosten gemäß § 54 InsO ankommen, während unter der Geltung der Konkursordnung zusätzlich u.a. die Kosten der Verwertung gedeckt sein mussten (§ 58 Nr. 2 KO).[1163]

Der Unterscheidung, ob Steuern durch Handlungen des Verwalters (§ 55 Abs. 1 Nr. 1, 1. Alt. InsO) oder in sonstiger Weise (§ 55 Abs. 1 Nr. 1,

---

1160 BGH vom 14.10.2010, IX ZB 224/08, ZInsO 2010, 2188 (2189); *Onusseit*, in Kübler/Prütting/Bork, InsO, Steuerrecht in der Insolvenz, Umsatzsteuer, Rn. 198 (77. Lfg. August 2018).

1161 BGH vom 14.10.2010, IX ZB 224/08, ZInsO 2010, 2188 (2189).

1162 Begründung zu § 30 und § 317 RegE-InsO, BT-Drucks. XII/2443, S. 118 und 218.

1163 BGH vom 14.10.2010, IX ZB 224/08, ZInsO 2010, 2188 (2189).

2. Alt. InsO) entstehen, kommt vornehmlich eine dogmatische Bedeutung zu.[1164] Denn beide Arten der Masseverbindlichkeiten – § 55 Abs. 1 Nr. 1 Alt. 1 und 2 InsO – werden bei unzureichender Masse gleichrangig befriedigt, §§ 53, 209 InsO. Das Rangverhältnis aus § 60 KO wurde nicht übernommen. Im Ergebnis handelt es sich bei der Rechtsfrage, ob Steuerforderungen durch Handlungen des Verwalters oder in sonstiger Weise zu Masseverbindlichkeiten qualifiziert werden, in den meisten Fälle um eine normtheoretische Frage, der in der Praxis nicht in jedem Fall zwingend nachzugehen ist. Infolgedessen ließ es der Bundesfinanzhof auch vielfach offen, ob die Steuerforderung aufgrund einer Handlung des Insolvenzverwalters (§ 55 Abs. 1 Nr. 1, 1. Alt. InsO) oder aber in anderer Weise (§ 55 Abs. 1 Nr. 1, 2. Alt. InsO) begründet werden.[1165] Es komme nur darauf an, dass jedenfalls eine der beiden Alternativen verwirklicht sei.[1166] Schließlich stellt der Bundesfinanzhof in Form gesicherter Rechtsprechung auf die zweite Tatbestandsvariante ab. Demnach wird die Steuerforderung vornehmlich in anderer Weise durch die Verwaltung, Verwertung und Verteilung der Insolvenzmasse begründet.[1167]

Überwiegend stimmt die Literatur der Rechtsprechung zu. Sie ordnet gleichsam die Steuerforderung als Masseverbindlichkeit gemäß § 55 Abs. 1 Nr. 1, 2. Alt. InsO ein.[1168] Zur Begründung wird angeführt, Steuerforderungen entstehen nicht durch Handlungen des Insolvenzverwalters, sondern in anderer Weise, weil Steuern – unter einer grundsätzlichen Betrachtungsweise – nicht durch eine Rechtshandlung des Verwalters

---

[1164] *Hefermehl*, in MünchKomm, InsO, § 55, Rn. 66; *Sinz*, in Uhlenbruck, InsO, § 55, Rn. 15.

[1165] BFH vom 09.12.2010, V R 22/10, BStBl. II 2011, 996 (997); BFH vom 16.05.2013, IV R 23/11, BStBl. II 2013, 759 (760); BFH vom 18.12.2014, X B 89/14, BFH/NV 2015, 470 (471); BFH vom 12.10.2015, VIII B 143/14, ZIP 2015, 2487 (2488); BFH vom 27.10.2016, IV B 119/15, BFH/NV 2017, 320 (321).

[1166] BFH vom 16.05.2013, IV R 23/11, BStBl. II 2013, 759 (760).

[1167] BFH vom 29.01.2009, V R 64/07, BStBl. II 2009, 682 (683); BFH vom 18.05.2010, X R 60/08, BStBl. II 2011, 429 (432); BFH vom 03.10.2016, X R 25/14, BFH/NV 2017, 317 (319); BFH vom 01.06.2016, X R 26/14, BStBl. II 2016, 848 (851); BFH vom 05.04 2017, II R 30/15, BStBl. II 2017, 971 (972); BFH vom 10.07.2019, X R 31/16, BFHE 265, 300 (311 ff.); BFH vom 07.07.2020, X R 13/19, BFHE 270, 24 (30 ff.).

[1168] *Andres,* in Nerlich/Römermann, InsO, § 55, Rn. 33 (29. Lfg. Januar 2016); *Frotscher,* Besteuerung bei Insolvenz, S. 75; *Hefermehl,* in MünchKomm, InsO, § 53, Rn. 66; *Kahlert,* DStR 2011, 1973 (1974); *Markert,* Steuerforderungen in der Insolvenz, S. 136; *Onusseit/Kunz,* Steuern in der Insolvenz, Rn. 305; *Sinz,* in Uhlenbruck, InsO, § 55, Rn. 25 f.; *Wäger,* DStR 2011, 1925 (1930); *Waza/Uhländer/Schmittmann*, Insolvenzen und Steuern, Rn. 709.

entstehen.[1169] Die Steuerpflicht entsteht nämlich per Gesetz aufgrund eines festgelegten Tatbestandes, § 38 AO.[1170] Es ist zwischen dem der Besteuerung zugrundliegenden Rechtsgeschäft und der Besteuerungspflicht zu unterscheiden. Der gesetzliche Tatbestand knüpft akzessorisch an einen Geschäftsvorgang des Insolvenzverwalters an und löst aufgrund eigener Wertungen eine Steuerpflicht aus. Unmittelbar wird die Verbindlichkeit durch die gesetzgeberische Entscheidung begründet.[1171] Die Handlung des Insolvenzverwalters führt bloß unter mittelbarer, rein kausaler Betrachtung zur Entstehung der Steuerverbindlichkeit.

Demgegenüber ordnen einzelne Autoren Steuerforderungen gemäß § 55 Abs. 1 Nr. 1, 1. Alt. InsO den Masseverbindlichkeiten zu.[1172] Dem liegt die Überlegung zugrunde, dass die erste Tatbestandsvariante – dem Handeln des Insolvenzverwalters – auf einem weiten Begriffsverständnis beruhe. Nach § 55 Abs. 1 Nr. 1, 1. Alt. InsO sei lediglich erforderlich, dass die Begründung der Steuerforderung kausal und nicht final auf den Insolvenzverwalter zurückzuführen sei. Demensprechend sei es für die Verwirklichung der ersten Tatbestandsvariante nicht erforderlich, dass der Insolvenzverwalter selbst und unmittelbar die Steuerforderung auslöse. Die mittelbare Verwirklichung des der Steuer zugrundeliegenden Lebenssachverhalt genüge als Handlung des Verwalters.

Dem ist nicht zu folgen. § 55 Abs. 1 Nr. 1, 1. Alt. InsO liegt kein kausales, sondern aus gesetzessystematischen Erwägungen ein finales Begriffsverständnis zugrunde. Würde man das Merkmal der Handlung im Sinne einer Kontrollüberlegung kausal auffassen, liefe die Verwirklichungsalternative nach § 55 Abs. 1 Nr. 1, 2. Var. InsO leer. Alle in sonstiger Weise entstehenden Verbindlichkeiten gemäß § 55 Abs. 1 Nr. 1, 2. Var. InsO wären bei einem weiten, kausalen Verständnis der Handlung bereits der Alternative aus § 55 Abs. 1 Nr. 1, 1. Var. InsO zuzuordnen. Allein bei

[1169] *Frotscher,* Besteuerung bei Insolvenz, S. 75; *Kahlert,* DStR 2011, 1973 (1974); *Kahlert/Kayser/Bornemann,* Perspektiven für eine kohärente und praxisgerechte Verzahnung von Steuer- und Insolvenzrecht, Rn. 153; *Onusseit/Kunz,* Steuern in der Insolvenz, Rn. 305; *Sinz,* in Uhlenbruck, InsO, § 55, Rn. 25.

[1170] *Frotscher,* Besteuerung bei Insolvenz, S. 75; *Kahlert,* DStR 2011, 1973 (1974).

[1171] *Frotscher,* Besteuerung bei Insolvenz, S. 75; *Kahlert,* DStR 2011, 1973 (1974); *Onusseit/Kunz,* Steuern in der Insolvenz, Rn. 305; *Waza/Uhländer/Schmittmann*, Insolvenzen und Steuern, Rn. 709.

[1172] *Witfeld,* Umsatzsteuerverfahren und die Insolvenz, S. 196 (Fn. 781).

einem finalen Verständnis kommt der zweiten Alternative ein konstitutiver Anwendungsbereich zu.[1173]

Auch unterfällt die Steuerschuld nicht dem Sinn und Zweck des § 55 Abs. 1 Nr. 1, 1. Var. InsO. Die erste Verwirklichungsalternative soll den Handlungsspielraum des Verwalters erhöhen: Vertragspartner sollen ermuntert werden, mit dem Insolvenzschuldner trotz Insolvenz eine Vertragsbeziehung aufzubauen. Der Steuergläubiger ist jedoch ein Zwangsgläubiger.[1174] Ein Anreiz zur Kontrahierung zeigt diesbezüglich keinen Effekt. Der Steuergläubiger begründet aufgrund eines gesetzlichen Tatbestandes ein öffentlich-rechtliches Schuldverhältnis. Die der Masseverbindlichkeit nach § 55 Abs. 1 Nr. 1, 1. Var. InsO zugrunde liegende Rechtfertigung für die bevorrechtigte Stellung – Ermunterung zur Vertragsschließung trotz Insolvenz – ist für die Begründung eines Steuerschuldverhältnisses nicht kausal. Auch ohne bevorzugte Befriedigung entstünden Steuerforderungen, da dies das Gesetz anordnet. Entgegen dem Sinn und Zweck des § 55 Abs. 1 Nr. 1, 1. Var. InsO stellt die steuerrechtliche Masseverbindlichkeit kein Instrument des Insolvenzverwalters dar, um die Betriebsfortführung mit wirtschaftlich sinnvollen Rechtsgeschäften auszuformen.

Stattdessen sind Sinn und Zweck von § 55 Abs. 1 Nr. 1, 2. Var. InsO mit Blick auf die steuerrechtliche Masseverbindlichkeit gewahrt. Dem Wesen und der Eigenart nach sind steuerrechtliche Masseverbindlichkeiten der Insolvenzmasse aufgezwungen. Die Steuer als Masseverbindlichkeit ist für die Insolvenzmasse nachteilhaft. Die Steuer ist ein Kostenfaktor, dessen Grundlage in der allgemeinen Vermögensverwaltung begründet ist.[1175] Aufgrund insolvenzfremder steuerrechtlicher Prinzipien wird die

---

[1173] Ähnlich der BFH vom 07.07.2020, X R 13/19, BFHE 270, 24 (34 ff.), der für die zweite Tatbestandsvariante zwingend einen kausalen Zurechnungszusammenhang zwischen Steuerforderung und Verwaltungsmaßnahme fordert, weil ihr andernfalls kein eigenständiger Regelungsgehalt mehr für diejenigen Fälle zukäme, bei denen es an einer aktiven Maßnahme des Verwalters fehle. Die zweite Alternative soll als Auffangtatbestand Forderungen erfassen, die kausal durch die Insolvenzverwaltung, aber ohne aktive Mitwirkung des Verwalters ausgelöst werden. Dies weitergedacht: Fasse man dann auch die erste Tatbestandsalternative mit Blick auf eine Mitwirkungshandlung des Verwalters kausal auf, wäre der zweiten Tatbestandsvariante erst recht ihr Anwendungsbereich beraubt. Die beiden Tatbestandsvarianten müssen sich aus systematischen Erwägungen mit Blick auf den Verwirklichungszusammenhang des Insolvenzverwalters unterscheiden, da nur so die vom Gesetzgeber entwickelte Differenzierung beachtet wird.

[1174] BT-Drucks. XVII/3030, S. 23 und 42.

[1175] Vor dem Hintergrund dieser Einordnung besteht keine Haftung des Insolvenzverwalters gemäß § 61 S. 1 InsO für die oktroyierten, steuerrechtlichen Masseverbindlichkeiten. BGH vom 14.10.2010, IX ZB 224/08, NZI 2011, 60 (61); *Schoppmeyer*, in Münch-

Masse mit Steuerforderungen belastet. Die steuerrechtliche Masseverbindlichkeit ist nicht notwendig, um eine ordnungsgemäße Abwicklung des Insolvenzverfahrens zu gewährleisten.

IV. Die steuerrechtliche Masseverbindlichkeit nach § 55 Abs. 1 Nr. 1, 2. Var. InsO und das Erfordernis nach einer Beteiligung des Insolvenzverwalters

1. Einführung

Richtet sich die Auslösung einer steuerrechtlichen Masseverbindlichkeit nach § 55 Abs. 1 Nr. 1, 2. Var. InsO und wird diese dementsprechend *in anderer Weise durch die Verwaltung, Verwertung und Verteilung* der Insolvenzmasse begründet, schließt sich an diese Feststellung ein weiteres (Unter-) Problem an. Es ist zu hinterfragen, ob für die zweite Tatbestandsalternative eine Beteiligung des Insolvenzverwalters erforderlich ist. Ausgangspunkt für diese Überlegung ist der Wortlaut: Wenn der Wortlaut nämlich verlangt, dass eine Verbindlichkeit nicht durch den Insolvenzverwalter, sondern in anderer Weise durch eine sonstige Verwaltungsmaßnahme begründet wird, stellt sich die Frage, um welche Art von Verwaltungsmaßnahme es sich dabei handelt; dies vor allem vor dem Hintergrund, dass es gemäß § 80 Abs. 1 InsO allein dem Insolvenzverwalter obliegt, über die Insolvenzmasse zu verfügen und eine bevorrechtigte Befriedigung zu erzeugen. Rein vom Wortlaut her genügt nach der zweiten Tatbestandsalternative des § 55 Abs. 1 Nr. 1 InsO das Vorliegen irgendeiner Verwaltungsmaßnahme der Insolvenzmasse, bei der die handelnde Person irrelevant ist. Es muss lediglich ein Massebezug bestehen, sich also die Verwaltungsmaßnahme auf Vermögenswerte der Insolvenzmasse beziehen. Dem näher nachzugehenden (Unter-)Problem liegt im Kern die Problematik zugrunde, inwieweit die zweite Tatbestandsalternative andere Personen als den Insolvenzverwalter dazu ermächtigt, die Insolvenzmasse zu verpflichten oder ob nicht vielmehr der Insolvenzverwalter in Anbetracht des § 80 Abs. 1 InsO in gewisser Weise an der Verwaltungsmaßnahme des Dritten beteiligt sein muss.

Aus der Abgrenzung zur ersten Tatbestandsvariante – bei der es, wie gesehen, auf eine finale, unmittelbare Beteiligung des Insolvenzverwalters ankommt – kann es sich bei der zweiten Tatbestandsvariante nur um eine kausale Beteiligungsform handeln. Insofern kommt allein ein

---

Komm, InsO, § 61, Rn. 11.

Verwirklichungszusammenhang im Sinne einer conditio sine qua non in Betracht. Insoweit stellt sich folgende Frage: Liegt der zweiten Tatbestandsalternative – mit anderen Worten – ein eher weites Verständnis zugrunde, wonach es nur auf einen Bezug zur Insolvenzmasse ankommt, oder aber ist die zweite Tatbestandsvariante dahingehend enger zu verstehen, dass die Verwaltungsmaßnahme auf eine Handlung oder pflichtwidriges Unterlassen des Insolvenzverwalters zurückzuführen ist? Diese Fragestellung wird von der Rechtsprechung im Rahmen von drei Fallkonstellationen differenziert beantwortet. Die inhaltlichen Anforderungen an eine *Verwaltungsmaßnahme* im Sinne des § 55 Abs. 1 Nr. 1, 2. Var. InsO und die von der Rechtsprechung gewählten Obersätze weichen voneinander ab. Im Folgenden ist daher zu untersuchen, unter welchen Voraussetzungen für die Veräußerung eines massezugehörigen Grundstücks, die Verwaltung eines Gesellschaftsanteils und den Neuerwerb des Insolvenzschuldners eine steuerrechtliche Masseverbindlichkeit angenommen wird.

2. Veräußerung eines Grundstücks durch absonderungsberechtigte Dritte

a) Rechtliche Grundlagen der Fallgestaltung

Bei der insolvenzrechtlichen Qualifizierung der Einkommensteuer hat die Rechtsprechung Fälle zu entscheiden, in denen ein zur Insolvenzmasse gehörendendes, aber mit einem Absonderungsrecht belastetes Wirtschaftsgut nach Verfahrenseröffnung veräußert wird und entsprechend steuerbare stille Reserven aufgedeckt werden.[1176] Bevor die Rechtsprechung zu analysieren ist, ist zunächst auf die rechtlichen Grundlagen dieser Fallgestaltung einzugehen.

Der Befriedigung absonderungsberechtigter Gläubiger liegen folgende gesetzliche Bestimmungen zugrunde: Die Verwertung von beweglichem und unbeweglichem Absonderungsgut unterscheidet sich. Gemäß § 49 InsO erfolgt die abgesonderte Befriedigung aus *unbeweglichem Vermögen* nach den Vorschriften des Zwangsversteigerungsgesetz. Antragsberechtigt sind die dinglich gesicherten Gläubiger und der Insolvenzverwalter, §§ 49, 165 InsO. Die Absonderungsberechtigten erhalten Befriedigung durch Zwangsversteigerung (§§ 15, 16, 27 ZVG) oder durch Zwangsverwaltung

[1176] BFH vom 14.02.1978, VIII R 28/73, BStBl. II 1978, 356; BFH vom 29.03.1984, IV R 271/83, BStBl. II 1984, 602; FG Düsseldorf vom 19.08.2011, 11 K 4201/10 E, ZIP 2011, 2070; FG Niedersachsen vom 19.01.2012, 14 K 47/10, juris; BFH vom 16.05.2013, IV R 23/11, BStBl. II 2013, 759; BFH vom 10.02.2015, IX R 23/14, BStBl. II 2017, 367; BFH vom 07.07.2020, X R 13/19, BFHE 270, 24.

(§§ 146 ff. ZVG). Insoweit laufen Insolvenz und Zwangsvollstreckung parallel zueinander.[1177] Aus dem erzielten Erlös der Zwangsvollstreckung sind vor Auskehrung die Verwertungs- und Feststellungskosten zu entnehmen, §§ 10 Abs. 1 Nr. 1a, 109, 155 Abs. 1 ZVG.

Die Verwertung von *beweglichen Absonderungsgut* obliegt dem Insolvenzverwalter nach den Vorschriften der §§ 166 ff. InsO. Die Absonderungsberechtigten werden aus der Verwertung des Gegenstandes befriedigt, § 170 Abs. 1 S. 2 InsO. Aus dem erzielten Erlös sind ebenfalls die Verwertungs- und Feststellungskosten zu berichtigen, §§ 170 Abs. 1 S. 1, 171 InsO. Zu den Kosten zählt insbesondere die Umsatzsteuer, die bei der Verwertung entsteht, § 171 Abs. 2 S. 3 InsO. Die wirtschaftliche Last der Umsatzsteuer wird den Absonderungsberechtigten auferlegt. Eine mit § 171 Abs. 2 S. 3 InsO vergleichbare Vorschrift zur Kostenbeteiligung fehlt bei der Verwertung des unbeweglichen Vermögens.[1178]

b) Die Entwicklung der Rechtsprechung

Veräußern absonderungsberechtige Dritte nach Eröffnung des Insolvenzverfahrens ein Grundstück, welches gemäß § 35 InsO dem Insolvenzbeschlag unterfällt, werden typischerweise bei einem bilanzierenden Insolvenzschuldner stille Reserven aufgedeckt. Angenommen die daraus resultierende Einkommensteuer sei beim Insolvenzschuldner mit der ständigen Rechtsprechung nicht als Insolvenzforderung zu qualifizieren,[1179] ist eine Abgrenzung zwischen Masseverbindlichkeit und Forderung gegen das insolvenzfreie Vermögen erforderlich. Ob in diesem Fall die Annahme einer Masseverbindlichkeit ausscheidet, weil der Insolvenzverwalter an der Begründung der Steuerforderung nicht beteiligt ist, wird in der Rechtsprechung unterschiedlich beurteilt.[1180]

[1177] BGH vom 29.11.2007, IX ZB 12/07, ZIP 2008, 281 (282).

[1178] *Kahlert/Kayser/Bornemann*, Perspektiven für eine kohärente und praxisgerechte Verzahnung von Steuer- und Insolvenzrecht, Rn. 551.

[1179] Nach der Rechtsprechung kommt es für die insolvenzrechtliche Begründetheit und entsprechend für die Annahme einer Insolvenzforderung gemäß § 38 InsO bei einem bilanzierenden Insolvenzschuldner auf das Realisationsprinzip an, BFH vom 16.05.2013, IV R 23/11, BStBl. II 2013, 759 (760); BFH vom 27.10.2016, IV B 119/15, BFH/NV 2017, 320 (320). Eine Insolvenzforderung ist abzulehnen, wenn das Grundstück nach Verfahrenseröffnung veräußert wird.

[1180] Diese Abgrenzung richtet sich danach, ob die besonderen Voraussetzungen des § 55 I Nr. 1 InsO vorliegen. Ist das zu verneinen, richtet sich die Forderung gegen den Schuldner persönlich. Bei dem hier näher zu betrachtenden Gesichtspunkt handelt es um ein Folgeproblem des bereits dargestellten Streitstandes zur Einordnung von stillen Reserven: Soweit nämlich das Vorliegen einer Insolvenzforderung mit der Rechtsprechung

Ausgangspunkt bildet die Entscheidung des VIII. Senats vom 14.02.1978[1181]. In der Fallgestaltung erkennt der VIII. Senat nicht auf eine Masseverbindlichkeit. Es fehle nämlich an einer Verwaltungsmaßnahme, wenn die Verwertung des Grundstücks ausschließlich von den absonderungsberechtigten Gläubigern durchgeführt werde. Ausgaben für die Verwertung, Verteilung und Verwaltung erfassen nur Verpflichtungen, die durch eine Amtstätigkeit des Verwalters ausgelöst werden.[1182] Zur Begründung verweist der VIII. Senat auf die Wertung des § 80 Abs. 1 InsO.[1183] Da der Gesetzgeber allein dem Insolvenzverwalter die Abwicklung des Verfahrens übertragen habe, können Masseverbindlichkeiten nur durch sein Mitwirken entstehen.[1184] Entsprechend sei für beide Tatbestandsvarianten des § 55 Abs. 1 Nr.1 InsO[1185] eine Beteiligung des Verwalters erforderlich.[1186]

In einem obiter dictum widerspricht der IV. Senat in der Entscheidung vom 29.03.1984[1187] der Auslegung des VIII. Senats. Der Entscheidung lag der leicht abgewandelte Fall zugrunde, in welchem der Insolvenzverwalter selbst nach Verfahrenseröffnung das Grundstück veräußert und steuerbare stille Reserven realisiert hat. Dennoch hat der IV. Senat dazu Stellung bezogen, inwieweit Masseverbindlichkeiten anzunehmen gewesen wären, wenn allein die absonderungsberechtigten Dritten die Veräußerung vorgenommen hätten. In diesem Fall komme es – in Abweichung zum VIII. Senat – für die Verwaltungsmaßnahme gemäß § 55 Abs. 1 Nr. 1, 2. Var. InsO[1188] nicht auf eine Betätigung des Insolvenzverwalters an.[1189] Eine nähere Begründung erfolgt nicht.

In der Folgezeit bekam der Bundesfinanzhof vorerst nicht die Gelegenheit diese widersprüchlichen Annahmen aufzulösen. Gegenstand weiterer Entscheidungen war nämlich lediglich der Fall, in welchem der

verneint wird, ist zu ergründen, welcher Forderungskategorie die Steuerforderung stattdessen zuzuordnen ist.

1181 BFH vom 14.02.1978, VIII R 28/73, BStBl. II 1978, 356.

1182 BFH vom 14.02.1978, VIII R 28/73, BStBl. II 1978, 356 (358).

1183 Die Entscheidung erging unter Geltung der Konkursordnung. Daher verwies der Senat auf die Vorgängervorschrift des § 6 II KO.

1184 BFH vom 14.02.1978, VIII R 28/73, BStBl. II 1978, 356 (358).

1185 Im Streitfall verweist der VIII. Senat auf den Gleichlauf von § 58 II und § 59 Abs. 1 Nr. 1 KO.

1186 BFH vom 14.02.1978, VIII R 28/73, BStBl. II 1978, 356 (258).

1187 BFH vom 29.03.1984, IV R 271/83, BStBl. II 1984, 602.

1188 Im Streitfall § 58 II KO.

1189 BFH vom 29.03.1984, IV R 271/83, BStBl. II 1984, 602 (603).

Insolvenzverwalter selbst die Veräußerung des Grundstücks betrieben hat.[1190] Es war insoweit nicht entscheidungserheblich, eine nähere Begriffsbestimmung der Verwaltungsmaßnahme gemäß § 55 Abs. 1 Nr. 1, 2. Var. InsO vorzunehmen.[1191] Entscheidungsrelevant wurde die Rechtsfrage nach der Beteiligung des Verwalters allerdings schließlich in der Entscheidung vom 07.07.2020[1192]. Im Streitfall veräußerten nämlich die absonderungsberechtigten Dritten – wie in der Entscheidung vom 14.02.1978[1193] – das in den Insolvenzbeschlag gefallene Grundstück nach Verfahrenseröffnung. Weil mit der Rechtsprechung die aus der Auflösung der stillen Reserven resultierende Einkommensteuerforderung nicht als Insolvenzforderung zu qualifizieren ist,[1194] hatte nun der X. Senat zu erörtern, ob die Steuerforderung als Masseverbindlichkeit oder als Forderung gegen das insolvenzfreie Vermögen einzuordnen ist. Legt man die Argumentation des VIII. Senats zugrunde – eine kausale Amtstätigkeit des Verwalters sei für Annahme einer Masseverbindlichkeit erforderlich – wäre die Einkommensteuer als Forderung gegen das insolvenzfreie Vermögen einzuordnen. Folgt man demgegenüber der Sichtweise des IV. Senats – eine Beteiligung des Verwalters sei nicht erforderlich –, wäre die Steuer eine Masseverbindlichkeit. Im Streitfall schließt sich der X. Senat nunmehr dem IV. Senat an und erkennt auf eine Masseverbindlichkeit gemäß § 55 Abs. 1 Nr. 1, 2. Var. InsO.

Zur Begründung verweist der X. Senat auf den Wortlaut: Nach § 55 Abs. 1 Nr. 1, 2. Var. InsO sei für die Annahme einer Masseverbindlichkeit nur vorausgesetzt, dass insolvenzbefangenes Vermögen verwertet wird. Ein handelndes Subjekt werde nicht benannt. Im Unterschied zur ersten Tatbestandsvariante sei eine *Handlung des Insolvenzverwalters* nämlich nicht erforderlich. Nach der zweiten Alternative genüge vielmehr die Verwertung der Insolvenzmasse *in anderer Weise,* um Masseverbindlichkeiten auszulösen.[1195] Daher verlange der Wortlaut – in Bezug auf die zweite Alternative – keine aktive Maßnahme des Insolvenzverwalters.[1196] Ferner führt der X. Senat ein systematisches Argument an: Der zweiten

[1190] BFH vom 11.11.1993, XI R 73/92, BFH/NV 1994, 477; BFH vom 16.05.2013, IV R 23/11, BStBl. II 2013, 759; BFH vom 09.12.2014, X R 12/12, BStBl. II 2016, 852.

[1191] BFH vom 16.05.2013, IV R 23/11, BStBl. II 2013, 759 (760).

[1192] BFH vom 07.07.2020, X R 13/19, BFHE 270, 24.

[1193] BFH vom 14.02.1978, VIII R 28/73, BStBl. II 1978, 356.

[1194] BFH vom 07.11.1963, IV 210/62 S, BStBl. III 1964, 70 (72); BFH vom 29.03.1984, IV R 271/83, BStBl. II 1984, 602 (603); BFH vom 16.05.2013, IV R 23/11, BStBl. II 2013, 759 (760); BFH vom 27.10.2016, IV B 119/15, BFH/NV 2017, 320 (320).

[1195] BFH vom 07.07.2020, X R 13/19, BFHE 270, 24 (34).

[1196] BFH vom 07.07.2020, X R 13/19, BFHE 270, 24 (34 f.)

Alternative fehle ein eigenständiger Regelungsgehalt, wenn für sie eine Beteiligung des Insolvenzverwalters zu fordern sei.[1197] Denn in diesem Fall wäre bereits die erste Alternative einschlägig und der zweiten Alternative wäre der Anwendungsbereich entzogen.[1198] Im Übrigen greift der X. Senat abseits der Gesetzesauslegung auf Besonderheiten des Einzelfalls zurück, um seine Rechtsauffassung zu untermauern.[1199]

Über diese Argumentation hinaus erkennt der X. Senat, dass Dritte die Insolvenzmasse nicht nach Belieben ohne jegliche Möglichkeit des Insolvenzverwalters zur Einflussnahme verpflichten können. Die Annahme einer Masseverbindlichkeit sei daher neben dem Massebezug von zwei weiteren Voraussetzungen abhängig: Erforderlich sei zusätzlich, dass der Insolvenzverwalter Kenntnis von dem Verwertungsgut habe und dass er die Möglichkeit habe, eine Freigabe des Verwertungsguts zu prüfen.[1200] Insbesondere die Prüfung der Freigabe sei erforderlich, weil diese richterrechtlich anerkannte Befugnis des Insolvenzverwalters ein Grundelement ordnungsgemäßer Insolvenzverwaltung darstelle.[1201] Mit diesen Erwägungen erweitert und konkretisiert der X. Senat die Anforderungen zur Annahme einer Masseverbindlichkeit: Soweit nach der bisherigen

---

1197 BFH vom 07.07.2020, X R 13/19, BFHE 270, 24 (34).

1198 BFH vom 07.07.2020, X R 13/19, BFHE 270, 24 (34).

1199 Der Streitfall weist folgende Besonderheit auf: Weil das veräußerte Grundstück mit einem Absonderungsrecht belastet ist, wird der Erlös vorrangig an die absonderungsberechtigten Dritten ausgekehrt, § 49 InsO. Übersteigt der erzielte Erlös die Sicherheit, gelangt der Restbetrag in die Insolvenzmasse. Der X. Senat stellt darauf aufbauend eine Kontrollüberlegung an: Würde man für die Einkommensteuerforderung aus der Veräußerung des Grundstücks keine Masseverbindlichkeit annehmen, wäre die Insolvenzmasse in Höhe des zufließenden Teils bereichert; sie müsste haftungsrechtlich dafür allerdings nicht einstehen. Es käme zu der ungewollten Konsequenz eines Auseinanderfallens zwischen der Massezugehörigkeit des verwerteten Vermögensgegenstandes und der damit einhergehenden Steuerbelastung. Haftungsrechtlich wäre nämlich allein der Insolvenzschuldner belastet, weil die Einkommensteuer als Forderung gegen das insolvenzfreie Vermögen qualifiziert werden und von ihm persönlich zu entrichten wäre. Dieser Umstand sei – so der X. Senat – mit Gerechtigkeitsvorstellungen nicht vereinbar. BFH vom 07.07.2020, X R 13/19, BFHE 270, 24 (35).

1200 BFH vom 07.07.2020, X R 13/19, BFHE 270, 24 (33).

1201 So das FG Rheinland-Pfalz vom 14.03.2019, 4 K 1005/18, EFG 2019, 1114 (1115) mit Verweis auf die Rechtsprechung des BGH vom 21.04.2005, IX ZR 281/03, BGHZ 163, 32 (36) „Ein rechtlich schutzwürdiges Bedürfnis, dem (Insolvenz-) Verwalter die Möglichkeit der Freigabe einzuräumen, besteht regelmäßig dort, wo zur Masse Gegenstände gehören, die wertlos sind oder Kosten verursachen, welche den zu erwartenden Veräußerungserlös möglicherweise übersteigen. Dies hat insbesondere bei wertausschöpfend belasteten oder erheblich kontaminierten Grundstücken große praktische Bedeutung."

Rechtsprechung aus den Jahren 1978 und 1984 nur thematisiert wurde, ob eine generelle Beteiligung des Verwalters erforderlich ist, stellt der X. Senat mit der Entscheidung vom 07.07.2020[1202] zusätzliche Voraussetzungen auf. Demnach liegen Masseverbindlichkeiten bei der Veräußerung durch absonderungsberechtigte Dritte dann vor, wenn erstens der Veräußerungsgegenstand gemäß § 35 InsO dem Insolvenzbeschlag unterfällt, zweitens der Insolvenzverwalter von dem Veräußerungsgegenstand Kenntnis hat und drittens dem Insolvenzverwalter ausreichend Zeit zustand, eine Freigabe zu prüfen. Keine Voraussetzung für die Annahme einer Masseverbindlichkeit ist eine unmittelbare Veräußerung des Insolvenzverwalters selbst; sofern Dritte die Veräußerung vornehmen, ist dies vom Tatbestand des § 55 Abs. 1 Nr. 1, 2. Var. InsO umfasst.

Soweit der V. Senat die hiesige Fallgestaltung mit Blick auf die Umsatzsteuer zu untersuchen hatte, liegt er auf einer Linie mit der Rechtsprechung des X. Senats. Denn nach ständiger Rechtsprechung verlangt der V. Senat für eine Verwaltungsmaßnahme gemäß Nach § 55 Abs. 1 Nr. 1, 2. Var. InsO keine aktive Beteiligung des Insolvenzverwalters.[1203] So ist beispielsweise ein Vorsteuerberichtigungsanspruch des Finanzamtes nach § 15a UStG, der dadurch entsteht, dass ein absonderungsberechtigter Grundschuldgläubiger ein zur Insolvenzmasse gehörendes Grundstück zwangsversteigern lässt, den Masseverbindlichkeiten zuzurechnen.[1204]

Im Ergebnis bleibt festzuhalten, dass die Rechtsprechung im Fall der Veräußerung eines Grundstücks durch absonderungsberechtigte Dritte für eine Verwaltungsmaßnahme im Sinne des § 55 Abs. 1 Nr. 1, 2. Var. InsO keine aktive Beteiligung des Verwalters erfordert. Die Rechtsprechung des VIII. Senats aus dem Jahr 1978 ist damit als überholt anzusehen. Als Anknüpfungspunkt für die Masseverbindlichkeit ist vielmehr der Umstand zu beachten, dass der Vermögensgegenstand bis zur Verwertung mit Willen des Insolvenzverwalters ein Teil der Insolvenzmasse gewesen ist und der Insolvenzverwalter die Möglichkeit hatte, eine Freigabe zu prüfen.[1205] Maßgebliche Wertungsmomente für die Annahme einer Masseverbindlichkeit sind die Massezugehörigkeit und die fehlende Freigabe durch den

---

[1202] BFH vom 07.07.2020, X R 13/19, BFHE 270, 24.

[1203] BFH vom 24.06.1992, V R 130/89, BFH/NV 1993 (1993); BFH vom 16.08.2001, V R 59/99, ZIP 2002, 230, (231); BFH vom 07.04.2005, V R 5/04, BStBl. II 2005, 848 (848 f.); BFH vom 15.02.2008, XI B 179/07, BFH/NV 2008, 819 (820).

[1204] Im Streitfall Massekosten gemäß § 58 Abs. 2 KO. BFH vom 06.06.1991, V R 115/87, BStBl. II 1991, 817 (817).

[1205] BFH vom 07.07.2020, X R 13/19, BFHE 270, 24 (33).

Insolvenzverwalter.[1206] Die von Dritten durchgeführte Verwaltungsmaßnahme muss sich lediglich auf ein gemäß § 35 InsO zur Insolvenzmasse gehöhrendes Wirtschaftsgut beziehen; von wem die Veräußerung durchgeführt wird, ist unerheblich.

3. Die Einkommensteuer im Zusammenhang mit Erträgen aus der Beteiligung an einer Personengesellschaft

Wie bereits im Rahmen der Darstellung zur Auslegung der insolvenzrechtlichen Begründetheit zu sehen war, hat sich die Rechtsprechung vermehrt mit der Frage auseinandergesetzt, wie die Einkommensteuer im Zusammenhang mit Erträgen aus der Beteiligung an einer Personalgesellschaft insolvenzrechtlich einzuordnen ist. Infolge der Maßgeblichkeit der vollständigen Verwirklichung des steuerrechtlichen Tatbestandes (Realisations- oder Zuflussprinzip) gelangt die Rechtsprechung vermehrt zur Annahme einer Masseverbindlichkeit. Ungeklärt blieb in der bisherigen Untersuchung, unter welchen Besonderheiten und Annahmen der Tatbestand des § 55 Abs. 1 Nr. 1 InsO verwirklicht ist. Diesem Untersuchungsgegenstand und insbesondere der Frage nach einer unter Umständen notwendigen Beteiligung des Insolvenzverwalters bei Erträgen aus der Beteiligung an einer Personengesellschaft ist im Folgenden nachzugehen.

Grundlage und Ausgangspunkt bildet das Urteil des X. Senats vom 18.05.2010[1207]. Im Streitfall ordnet der X. Senat eine Einkommensteuerforderung, die auf der Auflösung einer Rückstellung auf Ebene der Gesellschaft beruht, mit Blick auf die Insolvenz des Gesellschafters den Masseverbindlichkeiten zu.[1208] Mit § 55 Abs. 1 Nr. 1, 2. Var. InsO sehe das Gesetz ausdrücklich vor, dass eine Masseverbindlichkeit ohne Handlung und Beteiligung des Insolvenzverwalters ergehen kann. Maßgeblich für die Annahme einer Masseverbindlichkeit sei allein der Umstand, dass die Beteiligung der Personengesellschaft in die Insolvenzmasse gefallen und die Masse aufgrund dessen zur Teilhabe an deren Ergebnissen berechtigt ist.[1209] Nach Ansicht des X. Senats genügt es, dass die Beteiligung zur Zeit der Verfahrenseröffnung zum Vermögen des Schuldners gehört (§ 35

[1206] BFH vom 07.07.2020, X R 13/19, BFHE 270, 24 (33).

[1207] BFH vom 18.05.2010, X R 60/08, BStBl. II 2011, 429.

[1208] Eine Insolvenzforderung ist nach Ansicht des X. Senats nicht anzunehmen, weil die Rückstellung nach Verfahrenseröffnung gewinnrealisierend aufgelöst wurde. Auf den Zeitpunkt der Bildung der Rückstellung sei im Rahmen von § 38 InsO nicht abzustellen. BFH vom 18.05.2010, X R 60/08, BStBl. II 2011, 429 (432).

[1209] BFH vom 18.05.2010, X R 60/08, BStBl. II 2011, 429 (432).

Abs. 1, 1. Var. InsO) und die Masse fortan auf Grundlage der Beteiligung Erträge zugewiesen werden. Der Insolvenzverwalter ist an diesem rein kraft Gesetzes entstehenden Vorgang nur dahingehend beteiligt, dass er die Gesellschaftsanteile hält und nicht freigibt.

Diese der Entscheidung vom 18.05.2010[1210] zugrundeliegende Fallkonstellation ist als Grundfall zu bezeichnen. Fortan präzisiert und entwickelt der X. Senat die aufgestellten Annahmen zur Auslösung einer Masseverbindlichkeit auf zum Teil leicht abgewandelte Fallgestaltungen fort.[1211] Einzugehen ist auf zwei weitere Abwandlungen.[1212] Im Einzelnen:

Fortentwickelt hat der X. Senat seine Rechtsauffassung mit der Entscheidung vom 03.08.2016[1213]. Interessant an dem Urteil ist, dass der insolvente Gesellschafter mit Eröffnung des Insolvenzverfahrens kraft des Gesellschaftsvertrages[1214] aus der Personengesellschaft ausscheidet. Anders als im Grundfall erfolgt die Zuweisung eines Gewinnanteils der Personengesellschaft daher nicht aufgrund einer bestehenden Beteiligung, sondern auf Basis eines Auseinandersetzungshabens. Diese

---

1210 BFH vom 18.05.2010, X R 60/08, BStBl. II 2011, 429.

1211 In dem Beschwerdeverfahren des BFH vom 18.12.2014, X B 89/14, BFH/NV 2015, 470 (471) hat der Senat entschieden, dass die Einkünfte aus der Beteiligung des Insolvenzschuldners an Personengesellschaften, die steuerrechtlich in vollem Umfang nach der Eröffnung des Insolvenzverfahrens entstanden sind, der Masse zuzurechnen sind. Er ließ jedoch offen, welche Alternative des § 55 I Nr. 1 InsO verwirklicht ist. Eine tiefergehende Begründung zur aktiven Beteiligung des Insolvenzverwalters erfolgt nicht.

1212 Zur Vermeidung von Wiederholungen sei an dieser Stelle auf die Entscheidung des BFH vom 01.06.2016, X R 26/14, BStBl. II 2016, 848 nur hinzuweisen. Auf sie ist weiter unten (F., VI.) gesondert einzugehen. Zwar betrifft diese Entscheidung ebenfalls die Thematik, inwieweit eine Masseverbindlichkeit für Erträge aus der Beteiligung anzunehmen ist. Hinsichtlich der hier im Zusammenhang zu untersuchenden Frage, ob eine aktive Beteiligung des Insolvenzverwalters für § 55 I Nr. 1, 2. Alt. InsO erforderlich ist, bietet diese Entscheidung jedoch keine gegenüber der Entscheidung des BFH vom 18.05.2010, X R 60/08, BStBl. II 2011, 429 neuen Erkenntnisse. So kommt es nämlich gleichsam nach Insolvenzeröffnung zu Zahlungen an die Masse aufgrund eines in die Insolvenzmasse gefallenden Gesellschaftsanteils. Abseits der hier zu untersuchenden Frage, ob eine Beteiligung des Verwalters erforderlich ist, trifft der BFH aber interessante Erwägungen zur Auslegung des insolvenzrechtlichen Vermögensbegriff (§ 35 InsO). Hinsichtlich dieses Untersuchungsgegenstand erfolgt unter Gliederungspunkt F., VI eine tiefergehende Auseinandersetzung mit der Entscheidung des BFH vom 01.06.2016, X R 26/14, BStBl. II 2016, 848.

1213 BFH vom 03.08.2016, X R 25/14, BFH/NV 2017, 317.

1214 Im Streitfall entspricht der Gesellschaftsvertrag den Regelungen der §§ 131 III 1 Nr. 2, 161 II HGB.

Auseinandersetzungsguthaben trete an die Stelle der Beteiligung.[1215] Erst mit der Insolvenzeröffnung – nicht vorher – werde die Beteiligung aufgegeben.[1216] Kommt es infolge des Ausscheidens zu einem Veräußerungsgewinn, werde der dem Gewinn zugrundeliegende Tatbestand des § 2 Abs. 1 EStG in Verbindung mit §§ 15 Abs. 1 S. 1 Nr. 2, 16 Abs. 1 EStG, in einer logischen Sekunde nach der Insolvenzeröffnung vollständig verwirklicht.[1217] Aufgrund dieser Annahme scheidet nach Sicht des X. Senats eine Qualifizierung der Einkommensteuerforderung als Insolvenzforderung aus. Maßstab für die Begründetheit gemäß § 38 InsO sei nämlich die vollständige Verwirklichung des steuerrechtlichen Tatbestandes.[1218] Auf die Bildung des Auseinandersetzungsguthabens und der Anwartschaft auf baldige Auszahlung vor Verfahrenseröffnung soll es nach dem X. Senat nicht ankommen. Für die Frage, ob dann jedoch die Voraussetzungen des Tatbestandes § 55 Abs. 1 Nr. 1, 2. Var. InsO vorliegen, knüpft der X. Senat an seine Ausführungen aus der Entscheidung vom 18.05.2010[1219] an. Nunmehr unter Bildung eines abstrakten Obersatz stellt der X. Senats folgendes fest: Steuerforderungen können nach § 55 Abs. 1 Nr. 1, 2. Var. InsO in anderer Weise durch die Verwaltung der Insolvenzmasse begründet werden. „*Eine Rechtshandlung des Insolvenzverwalters ist insoweit – anders als nach § 55 Abs. 1 Nr. 1 Halbsatz 1 InsO – nicht nötig. Vielmehr kann in dieser Alternative eine Einkommensteuerschuld als Masseverbindlichkeit durch eine Verwaltungsmaßnahme des Insolvenzverwalter oder kraft Gesetzes entstehen.*“[1220] Unter Maßgabe dieser abstrakten Auslegung der Verwaltungsmaßnahme im Sinne des § 55 Abs. 1 Nr. 1, 2. Var. InsO führt der X. Senat nicht näher aus, ob der Veräußerungsgewinn auf einer Handlung des Insolvenzverwalters beruht. Er lässt diese Frage gänzlich offen. Letztlich merkt der X. Senat nur an, dass es für die Begründung einer Masseverbindlichkeit ohne Belang sei, ob der Insolvenzverwalter selbst den Erlös zur Masse ziehen konnte. Für die Annahme einer Masseverbindlichkeit sei allein entscheidend, dass die Entstehung der Steuerverbindlichkeit ihre Ursache in einem zur Insolvenzmasse gehörenden Gegenstand habe. Im Ergebnis stellt der X. Senat für das Auslösen der Masseverbindlichkeit allein auf die zeitliche Entstehung des Auseinandersetzungsguthabens eine logische Sekunde nach Insolvenzeröffnung ab.[1221] Dies entspricht den

[1215] BFH vom 03.08.2016, X R 25/14, BFH/NV 2017, 317 (319).
[1216] BFH vom 03.08.2016, X R 25/14, BFH/NV 2017, 317 (319).
[1217] BFH vom 03.08.2016, X R 25/14, BFH/NV 2017, 317 (319).
[1218] BFH vom 03.08.2016, X R 25/14, BFH/NV 2017, 317 (319).
[1219] BFH vom 18.05.2010, X R 60/08, BStBl. II 2011, 429.
[1220] BFH vom 03.08.2016, X R 25/14, BFH/NV 2017, 317 (319).
[1221] *A. Schmidt*, NZI 2017, 218 (221).

Anforderungen aus dem Obersatz, dass die Masseverbindlichkeit nach § 55 Abs. 1 Nr. 1, 2. Var. InsO kraft Gesetzes entstehen kann. Denn das Auseinandersetzungsguthaben und die dadurch ausgelöste Steuer entstehen automatisch aufgrund der Regelungen des Gesellschaftsvertrags sowie der Insolvenzeröffnung ohne Beteiligung des Verwalters.[1222]

Letztlich ordnet der X. Senat in der Entscheidung vom 10.07.2019[1223] einen Gewinn aus der Gesellschafterinsolvenz einer insolvenzrechtlichen Befriedigungsrangfolge zu. In Abweichung zum Grundfall ist der Insolvenzschuldner im Streitfall nicht unmittelbar an einer Personengesellschaft beteiligt. Den Gesellschaftsanteil hält der Schuldner nicht selbst, sondern Dritte treuhänderisch. Diese sind aus dem Treuhandverhältnis dem Insolvenzschuldner gegenüber verpflichtet, nach Weisung zu handeln und alles Erlangte aus der Beteiligung herauszugeben. In die Insolvenzmasse fällt daher nur der Anspruch auf Herausgabe des Erlangten gegen die Treuhänder. Aufgrund dieser zivilrechtlichen Gestaltung sind die Einkünfte der Personengesellschaft – unter einer wirtschaftlichen Betrachtungsweise – dem Insolvenzschuldner steuerrechtlich zuzurechnen. Aus der treuhänderischen Beteiligung erzielt er als Mitunternehmer Einkünfte aus Gewerbebetrieb nach Insolvenzeröffnung. Die darauf entfallende Einkommensteuerforderung qualifiziert der X. Senat als Masseverbindlichkeit gemäß § 55 Abs. 1 Nr. 1, 2. Var. InsO. Wie in der Entscheidung vom 03.08.2016[1224] stellt der X. Senat nicht auf eine Mitwirkung des Insolvenzverwalters ab. Maßgeblicher Anknüpfungspunkt für die Annahme einer Masseverbindlichkeit gemäß § 55 Abs. 1 Nr. 1, 2. Var. InsO sei allein das Halten der Rechte aus dem Treuhandvertrag.[1225] Der X. Senat stützt die Qualifikation als Masseverbindlichkeit ferner mit einer Billigkeitserwägung: Es wäre nicht sachgerecht die Steuerforderung als Forderung gegen das insolvenzfreie Vermögen zu qualifizieren[1226] und dem Insolvenzschuldner insoweit eine Steuerlast aufzuerlegen, für die bei ihm kein Zufluss zu verzeichnen sei.[1227] Maßgeblich für die Einordnung der Steuerforderung sei der Gleichklang zwischen der Massezugehörigkeit der treuhänderischen Beteiligung der Personengesellschaft und der damit einhergehenden Steuerbelastung der

[1222] *A. Schmidt*, NZI 2017, 218 (221).

[1223] BFH vom 10.07.2019, X R 31/16, BFHE 265, 300.

[1224] BFH vom 03.08.2016, X R 25/14, BFH/NV 2017, 317.

[1225] *Onusseit*, ZInsO 2021, 894 (903).

[1226] Im Streitfall schied die Annahme einer Insolvenzforderung aus, weil der Besteuerungstatbestand des § 15 I 1 Nr. 2, II EStG nach Insolvenzeröffnung verwirklicht worden ist.

[1227] BFH vom 10.07.2019, X R 31/16, BFHE 265, 300 (311).

Masse.[1228] Über die Billigkeitserwägung hinaus nimmt der X. Senat eine Masseverbindlichkeit gemäß § 55 Abs. 1 Nr. 1, 2. Var. InsO auch deswegen an, weil der Insolvenzverwalter trotz Kenntnis von der Zugehörigkeit der treuhänderischen Beteiligung zur Masse keine Freigabe erklärt habe.[1229] Der Insolvenzverwalter hätte zur Vermeidung einer Massebelastung die treuhänderische Beteiligung durch Erklärung gegenüber dem Insolvenzschuldner ab Kenntniserlangung jederzeit freigeben können.[1230]

Zusammengefasst genügt es mit – Blick auf die Rechtsprechung des X. Senats – für die Annahme einer Masseverbindlichkeit gemäß § 55 Abs. 1 Nr. 1, 2. Var. InsO, dass diese kraft Gesetzes entsteht. Eine aktive Maßnahme des Insolvenzverwalters sei nicht erforderlich. Im Fall der Besteuerung eines insolventen Mitunternehmers erfüllt das Halten der Beteiligung an der Personengesellschaft, die entsprechende Zugehörigkeit der Beteiligung zur Insolvenzmasse sowie die Kenntnis von der Beteiligung samt Möglichkeit zur Freigabe das Tatbestandsmerkmal einer Verwaltungsmaßnahme.

4. Die Masseverbindlichkeit auf den Neuerwerb des Insolvenzschuldners

a) Rechtliche Grundlagen der Fallgestaltung

Eine weitere näher zu betrachtende Fallkonstellation ist diejenige, in welcher der Insolvenzschuldner nach Insolvenzeröffnung einer bereits bestehenden oder neugegründeten Tätigkeit nachgeht. Dabei kann es sich beispielsweise um eine gewerbliche, selbstständige oder nichtselbstständige Betätigung handeln. Denkbar ist, dass ein Insolvenzschuldner nach Verfahrenseröffnung seinen Betrieb fortführt und insbesondere steuerlich relevante Einnahmen erwirtschaftet. Fraglich ist, unter welchen Voraussetzungen eine Steuerforderung als Masseverbindlichkeit einzuordnen ist, wenn der Insolvenzverwalter an der eigenverantwortlichen Betätigung des Insolvenzschuldners nicht beteiligt ist. Bevor jedoch dieser Frage nachzugehen ist, sind die rechtlichen Grundlagen des Neuerwerbs darzustellen.

Der Neuerwerb des Insolvenzschuldners erfuhr mit der Regelung des § 35 InsO eine neue gesetzliche Einordnung. Im Gegensatz zur Konkursordnung umfasst die Insolvenzmasse nunmehr das gesamte Vermögen, das dem Schuldner zur Zeit der Verfahrenseröffnung gehört und das er während des Verfahrens erlangt. Demgegenüber gehörte nach § 1 Abs. 1 KO

[1228] BFH vom 10.07.2019, X R 31/16, BFHE 265, 300 (311).
[1229] BFH vom 10.07.2019, X R 31/16, BFHE 265, 300 (312).
[1230] BFH vom 10.07.2019, X R 31/16, BFHE 265, 300 (312).

lediglich das zum Zeitpunkt der Konkurseröffnung vorhandene Vermögen des Insolvenzschuldners zur Insolvenzmasse. Der Neuerwerb des Schuldners war unter Geltung der Konkursordnung insolvenzfrei.[1231] Die Erweiterung des Insolvenzbeschlags um den Neuerwerb gemäß § 35 Abs. 1 2. Var. InsO hat zur Folge, dass beispielsweise Lohnansprüche oder sonstige Einkünfte des Insolvenzschuldners in die Insolvenzmasse fallen. Die wirtschaftliche Betätigung des Insolvenzschuldners während des Verfahrens kommt damit den Insolvenzgläubigern als Haftungsvermögen zugute.[1232] Etwas anderes gilt nur dann, wenn der Insolvenzverwalter die wirtschaftliche Betätigung des Insolvenzschuldners freigibt und somit den Neuerwerb wieder aus dem Insolvenzschlag gemäß § 35 Abs. 2 und 3 InsO[1233] entlässt. In diesem Fall ist der Neuerwerb insolvenzfrei. Hinsichtlich dieser Freigabe legen die § 35 Abs. 2 und 3 InsO dem Insolvenzverwalter eine Erklärungspflicht auf: Vor dem Hintergrund, dass einerseits die Insolvenzmasse vor den finanziellen Folgen einer verlustbringenden selbständigen Tätigkeit des Schuldners geschützt und andererseits dem Schuldner die Möglichkeit einer solchen Tätigkeit außerhalb des Insolvenzverfahrens eröffnet werden soll, obliegt dem Insolvenzverwalter eine Pflicht zum Tätigwerden.[1234] Er verletzt eine ihm obliegenden Amtspflicht, wenn er keine Erklärung abgibt, obwohl er von einer selbständigen Tätigkeit Kenntnis hat.[1235]

Soweit § 35 InsO die Insolvenzmasse und den Neuerwerb definiert, ist dieser Vorschrift allerdings nicht zu entnehmen, wie die aus dem Neuerwerb resultierenden Verbindlichkeiten insolvenzrechtlich zu behandeln sind. Wenn beispielsweise der Insolvenzschuldner nach Verfahrenseröffnung sein Gewerbe fortführt und Verträge abschließt, folgt aus § 35 InsO nur, dass daraus vereinnahmte Gegenleistungen der Masse zustehen. Das insolvenzrechtliche Schicksal der Forderung des Vertragspartners richtet sich demgegenüber nach den §§ 38, 55 InsO. Eine Insolvenzforderung gemäß § 38 InsO scheidet aus, weil die Forderung nach Verfahrenseröffnung begründet ist. In Betracht kommt nur eine Masseverbindlichkeit. Diese ist aber nur anzunehmen, wenn die Voraussetzungen des § 55 InsO vorliegen; andernfalls richtet sich die Forderung des Vertragspartners gegen den Schuldner persönlich als Forderung gegen das insolvenzfreie Vermögen.

[1231] Vgl. *Peters*, in MünchKomm, InsO, § 35, Rn. 43.
[1232] *Peters*, in MünchKomm, InsO, § 35, Rn. 43.
[1233] Eingeführt durch das Gesetz zur Vereinfachung des Insolvenzverfahrens, 17.04.2007, BGBl. I S. 509.
[1234] BT-Drucks. XVI/3227, S. 11, 17; *Peters*, in MünchKomm, InsO, § 35, Rn. 49.
[1235] BFH vom 06.06.2019, V R 51/17, BFHE 265, 294 (297); BFH vom 18.12.2019, XI R 10/19, BStBl. II 2020, 480 (481).

Aus der Zugehörigkeit einer Forderung zur Masse folgt nicht automatisch, dass die mit dieser Forderung zusammenhängenden Verbindlichkeiten stets als Masseverbindlichkeiten zu qualifizieren sind.[1236]

Für die insolvenzrechtliche Qualifizierung von Verbindlichkeiten aus dem Neuerwerb richtet sich fortan der Blick auf den Tatbestand des § 55 Abs. 1 Nr. 1 InsO; und dabei auf dessen zweite Tatbestandsvariante. Masseverbindlichkeiten können im Rahmen des Neuerwerbs nur in anderer Weise durch die Verwaltung, Verwertung und Verteilung der Insolvenzmasse begründet werden. Soweit nämlich der Insolvenzschuldner eigenverantwortlich während des Insolvenzverfahrens einer wirtschaftliche Tätigkeit nachgeht, ist der Insolvenzverwalter an dieser Betätigung nicht unmittelbar beteiligt. Die aus dem Neuerwerb resultierenden Verbindlichkeiten gehen maßgeblich auf den Schuldner selbst zurück. Wenn also der Insolvenzverwalter an der aus dem Neuerwerb resultierenden Verbindlichkeit nicht beteiligt ist und die Forderung allein auf ein nachinsolvenzliches Handeln des Insolvenzschuldners zurückzuführen ist, stellt sich die Frage, ob unter diesen Voraussetzungen – wie vom Tatbestand des § 55 Abs. 1 Nr. 1, 2. Var. InsO gefordert – eine Verwaltungsmaßnahme vorliegt. Die bloße Betätigung des Schuldners selbst stellt nämlich keine Verwaltungsmaßnahme dar, weil er diese nur im eigenen Interesse vollzieht. Interessant ist daher die Frage, unter welchen weiteren Voraussetzungen und Annahmen in den Fällen des Neuerwerbs eine Verwaltungsmaßnahme vorliegt und inwieweit der Insolvenzverwalter beteiligt sein muss. Fortan ist zu daher untersuchen, inwieweit ein Zurechnungszusammenhang zwischen der Verwaltungsmaßnahme und einer Beteiligung des Insolvenzverwalters ausgestaltet sein muss, um am Beispiel einer Steuerforderung eine Masseverbindlichkeit zu begründen.

b) Die Anforderungen an eine Verwaltungsmaßnahme beim Neuerwerb

Seit der Neuordnung des Neuerwerbs bekam der Bundesfinanzhof vermehrt Gelegenheit, den Zurechnungszusammenhang zwischen einer Steuerforderung und einer Verwaltungsmaßnahme im Sinne des § 55 Abs. 1 Nr. 1, 2. Var. InsO näher zu konkretisieren. Im Einzelnen differenziert die Rechtsprechung zwischen einem aktiven Tun und einem Unterlassen des Insolvenzverwalters. Es bedarf aber in jedem Fall einer gewissen Mindestbeteiligung des Insolvenzverwalters: Die Entstehung der Steuerschuld müsse auf eine Verwaltungsmaßnahme des Insolvenzverwalters in Bezug

[1236] BFH vom 24.02.2011, VI R 21/10, BStBl. II 2011, 520 (521).

auf die Insolvenzmasse zurückzuführen sein.[1237] Ohne Wissen und Billigung des Insolvenzverwalters entstehe keine Masseverbindlichkeit gemäß § 55 Abs. 1 Nr. 1, 2. Var. InsO in anderer Weise.[1238] Es entstehe keine Masseverbindlichkeit bei Unkenntnis des Insolvenzverwalters vom Handeln des Schuldners.[1239] Damit versteht der Bundesfinanzhof für den Fall des Neuerwerbs die Verwaltungsmaßnahme so, dass der Insolvenzverwalter an den aus den Neuerwerb entstehenden Verbindlichkeiten kausal beteiligt sein muss. Es bedarf eines massebezogenem Verwaltungshandeln durch den Insolvenzverwalter.[1240] Ein einfaches Entstehen der Steuer kraft Gesetzes genügt – wie bei den vorangestellten Fallgruppen der Grundstücksveräußerung und der Besteuerung bei Personengesellschaften – nicht; es werden vielmehr weitere und ergänzende Voraussetzungen an eine Verwaltungsmaßnahme gestellt.

Beispielsweise lehnt die Rechtsprechung in der Entscheidung vom 18.05.2010[1241] die Qualifikation einer Einkommensteuerforderung als Masseverbindlichkeit gemäß § 55 Abs. 1 Nr. 1, 2. Var. InsO ab und ordnet sie als Forderung gegen das insolvenzfreie Vermögen ein. Im zugrundeliegenden Fall hat der Insolvenzschuldner nämlich eigenmächtig und ohne Kenntnis des Verwalters nach Insolvenzeröffnung Vermögensverschiebungen vorgenommen. Der Schuldner hat Gegenstände, die zur Masse gehörten, an Dritte veräußert und beiseitegeschafft. Die Erträge aus den Geschäften hat der Schuldner nicht an den Insolvenzverwalter herausgegeben. Im Streitfall fehlte es im Ergebnis an einer hinreichenden Beteiligung des Verwalters, weil er keine Kenntnis von den eigenmächtigen Geschäften des Schuldners hatte.

Um demgegenüber eine Masseverbindlichkeit zu begründen, bedarf es nach der Rechtsprechung eine aktive Beteiligung oder ein pflichtwidriges Unterlassen des Insolvenzverwalters. Beide Konstellationen hat die Rechtsprechung mit Blick auf die gesetzlichen Anforderungen des § 55 Abs. 1 Nr. 1, 2. Var. InsO näher konkretisiert. Hinsichtlich einer aktiven

---

[1237] BFH vom 21.07.2009, VII R 49/08, BStBl. II 2010, 13 (14 f.); BFH vom 24.02.2011, VI R 21/10, BStBl. II 2011, 520 (521); BFH vom 27.07.2011, VI R 9/11, ZIP 2011, 2118 (2118); BFH vom 16.04.2015, III R 21/11, BStBl. II 2016, 29 (30); BFH vom 16.07.2015, III R 32/13, BStBl. II 2016, 251 (254).

[1238] BFH vom 18.05.2010, X R 11/09, ZIP 2010, 2014 (2015); BFH vom 16.04.2015, III R 21/11, BStBl. II 2016, 29 (30). Für die Umsatzsteuer BFH vom 06.06.2019, V R 51/17, BFHE 265, 294 (297)

[1239] BFH vom 06.06.2019, V R 51/17, BFHE 265, 294 (297).

[1240] BFH vom 16.04.2015, III R 21/11, BStBl. II 2016, 29 (30).

[1241] BFH vom 18.05.2010, X R 11/09, ZInsO 2010, 1556.

Beteiligung des Insolvenzverwalters nimmt die Rechtsprechung eine Masseverbindlichkeit an, wenn dieser die selbständige Tätigkeit des Insolvenzschuldners im Interesse der Masse erlaubt, die Betriebseinnahmen zur Masse zieht und die Fortführung der Tätigkeit ermöglicht.[1242] Insbesondere ermöglicht der Insolvenzverwalter nach der Rechtsprechung des Bundesfinanzhofes eine Tätigkeit des Schuldners, wenn der Insolvenzverwalter zur Masse gehörende Mittel einsetzt, um Verbindlichkeiten des Schuldners zu begleichen.[1243] Für den Fall eines Unterlassens, also dafür, dass der Insolvenzverwalter im Zusammenhang mit dem Neuerwerb nicht tätig geworden ist, formuliert der Bundesfinanzhof folgende Grundsätze: Die bloße Duldung einer Tätigkeit erfülle nicht das Tatbestandsmerkmal des Verwaltens der Insolvenzmasse im Sinne des § 55 Abs. 1 Nr. 1, 2. Var. InsO.[1244] Ein Unterlassen stelle nur dann eine Verwaltungsmaßnahme gemäß § 55 Abs. 1 Nr. 1, 2. Var. InsO dar, wenn der Insolvenzverwalter eine Amtspflicht zum Tätigwerden verletzt.[1245] Eine solche Amtspflicht ergebe sich aus § 35 Abs. 2 und 3 InsO.[1246] So ist der Verwalter nach § 35 Abs. 2 und 3 InsO verpflichtet entweder die Zugehörigkeit zur Masse (sog. Positiverklärung) oder die Freigabe (sog. Negativerklärung) zu erklären.[1247] Hält der Insolvenzverwalter den Neuerwerb für ertragreich, wird er sich für die Zugehörigkeit des hieraus erlangten Vermögens zur Masse entscheiden und im Zuge einer ordnungsgemäßen Verwaltung erklären, dass Ansprüche gegen den Schuldner aus selbständiger Tätigkeit im Insolvenzverfahren geltend zu machen sind.[1248] Entscheidet sich der Verwalter jedoch gegen eine Massezugehörigkeit des Vermögenserwerbs aus dem

---

1242 BFH vom 16.04.2015, III R 21/11, BStBl. II 2016, 29 (31); BFH vom 16.07.2015, III R 32/13, BStBl. II 2016, 251 (254 f.).

1243 BFH vom 16.04.2015, III R 21/11, BStBl. II 2016, 29 (31); BFH vom 16.07.2015, III R 32/13, BStBl. II 2016, 251 (254 f.).

1244 BFH vom 21.07.2009, VII R 49/08, BStBl. II 2010, 13 (14 f.); BFH vom 16.04.2015, III R 21/11, BStBl. II 2016, 29 (31).

1245 Grundlegend BFH vom 18.05.2010, X R 11/09, ZIP 2010, 2014 (2015); BFH vom 24.02.2011, VI R 21/10, BStBl. II 2011, 520 (521); BFH vom 27.07.2011, VI R 9/11, ZIP 2011, 2118 (2118); BFH vom 18.09.2012, VIII R 47/09, BFH/NV 2013, 411 (412). Ausdrücklich bestätigend BFH vom 06.06.2019, V R 51/17, BFHE 265, 294 (297); Ähnlich auch der BFH vom 21.07.2009, VII R 49/08, BStBl. II 2010, 13 (14 f.), der diese Frage jedoch offenließ. Da im Streitjahr 2006 der § 35 II, III InsO noch nicht anzuwenden war, erübrigten sich Erwägungen darüber, ob die sich aus § 35 II, III InsO ergebende Erklärungspflicht dazu führt, dass eine schlichte Duldung einer selbstständigen Tätigkeit als ein Verwalten der Insolvenzmasse anzusehen ist.

1246 BFH vom 06.06.2019, V R 51/17, BFHE 265, 294 (298).

1247 *Peters*, in MünchKomm, InsO, § 35, Rn. 50, 56.

1248 BFH vom 06.06.2019, V R 51/17, BFHE 265, 294 (298).

Neuerwerb, verzichtet er hinsichtlich des Neuerwerbs endgültig auf seine Verwaltungs- und Verfügungsbefugnis.[1249] Durch seine ausdrückliche Freigabeerklärung verhindert der Verwalter, dass weitere mit der selbständigen Tätigkeit des Schuldners verbundene Belastungen für die Masse entstehen.[1250] Soweit dem Insolvenzverwalter diese Gestaltungsmöglichkeiten zugewiesen werden, sei er zur Abgabe einer Erklärung verpflichtet, sobald er von der selbständigen Tätigkeit des Schuldners Kenntnis erlangt.[1251] Gibt der Insolvenzverwalter daher trotz Kenntnis keine Erklärung ab, liegt ein pflichtwidriges Unterlassen vor, welches das Tatbestandsmerkmal des Verwaltens der Insolvenzmasse im Sinne des § 55 Abs. 1 Nr. 1, 2. Var. InsO erfüllt.[1252] Besitzt der Verwalter allerdings keine Kenntnis von den Geschäften des Schuldners, bestehe auch keine Erklärungspflicht.[1253] Ein pflichtwidriges Unterlassen des Insolvenzverwalters setzte nämlich Kenntnis oder zumindest Erkennbarkeit voraus.[1254] Es entstehe daher keine Masseverbindlichkeit bei Unkenntnis des Insolvenzverwalters vom Handeln des Schuldners.[1255]

In der Entscheidung vom 16.07.2015[1256] gelangt der Bundesfinanzhof beispielsweise zu einer Masseverbindlichkeit: Im Streitfall war die Insolvenzschuldnerin als Zahnärztin in einer Ärztegemeinschaft nach Verfahrenseröffnung tätig. Die dazugehörige Vereinbarung hat der Insolvenzverwalter mitunterschrieben. Dies umfasste insbesondere das Einverständnis dafür, dass die Ärztegemeinschaft der Insolvenzschuldnerin Betriebsmittel entgeltlich zur Verfügung gestellt hat. Damit hat der Insolvenzverwalter die selbständige Tätigkeit im Interesse der Masse erlaubt und seine Zustimmung erteilt. Ferner hat der Insolvenzverwalter die Einkünfte aus der Tätigkeit als Zahnärztin für die Masse vereinnahmt. Daher war der Insolvenzverwalter hinreichend beteiligt, sodass eine Verwaltungsmaßnahme im Sinne des § 55 Abs. 1 Nr. 1, 2. Var. InsO vorlag.

1249 BFH vom 06.06.2019, V R 51/17, BFHE 265, 294 (298).

1250 *Peters*, in MünchKomm, InsO, § 35, Rn. 50.

1251 BFH vom 06.06.2019, V R 51/17, BFHE 265, 294 (298) mit Verweis auf *Hefermehl*, in MünchKomm, InsO, § 55, Rn. 112.

1252 BFH vom 06.06.2019, V R 51/17, BFHE 265, 294 (298); BFH vom 18.12.2019, XI R 10/19, BStBl. II 2020, 480 (481).

1253 BFH vom 06.06.2019, V R 51/17, BFHE 265, 294 (298); BFH vom 18.12.2019, XI R 10/19, BStBl. II 2020, 480 (481).

1254 BFH vom 06.06.2019, V R 51/17, BFHE 265, 294 (298); BFH vom 18.12.2019, XI R 10/19, BStBl. II 2020, 480 (481).

1255 BFH vom 06.06.2019, V R 51/17, BFHE 265, 294 (298); BFH vom 18.12.2019, XI R 10/19, BStBl. II 2020, 480 (481).

1256 BFH vom 16.07.2015, III R 32/13, BStBl. II 2016, 251.

Im Ergebnis ist für die Annahme einer Masseverbindlichkeit bei der Fallgruppe des Neuerwerbs eine kausale Beteiligung des Insolvenzverwalters erforderlich. Diese kann darin zu sehen sein, dass der Insolvenzverwalter die Betätigung des Schuldners billigt und fördert oder der Verwalter trotz Kenntnis von der Tätigkeit keine Positiv- oder Negativerklärung abgibt.

5. Die Annahme einer Masseverbindlichkeit im Übrigen

Einzugehen ist ferner auf zwei weitere Entscheidungen. Diese lassen sich zwar keiner übergeordneten Fallgruppe zuordnen, enthalten jedoch wegen ihres besonderen Sachverhalts interessante Erkenntnisse hinsichtlich der Begründung einer steuerrechtlichen Masseverbindlichkeit nach § 55 Abs. 1 Nr. 1, 2. Var. InsO. Gemein ist den nachfolgend zu betrachtenden Entscheidungen, dass keine Beteiligung des Insolvenzverwalters erforderlich ist. Es genügt abstrakt ein Bezug der Steuerverbindlichkeit zur Insolvenzmasse.

In der Entscheidung vom 29.08.2007[1257] hatte der Bundesfinanzhof über die insolvenzrechtliche Qualifizierung einer Kraftfahrzeugsteuer zu befinden. Im Streitfall war das Fahrzeug auf den Insolvenzschuldner zugelassen. Dieser veräußerte das Fahrzeug vor Verfahrenseröffnung, meldet es jedoch nicht ab. Auch eine Umschreibung auf einen anderen Halter erfolgte nicht. Nach Ansicht des Bundesfinanzhofes sei der Tatbestand des § 55 Abs. 1 Nr. 1, 2. Var. InsO verwirklicht. Diese Annahme stützt sich auf zwei Begründungselemente: Einerseits sei das Fahrzeug trotz der Veräußerung vor Verfahrenseröffnung mangels einer Veräußerungsanzeige in die Insolvenzmasse gefallen. Dies ergebe sich aus einer unwiderlegbaren Rechtsvermutung dergestalt, dass das Fahrzeug von demjenigen, für den es zugelassen ist, bis zum Eingang der Anzeige über den Eigentumsübergang bei der Zulassungsstelle gehalten werde.[1258] Insoweit ende die Steuerpflicht für den Veräußerer erst in dem Zeitpunkt, in dem die verkehrsrechtlich vorgeschriebene Veräußerungsanzeige bei der Zulassungsstelle eingeht. Soweit damit die Haltereigenschaft sowie die damit einhergehende unterstellte Verwendungsmöglichkeit und Verfügungsgewalt in die Insolvenzmasse gefallen sind, § 35 Abs. 1, 1. Var. InsO, genüge es andererseits, dass die Kraftfahrzeugsteuer allein kraft Gesetzes entstehe. Eine Begründung einer Masseverbindlichkeit nach § 55 Abs. 1 Nr. 1, 2. Var. InsO in anderer Weise durch die Verwaltung erfordere kein Zutun des Insolvenzverwalters.[1259] Unbeachtlich für die Annahme einer Masseverbindlichkeit sei, ob

[1257] BFH vom 29.08.2007, IX R 4/07, BStBl. II 2010, 145.

[1258] BFH vom 29.08.2007, IX R 4/07, BStBl. II 2010, 145 (147).

[1259] BFH vom 29.08.2007, IX R 4/07, BStBl. II 2010, 145 (147).

der Insolvenzverwalter das Fahrzeug nutzen kann oder ob er überhaupt Kenntnis von seiner Existenz hat.[1260] Im Ergebnis kommt es nur darauf an, ob die Steuerforderung selbst einen Bezug zur Insolvenzmasse aufweist und erst nach Eröffnung des Insolvenzverfahrens begründet wurde.[1261] Maßgeblich ist nur der Massebezug kraft der unwiderlegbaren Rechtsvermutung.[1262] Soweit allein auf das Entstehen der Steuer kraft Gesetzes abgestellt wird, kommt es für die Annahme einer Masseverbindlichkeit auf das zeitliche Entstehen der Steuer nach Verfahrenseröffnung an. Es sind keine zusätzlichen Voraussetzungen mehr für die Annahme einer Masseverbindlichkeit erforderlich.

Vergleichbare Grundsätze zeigen sich bei der Qualifizierung der Erbschaftssteuer als Masseverbindlichkeit. In der Entscheidung vom 05.04.2017[1263] hat der Bundesfinanzhof darüber zu entscheiden, wie eine Erbschaftssteuer insolvenzrechtlich zu qualifizieren ist, die auf einem Erbanfall nach Insolvenzeröffnung beruht. Der Insolvenzschuldner ist Alleinerbe und hat das Erbe nach Verfahrenseröffnung angenommen. In erster Instanz hat das Finanzgericht Düsseldorf[1264] die Erbschaftssteuer nicht als Masseverbindlichkeit, sondern als Insolvenzforderung qualifiziert. Eine Masseverbindlichkeit § 55 Abs. 1 Nr. 1, 2. Var. InsO scheide aus, weil die Erbschaftssteuer nicht durch eine Handlung des Verwalters entstanden ist und allein kraft Gesetzes durch Erbanfall gemäß § 1922 BGB, § 1 Abs. 1 Nr. 1, § 3 Abs. 1 Nr. 1, § 9 Abs. 1 Nr. 1 ErbStG begründet wurde.[1265] Die Annahme der Erbschaft sei ebenfalls nicht dem Insolvenzverwalter

---

[1260] So ausdrücklich im Parallelverfahren BFH vom 29.08.2007, IX R 58/06, BStBl. II 2008, 322 (322).

[1261] BFH vom 29.08.2007, IX R 4/07, BStBl. II 2010, 145 (147); BFH, Urteil vom 13.04.2011, II R 49/09, BStBl. II 2011, 944 (945); BFH vom 21.03.2019, III R 30/18, BFHE 264, 106 (108). So auch das BVerwG vom 16.12.2009, 8 C 9/09, ZIP 2010, 487 (487 f.) für die Qualifizierung einer Börsennotierungsgebühr nach § 14 Abs. 1 Nr. 5 BörsG a.F.

[1262] An der Erkenntnis, dass für die Annahme einer Masseverbindlichkeit kein Verwalterhandeln erforderlich sein soll, ändert die Rechtsprechungsänderung des BFH, Urteil vom 13.04.2011, II R 49/09, BStBl. II 2011, 944 sowie dessen Fortsetzung BFH vom 21.03.2019, III R 30/18, BFHE 264, 106 nichts. Denn in den Urteilen wird lediglich die Rechtauffassung aufgegeben, dass die Rechtsposition als Halter eines Kraftfahrzeugs zur Insolvenzmasse gehört. Dies sei nämlich kein Vermögen im insolvenzrechtlichen Sinne. Die Rechtsposition des Halters eines Kraftfahrzeugs sei kein geldwertes Recht oder Gut. In Bezug auf die Auslegung der Verwaltungsmaßnahme wurde die Rechtsprechung nicht angepasst.

[1263] BFH vom 05.04.2017, II R 30/15, BStBl. II 2017, 971.

[1264] FG Düsseldorf vom 18.03.2015, 4 K 3087/14 Erb, EFG 2015, 1020.

[1265] FG Düsseldorf vom 18.03.2015, 4 K 3087/14 Erb, EFG 2015, 1020 (1021).

als Verwaltungsmaßnahme zuzurechnen, weil diese gemäß § 83 Abs. 1 InsO ein höchstpersönliches Recht des Schuldners sei.[1266] Ferner sei der § 55 Abs. 1 InsO nach seinem Sinn und Zweck restriktiv auszulegen: Für den vorliegenden Fall des Erbanfalls kraft Gesetzes gehe es nicht überein, wenn es vorrangiger Zweck der §§ 53, 55 InsO sei, Rechtsgeschäfte zu ermöglichen und Leistungen zur Insolvenzmasse zu ziehen.[1267]

Dieser Auslegung des § 55 Abs. 1 Nr. 1, 2. Var. InsO ist der Bundesfinanzhof in der Revision folgendermaßen entgegengetreten: Eine Verwaltungsmaßnahme setze nicht zwangsläufig eine Beteiligung des Insolvenzverwalters voraus.[1268] Die alleinige Entstehung der Erbschaftsteuer kraft Gesetzes genüge.[1269] Insoweit beruft sich der Bundesfinanzhof auf die Rechtsprechung zur Beteiligung aus einer Personalgesellschaft[1270] und zieht diesbezüglich eine Parallele zur Einordnung der Erbschaftssteuer: Wenn auf der einen Seite die Zugehörigkeit der Beteiligung zur Insolvenzmasse und das Hineinfallen eines Auseinandersetzungsguthabens in die Insolvenzmasse genüge, um eine Masseverbindlichkeit zu begründen, müsse auf der anderen Seite ähnliches für die Erbschaftssteuer gelten.[1271] Denn diese entstehe vergleichbar durch den Erbanfall kraft Gesetzes nach Verfahrenseröffnung. Zudem reiche es aus, wenn der Nachlass gemäß § 35 Abs. 1, 2. Var. InsO in Insolvenzmasse falle.[1272]

Mit diesem Ergebnis schafft der Bundesfinanzhof einen Gleichlauf von den Erträgen aus dem Nachlass und der darauf gerichteten Erbschaftsteuerschuld: Soweit der Insolvenzmasse der Nachlass als Neuerwerb zugutekommt, trägt sie die entsprechende Steuerbelastung.[1273] Sofern der Insolvenzverwalter nach Überprüfung des ererbten Vermögens feststellt, der Erbanfall ist nicht werthaltig und für die Masse nachteilig, kann er die Erbschaft nicht ausschlagen. Wegen der Höchstpersönlichkeit ist nämlich allein der Erbe als Insolvenzschuldner gemäß § 83 Abs. 1 InsO dazu befugt, die Erbschaft auszuschlagen. Der Insolvenzverwalter kann jedoch bei einem überschuldeten Nachlass die Eröffnung eines Nachlassinsolvenzverfahrens beantragen. Dadurch wird – vergleichbar zur Freigabe – das ererbte Vermögen aus der vom Insolvenzverwalter verwalteten

1266 FG Düsseldorf vom 18.03.2015, 4 K 3087/14 Erb, EFG 2015, 1020 (1021).
1267 FG Düsseldorf vom 18.03.2015, 4 K 3087/14 Erb, EFG 2015, 1020 (1021).
1268 BFH vom 05.04.2017, II R 30/15, BStBl. II 2017, 971 (972).
1269 BFH vom 05.04.2017, II R 30/15, BStBl. II 2017, 971 (972).
1270 BFH vom 03.08.2016, X R 25/14, BFH/NV 2017, 317.
1271 BFH vom 05.04.2017, II R 30/15, BStBl. II 2017, 971 (972).
1272 BFH vom 05.04.2017, II R 30/15, BStBl. II 2017, 971 (972).
1273 *Roth*, jurisPR zu BFH vom 05.04.2017, II R 30/15, BStBl. II 2017, 971.

Insolvenzmasse ausgesondert und in einem gesonderten Partikularinsolvenzverfahren nach den §§ 315 ff. InsO abgewickelt.[1274] Im Ergebnis hat der Insolvenzverwalter auch im Fall der kraft Gesetzes entstehenden Erbschaftssteuer eine Möglichkeit zur Einflussnahme, welches als Wertungsmoment für die Annahme einer Masseverbindlichkeit heranzuziehen ist.

6. Zwischenergebnis

Die Frage, ob für den Tatbestand des § 55 Abs. 1 Nr. 1, 2. Var. InsO und das Merkmal der Verwaltungsmaßnahme eine Beteiligung des Verwalters erforderlich ist, beantwortet die Rechtsprechung uneinheitlich. Es sind zwei Lager zu beobachten: Auf der einen Seite ist im Rahmen des Neuerwerbs eine kausale Beteiligung an der Begründung der Masseverbindlichkeit erforderlich. Kern -und insoweit Mindestvoraussetzung ist die Kenntnis des Insolvenzverwalters von der Tätigkeit, aus welcher Steuerforderungen erwachsen. Ohne Wissen und Billigung des Insolvenzverwalters entstehen keine Masseverbindlichkeiten. Besonders deutlich wird dies bei der Tatbestandsmäßigkeit eines Unterlassen: Nur sofern der Insolvenzverwalter von der Tätigkeit Kenntnis hat, besteht eine Amtspflicht zum Tätigwerden, eine Erklärung nach §§ 35 Abs. 2 und 3 InsO abzugeben.

Auf der anderen Seite beruft sich die Rechtsprechung in anderen Fallgestaltungen für das Auslösen einer Masseverbindlichkeit nach § 55 Abs. 1 Nr. 1, 2. Var. InsO darauf, dass eine Masseverbindlichkeit allein kraft Gesetz ohne Beteiligung des Verwalters entsteht. Voraussetzung sei allein, dass der Vermögensgegenstand – auf dem die Steuerforderung zurückzuführen ist – mit dem Willen des Insolvenzverwalters in die Insolvenzmasse gefallen ist; der Gegenstand selbst oder dessen Erzeugnisse müssen der Masse zustehen; die Entstehung der Masseverbindlichkeit muss ihre Ursache in einem zur Insolvenzmasse gehörenden Gegenstand haben. Überdies muss es dem Insolvenzverwalter möglich gewesen sein, den gemäß § 35 Abs. 1 InsO zum Insolvenzbeschlag gehöhrenden Vermögenswert gegenüber dem Insolvenzschuldner freizugeben. Im Gegensatz zum Neuerwerb führt also nicht erst ein Verstoß gegen eine konkrete Rechtspflicht zur Annahme einer Masseverbindlichkeit, sondern bereits die bloße Nichtvornahme einer dem Insolvenzverwalter zustehende Befugnis, die Masse mittels Freigabe vor einer Überbelastung zu schützen.

Soweit mit Blick auf den Grad der Beteiligung eine Differenz in der Rechtsprechung zu beobachten ist, eint sie jedoch, dass in jedem Fall eine gewisse

---

[1274] *Roth*, jurisPR zu BFH vom 05.04.2017, II R 30/15, BStBl. II 2017, 971.

Mindestbeteiligung des Insolvenzverwalters für eine Verwaltungsmaßnahme in anderer Weise gemäß § 55 Abs. 1 Nr. 1, 2. Var. InsO erforderlich ist. Die Rechtsprechung stimmt darin überein, dass jedenfalls ohne jegliche Einflussmöglichkeit des Insolvenzverwalters keine Masseverbindlichkeit entstehen kann. Dritte oder der Schuldner können nicht ohne den Umstand, dass der Insolvenzverwalter zumindest die Möglichkeit hatte, entgegenzuwirken und einzugreifen, eine Masseverbindlichkeit begründen. Wenn nämlich der Insolvenzverwalter die Möglichkeit zur Freigabe hat und diese nicht wahrnimmt, trifft er damit eine gewisse Zuordnungsentscheidung.[1275] Der Verwalter entscheidet sich dazu, den Vermögenswert in der Masse zu belassen und entsprechend für damit im Zusammenhang stehende Verbindlichkeiten einzustehen. Damit trifft er jedenfalls konkludent eine Verwaltungsentscheidung, welche eine Verwaltungsmaßnahme im Sinne des § 55 Abs. 1 Nr. 1, 2. Var. InsO darstellt.[1276]

7. Stellungnahme

a) Die Begründung einer Masseverbindlichkeit in sonstiger Weise gemäß § 55 Abs. 1 Nr. 1, 2. Var. InsO im Zusammenspiel mit § 80 Abs. 1 InsO

Die Fälle der Veräußerung eines Grundstücks durch absonderungsberechtige Dritte, die Gewinnzuweisung aufgrund einer Gesellschaftsbeteiligung und der Neuerwerb des Insolvenzschuldners nach Verfahrenseröffnung eint, dass der Insolvenzverwalter an diesen Vorgängen nicht aktiv beteiligt ist. Dieser Umstand ist für die insolvenzrechtliche Forderungseinordnung der Steuerforderung wie folgt von Bedeutung: Wenn aus der Abgrenzung von §§ 38, 55 InsO hervorgeht, dass Forderungen, die nach Verfahrenseröffnung entstehen, im Allgemeinen den Masseverbindlichkeiten zuzuordnen sind, stellt sich die Frage, ob die Tatbestandsvoraussetzungen des einschlägigen § 55 Abs. 1 Nr. 1 InsO vorliegen. Soweit dessen erste Tatbestandsvariante eine Handlung des Insolvenzverwalters fordert, richtet sich der Fokus auf die zweite Variante und das Erfordernis einer Verwaltungsmaßnahme in sonstiger Weise. Wie der Bundesfinanzhof zutreffend feststellt, sind Wortlaut und Systematik des § 55 Abs. 1 Nr. 1, 2. Var. InsO so ausgestaltet, dass die zweite Tatbestandsvariante „in sonstiger Weise" auf den ersten Blick keine gesonderte Beteiligung des Insolvenzverwalters bedarf.[1277] Dies insbesondere deswegen, weil die erste Tatbestandsvariante

[1275] FG Rheinland-Pfalz vom 14.03.2019, 4 K 1005/18, EFG 2019, 1114 (1115).

[1276] FG Rheinland-Pfalz vom 14.03.2019, 4 K 1005/18, EFG 2019, 1114 (1115).

[1277] BFH vom 07.07.2020, X R 13/19, BFHE 270, 24 (34).

auf etwaige Handlungen des Insolvenzverwalters abstellt und sonst der Anwendungsbereich der zweiten Variante erheblich eingeschränkt wäre.[1278] Betrachtet man den Tatbestand des § 55 Abs. 1 Nr. 1, 2. Var. InsO isoliert, ist die Person des Handelnden irrelevant; maßgeblich ist nur, dass der Handelnde eine Verwaltungsmaßnahme vornimmt, die einen Gegenstand der Insolvenzmasse (§ 35 Abs. 1 InsO) betrifft. Weitere Voraussetzungen hat der Tatbestand des § 55 Abs. 1 Nr. 1, 2. Var. InsO unter dieser Maßgabe nicht.

Diese isolierte Betrachtungsweise greift jedoch zu kurz, wenn sie gegen immanente Grundwertungen des Insolvenzrechts verstößt. Eine solche Grundwertung enthält der § 80 Abs. 1 InsO, wenn er besagt, dass durch die Eröffnung des Insolvenzverfahrens das Recht des Schuldners, das zur Insolvenzmasse gehörende Vermögen zu verwalten und über es zu verfügen, auf den Insolvenzverwalter übergeht. Dementsprechend steht es nur dem Insolvenzverwalter zu, den Insolvenzbeschlag aus § 35 Abs. 1 InsO zu verwalten und über ihn zu verfügen. Er allein hat die Befugnis, über das den ungesicherten Gläubigern zustehende Haftungssubstrakt zu bestimmen. Dies umfasst einerseits die Mehrung der Insolvenzmasse insbesondere durch die Vereinnahmung von Forderungen und andererseits die Begründung von Verbindlichkeiten, welche aus der Masse bevorrechtigt zu befriedigen sind. Nach § 80 Abs. 1 InsO muss es dem Insolvenzverwalter zumindest möglich sein, massebelastende Vorgänge zu unterbinden.[1279]

Diese Grundwertung des § 80 Abs. 1 InsO läuft den Voraussetzungen des § 55 Abs. 1 Nr. 1, 2. Var. InsO zuwider, wenn Dritte oder der Schuldner ohne Einflussnahme des Insolvenzverwalters Masseverbindlichkeiten „in sonstiger Weise" begründen können. § 80 Abs. 1 InsO fordert nämlich, dass der Insolvenzverwalter zumindest in irgendeiner Form beteiligt ist und die massebelastende Verbindlichkeit hervorgerufen hat. Mit § 80 Abs. 1 InsO wäre es nicht zu vereinbaren, wenn Dritte oder der Insolvenzschuldner selbst, Verbindlichkeiten zu Lasten der ungesicherten Gläubiger begründen, auf welche der Insolvenzverwalter nicht einwirken kann.[1280]

1278 BFH vom 07.07.2020, X R 13/19, BFHE 270, 24 (34).

1279 *Hefermehl*, in MünchKomm, InsO, § 55, Rn. 67.

1280 A. A. *Onusseit*, ZInsO 2021, 894 (900 f.), wonach die dem Verwalter gemäß § 80 Abs. 1 InsO zustehende Befugnis irrelevant sei, wenn absonderungsberechtigte Dritte eine Veräußerung vornehmen. In diesem Fall vollziehe sich die Befriedigung der absonderungsberechtigten Gläubiger am unbeweglichen Vermögen außerhalb des Insolvenzverfahrens. *Onusseit* ist darin zuzustimmen, dass sich die Verwertung des Absonderungsgut gemäß §§ 49, 165 ff., 173 InsO i.V.m. dem ZVG außerhalb des Insolvenzverfahrens

Welche Art der Beteiligung sowie welches Kausalitätserfordernis konkret zwischen einem Verwalterhandeln und der Begründung einer Forderung bestehen soll, legt der § 80 Abs. 1 InsO nicht fest. Die Vorschrift statuiert lediglich, dass es dem Grunde nach einen Verursachungszusammenhang geben muss. Vor diesem Hintergrund war es Aufgabe der Rechtsprechung in den skizzierten Fallgestaltungen die Vorschrift des § 55 Abs. 1 Nr. 1, 2. Var. InsO mit der Wertung des § 80 Abs. 1 InsO in Einklang zu bringen. Sie hatte die Aufgabe den unbestimmten Rechtsbegriff einer in sonstiger Weise begründeten Verbindlichkeit so auszulegen, dass er der Grundaussage des § 80 Abs. 1 InsO nicht entgegensteht. Die Forderung des § 80 Abs. 1 InsO war in den Tatbestand des § 55 Abs. 1 Nr. 1, 2. Var. InsO gewissermaßen hineinzulesen. Dementsprechend hat sie für die Fälle der Veräußerung eines Grundstücks durch absonderungsberechtigte Dritte und der Gewinnzuweisung aufgrund einer Gesellschaftsbeteiligung das maßgebliche Wertungsmoment der Freigabe herangezogen. Die dem Insolvenzverwalter zustehende Befugnis zur Freigabe stellt das maßgebliche Differenzierungsmerkmal dar, womit der Grundaussage des § 80 Abs. 1 InsO nach einer Einflussmöglichkeit des Insolvenzverwalters Rechnung getragen wird. Wenn der Insolvenzverwalter trotz Möglichkeit zur Freigabe keine erklärt, trifft er damit eine zu beachtende Zuordnungsentscheidung.[1281] In gewisser Weise erklärt er konkludent durch die Nichtvornahme der Freigabe, dass er für die mit dem Vermögensgegenstand im Zusammenhang stehenden Verbindlichkeiten einstehen will.[1282] Erklärt der Insolvenzverwalter nicht die Freigabe, bleibt der Vermögenswert ein Teil der Insolvenzmasse und wird insbesondere nicht aus der insolvenzrechtlichen Verhaftung befreit.

---

vollzieht. Zu berücksichtigen ist aber, dass es sich beim Grundstück weiterhin um ein dem Insolvenzbeschlag unterliegenden Vermögensgegenstand handelt. Das Grundstück unterliegt trotz des Bestehen des Absonderungsrecht weiterhin der Verwaltungs- und Verfügungsbefugnis des Insolvenzverwalters, sodass der Grundgedanke des § 80 Abs. 1 InsO auch dann gilt, wenn absonderungsberechtigte Dritte die Veräußerung betreiben. Ferner wird dieser Gedanke dadurch gestützt, dass das Verwertungsrecht der Gläubiger dadurch beschränkt wird, dass der Insolvenzverwalter die Möglichkeit hat, eine einstweilige Einstellung der Zwangsversteigerung gemäß § 30d ZVG oder der Zwangsverwaltung gemäß § 153b ZVG herbeizuführen. Der Insolvenzverwalter besitzt auch bei der Veräußerung durch absonderungsberechtigte Gläubiger die Möglichkeit zur Einflussnahme sowie gewisse Kontrollbefugnisse.

1281 FG Rheinland-Pfalz vom 14.03.2019, 4 K 1005/18, EFG 2019, 1114 (1115).

1282 FG Rheinland-Pfalz vom 14.03.2019, 4 K 1005/18, EFG 2019, 1114 (1115). Zudem *Mock*, in Uhlenbruck, InsO, § 80, Rn. 31 und *Vuia*, in MünchKomm, InsO, § 80, Rn. 67, wonach für die Freigabe durch den Insolvenzverwalter keine bestimmte Form vorgegeben ist. Sie kann auch konkludent erfolgen.

Soweit die Rechtsprechung für die Fallgruppe des Neuerwerbs gesteigerte Anforderungen an eine Verwaltungsmaßnahme gemäß § 55 Abs. 1 Nr. 1, 2. Var. InsO fordert, beruht dieser Umstand auf der Regelung des § 35 Abs. 2 und 3 InsO. Für den Fall der selbständigen Betätigung des Insolvenzschuldners nach Verfahrenseröffnung begründet die Vorschrift des § 35 Abs. 2 und 3 InsO eine besondere Erklärungspflicht des Insolvenzverwalters, welche über die allgemein enthaltene Wertung des § 80 Abs. 1 InsO hinausgeht. § 35 Abs. 2 und 3 InsO enthält eine besondere Mitwirkungspflicht des Insolvenzverwalters, welche ebenfalls bei der Auslegung des unbestimmten Rechtsbegriffs der in sonstiger Weise begründeten Verbindlichkeit zu berücksichtigen ist. Wenn die mit einem Neuerwerb zusammenhängenden Verbindlichkeiten ohne Zutun des Insolvenzverwalters als Masseverbindlichkeiten zu qualifizieren seien, hätte es nämlich der Schuldner in der Hand, auf die Masse durch Eingehen von Verbindlichkeiten einzuwirken. Dies soll jedoch nicht gegen den Willen des Insolvenzverwalters möglich sein. Dieser Umstand widerspräche der gesetzgeberischen Wertung der §§ 35 Abs. 2 und 3, 80 InsO, wonach die Verwaltungs- und Verfügungsbefugnis dem Insolvenzverwalter zusteht. Anders als bei der Wertung des § 80 Abs. 1 InsO, wonach es bloß auf eine allgemeine Beteiligung des Insolvenzverwalters ankommt, normiert § 35 Abs. 2 und 3 InsO eine konkrete Rechtspflicht zum Tätigwerden. Der Insolvenzverwalter muss sich zum Neuerwerb des Schuldners erklären. Entsprechend liegt eine Masseverbindlichkeit – in entsprechender Berücksichtigung dieser Maßgabe – nur vor, wenn dem Insolvenzverwalter die Möglichkeit zur Erklärung gegeben worden ist; er mit anderen Worten Kenntnis von der Betätigung des Schuldners und keine Erklärung abgegeben hat. Im Vergleich zu den Fällen der Veräußerung eines Grundstücks durch absonderungsberechtigte Dritte und der Gewinnzuweisung aufgrund einer Gesellschaftsbeteiligung hält das Gesetz mit der Erklärungspflicht aus § 35 Abs. 2 und 3 InsO konkrete Maßstäbe bereit, in welcher Form der Insolvenzverwalter für die Insolvenzmasse nachteilhafte Folgen verhindern kann.

b) Das Unterlassen einer Freigabe als ein taugliches Differenzierungsmerkmal

Soweit die Wertung des § 80 Abs. 1 InsO im Rahmen des § 55 Abs. 1 Nr. 1, 2. Var. InsO zu berücksichtigen ist, steht der Rechtsanwender vor dem Problem, dass der § 80 Abs. 1 InsO – anders als der § 35 Abs. 2 und 3 InsO für den Fall des Neuerwerbs – keine konkreten Vorgaben zur Art der Beteiligung des Insolvenzverwalters trifft. Der Rechtsanwender ist gezwungen, selbst etwaige Abgrenzungskriterien zu entwickeln, mit denen der Forderung des § 80 Abs. 1 InsO nach einer Einflussmöglichkeit des Insolvenzverwalters entsprochen wird. Vor diesem Hintergrund ist die Differenzierung der Rechtsprechung anhand der Freigabemöglichkeit des Insolvenzverwalters zu begrüßen. Unter Berücksichtigung des Differenzierungsmerkmals der Freigabe als Wertungsmoment wird die Möglichkeit des Insolvenzverwalters zur Einflussnahme angemessen berücksichtigt. Im Einzelnen:

Wenn Masseverbindlichkeiten nach § 55 Abs. 1 Nr. 1, 2. Var. InsO in sonstiger Weise begründet werden und dazu Unterlassungen des Insolvenzverwalters zählen, stellt die unterlassene Freigabe einen solchen die Masseverbindlichkeit auslösenden Sachverhalt dar. In diesem Fall ist der Insolvenzverwalter nach dem Rechtsgedanken des § 80 Abs. 1 InsO – Möglichkeit zur Einflussnahme – hinreichend beteiligt, weil das pflichtwidrige Unterlassen der Freigabe einer Handlung gleichsteht. So liegt in dem pflichtwidrigen Unterlassen einer Freigabeerklärung eine Verwalterhandlung.[1283] Die Freigabe begründet nämlich eine Amtspflicht zum Tätigwerden. Der Insolvenzverwalter ist nicht nur berechtigt, sondern auch von Amts wegen verpflichtet, einen Gegenstand aus der Masse freizugeben, der diese ohne Nutzen für die Gläubiger belastet.[1284] So besteht dort ein rechtlich schutzwürdiges Bedürfnis, dem Insolvenzverwalter die Möglichkeit der Freigabe einzuräumen, wo zur Masse Gegenstände gehören, die wertlos sind oder Kosten verursachen, welche den zu erwartenden Veräußerungserlös möglicherweise übersteigen.[1285] Die Freigabe umfasst die Herauslösung von Vermögensgegenständen aus dem Insolvenzbeschlag durch einen Akt des Insolvenzverwalters, mit der Folge, dass der Schuldner über diesen Gegenstand wieder unbeschränkt verfügen kann.[1286] Die Freigabe selbst ist im Gesetz nicht geregelt; die Zulässigkeit dieses gewohnheitsrechtlich anerkannten Instituts wird aber beispielsweise in § 32 Abs. 3 InsO vorausgesetzt. Die Wirksamkeit der Freigabe folgt unmittelbar aus der Verwaltungs- und Verfügungsbefugnis des Insolvenzverwalters über das zur Insolvenzmasse gehöhrende Vermögen.[1287] Die Freigabe hat den Zweck, Gegenstände aus der Masse zu entlassen, deren Verwertung keinen

---

1283 So im Ergebnis der BFH vom 07.07.2020, X R 13/19, BFHE 270, 24 (29 ff.). A. A. *Onusseit*, ZInsO 2021, 894 (899), wonach bereits der Insolvenzverwalter nicht zur Freigabe verpflichtet sein soll, massebelastende Gegenstände freizugeben. Eine entsprechende Pflicht sei weder in der Insolvenzordnung noch in den Steuergesetzen normiert.

1284 *Mock*, in Uhlenbruck, InsO, § 80, Rn. 31.

1285 BGH vom 21.04.2005, IX ZR 281/03, BGHZ 163, 32 (36).

1286 *Vuia*, in MünchKomm, InsO, § 80, Rn. 65,

1287 *Vuia*, in MünchKomm, InsO, § 80, Rn. 65.

Gewinn ergeben oder die Masse sogar zusätzlich belasten würde.[1288] Da die Schonung der Masse mit dem Ziel, eine möglichst hohe Quote für die Insolvenzgläubiger zu erzielen, eine Pflicht des Insolvenzverwalters begründet, stellt die Freigabe eine Amtspflicht des Insolvenzverwalters nach § 60 InsO dar.[1289] So hat der Insolvenzverwalter nämlich im Rahmen des § 60 InsO dafür einzustehen, dass er alle notwendigen Maßnahmen getroffen hat, die zur Erhaltung, Bewahrung und ordnungsgemäßen Verwaltung der zur Insolvenzmasse gehörende Gegenstände erforderlich sind.[1290] Vergleichbar zur Erklärungspflicht aus § 35 Abs. 2 und 3 InsO zum Neuerwerb besteht damit eine Pflicht zum Handeln, wenn massebelastende Gegenstand vom Insolvenzbeschlag umfasst sind.

Im Ergebnis ist mit der Rechtsprechung[1291] eine Masseverbindlichkeit § 55 Abs. 1 Nr. 1, 2. Var. InsO anzunehmen, wenn es der Insolvenzverwalter unterlassen hat, einen die Masse belastenden Vermögensgegenstand freizugeben, obwohl er Kenntnis von diesem Umstand besaß sowie ihm Zeit für eine tatsachenbasierte Prüfung zu stand.[1292] Denn das Unterlassen der Freigabe steht einem aktivem Tun gleich. Die Freigabe ist ein Bestandteil einer ordnungs- und pflichtgemäßen Insolvenzverwaltung.

[1288] *Hirte/Praß*, in Uhlenbruck, InsO, § 35, Rn. 71; *Peters*, in MünchKomm, InsO, § 35, Rn. 99.

[1289] FG Rheinland-Pfalz vom 14.03.2019, 4 K 1005/18, EFG 2019, 1114 (1115); *Schoppmeyer,* in MünchKomm, InsO, § 60, Rn. 16.

[1290] *Schoppmeyer*, in MünchKomm, InsO, § 60, Rn. 15.

[1291] Für den Fall der Beteiligung aus einer Personengesellschaft siehe BFH vom 10.07.2019, X R 31/16, BFHE 265, 300 und der Veräußerung durch absonderungsberechtigte Dritte sieh BFH vom 07.07.2020, X R 13/19, BFHE 270, 24.

[1292] A.A. *Onusseit*, ZInsO 2021, 894 (899 ff.) wonach die Freigabe nicht als maßgebliches Wertungsmoment für die Begründung einer Masseverbindlichkeit heranzuziehen sei. Vielmehr sei zwischen den Fallgruppen der Veräußerung durch absonderungsberechtigte Dritte und der Beteiligung an einer Personengesellschaft wie folgt zu differenzieren: Sofern der Insolvenzverwalter – wie in der Entscheidung des BFH vom 07.07.2020, X R 13/19, BFHE 270, 24 – an der Veräußerung des Grundstück nicht beteiligt ist, sei die Einkommensteuer als Forderung gegen das insolvenzfreie Vermögen zu qualifizieren. Denn so setze der Tatbestand des § 55 Abs. 1 Nr. 1, 2. Var. InsO voraus, dass der Insolvenzverwalter aktiv und nicht nur durch ein Unterlassen der Freigabe an der Begründung der Verbindlichkeit beteiligt ist. Für den Fall, der Beteiligung an einer Personengesellschaft – wie im Fall des BFH vom 10.07.2019, X R 31/16, BFHE 265, 300 – sei die Einkommensteuerforderung hingegen als Masseverbindlichkeit zu qualifizieren. Denn in diesem Fall liege die für die Einordnung erforderliche Verwaltungshandlung in dem Halten der Beteiligung.

In der Entscheidung vom 07.07.2020[1293] hat der Bundesfinanzhof im Übrigen ausdrücklich offengelassen, ob eine Masseverbindlichkeit anzunehmen ist, wenn dem Insolvenzverwalter nicht ausreichend Zeit zur Verfügung stand, den Vermögensgegenstand auf seine Werthaltigkeit zu überprüfen.[1294] Richtigerweise wäre jedoch in diesem Fall die Steuerforderung nicht als Masseverbindlichkeit, sondern als Forderung gegen das insolvenzfreie Vermögen des Schuldners zu qualifizieren. Denn ein pflichtwidriges Unterlassen ist nur dann anzunehmen, wenn eine Amtspflicht besteht. Das Unterlassen steht einem aktiven Tun gleich, wenn gegen die Pflicht zum Handeln verstoßen wurde. Wenn aber der Insolvenzverwalter von der Prüfung befreit ist – weil beispielsweise die absonderungsberechtigten Dritten bereits im Eröffnungsverfahren die Verwertung betreiben[1295] – fehlt es an einer entsprechenden Pflicht, den Vermögensgegenstand im Interesse der Gläubiger zu überprüfen. In diesem Fall greift nämlich die Wertung des § 80 Abs. 1 InsO: Für den Insolvenzverwalter muss zumindest eine Möglichkeit bestehen, auf die Begründung der Verbindlichkeit einzuwirken.

c) Das Unterlassen einer Erklärung gemäß § 35 Abs. 2 und 3 InsO als ein taugliches Differenzierungsmerkmal

Masseverbindlichkeiten nach § 55 Abs. 1 Nr. 1, 2. Var. InsO beruhen auf Unterlassungen des Insolvenzverwalters, wenn eine Amtspflicht zum Tätigwerden besteht.[1296] Vor diesem Hintergrund ist der Rechtsprechung zuzustimmen, wenn im Fall des Neuerwerbs eine Masseverbindlichkeit anzunehmen ist, weil der Insolvenzverwalter trotz Kenntnis von der nachinsolvenzlichen selbstständigen Betätigung des Insolvenzschuldners keine Erklärung nach § 35 Abs. 2 und 3 InsO abgibt. In dem Unterlassen liegt eine Verwalterhandlung, weil der Insolvenzverwalter gegen eine im obliegende Amtspflicht verstößt.[1297]

[1293] BFH vom 07.07.2020, X R 13/19, BFHE 270, 24.

[1294] Die fehlende Entscheidungserheblichkeit resultierte im Streitfall daraus, dass zwischen der Insolvenzeröffnung und der Veräußerung des Grundstücks durch die absonderungsberechtigten Dritten mehr als zwölf Monate lagen. Insoweit stand dem Insolvenzverwalter in dem streitigen Verfahren ausreichend Zeit zur Verfügung.

[1295] So in der Entscheidung des BFH vom 14.02.1978, VIII R 28/73, BStBl. II 1978, 356.

[1296] BFH vom 18.05.2010, X R 11/09, ZIP 2010, 2014 (2015); BFH vom 24.02.2011, VI R 21/10, BStBl. II 2011, 520 (521); BFH vom 27.07.2011, VI R 9/11, ZIP 2011, 2118 (2118); BFH vom 18.09.2012, VIII R 47/09, BFH/NV 2013, 411 (412); BFH vom 06.06.2019, V R 51/17, BFHE 265, 294 (298). So auch *Onusseit*, ZInsO 2021, 894 (899); *Sinz*, in Uhlenbruck, InsO, § 55, Rn. 40.

[1297] *Onusseit*, ZInsO 2021, 894 (899).

Es handelt sich bei der Erklärung nach § 35 Abs. 2 und 3 InsO nämlich um eine Amtspflicht, weil sie rechtlich relevante Belange des Insolvenzschuldners, der Gläubiger und des Rechtsverkehrs betrifft.[1298] Die Erklärung des Verwalters nach § 35 Abs. 2 und 3 InsO hat zuvorderst zum Inhalt, dass er den aus der selbstständigen Tätigkeit zu erwartenden Neuerwerb nicht zur Masse zieht und dass Verbindlichkeiten, welche der Schuldner im Rahmen dieser Betätigung begründet, nicht als Masseverbindlichkeiten zu befriedigen sind.[1299] Entsprechend wird der Schuldner aus Verträgen, die er im Rahmen seiner selbstständigen Tätigkeit neu begründet, unmittelbar selbst berechtigt und verpflichtet sowie im Hinblick auf daraus resultierende Rechtsstreitigkeiten passivlegitimiert.[1300] Für die (Neu-) Gläubiger des Insolvenzschuldners ist die Erklärung dahingehend von Relevanz, dass sie von dem im Übrigen stattfindenden Insolvenzverfahren unberührt bleiben. Ihre Forderungen unterfallen nicht der insolvenzrechtlichen Befriedigungsrangfolge gemäß §§ 38, 55 InsO oder etwaigen Vollstreckungsverboten wie beispielsweise dem § 89 InsO. Den Gläubigern steht nach erklärter Freigabe vielmehr der Neuerwerb als Haftungsmasse zur Verfügung; ferner können die Gläubiger nach erfolgreicher Klage gegen den Schuldner in dessen massefreie Vermögen vollstrecken.[1301] Der allgemeine Rechtsverkehr ist ferner betroffenen, weil er sich über die Erklärung des Insolvenzverwalters aufgrund der öffentlichen Bekanntmachung des Gerichts gemäß §§ 9, 35 Abs. 4 S. 2 InsO informieren kann. So sind Gläubiger und der allgemeine Rechtsverkehr stets darüber informiert, ob die Masse für die Verbindlichkeiten aus der Betätigung des Schuldners haftet.[1302]

[1298] *Onusseit*, ZInsO 2021, 894 (899).
[1299] *Hirte/Praß*, in Uhlenbruck, InsO, § 35, Rn. 99.
[1300] *Hirte/Praß*, in Uhlenbruck, InsO, § 35, Rn. 101.
[1301] *Hirte/Praß*, in Uhlenbruck, InsO, § 35, Rn. 107.
[1302] *Hirte/Praß*, in Uhlenbruck, InsO, § 35, Rn. 95.

V. Der Zufluss zur Masse als Voraussausetzung für die Annahme einer Masseverbindlichkeit?

1. Einführung

In der schon angesprochenen Fallkonstellation, in welcher der Insolvenzverwalter selbst[1303] oder die absonderungsberechtigten Dritten[1304] ein zur Insolvenzmasse gehörendes Grundstück veräußern, zeigt sich eine weiteres Problem rund um die Annahme einer Masseverbindlichkeit gemäß § 55 Abs. 1 Nr. 1, 2. Var. InsO. Da bei der Verwertung von unbeweglichen Vermögen eine vergleichbare Vorschrift zu § 171 Abs. 2 S. 3 InsO im Hinblick auf eine Kostenbeteiligung der Absonderungsberechtigten fehlt, ist bei der insolvenzrechtlichen Qualifizierung der Einkommensteuer aus der Veräußerung eines mit einem Absonderungsrecht belastenten Grundstücks Folgendes zu beobachten[1305]: Veräußert beispielsweise der Insolvenzverwalter[1306] ein Grundstück auf dem eine Grundschuld in Höhe von 700.000 € lastet, nach Verfahrenseröffnung mit einem Buchwert von 1 € zu einem Verkehrswert von 1.000.000 €, entsteht überschlägig eine Einkommensteuerschuld von 500.000 €.[1307] Legt man die insolvenzrechtliche Begründetheit allein nach steuerrechtlichen Grundsätzen aus, ist die Einkommensteuer als Masseverbindlichkeit zu qualifizieren, da der Insolvenzverwalter die stillen Reserven nach Verfahrenseröffnung realisiert. Nach Befriedigung der absonderungsberechtigten Gläubiger verbleibt der Masse ein negativer Saldo in Höhe von 200.000 €. Insgesamt ist die Veräußerung des werthaltigen Grundstücks für die Masse nachteilhaft: Die Steuerbelastung aus dem Veräußerungsvorgang ist höher als der der Masse verbleibende Erlös.

1303 BFH vom 29.03.1984, IV R 271/83, BStBl. II 1984, 602; FG Düsseldorf vom 19.08.2011, 11 K 4201/10 E, ZIP 2011, 2070; FG Niedersachsen vom 19.01.2012, 14 K 47/10, juris; BFH vom 16.05.2013, IV R 23/11, BStBl. II 2013, 759.

1304 BFH vom 14.02.1978, VIII R 28/73, BStBl. II 1978, 356; BFH vom 10.02.2015, IX R 23/14, BStBl. II 2017, 367; BFH vom 07.07.2020, X R 13/19, BFHE 270, 24.

1305 *Kahlert/Kayser/Bornemann*, Perspektiven für eine kohärente und praxisgerechte Verzahnung von Steuer- und Insolvenzrecht, Rn. 551.

1306 Eine vergleichbare Problemlage besteht, wenn die absonderungsberechtigten Dritten die Veräußerung vornehmen. In diesem Fall nimmt die Rechtsprechung ebenfalls eine Masseverbindlichkeit an. Eine Beteiligung des Insolvenzverwalters sei nicht erforderlich. Sowohl der freihändige Verkauf als auch die Versteigerung mit Zuschlag führen bei Veräußerungsgewinnen zum gleichen Ergebnis. In beiden Fällen entstehe eine Masseverbindlichkeit. Vgl. BFH vom 07.07.2020, X R 13/19, BFHE 270, 24.

1307 Dieses Beispiel ist *Roth*, Insolvenzsteuerrecht, Rn. 4.18 entnommen. Vergleichbar auch *Richter/Welling*, FR 2014, 747 (748).

Die alleinige Maßgeblichkeit steuerrechtlicher Grundsätze führt in der einkommensteuerrechtlichen Rechtsanwendung im Ergebnis zu systematischen Widersprüchen. Es gelingt nicht, diejenigen Fälle systemgerecht zu lösen, in denen ein zur Insolvenzmasse gehörendes, aber mit einem Absonderungsrecht belastetes Wirtschaftsgut nach Verfahrenseröffnung veräußert wird.[1308]

2. Die telelogische Reduktion des § 55 Abs. 1 Nr. 1, 2. Var. InsO als dogmatisch unbefriedigende, aber im Ergebnis befriedigende Problemlösung

Ursprünglich vertrat der Bundesfinanzhof einen Bereicherungsansatz, um diese Problemlage zu lösen. Demnach war im Rahmen einer teleologischen Reduktion des § 55 Abs. 1 Nr. 1, 2. Var. InsO eine steuerrechtliche Masseverbindlichkeit nur in derjenigen Höhe anzunehmen, in welcher der ihr zugrundliegende Ertrag die Insolvenzmasse bereichert.[1309] Der IV. Senat führt zur Begründung der telelogische Reduktion eine Kontrollüberlegung an: Würde man in voller Höhe eine Masseverbindlichkeit annehmen, fiele eine sachgerechte Verwertung der belasteten Vermögensgegenstände aufgrund der drohenden Steuerbelastung aus, obwohl die Veräußerung an sich im Interesse der Absonderungsberechtigten und der Insolvenzgläubiger läge.[1310]

Die Erwägungen des IV. Senats zur steuerlich inkongruenten Überbelastung sind zutreffend: Es bestehen Erfordernisse des Insolvenzverfahrens[1311], die Überbelastung der Insolvenzmasse aufzuheben. Allerdings erfüllen die vom IV. Senat getroffenen Erwägungen nicht die Voraussetzungen einer telelogischen Reduktion. Denn der konkrete Geldzufluss und die Nachteilhaftigkeit eines Geschäfts an sich sind keine Voraussetzungen für die Qualifizierung einer Einkommensteuerforderung als Masseverbindlichkeit.[1312] Die Eigenart der Einkommensteuer, wonach das Einkommen nicht nur Bemessungsgrundlage, sondern auch Steuerobjekt ist, rechtfertigt keine Einschränkung des Tatbestandes.[1313] Diesbezüglich stellt *Onus-*

[1308] *Kahlert/Kayser/Bornemann*, Perspektiven für eine kohärente und praxisgerechte Verzahnung von Steuer- und Insolvenzrecht, Rn. 497.

[1309] BFH vom 29.03.1984, IV R 271/83, BStBl. II 1984, 602 (604).

[1310] BFH vom 29.03.1984, IV R 271/83, BStBl. II 1984, 602 (604).

[1311] So ausdrücklich der BFH vom 29.03.1984, IV R 271/83, BStBl. II 1984, 602 (604).

[1312] *Frotscher*, Besteuerung bei Insolvenz, S. 162; *Onusseit*, ZIP 1986, 77 (84); *Onusseit*, ZInsO 2003, 677 (682); *Roth*, Insolvenzsteuerrecht, Rn. 4.18; *Waza/Uhländer/Schmittmann*, Insolvenzen und Steuern, Rn. 1491.

[1313] So aber BFH vom 29.03.1984, IV R 271/83, BStBl. II 1984, 602 (604).

seit[1314] klar, dass mit der Aufgabe der Separationsthese[1315] allein der Insolvenzschuldner als Steuersubjekt in der Insolvenz anzusehen ist. Der Buchgewinn fließt dem Insolvenzschuldner insgesamt und nicht nur in Teilen zu. Entscheidend ist, was dem Insolvenzschuldner an Einkommen zufließt; es ist bedeutungslos, welche Einkünfte einzelnen Vermögensbestandteilen zuzuweisen sind.[1316] In diesem Sinne ist die Befriedigung der absonderungsberechtigten Gläubiger nur eine für die Besteuerung unbeachtliche Einkommensverwendung.[1317] Der Buchgewinn ist daher insgesamt einkommensteuerrechtlich zu erfassen.

Ergänzend weist *Frotscher*[1318] mit einer bilanziellen Betrachtung darauf hin, dass die Insolvenzmasse mit der abgesonderten Befriedigung von einer Insolvenzforderung befreit und einhergehend durch den Wegfall eines Passivpostens bereichert ist. Mit der Befriedigung der absonderungsberechtigten Gläubiger kommt der Insolvenzmasse eine Verminderung der Schuldenmasse zugute, da die den Absonderungsberechtigten zustehende Insolvenzforderung befriedigt wird und nicht mehr zur Tabelle anzumelden ist.

Machte man einen konkreten Geldzufluss in die Insolvenzmasse – wie es die Rechtsprechung mit dem Bereicherungsansatz vorschlägt[1319] – zur Voraussetzung für den Ansatz der Einkommensteuerforderung als Masseverbindlichkeit, wären Buchgewinne generell nicht zu erfassen.[1320] Die Besteuerung von Buchgewinnen entfiele in der Insolvenz.[1321]

Nähme man eine Einschränkung der Höhe nach vor, stellte sich die Frage, wie der überschießende Teil der Steuerforderung insolvenzrechtlich zu

---

1314 *Onusseit*, ZIP 1986, 77 (84); *Onusseit*, ZInsO 2003, 677 (682).

1315 Die Separationsthese wurde aufgegeben durch RFH vom 22.06.1938, VI 687/37, RFHE 44, 162; Bestätigung der Aufgabe insbesondere durch BFH vom 12.09.1951, IV 135/51 U, BFHE 55, 477. Nach der Separationsthese war die Steuerforderung für Zwecke des Insolvenzverfahrens auf die insolvenzrechtlichen Vermögensmassen aufzuteilen war. Mit Verfahrenseröffnung entstand ein selbständiger Veranlagungs- und Besteuerungszeitraum. Die Masse war selbst Besteuerungsobjekt und Zweckvermögen. Näheres bei *Flume*, in FS 50 Jahre Finanzgerichtsbarkeit, S. 88 (102 ff.).; *Frotscher*, BB 1975, 1445 (1446); *Knobbe-Keuk*, StbJb. 1973/1974, 349 (358 ff.); *Maus*, BB 1989, 672 (673); *Weiss*, FR 1990, 539 (539 f.).

1316 Andernfalls wäre die Insolvenzmasse selbst als Rechtssubjekt anzusehen.

1317 *Onusseit*, ZInsO 2003, 677 (682).

1318 *Frotscher*, Besteuerung bei Insolvenz, 7. Auflage, S. 147.

1319 BFH vom 29.03.1984, IV R 271/83, BStBl. II 1984, 602 (604).

1320 *Benne*, BB 2001, 1977 (1981).

1321 Beispielsweise wären Steuerforderungen aufgrund einer Auflösung einer Rückstellung nach Verfahrenseröffnung nicht als Masseverbindlichkeit einzuordnen.

qualifizieren ist. Eine Insolvenzforderung scheidet aus, weil der steuerrechtliche Tatbestand durch die Realisation der stillen Reserven nach Verfahrenseröffnung vollständig verwirklicht ist. Eine Masseverbindlichkeit ist für diesen überschießenden Teil aufgrund des Bereicherungsansatzes abzulehnen. Demnach wäre die steuerrechtliche Restforderung als Forderung gegen das insolvenzfreie Vermögen zu qualifizieren.[1322] Der Insolvenzschuldner hätte für den überschießenden Teil persönlich einzustehen. Dieser Umstand verstieße jedoch gegen § 80 Abs. 1 InsO: Gemäß der Vorschrift wird dem Insolvenzverwalter nur die Befugnis zugewiesen, das zur Insolvenzmasse gehörende Vermögen zu verwalten und über selbiges zu verfügen.[1323] Ihm steht aber nicht das Recht zu, den Schuldner persönlich zu verpflichten.[1324]

3. Die Aufgabe der telelogischen Reduktion als dogmatisch befriedigende, aber im Ergebnis unbefriedigende Problemlösung

Aufgrund der dogmatischen Bedenken hat der Bundesfinanzhof den Bereicherungsansatz aufgegeben.[1325] Er akzeptiert die über den tatsächlichen Vermögenszufluss inkongruente Einkommensteuerbelastung. Allerdings führt diese Rechtsprechungsänderung zu Problemlagen, die einer widerspruchsfreien Lösung nicht entsprechen.

Der Insolvenzverwalter wird mit der geänderten Rechtsprechung nämlich zur Freigabe eines werthaltigen Gegenstandes gedrängt.[1326] So hat er nämlich grundsätzlich die Pflicht, die Masse im Gläubigerinteresse zu mehren.[1327] Er wird von der Veräußerung dinglich belasteter Grundstücke absehen, da die Veräußerung für die Masse nachteilhaft wäre. Vielmehr wird er den Gegenstand freigeben, da die zu erwartenden Kosten den

1322 BFH vom 16.05.2013, IV R 23/11, BStBl. II 2013, 759 (762); *Onusseit*, ZInsO 2003, 677 (681).

1323 BFH vom 16.05.2013, IV R 23/11, BStBl. II 2013, 759 (762).

1324 BFH vom 16.05.2013, IV R 23/11, BStBl. II 2013, 759 (762).

1325 BFH vom 16.05.2013, IV R 23/11, BStBl. II 2013, 759 (762). Bestätigt durch BFH vom 09.12.2014, X R 12/12, BStBl. II 2016, 852 (857). In diesem Sinne haben sich bereits das FG Düsseldorf vom 19.08.2011, 11 K 4201/10 E, EFG 2012, 544 (546) und das FG Niedersachsen vom 19.01.2012, 14 K 47/10 juris, Rn. 36 gegen eine Begrenzung der Masseverbindlichkeit ausgesprochen.

1326 *Kahlert/Kayser/Bornemann*, Perspektiven für eine kohärente und praxisgerechte Verzahnung von Steuer- und Insolvenzrecht, Rn. 554 ff.

1327 *Baur/Stürner*, Insolvenzrecht, § 12, S. 162; *Bork*, Insolvenzrecht, Rn. 227; *Smid*, Insolvenzrecht, § 13, Rn. 11.

Veräußerungserlös übersteigen.[1328] Das Insolvenzverfahren ist diesbezüglich ineffizient: Das dem Insolvenzbeschlag unterfallende Wirtschaftsgut kann nicht seinem Wert entsprechend dem Haftungsvermögen zugeführt werden. Aufgrund der inkongruenten Steuerbelastung kann der Insolvenzverwalter den über die dingliche Sicherung hinausgehenden Vermögenswert des Grundstücks der Insolvenzmasse nicht zuführen.[1329] Eine unter ökonomischen Gesichtspunkten realisierbare Vermögensmehrung unterbleibt. Das Gebot der Neutralität der Besteuerung ist verletzt, da allein aufgrund der Steuerbelastung ein an sich vorteilhafter Vorgang ausfällt.

Gibt der Insolvenzverwalter das dinglich belastete Wirtschaftsgut infolge der Rechtsprechungsänderung frei, sind die absonderungsberechtigten Gläubiger berufen, die Vollstreckung durchzuführen. Die aus der Zwangsversteigerung oder Zwangsverwaltung nach Maßgabe des Zwangsversteigerungsgesetz entstehenden Erträge sind dem insolvenzfreien Vermögen des Schuldners zuzurechnen.[1330] Demnach tritt der Insolvenzschuldner in das Schicksal der Insolvenzmasse ein: Der Insolvenzschuldner hat persönlich für die gesamte Einkommensteuerforderung aus der Veräußerung einzustehen, obwohl ihm nach Vorabbefriedigung der gesicherten Gläubiger nur ein Restbetrag verbleibt. Handelt es sich in diesem Fall bei dem Insolvenzschuldner um eine natürliche Person, widerspricht die geänderte Rechtsprechung dem Verfahrensziel der Restschuldbefreiung aus § 1 S. 2 InsO:[1331] Der Insolvenzschuldner ist aufgrund der Insuffizienz nicht in der Lage, die Steuerforderung zu begleichen. Er gerät in eine erneute Notlage und ist gezwungen, ein zweites Insolvenzverfahren zu durchlaufen.[1332] Ein solches ist jedoch aufgrund der Sperrfrist des § 287a Abs. 2 Nr. 1 InsO

[1328] Der Insolvenzverwalter hat das Recht zur Freigabe, wenn er einen wertlosen oder einen kostenverursachenden Gegenstand zu verwalten hat, bei welchem die zu erwartenden Kosten den Veräußerungserlös möglichweise übersteigen. BGH vom 21.04.2005, IX ZR 281/03, BGHZ 163, 32 (36); BGH vom 01.02.2007, IX ZR 178/05, ZInsO 2007, 545 (547).

[1329] *Kahlert/Kayser/Bornemann*, Perspektiven für eine kohärente und praxisgerechte Verzahnung von Steuer- und Insolvenzrecht, Rn. 559.

[1330] FG Sachsen vom 18.10.2013, 4 K 579/13, juris, Rn. 14.

[1331] A. A. BFH vom 16.05.2013, IV R 23/11, BStBl. II 2013, 759 (762), wonach der Grund der Kollision mit der Restschuldbefreiung nicht in der geänderten Rechtsprechung, sondern in den insolvenzrechtlichen Versagungsgründen liege.

[1332] Die Restschuldbefreiung wirkt nur gegenüber Insolvenzforderungen, § 301 I InsO. Die aus der Zwangsversteigerung nach Verfahrenseröffnung resultierende Steuerforderung unterfällt nicht den Wirkungen des bereits anhängigen Insolvenzverfahrens.

(zunächst) unzulässig.[1333] Es ist dem Schuldner nicht möglich, sich von seinen restlichen Verbindlichkeiten zu befreien. Durch die geänderte Rechtsprechung wird ihm eine Entschuldung und ein damit einhergehender *fresh start* versagt.

4. Zwischenergebnis

Abschließend ist folgendes festzuhalten: Ursprung der Problematik der gegenständlichen Fallgestaltung ist die Auslegung der insolvenzrechtlichen Begründetheit unter der Maßgabe der vollständigen Verwirklichung des steuerrechtlichen Tatbestandes.[1334] Infolgedessen ist die Steuerforderung als Masseverbindlichkeit einzuordnen. Hieraus ergeben sich Folgeprobleme. Die Rechtsprechung zwingt sich in ein Dilemma: Entweder korrigiert sie die als unbillig empfundene inkongruente Steuerbelastung mittels einer dogmatisch verfehlten teleologischen Reduktion oder aber sie akzeptiert methodisch folgerichtig einen dem allseitigen Interesse widersprechenden Zustand. Beide Ansätze sind unbefriedigend.

5. Vorschlag einer dogmatisch und im Ergebnis befriedigenden Problemlösung

a) Die Begründung einer wirtschaftlichen Steuerlast der absonderungsberechtigten Gläubiger

aa) Prämissen zur Begründung einer wirtschaftlichen Steuerlast der absonderungsberechtigten Gläubiger

Akzeptiert man die geänderte Rechtsprechung des Bundesfinanzhofes, orientiert sich eine Problemlösung zur Auflösung der inkongruenten Belastung der Masse daran, die absonderungsberechtigten Gläubiger dem Verursachungsprinzip entsprechend an der Steuerbelastung zu beteiligen. Die Verwertung des belasteten Wirtschaftsgutes wird in ihrem wirtschaftlichen Interesse auf bevorzugte Befriedigung durchgeführt. Insofern ist es gerechtfertigt, dass die gesicherten Gläubiger die aus der Verwertung

---

1333 Eine Ausnahme von der Sperrfrist entgegen dem Wortlaut für diejenigen Fälle, in denen der Insolvenzschuldner ohne Verschulden erneut in eine Notlage gerät, ist abzulehnen. Dieses Problem stellte sich bereits bei § 290 I Nr. 3 InsO a. F. In Kenntnis dessen hat der Gesetzgeber keine Veranlassung gesehen, eine Einschränkung der Sperrfrist vorzunehmen. BGH vom 11.05.2010, IX ZB 167/09, ZInsO 2010, 1151 (1153); *Sternal*, in Uhlenbruck, InsO, § 287a, Rn. 25.

1334 *Frotscher*, Besteuerung bei Insolvenz, S. 164.

resultierenden Kosten tragen.[1335] Um die steuerliche Last rechtlich den absonderungsberechtigten Gläubigern aufzuerlegen, ist der Blick zunächst auf die §§ 170, 171 Abs. 2 S. 3 InsO und anschließend auf die § 34 Abs. 3 i.V.m. Abs. 1 AO zu richten.

bb) Die analoge Anwendung der §§ 170, 171 Abs. 2 S. 3 InsO

(1) Regelungslücke

Voraussetzung einer Analogie zu den §§ 170, 171 Abs. 2 S. 3 InsO zur Einbeziehung der Einkommensteuer bei der Verwertung von unbeweglichen Gegenständen ist, gemessen am Plan des Gesetzgebers, eine planwidrige Unvollständigkeit des Gesetzes.[1336] Ohne entsprechende Schließung der Lücke muss eine sachlich nicht zu rechtfertigende Störung der Kohärenz des rechtlichen Systems vorliegen.[1337] Außerhalb des Wortlautes muss daher die Einkommensteuer als ein zusätzlicher Berechnungsposten des Kostenbeitrages bei der Verwertung von Absonderungsgut eine teleologisch, adäquate Ergänzung darstellen. Vor dem Hintergrund einer damit einhergehenden steuerverschärfenden Rechtsfortbildung[1338] sind an diesen Umstand erhöhte Anforderungen zu stellen:[1339] In Ansehung der Rechtssicherheit muss sich die Lückenhaftigkeit des Gesetzestextes dem Rechtsanwender geradezu aufdrängen, sodass die Vorschrift entweder bereits normlogisch lückenhaft oder sich die vom Tatbestand nicht erfasste Fallkonstellation im systematischen Gesamtzusammenhang als wertungswidersprüchlich darstellt.[1340]

Die §§ 170, 171 Abs. 2 S. 3 InsO beziehen sich nur auf die Verwertung von beweglichen Gegenständen.[1341] Wird der Absonderungsberechtigte aus der Verwertung des beweglichen Gegenstandes befriedigt, sind Verwertungs- und Feststellungkosten sowie Umsatzsteuer vorweg zu berichtigen. Die

---

1335 *Leithaus*, in Andres/Leithaus, InsO, § 171, Rn. 1.

1336 *Canaris*, Feststellung von Lücken im Gesetz, S. 16.

1337 *Looschelders/Roth*, Juristische Methodik, S. 282.

1338 Zur Akzeptanz belastender Rechtsfortbildung im öffentlichen Recht: BVerfG vom 24.02.2015, 1 BvR 472/14, BVerfGE 138, 377 (392); BVerwG vom 18.06.2015, 4 C 4/14, BVerwGE 152, 219 (224); *Schenke*, Rechtsfindung im Steuerrecht, S. 216 ff.; *Tipke*, Steuerrechtsordnung, Bd. I, S. 197 ff.

1339 BVerfG vom 24.02.2015, 1 BvR 472/14, BVerfGE 138, 377 (392).

1340 *Englisch*, in Tipke/Lang, Steuerrecht, § 5, Rn. 5.80; *Lang*, StuW 1981, 223 (225).

1341 *Scholz*, in Hamburger Kommentar, InsO, § 170, Rn. 2; *Landfermann*, in Kayser/Thole, InsO, § 170, Rn. 5.

wirtschaftliche Last der Umsatzsteuer wird damit den Absonderungsberechtigten auferlegt.[1342]

Eine *Lücke* besteht dahingehend, dass bei der Verwertung von unbeweglichem Vermögen nur die Feststellungs- und Verfahrenskosten aus dem Erlös abzuziehen sind, §§ 10 Abs. 1 Nr. 1a, 109, 155 Abs. 1 ZVG. Die Steuerbelastung aus der Verwertung tragen die Absonderungsberechtigten wirtschaftlich nicht. Eine mit dem § 171 Abs. 2 S. 3 InsO vergleichbare Vorschrift zur Kostenbeteiligung fehlt bei der Verwertung des unbeweglichen Vermögens.

In diesem Sinne handelt es sich um eine doppelt analoge Anwendung: Es genügt nicht, die Einkommensteuer zusätzlich zur Umsatzsteuer als Abzugsposten im Sinne des § 171 Abs. 2 S. 3 InsO zu erfassen. Dies führe nämlich nur dazu, dass bei der Verwertung von beweglichem Vermögen die Absonderungsberechtigten zusätzlich zur Umsatz- auch die Einkommensteuer wirtschaftlich auferlegt wird. Erforderlich ist weiterhin, diese Erkenntnis in einem zweiten Schritt auf die Verwertung von unbeweglichem Vermögen zu übertragen.

(2) Vergleichbare Interessenlage

Die Einkommensteuer ist nicht entgegen dem Wortlaut des § 171 Abs. 2 S. 3 InsO neben der Umsatzsteuer ein zusätzlicher Abzugsposten bei der Verwertung von beweglichen Gegenständen, weil es an einer vergleichbaren Interessenlage fehlt. Insofern scheitert die doppelten Analogieprüfung bereits auf der ersten Ebene. Eine entsprechende Übertragung der Grundsätze auf die Verwertung von unbeweglichen Gegenständen erübrigt sich.[1343]

Hinsichtlich des Erfordernisses einer *vergleichbaren Interessenlage* mag die Einkommensteuer zwar in gleicher Weise wie die Umsatzsteuer nur aufgrund einer veranlassungsbezogenen Veräußerung im Interesse der Absonderungsberechtigten entstehen. In diesem Sinne beruhen die Einkommen- und Umsatzsteuer wertungsmäßig auf der dinglichen Sicherheit der Absonderungsberechtigten. Auch wäre mit der Erfassung der

---

[1342] *Landfermann*, in Kayser/Thole, InsO, § 170, Rn. 6.

[1343] Für eine analoge Anwendung sprechen sich *Hess/Mitlehner,* Steuerrecht, Rn. 865 aus. Es sei kein sachlicher Grund ersichtlich, die aus der Masse zu erfüllende Einkommensteuer anders zu behandeln als die Umsatzsteuer. *Onusseit*, ZInsO 2003, 677 (683) stimmt demgegenüber gegen eine analoge Anwendung, da im Vergleich zur Umsatzsteuerbelastung die Ermittlung des Steuerbeitrages bei der Einkommensteuer nur schwer zu ermitteln sei.

Einkommensteuer dem Normzweck der §§ 170, 171 InsO entsprochen, die Masse zu entlasten, eine Massearmut zu vermeiden und die Befriedigungschancen der ungesicherten Gläubiger zu erhöhen.[1344]

Jedoch bestehen zwischen Einkommen- und Umsatzsteuer wesentliche Unterschiede hinsichtlich ihres zugrunde liegenden Steuerzugriffs, weshalb eine vergleichbare Interessenlage letztlich zu verneinen ist:[1345] Die Umsatzsteuer knüpft technisch an den Konsum und den Rechtsverkehrsakt an und ist damit verfahrensrechtlich eine Verkehrssteuer.[1346] Damit nimmt die Umsatzsteuer unmittelbar Bezug auf den vom absonderungsberechtigten Gläubiger veranlassten Veräußerungsvorgang. Durch den verfahrensrechtlichen Umsatzsteuerzugriff auf den Veräußerungsvorgang, den der Absonderungsberechtigte veranlasst hat, tragen die absonderungsberechtigten Gläubiger die wirtschaftliche Last der Umsatzsteuer. Die Übertragung der wirtschaftlichen Last der Umsatzsteuer auf die absonderungsberechtigten Gläubiger ist aufgrund des Steuerzugriffs auf die Einkommensverwendung gerechtfertigt.

Die Einkommensteuerbelastung geht demgegenüber wirtschaftlich betrachtet zwar auch auf die dingliche Sicherheit der Absonderungsberechtigten zurück. Allerdings besteht im Vergleich zur Umsatzsteuer kein enger Zusammenhang zwischen der zugrunde liegenden Veranlassung durch die Absonderungsberechtigten und dem Einkommensteuerzugriff. Die Einkommensteuer ist eine Steuer auf den Hinzuerwerb.[1347][1348] Sie schöpft in Abgrenzung zur Umsatzsteuer nicht die Verwendung von bereits vereinnahmtem Einkommen ab, sondern knüpft – zeitlich vorgelagert – an die Einkommenserzielung an.[1349] Der Veräußerungsvorgang des dinglich besicherten Wirtschaftsgutes führt unmittelbar zur Erhöhung der von der

---

1344 Vgl. BT-Drucks. XII/2443, S. 72 f., 89; *Brinkmann*, in Uhlenbruck, InsO, § 170, Rn. 1; *Flöther*, in Kübler/Prütting/Bork, InsO, § 170, Rn. 2 (91. Lfg. März 2022).

1345 *Kahlert/Kayser/Bornemann*, Perspektiven für eine kohärente und praxisgerechte Verzahnung von Steuer- und Insolvenzrecht, Rn. 553.

1346 *Birk/Desens/Tape*, Steuerrecht, § 1, Rn. 74; *Englisch*, in Tipke/Lang, Steuerrecht, § 17, Rn. 17.20. Materiell-rechtlich ist die Umsatzsteuer hingegen eine Verbrauchsteuer, da sie die vom Endverbraucher getätigten, geldwerten Aufwendungen für den Konsum von Gütern und Dienstleistungen steuerlich belastet, § 1 II MwStSystRL. BFH vom 12.01.2006, V R 3/04, BStBl. II 2006, 479 (480); *Bach*, StuW 1991, 116 (128); *Tehler*, UR 2013, 171 (173).

1347 *Kahlert/Kayser/Bornemann*, Perspektiven für eine kohärente und praxisgerechte Verzahnung von Steuer- und Insolvenzrecht, Rn. 553.

1348 *Birk/Desens/Tape*, Steuerrecht, § 1, Rn. 62.

1349 *Lang*, Bemessungsgrundlage der Einkommensteuer, S. 234; *Musil*, in HHR, EStG, KStG, § 2 EStG, Rn. 51 (290. Lfg. Januar 2019).

Einkommensteuer zu erfassenden Leistungsfähigkeit der Insolvenzmasse. Erst in einem zweiten Schritt erfolgt die Auskehrung an die absonderungsberechtigten Gläubiger. Dies ist einkommensteuerrechtlich eine unbeachtliche Einkommensverwendung. Die absonderungsberechtigten Gläubiger sind einkommensteuerrechtlich erst an der anschließenden Einkommensverwendung des bereits erzielten Einkommens beteiligt. Ihre Beteiligung am einkommensteuerrechtlichen Vorgang der Veräußerung betrifft daher nur ein für die Einkommensbesteuerung unbeachtliches Element.

Im Ergebnis besteht bei der Einkommensteuer im Vergleich zur Umsatzsteuer kein unmittelbarer Zusammenhang zwischen einer generellen Verursachung der Steuer und der speziellen Steueranknüpfung. Im Hinblick auf die vergleichbare Interesselage ist daher festzustellen, dass nur eine wertungsmäßige Ähnlichkeit zwischen Umsatzsteuer und Einkommensteuer als massebelastende Abgaben vorliegt. Eine wertungsmäßige, wesentliche *Gleichheit*, welche eine rechtliche Gleichbehandlung gebietet, ist jedoch – auch vor dem Hintergrund einer steuerverschärfenden Analogie – nicht zu erkennen.[1350]

(3) Planwidrigkeit der Regelungslücke

Des Weiteren fehlt es an einer *Planwidrigkeit* der Regelungslücke. Der Gesetzgeber hat mit den §§ 170, 171 InsO eine detaillierte Regelung zur Kostenbeteiligung der absonderungsberechtigten Gläubiger geschaffen.[1351] Im Rahmen dessen hat der Gesetzgeber erkannt, dass mit der Verwertung eine Steuerbelastung einhergeht, für die die Insolvenzmasse einzustehen hat. Der masseaufzehrende Faktor der Steuerbelastung wurde bedacht. Der Tatbestand der §§ 170, 171 Abs. 2 S. 3 erfasst allein die Umsatzsteuer, obwohl bei der Verwertung gleichermaßen ein einkommensteuerrechtlicher Lebenssachverhalt verwirklicht wird.[1352] Damit hat sich der Gesetzgeber in Kenntnis der grundsätzlichen Steuerbelastung für die Masse gegen eine Übertragung der wirtschaftlichen Last der Einkommensteuer auf die

1350 Vgl. *Looschelders/Roth*, Juristische Methodik, S. 308.

1351 Der Vorstoß der SPD-Fraktion im Rechtsausschuss, den § 171 II 3 InsO auf alle Fälle der Verwertung eines mit einem Absonderungsrecht belastenden Gegenstandes zu erstrecken, fand keine Mehrheit im Deutschen Bundestag. BT-Drucks. XII/7302, S. 178. In diesem Sinne auch *Lwowski/Tetzlaff*, FS Fischer, S. 365 (369), welche die Auffassung vertreten, dass den §§ 170, 171 InsO eine ausgiebige Diskussion im Gesetzgebungsverfahren zugrunde liege und deswegen eine Ausdehnung des Anwendungsbereichs entgegen dem Wortlaut zurückhaltend auszuüben sei.

1352 *Kahlert/Kayser/Bornemann*, Perspektiven für eine kohärente und praxisgerechte Verzahnung von Steuer- und Insolvenzrecht, Rn. 553.

absonderungsberechtigten Gläubiger entschieden.[1353] In Bezug auf die Einkommensteuer liegt ein bewusster Regelungsverzicht vor.[1354]

Durch die geänderte Rechtsprechung des IV. Senats mit der einhergehenden Aufgabe der teleologischen Reduktion ist keine nachträgliche Planwidrigkeit entstanden. Unter Annahme der teleologischen Reduktion des § 55 Abs. 1 Nr. 1, 2. Var. InsO kam es zwar nicht zu einer einkommensteuerrechtlichen Überbelastung der Insolvenzmasse. Allerdings stand dennoch fest, dass die absonderungsberechtigten Dritten für die Einkommensteuer nicht einzustehen haben. Die Rechtsprechungsänderung betrifft nur die Höhe, inwieweit der Schuldner die Einkommensteuer zu tragen haben. Sie führt hinsichtlich der grundsätzlichen Kostentragung keine Änderung herbei. Sie wirkt graduell und nicht prinzipiell. Damit war dem Gesetzgeber vor der Rechtsprechungsänderung bekannt, dass die Insolvenzmasse für die Einkommensteuer aus der Verwertung dem Grunde nach einzustehen hat. Eine qualifizierte teleologische Unvollständigkeit der §§ 170, 171 Abs. 2 S. 3 InsO ist nicht festzustellen. Daher kommt eine Analogie der Vorschriften nicht in Betracht.

cc) Die Begründung einer Steuerentrichtungspflicht gemäß § 34 Abs. 3 i.V.m. Abs. 1 AO

(1) Grundsätze zur Einkommensteuerentrichtungspflicht des Zwangsverwalters aus dem Verwaltungsvermögen

Die Begründung einer wirtschaftlichen Steuerlast der Absonderungsberechtigten kann sich aus § 34 Abs. 3 i.V.m. Abs. 1 AO ergeben. Anlass für diese Überlegung gibt eine Entscheidung des IX. Senates des Bundesfinanzhofes. Mit der Entscheidung vom 10.02.2015[1355] – bestätigt durch den Beschluss vom 07.01.2019[1356] – hat der IX. Senat für eine vergleichbare Fallgestaltung, in der eine inkongruente Einkommensteuerbelastung der Insolvenzmasse entgegen der Leistungsfähigkeit zu beobachten ist, Abhilfe geschaffen. Der Entscheidung liegt folgender Sachverhalt zugrunde: Zum Zeitpunkt der Insolvenzeröffnung stehen mehrere Grundstücke des Insolvenzschuldners unter einer Zwangsverwaltung. Diesbezüglich erzielt der Zwangsverwalter nach Insolvenzeröffnung Einnahmen aus Vermietung und Verpachtung. Vergleichbar mit der oben beschriebenen

[1353] *Kahlert/Kayser/Bornemann*, Perspektiven für eine kohärente und praxisgerechte Verzahnung von Steuer- und Insolvenzrecht, Rn. 553.

[1354] Vgl. *Looschelders/Roth*, Juristische Methodik, S. 281.

[1355] BFH vom 10.02.2015, IX R 23/14, BStBl. II 2017, 367.

[1356] BFH vom 07.01.2019, IX B 79/18, ZInsO 2019, 456.

Problemlage fließen die Erträge aus der Vermietung und Verpachtung den Zwangsvollstreckungsgläubigern zu. Der Insolvenzschuldner trägt jedoch die Steuerlast dieser Einkünfte, ohne aus der Zwangsversteigerung bereichert zu sein.

Für diesen Fall nimmt der Bundesfinanzhof an, der Zwangsverwalter habe die Einkommensteuer hinsichtlich der von ihm erzielten Einkünfte aus Vermietung und Verpachtung aus der Verwaltungsmasse zu entrichten.[1357] Er trete gemäß § 34 Abs. 3 i.V.m. Abs. 1 AO als weiterer Steuerpflichtiger neben den Steuerschuldner, soweit seine Verwaltungsbefugnis aus dem Zwangsversteigerungsgesetz reiche.[1358] Habe der Zwangsverwalter als Vermögensverwalter Steuern des Vollstreckungsschuldners gemäß § 34 Abs. 3 i.V.m. Abs. 1 AO zu entrichten, richte sich der Einkommensteueranspruch des Fiskus nur gegen das liquide Sondervermögen aus der Zwangsverwaltung.[1359] Mit der damit begründeten Entrichtungspflicht des Zwangsverwalters seien Verzerrungen zwischen den Gläubigern zu vermeiden, da die Einkommensteuer derjenigen Masse zugeordnet werde, aus deren Verwaltung sie entstanden sei.[1360] Es sei kein Grund ersichtlich, weshalb die absonderungsberechtigten Gläubiger aus der Zwangsverwaltung die Erlöse vereinnahmen und die Insolvenzgläubiger die darauf entfallende Einkommensteuer tragen sollen.[1361]

Der Bundesfinanzhof begründet die Entrichtungspflicht des Zwangsverwalters gemäß § 34 Abs. 3 i.V.m. Abs. 1 AO anhand von drei Voraussetzungen: *Erstens* entstehe durch den Beschluss über die Anordnung der Zwangsverwaltung eine gesonderte Vermögensverwaltung: Mit der Beschlagnahme werde der unter Zwangsverwaltung stehende Grundbesitz vom übrigen Vermögen des Schuldners abgetrennt, sodass dieses ein Sondervermögen bilde, welches den Vollstreckungsgläubigern zur Sicherung ihres Befriedigungsrechtes zur Verfügung stehe. *Zweitens* bestehe ein spezifischer Zusammenhang zwischen dem Entstehen der Einkommensteuer und den dem Zwangsverwalter übertragenen Aufgaben und Befugnisse:

[1357] Diesbezüglich gibt der Bundesfinanzhof seine Rechtsprechung vom 22.08.1958, VI 157/57, DB 1958, 1203 auf. Er schließt sich neueren Entscheidungen des II. und V. Senates zur Entrichtungspflicht des Zwangsverwalters für die aus seiner Verwaltertätigkeit entstehenden Umsatz- und Kraftfahrzeugsteuern an. BFH vom 01.08.2012, II R 28/11, BStBl. II 2013, 131; BFH vom 18.10.2001, V R 44/00, BStBl. II 2002, 171.

[1358] BFH vom 10.02.2015, IX R 23/14, BStBl. II 2017, 367 (367). Insoweit bestätigt durch das Urteil des FG Düsseldorf vom 03.05.2017, 15 K 2669/15 E, NZI 2017, 986 (986 f.).

[1359] BFH vom 10.02.2015, IX R 23/14, BStBl. II 2017, 367 (368).

[1360] BFH vom 10.02.2015, IX R 23/14, BStBl. II 2017, 367 (371).

[1361] BFH vom 10.02.2015, IX R 23/14, BStBl. II 2017, 367 (371).

Die Begründung von Mietverhältnissen sei Wesensmerkmal der Zwangsverwaltung und führe zu einkommensteuerrechtlichen Einnahmen aus Vermietung und Verpachtung. *Drittens* sei die Einkommensteuer ein tauglicher Abzugspunkt aus den vom Zwangsverwalter generierten Einnahmen: Gemäß §§ 155 Abs. 1, 156 Abs. 1 S. 1 ZVG habe der Zwangsverwalter die Kosten, welche er zur Erfüllung seiner ihm aus § 152 ZVG zugewiesenen Verpflichtungen aufwenden müsse, vorweg zu berichtigen. Aus dem Wortlaut sei nicht zu erkennen, dass die anfallende Einkommensteuer nicht zu diesen Verwaltungs- und Bewirtschaftungskosten zähle.

(2) Übertragbarkeit der Grundsätze auf die Vorabbefriedigung der absonderungsberechtigten Gläubiger?

Die Entscheidung des Bundesfinanzhofes vom 10.02.2015[1362] beschäftigt sich eingehend mit der Anordnung des § 34 Abs. 3 i.V.m. Abs. 1 AO. Im Ergebnis hat der Vermögensverwalter die aus seiner Verwaltung herrührenden Steuern aus der Verwaltungsmasse zu entrichten. Aufgrund der Vergleichbarkeit der Problemlage hinsichtlich der inkongruenten Steuerbelastung stellt sich die Frage, ob die Überlegungen des Bundesfinanzhofes auf die Besteuerung des Insolvenzschuldners nach Vorabbefriedigung der absonderungsberechtigten Gläubiger zu übertragen sind.[1363] Diesbezüglich ist zu klären, ob der Insolvenzverwalter nur für die Abwicklung der Absonderungsrechte nochmals isoliert eine Vermögensverwaltung im Sinne des § 34 Abs. 3 i.V.m. Abs. 1 AO vornimmt, im Zuge derer die Einkommensteuer gesondert zu bereinigen ist. Es ist zu überprüfen, ob durch die Verwertung des Absonderungsguts eine Sondermasse zu bilden ist, aus welcher die Einkommensteuer bevorzugt berichtigt werden kann.

Eine solche Sondermasse wird jedoch bei der Verwertung von Absonderungsgut nicht gebildet. Die Insolvenzordnung sieht keine weitere Aufteilung des Schuldnervermögens für die Verteilung des Absonderungsgutes vor. Unterschieden wird allein zwischen der Insolvenzmasse und dem privaten, insolvenzfreien Vermögen des Schuldners. Im Vergleich zur Zwangsversteigerung nach dem Zwangsversteigerungsgesetz entsteht durch die Anordnung des Versteigerungsbeschlusses keine Beschlagnahme, vgl. § 173 S. 1 ZVG. Vielmehr umfasst der Insolvenzbeschlag bei Insolvenzeröffnung bereits das gesamte Vermögen des Schuldners, an welchem der Insolvenzverwalter das Verwaltungs- und Verfügungsrecht erwirbt, §§ 35 Abs. 1, 80 Abs. 1 InsO. Durch den Eröffnungsbeschluss des

[1362] BFH vom 10.02.2015, IX R 23/14, BStBl. II 2017, 367.

[1363] Zu diesem Gedanken regt *Schmittmann*, ZfIR 2015, 545 (552) an.

Insolvenzgerichts wird das schuldnerische Vermögen hoheitlich verstrickt und ist bereits vom Insolvenzbeschlag erfasst.[1364]

Allein in wirtschaftlicher Hinsicht kann in dem an die Absonderungsberechtigten zu verteilenden Erlös eine Sondermasse zu erblicken sein. Es besteht rechtlich aber nur ein allgemeines insolvenzbefangenes Sondervermögen zur Befriedigung der Insolvenzgläubiger. Es gibt nur *die eine* Insolvenzmasse. Im Ergebnis ist der Begründungsansatz des Bundesfinanzhofes zur Steuerentrichtungspflicht des Zwangsverwalters aus § 34 Abs. 3 i.V.m. Abs. 1 AO nicht auf die inkongruente Steuerbelastung der Insolvenzmasse bei der Vorwegbefriedigung der absonderungsberechtigten Gläubiger zu übertragen.

dd) Zwischenergebnis

Soweit versucht wurde, die Steuerlast denjenigen aufzuerlegen, die von dem Erlös der Veräußerung profitieren, bleibt festzuhalten, dass das geltende Recht eine solche Steuerbelastung der Absonderungsberechtigten nicht vorsieht. Sowohl eine Analogie zu §§ 170, 171 Abs. 2 S. 3 InsO als auch die Begründung einer Steuerentrichtungspflicht gemäß § 34 Abs. 3 i.V.m. Abs. 1 AO kann nicht gebildet werden. Etwaige Bemühungen, diese Fallkonstellation unter der von der Rechtsprechung verwandten Auslegung sach- und interessensgerecht aufzulösen, scheitern.

Daher gilt es früher ansetzen: Kann die Auslegung der insolvenzrechtlichen Begründetheit nach der vollständigen Verwirklichung des steuerrechtlichen Tatbestandes richtig sein, wenn mit dieser die Fallkonstellation um die Veräußerung eines Absonderungsguts nicht interessensgerecht aufzulösen ist? Es stellt sich daher die Frage, ob eine befriedigende Lösung besteht, wenn die insolvenzrechtliche Begründetheit nach anderen Maßstäben ausgelegt wird.

b) Die Anpassung der Auslegung zur insolvenzrechtlichen Begründetheit als Problemlösung

Bestimmt man die Begründetheit der Steuerforderung nach dem ihr zugrunde liegenden zivilrechtlichen Sachverhalt oder nach der wesentlichen, nach anwartschaftsrechtlichen Grundsätzen gesicherten Tatbestandsverwirklichung, zeigt sich eine systemgerechte Lösung im Rahmen der Einkommensbesteuerung aus der Vorabbefriedigung der

[1364] *Lüdtke*, in Hamburger Kommentar, InsO, § 35, Rn. 6; *Peters*, in MünchKomm, InsO, § 35, Rn. 22; *Smid*, Insolvenzrecht, § 1, Rn. 100.

Absonderungsberechtigten.[1365] Verlangt man in diesem Sinne für die insolvenzrechtliche Begründetheit der Steuerforderung einen geringeren Verwirklichungsgrad, ist die Einkommensteuer aus der Realisierung der stillen Reserven nicht in Gänze als Masseverbindlichkeit zu qualifizieren.[1366] Die Einkommensteuer ist eine Insolvenzforderung, soweit die stillen Reserven vor Insolvenzeröffnung vom Insolvenzschuldner angesammelt wurden.[1367] Legt man diese insolvenzrechtliche Qualifikation der Einkommensteuer zugrunde, entsteht für die Masse nach der Vorabbefriedigung der absonderungsberechtigten Gläubiger zwar weiterhin eine Einkommensteuerbelastung, der keine äquivalente Vermögensmehrung gegenübersteht. Allerdings ist diese inkongruente Einkommensteuerbelastung aus der Veräußerung des Grundstücks deutlich abgeschwächt:[1368] Die Steuerforderung ist zum Großteil als Insolvenzforderung zur Tabelle anzumelden und lediglich quotal zu befriedigen. Nur für die im Vorverfahren und nach Insolvenzeröffnung außerbilanziell entstandenen Wertsteigerungen ist eine Masseverbindlichkeit anzunehmen, §§ 55 Abs. 1 Nr. 1, 2. Var. und

---

1365 *Frotscher*, Besteuerung bei Insolvenz, S. 163; *Kahlert/Kayser/Bornemann*, Perspektiven für eine kohärente und praxisgerechte Verzahnung von Steuer- und Insolvenzrecht, Rn. 562; *Meyer/Verfürth*, BB 2007, 862 (865); *Onusseit/Kunz*, Steuern in der Insolvenz, Rn. 532; *Roth*, Insolvenzsteuerrecht, Rn. 4.18.

1366 So die überwiegende Literaturmeinung: *Boochs/Dauernheim*, Steuerrecht in der Insolvenz, S. 93; *Ehricke/Behme*, in MünchKomm, InsO, § 38, Rn. 81a; *Frystatzki*, EstB 2004, 88 (89); *Kahlert*, FR 2014, 731, (742); *Kahlert/Kayser/Bornemann*, Perspektiven für eine kohärente und praxisgerechte Verzahnung von Steuer- und Insolvenzrecht, Rn. 493 ff., 562; *Kießling*, Besteuerung der insolventen Personengesellschaft, S. 316; *Meyer*, in FS 100 Jahre BFH, Bd. I, S. 659 (670); *Meyer/Verfürth*, BB 2007, 862 (865); *Onusseit*, ZInsO 2003, 677 (680); *Onusseit/Kunz*, Steuern in der Insolvenz, Rn. 523; *Petersen/Winkelhog*, in Insolvenzsteuerrecht, Kap. 4, Rn. 101; *Roth*, Insolvenzsteuerrecht, Rn. 4.17; *Roth*, FR 2013, 441 (447); *Sämisch/Adam*, ZInsO 2010, 934 (937).

1367 A. A. *Frotscher*, Besteuerung bei Insolvenz, S. 166, der hinsichtlich der gesamten Steuerforderung eine Insolvenzforderung annimmt. Zur Begründung führt er an, dass die rechtliche Zuordnung durch das Absonderungsrecht so stark wirke, dass auch die nach Eröffnung des Insolvenzverfahrens entstandenen stillen Reserven nicht der Masse zuzuordnen seien. Die nach Verfahrenseröffnung angesammelten stillen Reserven seien vor Eröffnung des Insolvenzverfahrens begründet, weil sie durch das zu diesem Zeitpunkt bestehende Absonderungsrecht mit dem vorinsolvenzlichen Vermögen verbunden seien. Etwas anderes solle nur dann gelten, soweit ein Verwertungserlös zur Masse fließe. Denn der Verwertungserlös, welcher zu der Masse gelangt, sei nicht mehr von dem Absonderungsrecht und der ihr zugrundeliegenden dinglich gesicherten Forderung gedeckt. In diesen Fall sei eine Masseverbindlichkeit anzunehmen, soweit die stillen Reserven nach Verfahrenseröffnung entstanden sind.

1368 *Kahlert/Kayser/Bornemann*, Perspektiven für eine kohärente und praxisgerechte Verzahnung von Steuer- und Insolvenzrecht, Rn. 497.

55 Abs. 4 InsO.[1369] Wird im obigen Beispiel die Insolvenzquote mit 5 % angesetzt, sind aus der Masse lediglich 25.000 € der ursprünglich auf den Nennwert von 500.000 € zu beziffernden Einkommensteuerforderung zu entrichten. Aus dem gesamten Veräußerungsvorgang verbleibt der Masse nach Vorwegbefriedigung der Absonderungsberechtigten und nach Bereinigung der Einkommensteuer ein positiver Saldo in Höhe von 675.000 €.

Das Dilemma löst sich auf: Das dogmatische Korrektiv einer teleologischen Reduktion, die wertvernichtende Freigabe eines werthaltigen Vermögensgegenstands und der daran anknüpfende Konflikt mit der Restschuldbefreiung erübrigen sich, da der Veräußerungsvorgang in seiner Gesamtbetrachtung massemehrungsfördernd wirkt.

VI. Die Begriffsbestimmung der Insolvenzmasse gemäß § 35 Abs. 1 InsO als Tatbestandsmerkmal einer Masseverbindlichkeit gemäß § 55 Abs. 1 Nr. 1 InsO

1. Einführung

Der Tatbestand des ***§ 55 Abs. 1 Nr. 1 InsO*** hat im Wesentlichen zwei Tatbestandsvoraussetzungen. Erstens bedarf es einer Verwaltungsmaßnahme und zweitens muss sich diese Verwaltungsmaßnahme auf Vermögenswerte der Insolvenzmasse beziehen. Bislang wurde sich vordergründig mit der ersten Tatbestandsvoraussetzung der Verwaltungsmaßnahme beschäftigt, indem anhand von Fallgruppen untersucht wurde, inwieweit der Insolvenzverwalter an der Verwaltungsmaßnahme beteiligt sein muss. Für die erste Tatbestandsvariante bedarf es einer aktiven Beteiligung; die zweite Tatbestandsvariante „in sonstiger Weise“ setzt zumindest eine Einflussmöglichkeit des Insolvenzverwalters voraus. Im Folgenden ist sich nunmehr der zweiten Tatbestandsvoraussetzung zu widmen. Zu untersuchen ist, wie die Insolvenzmasse gemäß § 35 Abs. 1 InsO, also das dem Insolvenzschuldner bei Verfahrenseröffnung zustehende Vermögen definiert wird. Mit der zweiten Tatbestandsvoraussetzung wird also sichergestellt, dass sich die Verwaltungsmaßnahme nur auf Gegenstände der Insolvenzmasse bezieht, die gemäß § 35 Abs. 1 InsO dem Insolvenzbeschlag unterfallen. Soweit kein konkreter Bezug zur Insolvenzmasse besteht, ist keine Masseverbindlichkeit anzunehmen. Insoweit nimmt der § 55 Abs. 1 Nr. 1 InsO explizit Bezug auf die Regelung des § 35 Abs. 1 InsO. § 35 Abs. 1 InsO definiert

[1369] Die Größe dieser Masseverbindlichkeit kann der Insolvenzverwalter aktiv beeinflussen. Um eine Massebelastung gering zu halten, wird er versuchen, den Vermögensgegenstand im Eröffnungsverfahren oder im eröffneten Insolvenzverfahren zu veräußern.

den Begriff der Insolvenzmasse[1370] und bestimmt damit das Haftungssubstrat der Gläubiger.[1371]

Um die Bedeutung der hier vordergründig zu untersuchenden zweiten Tatbestandsvoraussetzung zu verdeutlichen, sei ein Bezug zu bisher thematisierten Fallkonstellationen herzustellen. In dem bisher schwerpunktmäßig besprochenen Fall der Grundstücksveräußerung war die zweite Tatbestandsvoraussetzung unproblematisch: Wenn nämlich der Insolvenzverwalter ein Grundstück nach Verfahrenseröffnung veräußert, ist dieses Grundstück zuvor mit Insolvenzeröffnung dem Insolvenzbeschlag unterfallen, weil es im Eigentum des Schuldners stand. Eine Masseverbindlichkeit liegt gemäß § 55 Abs. 1 Nr. 1, 1. Var InsO vor, weil der Insolvenzverwalter aktiv beteiligt ist und ein zur Insolvenzmasse gehörenden Vermögenswert verwertet. Ähnlich unproblematisch ist die zweite Tatbestandsvariante im Fall der Beteiligung an einer Personengesellschaft. Soweit der Insolvenzschuldner Gesellschafter einer Personengesellschaft ist, stellt dies einen Vermögenswert dar, welcher mit Insolvenzeröffnung gemäß § 35 Abs. 1 InsO in den Insolvenzbeschlag fällt. Sofern die Beteiligung vom Insolvenzverwalter gehalten und nicht freigegeben wird, beruht die Masseverbindlichkeit nach § 55 Abs. 1 Nr. 1, 2. Var InsO darauf, dass die Beteiligung als Teil des Insolvenzbeschlags in sonstiger Weise verwaltet wird.

In der Rechtsprechung gibt es aber Fallgestaltungen, in denen nicht wie bisher der Fokus auf der Verwaltungsmaßnahme, sondern auf der Definition der Insolvenzmasse liegt. Hierzu ist sich im Folgenden insbesondere einem finanzgerichtlichem Urteil zu widmen, in welchem das dem Insolvenzschuldner gehörenden Vermögen gemäß § 35 Abs. 1, 1. Var InsO extensiv nach steuer- und nicht nach insolvenzrechtlichen Grundsätzen bestimmt wird.

[1370] *Ahrens*, in Ahrens/Gehrlein/Ringstmeier, InsO, § 35, Rn. 1.

[1371] *Ries*, in Kayser/Thole, InsO, § 35, Rn. 2. Die Insolvenzmasse umfasst das gesamte Vermögen, das dem Schuldner zurzeit der Insolvenzeröffnung gehört und das er während des Verfahrens erlangt. Ausgenommen sind Gegenstände, die nicht der Zwangsvollstreckung unterliegen, § 36 I–III InsO. Mit Verfahrenseröffnung unterliegen die Vermögenswerte dem Insolvenzbeschlag und dienen der Gläubigerbefriedigung. Der Insolvenzschuldner kann über die Insolvenzmasse nicht mehr verfügen; allein dem Insolvenzverwalter steht zum Schutz der Gläubiger die Verwaltungs- und Verfügungsbefugnis zu, § 80 Abs. 1 InsO.

2. Die Bestimmung des insolvenzrechtlichen Vermögensbegriffs nach steuerrechtlichen Grundsätzen

In der Entscheidung vom 01.06.2016[1372] hatte der X. Senat des Bundesfinanzhofes zu entschieden, ob nach Eröffnung des Insolvenzverfahrens begründete Einkommensteuerforderungen aus Gewinnanteilen einer GbR als Masseverbindlichkeiten zu qualifizieren oder dem insolvenzfreien Vermögen des Insolvenzschuldners zuzuordnen sind. Im Streitfall war der Insolvenzschuldner als Gesellschafter an einer GbR beteiligt. Trotz der Eröffnung des Insolvenzverfahrens über sein Vermögen hielt der Insolvenzschuldner – erklärt durch den Insolvenzverwalter in der Gläubigerversammlung – an der Beteiligung fest; entsprechend überwies die Gesellschaft auf Basis der Beteiligung Gewinne nach Verfahrenseröffnung, welche der Insolvenzverwalter vereinnahmte.

Der Senat qualifiziert die daraus resultierende Steuerforderung als Masseverbindlichkeit. Der Insolvenzverwalter habe die Steuerforderung durch eine Verwaltungsmaßnahme – dem Verwalten der Beteiligung in der Insolvenzmasse – gemäß § 55 Abs. 1 Nr. 1, 2. Var. InsO begründet.[1373] Hintergrund dieser Annahme ist, dass nach Sicht des X. Senates der Gesellschaftsanteil der Personengesellschaft trotz Insolvenz in die Insolvenzmasse fällt und der Insolvenzverwalter selbige verwalten kann.[1374] Zivilrechtlich sei der Insolvenzschuldner mit Insolvenzeröffnung gemäß § 728 Abs. 2 BGB aus der Gesellschaft ausgeschieden.[1375] Zwar gebe es dem Grundsatz nach keine Beteiligung, die einer Verwaltungsmaßnahe unterfällt.[1376] Dieser Umstand werde aber durch eine steuerrechtliche Betrachtung der Insolvenzmasse (§ 35 InsO) überlagert: Aus den Wertungen der §§ 40, 41 AO – wirtschaftliche Betrachtungsweise der Vermögenszuordnung – ergebe sich eine *faktische* Beteiligung des Insolvenzschuldners durch die Fortführung der Geschäftstätigkeiten.[1377] Diese faktische Beteiligung unterliege den Verwaltungsmaßnahmen des Insolvenzverwalters, sodass die aus der Beteiligung resultierende Gewinnzurechnung als Masseverbindlichkeit zu qualifizieren sei.[1378]

[1372] BFH vom 01.06.2016, X R 26/14, BStBl. II 2016, 848.
[1373] BFH vom 01.06.2016, X R 26/14, BStBl. II 2016, 848 (850).
[1374] BFH vom 01.06.2016, X R 26/14, BStBl. II 2016, 848 (851).
[1375] BFH vom 01.06.2016, X R 26/14, BStBl. II 2016, 848 (851).
[1376] BFH vom 01.06.2016, X R 26/14, BStBl. II 2016, 848 (851).
[1377] BFH vom 01.06.2016, X R 26/14, BStBl. II 2016, 848 (851).
[1378] BFH vom 01.06.2016, X R 26/14, BStBl. II 2016, 848 (851).

Dieser Argumentation des Bundesfinanzhofs ist nicht zu folgen. Denn diese Sichtweise durchbricht den insolvenzrechtlichen Grundsatz der haftungsrechtlichen Zuordnung.[1379] Die Annahme einer faktischen Beteiligung an der GbR auf Grundlage der steuerrechtlichen Wertung der §§ 40, 41 AO ist mit dem maßgeblichen Vermögensbegriff des § 35 Abs. 1 InsO nicht zu vereinbaren.[1380] Gemäß § 35 Abs. 1, 1. Var InsO umfasst die Insolvenzmasse das gesamte Vermögen, das dem Schuldner zur Zeit der Eröffnung des Verfahrens gehört. Dies umfasst als Ausfluss des sachenrechtlichen Spezialitätsprinzips in Summe alle geldwerten, körperlichen oder unkörperlichen Rechtsgegenstände.[1381] Vor dem Hintergrund, dass die Insolvenzmasse dazu dient, die ungesicherten Gläubiger im Wege einer bestmöglichen Haftungsverwirklichung zu befriedigen, umfasst der Vermögensbegriff des § 35 Abs. 1 InsO nur geldwerte Vermögenswerte.[1382] Daher meint der Vermögensbegriff des § 35 Abs. 1 InsO wirtschaftliches, sachliches oder materielles und nicht etwa juristisches, rechtliches oder formales Vermögen.[1383] Denn nur aus einem materiellen Vermögen, welches Zugriffsobjekt einer Zwangsvollstreckung sein kann,[1384] können die ungesicherten Gläubiger tatsächlich befriedigt werden.[1385] Insoweit stellen beispielsweise Grundstücke als unbewegliches Vermögen oder Ansprüche des Insolvenzschuldners aus Arbeitseinkommen Vermögen im Sinne des § 35 Abs. 1 InsO dar.[1386]

Wenn allerdings der X. Senat auf eine faktische Beteiligung nach den Wertungen des §§ 40, 41 AO abstellt, verweist er lediglich auf einen rechtlichen Vermögensbegriff. So mag es zwar zutreffend sein, dass nach steuerrechtlichen Grundsätzen unter Berücksichtigung einer wirtschaftlichen Betrachtungsweise in der Beteiligung ein Vermögenswert besteht. Dies ist jedoch für den Tatbestand des § 55 Abs. 1 Nr. 1 InsO, welcher auf den insolvenzrechtlichen Vermögensbegriff des § 35 Abs. 1 InsO verweist, nicht maßgeblich. Denn eine tatsächlich nicht bestehende Gesellschaftsbeteiligung ist nicht vollstreckungsfähig; eine nicht bestehende Gesellschaftsbeteiligung

1379 *Kahlert*, EWiR 2016, 569 (570).

1380 *Kahlert*, EWiR 2016, 569 (570).

1381 *Hirte/Praß*, in Uhlenbruck, InsO, § 35, Rn. 1.

1382 *Hirte/Praß*, in Uhlenbruck, InsO, § 35, Rn. 7.

1383 *Hirte/Praß*, in Uhlenbruck, InsO, § 35, Rn. 6.

1384 *Hirte/Praß*, in Uhlenbruck, InsO, § 35, Rn. 7.

1385 BFH vom 13.04.2011, II R 49/09, BStBl. II 2011, 944 (945); *Hirte/Praß*, in Uhlenbruck, InsO, § 35, Rn. 13; *Peters*, in MünchKomm, InsO, § 35, Rn. 16.

1386 Siehe hierzu die Auflistung der einzelnen Vermögensbestandteile bei *Wimmer*, in Gottwald/Haas, Insolvenzrechts-Handbuch, § 25. Rn. 1 ff.

steht der Haftungsverwirklichung der ungesicherten Gläubiger nicht zur Verfügung. Eine für Steuerzwecke fiktive Beteiligung hat unter zivilrechtlichen Gesichtspunkten keine Entsprechung.[1387] Mit dieser Entscheidung erweitert der X. Senat den insolvenzrechtlichen Vermögensbegriff unzutreffend um die dem Steuerrecht immanente wirtschaftliche Betrachtungsweise. Der insolvenzrechtliche Begriff der Insolvenzmasse wird steuerrechtlich ausgelegt. Nicht das Insolvenzrecht entscheidet nach Sicht des Bundesfinanzhofes über den Umfang des zu verwaltenden Vermögens, sondern das Steuerrecht mit seinen speziellen Grundwertungen zur Vermögenszuordnung.

Interessant ist in diesem Zusammenhang die Entscheidung des II. vom 13.04.2011[1388]: Überzeugend weist *Kahlert*[1389] darauf hin, dass der II. Senat im Rahmen der Kraftfahrzeugsteuer mit der Entscheidung vom 13.04.2011[1390] richtigerweise nicht mehr auf die Rechtsposition der Haltereigenschaft abstellt. Nach geänderter Rechtsprechung[1391] sei für die Begründung einer Masseverbindlichkeit gemäß §§ 55 Abs. 1 Nr. 1, 2. Var., 35 Abs. 1 InsO das Eigentum am Fahrzeug als geldwerter Vermögenswert maßgeblich. Die Rechtsposition der Haltereigenschaft sei kein Vermögen im Sinne des § 35 InsO.[1392] Vermögen des Schuldners seien nämlich – insoweit verweist der II. Senat auf die insolvenzrechtliche Kommentarliteratur zu § 35 InsO – nur vollstreckungsfähige Vermögenswerte; also dessen Sachen, geldwerten Rechte und Güter.[1393] Im Gegensatz zur Entscheidung des X. Senats vom 01.06.2016[1394] legt der II. Senat den Vermögensbegriff des § 35 InsO zutreffend nach insolvenzrechtlichen und nicht nach steuerrechtlichen Wertungen aus.

[1387] *Kahlert*, EWiR 2016, 569 (570).

[1388] BFH vom 13.04.2011, II R 49/09, BStBl. II 2011, 944 (945).

[1389] *Kahlert*, EWiR 2016, 569 (570).

[1390] BFH vom 13.04.2011, II R 49/09, BStBl. II 2011, 944 (945).

[1391] Insoweit ist die bisherige Rechtsauffassung des BFH vom 29.08.2007, IX R 4/07, BStBl. II 2010, 145 als überholt anzusehen,

[1392] BFH vom 13.04.2011, II R 49/09, BStBl. II 2011, 944 (945).

[1393] BFH vom 13.04.2011, II R 49/09, BStBl. II 2011, 944 (945).

[1394] BFH vom 01.06.2016, X R 26/14, BStBl. II 2016, 848.

G. Die Abgrenzung von Insolvenzforderung und Masseverbindlichkeit anhand eines Anwartschaftsgedankens – Ein Begründungversuch für eine insolvenzrechtliche Zuordnung der Steuerforderung

I. Einführung

Vorzugswürdig erscheint es, die insolvenzrechtliche Begründetheit einer Steuerforderung in Anbetracht des Anwartschaftsgedankens zu verstehen. Um von einer im insolvenzrechtlichen Sinne begründeten Forderung zu sprechen, muss die Steuerforderung zumindest soweit verwirklicht sein, dass die wesentlichen Grundlagen des besteuerungswürdigen Lebenssachverhalt verwirklicht sind. Wenn eine vollständig entstandene Forderung unproblematisch als begründet anzusehen ist, bestimmt der Maßstab des Anwartschaftsgedankens die erforderlichen Mindestvoraussetzungen für die Annahme einer begründeten Forderung. Erst wenn die Forderung nach anwartschaftsrechtlichen Gesichtspunkten hinreichend gesichert ist, ist von einer Insolvenzforderung im Sinne des § 38 InsO auszugehen.

In diesem Sinne ist ein Rückgriff auf den Steuertatbestand unentbehrlich. Die Rechtsanwendung der insolvenzrechtlichen Begründetheit erfordert eine konzentrierte Betrachtung des jeweiligen Steuertatbestandes. So ist die Anwendung der insolvenzrechtlichen Begründetheit von einem Zusammenspiel zweier Rechtsgebiete geprägt: Einerseits definiert die Insolvenzordnung durch die Ausgestaltung der Forderungszuordnung die gesamtvollstreckungsrechtliche Teilnahme am Insolvenzverfahren. Andererseits bestimmt dasjenige Recht, welches der einzuordnenden Forderung zugrunde liegt, die vom Insolvenzfall unabhängigen Entstehungsvoraussetzungen. Diese beiden autonom vorzunehmenden Vorgänge bilden die Elemente für die konkrete Rechtsanwendung der insolvenzrechtlichen Begründetheit auf die Steuerforderung. Dahingehend ummanteln die insolvenzrechtlichen Vorgaben den steuerrechtlichen Tatbestand: Unter dem Diktat des Insolvenzrechts ist der Steuertatbestand zu betrachten. Das Insolvenzrecht legt einen bestimmten *Typus* fest, wonach der Steuergläubiger insolvenzrechtlich zu qualifizieren ist. Der Steuertatbestand hat in seinen Besteuerungsgrundlagen und Teilakten den insolvenzrechtlichen

Anforderungen zu entsprechen. Insofern wird der Steuertatbestand für Insolvenzzwecke zerlegt und neu zusammengesetzt. Es gelten nur diejenigen mehraktigen, steuerrechtlichen Voraussetzungen, die unter Anleitung der insolvenzrechtlichen Vorgaben für die Qualifizierung notwendig sind. Der Verwirklichungsgrad und entsprechend der Zeitpunkt der Begründetheit bestimmen sich speziell nach dem individuellen Steuerschuldrecht. Aus diesem Grund ist für die Qualifizierung der Steuerforderung ein abstrakter Obersatz zu definieren, der für alle Arten von Steuerforderungen Gültigkeit beansprucht. Die insolvenzrechtliche Begründetheit einer Steuerforderung ist am Einzelfall zu bestimmen. Daher ist gesondert aus den Besteuerungsgrundlagen des jeweiligen Einzelsteuergesetzes ein Untersatz zu entwickeln, da sich der Belastungszweck, der zu besteuernde Lebenssachverhalt, der Anknüpfungspunkt und dementsprechend die Tatbestandsvoraussetzungen unterscheiden.

Soweit damit der an dieser Stelle vorzugswürdige Mechanismus für der insolvenzrechtlichen Begründetheit einer Steuerforderung umschrieben ist, gilt es fortan eine Begründung für dessen Anwendung zu liefern. Diese Begründung orientiert sich am Auslegungskanon. Unter Zuhilfenahme von Wortlaut, Historie, Genese, Sinn und Systematik ist darzulegen, dass sich die insolvenzrechtliche Begründetheit einer Steuerforderung gemäß § 38 InsO danach bestimmt, wann die Forderung nach anwartschaftsrechtlichen Grundsätzen hinreichend verwirklicht ist. Ziel der nachfolgenden Ausführungen ist es, die qualifizierte Unschärfe des Wortlautes aufzuhellen. Es ist zu versuchen, den nebulösen Gehalt des Begriffshofes hinsichtlich der Mindestvoraussetzungen der erforderlichen Tatbestandsverwirklichung aufzudecken. Soweit der Begriffskern des unbestimmten Rechtsbegriffs der Begründetheit umrissen werden kann, ist es die wesentliche Aufgabe des Rechtsanwenders, den im Zweifel liegenden und erweiternden Bedeutungs- und Anwendungsbereich zu erschließen. Eine normtheoretische Betrachtung eines unbestimmten Rechtsbegriffs wäre in Teilen unvollständig, wenn sie sich nur auf eindeutige das Begriffsverständnis des Begriffskerns beschränken würde. Nachfolgend ist eine Begründung dafür anzuführen, dass die Abgrenzung von Insolvenzforderung und Masseverbindlichkeit anhand eines Anwartschaftsgedankens und einer Typusbetrachtung vorzunehmen ist. Die Begründung vollzieht sich innerhalb des Auslegungskanon.

II. Wortlaut

Ausgangspunkt der Norminterpretation ist der geschriebene Text.[1395] Eine gedankliche Vorstellung lässt sich in Form eines ausformulierten Textes zweckgebunden an einen Adressatenkreis zeitbeständig herantragen. Die Rechtsnorm als ein solches gedankliches Konstrukt ist nur in Sprache auszudrücken.[1396] So ist das geschriebene Wort das Medium für die Übermittlung der gesetzgeberischen Wertentscheidung eines Regelungsbereiches. Der Text ist die authentische Formulierung des Willens des Gesetzgebungsorgans.[1397]

Der Gesetzgeber hat sich entschieden, die Definition der Insolvenzgläubiger in § 38 InsO durch einen vagen, unbestimmten Rechtsbegriff zu regeln, namentlich durch den Terminus der *begründeten Forderungen*. Der Ausdruck ist geprägt von einer Interpretationsoffenheit und einer Konkretisierungsbedürftigkeit. In gradueller Sicht divergieren die Begriffskerne und Begriffshöfe des auslegungsbedürftigen Rechtsbegriffs. Der Begriffshof der Begründetheit weist einen unsicheren Bedeutungsgehalt auf. Interpretationen, nach denen der Rechtsgrund,[1398] die schuldrechtliche Grundlage,[1399] der Schuldrechtsorganismus,[1400] eine Forderungsanwartschaft,[1401] der Abschluss des materiellrechtlichen,[1402] anspruchsbegründenden[1403] oder eines sachlich-rechtlichen[1404] Tatbestandes die Begründetheit charak-

---

1395 BVerfG vom 10.01.1995, 1 BvR 718/89, BVerfGE 92, 1 (12); BGH vom 03.02.1960, 4 StR 562/59, BGHSt 14, 116 (118); BGH vom 30.06.1966, KZR 5/65, BGHZ 46, 74 (76); *Larenz,* Methodenlehre der Rechtswissenschaft, S. 320.

1396 RG vom 25.03.1891, I 11/91, RGZ 27, 409 (411): „Der Gesetzgeber kann nur in einer Sprache sprechen, durch Publikation des Gesetzes“.

1397 *Looschelders/Roth,* Juristische Methodik, S. 22.

1398 *Bornemann*, in Frankfurter Kommentar, InsO, § 38, Rn. 18; *Ehricke/Behme*, in MünchKomm, InsO, § 38, Rn. 16.

1399 BGH vom 22.09.2011, IX ZB 121/11, NZI 2011, 953 (954); *Sinz,* in Uhlenbruck, InsO, § 38, Rn. 26.

1400 *Bornemann*, in Frankfurter Kommentar, InsO, § 38, Rn. 18; *Ehricke/Behme*, in MünchKomm, InsO, § 38, Rn. 16.

1401 *Büteröwe,* in K. Schmidt, InsO, § 38, Rn. 16; *Eckardt,* in Kölner Schrift zur InsO, S. 746 f.; *Klopp/Kluth/Pechartscheck*, in Gottwald/Haas, Insolvenzrechts-Handbuch, § 19, Rn. 16; *Lüdtke,* in Hamburger Kommentar, InsO, § 38, Rn. 30; *Ries*, in Kayser/Thole, InsO, § 38, Rn. 27.

1402 BGH vom 07.04.2005, IX ZB 195/03, ZInsO 2005, 484 (485); BGH vom 22.09.2011, IX ZB 121/11, NZI 2011, 953 (953).

1403 *Bäuerle,* in Braun, InsO, § 38, Rn. 5; *Büteröwe,* in K. Schmidt, InsO, § 38, Rn. 16; *Sinz,* in Uhlenbruck, InsO, § 38, Rn. 26.

1404 *Hess*, in Hess, InsO, § 38, Rn. 11.

terisieren, geben eine Richtung vor. Die Außengrenze des erforderlichen Verwirklichungsgrades ist jedoch weiterhin schwierig zu bestimmen: Als weiteste Auslegungsmöglichkeit für die Annahme einer Insolvenzforderung kommt in Betracht, dass lediglich wenige Teile der Forderung verwirklicht sein müssen. In Fällen, in denen die zu untersuchende Forderung weder vollständig vor noch vollständig nach Insolvenzeröffnung entstanden, ist unklar, unter welchen Voraussetzungen die teilverwirklichte Forderung als begründet anzusehen ist. Allein aus dem Wortlaut ist nicht zu entnehmen, welcher Verwirklichungsgrad der Forderung die Rechtsfolge auslöst. Letztlich wirkt sich die qualifizierte Unschärfe des Wortlautes unmittelbar auf die Rechtsanwendung aus. Die Mindestanforderungen, die wenigstens erfüllt sein müssen, um die Rechtsfolgen rund um die Annahme einer Insolvenzforderung auszulösen, sind aus dem Wortlaut nicht erkennbar. Es lassen sich allenfalls vage Annäherungen aufstellen, wenn beispielsweise auf einen Schuldgrund oder eine wesentliche Tatbestandsverwirklichung verwiesen wird. Insoweit ergeben sich aus dem Wortlaut aber selbst keine für die Praxis handhabbaren Kriterien, mit denen ihr die Rechtsanwendung erleichtert wird. Soweit allerdings die Bestimmung der Außengrenze des Begriffshofes für die Subsumtion des unbestimmten Rechtsbegriffs maßgeblich ist[1405] und ihre Konkretisierung die Grenze der gesamten Gesetzesauslegung darstellt,[1406] kann es bei der Feststellung der Unergiebigkeit des Wortlautes nicht verbleiben. Vielmehr ist eine Rückversicherung der weiten, eher unscharfen Wortlauslegung ist zu bemühen.[1407] Mithilfe einer weiteren Auslegung ist die Außengrenze des Begriffshofs der insolvenzrechtlichen Begründetheit näher zu bestimmen. Im Auftrage eines denkenden Gehorsams ist mittels Rechtsanwendung eine Vervollkommnung des unvollkommenen Textes zu entwickeln.[1408] Unbestimmte Rechtsbegriffe sind über die Wortlautauslegung hinaus näher zu konkretisieren.[1409]

[1405] *Looschelders/Roth,* Juristische Methodik, S. 135.

[1406] BVerG vom 27.11.1990, 1 BvR 402/87, BVerfGE 83, 130 (144); BVerG vom 20.10.1992, 1 BvR 698/89, BVerfGE 87, 209 (224); *Bydlinski,* Juristische Methodenlehre, S. 441; *Larenz,* Methodenlehre der Rechtswissenschaft, S. 322; *Zippelius,* Juristische Methodenlehre, S. 39.

[1407] Vgl. *Looschelders/Roth,* Juristische Methodik, S. 25.

[1408] *Tipke,* in Handwörterbuch unbestimmter Rechtsbegriffe, S. 9.

[1409] BVerG vom 11.11.1999, 2 BvF 2/98, BVerfGE 101, 158 (1. Leitsatz).

III. Historie

Im Rahmen der historischen Auslegung ist zu untersuchen, ob sich aus den zeitgeschichtlichen Rahmenbedingungen Indizien für eine Konkretisierung des unbestimmten Rechtsbegriffs ergeben.[1410] Hinweise auf den objektivierten Willen des Gesetzgebers sind dem Entwicklungs- und Entstehungskontext zu entnehmen. Der damalige Wissensstand zur Behandlung der insolvenzrechtlichen Begründetheit bildet die Prämisse des entwicklungsgeschichtlichen Hintergrundes.

Normvorläufer des § 38 InsO waren die §§ 3 Abs. 1 KO, 25 Abs. 1 VerglO.[1411] Die Vorschrift des § 38 InsO wurde diesen Vorschriften wortgleich nachgebildet.[1412] Demzufolge handelt es sich bei § 38 InsO um einen überlieferten Rechtssatz[1413] mit traditionellem Gehalt[1414], welcher an eine Regelungstradition anknüpft und selbige fortschreibt.[1415] Aus dieser Tatsache ist zu schlussfolgern, dass sich die insolvenzrechtliche Begründetheit durch die Kodifizierung der Insolvenzordnung[1416] inhaltlich nicht geändert hat und die durch Literatur und Rechtsprechung gezogenen Grenzen nicht anders als bisher zu bestimmen sind.[1417] Es ist davon auszugehen, dass der Gesetzgeber mit der damaligen Sicht einverstanden und die Begründetheit

1410 *Looschelders/Roth,* Juristische Methodik, S. 154.

1411 Chronologisch betrachtet wurde das Tatbestandsmerkmal der Begründetheit als Forderungsabgrenzungskriterium im Rahmen der Konkursordnung (10.02.1877, RGBl. I S. 351) in § 3 I KO als erstes verwandt. In der Vergleichsordnung vom 05.07.1927 (RGBl. I S. 139) diente die Begründetheit ebenfalls als Abgrenzungskriterium. In § 2 VerglO 1927 wurde auf § 3 I KO verwiesen, dass Vergleichsgläubiger diejenigen Gläubiger seien, die nicht bevorrechtigte Konkursgläubiger nach der KO sind. In der am 26.02.1935 verabschiedeten Vergleichsordnung (RGBl. I S. 321) wird in § 25 I VerglO 1935 nunmehr direkt auf die Begründetheit als Abgrenzungsmerkmal zurückgegriffen. Die Verweisung auf die Konkursordnung wurde aufgehoben. *Vogels*, Vergleichsordnung, § 25, S. 176.

1412 § 3 I KO: Die Konkursmasse dient zur gemeinschaftlichen Befriedigung aller persönlichen Gläubiger, welche einen zur Zeit der Eröffnung des Verfahrens begründeten Vermögensanspruch an den Gemeinschuldner haben (Konkursgläubiger). § 25 I VerglO: An dem Vergleichsverfahren sind, soweit dieses Gesetz nichts anderes bestimmt, alle persönlichen Gläubiger des Schuldners beteiligt, die einen zur Zeit der Eröffnung des Verfahrens begründeten Vermögensanspruch gegen ihn haben (Vergleichsgläubiger).

1413 Vgl. BVerfG vom 18.12.1953, 1 BvR 230/51, BVerfGE 3, 248 (252).

1414 Vgl. *Engisch,* Einführung in das juristische Denken, S. 120 f.

1415 Vgl. *Zippelius/Würtenberger*, Deutsches Staatsrechts, § 7, Rn. 13.

1416 Insolvenzordnung vom 05.10.1994 (BGBl. I S. 2866). Inkraftgetreten am 01.01.1999.

1417 Vgl. BVerfG vom 18.12.1953, 1 BvR 230/51, BVerfGE 3, 248 (252).

nach dem damaligen Verständnis auszulegen ist.[1418] Es ist zu ergründen, wie die Normvorläufer jener Zeit ausgelegt wurden.

Inhaltlich zeigte sich bei den §§ 3 Abs. 1 KO, 25 Abs. 1 VerglO ebenfalls ein vages Begriffsverständnis. Die Außengrenzen des Begriffshofes waren nicht klar konkretisiert. Enge Begriffsbestimmungen verlangen jeweils vollständiges Entstehen,[1419] Bestehen[1420] oder die Fälligkeit[1421] der Forderung. Andere verlangen die Verwirklichung sämtlicher Momente des Tatbestandes und seiner obligierenden Tatsachen vor Verfahrenseröffnung.[1422] Weit umfassender wird die Begründetheit mit dem Bestehen eines Rechtsgrundes,[1423] eines Schuldrechtsorganismus,[1424] der rechtlichen Grundlage[1425] oder der Verwirklichung der sachlich-rechtlichen,[1426] wesentlichen,[1427] primär umfangbestimmenden juristischen[1428] oder typischen[1429] Tatbestandselemente umschrieben. Von der Begründetheit seien auch betagte oder bedingte Forderungen erfasst, die erst nach Verfahrenseröffnung in einen Vermögensanspruch umschlagen.[1430] Es werde des Weiteren erwogen, die Begriffsbestimmung der Begründetheit habe sich am Wesen des

---

[1418] Vgl. BGH vom 13.01.1993, VIII ARZ 6/92, BGHZ 121, 116 (120).

[1419] *Hellmann,* Lehrbuch des deutschen Konkursrechts, S. 206 ergänzt, eine Forderung sei begründet, wenn allein die Geltendmachung der Forderung aufschiebend bedingt sei.

[1420] *Aufseß*, Konkursrecht und Konkursverfahren, S. 34; *Haegele/Hess/Theobald*, Konkurs, Vergleich, Gläubigeranfechtung, Rn. 478; *Lent*, in Jaeger, KO, § 3, Rn. 15; *Wilmowksi,* Deutsche Konkursordnung, S. 49.

[1421] BFH vom 26.03.1971, VI R 285/69, BStBl. II 1971, 582 (583) aufgegeben durch BFH vom 14.10.1977, III R 111/75, BStBl. II 1978, 204 (205).

[1422] *Oetker*, Konkursrechtliche Grundbegriffe, S. 149.

[1423] BGH vom 06.11.1978, VIII ZR 179/77, BGHZ 72, 263. Der Senat stellt klar, dass der Anspruch des Vermieters auf Erstattung der durch die Abholung der Sache entstehenden Kosten eine Konkursforderung ist. Die Pflicht ergebe sich aus dem vor Insolvenzeröffnung bestehenden Mietvertrag. Auf das letztliche Auslösen des Anspruchs durch Kündigung nach Verfahrenseröffnung komme es nicht an. Der Rechtsgrund des Anspruchs sei vor Verfahrenseröffnung gelegt. In diesem Sinne judiziert auch der Große Senat des BAG vom 13.12.1978, GS 1/77, BAGE 31, 176, der Ansprüche aus einem Sozialplan auf Abfindung des Verlustes des Arbeitsplatzes den Konkursforderungen zuweist. Die Grundlage des Abfindungsanspruches sei vor Verfahrenseröffnung gelegt worden. Auf den Beschluss des Sozialplans nach Verfahrenseröffnung komme es nicht an.

[1424] *Kilger/K. Schmidt*, KO/VglO/GesO, § 3, S. 40; *Kuhn/Uhlenbruck*, KO, § 3, Rn. 11.

[1425] *Mohrbutter,* Handbuch des Vollstreckungs- und Insolvenzrechts, § 68, S. 676 f.

[1426] *Hess,* in Hess, KO, § 3, Rn. 4.

[1427] *De Boor/Erkel*, Zwangsvollstreckung, Konkurs und Vergleich, S. 134.

[1428] *Grimm*, Begründete Vermögensansprüche, S. 35 f.

[1429] *Schießer*, Ansprüche nach dem Insolvenzrecht, S. 44.

[1430] *Gerhardt,* Grundbegriffe des Vollstreckungs- und Insolvenzrechts, Rn. 240.

Vermögensanspruchs zu orientieren: Konkurs bedeute Haftungsverwirklichung, sodass ein Vermögensanspruch begründet sei, wenn der Gemeinschuldner für diesen potenziell hafte.[1431] Eine konkrete *Aktualisierung* der Haftung sei nicht gefordert.[1432]

Im Ergebnis gab es keine konsensfähige Definition des unbestimmten Rechtsbegriffs. Hinweise auf eine allgemein zu bestimmende Grenze des Begriffshofes lassen sich mit diesen Interpretationen nur schwer gewinnen. Eine einheitliche Abgrenzung der Insolvenzforderung von der Masseverbindlichkeit für alle Rechtsgründe wurde nicht vorgenommen. Aufgrund dessen hat sich mit der Zeit eine Kasuistik entwickelt, die sich von einer allgemeinen und übergreifenden Forderungsbestimmung entfernt. Die Begründetheit von sich im Entstehungsprozess befindenden Forderungen wurde durch die Festlegung von Fallgruppen und die Entscheidung von Einzelfällen für den Rechtsanwender praktikabel.[1433] Damit lässt sich aus der historischen Betrachtung der Schluss ziehen, dass der Ursprung für die Entwicklung der heutigen Abgrenzungsprobleme bereits in den Vorgängergesetzen der InsO liegt. Durch eine wortgleiche Übernahme eines grob umrissenen Rechtsbegriffs in ein Anschlussgesetz hat sich das Abgrenzungsproblem fortentwickelt. Bestehende Unsicherheiten wurden in das neue Gesetz hineingetragen. Durch die wortlautgetreue Übernahme der Begründetheit transferiert der Gesetzgeber das unklare Begriffsverständnis samt der ihr zugrundeliegenden Fallgruppen in die Insolvenzordnung.

IV. Genese

Zudem sind im Wege einer genetischen Untersuchung die Gesetzgebungsmaterialien und die veröffentlichten Motive des Gesetzgebungsverfahren als Auslegungshilfen heranzuziehen.[1434] Die der Norm zugrunde liegende Wertentscheidung des Gesetzgebers ist herauszufiltern.[1435]

In den Gesetzesmaterialien zu § 2 VerglO 1927 findet sich keine nähere Definition. Es wird in den Materialien darauf hingewiesen, dass in dem

[1431] *Bley/Mohrbutter*, VerglO, § 25, Rn. 32.

[1432] *Bley/Mohrbutter*, VerglO, § 25, Rn. 32.

[1433] Hierzu die Einzelfälle bei *Lent,* in Jaeger, KO, § 3, Rn. 16 ff.; *Kuhn/Uhlenbruck*, KO, § 3, Rn. 11. Auch *Baur/Stürner*, Insolvenzrecht, Bd. II, § 11, Rn. 11.9 erläutern den materiellen Gehalt anhand von Beispielen.

[1434] *Bydlinski,* Juristische Methodenlehre, S. 449; *Larenz,* Methodenlehre der Rechtswissenschaft, S. 330; *Zippelius,* Juristische Methodenlehre, S. 42.

[1435] *Looschelders/Roth,* Juristische Methodik, S. 157, 159.

vorbereiteten Verfahren der Vergleichsordnung diejenigen Gläubiger beteiligt und betroffen sind, die der Gemeinschuldner zum Zeitpunkt der Verfahrenseröffnung bereits hat.[1436] Auch in der amtlichen Begründung zu dem neugeschaffenen § 25 Abs. 1 VerglO ist keine Konkretisierung erfolgt.[1437] Ferner geben die Materialien zur Insolvenzordnung nur den Hinweis, die Begründetheit stimme inhaltlich mit der aus §§ 3 Abs. 1 KO, 25 Abs. 1 VerglO überein.[1438]

Im Übrigen lassen sich aus der Tatsache, dass mit Insolvenzordnung die Vorrechte aus § 61 Abs. 1 KO abgeschafft worden sind,[1439] auch keine Rückschlüsse auf das Begriffsverständnis der Begründetheit entnehmen. Denn diese Abschaffung hat keine Auswirkung auf die grundsätzliche Abgrenzung von Insolvenzforderung und Masseverbindlichkeit und mithin auf das Begriffsverständnis der insolvenzrechtlichen Begründetheit. Denn auch unter der Geltung der Konkursvorrechte war eine Forderung auf ihre Begründetheit zu überprüfen und entsprechend als Insolvenzforderung zu qualifizieren. Erst in einem zweiten, nachfolgenden Schritt war zu klären, ob die Insolvenzforderung unter den zusätzlichen Voraussetzungen des § 61 Abs. 1 KO als eine bevorrechtigte Insolvenzforderung einzuordnen ist.[1440] Vor dem Hintergrund betonen die Gesetzesmaterialien, dass die Vorrechte allein in Ansehung einer besseren Haftungsverwirklichung abgeschafft worden sind. Maßgeblich war es das Bestreben die Quoten der Insolvenzgläubiger aufzubessern.[1441]

Interessant und für die Konkretisierung ergiebig sind allerdings die Gesetzesmaterialien zu § 3 Abs. 1 KO. Eine Forderung ist nach der amtlichen Begründung zur Konkursordnung insolvenzrechtlich begründet, wenn sie zum Zeitpunkt der Insolvenzeröffnung noch nicht *perfekt* ist und ihre

---

1436 *Lucas,* Die Vergleichsordnung 1927, S. 22.

1437 Es wird klargestellt, dass der sachliche Inhalt der Vorschrift mit dem der Fiktion aus § 2 S. 1 VerglO 1927 identisch ist. Aus Klarstellungsgründen zur Vermeidung von Zweifeln werden die Gläubigergruppen ohne Verweisung direkt definiert. Reichsjustizministerium, Entwurf einer Vergleichsordnung, S. 47, 63; *Bley/Mohrbutter*, VerglO, § 25, Rn. 1.

1438 BT-Drucks. XII/2443, S. 123.

1439 BT-Drucks. XII/2443, S. 90.

1440 *Kahlert/Rühland,* Sanierungs- und Insolvenzsteuerrecht, Rn. 7.55.formuliert bildhaft, die Abgrenzung von Insolvenzforderung und Masseverbindlichkeit im Steuerrecht sei unter der Insolvenzordnung kein akademisches Glasperlenspiel. Ähnlich ordnet auch *Leithaus*, in Andres/Leithaus, InsO, § 38, Rn. 1 den Bedeutungsgehalt der Abgrenzung von Insolvenzforderung und Masseverbindlichkeit unter Geltung der Konkursordnung ein.

1441 BT-Drucks. XII/2443, S. 90.

Perfektion ohne jedes Zutun des Gemeinschuldners eintritt.[1442] Mit diesen Ausführungen erhellt der Gesetzgeber in zwei Schritten den Begriffshof der Begründetheit. *Erstens* stellt er mit dem Nichterfordernis einer Perfektion klar, dass nicht nur zum Zeitpunkt der Insolvenzeröffnung vollständig verwirklichte, sondern auch teilverwirklichte Forderungen im insolvenzrechtlichen Sinne begründet sein können. Damit nehmen die Gesetzesmaterialien ausdrücklich Bezug auf das Verhältnis von sicherem Begriffskern und der unsicheren Reichweite des Begriffshofes. Wenn vom Begriffskern perfekte Forderungen umfasst sind, gehören zum erweiterten Begriffsverständnis der Begründetheit diejenigen Forderungen, die zur Perfektion noch erforderliche Zwischenschritte vollziehen müssen.

Zweitens lässt sich den Gesetzesmaterialien folgendes entnehmen: Wenn die Materialien auf das Nichterfordernis einer Perfektion verweisen, wäre im Grunde jegliche bloß in Grundzügen verwirklichte Forderungen mit den Gesetzesmaterialien als begründet anzusehen. Die Außengrenze des Begriffshofes wäre nicht hinreichend umrissen. Aber auf eben diese Außengrenze nimmt der zweite Halbsatz der Gesetzesmaterialien Bezug, wenn er formuliert, dass für den Eintritt der Perfektion ein Zutun des Gemeinschuldners nicht mehr erforderlich sein soll. Unter Verweis auf einen gewissen Entstehungsautomatismus scheiden eben bloß vage und unkonkrete Forderungen aus dem Anwendungsbereich der Begründetheit aus. Nach der Vorstellung des Gesetzgebers ist der Begriffshof der Begründetheit daher nicht als zu umfassend zu verstehen. Eher besteht ein restriktives Verständnis des Begriffshofes, wonach die Forderung gemessen an ihrem zum Verfahrenszeitpunkt bereits verwirklichten Zustandes nach Verfahrenseröffnung selbständig – ohne Zutun – zur Perfektion reift. Mit anderen Worten ergibt sich aus dem zweiten Halbsatz, dass nicht jeder Verwirklichungsgrad unterhalb der Schwelle einer vollständigen Tatbestandsverwirklichung als begründet anzusehen ist, sondern nur derjenigen Grad, welcher der Perfektion gerade nahekommt. Mit dem zweiten Halbsatz wird damit das Frühstadium einer bereits begründeten Forderung definiert. Im Ergebnis definieren die Gesetzesmaterialien die obere und die untere Grenze des Begriffshofes der Begründetheit. Gewissermaßen eröffnen die Gesetzesmaterialien mit dem Nichterfordernis einer Perfektion den Begriffshof um ihn dann wieder mit dem Erfordernis einer von selbst eintretenden Perfektion zu begrenzen. Insgesamt betrachtet, können die Ausführungen der Gesetzesmaterialien als knappe, aber ergiebige Umschreibung und Definition des Begriffshofes angesehen werden.

1442 *Hahn,* Motive zur KO, S. 55.

Die Definitionsmerkmale der Gesetzgebungsmaterialien kommen den Grundsätzen des Anwartschaftsrecht sehr nahe. Vergleichbar liegt ein schützenswertes Anwartschaftsrecht vor, wenn von einem mehraktigen Entstehungstatbestand eines Rechts so viele Erfordernisse erfüllt sind, dass von einer gesicherten Rechtsposition des Erwerbers gesprochen werden kann, die der andere an der Entstehung des Rechts Beteiligte nicht mehr einseitig zu zerstören vermag.[1443] In ähnlicher Weise wird auf einen von selbst eintretenden Entstehungsautomatismus verwiesen. Aufgrund der bestehenden Vergleichbarkeit überzeugt es daher, die zum Anwartschaftsrecht entwickelten Grundsätze auf die insolvenzrechtliche Begründetheit zu übertragen.

Es ist festzuhalten, dass wenn für die Konkretisierung der Begründetheit auf den Verwirklichungsgrad eines Anwartschaftsrechts zurückgegriffen wird, diese Begriffsbestimmung auf die Motive zur Konkursordnung zurückzuführen ist. Die Begrenzung des Begriffshofes der Begründetheit nach anwartschaftsrechtlichen Grundsätzen ist in den Gesetzesmaterialien verankert. Mittels genetischer Auslegung scheiden zum Zeitpunkt der Verfahrenseröffnung bloß vage und nur geringfügig verwirklichter Forderung aus dem Anwendungsbereich einer Insolvenzforderung aus, weil diese Forderungen – entgegen den Gesetzesmaterialien – nicht automatisch ohne weiteres Zutun zur Perfektion heranreifen. Vom Begriffshof sind nur beinahe perfekte Forderungen umfasst.

[1443] BFH vom 28.07.2004, XI R 67/03, BStBl. II 2005, 94 (95).

V. Systematik

1. Prämissen der systematischen Betrachtung

Mit der systematischen Auslegung wird der Bedeutungsinhalt eines Rechtsbegriffs aus seiner Stellung im Gefüge des Gesetzes und aus dem Inhalt anderer Normen bestimmt.[1444] In Abgrenzung zur Wortlautuntersuchung wird das Auslegungsmaterial nicht allein der auszulegenden Norm selbst entnommen.[1445] Die Untersuchung fußt auf der Überlegung, der Gesetzgeber habe ein widerspruchsfreies Gesetz geschaffen,[1446] welches ein geschlossenes Ganzes darstellt.[1447] Die einzelnen Teile sind aufeinander abgestimmt und bedingen einander.[1448] Das gesamte Gefüge steht im Einklang und ergibt im Zusammenspiel einen verständlichen Sinn.[1449] Der auszulegenden Vorschrift ist ein widerspruchsfreier Bedeutungs- und Anwendungsgehalt zuzuführen.[1450]

Gegenstand der nachfolgenden Prüfung ist es, Normen zu betrachten, die entsprechende Rechtsfolgen wie § 38 InsO treffen. Die Vorschriften ordnen entweder in gleicher Weise wie § 38 InsO Forderungen eines Gläubigers oder in vergleichbarer Weise Forderungen eines Schuldners einer Rechtsfolge zu. Dem Regelungsmechanismus von § 38 InsO liegt ein Muster zugrunde, welches an mehreren Stellen der Insolvenzordnung zur Forderungsqualifizierung verwendet wird. In diesem Sinne ist der objektivierte Wille des Gesetzgebers induktiv aus mehreren Gesetzesvorschriften zu entwickeln. Es sind Zusammenhänge aufzudecken und Querverbindungen herzustellen. Aus Teilregelungen ist das inhaltliche Verständnis der Begründetheit zu entwickeln. Die Außengrenze des Begriffshofes der insolvenzrechtlichen Begründetheit ist aus der Insolvenzordnung und deren Vorschriften selbst herzuleiten. Folgenden Fragestellungen ist sich zu widmen: Fordern die Vorschriften einen einheitlichen Verwirklichungsgrad? Welche entsprechenden Paramater lösen die jeweilige Rechtsfolge aus? Es

---

1444 *Engisch,* Einführung in das juristische Denken, S. 117; *Larenz,* Methodenlehre der Rechtswissenschaft, S. 324.

1445 *Bydlinski,* Juristische Methodenlehre, S. 442.

1446 BVerfG vom 09.05.1978, 2 BvR 952/75, BVerfGE 48, 246 (257); *Looschelders/Roth,* Juristische Methodik, S. 150.

1447 *Zippelius,* Juristische Methodenlehre, S. 43, spricht von der Wahrung der Einheit des Rechts.

1448 *Looschelders/Roth,* Juristische Methodik, S. 149; *Zippelius,* Juristische Methodenlehre, S. 43.

1449 BVerfG vom 09.05.1978, 2 BvR 952/75, BVerfGE 48, 246 (257); *Larenz,* Methodenlehre der Rechtswissenschaft, S. 325.

1450 *Zippelius,* Juristische Methodenlehre, S. 44.

ist zu prüfen, unter welchen Voraussetzungen bei anderen Regelungsbereichen eine Forderung auf einen bestimmten Zeitpunkt konkretisiert und entsprechend ihrem Verwirklichungsgrad einer Rechtsfolge zugeordnet wird. Zur Aufhellung des Begriffshofes ist der Fokus auf diejenigen Tatbestände der InsO zu richten, die die Forderungen des Schuldners und des Gläubigers einer Rechtsfolge zuordnen. Diese Vorschriften geben Aufschluss über die Außengrenze und die einhergehenden Mindestanforderungen der Begründetheit.

2. Die systematische Einordnung der Forderung des Schuldners

a) Die Forderungsbestimmung nach §§ 95 Abs. 1, 96 Abs. 1 Nr. 1 InsO

aa) Der insolvenzrechtliche Regelungsmechanismus der §§ 95 Abs. 1, 96 Abs. 1 Nr. 1 InsO

§ 95 Abs. 1 InsO weist einen vergleichbaren Regelungsmechanismus wie § 38 InsO auf. Zum Zeitpunkt der Insolvenzeröffnung liegt eine im Entstehen befindliche Forderung des Gemeinschuldners vor.[1451] Dem Insolvenzgläubiger ist es gestattet, gegen diese Forderung aufzurechnen, wenn er bei Verfahrenseröffnung ein berechtigtes Vertrauen auf eine erst künftig entstehende, aber sichere Aufrechnungslage gebildet hat.[1452] Diese Vertrauensbildung ist zu objektivieren: § 95 Abs. 1 InsO geht der Frage nach, ob die Forderung vor Insolvenzeröffnung entsprechend verwirklicht ist, dass eine Erfüllung durch Aufrechnung als gesichert anzusehen ist.[1453] Ein schützenswertes Vertrauen ist gebildet, wenn die Forderung entsprechend verwirklicht ist.

Eingekleidet in die Aufrechnungsbefugnis wird durch § 95 Abs. 1 InsO wie im Rahmen des § 38 InsO eine Forderung auf einen Zeitpunkt konkretisiert und auf ihren Verwirklichungsgrad analysiert. Ergänzend ordnet § 95 Abs. 1 InsO eine Forderung des Schuldners dem vorinsolvenzlichen Vermögen zu.

In gleicher Weise ist bei der Anwendung von § 96 Abs. 1 Nr. 1 InsO vorzugehen. Eine Aufrechnung ist nach dieser Vorschrift ausgeschlossen, wenn der Insolvenzgläubiger nach Insolvenzeröffnung etwas zur Masse schuldig

---

[1451] *J. Schmidt*, in Kayser/Thole, InsO, § 95, Rn. 2.

[1452] BT-Drucks. XII/2443, S. 141; *Jacoby*, in Hamburger Kommentar, InsO, § 95, Rn. 8.

[1453] *Jacoby*, in Hamburger Kommentar, InsO, § 95, Rn. 8; *Piekenbrock*, in Ahrens/Gehrlein/Ringstmeier, InsO, § 95, Rn. 7.

geworden ist. Die Vorschrift greift auf den unbestimmten Rechtsbegriff des *Schuldigwerdens* zur Forderungsbestimmung zurück. Als ein Synonym zur Begründetheit umschreibt dieser Begriff – nicht wie bei § 38 InsO eine Forderung eines Gläubigers – nunmehr eine Forderung des Schuldners. Der aufrechnungsgewillte Insolvenzgläubiger kann sich durch Aufrechnung aus der Forderung des Schuldners befriedigen, wenn diese nicht erst im Insolvenzverfahren zu einer konkreten Schuld herangereift ist.[1454] § 96 Abs. 1 Nr. 1 InsO ist die Kehrseite des § 95 Abs. 1 InsO.[1455] Die Regelungsbereiche ergänzen sich und sind aufeinander abgestimmt:[1456] Ist die Forderung des Schuldners bei Insolvenzeröffnung hinreichend konkretisiert, ist die Aufrechnung gemäß § 95 Abs. 1 InsO zuzulassen. Ist die Forderung nicht wesentlich konkretisiert, schließt § 96 Abs. 1 Nr. 1 InsO die Aufrechnung in Fortführung dieses Gedankens klarstellend aus. Der § 95 Abs. 1 InsO nimmt die Rechtsfolge für § 96 Abs. 1 Nr. 1 InsO vorweg.[1457]

bb) Die aufschiebend bedingte Forderung als Konkretisierungsmerkmal der insolvenzrechtlichen Begründetheit

Im Gegensatz zu §§ 38, 96 Abs. 1 Nr. 1 InsO enthält der Tatbestand des § 95 Abs. 1 InsO keinen unbestimmten Rechtsbegriff. Bei § 95 Abs. 1 InsO wird der Gesetzgeber hinsichtlich des erforderlichen Verwirklichungsgrads konkret: Die Rechtsfolge wird ausgelöst, wenn die Forderung des Schuldners *aufschiebend bedingt* ist.

Vor dem Hintergrund des gleichen Regelungsmechanismus steht das Tatbestandsmerkmal der aufschiebenden Bedingung in einem engen Zusammenhang zur Begründetheit. Die Begriffe sind zwar nicht identisch, überschneiden sich allerdings in einem wichtigen Punkt: Die Begründetheit umfasst vom Begriffsverständnis den gesamten Zeitraum vom Frühstadium über das vollwirksame Entstehen bis hin zum Untergang der Forderung. Die aufschiebende Bedingung hingegen umfasst nur die Zeitspanne vom Frühstadium bis zum vollwirksamen Entstehen der Forderung durch den Bedingungseintritt. Eine aufschiebend bedingte Forderung ist also das

---

1454 *J. Schmidt*, in Kayser/Thole, InsO, § 96, Rn. 17; *Sinz*, in Uhlenbruck, InsO, § 96, Rn. 4.

1455 *Jacoby*, in Hamburger Kommentar, InsO, § 96, Rn. 1; *Kahlert/Kayser/Bornemann*, Perspektiven für eine kohärente und praxisgerechte Verzahnung von Steuer- und Insolvenzrecht, Rn. 291.

1456 *Brandes/Lohmann*, in MünchKomm, InsO § 96, Rn. 6; *Kahlert/Kayser/Bornemann*, Perspektiven für eine kohärente und praxisgerechte Verzahnung von Steuer- und Insolvenzrecht, Rn. 291.

1457 BGH vom 03.12.1954, V ZR 96/53, BGHZ 15, 333 (335); BGH, Urteil vom 01.06.1978, III ZR 44/77, BGHZ 71, 380 (384); *Sinz*, in Uhlenbruck, InsO, § 95, Rn. 3.

frühe, erste Stadium eines begründeten Anspruchs.[1458] Die aufschiebend bedingte Forderung ist eine Teilmenge eines begründeten Anspruchs.

Demzufolge lassen sich Rückschlüsse aus dem Begriffskern und dem Begriffshof eines aufschiebend bedingten Anspruchs für die gesuchten erforderlichen Mindestanforderungen der insolvenzrechtlichen Einordnung einer Forderung ziehen (Außenbereich der Begründetheit). In § 95 Abs. 1 InsO veranschaulicht der Gesetzgeber, welche Maßstäbe für die Forderungseinordnung bei sich im Frühstadium befindlichen Forderungen zu beachten sind. Die Charakteristika eines aufschiebend bedingten Anspruchs geben Interpretationshinweise auf den erforderlichen Verwirklichungsgrad. Deren Eigenschaften sind daher im Folgenden als Maßstab für die Forderungsbestimmung in der Insolvenz heranzuziehen.

cc) Das Begriffsverständnis einer aufschiebend bedingten Forderung

Fragt man im Wege einer systematischen Auslegung nach anderen Vorschriften, in denen das Merkmal einer aufschiebenden Bedingung aufzufinden ist, fällt der Blick auf § 158 Abs. 1 BGB. Insoweit ist zu überprüfen, welches inhaltliche Verständnis der bürgerrechtlichen Norm zu entnehmen ist und in welchem Umfang diese Erkenntnis zur Auslegung der insolvenzrechtlichen Vorschrift des § 95 Abs. 1 InsO heranzuziehen ist.

§ 158 Abs. 1 BGB selbst enthält keine Definition des Merkmals der aufschiebenden Bedingung.[1459] Das Begriffsverständnis wird vom Gesetz vorausgesetzt.[1460] Stattdessen beschreibt § 158 Abs. 1 BGB die Wirkung des Bedingungseintritts auf das bedingte Rechtsgeschäft.[1461] Eine Konkretisierung des Begriffs der aufschiebenden Bedingung ist vielmehr aus den rechtlichen Wirkungen eines aufschiebend bedingten Rechtsgeschäfts zu entwickeln. Es ist zu untersuchen, welche rechtlichen Eigenschaften ein aufschiebend bedingtes Rechtsgeschäft besitzt.

[1458] *Schießer*, Ansprüche nach dem Insolvenzrecht, S. 44.

[1459] *Flume,* Allgemeiner Teil, Bd. II, S. 677.

[1460] *Bork,* in Staudinger, BGB, Vorb. §§ 158–163, Rn. 4.

[1461] § 158 I BGB: Wird ein Rechtsgeschäft unter einer aufschiebenden Bedingung vorgenommen, so tritt die von der Bedingung abhängig gemachte Wirkung mit dem Eintritt der Bedingung ein.

Ist ein Rechtsgeschäft von einer aufschiebenden Bedingung abhängig, ist es grundsätzlich wirksam.[1462] Die Rechtsfolge des Rechtsgeschäfts ist auf den Eintritt der Bedingung – ein zukünftiges ungewisses Ereignis[1463] – hinausgeschoben.[1464] Die Bedeutung der Bedingung liegt in der Durchbrechung der Gleichzeitigkeit von Rechtsgeschäft und Rechtsentstehung.[1465] Die Parteien gestalten durch eine privatautonom gesetzte Modalität den Zeitfaktor der Rechtsgeschäftsentstehung.[1466] Die Rechtsgeschäftsentstehung ist geprägt von einem Automatismus des Bedingungseintritts.[1467] In dem Abschnitt bis zum Bedingungseintritt besteht ein Schwebezustand, der Treuepflichten begründet.[1468] Der Erwerber erhält mit der aufschiebenden Bedingung eine konkrete Erwerbsaussicht auf das Recht.[1469] Durch den Abschluss des Rechtsgeschäfts haben die Parteien so viel getan, dass eine Sonderverbindung entsteht.[1470] Die §§ 160 ff. BGB folgen diesem Automatismus und schützen den Erwerber dahingehend vor Hemmnissen sowie Vereitelungen des Bedingungseintritts. Durch den Abschluss eines aufschiebend bedingten Anspruchs erhält der Erwerber in der Schwebezeit bis zum Bedingungseintritt eine gesicherte Anwartschaft.[1471] Diese ist dadurch gekennzeichnet, dass die Parteien im Schwebezustand an den Abschluss gebunden sind und sich nicht einseitig lösen können.[1472] Bereits die Verwirklichung einzelner Teile eines mehraktigen Erwerbstatbestandes begründet eine gesicherte Aussicht auf den Rechtserwerb.[1473] Insofern ist es Wesensmerkmal und Kern eines rechtsgeschäftlich aufschiebend

1462 Bei einem aufschiebend bedingten Rechtsgeschäft ist nicht der Wille des Erklärenden bedingt, ein Rechtsgeschäft abzuschließen. Eine Selbstbeschränkung des Willens liegt nicht vor. Die Forderung existiert rechtlich mit Abschluss der Bedingung. *Flume,* Allgemeiner Teil, Bd. II, S. 688 f.; *Westermann*, in MünchKomm, BGB, § 158, Rn. 8.

1463 BayObLG vom 05.12.1966, Breg. 1 a Z 32/66, NJW 1967, 729 (729); *Flume,* Allgemeiner Teil, Bd. II, S. 677.

1464 *Bork,* in Staudinger, BGB, Vorb. §§ 158–163, Rn. 6.

1465 *Blomeyer*, Studien der Bedingungslehre, Teil 1, S. 1.

1466 *Westermann*, in MünchKomm, BGB, § 158, Rn. 1.

1467 *Wackerbarth*, in NK-BGB, § 158, Rn. 2.

1468 BGH vom 14.03.1984, VIII ZR 284/82, BGHZ 90, 302 (308).

1469 *Bork,* in Staudinger, BGB, Vorb. §§ 158–163, Rn. 53.

1470 *Flume,* Allgemeiner Teil, Bd. II, S. 702; *Westermann*, in MünchKomm, BGB, § 158, Rn. 39.

1471 *Westermann*, in MünchKomm, BGB, § 158, Rn. 39.

1472 *Bork,* in Staudinger, BGB, Vorb. §§ 158–163, Rn. 53; *Flume,* Allgemeiner Teil, Bd. II, S. 702.

1473 BGH vom 30.05.1958, V ZR 295/56, BGHZ 27, 360 (368); BGH vom 04.07.1962, V ZR 14/61, BGHZ 37, 319 (321).

bedingten Anspruchs, die Inhaberschaft einer gesicherten Rechtsposition im Sinne einer Anwartschaft zu begründen.[1474]

Im Ergebnis ist eine gesicherte Rechtsposition im Sinne einer Anwartschaft Voraussetzung von bedingten Ansprüchen. Eigenschaft eines aufschiebend bedingten Anspruchs im insolvenzrechtlichen Sinne ist das Bestehen einer Anwartschaft. In Überschneidung der zeitlichen Anwendungsbereiche eines begründeten und eines aufschiebend bedingten Anspruchs ist diese Erkenntnis bei der Auslegung der Begründetheit zugrunde zu legen, weil der aufschiebend bedingte Anspruch eine Teilmenge eines begründeten Anspruchs darstellt.

3. Die systematische Einordnung der Forderung des Gläubigers

a) Die Sonderregelungen für eine vorzeitig insolvenzbedingte Rechtsstreits- und Vertragsbeendigung als Konkretisierungsmerkmal der insolvenzrechtlichen Begründetheit

Einzelne Vorschriften in der Insolvenzordnung ordnen eine spezifische Forderung des Gläubigers einer konkreten Befriedigungsrangfolge zu. Auf die allgemcinc Regel des § 38 InsO ist nicht zurückzugreifen, da der Gesetzgeber spezifische Fälle positiv regelt. Es handelt sich um Fallgestaltungen, bei denen der Tatbestand eines mehraktigen Erwerbstatbestandes zum Teil vor als auch nach Insolvenzeröffnung verwirklicht ist. Die nach § 38 InsO vorzunehmende Wertungsfrage, ob eine ausreichende Tatbestandsverwirklichung bei Verfahrenseröffnung vorliegt, ist vorweggenommen. Aus nachfolgend darzustellenden Vorschriften ergibt sich eine Tendenz: Die insolvenzrechtliche Qualifizierung einer Insolvenzforderung ist nach wertenden Kriterien vorzunehmen. Als Verwirklichungsgrad kommt es nicht auf die Vollentstehung des Rechtserwerbs an. Vielmehr kommt es nach den gesetzlichen Teilregelungen auf den Verwirklichungsgrad an, in welchem der Anspruch in seinem Ursprung gefestigt ist.

Eine solche Sonderregelung stellt § 86 Abs. 2 InsO dar. Grundlage der Ansprüche auf die Erfüllung der Kosten eines Rechtsstreits sind die §§ 91 ff. ZPO. Daran anknüpfend legt § 86 Abs. 2 InsO fest, dass ein Kostenerstattungsanspruch (§§ 307, 91 Abs. 1 ZPO) unter einem sofortigen

---

[1474] *Bork,* in Staudinger, BGB, Vorb. §§ 158–163, Rn. 56.

Anerkenntnis als Insolvenzforderung zur Tabelle anzumelden ist.[1475] § 86 Abs. 2 InsO selbst ist keine Kostenregelung.[1476] Es erfolgt vielmehr eine insolvenzrechtliche Qualifizierung der Forderung. Grundlage der Qualifizierung ist, die Masse von Verbindlichkeiten zu entlasten, die vor Verfahrenseröffnung wesentlich entstanden sind.[1477] Der Kostenerstattungsanspruch ist als Insolvenzforderung zu qualifizieren, da er mit Klageerhebung vor Insolvenzeröffnung aufschiebend bedingt ist.[1478] Der Schwerpunkt des Kostenerstattungsanspruch ist bei Verfahrenseröffnung verwirklicht, wenn seine Grundlagen gelegt sind.[1479]

Weitere Sonderregelungen stellen die §§ 103 Abs. 2 S. 1, 104 Abs. 1 und 5, 109 Abs. 1 S. 4, 109 Abs. 2 S. 2, 113 S. 3, 115 Abs. 3 S. 2, 118 S. 2 InsO dar. Kommt es zu einer vorzeitigen Vertragsbeendigung aufgrund einer gesetzlichen Anordnung oder dem Wahlrecht des Verwalters, §§ 103 ff. InsO, treten beim anderen Teil Vermögenseinbußen ein. Die wechselseitigen Erfüllungs- und Sekundäransprüche stellen Rechnungsposten in einem Abrechnungsverhältnis dar.[1480] Der sich daraus ergebene Ersatzanspruch besteht in der Differenz zwischen der Vermögenslage, die bei ordnungsgemäßer Erfüllung eingetreten wäre, und der, die durch die Nichterfüllung tatsächlich entstanden ist.[1481] Ergibt sich ein Überschuss aus der Verrechnung, ist diese Forderung als Insolvenzforderung zu qualifizieren.[1482]

Grundlage dieser umschriebenen Ersatzansprüche bildet der jeweils vor Insolvenzeröffnung geschlossene Vertrag. Die finale Vertragsbeendigung

---

1475 BGH vom 07.07.1994, V ZR 270/93, KTS 1995, 69 (70).

1476 *Kuleisa*, in Hamburger Kommentar, InsO, § 86, Rn. 21; *Uhlenbruck*, in Uhlenbruck, InsO, § 86, Rn. 23.

1477 *Kuleisa*, in Hamburger Kommentar, InsO, § 85, Rn. 15.

1478 *Kuleisa*, in Hamburger Kommentar, InsO, § 85, Rn. 15.

1479 Eine andere Sichtweise wird aufgrund des Prinzips einheitlicher Kostenentscheidung vertreten. Demnach wird der Erstattungsanspruch einheitlich als Masseverbindlichkeit qualifiziert. Eine differenzierte insolvenzrechtliche Betrachtung des Kostentatbestands in vor und nach Insolvenzeröffnung begründete Kosten wird nicht vorgenommen. BGH vom 28.09.2006, IX ZB 312/04, ZIP 2006, 2132 (2133); OLG Koblenz vom 12.06.2008, 14 W 371/08, ZIP 2009, 783 (783). Für eine differenzierende Betrachtung der Kostenentscheidung *Kuleisa*, in Hamburger Kommentar, InsO, § 85, Rn. 14 f.; *Schumacher*, in MünchKomm, InsO, § 85, Rn. 20; *Uhlenbruck*, in Uhlenbruck, InsO, § 85, Rn. 84 ff.

1480 BGH vom 07.02.2013, IX ZR 218/11, BGHZ 196, 160 (165).

1481 BGH vom 16.12.1999, IX ZR 197/99, ZIP 2000, 237 (238); BGH vom 26.10.2000, IX ZR 227/99, ZIP 2001, 31 (32).

1482 §§ 103 II S. 1, 104 I und V, 109 I S. 4, 109 II S. 2, 113 S. 3, 115 III S. 2, 118 S. 2 InsO.

und die Nichterfüllung sind nur auslösende Elemente. Die letztendliche Realisation des Vertragsrisikos ist unbeachtlich für die insolvenzrechtliche Qualifizierung. Sie stellt nicht den maßgeblichen Anspruchsgrund dar. Vielmehr sind die abgeleiteten Sekundäransprüche als Insolvenzforderung zu qualifizieren, weil der ursprüngliche Erfüllungsanspruch als wertungsmäßige Grundlage des Sekundäranspruchs vor Verfahrenseröffnung besteht. Das wesentliche vertragliche Risiko der Vermögenseinbuße verwirklicht sich mit der Wahl des Vertragspartners vor Insolvenzeröffnung. Aufgrund des engen Bezugs zum vorinsolvenzlichen Vermögen des Schuldners ist eine Insolvenzforderung anzunehmen.[1483]

Diese Erkenntnisse – der § 86 Abs. 2 und §§ 103 ff. InsO – dienen der Konkretisierung von § 38 InsO. Da der Gesetzgeber an vereinzelten Stellen in der Insolvenzordnung den Forderungstyp Insolvenzforderung selbst festlegt und dabei ein wiederkehrendes Muster verwendet, ist dieses Muster für die Auslegung der Generalnorm des § 38 InsO heranzuziehen. Induktiv ist vom Besonderen auf das Allgemeine zu schlussfolgern. Die konkreten Teilregelungen der der § 86 Abs. 2 und §§ 103 ff. InsO geben Aufschluss auf den Inhalt des unbestimmten Rechtsbegriffs der Begründetheit und hellen entsprechend den Typus vom Insolvenzgläubiger gemäß § 38 InsO auf.

b) Die Fiktion des § 41 Abs. 1 InsO als Konkretisierungsmerkmal der insolvenzrechtlichen Begründetheit

Nach der Fiktion des § 41 Abs. 1 InsO gelten nicht fällige Forderungen als fällig. Aufgrund der systematischen Stellung im zweiten Abschnitt (Insolvenzmasse, Einteilung der Gläubiger) gilt diese Regelung allein für Insolvenzforderungen.[1484] Die Vorschrift fördert eine effiziente Verfahrensabwicklung.[1485] Unabhängig von der Fälligkeit kann der Gläubi-

---

[1483] Ergänzend kommt in den Regelungen über teilbare Leistungen gemäß §§ 105 S. 1 und 108 III InsO der allgemeine Grundsatz zum Ausdruck, dass die Masse für diejenigen Forderungen vollständig einzustehen hat, die ihr nach Insolvenzeröffnung entsprechend zugutekommen. Für klar abgrenzbare Leistungen, die vor Insolvenzeröffnung erbracht wurden, haftet der Gläubiger nach dem allgemeinen Insolvenzrisiko. Diesbezüglich ordnen die Vorschriften konsequent an, dass die Gegenleistung für vor Insolvenzeröffnung erbrachte teilbare Leistungen als Insolvenzforderung zu qualifizieren sind. *Kreft*, in MünchKomm, InsO, § 105, Rn. 1; *Wegener*, in Uhlenbruck, InsO, § 103, Rn. 3.

[1484] *Bitter*, in MünchKomm, InsO, § 41, Rn. 4; *Keller*, in Kayser/Thole, InsO, § 41, Rn. 2.

[1485] BGH vom 08.02.2000, XI ZR 313/98, NJW 2000, 1408 (1409); *Lüdtke*, in Hamburger Kommentar, InsO, § 41, Rn. 4.

ger seine erfüllbaren Forderungen zur Tabelle anmelden.[1486] Das formale Erfordernis der Fälligkeit soll die verfahrensrechtliche Stellung der Gläubiger nicht beeinträchtigen.[1487] Da der Umstand späterer Fälligkeit gewiss ist, ist es gerechtfertigt, diesen Gläubigern eine vollumfängliche verfahrensrechtliche Stellung und eine quotale Befriedigungsaussicht zuzuweisen.[1488]

Welche Erkenntnisse sind dieser Vorschrift für das Verständnis der insolvenzrechtlichen Begründetheit zu entnehmen? Im Rahmen der Begründetheit kommt es nicht auf die Fälligkeit an. Nach § 41 Abs. 1 InsO unterliegen nicht fällige Forderungen den gleichen Rechtsfolgen wie fällige Forderungen. § 41 Abs. 1 InsO setzt voraus, dass die Forderung ungeachtet ihrer Fälligkeit nach § 38 InsO als Insolvenzforderung qualifiziert wurde. Die Fälligkeit und die insolvenzrechtliche Begründetheit fallen auseinander. Die Forderung ist vor ihrer Fälligkeit im insolvenzrechtlichen Sinne begründet.

Damit erhellt § 41 Abs. 1 InsO die äußerste Grenze der Begründetheit: Auf den letztmöglichen Verwirklichungsgrad einer Forderung – die Fälligkeit – ist bei der Forderungsbestimmung nicht abzustellen. Vielmehr ist eine erfüllbare Forderung nach der Wertung des § 41 Abs. 1 InsO bereits eine vollwertige und nach der Befriedigungssystematik anerkannte Insolvenzforderung.

c) Der § 191 Abs. 2 InsO als Konkretisierungsmerkmal der insolvenzrechtlichen Begründetheit

aa) Die Berücksichtigung aufschiebend bedingter Forderungen bei der Schlussverteilung

Soweit sich aus den §§ 41 Abs. 1, 86 Abs. 2 sowie den §§ 103 ff. InsO Rückschlüsse auf die inhaltlichen Gehalt der Begründetheit entnehmen lassen, gilt vergleichbares für den Tatbestandes des § 191 Abs. 2 InsO. Diese Vorschrift stellt ein weiteres Mosaik dar, wonach induktiv aus besonderen Teilregelungen auf das Begriffsverständnis des allgemeinen Typus des Insolvenzgläubigers zu schließen ist.

1486 *Ahrens*, in Ahrens/Gehrlein/Ringstmeier, InsO, § 41, Rn. 12.

1487 BT-Drucks. XII/2443, S. 124.

1488 *Ahrens*, in Ahrens/Gehrlein/Ringstmeier, InsO, § 41, Rn. 2; *Lüdtke*, in Hamburger Kommentar, InsO, § 41, Rn. 2 und 5.

Nach § 191 Abs. 2 InsO sind aufschiebend bedingte Forderungen bei der Schlussverteilung nicht zu berücksichtigen, wenn die Möglichkeit des Eintritts der Bedingung so fernliegt, dass die Forderung zur Zeit der Verteilung keinen Vermögenswert hat. Positiv formuliert, ist die Forderung zu berücksichtigen, wenn sie werthaltig und der Eintritt der Bedingung wahrscheinlich ist.[1489] Ist zu erwarten, dass die Bedingung eintritt, hat der Gläubiger eine werthaltige Anwartschaft.[1490] Die aufschiebend bedingte Forderung wird in diesem Fall im Rahmen der Schlussverteilung *in voller Höhe* berücksichtigt.[1491] Die Auskehrung des Betrages erfolgt in entsprechender Anwendung des § 191 Abs. 1 InsO aber erst, wenn die Bedingung eingetreten ist.[1492] Bis zum Bedingungseintritt ist der Betrag zurückzubehalten.[1493]

Soweit im Grundsatz an der Schlussverteilung nur vollständig verwirklichte Forderungen teilnehmen, und für Fälle einer werthaltigen aufschiebend bedingten Forderung nach § 191 Abs. 2 InsO entsprechendes gelten soll, zeigt diese Sonderregelung, dass eine aufschiebend bedingte Forderung eine Teilmenge einer im insolvenzrechtlichen Sinne begründeten Forderung ist. Denn für die Schlussverteilung wird die aufschiebend bedingte Forderung einer vollständig verwirklichten Forderung gleichgestellt. Ihr kommt die gleiche Rechtsfolge zu. Für die Schlussverteilung und damit einhergehende Befriedigung kommt es nur darauf an, dass die ihre Forderung einen Vermögenswert besitzt. Die damit umschriebene Anwartschaft genügt, um an der abschließende Verteilung des noch vorhandenen Schuldnervermögens teilzunehmen. Wenn bei der Schlussverteilung die Insolvenzgläubiger befriedigt werden, dazu dann auch die werthaltigen aufschiebend bedingten Forderungen gehören, verdeutlicht dies, dass Insolvenzgläubiger und der Gläubiger einer aufschiebend bedingten Forderung nach der gesetzlichen Wertung des § 191 Abs. 2 InsO auf einer Ebene stehen. Der Gesetzgeber hält es für gerechtfertigt, die werthaltige aufschiebend bedingte Forderung mit der einer Insolvenzforderung gleichzusetzen. Dies hält der Gesetzgeber deshalb für gerechtfertigt, weil die werthaltige aufschiebend bedingte Forderung ein Teil einer im insolvenzrechtlichen Sinne begründeten Forderung ist. Im Interessensausgleich des Gläubigers und der Gläubigergemeinschafft soll die werthaltige aufschiebend

1489 *Wegener*, in Uhlenbruck, InsO, § 191, Rn. 9.

1490 *Wegener*, in Uhlenbruck, InsO, § 191, Rn. 10.

1491 *Wegener*, in Uhlenbruck, InsO, § 191, Rn. 10.

1492 *Gerichhausen*, in Hamburger Kommentar, InsO, § 191, Rn. 10; *Wegener*, in Uhlenbruck, InsO, § 191, Rn. 10.

1493 *Depré*, in Kayser/Thole, InsO, § 191, Rn. 1.

bedingte Forderung nicht allein deswegen unberücksichtigt bleiben, weil nur ein geringfügiger Bestandteil zur Vollverwirklichung fehlt.[1494] Insoweit überwiegen – ausweislich der gesetzlichen Wertung des § 191 Abs. 2 InsO – die Interessen des Gläubigers, eine anteilige Befriedigung bei Bedingungseintritt aus der Insolvenzmasse zu erhalten. Voraussetzung für die Gleichbehandlung mit der unbedingten Forderung bei der Schlussverteilung ist aber, dass die Möglichkeit des Eintritts der Bedingung nicht fernliegt. Die aufschiebend bedingte Forderung muss einen Vermögenswert besitzen.[1495] Es darf sich insofern nicht um eine aussichtslose Anwartschaft handeln.[1496] Nur dann stellt die Forderung auch erste Stadium eines begründeten Anspruchs dar.

Im Ergebnis konkretisiert § 191 Abs. 2 InsO die Anforderungen für die Teilnahme an der Schlussverteilung und die Anforderungen für die insolvenzrechtliche Begründetheit. § 191 Abs. 2 InsO definiert den Begriffshof der insolvenzrechtlichen Begründetheit: Die Eigenschaften einer aufschiebend bedingten Forderung mit Vermögenswert sind die Mindestanforderungen für die Annahme einer Insolvenzforderung. Unklar bleibt jedoch, was gemäß § 191 Abs. 2 InsO unter dem Merkmal des Vermögenswertes versteht ist.

bb) Der Vermögenswert

(1) Prämissen der Forderungsbewertung

In Umsetzung der aus der Begutachtung des § 191 Abs. 2 InsO gewonnenen Erkenntnisse muss die zu bewertende Forderung einen Vermögenswert besitzen. Diese Voraussetzung ist Ausdruck eines grundsätzlichen Erfordernisses der Gleichbehandlung mit vollentstandenen Ansprüchen. Im Zeitpunkt der Insolvenzeröffnung ist abstrakt und losgelöst von der Insolvenz des Schuldners zu untersuchen, ob die teilverwirklichte Forderung einen Vermögenswert besitzt. Isoliert ist der Verwirklichungsgrad der Forderung auf einen Vermögenswert zu begutachten. Die generelle Unterbewertung der Forderung aufgrund der quotalen Befriedigung innerhalb des Insolvenzverfahrens bleibt außer Betracht. Denn die

---

[1494] *Wegener*, in Uhlenbruck, InsO, § 191, Rn. 1.

[1495] In gleicher Weise kommt es gemäß §§ 77 III Nr. 1, 237 I 1 InsO für die gerichtliche Feststellung eines Stimmrechts in der Gläubigerversammlung darauf an, ob der Eintritt der Bedingung wesentlich wahrscheinlich ist. Bei der Ermessensentscheidung des Gerichts ist der Vermögenswert der aufschiebend bedingten Forderung zugrunde zu legen. *Ehricke*, in MünchKomm, InsO, § 77, Rn. 40; *Pape*, ZIP 1991, 837 (840).

[1496] *Wegener*, in Uhlenbruck, InsO, § 191, Rn. 10.

einzuordnende Forderung muss aus sich heraus zum Zeitpunkt der Insolvenzeröffnung aufgrund ihres Konkretisierungs- und Verwirklichungsgrads werthaltig sein.

Die Bewertung von Forderungen orientiert sich nicht an einem Tauschwert und an einer Bildung eines hypothetischen Tauschaktes als Mittel zur Wertermittlung.[1497] Forderungen sind anders als andere Wirtschaftsgüter nicht zum Handel bestimmt.[1498] Ihr bestimmungsgemäße Gebrauch liegt nicht in ihrer Veräußerung.[1499] Eine Forderung hat typischerweise keinen Preis und ist nicht Gegenstand des gewöhnlichen Geschäftsverkehrs.[1500] Bezugspunkt ist vielmehr der Güterverzehr.[1501] Das Wesen einer Forderung besteht in der Verwertung durch Einziehung.[1502] Charakteristisch für eine Forderung ist ihre Abhängigkeit von der Zahlung des Schuldners. Eine rechtssichere und typengerechte Bewertung erfordert daher eine Vergangenheitsorientierung an den tatsächlichem Vorgang der Forderungsbegründung.[1503] Maßgeblich für die Bewertung ist derjenige Betrag, der bei Geltendmachung der Forderung vom Schuldner gefordert werden kann.[1504] Der Nennwert der Forderung ist als pagatorischer Anschaffungswert zu sehen.[1505]

[1497] Um die subjektiv-individuelle Wertvorstellung eines Gegenstands zu objektivieren, dient das Geld in Erfüllung seiner Wertmess-, Recheneinheits- und Wertspeicherfunktion als Vergleichsmaßstab. Durch eine soziale Interaktion von mindestens zwei Personen werden die Wertvorstellungen der Beteiligten zu einer Preisvereinbarung zusammengeführt. Fehlt es an einer realen Preisvereinbarung am Markt und haben die Parteien den ökonomischen Wert nicht durch eine Gegenleistung beziffert, ist der einem jeden Gegenstand innewohnende Tauschwert heranzuziehen. Mittels Bildung eines hypothetischen Tauschaktes ist nach demjenigen Preis zu fragen, der bei einer fiktiven Veräußerung zu zahlen wäre. Ausführlich *Krumm*, Steuerliche Bewertung als Rechtsproblem, S. 46 ff.

[1498] BFH vom 03.03.1972, III R 30/71, BStBl. II 1972, 516 (517).

[1499] BFH vom 03.03.1972, III R 30/71, BStBl. II 1972, 516 (517); *Haas*, in Stenger/Loose, BewG, ErbStG, § 12 BewG, Rn. 45 (139. Lfg. Oktober 2017).

[1500] BFH vom 03.03.1972, III R 30/71, BStBl. II 1972, 516 (517).

[1501] *Krumm*, Steuerliche Bewertung als Rechtsproblem, S. 208.

[1502] BFH vom 05.04.1968, III 235/64, BStBl. II 1968, 768 (769); BFH vom 03.03.1972, III R 30/71, BStBl. II 1972, 516 (517).

[1503] *Krumm*, Steuerliche Bewertung als Rechtsproblem, S. 208.

[1504] BFH vom 05.04.1968, III 235/64, BStBl. II 1968, 768 (769); *Haas*, in Stenger/Loose, BewG, ErbStG, § 12 BewG, Rn. 45 (139. Lfg. Oktober 2017).

[1505] *Krumm*, Steuerliche Bewertung als Rechtsproblem, S. 217 mit Verweis auf *Kosiol*, ZfHf 38 (1944), 47 (51).

(2) Die Bewertung der insolvenzrechtlichen Forderung

Für die Bestimmung des Vermögenswertes der zum Zeitpunkt der Insolvenzeröffnung begründeten Forderung ist auf forderungsspezifischen Bewertungsgrundsätze zurückzugreifen. Die Methoden des gemeinen Wertes,[1506] des Teilwertes[1507] und des Fremdvergleichs[1508] scheiden aus.[1509] Nicht der Tauschwert, sondern der Güterverzehr ist bei der Bewertung als Bezugspunkt zugrunde zu legen.[1510] Die Bewertung ist anhand von § 12 Abs. 1 BewG vorzunehmen.

Die einzuordnende Forderung besitzt Vermögenswert, wenn sie mit dem Nennwert anzusetzen ist. Das ist derjenige Betrag, den der Schuldner bei Fälligkeit an den Gläubiger zu entrichten hat.[1511] Es genügt unter Verweis auf § 191 Abs. 2 InsO jedoch, dass die Forderung einen messbaren Vermögenswert besitzt. Der Bestwert im Sinne des Nennwertes ist nicht erforderlich. In Anwendung des § 12 Abs. 1 S. 2, Abs. 2 BewG ist zu fragen, ob *besondere Umstände* vorliegen, die eine Bewertung unterhalb des Nennwertes rechtfertigen.

In den Zweifelsfällen der zum Zeitpunkt der Verfahrenseröffnung teilverwirklichten Forderungen ist dieser besondere der Umstand der Verwirklichungsgrad. Es ist eine Abgrenzung von zweifelhaften, unsicheren Forderungen und uneinbringlichen, wertlosen Forderungen

---

1506 § 9 II BewG: Der gemeine Wert wird durch den Preis bestimmt, der im gewöhnlichen Geschäftsverkehr nach der Beschaffenheit des Wirtschaftsgutes bei einer Veräußerung zu erzielen wäre. Dabei sind alle Umstände, die den Preis beeinflussen, zu berücksichtigen. Ungewöhnliche oder persönliche Verhältnisse sind nicht zu berücksichtigen.

1507 §§ 10 S. 2 BewG, 6 I Nr. 1 S. 3 EStG: Teilwert ist der Betrag, den ein Erwerber des ganzen Betriebs im Rahmen des Gesamtkaufpreises für das einzelne Wirtschaftsgut ansetzen würde; dabei ist davon auszugehen, dass der Erwerber den Betrieb fortführt.

1508 In Anlehnung an § 1 I AstG ist der Fremdvergleichspreis derjenige Preis, den voneinander unabhängige Vertragspartner unter vergleichbaren Umständen vereinbart hätten. BFH vom 17.10.2001, I R 103/00, BStBl. II 2004, 171 (2. Leitsatz); *Krumm*, Steuerliche Bewertung als Rechtsproblem, S. 188.

1509 Für eine Bilanzierung der Forderung anhand eines Teilwerttests plädieren *Engel-Ciric/Moxter*, BB 2012, 1143 (1145); *Marx*, FR 2013, 969 (973).

1510 Vgl. *Krumm*, Steuerliche Bewertung als Rechtsproblem, S. 208.

1511 *Eisele*, in Rössler/Troll, BewG, § 12, Rn. 3 (33. Lfg. Januar 2021); *Kreutziger/Jacobs*, in Kreutziger/Schaffner/Stephany, BewG, § 12, Rn. 14.

vorzunehmen.[1512] Der Grad der Zweifelhaftigkeit[1513] und der Realisierbarkeit[1514] entscheidet über den anzusetzenden Wert.[1515] Auf Basis des Verwirklichungsgrades ist zu beurteilen, ob mit dem Zahlungseingang zu rechnen ist. Ein Abschlag auf den Nennwert ergibt sich aus der Wahrscheinlichkeit des Güterverzehrs durch Zahlungseingang.[1516]

4. Zwischenergebnis

Aus der systematischen Betrachtung der insolvenzrechtlichen Begründetheit ergibt sich Folgendes: Den gesetzlichen Teilregelungen lässt sich allgemein der Grundsatz ableiten, dass Insolvenzforderungen vor Verfahrenseröffnung nicht vollwirksam entstanden sein müssen.[1517] Es genügt vielmehr, dass wenn von ihrem Entstehungstatbestand bereits so viele Merkmale verwirklicht sind, dass der Gläubiger eine gesicherte Forderungsanwartschaft hat.[1518] Definitionsmerkmal ist nicht die Fälligkeit einer Forderung, § 41 Abs. 1 InsO. Die Sonderregelungen zur vorzeitigen Rechts- und Vertragsbeendigung, § 86 Abs. 2 sowie den §§ 103 ff. InsO, beruhen auf einer wirtschaftlichen Betrachtungsweise. In diesen Spezialfällen werden die Forderungen nach der Verwirklichung des wesentlichen Anspruchsgrundes als Insolvenzforderung qualifiziert. Aus dem Regelungsmechanismus zur Forderungsbestimmung in der Insolvenz (§§ 38, 95 Abs. 1, 96 Abs. 1 Nr. 1 InsO) ist die Erkenntnis zu ziehen, dass das Tatbestandsmerkmal der *Begründetheit* in den Voraussetzungen *schuldig werden* und *aufschiebend bedingt* eine Entsprechung findet. Vor allem das Merkmal der *aufschiebenden Bedingung* ist kein unbestimmter Rechtsbegriff. Aus diesem lässt sich mit Hilfe des § 158 Abs. 1 BGB eine nähere Konkretisierung herbeiführen, weil ein aufschiebend bedingter Anspruch Teil eines begründeten Anspruchs ist. Ein aufschiebend bedingter und zugleich begründeter Anspruch ist mit den Charakteristika einer

[1512] BFH vom 01.10.2009, II B 52/09, BFH/NV 2010, 62 (62); *Eisele*, in Rössler/Troll, BewG, § 12, Rn. 3 (33. Lfg. Januar 2021); *Haas*, in Stenger/Loose, BewG, ErbStG, § 12 BewG, Rn. 77 (139. Lfg. Oktober 2017).

[1513] *Eisele*, in Rössler/Troll, BewG, § 12, Rn. 9 (33. Lfg. Januar 2021); *Haas*, in Stenger/Loose, BewG, ErbStG, § 12 BewG, Rn. 77 (139. Lfg. Oktober 2017).

[1514] BFH vom 22.09.2010, II R 62/08, BFH/NV 2011, 7 (8); *Kreutziger/Jacobs*, in Kreutziger/Schaffner/Stephany, BewG, § 12, Rn. 18.

[1515] Vergleichbar bestimmt § 191 II 1 InsO, dass der Bedingungseintritt nicht fern liegen soll.

[1516] *Eisele*, in Rössler/Troll, BewG, § 12, Rn. 9 (33. Lfg. Januar 2021); *Kreutziger/Jacobs*, in Kreutziger/Schaffner/Stephany, BewG, § 12, Rn. 18.

[1517] *Pechartscheck*, in Gottwald/Haas, Insolvenzrechts-Handbuch, § 19, Rn. 16.

[1518] *Pechartscheck*, in Gottwald/Haas, Insolvenzrechts-Handbuch, § 19, Rn. 16.

Anwartschaft zu beschreiben. Letztlich vermag der § 191 Abs. 2 InsO das aus § 95 Abs. 1 InsO gefundene Ergebnis nochmals zu verdichten: Zusätzlich zu den Erfordernissen und Charakteristika einer Anwartschaft als Wesensmerkmal eines aufschiebend bedingten Anspruchs ist ein konkreter Vermögenswert Voraussetzung der insolvenzrechtlichen Begründetheit. Es muss eine gesicherte und keine aussichtslose, fernliegende Tatbestandsverwirklichung vorliegen.

VI. Telos

1. Einführung

Die teleologische Auslegung ist das Instrument zur Ermittlung der mutmaßlichen Wertentscheidung des Gesetzgebers. Es sind der Sinn und Zweck der Vorschrift und die dahinterstehenden Wertentscheidungen, Prinzipien und Ordnungsvorstellungen herauszufiltern.[1519] Der einer Vorschrift innewohnende und vom Gesetzgeber geregelte Interessenskonflikt ist durch zweckmäßige Erwägungen, schöpferische Elemente und Akte des bewertenden Erkennens aufzuhellen.[1520]

Der dem § 38 InsO innewohnenden Telos findet seinen Grundgedanken in dem gesetzgeberischen Auftrag für den Fall der Insuffizienz des Schuldnervermögens eine für die Gläubiger befriedende Haftungsverwirklichung zu schaffen. In der prekären Mangelsituation bedarf es einer Neuordnung der haftungsrechtlichen Zuordnung. Soweit die Gläubiger im Vorfeld der Insolvenz nur ihren eigenen vollstreckungsrechtlichen Zwängen samt ihrer individualvertraglichen Abreden unterworfen waren und sich gewissermaßen willkürlich neben anderen Gläubigern des Schuldners befanden, sind sie nunmehr bestimmten Gläubigergruppen zugeordnet. Infolge der Institutionalisierung des Gesamtvollstreckungsverfahrens hat der Gesetzgeber vom Prioritätsprinzip abweichende Vollstreckungsformen entwickelt.[1521] Getragen von der Idee, Gleiches gleich und Ungleiches ungleich zu behandeln, schafft er im Rang unterscheidende Vollstreckungsformen.[1522] Diese verschiedenen Vollstreckungsformen will der Gesetzgeber einheitlich definieren und inhaltlich ausgestalten. Unterscheidet die Insolvenzordnung dahingehend zwischen Insolvenzgläubigern gemäß § 38 InsO, nachrangigen Insolvenzgläubigern gemäß § 39 InsO, aussonderungsberechtigten

---

[1519] *Looschelders/Roth,* Juristische Methodik, S. 161.

[1520] BVerfG vom 14.02.1973, 1 BvR 112/65, BVerfGE 34, 269 (287).

[1521] *Ganter/Lohmann*, Münch/Komm, InsO, § 1, Rn. 52; *Häsemeyer*, Insolvenzrecht, Rn. 2.02 f.; *Pape*, in Uhlenbruck, InsO, § 1 Rn. 2.

[1522] *Baur/Stürner,* Insolvenzrecht, § 5, S. 41.

Gläubigern, gemäß § 47 InsO, absonderungsberechtigten Gläubigern gemäß §§ 49 ff. InsO und den Massegläubigern gemäß § 53 ff. InsO werden diese Gläubigergruppen aufgrund ihrer Unterschiede ungleich befriedigt. Definiert die Insolvenzordnung jedoch eine bestimmte Vollstreckungsform neu, sind diese zusammengefassten Gläubigern gleich zu befriedigen. Eine willkürliche Gesamtheit von Gläubigern, welche auf das vorinsolvenzliche Wirtschaften des Insolvenzschuldners zurückzuführen ist, wird auf ihre Gemeinsamkeiten und Unterschiede untersucht und im Hinblick auf ihre Gemeinsamkeiten gleich und Unterschiede ungleich befriedigt. Insolvenz- und Massegläubiger müssen sich beispielsweise so weit voneinander unterscheiden, dass eine unterschiedliche Behandlung gerechtfertigt ist. Zusammengefast steht der Gesetzgeber vor der Herausforderung, Gläubiger zu vereinheitlichen und gegeneinander abzugrenzen.

Die Strukturierung – nach Gemeinsamkeiten und Unterschieden – der an sich willkürlichen Gemeinschaft erfordert es, allgemeingültige und übergreifende Zuordnungskriterien zu entwickeln. Die Vereinheitlichung und Abgrenzung vollzieht sich nach *Typusbegriffen.* Jede Vollstreckungsform stellt für sich betrachtet einen originären Typus dar, der eine Gläubigergruppe zusammenfasst und sie gleichzeitig von anderen abgrenzt. Dem Gesetzgeber lag ein bestimmtes Leitbild und Verständnis der Gläubiger zugrunde, sodass er sich dazu veranlasst sah, diese in einer vereinheitlichen Vollstreckungsform zusammenzufassen. Beispielsweise werden Insolvenz- und Massegläubiger anhand der gesetzlichen Vorschriften der §§ 38, 55 InsO nach den Typus repräsentierenden Merkmalen definiert, zugeordnet und voneinander abgegrenzt. Bei den jeweils gruppenbildenden Tatbestandsvoraussetzungen handelt es sich nicht um eine Summe einzelner Voraussetzungen, sondern um eine Verbindung beschreibender Einzelzüge zu einem einheitlichen Gesamtbild.[1523] Bei der Typusbetrachtung ist es von besonderer Bedeutung, dass die typischen Merkmale in solcher Zahl und Stärke vorhanden sind, dass der Sachverhalt im Ganzen dem Typus entspricht.[1524] Das ein oder andere Merkmal kann im Einzelfall stärker oder schwächer ausgeprägt sein.[1525] Die den Typus repräsentierenden Merkmale brauchen im Einzelfall nicht sämtlich vorliegen.[1526] Können im Rahmen einer Typusbetrachtung Merkmale in verschiedener Stärke vorliegen, handelt es sich insoweit um ein abstufbares, elastisches

1523 *Larenz,* Methodenlehre der Rechtswissenschaft, S. 221.

1524 *Larenz,* Methodenlehre der Rechtswissenschaft, S. 221.

1525 *Bydlinski,* Juristische Methodenlehre, S. 544; *Englisch*, in Tipke/Lang, Steuerrecht, § 5, Rn. 5.53.

1526 *Tipke,* in Handwörterbuch unbestimmter Rechtsbegriffe, S. 4.

Merkmalsgefüge,[1527] bei dem es fließende Grenzen und Übergangsformen gibt.[1528] Entscheidend ist, die Gläubiger unter Bezugnahme auf die Charakteristika dem Gruppenbild der jeweiligen Vollstreckungsform zuzuordnen. Dem Typus wird die Einzelerscheinung nicht subsumiert, sondern zugeordnet, und zwar dadurch, dass sie ihm im Wesentlichen mehr oder weniger als entsprechend erkannt wird.[1529] Es kommt darauf an, dass der Sachverhalt in einer Gesamtschau dem typischen Erscheinungsbild entspricht.[1530] Soweit man sich fragt, worauf das maßgebliche Gesamtbild, die Verbindung der einzelne Merkmale und der die Einheit des Typus stiftende Moment beruht, so begründet der Gesetzgeber den Typus maßgeblich nach den aus seiner Sicht angemessenen Rechtsfolgen.[1531] Zur Ermittlung des Typus ist unter einer wertenden Betrachtung zu fragen, was den Gesetzgeber dazu bewogen hat, an diesen Typus diese Rechtsfolgen zu knüpfen.[1532] Mit anderen Worten ist auf ein fallspezifisches Leitbild, welches der Gesetzgeber vor Augen hatte, abzustellen.[1533] Was die allgemeinen Merkmale des Typus ausmacht, ist durch repräsentative Beispiele zu verdeutlichen oder mit abstrakten Charakteristika zu umschreiben.[1534] Im Rahmen der typologischen Rechtsfindung ist von einer Typizität eines bestimmten Falles auszugehen. Unter wertendender Betrachtungsweise ist ausgehend von diesem typischen Fall samt seiner Merkmalsgefüge auf andere Anwendungsbereiche der Vorschrift zu schließen.[1535] Die Typenlehre erfolgt anhand eines abstrahierenden Denkens und ist als eine Weiterentwicklung der Fallgruppenmethode anzusehen.[1536] Insoweit dient die Typenbeschreibung als Repräsentant, Muster oder Modell, an dem sich ein Vergleich oder eine Ähnlichkeitsprüfung zu orientieren hat.[1537]

Im Folgenden gilt es, den Insolvenzgläubiger gemäß § 38 InsO mittels typologischer Betrachtungsweise näher zu konkretisieren. Das vage Begriffsverständnis einer begründeten Forderung ist maßgeblich an der Typizität

---

[1527] *Leenen,* Typus und Rechtsfindung, S. 34.

[1528] *Larenz,* Methodenlehre der Rechtswissenschaft, S. 468; *Tipke,* in Handwörterbuch unbestimmter Rechtsbegriffe, S. 4.

[1529] *Larenz,* Methodenlehre der Rechtswissenschaft, S. 221; *Tipke,* in Handwörterbuch unbestimmter Rechtsbegriffe, S. 4.

[1530] *Larenz,* Methodenlehre der Rechtswissenschaft, S. 221.

[1531] *Larenz,* Methodenlehre der Rechtswissenschaft, S. 221.

[1532] *Larenz,* Methodenlehre der Rechtswissenschaft, S. 221.

[1533] *Leenen*, Typus und Rechtsfindung, S. 178.

[1534] *Tipke,* in Handwörterbuch unbestimmter Rechtsbegriffe, S. 4 f.

[1535] *Leenen*, Typus und Rechtsfindung, S. 91.

[1536] *Leenen*, Typus und Rechtsfindung, S. 64; *Möllers*, Methodenlehre, § 14, Rn. 60.

[1537] *Tipke,* in Handwörterbuch unbestimmter Rechtsbegriffe, S. 5.

eines Ausgangsfalles samt dessen Charakteristika aufzuhellen.[1538] Hierzu ist zunächst darzustellen, dass der Gesetzgeber mit der Vorschrift des § 38 InsO einen Typusbegriff geschaffen hat und damit der Anwendungsbereich einer typologischen Betrachtungsweise eröffnet ist. Anschließend sind der Typus und das Leitbild einer Insolvenzforderung zu umschreiben, um daraufhin zu fragen, inwieweit der Steuergläubiger diesen Anforderungen entspricht. Letztlich ist das Typusbild der Insolvenzforderung gegen das der Masseverbindlichkeit gemäß § 55 Abs. 1 InsO gegenüberzustellen, um die jeweiligen Typizitäten voneinander abzugrenzen.

2. Die Typologie des § 38 InsO

a) Das typologische Verständnis des § 38 InsO

Ist im Ausgangspunkt zu klären, ob die Vorschrift des § 38 InsO typologisch zu verstehen ist, richtet sich der Blick auf den Konkretisierungsprozess des Tatbestandsmerkmals der Begründetheit. Wie gesehen ist mittels Wortlautauslegung kein tiefgreifender Erkenntnisgewinn zu erzeugen. In Abgrenzung zu einer Vorschrift, dessen Tatbestand begrifflich klar fixiert ist, sodass der festgestellte Sachverhalt nur zu subsumieren ist, ist dieser Befund für die Rechtsanwendung der insolvenzrechtlichen Begründetheit nicht feststellen. Für den Rechtsanwender ergibt sich aus dem Wortlaut nicht ohne Weiteres, wann eine Forderung so weit verwirklicht ist, dass sie im insolvenzrechtlichen Sinne begründet ist. Es ist also – wegen der begrifflichen Weite – nicht möglich, die die Begründetheit kennzeichnenden Merkmale eindeutig zu definieren und unter ihnen zu subsumieren. Der Begriff der Begründetheit ist vordergründig kein für den Rechtsanwender praktikables Tatbestandsmerkmal. Versucht sich der Rechtsanwender abseits des unklaren Wortlautes dem Sinngehalt der Vorschrift weiter anzunähern, stellt er folgenden Definitionsversuch an: Eine Forderung ist gemäß § 38 InsO begründet, wenn deren Rechtsgrund verwirklicht ist.[1539] Aber auch diese Konkretisierung ist noch nicht präzise genug, um für den Einzelfall eine Einordnung vorzunehmen. An dieser Stelle wird sich nunmehr der Rechtanwender fragen, wie denn andere, vergleichbare

[1538] *Leenen,* Typus und Rechtsfindung, S. 190 ff. und *Engisch,* Einführung in das juristische Denken, S. 157 sehen die typologische Betrachtungsweise als einen Bestandteil der teleologischen Auslegung an. Typologisches Denken im Rahmen begrifflicher Rechtsanwendung sei ein Hilfsmittel, um den mit einer Norm verfolgten Zweck zu ermitteln.

[1539] In diesem Sinne bildet diese Feststellung in aller Regel in Rechtsprechung und Literatur den ersten Satz einer begrifflichen Annäherung. Vergleiche nur BFH vom 16.05.2013, IV R 23/11, BStBl. II 2013, 759 (760); *Ehricke/Behme*, in MünchKomm, InsO, § 38, Rn. 21.

Forderungen eingeordnet wurden. Er stellt die Überlegung an, ob der gegenständliche Fall mit dem anderer Fallgestellungen vergleichbar ist. Soweit ausreichend Fallbeispiele vorliegen, vermag er rechtssicher einschätzen zu können, ob seine Forderung – gemessen an der Tatbestandsverwirklichung – insolvenzrechtlich begründet ist.

Vergleichbares Vorgehen zeigt sich anhand der Kommentierung zu § 38 InsO.[1540] So lässt sich nämlich bereits der Kommentarliteratur eine Typenbildung entnehmen, weil sie zur begrifflichen Konkretisierung der Begründetheit schwerpunktartig auf Einzelfälle verweist. Im Einzelnen:

Die Kommentierung widmet sich zunächst dem Normzweck und der Funktion der Vorschrift. Anschließend gliedert sich die Kommentierung im Wesentlichen nach den drei Voraussetzungen des § 38 InsO auf: Persönlicher Gläubiger, Vermögensanspruch und Begründetheit im Eröffnungszeitpunkt. Im Rahmen der Ausführungen zur „Begründetheit im Eröffnungszeitpunkt" wird im Anschluss an die Wiedergabe des Wortlautes allgemeingültig auf den Rechtsgrund,[1541] den anspruchsbegründenden Tatbestand,[1542] den Schuldrechtsorganismus[1543] oder die Unerheblichkeit der Fälligkeit[1544] verwiesen. Die Kommentierung versucht diesbezüglich die Stellung des Insolvenzgläubigers zu beschreiben und übergreifende Kriterien für die Annahme einer Insolvenzforderung zu definieren. Eine praktikable Definition liefert sie damit allerdings nicht; es besteht kein zwingendes logisches Schlussverfahren.[1545] Im Anschluss verweist die Kommentierung detailliert auf einzelne Fallbeispiele. Im Verhältnis zu den allgemeinen Versuchen, die Begründetheit zu definieren, wird über eine Vielzahl von Randnummern auf Einzelfälle verwiesen. Beispielsweise kommentieren *Ehricke/Behme*[1546] ab Randnummer 69 von insgesamt 135 Einzelfälle aus insbesondere schuld- arbeits- und steuerrechtlichen Ansprüchen.[1547] Im Ergebnis bemüht die Kommentierung

[1540] Für diese Untersuchung wurden die Kommentierungen von *Ehricke/Behme*, in MünchKomm, InsO, § 38, Rn. 21; *Sinz*, in Uhlenbruck, InsO, § 38 und *Lüdtke*, in Hamburger Kommentar, InsO, § 38 vergleichend betrachtet.

[1541] *Ehricke/Behme*, in MünchKomm, InsO, § 38, Rn. 21.

[1542] *Lüdtke*, in Hamburger Kommentar, InsO, § 38, Rn. 30.

[1543] *Ehricke/Behme*, in MünchKomm, InsO, § 38, Rn. 21.

[1544] *Sinz*, in Uhlenbruck, InsO, § 38, Rn. 26.

[1545] Vgl. *Larenz*, Methodenlehre der Rechtswissenschaft, S. 217.

[1546] *Ehricke/Behme*, in MünchKomm, InsO, § 38.

[1547] Vergleichbar die Kommentierung von *Sinz*, in Uhlenbruck, InsO, § 38, welcher sich ab der Randnummer 59 von 97 Einzelfällen widmet. *Lüdtke*, in Hamburger Kommentar, InsO, § 38 verweist ab Randnummer 32 von 61 auf einzelne Fallgestaltungen.

eine ausführliche Fallbetrachtung, um das Tatbestandsmerkmal der Begründetheit zu definieren. Da es mit allgemein gehaltenen Definitionsversuchen nicht gelingt, die Vielzahl von möglichen Anwendungsbeispielen subsumierbar zu fixieren, wird der Sinngehalt der Begründetheit mit Hilfe einer Kasuistik erschlossen. Mittels einer erschöpfenden Auflistung von konkreten Forderungen – wie beispielsweise den speziellen arbeitsrechtlichen Urlaubsansprüchen – hellt die Kommentarliteratur das Begriffsverständnis auf.

Will man nun Forderungen einordnen, die bislang nicht kommentiert sind, weil beispielsweise Literatur und Rechtsprechung keine Einordnung vorgenommen haben, ist man angehalten, eine Ähnlichkeitsprüfung anhand der bereits fixierten Fallbeispiele vorzunehmen. Die praktische Einordnung erfolgt insoweit nicht auf Basis der allgemein gehaltenen Definition, wonach die Verwirklichung des Rechtsgrundes maßgeblich sei, sondern auf einer konkreten Analyse bereits entschiedener Fälle.

Ferner erweist es sich nicht nur aufgrund des unklaren Wortlauts als sinnvoll die Begründetheit durch eine typologische Fallvergleichung zu konkretisieren, sondern auch aufgrund des Auftrags des § 38 InsO, gewichtige Gemeinsamkeiten und Unterschiede zwischen den einzelnen Gläubigergruppen herauszustellen. Wenn im Gesamtvollstreckungsverfahren nach dem Gleichbehandlungsgebot Gleiches gleich und Ungleiches ungleich zu befriedigen ist, entspricht der Typusbegriff diesem Postulat. Denn er ist als Denkform des Allgemeinen dadurch gekennzeichnet, dass der unter einem leitenden Wertungsgesichtspunkt Gleiches zusammenfassen kann und gegenüber Ungleichem abzugrenzen vermag.[1548] Ein gesetzliches Leitbild lässt sich – anders als beispielsweise eine begriffliche Definition aus aneinandergereihten Merkmalen – anschaulich gegen das eines anderen Bildes gegenüberstellen. Im Rahmen einer typologischen Betrachtungsweise wird aus vielen Einzelfällen unter wertenden Gesichtspunkten ein typischer Fall – gewissermaßen der Fall „Null“ – gebildet. Dieser Ausgangsfall, der die Typizität der Gruppe auf sich vereinnahmt, lässt sich aufgrund eines geringen Abstraktionsniveaus leichter verbildlichen als abstrakte begriffliche Definitionsmerkmale eines Tatbestandsmerkmals. Mit anderen Worten lassen sich konkrete Fallgestaltungen besser miteinander vergleichen und voneinander abgrenzen als abstrakte Konkretisierungen.

Im Ergebnis ist festzustellen, dass der Gesetzestext eine Leerformel darstellt. Die ausgehend vom Wortlaut entwickelten Definitionen führen gleichsam

[1548] *Leenen*, Typus und Rechtsfindung, S. 90.

nur zu einem leicht gesteigerten Erkenntnisgewinn; sie sind aber nicht in der Lage, die konkrete Rechtsanwendung zu erleichtern. Eine rein begriffliche Abgrenzung ist nicht möglich. Letztlich geben nur Fallbeispiele Aufschluss über den konkreten Anwendungsbereich des Tatbestandsmerkmals der Begründetheit. Die Rechtsfindung fokussiert sich auf Fallgruppen. Soweit damit der Konkretisierungsprozess des Tatbestandsmerkmals der Begründetheit auf eine vergleichende Fallanalyse hinausläuft, eröffnet dieser Befund die Möglichkeit einer typologischen Betrachtungsweise. Wenn *Leenen*[1549] darauf hinweist, dass jede auf Fallvergleichung beruhende Entscheidung bereits an einem Typus baut sowie die Fallvergleichung und die Bildung typischer Fallgruppen ein- und denselben Prozess darstellen, stellt jede zur insolvenzrechtlichen Begründetheit ergangene Entscheidung einen Bestandteil des Typus des Insolvenzgläubigers gemäß § 38 InsO dar. Insoweit ist die typologische Betrachtungsweise als ein Teil der teleologischen Auslegung anzusehen.[1550] Es geht nunmehr darum, Anzeichen und Indizien für das Vorliegen des vom Gesetz gemeinten Leitbildes des Insolvenzgläubigers gemäß § 38 InsO zu identifizieren. Hilfsmittel sind hierfür konkrete Beispiele, aber auch umschreibende Charakteristika.

b) Die Kriterien zur Ermittlung des Typus des Insolvenzgläubigers gemäß § 38 InsO

Ist im Ausgangspunkt geklärt, dass § 38 InsO typologisch zu verstehen ist, ist nun der Typus des Insolvenzgläubigers näher zu bestimmen. Die Ermittlung des Typus ist ein rational nachprüfbares Verfahren, das erkenntnismäßige und wertende Betrachtungsweisen in sich vereinigt.[1551] Im Rahmen einer Gesamtbetrachtung ist aus verschiedenen Erfahrungssätzen auf ein Gesamtbild zu schließen.[1552] Wichtige Kriterien zur Ermittlung des Typus sind der Normzweck und die dahinterstehenden Rechtsgedanken, der von der Regelung umfasste Interessenkonflikt, die Betrachtung erläuternder und ergänzender Normen, einer Berücksichtigung der Rechtsfolge und

[1549] *Leenen*, Typus und Rechtsfindung, S. 70.

[1550] Nach *Larenz,* Methodenlehre der Rechtswissenschaft, S. 218 ff. handelt es sich bei den Tatbestandsmerkmalen des Tierhalters gemäß § 833 BGB, des Verrichtungsgehilfen aus § 831 BGB und des Besitzdieners gemäß § 855 BGB unter vergleichbaren Erwägungen um einen Typusbegriff.

[1551] *Leenen*, Typus und Rechtsfindung, S. 178.

[1552] *Larenz,* Methodenlehre der Rechtswissenschaft, S. 465; *Leenen*, Typus und Rechtsfindung, S. 179.

schließlich das breitgestreute Fallmaterial der Rechtsprechung.[1553] Diesen Kriterien ist im Folgenden nachzugehen.

Zunächst ist aber darauf hinzuweisen, dass es in der Insolvenz den einen Insolvenzgläubiger nicht gibt. Soweit an dieser Stelle zur Ermittlung eines gesetzlichen Leitbildes von dem Typus des Insolvenzgläubigers gesprochen wird, steht diese Bezeichnung für eine Gruppe von Gläubigern. Bei der Typusbildung ist zu berücksichtigen, dass aus einer Vielzahl von sich untereinander unbekannten Gläubigern eine Gemeinschaft gebildet wird, um in der Mangelsituation eine gleichmäßige und gerechte Verteilung des vorhandenen Vermögens zu erreichen. Die gesetzliche Neuordnung der Gläubiger führt indes nicht zu einer rechtlich verselbständigten Gläubigergemeinschaft, es kommt stattdessen nur zu einer Gemeinschaftsgebundenheit der Rechtsdurchsetzung.[1554] Die Gläubigergemeinschaft ist als ein Ausdruck einer rechtlichen Sonderbeziehung zu verstehen, bei der zwischen den einzelnen Insolvenzgläubigern erhebliche verrechtliche Binnenbeziehungen zu beobachten sind.[1555] Waren sich also die einzelnen Gläubiger vor Verfahrenseröffnung untereinander unbekannt, sind sie nun Teil einer vollstreckungsrechtlichen Zweckgemeinschaft in einem gesellschaftsähnlichen Verhältnis mit weitgehenden Kooperationspflichten.[1556]

Gilt es den *Normzweck* des § 38 InsO samt der diese Vorschrift ergänzenden Normen zu untersuchen, ist folgendes festzustellen: Originäre Aufgabe des § 38 InsO ist es, mittels Legaldefinition der Insolvenzgläubiger eine Befriedigung aus der in den §§ 35–37 InsO näher definierten Insolvenzmasse zu legitimieren. So dient das Insolvenzverfahren ihrer gemeinschaftlichen Befriedigung, § 1 S. 1 InsO. Dahingehend bestimmt der § 38 InsO vornehmlich die Funktion der Insolvenzmasse.[1557] Die vollstreckungsrechtliche Disziplinierung des Insolvenzgläubigers folgt aus dem Zusammenspiel einzelner Vorschriften. Die anteilmäßige Befriedigung der Insolvenzgläubiger (*Rechtsfolge*) richtet sich allein nach den Vorschriften der Insolvenzordnung, § 87 InsO. Insolvenzgläubiger melden ihre Forderung gemäß § 174 ff. InsO zur Insolvenztabelle an, um an der Verteilung der Masse teilzunehmen, § 178 InsO. Gemäß 89 Abs. 1 InsO sind Zwangsvollstreckungen für einzelne Insolvenzgläubiger während der Dauer des Insolvenzverfahrens weder in die Insolvenzmasse noch in

---

[1553] *Leenen*, Typus und Rechtsfindung, S. 179 ff.

[1554] *Krumm*, Formelle Insolvenz, S. 44.

[1555] *Krumm*, Formelle Insolvenz, S. 45.

[1556] *Eidenmüller*, Unternehmenssanierung, S. 855.

[1557] *Ehricke/Behme*, in MünchKomm, InsO, § 38, Rn. 1.

das sonstige Vermögen des Schuldners zulässig. Überdies unterliegt der Insolvenzgläubiger der Rückschlagsperre gemäß § 88 InsO, wonach eine Zwangsvollstreckung einen Monat vor Verfahrenseröffnung unwirksam ist, wenn eine Sicherung an dem zur Insolvenzmasse gehörenden Vermögen des Schuldners erlangt worden ist. Erst nach Aufhebung des Verfahrens ist der Insolvenzgläubiger wieder befugt, seine Rechte gegen den Schuldner zu verfolgen, § 201 Abs. 1 InsO. Dies allerdings nur, soweit nicht ein rechtskräftig bestätigter Insolvenzplan gemäß § 254 Abs. 1 S. 3 InsO vorliegt oder dem Schuldner die Restschuldbefreiung nach § 301 Abs. 1 InsO erteilt wurde.

Auf Tatbestandsseite hat der § 38 InsO den *Interessenskonflikt* aufzulösen, dass gleichartige Gläubiger gleich und Ungleichartige ungleich zu behandeln sind. Insoweit ist es Ziel des § 38 InsO in Abgrenzung zu anderen Gläubigergruppen dafür zu sorgen, dass die Insolvenzgläubiger definiert und einheitlich zusammengefasst werden.[1558] Die Vorschrift des § 38 InsO bestimmt diejenigen Gläubiger, die ihre Forderungen im Insolvenzverfahren teilweise befriedigen können.[1559] Mit dem Tatbestandsmerkmal der Begründetheit wird bezweckt, die Gruppe von willkürlich zusammentreffenden Gläubigern aufgrund von Gemeinsamkeiten zusammenzuführen und aufgrund von Unterschieden zu anderen Gläubigern abzugrenzen. Mit der Vorschrift und einhergehend mit dem Tatbestandsmerkmal der Begründetheit beschreibt der Gesetzgeber die Gruppe der Insolvenzgläubiger[1560] und grenzt sie gegenüber Massegläubigern, Ab- und Aussonderungsberechtigten ab.[1561] Daher vereint das Merkmal der Begründetheit im Rahmen einer am objektiven Willen des Gesetzgebers orientierten Interpretation die Gemeinsamkeiten der Insolvenzgläubiger. Wenn die Begründetheit so ausgelegt wird, dass die entsprechenden Gemeinsamkeiten der Gläubiger abgedeckt sind, erfolgt eine in sich geschlossene Zusammenfassung dieser Gläubigergruppe. Gelingt dies, besteht eine konsistente Abgrenzung zu anderen Gruppierungen. Vor diesem Hintergrund erfordert die insolvenzrechtliche Begründetheit eine Wertentscheidung: Durch typisierte Wertungsgesichtspunkte ist eine Forderung auf ihre Gruppenzugehörigkeit zu untersuchen. Zur Schaffung einer homogenen Gruppe werden die

1558 *Andres,* in Nerlich/Römermann, InsO, § 38, Rn. 2 (15. Lfg. April 2008); *Ries* in Kayser/Thole, InsO, § 38, Rn. 1.

1559 *Holzer*, in Kübler/Prütting/Bork, InsO, § 38, Rn. 1 (74. Lfg. November 2017).

1560 *Büteröwe,* in K. Schmidt, InsO, § 38, Rn. 1; *Ehricke/Behme*, in MünchKomm, InsO § 38, Rn. 1

1561 *Sinz*, in Uhlenbruck, InsO, § 38, Rn. 2.

Interessen, Risiken und Handlungen der Gläubiger gruppiert und anhand der den Typus beschreibender Kriterien einheitlich zugeordnet.

Stellt letztlich das *Fallmaterial* ein wichtiges Kriterium für die Ermittlung des Typus dar, ist zu berücksichtigen, dass nicht schlechthin alle vorgenommenen Zuordnungen der Gerichte als typuskonstituierend anzusehen sind.[1562] Auch die von der Rechtsprechung vorgenommenen Zuordnungen unterliegen einer kritischen Würdigung und sind mithin nicht in ihrer Absolutheit in die Typusbetrachtung miteinzubeziehen.[1563] So sind nach Maßgabe einer wertenden Betrachtung nur diejenigen Entscheidungen zu berücksichtigen, die in das Typusbild passen. Atypische Fälle sind auszusondern und für die Ermittlung des gesetzlichen Leitbildes außer Betracht zu lassen. Soweit die Rechtsprechung eine Erkenntnisquelle für die nähere Auffüllung des dem Gesetz zu entnehmenden Typus ist,[1564] ist auf bereits getroffene Feststellungen wie folgt zurückzugreifen: Wie gesehen, legen die Bundesgerichte die insolvenzrechtliche Begründetheit vornehmlich danach aus, wann der der Forderung zugrundeliegende Tatbestand wesentlich verwirklicht ist. Im Grunde stellt die Rechtsprechung der Bundesgerichte auf den Anwartschaftsgedanken ab. Beispielhaft sei auf die Einordnung des Bundesverwaltungsgerichts zur Einordnung eines Rückforderungsanspruchs gemäß § 49a Abs. 1 S. 1 VwVfG[1565] wegen zweckwidrig verwandter staatlicher Beihilfen oder die Einordnung eines deliktischen Schadensersatzanspruchs aus § 823 Abs. 1 BGB[1566] verwiesen. Davon abweichend verlangt der Bundesfinanzhof für die Begründetheit der Steuerforderung die vollständige Verwirklichung des Tatbestandes.

Mit diesem Befund der inhaltlichen Divergenz stellt sich nun die Frage, ob und inwieweit die Rechtsprechung des Bundesfinanzhof und die der übrigen Bundesgerichte den Typus prägen. Legt man die beiden Auslegungsvarianten nebeneinander, ist festzustellen, dass sie derart voneinander abweichen, dass sie einen einheitlichen Typus nicht zu verkörpern vermögen. Insoweit unterscheiden sich nämlich die beiden Auslegungsvariante zu sehr voneinander, als dass man noch von einem einheitlichen Auslegungsergebnis sprechen kann. Zu verdeutlichen ist dies an dem Fallbeispiel der stillen Reserven, bei welchem die Auslegungsvarianten des Anwartschaftsgedankens und die der vollständigen Tatbestandsverwirklichung zu

[1562] *Leenen*, Typus und Rechtsfindung, S. 182.

[1563] *Leenen*, Typus und Rechtsfindung, S. 182.

[1564] *Leenen*, Typus und Rechtsfindung, S. 182

[1565] Vgl. C., III.

[1566] Vgl. C., II.

unterschiedlichen Ergebnissen gelangen.[1567] Wenn dementsprechend das Fallmaterial des Bundesfinanzhofes und das der übrigen Bundesgerichte jeweils eigenständige und uneinheitliche Fallgruppen zugrunde liegen, ist zu fragen, welche dieser Fallgruppen nun für die Typusbildung heranzuziehen sind. Denn eines steht bereits fest: Dem § 38 InsO liegt nur *ein* einheitlicher Typusbegriff zugrunde. Der Gesetzgeber hatte mit der Schaffung des § 38 InsO nur einen typischen Fall im Sinn, den er regeln wollte. Verschiedene Repräsentanten, bei denen zwischen den einzelnen Rechtsgründungen und der Art des Gläubigers zu differenzieren wäre, schwebten den Gesetzgeber nicht vor. Eine solche Differenzierung liegt dem § 38 InsO, aber auch den anderen Vollstreckungsformen der §§ 48 ff., 53 ff. InsO, nicht zugrunde. Denn die insolvenzrechtliche Vollstreckungszuordnung ist universell ausgestaltet; zwischen Rechtsgründen und der Art des Gläubigers wird nicht differenziert. Da der § 38 InsO nicht zwischen Rechtsgründen unterscheidet und die Art des Gläubigers ausweislich des Universalitätsgedankens der insolvenzrechtlichen Zuordnung unbeachtlich ist, kann es ferner auf der einen Seite nicht den besonderen Typus des steuerrechtlichen Insolvenzgläubigers geben und auf der anderen Seite den Typus aller übrigen Insolvenzgläubiger. Weil – mit anderen Worten – der § 38 InsO universell ausgestaltet ist, kann es nur einen Typus und nur ein gesetzliches Leitbild eines Insolvenzgläubigers geben. Im Rahmen der typologischen Betrachtung des § 38 InsO ist nur von einem Typus auszugehen. Im Ergebnis widerspräche es einem einheitlichen Typusbegriff, wenn auf der einen Seite eine Tatbestandsverwirklichung nach Anwartschaftsgesichtspunkten und auf der anderen Seite eine vollständige Tatbestandsverwirklichung maßgeblich wäre. Diese beiden Entwicklungsstadien einer Forderung sind so unterschiedlich, dass sie für sich genommen eine eigene Typizität begründen würden. Es besteht gewissermaßen ein Alternativverhältnis: Entweder erkenne man einen Typus in der vollständigen oder in der nach dem Anwartschaftsrecht gesicherten Tatbestandsverwirklichung.

Diese Überlegung zwingt nunmehr zu der Entscheidung, welches Fallmaterial der Typusbildung zugrunde zu legen und welches auszusondern ist. Maßstab für diese Weichenstellung ist die Typizität selbst, welche sich letztlich aus der Mehrheit und der überwiegenden Menge an Fällen ergibt. Daran gemessen, ist die Rechtsprechung des Bundesfinanzhof als Ausnahmefall zu identifizieren. Soweit nämlich allein der Bundesfinanzhof für den besonderen Fall der Steuerforderung eine andere Auslegung als alle anderen Bundesgerichte vertritt, ist dessen Konkretisierung insoliert. Die

[1567] Vgl. D., V.

einheitliche insolvenzrechtliche Einordnung von zivil-, arbeits-, sozial und verwaltungsrechtlichen Forderungen steht der Einordnung von Steuerforderung mehrheitlich gegenüber. Der Bundesfinanzhof beschreitet einen Sonderweg, welcher von der Mehrheit der Bundesgerichtsbarkeit nicht geteilt wird. Die Rechtsprechung des Bundesfinanzhofs fügt sich nicht in das Typusbild der obersten Bundesgerichte ein. Daher ist die Auslegung des Bundesfinanzhofes als atypisch einzuordnen und für die Typusbildung auszusondern. Dieses unter typologischer Betrachtungsweise atypisches Fallmaterial ist für die Bildung des Leitbildes des Insolvenzgläubigers gemäß § 38 InsO nicht zu berücksichtigen.

c) Der Insolvenzgläubiger gemäß § 38 InsO und der Typus eines Kreditgebers

aa) Einführung

Soweit die grundlegende Zweckrichtung und Struktur des § 38 InsO vorangestellt ist, ist fortan zu fragen, welche typusbildende Charakteristika eine Forderung zu einer Insolvenzforderung erheben. Aufgabe ist es, die Züge des Typus durch einen gemeinsamen Wertebezug aus der Fülle der individuellen Merkmale herauszuheben und untereinander zusammenzubinden.[1568] Mit einer wertenden Betrachtungsweise ist zu untersuchen, welche Eigenschaften eine im insolvenzrechtlichen Sinne begründete Forderung auf sich zu vereinen hat, dass sie dem Typus einer Insolvenzforderung entspricht. Es sind diejenigen Merkmalskomplexe zu benennen, anhand derer eine Ähnlichkeitsprüfung vorzunehmen ist. Unter wertenden Gesichtspunkten ist auf typusbildende Charakteristika zu schließen. Vorzugswürdig erscheint es, die Insolvenzgläubiger als ungesicherte *Kreditgeber* anzusehen, bei dem die Tatbestandsverwirklichung nach *anwartschaftsrechtlichen Grundsätzen* gesichert ist. Das dem Gesetzgeber zugrundeliegende Leitbild des Insolvenzgläubigers ist das eines *Kredits durch Vorleistung*.

Bevor das konkrete Bild des Insolvenzgläubigers als typischer Kreditgeber näher zu begründen ist, gilt es zunächst, das Begriffsverständnis des Kreditgeschäfts als solches vorzustellen.

[1568] *Leenen*, Typus und Rechtsfindung, S. 181.

bb) Begriff und Wesen eines Kreditgeschäfts

Ein einheitlicher Rechtsbegriff des Kredits besteht nicht.[1569] Stattdessen versteht man ökonomisch unter einem Kredit die zeitweilige Überlassung von Kaufkraft.[1570] Kaufkraft meint dabei nicht nur Bar- und Buchgeld, sondern – unter einem weiten Begriffsverständnis – die Bereitstellung jedes geldwerten Wirtschaftsgutes.[1571] Die Überlassung ist nicht zwingend durch eine unmittelbare Vermögensbewegung zwischen Kreditgeber und Kreditnehmer gekennzeichnet.[1572] Eine Überlassung von Kaufkraft kann auch darin bestehen, dass der Kreditgeber vorrübergehend auf die Einforderung einer im zustehenden Leistung verzichtet.[1573] Dies ist beispielsweise bei einer Stundung, einer Vorleistung oder einer Bürgschaft der Fall.[1574] Soweit die Überlassung der Kaufkraft nur zeitweise erfolgt, ist darunter zu verstehen, dass der Kreditgeber auf eine zukünftige Rückgewähr beziehungsweise Revalierung vertraut.[1575] Der Kreditnehmer darf die überlassene Kaufkraft nicht endgültig behalten, sondern muss sie dem Kreditgeber nach Ablauf einer bestimmten Frist zurückgewähren.[1576] Zusammengefasst umfasst der wirtschaftliche Kreditbegriff verschiedenste Handlungsformen.[1577] Der Begriff des Kredits ist ein Oberbegriff gegenüber einzelnen Ausprägungen effektiver Kreditgewährung wie beispielsweise

---

1569 Für das Fehlen eines einheitlichen Rechtsbegriffs des Kredits *Canaris*, Bankvertragsrecht, Rn. 1196; *Meincke/Hingst,* WM 2011, 633 (634 ff.); *Mülbert*, in Staudinger, BGB, § 488, Rn. 389 ff. Der Begriff des Kredits wird in verschiedenen Gesetzen verwendet, aber stets unterschiedlich definiert, zum Beispiel in § 778 BGB, § 824 BGB, § 89 AktG, § 1 I 2 Nr. 2 KWG oder § 21 I KWG. So erfüllt der Begriff des Kredits in den jeweiligen Gesetzen und Tatbestände eine bestimmte Funktion, ohne jedoch über die bestimmte Regelung hinaus, einheitlich verstanden zu werden. *Canaris,* Bankvertragsrecht, Rn. 1196 mahnt an, dass der Versuch einer einheitlichen Begriffsbestimmung sogar gefährlich wäre, weil er dazu verleiten könnte, unterschiedliche Probleme einer sachwidrigen Einheitslösung zu unterwerfen und so den Kreditbegriff in verschiedenartigen Vorschriften wie z. B. § 21 1 KWG einerseits und § 778 BGB andererseits einheitlich zu bestimmen. Durch das Fehlen eines einheitlichen Rechtsbegriff wird vermieden, dass interessenmäßig unterschiedlich gelagerte Verträge begrifflich-deduktiv über denselben Leisten geschlagen werden, *Mülbert*, in Staudinger, BGB, § 488, Rn. 391.

1570 *Canaris*, Bankvertragsrecht, Rn. 1195; *Meincke/Hingst,* WM 2011, 633 (633).

1571 *Canaris*, Bankvertragsrecht, Rn. 1195.

1572 *Canaris*, Bankvertragsrecht, Rn. 1195.

1573 *Canaris*, Bankvertragsrecht, Rn. 1195.

1574 BGH vom 07.03.1979, I ZR 89/77, NJW 1980, 884 (885).

1575 *Mülbert*, in Staudinger, BGB, § 488, Rn. 387.

1576 *Canaris*, Bankvertragsrecht, Rn. 1195.

1577 *Meincke/Hingst,* WM 2011, 633 (633).

einem Darlehen oder einer Vorleistung.[1578] Funktion des Kreditbegriffs, der keinen abgrenzungsfähigen Rechtsbegriff darstellt, ist die Umschreibung wirtschaftlicher Sachverhalte.[1579] Der wirtschaftliche Kreditbegriff umfasst unterschiedliche Transaktionen, die unter verschiedenen Gesichtspunkten als Kreditarten einzuteilen sind.[1580] Es gibt somit nicht das „Kreditgeschäft", sondern nur verschiedene Arten von Kreditgeschäften.[1581]

Abseits der begrifflichen Definition ist das Kreditgeschäft inhaltlich durch eine gewisse Risikoverteilung geprägt.[1582] Soweit der Kreditgeber dem Kreditnehmer Kaufkraft zeitweise überlässt, liegen dem Kreditgeschäft als solchem keine Zug-um-Zug zu erbringenden Leistungen zugrunde.[1583] Eine Rückzahlung oder eine Revalierung hat der Kreditnehmer samt ggf. vereinbarter Zinsen erst während oder erst am Ende der Laufzeit des Kreditgeschäfts zu leisten.[1584] Konstituierendes Merkmal eines Kredits ist die Zeitdifferenz, die zwischen dem Zeitpunkt der Leistung und dem Zeitpunkt der Gegenleistung auftritt.[1585] Durch dieses Auseinanderfallen der Fälligkeit der jeweiligen Leistungspflichten verkörpert der Kreditgeber das Bild eines Vorleistenden.[1586] Aus diesem dem Kreditgeschäft anhaftendem Umstand resultiert ein erhebliches Risikopotenzial: Das Kreditgeschäft wird durch die Unsicherheit und die einseitige Hoffnung des Kreditgebers determiniert, dass der Kreditnehmer die überlassene Kaufkraft bei Fälligkeit auch tatsächlich zurückzahlt.[1587] Der Kreditgeber trägt die Gefahr des Ausfallrisikos.[1588]

Handelt es sich überdies bei der zu erbringenden Gegenleistung um eine Geldforderung, die beispielsweise zuvor gestundet oder auf die vorgeleistet wurde, trägt der Kreditgeber das Risiko einer Geldentwertung[1589] Das

[1578] *Berger*, in MünchKomm, BGB, Vor § 488, Rn. 1; *Mülbert*, in Staudinger, BGB, § 488, Rn. 386.

[1579] *Berger*, in MünchKomm, BGB, Vor § 488, Rn. 40.

[1580] Hierzu stellt *Mülbert*, in Staudinger, BGB, § 488, Rn. 388 eine Einteilung der verschiedenen Kreditarten vor.

[1581] *Canaris*, Bankvertragsrecht, Rn. 1196.

[1582] So *Berger*, in MünchKomm, BGB, Vor § 488, Rn. 7 speziell für das Kreditgeschäft des Darlehensvertrages.

[1583] *Berger*, in MünchKomm, BGB, Vor § 488, Rn. 7.

[1584] *Berger*, in MünchKomm, BGB, Vor § 488, Rn. 7.

[1585] *Feifel*, Die Anwendbarkeit der modernen Kreditschöpfungslehre, S. 74.

[1586] *Berger*, in MünchKomm, BGB, Vor § 488, Rn. 7.

[1587] *Berger*, in MünchKomm, BGB, Vor § 488, Rn. 7.

[1588] *Berger*, in MünchKomm, BGB, Vor § 488, Rn. 8.

[1589] *Berger*, in MünchKomm, BGB, Vor § 488, Rn. 7. Zu denken ist beispielsweise an Kursschwankungen oder an eine Geldentwertung durch Inflation.

Risiko der Geldentwertung gewinnt insbesondere bei längerfristigen Kreditgeschäften an Bedeutung.

Da ferner niemals vollständig sicher ist, dass der Kreditnehmer seiner Rückleistungsverpflichtung nachkommen wird, enthält das Kreditgeschäft stets ein gewisses Vertrauenselement.[1590] Das Kreditgeschäft ist durch ein besonderes Vertrauensverhältnis von Kreditgeber zu Kreditnehmer geprägt.[1591] Dies zeigt sich überdies an der sprachlichen Herkunft: Das Substantiv Kredit entstammt dem lateinischen „creditum" „das leihweise Anvertraute" als Partizip Perfekt Passiv von dem Verb „credere" „glauben, Vertrauen schenken".[1592]

Zusammengefasst ist das Kreditgeschäft inhaltlich durch ein gewisses Risikopotenzial des vorleistenden Kreditgebers und einer gewichtigen Vertrauensbeziehung von Kreditgeber- und -nehmer geprägt. Mit der vorübergehenden Überlassung von Kaufkraft, geht der Glaube einher, dass der Kreditnehmer den geldwerten Vorteil zurückbezahlt.

cc) Der Insolvenzgläubiger gemäß § 38 InsO als ein Kreditgeber

(1) Einführung

Soweit das Kreditgeschäft mit der zeitweiligen Überlassung von Kaufkraft definiert wird und der Kreditgeber als Vorleistender das Ausfallrisiko der Rückleistungsverpflichtung trägt und dieses Risiko nur aufgrund eines konkreten Vertrauensverhältnisses eingeht, sind diese beschreibenden Elemente des Kreditgebers auf den typischen Insolvenzgläubiger zu übertragen. Es stellt sich die Frage, welcher Gläubiger mit seiner Forderung in der Insolvenz des Schuldners typischerweise als Insolvenzgläubiger quotal befriedigt wird und ob er die kreditgeschäftstypischen Merkmale des Risikos und des Vertrauens auf sich vereinigt.

(2) Der Lieferant als der typische Insolvenzgläubiger – Die Bestimmung des Typ „Null"

Der Insolvenzschuldner ist nicht in der Lage, sämtliche gegen ihn gerichtete Verbindlichkeiten zu erfüllen. Betrachtet man die davon typischer Weise betroffenen Verbindlichkeiten samt der dahinterstehenden Gläubigerschaft,

---

[1590] *Canaris*, Bankvertragsrecht, Rn. 1195.

[1591] *Berger*, in MünchKomm, BGB, Vor § 488, Rn. 7; *Mülbert*, in Staudinger, BGB, § 488, Rn. 387.

[1592] Etymologisches Wörterbuch, S. 730.

gibt es im Wesentlichen drei große Gläubigergruppen in der Insolvenz: Die Kreditinstitute, die Gläubiger mit Forderungen aus Lieferungen und Leistungen sowie sonstige Verbindlichkeiten.[1593] Für Zwecke der Typusbildung einer Insolvenzforderung scheiden die Forderungen der Kreditinstitute aus. Denn die Forderungen der Kreditinstitute sind in aller Regel nicht als Insolvenzforderung zu qualifizieren. Sie unterfallen der absonderungsberechtigten Befriedigung, weil sie ihre Rückforderungsansprüche dinglich absichern. Soweit die Gruppe der sonstigen Verbindlichkeiten – insbesondere im bilanziellen Sinne – als ein Auffangposten anzusehen ist, in welchem sämtliche übrigen Verbindlichkeiten auszuweisen sind,[1594] und ihr überdies keine vereinheitlichte Identität zugrunde liegt,[1595] sollen diese für Zwecke der Typusbildung ebenfalls zunächst ausscheiden. Der Fokus liegt daher auf den Gläubigern mit den Forderungen aus Lieferungen und Leistungen. Dabei handelt es sich um diejenigen Gläubiger, die Waren und Dienstleitungen für den Schuldner erbringen. Sie liefern je nach Unternehmensgegenstand des Schuldners beispielsweise Waren zur Produktion, Herstellung oder Weiterverarbeitung. In diese Kategorie fallen aber auch unabdingbare Dienstleistungen wie die Gebrauchsüberlassung von Gewerberaum oder die Bereitstellung von Strom und Wärme. Insgesamt betrifft diese Gläubigergruppe den konkreten Unternehmensgegenstand und ist auf den spezifischen Bereich und die Art der Betätigung des Schuldners zugeschnitten. Insoweit ist von der Prämisse auszugehen, dass die Gläubiger mit den Forderungen aus Lieferungen und Leistungen in der Insolvenz des Schuldners typischerweise dem Insolvenzgläubiger entsprechen. Der Lieferant entspricht dem Typ „Nulll“, an dem sich jede Ähnlichkeitsprüfung zu orientieren hat.

(3) Die kreditgeschäftstypischen Voraussetzungen des Risikos und des Vertrauens am Beispiel des Lieferanten

Doch entspricht der Lieferant auch dem Bild eines Kreditgebers? Dieser Frage ist im Folgenden nachzugehen.

Die Gläubiger von Forderungen aus Lieferungen und Leistungen übernehmen die Risiken eines Kreditgebers. Vergleichbar gehen sie nämlich mit ihrer Warenlieferung oder der Erbringung einer Dienstleistung

[1593] Diese Einteilung findet sich in § 266 III lit. C HGB wieder.

[1594] *Reiner*, in MünchKomm, HGB, § 266, Rn. 120.

[1595] Beispielsweise zählen zu den sonstigen Verbindlichkeiten Verpflichtungen aus Besserungsscheinen, rückständige Gehälter, Steuerverbindlichkeiten und Verbindlichkeit aus der sozialen Sicherheit wie einbehaltene Arbeitnehmeranteile zur Sozialversicherung. *Reiner*, in MünchKomm, HGB, § 266, Rn. 120 f.

in *Vorleistung*, wenn sie ihr Tätigwerden in Rechnung stellen; also das Rechnungsdatum vom Zahlungsdatum abweicht. In dem Moment, indem eine Rechnung eines Lieferanten eingeht, diese aber noch nicht bezahlt wird, entsteht ein offener Posten. Es entsteht eine Verbindlichkeit. Zu diesem Zeitpunkt gewähren die Lieferanten ihrem Vertragspartner – dem Insolvenzschuldner – Kredit, indem sie ihm gestatten, die Gegenleistung erst zu einem späteren Zeitpunkt zu bezahlen. Gemäß der Definition des Kreditgeschäfts – zeitweise Überlassung von Kaufkraft – verzichten sie auf einen unmittelbaren Leistungsaustausch. Die Erbringung der Hauptleistung Zug-um-Zug gegen Zahlung der Gegenleistung findet nicht statt. Vielmehr überlassen sie dem Schuldner den geldwerten Vorteil ihrer Ware oder Dienstleistung bis zum Fälligkeitszeitpunkt.

Vergleichbar unterliegen die Lieferanten dem typischen *Risiko* eines Kreditgebers. Da die Gläubiger von Forderungen aus Lieferungen und Leistungen im Regelfall vorleisten und die Gegenleistung erst zu einem späteren Zeitpunkt einfordern, tragen sie das Risiko der Rückgewähr beziehungsweise Revalierung der zugeführten Kaufkraft. Sie trifft das Ausfallrisiko, dass der Schuldner die ihm überlassene Ware oder Dienstleistung nicht vollständig oder gar nicht bezahlt. Das Ausfallrisiko des vorleistenden Lieferanten kann sich überdies in einer Insolvenz des Leistungsempfängers realisieren. Mit der Vorleistung tragen sie das individuelle Insolvenzrisiko des Schuldners, weil ihre Forderung im Gesamtvollstreckungsverfahren nur quotal befriedigt wird. Da auf eine Zug-um-Zug Verpflichtung oder gar eine Vorleistung des Schuldners verzichtet wurde, hofft der Lieferant zunächst auf eine Zahlung bei Fälligkeit. Zahlt der Schuldner nicht, ist es dem vorleistenden Lieferant noch möglich, im Wege der Zwangsvollstreckung Befriedigung zu erhalten. Fällt jedoch zwischen den nicht unerheblichen Zeitraum von Leistungsbewirkung und Befriedigung durch Zwangsvollstreckung die Insolvenz des Schuldners, realisiert sich das typische Ausfallrisiko der bloß einseitigen Überlassung des geldwerten Vorteils. Soweit sich Lieferanten nicht absichern, sind sie allein auf die Zahlungsfähigkeit des Schuldners angewiesen. Nach der Leistungsbewirkung tragen sie die Gefahr des Ausfalls der Forderung.

Dieses Risiko des Lieferanten beruht ferner auf einer kreditgeschäftstypischen *Vertrauensbeziehung* zum späteren Insolvenzschuldner. Unter einem wertenden Gesichtspunkte eint die Gläubiger das Vertrauen in die Solvenz des Vertragspartners und das Verkennen einer unternehmerische Fehlentwicklung ihres Schuldners. Bei Begründung der Forderung erwarten die Gläubiger eine äquivalente Erfüllung der Leistungspflichten aufgrund einer antizipierten, marktwirtschaftlichen Kompetenz des Schuldners. Die

Gläubiger treffen mit der Kontaktaufnahme zum Schuldner eine Investitionsentscheidung. Mit dieser Entscheidung begeben sich die Gläubiger bewusst in den Rechtskreis des Schuldners und setzen sich den wirtschaftlichen und rechtlichen Risiken des Schuldners aus. Die Investitionsentscheidung der Gläubiger umfasst neben den Vorteilen einer Kooperation auch ein Ausfallrisiko. Die Gläubiger nehmen bei Vertragsschluss eine Prognoseentscheidung und Risikobewertung vor: Ist der Schuldner solvent und in der Lage, den Vertrag zu erfüllen, oder droht ein Forderungsausfall durch eine Insolvenz? Es ist folgerichtig, dass sich die Gläubiger an ihre getroffene Einschätzung halten. Die Gläubiger sind an ihre Einschätzung hinsichtlich der wirtschaftlichen Kompetenz des Schuldners gebunden. Diejenige Gläubigergruppe, welche zusammenfassend einer gleichen Fehlinterpretation unterliegt, hat diesbezüglich gleichmäßig einzustehen. Wer gleiches Vertrauen in die nichtbestehende Markttauglichkeit des Schuldners gebildet hat, haftet gleich. Vor dem Hintergrund der fehlgehenden Prognoseentscheidung werden die Gläubiger einheitlich qualifiziert und gleichberechtigt befriedigt. Die Gläubiger sind vor Insolvenzeröffnung eine abstrakte Schuld eingegangen, indem sie in Begründung ihrer eigenen Verpflichtungen auf Erfüllung der ihnen zustehenden Forderungen hoffen.[1596] Die Ansprüche der Gläubiger haben eine tatsächliche und eine rechtliche Beziehung zum vorinsolvenzlichen Vermögen aufgebaut.[1597] In Ansehung von Rechtskreisüberschneidungen bauen die Gläubiger einen Bezug zum vorinsolvenzlichen Schuldnervermögen auf. Es ist gerechtfertigt, die Gläubiger aus dem vorinsolvenzlichen Vermögen zu befriedigen, wenn sie haftungsrechtlich mit selbigem eng verwachsen sind. Aufgrund der Vermögensumsetzungen und des enttäuschten Vertrauens drohen ihnen bei weitergehendem Verlauf erhebliche Vermögenseinbußen.[1598] In Abgrenzung dazu treffen beispielsweise dinglich gesicherte Gläubiger eine andere Risikobewertung bei Vertragsschluss, was es rechtfertigt, ihnen eine bevorzugte Befriedigung zukommen zu lassen. Absonderungsberechtigte Gläubiger verlangen nämlich für die Eingehung eine Vertrages bestimmte Kreditsicherungsrechte. Ihre Investitionsentscheidung ist abgrenzend dadurch geprägt, dass sie dem Insolvenzschuldner nicht unbedingt vertrauen. Sie begründen ein Rechtsverhältnis nur, soweit der Schuldner eine Sicherheit bereitstellt. Zusammenfassend sind die Insolvenzgläubiger daher unter wertenden Gesichtspunkten eine

---

1596 *Häsemeyer*, Insolvenzrecht, Rn. 16.01, Rn. 23.42.

1597 *Krumm*, Formelle Insolvenz, S. 45 beschreibt die Insolvenzgläubiger als Gemeinschaft rechtlicher Binnenbeziehungen.

1598 *Drukarczyk*, Unternehmen und Insolvenz, S.5 und 56; *Krumm*, Formelle Insolvenz, S. 34.

Risikogemeinschaft, die aufgrund einer bewussten, im Ergebnis fehlgehenden Investitionsentscheidung konkrete Vermögensopfer verzeichnen. Sie tragen das allgemeine rechtliche und ökonomische Insolvenzrisiko des Forderungsausfalls in Folge ihrer freien marktwirtschaftlichen Entscheidung, dem Schuldner einen Kredit durch Vorleistung zu gewähren.

dd) Zwischenergebnis

Schließlich sind zwei wesentliche Elemente zum Typus des Insolvenzgläubigers festzustellen. Ausweislich des Fallmaterials der Rechtsprechung entspricht eine Forderung dem Typus des Insolvenzgläubigers, wenn der Tatbestand der Forderung nach *anwartschaftsrechtlichen* Gesichtspunkten hinreichend gesichert ist. Unter wertender Betrachtungsweise sowie unter Beachtung übriger Kriterien der Typusbetrachtung entspricht der Insolvenzgläubiger dem typischen Bild eines ungesicherten *Kreditgebers*. Diesen kennzeichnet die zeitweise Überlassung eines geldwerten Vorteils, die Übernahme eines spezifischen Ausfallrisikos der Rückleistungsverpflichtung sowie eine besondere Vertrauensbeziehung zwischen Gläubiger und Schuldner. Der vorleistende Lieferant samt seiner unausgeglichenen Forderung aus Lieferung und Leistung bildet den Typ „Null“ eines solchen Kreditgebers.

ee) Der steuerrechtliche Insolvenzgläubiger als ein Kreditgeber

(1) Einführung

Im Allgemeinen war zu erörtern, welche Typizität eine Insolvenzforderung aufweist. Es war voranzustellen, welches Merkmalsgefüge eine Insolvenzforderung im Grundsatz charakterisiert. Zweck der typologischen Betrachtung war es, das typische Bild einer Insolvenzforderung zu ergründen. Diese Erkenntnisse sind nunmehr der Maßstab für eine Ähnlichkeitsprüfung. Mittels einer vergleichenden Betrachtung ist fortan zu untersuchen, in welcher Art und Weise eine Steuerforderung diesem Grundfall entspricht und unter welchen Besonderheiten eine Steuerforderung im Wege typologischer Betrachtungsweise einer Insolvenzforderung zuzuordnen ist. In einer Gesamtschau müssen die elastischen Merkmale in solcher Zahl und Stärke vorhanden sein, dass der Sachverhalt im Ganzen dem Typus entspricht.[1599] Entscheidend ist es, dass der Steuergläubiger unter Bezugnahme auf die Charakteristika dem Leitbild des Insolvenzgläubigers zuzuordnen ist. Im Folgenden ist die Steuerforderung im Allgemeinen zu betrachten. Untersuchungsgegenstand ist es nicht, am Einzelfall zu überprüfen, ob die

[1599] *Leenen*, Typus und Rechtsfindung, S. 183.

Einkommen- oder Gewerbesteuerforderung in Ansehung der konkreten Fallgestaltung dem Typus des Kreditgebers entspricht. Vielmehr geht es darum, abstrakt zu untersuchen, unter welchen Prämissen der Steuergläubiger überhaupt als Kreditgeber auftreten und ob er – vergleichbar zum Lieferanten – die kreditgeschäftstypischen Merkmale des Risikos und des Vertrauens auf sich vereinen kann. Es geht mit anderen Worten um die Frage, inwieweit der Steuergläubiger dem Telos des § 38 InsO als Kreditgeber verwirklichen kann.

(2) Ein Kreditgeschäft in Ansehung einer gegenleistungslosen Forderung des Steuergläubigers

Soweit das Leitbild des Insolvenzgläubigers durch einen ungesicherten Kreditgeber, bei dem die vollständige Tatbestandsverwirklichung nach anwartschaftsrechtlichen Grundsätzen gesichert ist, beschrieben wird, ist für die Steuerforderung folgendes festzustellen: Zuvorderst ist zu beachten, dass der Steuergläubiger – anders als Lieferanten – dem Schuldner keine *Kaufkraft* in Form einer konkreten Leistung *zeitweise überlässt.* Wenn man davon ausgeht, dass der Lieferant samt seiner Forderungen aus Lieferungen und Leistungen den Fall „Null“ darstellt, an dem sich jede Ähnlichkeitsprüfung zu orientieren hat, ist für die Einordnung des Steuergläubigers eine differenzierende Betrachtung erforderlich. Denn so ist die Steuer *per definitionem* eine Geldleistung ohne Gegenleistung, § 3 Abs. 1 AO. Der Erhebung der Steuer geht keine konkrete Leistung des Hoheitsträgers voraus. Anders als Lieferanten gewähren sie dem Schuldner nicht dadurch Kredit, dass sie ihm gegenüber in Vorleistung treten und auf eine äquivalente Revalierung hoffen. Die Steuer ist gegenleistungslos und ist als Gemeinlast jedermann aufgebürdet.[1600] Im Ergebnis ist der Steuergläubiger kein Kreditgeber im eigentlichen Sinne, weil er selbst gegenüber dem Schuldner keine konkrete Leistung erbringt.

Aber allein aufgrund der Tatsache, dass die Steuer eine Geldleistung darstellt, der keine konkrete Gegenleistung gegenübersteht, den Status eines Kreditgebers abzusprechen, ist in der Absolutheit nicht zu folgen. Dieses Begriffsverständnis des Kreditgebers erscheint zu eng. Denn so ist zu berücksichtigen, dass die Steuer – auch ausweislich des § 3 Abs. 1 AO – zur Erzielung von Einnahmen erhoben wird. Die Steuer dient der Finanzierung des Staatswesens; sie soll den allgemeinen öffentlichen Finanzbedarf decken. Der Haushalt der öffentlich-rechtlichen Gebietskörperschaften von Bund, Land und Gemeinden beruht auf der Steuererhebung. Hat der

[1600] *Drüen*, in Tipke/Kruse, AO/FGO, § 3, Rn. 18 (169. Lfg. Februar 2022).

Staat die Aufgaben eines Rechts- und eines Sozialstaates zu erfüllen, ist er darauf angewiesen, seinen steuerlich leistungsfähigen Bürgern einen Teil des von ihnen Erwirtschafteten zu nehmen.[1601] Ohne zu nehmen, kann der Staat nicht geben.[1602] Insoweit stellt der Statt – als im weitesten Sinne kreditgeschäftstypische Leistung – die notwendige Infrastruktur zur Verfügung, die die Wirtschaftsbeteiligten betriebsfördernd nutzen. Die jeweilige Standortqualität eines Landes oder einer Stadt beeinflusst maßgeblich, die wirtschaftliche Unternehmung. Beispielhaft sei auf das Bereitstellen von Flug- oder Seehäfen verwiesen, wodurch Waren im- und exportiert werden. Ein funktionierendes Straßennetz ist ebenso unabdingbar für ein produzierendes Gewerbe. Nicht zuletzt ist auf ein effektives Polizeiwesen zu verweisen, wodurch präventiv die öffentliche Sicherheit und repressiv die Strafverfolgung gewährleistet wird. Diese Aufzählung ist nicht abschließend; sie soll nur verdeutlichen, dass der Staat insgesamt die wirtschaftlichen Rahmenbedingungen für ein erfolgreiches Wirtschaften eines jeden schafft. Er sorgt für die „Erfordernisse eines gesamtwirtschaftlichen Gleichgewichts“, Art. 109 Abs. 2 GG.

Soweit also der konkreten Steuerleistung zwar keine individuell zurechenbare Gegenleistung gegenübersteht, darf jedoch nicht unberücksichtigt bleiben, dass die Steuer der staatlichen Förderung des Gemeinwesen dient. Führt man sich in Ansehung dieses Gedankens das weite Begriffsverständnis des Kreditgeschäfts vor Augen – die zeitweise Überlassung eines geldwerten Vorteils – liegt in dem Vollzug der Gewährleistungsfunktion und der Bereitstellung von wirtschaftlichen Rahmenbedingungen ein geldwerter Vorteil. Wenn nämlich jede wirtschaftliche Betätigung von staatlichen Rahmenbedingungen profitiert, stellt deren Bereitstellung eine geldwerte Leistung dar. Sicherlich liegt darin keine konkrete, individualisierbare Leistung. Dennoch kann man so weit gehen, die abstrakte Leistung des Staates als Kredit anzusehen, weil der Staat einseitig die staatliche Gemeinschaft fördert und dafür die Steuer als finanziellen Beitrag des Einzelnen einfordert. Die Förderung des Gemeinwesens ist keine Spende, kein Geschenk des Staates an seine Bürger. Der Staat gewährleistet erfolgreiches Wirtschaften und erwartet im Gegenzug keine konkrete Rück-, aber eine gewisse Ausgleichszahlung für die damit verbundenen Vorteile. Auch wenn die Steuer in Anbetracht einer fehlenden individuellen Leistung des Staates gegenleistungslos ist, rechtfertigt dieser Umstand nicht zur finanziellen Teilnahmslosigkeit und das Nichtzahlen von Steuern. Steuern zu

[1601] *Tipke*, Steuerrechtsordnung, Bd. I, S. 2.
[1602] *Tipke*, Steuerrechtsordnung, Bd. I, S. 2.

zahlen bedeutet, den wirtschaftlichen Erfolg mit dem Gemeinwesen zu teilen.[1603] Wenn der einzelne von den staatlichen Leistungen profitiert, entspricht es solidarischen Verhaltens, dass er dem Staat eine Gegenleistung erbringt. Die Steuerpflicht ist eine Grundpflicht.[1604] Derjenige Bürger, der von den Leistungen des Staates profitiert und dadurch an Leistungsfähigkeit gewinnt, ist gegenüber dem Staat, den Kommunen und gegenüber den Mitsteuerpflichtigen verpflichtet, eine Ausgleichszahlung zu leisten.[1605] Auf das Nehmen folgt das Geben. Insoweit tritt der leistungsfähige Bürger und die leistungsfähige Unternehmung in eine verpflichtende Solidargemeinschaft ein.[1606] In diesem Sinne war der Begriff der Steuer im Althochdeutschen „stiura" als Stütze, Hilfe oder Unterstützung jeder Art, die freiwillig oder auf Grund sittlicher oder rechtlicher Verpflichtung geleitetet wurde, zu verstehen.[1607]

Der Staat geht zudem – kreditgeschäftstypisch – mit der Förderung des Gemeinwesen in Vorleistung. Erst im Anschluss an eine erfolgreiche wirtschaftliche Betätigung ist es gerechtfertigt, eine Steuer zu erheben. Steigert der Steuerpflichtige auf Grundlage der vorgefundenen Rahmenbedingungen seine Leistungsfähigkeit, ist er zur Entrichtung der Steuer verpflichtet. Gewissermaßen wartet der Staat vor der Erhebung der Steuer erst ab, ob der Bürger hinreichend von dem Gemeinwesen profitiert hat. Weist der Bürger dann im Nachhinein eine entsprechende Leistungsfähigkeit auf, ist es gerechtfertigt, eine Ausgleichszahlung für die beanspruchten Vorteile zu verlangen. Ein gerechtes Steuersystem belastet nicht den Leistungsunfähigen.[1608] Bevor nicht sichergestellt ist, dass der Steuerpflichtige die Steuer aus dem gespeicherten und zuvor erwirtschafteten Einkommen entrichten kann, wird eine Steuer nicht erhoben.[1609] Gemessen an den Verteilungsprinzipien der Besteuerung – Äquivalenz- und Leistungsfähigkeitsprinzip – orientiert sich die von dem Einzelnen zu erbringende Ausgleichszahlung entweder an dem Nutzen, den er aus den öffentlichen Lasten zieht oder an der Zahlungsfähigkeit und den Einkommens- und Vermögensverhältnissen.[1610]

[1603] *Birk/Desens/Tape*, Steuerrecht, Einführung, Rn. 1.
[1604] *Tipke*, Steuerrechtsordnung, Bd. I, S. 3.
[1605] *Tipke*, Steuerrechtsordnung, Bd. I, S. 3.
[1606] *Tipke*, Steuerrechtsordnung, Bd. I, S. 3.
[1607] *Kruse*, Lehrbuch des Steuerrechts, S. 29.
[1608] *Hey*, in Tipke/Lang, Steuerrecht, § 3, Rn. 3.48.
[1609] *Tipke*, Steuerrechtsordnung, Bd. I, S. 480.
[1610] *Birk/Desens/Tape*, Steuerrecht, § 1, Rn. 35.

So habe der Steuerpflichtige nach dem Äquivalenzprinzip[1611] Abgaben zu entrichten, soweit er staatliche Leistungen zuvor in Anspruch genommen hat.[1612] Nach dem Leistungsfähigkeitsprinzip[1613] richtet sich die Höhe der steuerlichen Last nach der Fähigkeit von Personen, Steuern aus dem gespeicherten Einkommen entsprechend der Höhe des disponiblen Einkommens zahlen zu können.[1614]

(3) Die kreditgeschäftstypischen Voraussetzungen des Risikos und des Vertrauens am Beispiel des Steuergläubigers

Wenn darüber hinaus das Kreditgeschäft durch eine typische *Risikoverteilung* geprägt ist, gilt es, dieses in Ansehung des Steuergläubigers zu betrachten. Der Lieferant – Typ „Null“ – trägt als Kreditgeber das Ausfall- und Insolvenzrisiko seines Schuldners. Er ist auf die Zahlungsfähigkeit des Schuldners angewiesen. Auf die einseitige Überlassung von Kaufkraft folgt die Hoffnung auf alsbaldige Rückführung des geldwerten Vorteils. In ähnlicher Weise ist der Steuergläubiger von der Zahlungsfähigkeit seiner Bürger abhängig. Soweit der Staat mit der Förderung des Gemeinwesens in Vorleistung geht und nach gewisser Nutznießung eine solidarische Ausgleichverpflichtung entsteht, besteht gleichsam die Gefahr des Forderungsausfalls. Auf die bloße Nichtzahlung der Steuerforderung kann der Steuergläubiger zwar effektiver reagieren, weil er sich unter erleichternden Voraussetzungen selbst einen Titel verschaffen und die Vollstreckung betreiben kann.[1615] Nichtsdestotrotz findet der Vorteil des selbst-

---

1611 Beispielsweise wird die Gewerbesteuer finanzpolitisch mit Äquivalenzgesichtspunkten gerechtfertigt, BVerfG vom 15.01.2008, 1 BvL 2/04, BVerfGE 120, 1 (37). Sie wird als besonderer Bezug des Unternehmens zur Gemeinde zur Deckung der Anforderungen verstanden, die der Gemeinde durch die Betriebsstätte des Unternehmens entstanden sind, BFH vom 29.06.1967, VI 393/65, BStBl. II 1968, 183 (184); *Drüen*, in Tipke/Kruse, AO/FGO, § 3, Rn. 18b (169. Lfg. Februar 2022).

1612 *Birk/Desens/Tape*, Steuerrecht, § 1, Rn. 32.

1613 Die Einkommensteuer beruht auf dem Leistungsfähigkeitsprinzip. *Tipke*, Steuerrechtsordnung, Bd. II, S. 619 f. Da ausnahmslos alle natürlichen Personen ihr gesamtes disponibles Einkommen versteuern müssen, hat die Einkommensteuer zum Ziel, einen hohen Gerechtigkeitswert in Gestalt einer gleichmäßigen Besteuerung nach der Leistungsfähigkeit zu erreichen. Die Einkommensteuer ist geeignet, die objektive und subjektive Leistungsfähigkeit des Steuerpflichtigen zu berücksichtigen. *Hey*, in Tipke/Lang, Steuerrecht, § 8, Rn. 8.1.

1614 *Tipke*, Steuerrechtsordnung, Bd. I, S. 481.

1615 Der Steuergläubiger hat jedoch den § 90 InsO zu beachten. Für die Dauer von sechs Monaten seit der Eröffnung des Insolvenzverfahrens besteht ein Vollstreckungsverbot für aufgezwungene Masseverbindlichkeiten. Zu aufgezwungenen Masseverbindlichkeiten gehören Steuerforderungen, die gemäß § 55 I Nr. 2. Alt InsO in anderer Weise

titulierenden Steuergläubigers dann seine Grenzen, wenn der Schuldner in die Insolvenz fällt. Den insolvenzrechtlichen Vollstreckungshindernissen gemäß §§ 88, 89 InsO ist der Steuergläubiger gleichsam unterworfen. Der Steuergläubiger unterliegt – wie alle anderen Gläubiger – dem Insolvenzrisiko, dass er mit der ihm gebührenden Forderung nur quotal befriedigt wird. Dies vor allem deswegen, weil ein vergleichbares Fiskusprivileg wie das des § 61 Abs. 1 Nr. 2 KO nicht mehr besteht.

Rein wirtschaftlich betrachtet, divergiert jedoch das Insolvenzrisiko eines Lieferanten und das des Steuergläubigers. Da die Steuer gemäß § 3 Abs. 1 AO gegenleistungslos erhoben wird und vielmehr als eine solidarische Grundpflicht zu deuten ist, unterscheiden sich die Schadenspositionen von Lieferant und Steuergläubiger in der Insolvenz. Der Lieferant verliert aufgrund des Gegenseitigkeitsverhältnisses von Leistung und Rückleistungsverpflichtung den nahezu gesamten Nennwert seiner Forderung. Durch die Insolvenz wird die Forderung fast vollständig entwertet. Der überlassene geldwerte Vorteil verbleibt nicht zeitweise, sondern endgültig im Vermögen des Schuldners. Demgegenüber trägt der Steuergläubiger – wirtschaftlich gesehen – ein anderes Insolvenzrisiko. Gemeinwohlförderung und Steuerforderung stehen sich nicht in einem konkreten Gegenseitigkeitsverhältnis gegenüber. Auch wenn beispielsweise mit der Einkommensteuer die individuelle Leistungsfähigkeit für einen Veranlagungszeitraum gemessen werden kann, kann man nicht so weit gehen, die Einkommensteuerforderung als Äquivalent für die Nutznießung der Gemeinwohlförderung anzusehen. Die Einkommensteuerforderung wird letztlich mit der Definition der Steuer aus § 3 Abs. 1 AO gegenleistungslos zur Erzielung von Einnahmen erhoben. Mit anderen Worten ist die Leistung des Staates nicht mit der Höhe der Einkommensteuer, anderer Steuerarten oder der gesamten Steuerlast des Schuldners zu beziffern. Die Förderung des Gemeinwesens als Vorleistung des Staates ist in Ansehung eines einzelnen Bürgers respektive Schuldners nicht individualisierbar. Vielmehr ist davon auszugehen, dass die Förderung des Gemeinwohls für die Gesamtheit der Staatsbürger erfolgt und nicht auf die Förderung eines Staatsbürgers zurückzuführen ist.

Soweit vor diesem Hintergrund der Steuergläubiger in der Insolvenz des Schuldners – anders als der Lieferant – keinen konkreten geldwerten Vorteil in dem Vermögen des Schuldners dauerhaft überlasst, sondern nur mit einer gegenleistungslosen solidarischen Ausgleichsverpflichtung ausfällt, wird der Steuergläubiger in der Insolvenz lediglich „nicht reicher".

---

durch die Verwaltung, Verwertung und Verteilung der Masse begründet werden. *Jatzke*, in HHSp, AO/FGO, § 251 AO, Rn. 430 (225. Lfg. November 2013).

Betrachtet man die Insolvenz des Schuldners als eine Art Leistungsstörung,[1616] hat der Steuergläubiger in einer Gesamtbetrachtung keinen Schaden, wenn ihm in der Insolvenz lediglich eine anteilige Befriedigung seiner Forderung zusteht. Demgegenüber erbringen die Lieferanten in das Vermögen des Schuldners eine konkrete Leistung; sie erfahren durch die Insuffizienz eine Vermögenseinbuße. Statt des vereinbarten äquivalenten Ausgleichs erhalten sie auf Basis der Insolvenzquote einen Bruchteil ihrer Gegenleistung. Zusammengefasst liegt das Insolvenzrisiko des Steuergläubigers darin, dass er einen geringeren Zugewinn besitzt, wohingegen der Lieferant einen echten gegenleistungsbezogenen Forderungsausfall zu verbuchen hat. Beim Steuergläubiger fällt keine konkrete Leistungsverpflichtung fort, sondern nur die Aussicht auf solidarische Teilhabe.

Ferner ist die *Vertrauensbeziehung* von Gläubiger zu Schuldner typisierend für das Kreditgeschäft. Der Lieferant geht im Rahmen einer Investitionsentscheidung in Vorleistung, weil er auf die Markttauglichkeit und die Solvenz des Schuldners setzt. Er hofft mittels rechtsgeschäftlicher Kooperation auf eine Wertschöpfung. Vergleicht man dieses Beziehung mit der des Steuergläubigers zum Schuldner zeigt sich eine Abweichung. Tatsächliches, bewusstes oder marktwirtschaftliches Vertrauen kann der Steuergläubiger nicht bilden. Er ist ein Zwangsgläubiger. Der Anspruch aus dem Steuerschuldverhältnis entsteht durch das Gesetz, indem der Tatbestand verwirklicht wird, an den das Gesetz die Leistungspflicht knüpft, § 38 AO. Die Vertrauensbildung wird nicht durch willensgesteuertes Verhalten gebildet. Die Situation des Steuergläubigers entspricht daher der anderer Zwangsgläubiger, denen ein gesetzliches Schuldverhältnisses zugrunde liegt.[1617] Rein formal betrachtet, kann der Steuergläubiger daher keine kreditgeschäftstypische Vertrauensbeziehung bilden. In der Tatbestandsverwirklichung liegt keine vergleichbare individuell geprägte Investitionsentscheidung, welche ihrerseits auf einer konkrete Vertrauensbeziehung beruht. Dem Zwangsgläubiger ist es bei der Begründung eines gesetzlichen Schuldverhältnisses nicht möglich ein Vertrauen zu bilden, wenn die Forderung allein kraft Gesetzes entsteht. Dieses kreditgeschäftstypische Merkmal ist daher auf den Steuergläubiger wegen seiner Eigenschaft als Zwangsgläubiger nicht übertragbar.

Aus dieser Feststellung ist allerdings nicht der Schluss zu ziehen, die Steuerforderung könne dem Typus der Insolvenzforderung mangels Vertrauensbildung nicht zugeordnet werden. Zu schlussfolgern ist vielmehr,

---

[1616] *Drukarczyk,* Unternehmen und Insolvenz, S. 5; *Schmidt,* Ökonomische Analyse, S. 35.

[1617] Vgl. BT-Drucks. XVII/3030, S. 23 und 42.

dass sich die Zuordnung eines Zwangsgläubigers – dessen Forderung allein kraft Gesetzes entsteht – nach abweichenden Kriterien vollzieht. Wenn der Zwangsgläubiger kein willensgesteuertes Vertrauen bilden kann, tritt an dessen Stelle die Verwirklichung des Tatbestandes. Mit anderen Worten ersetzt die Tatbestandsverwirklichung die Vertrauensbildung. So ist zu beachten, dass der Steuertatbestand das abstrakte Spiegelbild eines konkreten Lebenssachverhalts darstellt.[1618] Der gesetzliche Tatbestand beschreibt einen bestimmten Ausschnitt der sozialen Wirklichkeit, den wirtschaftlichen Vorgang oder die wirtschaftliche Lage, die nach der Entscheidung des Gesetzgebers zu besteuern ist.[1619] Steuertatbestand und haftungsrechtlicher Lebenssachverhalt stehen komplementär zueinander.[1620] Vor diesem Hintergrund ist der gesetzliche Tatbestand als das Spiegelbild des Vertrauens anzusehen, welches bei Verträgen kraft Parteivereinbarung gebildet wird. Tatbestand und Vertrauensbildung stehen untrennbar miteinander in Verbindung. Soweit der Lieferant mit den Schuldner rechtsgeschäftlich in Verbindung tritt, vollzieht sich die „Kontaktaufnahme" des Zwangsgläubigers allein durch die Verwirklichung eines Lebenssachverhalts und die daran unmittelbar anknüpfenden Tatbestandsvoraussetzungen. Der Tatbestand fixiert abstrakt vom Einzelfall und generell für eine Vielzahl von Fällen, wann ein Schuldverhältnis entsteht. Soweit hinsichtlich eines Zwangsgläubigers das Vertrauen nicht willentlich gebildet wird, steht es dennoch typisierend am Maßstab der Tatbestandsvoraussetzungen im Vorfeld bereits fest. Mit Bestimmung der Tatbestandsvoraussetzungen ist vorgreifend festgelegt, ab welchem Zeitpunkt der Steuergläubiger das Ausfall- und Insolvenzrisiko trägt.

Wenn letztlich zu fragen ist, wann eine solche haftungsrechtliche Zuordnung zum Schuldnervermögen besteht und ab welchem Grad der Tatbestandsverwirklichung der Zwangsgläubiger das kreditgeschäftstypische Ausfallrisiko trägt, so ist auf die anwartschaftsrechtlich gesicherte Tatbestandsverwirklichung zu verweisen. Soweit nach anwartschaftsrechtlichen Gesichtspunkten der Tatbestand verwirklicht ist, ist der Zwangsgläubiger als Kreditgeber anzusehen. Ist der Tatbestand bei Verfahrenseröffnung in einem höheren Maße verwirklicht, also beispielsweise vollständig verwirklicht, ist die Steuerforderung ebenfalls als Insolvenzforderung zu qualifizieren. Dass in diesem Fall der Sachverhalt von den Merkmalen des Typus abweicht, ist unproblematisch. Denn eine bloß in Teilen nach

---

[1618] *Kruse*, Lehrbuch des Steuerrechts, S. 112.

[1619] *Kirchhoff*, NJW 1987, 3217 (3221); *Kruse*, Lehrbuch des Steuerrechts, S. 112; so auch *Krumm*, Formelle Insolvenz, S. 48.

[1620] *Krumm*, Formelle Insolvenz, S. 48.

anwartschaftsrechtlichen Grundsätzen verwirklichte Forderung geht in einer vollständigen Tatbestandsverwirklichung auf. Wenn sich die Forderung nach anwartschaftsrechtlichen Gesichtspunkten in Ansehung der insolvenzrechtlichen Begründetheit hinreichend verfestigt, ist erst recht eine Forderung im insolvenzrechtlichen Sinne begründet, wenn der Tatbestand vollständig verwirklicht ist (Begriffskern der Begründetheit). Besteht die Forderung demgegenüber vor Verfahrenseröffnung lediglich als vage, zukünftige Forderung, welche erst nach Verfahrenseröffnung zu einer Anwartschaft erstarkt, liegt keine Insolvenzforderung vor. Vielmehr kommt im Grundsatz eine Masseverbindlichkeit in Betracht. Dafür müssen jedoch die zusätzlichen Voraussetzungen des § 55 Abs. 1 InsO erfüllt sein.

Soweit zusammenfassend für den Steuergläubiger nicht sämtliche Merkmale des ungesicherten Kreditgebers vollumfänglich zu übertragen sind, ist dies gerade im Wege der typologischen Betrachtungsweise unschädlich. Denn wie gesehen, kommt es nur darauf an, dass im Rahmen einer Ähnlichkeitsprüfung die elastischen Merkmale in solcher Zahl und Stärke vorhanden sein, dass der Sachverhalt im Ganzen dem Typus entspricht. In der maßgeblichen Gesamtschau gelingt es daher, den Steuergläubiger dem Typus des Kreditgebers zuzuordnen. Insoweit vermag auch der Steuergläubiger dem Telos des § 38 InsO zu entsprechen.

d) Zwischenergebnis

Dem Begriffsverständnis der insolvenzrechtlichen Begründetheit war sich durch eine typologische Betrachtungsweise anzunähern. Dies bietet sich an, weil sich die haftungsrechtliche Zuweisung zu einer Insolvenzforderung maßgeblich an einem Denken in Fallgruppen orientiert. Rechtsprechung und Literatur haben eine umfangreiche Kasuistik hervorgerufen. Im Zuge der typologischen Betrachtung war unter wertender Zusammenführung unterschiedlicher Kriterien die Typizität der Insolvenzforderung zu ermitteln. Der ermittelte Typ „Null“, an dem sich jede Ähnlichkeitsprüfung zu orientieren hat, ist der eines ungesicherten Kreditgebers, bei dem der Tatbestand nach anwartschaftsrechtlichen Gesichtspunkten hinreichend gesichert ist. Idealtypisch entspricht der vorleistende Lieferant samt seiner Forderung aus Lieferungen und Leistungen diesem Bild des Kreditgebers. Auch der Steuergläubiger kann dem Bild eines Kreditgebers zugeordnet werden. Insoweit war zu untersuchen, ob der Steuergläubiger einen geldwerten Vorteil zeitweise überlässt, ein kredittypisches Ausfallrisiko trägt und eine Vertrauensbeziehung begründet. Obwohl die Steuer gegenleistungslos zu entrichten ist, tritt der Steuergläubiger mit der

Förderung des Gemeinwohls kreditgeschäftstypisch in Vorleistung. Insoweit ist die Steuer als solidarische Ausgleichverpflichtung anzusehen, die der einzelne für die abstrakten Leistungen des Staates und die Nutznießung der wirtschaftlichen Rahmenbedingungen aufzuwenden hat. Eine konkrete Vertrauensbeziehung begründet der Steuergläubiger im Rahmen der gesetzlichen Zwangsgläubigerschaft nicht. An die Stelle eines willensgesteuerten Vertrauens tritt eine anwartschaftsrechtlichen Gesichtspunkten gesicherte Tatbestandsverwirklichung.

3. Der Typus der Masseverbindlichkeit gemäß § 55 Abs. 1 Nr. 1, 2. Var. InsO

a) Einführung

Soweit der Insolvenzgläubiger typischerweise als ungesicherter Kreditgeber anzusehen ist, gilt es diesen Typus von dem des Massegläubigers abzugrenzen. Wenn für den Insolvenzgläubiger anhand der Vorschrift des § 38 InsO ein typisches Leitbild herauszufiltern war, ist dies in Ansehung des Tatbestandes des § 55 InsO so nicht möglich. Denn dem § 55 InsO liegt kein einheitlicher Schutzgedanke zugrunde.[1621] Den *einen* Massegläubiger gibt es nicht. Der § 55 Abs. 1 InsO enthält in den Nr. 1–3 jeweils unterschiedliche Fallgruppen für Ansprüche aus Handlungen des Insolvenzverwalters, Ansprüche aus notwendiger Vertragserfüllung und Ansprüche aus ungerechtfertigter Bereicherung. Die Abs. 2–4 regeln weitere Sonderfälle. Um dennoch im Wege einer typologischen Betrachtungsweise die Insolvenzforderung von der Masseverbindlichkeit abzugrenzen, ist der Tatbestand des § 55 InsO zu separieren. Für die Typusbetrachtung der Masseverbindlichkeit richtet sich das Augenmerk auf den Tatbestand des § 55 Abs. 1 Nr. 1 InsO und dabei auf die zweite Tatbestandsvariante. Es gilt zu hinterfragen, unter welcher Typizität eine Masseverbindlichkeit in anderer Weise durch die Verwaltung, Verwertung und Verteilung der Insolvenzmasse begründet wird. Der Fokus liegt auf dieser Tatbestandsvariante, weil insbesondere Steuerverbindlichkeiten durch diese Vorschrift begründet werden.[1622]

b) Die Ermittlung des Typus

Ähnlich zur Ermittlung des typischen Bildes des Insolvenzgläubigers gemäß § 38 InsO ist für den Tatbestand des § 55 Abs. 1 Nr. 1, 2. Var. InsO

[1621] *Thole*, in K. Schmidt, InsO, § 55 Rn. 2.

[1622] Vgl. F., II.

aus verschiedenen Erfahrungssätzen auf ein Gesamtbild zu schließen. Es gilt die Vorschrift anhand verschiedener Kriterien möglichst typengenau zu erfassen und zu beschreiben. Insbesondere ist herauszuarbeiten, warum die Forderungen nach § 55 Abs. 1 Nr. 1, 2. Var. InsO gegenüber den Insolvenzforderungen bevorrechtigt behandelt werden und welches charakteristische Bild sie verwirklichen, sodass die bevorzugte Befriedigung als gerechtfertigt empfunden wird.

Im Rahmen seines Wirkmechanismus knüpft § 55 Abs. 1 Nr. 1, 2. Var. InsO zeitlich an § 38 InsO an. Betrachtet man die grundlegende Abgrenzung von Insolvenzforderung und Masseverbindlichkeit auf einer Zeitachse, ist eine Forderung zunächst auf ihre vorinsolvenzliche Begründetheit zu überprüfen.[1623] Wird diese bejaht, ist die Forderung als Insolvenzforderung zu qualifizieren und es bedarf keiner weiteren Zuweisung. Ist die Forderung nach Insolvenzeröffnung begründet, ist der Anwendungsbereich von § 55 Abs. 1 Nr. 1, 2. Var. InsO eröffnet.[1624] Unter den zusätzlichen Voraussetzungen ist zu untersuchen, ob eine Masseverbindlichkeit anzunehmen ist. Nach dem Wortlaut von § 55 Abs. 1 Nr. 1, 2. Var. InsO sind Masseverbindlichkeiten diejenigen Verbindlichkeiten, die in anderer Weise durch die Verwaltung, Verwertung und Verteilung der Insolvenzmasse begründet werden. Liegen diese zusätzlichen Voraussetzungen nicht vor, so ist eine sogenannte Forderung gegen das insolvenzfreie Vermögen anzunehmen.

Soweit der § 38 InsO die Insolvenzgläubiger danach definiert, ob sie einen zur Zeit der Insolvenzeröffnung einen begründeten Vermögensanspruch besitzen, nimmt der Tatbestand des § 55 Abs. 1 Nr. 1, 2. Var. InsO keine derart ausdrückliche zeitliche Zuordnung vor. Die in § 55 Abs. 1 Nr. 1, 2. Var. InsO benannten Verbindlichkeiten werden ohne zeitliche Konkretisierung beschrieben. Unter Beachtung des Anwendungsbereichs des § 55 Abs. 1 Nr. 1, 2. Var. InsO im Verhältnis zu § 38 InsO ist in diesen ersten Halbsatz der Norm allerdings klarstellend hineinzulesen, dass Masseverbindlichkeiten die *nach Insolvenzeröffnung begründeten Verbindlichkeiten* sind, welche die entsprechenden zusätzlichen Voraussetzungen verwirklichen.[1625] Mithilfe dieser erweiterten Lesart ergibt sich ein genaueres Bild von der systematischen und zeitlichen Abgrenzung von Insolvenzforderung und Masseverbindlichkeit: § 55 Abs. 1 Nr. 1, 2. Var. InsO fungiert

---

[1623] *Ries*, in Kayser/Thole, InsO, § 38, Rn. 3.

[1624] *Hefermehl*, in MünchKomm, InsO, § 55, Rn. 15; *Jarchow*, in Hamburger Kommentar, InsO, § 55, Rn. 7.

[1625] *Hefermehl*, in MünchKomm, InsO, § 55, Rn. 15; *Homann*, in Ahrens/Gehrlein/Ringstmeier, InsO, § 55, Rn. 682.

als eine zeitliche Anschlussnorm im Rahmen einer Prüfungsabfolge.[1626] § 55 Abs. 1 Nr. 1, 2. Var. InsO baut auf einer zuvor getroffenen Einordnung – der Negierung des § 38 InsO auf – und trifft seinerseits aufgrund eigener Wertungen die Rechtsfolge einer bevorzugten Befriedigung. Masseverbindlichkeiten nach § 55 Abs. 1 Nr. 1, 2. Var. InsO sind dadurch gekennzeichnet, dass sie erst in der Zeit nach Eröffnung des Insolvenzverfahrens begründet werden.[1627] Dies unterscheidet sich wesensmäßig von den Insolvenzforderungen, die vorliegen, wenn zum Zeitpunkt der Verfahrenseröffnung der anspruchsbegründende Tatbestand verwirklicht ist.[1628] Insoweit stehen Insolvenzforderung und Masseverbindlichkeit in einem Ausschließlichkeitsverhältnis zueinander: So kann ein und dieselbe Forderung eines Gläubigers nur Insolvenzforderung oder Masseverbindlichkeit sein. Das Verneinen einer Insolvenzforderung ist eine von mehreren Voraussetzungen für die Annahme einer Masseverbindlichkeit.

Ferner ordnet § 55 Abs. 1 Nr. 1, 2. Var. InsO Forderungen dem nachinsolvenzlichen Vermögen des Schuldners zu. Die Forderungen der Gläubiger haben ihren Ursprung in der Masseverwaltung und beruhen nicht mehr auf dem ökonomischen Verständnis des Schuldners. Sie gehen wertungsmäßig auf die Verwaltungs- und Verfügungsbefugnis des Insolvenzverwalters zurück, § 80 Abs. 1 InsO. Masseverbindlichkeiten stellen nachinsolvenzliche Verbindlichkeiten dar, für welche der Insolvenzverwalter nachrangig mit einer privaten Haftung einzustehen hat, § 60 Abs. 1 S. 1 InsO. Maßgeblich hat der Insolvenzverwalter – und nicht der Schuldner vor Verfahrenseröffnung – die Verbindlichkeiten hervorgerufen. Wechselt man in die Gläubigerperspektive, erbringen die Massegläubiger vor Insolvenzeröffnung wirtschaftlich keine Leistung zur Masse, wegen deren Verlust sie haftungsrechtlich auf die Masse verwiesen werden könnten.[1629] Ihr Zugriffsobjekt ist die Insolvenzmasse, weil die Leistung wirtschaftlich gesehen erst nach Verfahrenseröffnung erbracht wird.

§ 55 Abs. 1 Nr. 1, 2. Var. InsO normiert, dass Verbindlichkeiten in anderer Weise durch eine Verwaltungshandlung begründet werden. Die Regelungstechnik des § 55 Abs. 1 Nr. 1, 2. Var. InsO greift wie § 38 InsO auf das Tatbestandsmerkmal der *Begründetheit* zurück. Ähnlich ist daher bei § 55 Abs. 1 Nr. 1, 2. Var. InsO mittels einer wertenden Betrachtungsweise

---

[1626] *Leithaus*, in Andres/Leithaus, InsO, § 55, Rn. 5; *Ries*, in Kayser/Thole, InsO, § 38, Rn. 3.

[1627] *Hefermehl*, in MünchKomm, InsO, § 55, Rn. 15.

[1628] *Hefermehl*, in MünchKomm, InsO, § 55, Rn. 15.

[1629] *Hefermehl*, in MünchKomm, InsO, § 55, Rn. 13.

zu untersuchen, ob eine wesentliche Verwirklichung vorliegt.[1630] Eine wichtige Unterscheidung liegt aber in dem jeweiligen Bezugspunkt: Im Rahmen des § 55 Abs. 1 Nr. 1, 2. Var. InsO kommt es nicht auf einen Verwirklichungsgrad einer Forderung selbst an. In Abgrenzung zu § 38 InsO ist nicht zu untersuchen, ob die Forderung ihrem wesentlichen Inhalt nach besteht. Eine Differenzierung von einer bloß vagen, aussichtsreichen zu einer konkretisierten Forderung ist nicht vorzunehmen. Vielmehr nimmt § 55 Abs. 1 Nr. 1, 2. Var. InsO Bezug auf die Verwirklichung einer Forderung durch ein massebezogenes Handeln.[1631] Insoweit spricht die Vorschrift des § 55 Abs. 1 Nr. 1, 2. Var. InsO davon, dass die Verbindlichkeit *durch* eine Verwaltungsmaßnahme begründet wird, wohingegen § 38 InsO eine an sich begründete Verbindlichkeit verlangt. Für die Annahme einer Masseverbindlichkeit ist es entscheidend, ob ein hinreichender Massebezug durch eine sonstige Vermögensverwaltungsmaßnahme hergestellt wird.[1632] Ein Handeln für die Masse muss für die Forderung ursächlich sein. Damit ist nicht der Zeitpunkt, sondern der *Umstand* der Begründetheit richtungsweisend. Entscheidend für die Qualifizierung als Masseverbindlichkeit ist nicht das zeitliche Entstehen, sondern die Begründung im Sinne eines Hervorrufens einer Verbindlichkeit nach Insolvenzeröffnung.[1633] Bei den in anderer Weise durch die Verwaltung, Verwertung und Verteilung der Insolvenzmasse entstandenen Verbindlichkeiten handelt es sich um Verbindlichkeiten, die automatisch durch ein Verhalten des Insolvenzverwalters entstehen, ohne dass dieser das Entstehen der Verbindlichkeit bezweckt haben muss.[1634] Masseverbindlichkeiten sind dort anzuerkennen, wo sich das Handeln des Insolvenzverwalters auf Geschäfte bezieht, die zur gemeinschaftlichen Gläubigerbefriedigung und damit zur Verwirklichung der Ziele des Insolvenzverfahrens nach § 1 InsO vorgenommen werden.[1635] Mit anderen Worten sind sie eine Folge der vom Insolvenzverwalter betriebenen Insolvenzverwaltung.

Wirft man ferner für die Ermittlung des Typus einen Blick auf das *Fallmaterial* zu § 55 Abs. 1 Nr. 1, 2. Var. InsO, ist zu erkennen, dass der Tatbestand in Abgrenzung zur ersten Tatbestandsvariante – Masseverbindlichkeit durch Handlung des Verwalters – kraft Gesetzes entstehende

[1630] *Lohmann*, in Kayser/Thole, InsO, § 55, Rn. 2.
[1631] BT-Drucks, XII/2443, S. 126; *Lohmann*, in Kayser/Thole, InsO, § 55, Rn. 2.
[1632] *Jarchow*, in Hamburger Kommentar, InsO, § 55, Rn. 4; *Hefermehl*, in MünchKomm, InsO, § 55, Rn. 11; *Leithaus*, in Andres/Leithaus, InsO, § 55, Rn. 5.
[1633] *Leithaus*, in Andres/Leithaus, InsO, § 55, Rn. 3.
[1634] *Leithaus*, in Andres/Leithaus, InsO, § 55, Rn. 5.
[1635] *Hefermehl*, in MünchKomm, InsO, § 55, Rn. 13.

Verbindlichkeiten umfasst, die durch die Amtstätigkeit des Insolvenzverwalters ausgelöst werden.[1636] Beispielsweise unterfallen öffentliche Grundstückslasten im Sinne des § 10 Abs. 1 Nr. 3 ZVG wie Kanalisationsgebühren, Erschließungskosten oder Schornsteinfegergebühren dem § 55 Abs. 1 Nr. 1, 2. Var. InsO.[1637]

Vom § 55 Abs. 1 Nr. 1, 2. Var. InsO sind überdies die von der Industrie- und Handelskammer durch Bescheid für die Zeit nach Verfahrenseröffnung festgesetzten Beitragsschulden[1638] eines Kammermitglieds umfasst. Für den Tatbestand des § 55 Abs. 1 Nr. 1, 2. Var. InsO genügt, dass die Beitragsschuld selbst einen Bezug zur Insolvenzmasse aufweist und erst nach Eröffnung des Insolvenzverfahrens begründet wurde.[1639] Solange der Insolvenzverwalter den Gewerbebetrieb fortführt oder dessen insolvenzrechtliche Abwicklung andauert, besteht für die Beitragsforderung ein solch hinreichender Bezug zur Insolvenzmasse.[1640]

Hat der Insolvenzverwalter ferner mit einem zur Insolvenzmasse gehörigen Pkw auf einer Fahrt, die dem Interesse der Insolvenzmasse diente, einen Verkehrsunfall schuldhaft verursacht, so haftet die Insolvenzmasse als Halter des Fahrzeuges im Umfang der Gefährdungshaftung nach §§ 7 ff. StVG.[1641] Soweit der Insolvenzverwalter bei der Verwaltung und Verwertung der Masse – in Ausübung seines Amtes – einen Dritten durch eine unerlaubte Handlung schädigt, ist diese in entsprechender Anwendung des § 31 BGB der Insolvenzmasse zuzurechnen.[1642]

Auch die Festsetzung von Börsennotierungsgebühren stellen Masseverbindlichkeiten gemäß § 55 Abs. 1 Nr. 1, 2. Var. InsO dar, wenn der Gebührentatbestand nach Insolvenzeröffnung verwirklicht ist.[1643] In der Insolvenz einer börsennotierten Aktiengesellschaft gehört der Anspruch auf fortlaufende Notierung der Aktien zur Insolvenzmasse. Die im Rahmen des Börsenbenutzungsverhältnisses als Gegenleistung geschuldeten Börsennotierungsgebühren sind als Masseverbindlichkeiten zu qualifizieren,

[1636] *Henckel*, in Jäger, InsO, § 55, Rn. 29; *Jarchow*, in Hamburger Kommentar, InsO, § 55, Rn. 10.

[1637] *Hefermehl*, in MünchKomm, InsO, § 55, Rn. 81; *Sinz*, in Uhlenbruck, InsO, § 55, Rn. 28.

[1638] Zum Beispiel aus § 3 IHKG.

[1639] BVerwG vom 11.03.2020, 8 C 17/19, BVerwGE 168, 49 (54).

[1640] BVerwG vom 11.03.2020, 8 C 17/19, BVerwGE 168, 49 (54).

[1641] *Sinz*, in Uhlenbruck, InsO, § 55, Rn. 37.

[1642] BGH vom 26.04.2018, IX ZR 238/17, BGHZ 218, 290 (303); *Hefermehl*, in MünchKomm, InsO, § 55, Rn. 34.

[1643] BVerwG vom 16.12.2009, 8 C 9/09, ZIP 2010, 487 (487 f.).

wenn die Notierung an der Börse während des Insolvenzverfahrens vom Insolvenzverwalter fortgesetzt wird.[1644]

Eine interessante Fallgruppe bilden die öffentlich-rechtlichen Ansprüche auf Gefahrenbeseitigung und Kostenerstattung. Praxisrelevant sind diesbezüglich die sogenannten Umweltlasten oder Altlasten. Gehören zur Masse Grundstücke, auf denen Abfälle zu entsorgen, Kontaminationen zu beseitigen oder baufällige Gebäude abzureißen sind, stellt sich die Frage, wie die öffentlich-rechtlichen Gefahrbeseitigungsansprüche in der Insolvenz abzuwickeln sind und insbesondere ob die Insolvenzmasse mit den Kosten der Sanierung von Altlastengrundstücken und der Beseitigung von Abfällen zu belasten ist.[1645] Nach der Rechtsprechung des Bundesverwaltungsgerichts ist eine solche Verpflichtung als Masseverbindlichkeit gemäß § 55 Abs. 1 Nr. 1, 2. Var. InsO einzuordnen, wenn der Insolvenzverwalter nach den öffentlich-rechtlichen Vorschriften mit dem Übergang der Verwaltungs- und Verfügungsbefugnis und der Inbesitznahme der Insolvenzmasse ordnungsrechtlich verantwortlich ist.[1646] Die Ordnungspflicht kann sich beispielsweise aus einer Zustandsverantwortlichkeit als Inhaber der tatsächlichen Gewalt aus § 4 Abs. 3 S. 1 BBodSchG, aus der Betreiberstellung einer Anlage gemäß §§ 5, 22 BImSchG oder aus dem einschlägigem

---

[1644] BVerwG vom 16.12.2009, 8 C 9/09, ZIP 2010, 487 (487 f.).

[1645] *Hefermehl*, in MünchKomm, InsO, § 55, Rn. 88.

[1646] BVerwG vom 23.09.2004, 7 C 22/03, NVwZ, 2004, 1505 (1505); BVerwG vom 22.07.2004, 7 C 17/03, NVwZ 2004, 1360 (1360). Differenzierend betrachtet dies der BGH. Der BGH vom 18.04.002, IX ZR 161/01, BGHZ 150, 305 (301) vertritt die Ansicht, allein die sicherstellende Inbesitznahme störender Sachen des Gemeinschuldners durch einen Insolvenzverwalter begründe noch keine Haftung der Masse für die Kosten der Störungsbeseitigung, sondern erst die Nutzung der fraglichen Sachen für die Masse oder ihre Verwertung; der Verwalter habe zwar möglicherweise künftige Gefahren für oder durch die in seinem Besitz befindlichen Sachen abzuwenden, nicht aber allein Kraft seines Besitzes entsprechende Pflichtverletzungen aus der Zeit vor der Insolvenzeröffnung für die von ihm verwaltete Masse auszugleichen. Daher nimmt der BGH für den Fall der Beseitigung eines Gefahrentatbestandes, der aus der Zeit vor Insolvenzeröffnung stammt und weiter andauert, eine Insolvenzforderung an. Denn durch die Verletzung der ordnungsrechtlicher Pflichten vor Verfahrenseröffnung ist die Forderung dem Grunde nach begründet worden. Weil die Forderung auf einem vor Verfahrenseröffnung begründeten Lebenssachverhalt beziehungsweise auf einer vor Eröffnung eingetretenen Störung beruht, sei eine Insolvenzforderung anzunehmen. Vergleiche zum Streitstand *Hefermehl*, in MünchKomm, InsO, § 55, Rn. 101 ff.; *Sinz*, in Uhlenbruck, InsO, § 55, Rn. 29 ff.; *Thole*, in K. Schmidt, InsO, § 55, Rn. 26 ff.

Ordnungsrecht der Länder ergeben.[1647] Die öffentlich-rechtliche Pflichtigkeit des Insolvenzverwalters endet jedoch, wenn er das belastete Grundstück aus der Masse freigibt, weil er dadurch die tatsächliche Gewalt verliert und keiner öffentlich-rechtlichen Zustandsverantwortlichkeit mehr unterfällt.[1648] Soweit der Insolvenzverwalter als Verhaltensstörer in Anspruch genommen wird, ist eine Freigabe allerdings nicht möglich.[1649] Im Ergebnis muss der Insolvenzverwalter aufgrund der öffentlich-rechtlichen Verantwortlichkeit eine Pflicht erfüllen, die vor Verfahrenseröffnung bestanden hat.[1650] Ist der Insolvenzverwalter Inhaber der tatsächlichen Gewalt über ein kontaminiertes Grundstück (Zustandsstörer) oder persönlich für die aktuelle Störung verantwortlich (Verhaltensstörer), wird nach Insolvenzeröffnung eine neue Haftung der Masse für die Grundstückssanierung oder Abfallentsorgung begründet.[1651] Der Insolvenzverwalter nimmt nicht eine vorausgehende Zustandsverantwortlichkeit für den Schuldner wahr.[1652] Es handelt sich vielmehr um eine originäre persönliche öffentlich-rechtliche Pflicht, die als Masseverbindlichkeit gemäß § 55 Abs. 1 Nr. 1, 2. Var. InsO zu erfüllen ist.

Eine weitere wichtige Fallgruppe bilden die Steuerverbindlichkeiten. Die Steuerforderung ist eine Masseverbindlichkeit gemäß § 55 Abs. 1 Nr. 1, 2. Var. InsO, die in sonstiger Weise durch eine Verwaltungshandlung begründet wird, weil die Steuerschuld per Gesetz aufgrund eines festgelegten Tatbestandes entsteht, § 38 AO.[1653] Die Steuerschuld beruht nicht auf einer Rechtshandlung des Verwalters. Soweit in den Fällen zur Veräußerung eines massezugehörigen Grundstücks, zur Verwaltung eines Gesellschaftsanteils und zum Neuerwerb des Insolvenzschuldners eine Masseverbindlichkeit angenommen wird, beruht dies auf zwei Annahmen:[1654] Einerseits muss die Steuerforderung zeitlich nach Insolvenzeröffnung begründet sein. Insoweit fungiert der § 55 Abs. 1 Nr. 1, 2. Var. InsO – wie oben dargelegt – als Anschlussnorm, wonach in den Tatbestand ergänzend hineinzulesen ist, dass Masseverbindlichkeiten nur die *nach Insolvenzeröffnung begründeten Verbindlichkeiten* darstellen. Andererseits muss für die Annahme einer

---

[1647] *Thole*, in K. Schmidt, InsO, § 55, Rn. 27.

[1648] BVerwG vom 23.09.2004, 7 C 22/03, NVwZ, 2004, 1505 (1506).

[1649] BVerwG vom 23.09.2004, 7 C 22/03, NVwZ, 2004, 1505 (1506); *Sinz*, in Uhlenbruck, InsO, § 55, Rn. 32.

[1650] *Sinz*, in Uhlenbruck, InsO, § 55, Rn. 33.

[1651] *Hefermehl*, in MünchKomm, InsO, § 55, Rn. 103.

[1652] *Hefermehl*, in MünchKomm, InsO, § 55, Rn. 103.

[1653] *Frotscher,* Besteuerung bei Insolvenz, S. 75; *Kahlert,* DStR 2011, 1973 (1974).

[1654] Vgl. ausführlich F., IV.

Masseverbindlichkeit nach § 55 Abs. 1 Nr. 1, 2. Var. InsO zwar keine finale Beteiligung des Insolvenzverwalters bestehen. Jedoch muss die Steuerforderung zumindest kausal auf eine Verwaltungstätigkeit zurückzuführen sein. Denn entgegen der Grundwertung des § 80 Abs. 1 InsO können Dritte oder der Schuldner selbst die Insolvenzmasse nicht verpflichten. Ohne jegliche Einflussmöglichkeit des Insolvenzverwalters kann keine Masseverbindlichkeit entstehen. Die finanzgerichtliche Rechtsprechung eint, dass eine Masseverbindlichkeit nach § 55 Abs. 1 Nr. 1, 2. Var. InsO nur anzunehmen ist, wenn hinsichtlich des die Steuer auslösenden Sachverhalts ein hinreichender Massebezug besteht, der Insolvenzverwalter davon Kenntnis hat und ihm zumindest die Möglichkeit zur Freigabe eröffnet wurde. Wenn nämlich der Insolvenzverwalter die Möglichkeit zur Freigabe hat und diese nicht wahrnimmt, trifft er damit eine gewisse Zuordnungsentscheidung. Mit der Möglichkeit zur Freigabe ist der Insolvenzverwalter im Sinne einer conditio-sine-qua-non kausal beteiligt.

Zusammenfassend sind dem Fallmaterial drei Charakteristika zu entnehmen: Es handelt sich um kraft Gesetzes entstehende Verbindlichkeiten. Zeitlich wird die Verbindlichkeit nach Verfahrenseröffnung begründet. Und drittens muss die Verbindlichkeit auf eine die Masse bezogene Amtstätigkeit des Insolvenzverwalters zurückzuführen sein. Letzteres kann darin liegen, dass der Insolvenzverwalter eine Betrieb fortführt und einen Massegegenstand nicht durch eine Freigabe aus der Masse entlässt.

c) Der Massegläubiger gemäß § 55 Abs. 1 Nr. 1, 2. Var. InsO und der Typus der Vermögensverwaltungskosten insolvenzbedingter Betriebsfortführung

Soweit der Tatbestand des § 55 Abs. 1 Nr. 1, 2. Var. InsO beschrieben wurde, gilt es, das Merkmalsgefüge zu einem einheitlichen Leitbildung zusammenzuführen. Berücksichtigt man das Fallmaterial, den Charakter des § 55 Abs. 1 Nr. 1, 2. Var. InsO als zeitliche Anschlussnorm zu § 38 InsO, den Umstand, dass Masseverbindlichkeiten nach § 55 Abs. 1 Nr. 1, 2. Var. InsO auf der Verwaltungs- und Verfügungsbefugnis beziehungsweise auf einer Zuordnungsentscheidung des Insolvenzverwalters beruhen, sind die Masseverbindlichkeiten gemäß § 55 Abs. 1 Nr. 1, 2. Var. InsO als *Vermögensverwaltungskosten der insolvenzbedingten Betriebsfortführung* zu beschreiben. Im Einzelnen:

Versucht man das Fallmaterial – bestehend aus kraft Gesetzes entstehenden Verbindlichkeiten aus Steuern, Umweltlasten, deliktischen Ansprüchen und sonstigen öffentlichen Abgaben – zu systematisieren, so sind dies allesamt Verbindlichkeiten, die nicht dem Insolvenzrecht per se entspringen. Der Ursprung und der sie begründende Zweck liegen außerhalb der Insolvenz. Sie sind insolvenzfern und werden aufgrund insolvenzfremder Beweggründe erhoben. Mit der Insolvenz des Schuldners haben diese Verbindlichkeiten wenig gemein. Gewissermaßen sind es „Sowieso-Kosten", die ohnehin im Rahmen der Betriebsfortführung bei entsprechender Sachverhaltsgestaltung angefallen wären. Die Tatsache, dass der Schuldner zwischenzeitlich in die Insolvenz gefallen ist, ändert an der grundsätzlichen Notwendigkeit, diese Verbindlichkeiten zu erfüllen, nichts. Insgeheim könnte die Insolvenzeröffnung hinweggedacht werden und der sie begründende Zweck liege ungeachtet der Insolvenz vor.

So wurzelt die Erhebung der Steuer in der Staatsfinanzierung und der Gleichmäßigkeit der Besteuerung. Hinsichtlich der Umweltaltlasten handelt es sich um einen Dauerzustand der fortwährenden Beeinträchtigung und Gefährdung der Allgemeinheit. Die Gefahrenbeseitigung der Altlasten dient insoweit der öffentlichen Sicherheit, dem Schutz Dritter und dem Umweltschutz. Bei den sonstigen öffentlichen Lasten handelt es sich um kommunale Abgaben eines Selbstverwaltungsträgers zur Finanzierung eines gemeinwohlfördernden und kommunalen Zwecks. Die Zwecke des Deliktsrechts liegen vornehmlich in einer Ausgleichs- und Präventivfunktion. Die Vorschriften des Haftungsrecht sollen losgelöst vom Bestehen einer Sonderbeziehung vor Eingriffen Dritter in Rechte oder Rechtsgüter schützen.[1655] Geschaffen wird ein Anspruch auf Schadensausgleich und damit gleichzeitig präventiv eine allgemeine Rechtspflicht, die im Gesetz benannten Rechtsgutsverletzungen zu vermeiden.[1656]

Da der Betrieb mit der Insolvenzeröffnung nicht aufhört rechtlich zu existieren, sondern vielmehr weiterhin Bestandteil der Rechtsgemeinschaft ist und der Betrieb im Regelfall sogar bis zum Berichtstermin gemäß § 156 Abs. 1 InsO vom Insolvenzverwalter fortgeführt wird, ist der Insolvenzschuldner als Rechtssubjekt weiterhin Verpflichtungen der Rechtsordnung unterworfen. Die Insolvenzeröffnung befreit den Insolvenzschuldner nicht von hoheitlichen Verpflichtungen; er bleibt diesen weiterhin unterworfen. Verliert der Schuldner mit Insolvenzeröffnung gemäß § 80 Abs. 1 InsO die Verwaltungs- und Verfügungsbefugnis an den Insolvenzverwalter und nimmt dieser das zur Insolvenzmasse gehöhrende Vermögen gemäß § 148 Abs. 1 InsO in Besitz, ist nunmehr der Insolvenzverwalter als Unternehmer

---

[1655] *Teichmann*, in Jauernig, BGB, Vorb. § 823, Rn. 1.

[1656] *Teichmann*, in Jauernig, BGB, Vorb. § 823, Rn. 1.

anzusehen. Er tritt in die allgemeinen unternehmerischen Verpflichtungen des Schuldners ein. Realisiert sich im Rahmen der vom Insolvenzverwalter betriebenen Unternehmensfortführung das Risiko einer deliktischen Haftung oder einer öffentlich-rechtlichen Gefahrenbeseitigung hat der Insolvenzverwalter diese Pflicht nach gleichen Maßstäben zu erfüllen, wie ein solventer Gläubiger. Das Bedürfnis Steuern gleichmäßig zu erheben, außervertragliche Schäden an Rechten und Rechtsgütern auszugleichen oder gefährliche Abfälle zu beseitigen erlischt nicht durch die Eröffnung eines Insolvenzverfahrens. Ereignet sich ein entsprechender Lebenssachverhalt hat die Insolvenzmasse wie jeder andere Wirtschaftsbeteiligte die daraus resultierenden Verbindlichkeiten zu erfüllen.

Wenn diese Verbindlichkeiten im Insolvenzverfahren gemäß § 55 Abs. 1 Nr. 1, 2. Var. InsO als bevorrechtigte Masseverbindlichkeiten einzuordnen sind, geht dies wirtschaftlich zu Lasten der übrigen ungesicherten Gläubiger. Die Insolvenzgläubiger haben keinen Anspruch darauf, dass im Interesse ihrer Befriedigungschancen mit finanziellen Mitteln der Allgemeinheit in der Masse vorhandene Altlasten beseitigt werden.[1657] Altlasten beispielsweise sind nämlich ungeachtet der wirtschaftlichen und rechtlichen Folgen des Insolvenzverfahrens von demjenigen zu beseitigen, der die Gefahr nach öffentlich-rechtlichen Wertungen verursacht und für sie verantwortlich ist. Dass nunmehr die Insolvenz hinzugetreten ist, ändert, an der grundsätzlichen Gefahr für die öffentliche Sicherheut und der Verpflichtung die Altlasten zu beseitigen, nichts. Darüber hinaus ist die Insolvenz kein Steuersparmodell: Nur in Ansehung der Befriedigungschancen der ungesicherten Gläubiger ist von eine Besteuerung des insolventen Rechtsträgers keine Ausnahme vorgesehen. Vielmehr zwingen die steuerrechtlichen Gesetzmäßigkeiten samt den ihnen zugrundeliegende Gleichheitssatz die Finanzbehörden zur Steuererhebung in der Insolvenz. Entsprechend erlischt in der Insolvenz nicht das Interesse eines Dritten einen Ausgleich für Beeinträchtigungen an Rechten und Rechtsgüter zu erhalten. Nur weil der Insolvenzschuldner zahlungsunfähig und/oder überschuldet ist, ist er nicht dazu berechtigt, Dritte zu schädigen. Gewissermaßen lastet auf der Insolvenzmasse die Pflicht, als Teil der Rechtsgemeinschaft diejenigen allgemeingültigen Verpflichtungen zu erfüllen, die auf die Betriebsfortführung nach Verfahrenseröffnung zurückzuführen sind. Nur aufgrund der Verfahrenseröffnung ist die Masse nicht davon befreit, diejenigen Verbindlichkeiten zu erfüllen, die für ein solidarisches Zusammenleben erforderlich sind. Soweit ein insolventes Unternehmen

[1657] *Hefermehl,* in MünchKomm, InsO, § 55, Rn. 103.

fortgeführt wird, ist es weiterhin Teil der Solidargemeinschaft. Steuern, Altlasten und beispielsweise deliktische Forderungen sind unabhängig von der Insolvenz des Schuldners vollumfänglich zu erfüllen.

Wenn mit § 1 S. 1 InsO das Insolvenzverfahren darauf abzielt, die Gläubiger bestmöglich zu befriedigen, ist dieses Ziel nicht um jeden Preis zu verwirklichen. Wenn das Unternehmen mit Insolvenzeröffnung weiterhin Teil der Rechtsgemeinschaft und sogar für Zwecke der bestmöglichen Haftungsverwirklichung fortzuführen ist, verwirklicht § 55 Abs. 1 Nr. 1, 2. Var. InsO das Interesse der Allgemeinheit. Die Vorschrift trägt dem Umstand Rechnung, dass allgemeine Rechtsverpflichtungen von jedem Wirtschaftsbeteiligten selbst zu tragen und nicht von der Allgemeinheit zu erfüllen sind. Soweit das insolvenzrechtliche Prinzip der bestmöglichen Haftungsverwirklichung die ungesicherten Gläubiger schützt, hat dieser Belang hinter dem Interesse der Allgemeinheit zurückzustehen.

4. Abschließende typologische Abgrenzung von Insolvenzforderung und Masseverbindlichkeit

Insolvenzforderung und Masseverbindlichkeit lediglich zeitlich voneinander abzugrenzen, wird der Typusbetrachtung nicht gerecht. Es würde der Typusbetrachtung nicht entsprechen, wenn Insolvenzforderungen lediglich die *vor* und Masseverbindlichkeiten die *nach* Verfahrenseröffnung begründeten Verbindlichkeiten darstellen. Sowohl § 38 InsO als auch § 55 Abs. 1 Nr. 1, 2. Var. InsO stehen für einen bestimmten Typus, der im Einzelfall vergleichend festzustellen ist. Es ist jeweils zu untersuchen, ob die Voraussetzungen und die Typizität verwirklicht sind. Die Tatbestände zeichnen jeweils ein eigenes typisches Bild, welches zu beachten ist. Sicherlich ist die zeitliche Abgrenzung hinsichtlich der vor und nach Verfahrenseröffnung entstandenen Verbindlichkeit ein Kriterium für die Abgrenzung von Insolvenzforderung und Masseverbindlichkeit. Dieses Kriterium hat sich jedoch in das typische Gesamtbild einzufügen.

Die Insolvenzforderung gemäß § 38 InsO entspricht dem typischen Bild eines ungesicherten Kreditgebers. Im Vertrauen auf eine künftige Gegenleistung hat der Insolvenzgläubiger an den Schuldner vorgeleistet. In der Insolvenz hat sich nunmehr das kredittypische Ausfallrisiko – Ausbleibende Rückführung des geldwerten Vorteils – realisiert. Für den Sonderfall gesetzlicher Schuldverhältnisse kommt es in Ansehung einer fehlenden Vertrauensbildung darauf an, dass der Tatbestand zum Zeitpunkt der Verfahrenseröffnung nach anwartschaftsrechtlichen Gesichtspunkten gesichert ist. Demnach ist es insgesamt unbeachtlich, wenn der Insolvenzverwalter nach Verfahrenseröffnung eine Tätigkeit zu Ende führt, die vom Insolvenzschuldner schon weitestgehend angelegt und vor Verfahrenseröffnung in den wesentlichen Bestandteilen verwirklicht ist.

Demgegenüber steht das Leitbild der Masseverbindlichkeit gemäß § 55 Abs. 1 Nr. 1, 2. Var. InsO als Vermögensverwaltungskosten der insolvenzbedingten Betriebsfortführung. Masseverbindlichkeiten sind dort anzuerkennen, wo sich das Handeln des Insolvenzverwalters auf Geschäfte bezieht, die zur gemeinschaftlichen Gläubigerbefriedigung vorgenommen werden. Der Insolvenzverwalter als verfügungs- und verwaltungsbefugter Unternehmer des insolventen Betriebs ist Teil des wirtschaftlichen Zusammenlebens und mithin allgemeingültigen, insolvenzfremden Verpflichtungen unterworfen. Eine Masseverbindlichkeit ist anzunehmen, wenn vor Verfahrenseröffnung noch keine gesicherte schuldrechtliche Grundlage bestand und zumindest ein Bezug zur Insolvenzmasse besteht, der auf eine Liquidations- oder Fortführungsmaßnahme des Verwalters zurückzuführen ist. Insoweit unterfallen der Vorschrift des § 55 Abs. 1 Nr. 1, 2. Var. InsO Verbindlichkeiten die zwingend – auch ohne die Insolvenz des Schuldners – bei ansonst gleichbleibenden Sachverhalt angefallen wären.

Soweit eine Abgrenzung anhand vielschichtiger Definitionen Schwierigkeiten bereitet, ist ergänzend anhand eines typischen Leitbildes eine Ähnlichkeitsprüfung zu bemühen. In nicht eindeutigen Fallgestaltungen, in Zweifelsfällen, ist als Korrektiv eine Zuordnung zu ähnlichen, wertungsmäßig vergleichbaren Konstellationen vorzunehmen. Zur Abgrenzung von Insolvenzforderung und Masseverbindlichkeit ist sich im Wege einer typologischen Betrachtungsweise folgendes zu fragen: Ist die Forderung als Insolvenzforderung zu qualifizieren, weil sie wertungsmäßig dem Bild eines ungesicherten Kreditgebers entspricht, oder ist sie der Masseverbindlichkeit gemäß § 55 Abs. 1 Nr. 1, 2. Var. InsO zuzuordnen, da sie im Allgemeinen den Vermögensverwaltungskosten, die auf die nach Verfahrenseröffnung vom Insolvenzverwalter veranlassten Betriebsfortführung zurückzuführen sind, zuzuordnen? Wertungsmäßig ist eine Zuordnung zwischen einem Kreditgeber und den allgemeinen Kosten aus der insolvenzbedingten Beteiligung am Rechtsverkehr vorzunehmen.

VII. Zusammenfassung sowie Bildung einer abschließenden Konkretisierung der insolvenzrechtlichen Begründetheit einer Steuerforderung und der einer steuerrechtlichen Masseverbindlichkeit

Die insolvenzrechtliche Begründetheit ist ein unbestimmter Rechtsbegriff. Der Begriffshof und einhergehend die Mindestanforderungen an den Verwirklichungsgrad eines Vermögensanspruchs sind zu konkretisieren. Soweit vollständig verwirklichte, entstandene Forderungen zweifelsfrei als begründet anzusehen sind (Begriffskern), bleibt ausweislich des *Wortlautes* unklar, unter welchen Voraussetzungen eine zum Zeitpunkt der Insolvenzeröffnung bloß teilverwirklichte Forderung als begründet anzusehen ist. Die vorangestellten Erwägungen waren geeignet, diesen unklaren Bedeutungsgehalt der insolvenzrechtlichen Begründetheit aufzuhellen.

Zuvorderst stellen die *Gesetzesmaterialien* ein wichtiges Begründungselement dar. Demnach ist eine Forderung begründet, wenn sie zum Zeitpunkt der Insolvenzeröffnung noch nicht perfekt ist und ihre Perfektion ohne jedes Zutun des Gemeinschuldners eintritt.[1658] Soweit damit auf die nach anwartschaftsrechtlichen Grundsätzen gesicherte Tatbestandsverwirklichung verwiesen wird, lässt sich eine vergleichbare Erkenntnis der *systematischen* Auslegung gewinnen. Aus der systematischen Betrachtung der Forderungszuordnung in der Insolvenz, §§ 38, 41, 86 Abs. 2, 95 Abs. 1, 96 Abs. 1 Nr. 1, 103 ff., 192 InsO, ist zu folgern, dass die Wesensmerkmale eines aufschiebend bedingten Anspruchs die Mindestanforderungen der insolvenzrechtlichen Begründetheit beschreiben. Konkretisiert man daraufhin den aufschiebend bedingten Anspruch anhand des § 158 BGB, ist eine Forderung aufschiebend bedingt, wenn eine aussichtsreiche Anwartschaft besteht. In diesem Sinne liegt eine aussichtsreiche Anwartschaft vor, wenn dem Gläubiger eine gesicherte Rechtsposition zusteht, die gegen bedingungseintrittsfeindliche Entwicklungen geschützt ist und nicht mehr einseitig vom Schuldner verhindert werden kann. Die wesentlichen Tatbestandselemente sind verwirklicht und der unbedingte Wille zur Schaffung einer Forderung ist gebildet, sodass die Forderung werthaltig entstanden ist. Die vollwirksame Rechtsentstehung der Forderung hängt nur noch von einzelnen Wirksamkeitsvoraussetzungen ab. Anschließend war im Rahmen der *telelogischen* Auslegung davon auszugehen, dass den insolvenzrechtlichen Forderungskategorien ein typologisches Verständnis zugrunde liegt. Die

[1658] *Hahn,* Motive zur KO, S. 55.

Abgrenzung von Insolvenzforderung und Masseverbindlichkeit vollzieht sich nur aufgrund einer rein begrifflich-definitorischen Herangehensweise, sondern auch im Wege einer Ähnlichkeitsprüfung. Typische Fallgestaltungen und Leitbilder von Insolvenzforderung und Masseverbindlichkeit dienen als Vergleichsmaßstab bei Frage, ob die im Einzelfall einzuordnende Forderung eher dem einen oder dem anderen gesamtvollstreckungsrechtlichen Typus zuzuordnen ist. Insoweit war für die Insolvenzforderung auf das typische Bild eines ungesicherten Kreditgebers zu erkennen, der eine Vorleistung erbracht hat. Demgegenüber lassen sich die Masseverbindlichkeiten gemäß § 55 Abs. 1 Nr. 1, 2. Var. InsO als Vermögensverwaltungskosten der insolvenzbedingten Betriebsfortführung einordnen.

Auf Basis dieser Erkenntnisse ist folgende abschließende Konkretisierung der insolvenzrechtlichen Begründetheit gemäß § 38 InsO vorzuschlagen:

Eine Forderung ist im insolvenzrechtlichen Sinne begründet, wenn der Gläubiger zum Schuldner eine für das Kreditgeschäft typische *Sonderverbindung aufgebaut hat, im Rahmen derer die Forderung nach anwartschaftsrechtlichen Grundsätzen gesichert ist. Der Gläubiger tritt typischerweise als Kreditgeber auf, wenn er als Vorleistender dem Schuldner einen geldwerten Vorteil zeitweise überlässt und im Vertrauen auf die erst künftig zu erbringende Rückleistungsverpflichtung das Risiko des Forderungsausfalls trägt.*

Eine Steuerforderung ist in diesem Sinne begründet, wenn der dem Belastungsgrund zugrunde liegende Lebenssachverhalt in Gestalt des gesetzlichen Tatbestandes zum Zeitpunkt der Insolvenzeröffnung so weit verwirklicht ist, dass der Steuergläubiger dem vorleistenden Kreditgeber zuzuordnen ist. Die Besteuerungsgrundlagen sind so weit mit dem Lebenssachverhalt verknüpft, dass es gerechtfertigt erscheint, die erst künftig entstehende Verbindlichkeit als eine Bestehende zu behandeln. Der steuerschuldrechtliche Charakter, aus dem sich die spätere Entstehung der Steuerforderung ergibt, wird durch die Teilverwirklichung des Tatbestandes bereits abgebildet. Der Steuergläubiger besitzt mit der wesentlichen Verwirklichung des Tatbestandes eine gesicherte und werthaltige Rechtsposition, die gegen bedingungseintrittsfeindliche Entwicklungen geschützt ist und vom Schuldner nicht mehr einseitig zerstört werden kann.

Für die steuerrechtliche Masseverbindlichkeit gemäß *§ 55 Abs. 1 Nr. 1, 2. Var. InsO* ist folgende Konkretisierung vorzuschlagen:

Gemäß § 55 Abs. 1 Nr. 1, 2. Var. InsO sind Masseverbindlichkeiten Verbindlichkeiten die in anderer Weise durch die Verwaltung, Verwertung und

Verteilung der Insolvenzmasse begründet werden, ohne zu den Kosten des Insolvenzverfahrens zu gehören. Darunter fallen jene Verbindlichkeiten, die durch die Insolvenzverwaltung ausgelöst werden und einen konkreten Bezug zur Insolvenzmasse aufweisen. Erfasst sind die kraft Gesetzes entstehenden Forderungen. In Abgrenzung zur Insolvenzforderung sind die Masseverbindlichkeiten nach § 55 Abs. 1 Nr. 1, 2. Var. InsO dadurch gekennzeichnet, dass sie erst in der Zeit nach Eröffnung des Insolvenzverfahrens begründet werden. Ungeschriebenes Tatbestandsmerkmal des § 55 Abs. 1 Nr. 1, 2. Var. InsO ist das Erfordernis der Begründetheit nach Verfahrenseröffnung. Neben der zeitlichen Komponente ist für die Annahme einer Masseverbindlichkeit gemäß § 55 Abs. 1 Nr. 1, 2. Var. InsO das Erfordernis einer Verwaltungsmaßname samt Massebezug zu beachten. Notwendig ist keine finale Beteiligung des Insolvenzverwalters; die Verbindlichkeit muss jedoch kausal durch den Insolvenzverwalter hervorgerufen worden sein. Maßgebliches Wertungsmoment für das Vorliegen einer massebezogenen Verwaltungsmaßnahme des Verwalters ist dessen Möglichkeit zur Einflussnahme. Typologisch sind die Masseverbindlichkeiten gemäß § 55 Abs. 1 Nr. 1, 2. Var. InsO als Vermögensverwaltungskosten der insolvenzbedingten Betriebsfortführung zu beschreiben. In Abgrenzung zu dem kreditgeschäftstypischen Merkmalsgefüge der Insolvenzforderung besteht vor Verfahrenseröffnung bloß eine vage Aussicht auf eine spätere Verwirklichung der Forderung. Die vollständige Tatbestandsverwirklichung ist auf eine Amtstätigkeit des Verwalters zurückzuführen. Es hat sich das typische Risiko einer insolvenzbedingten Betriebsfortführung realisiert, dass der Insolvenzschuldner auch im Konkurs die allgemeinen Kosten aus der Beteiligung am Rechtsverkehr zu entrichten hat. Dem Tatbestand des § 55 Abs. 1 Nr. 1, 2. Var. InsO *unterfallen Verbindlichkeiten die zwingend – auch ohne die Insolvenz des Schuldners – bei ansonst gleichbleibenden Sachverhalt angefallen wären. Die Eröffnung des Insolvenzverfahrens entbindet den Insolvenzschuldner nicht aus der den konkreten Insolvenzfall übergeordneten solidarischen Pflicht- und Haftungsgemeinschaft.*

Die Steuerforderung ist Teil dieser übergeordneten solidarischen Pflicht- und Haftungsgemeinschaft, welche als Verpflichtung unter dem Topos der Gleichmäßigkeit der Besteuerung auch im Fall der Insolvenz zu erfüllen ist, wenn ein entsprechender besteuerungswürdiger Lebenssachverhalt nach Verfahrenseröffnung verwirklicht wird. Die Insolvenz ist kein Steuersparmodell – allein zugunsten der Befriedigungschancen der ungesicherten Gläubiger ist von eine Besteuerung eines insolventen Rechtsträgers keine Ausnahme vorgesehen. Die steuerrechtlichen Gesetzmäßigkeiten zwingen die Finanzbehörden (auch) in der Insolvenz zur Steuererhebung.

H. Die insolvenzrechtliche Begründetheit der Einkommensteuer – Zeitpunktbetrachtung eines zeitraumorientierten Tatbestandes

I. Einführung

Soweit im Allgemeinen zu untersuchen war, was die inhaltlichen Anforderungen der insolvenzrechtlichen Begründetheit gemäß § 38 InsO waren und unter welchen Annahmen eine Steuerforderung diesem Typus zuzuordnen ist, richtet sich fortan der Blick auf den speziellen Fall der Einkommensteuer. Untersuchungsgegenstand ist die Frage, wann die Einkommensteuer die besonderen Voraussetzungen des § 38 InsO erfüllt und mithin als im insolvenzrechtlichen Sinne begründet anzusehen ist.

Die Einkommensteuer ist der universellen Forderungszuordnung unterworfen und nimmt entsprechend am Insolvenzverfahren teil.[1659] Der Rechtsanwender ist gefordert: Aufgrund fehlender gesetzlicher Regelungen hat er ein konsistentes Konzept zur Qualifizierung der Einkommensteuer zu entwickeln. Die Schwierigkeit dieser Aufgabe besteht darin, das aufgrund divergierender Verfahrensregelungen bestehende Spannungsverhältnis von steuerrechtlicher Zeitraum- und insolvenzrechtlicher Zeitpunktbetrachtung aufzulösen. Bei der einfachgesetzlichen Anwendung der insolvenzrechtlichen Begründetheit kommt es diesbezüglich zu einem Rückkopplungseffekt der §§ 38 AO, 2 Abs. 1 EStG, 38 InsO.[1660] Anhand des von § 2 EStG vorgegeben Strukturplans ist normativ der notwendige insolvenzrechtliche Verwirklichungsgrad am Beispiel der Einkommensteuer zu bestimmen.

1659 RFH vom 25.10.1926, GrS 1/26 S, RFHE 19, 355 (356); BFH vom 07.11.1963, IV 210/62 S, BStBl. III 1964, 70 (71).

1660 *Weiß*, FR 1990, 539 (541).

II. Prämissen der Einkommensbesteuerung

Bemessungsgrundlage der Einkommensteuer ist das Einkommen, § 2 Abs. 5 EStG. Das Einkommen ist ein geeigneter Indikator, um die steuerrechtliche Leistungsfähigkeit darzustellen.[1661] Das Leistungsfähigkeitsprinzip ist das Fundamentalprinzip der Steuergerechtigkeit zur gerechten Verteilung steuerlicher Lasten und entsprechend das Leitbild der Einkommensbesteuerung.[1662] Die Einkommensteuer hat die Funktion, die Leistungsfähigkeit verbindlich zu konkretisieren[1663] und sie zur Grundlage ihrer Belastungswirkung zu erheben,[1664] damit der Gleichheit im Steuerrecht durch eine unterschiedliche Belastung nach der individuellen und wirtschaftlichen Leistungsfähigkeit entsprochen wird.[1665] Die Besteuerung nach der wirtschaftlichen Leistungsfähigkeit ist durch das Nettoprinzip konkretisiert.[1666] Objektiv sind die erwerbssichernden Aufwendungen und subjektiv Aufwendungen aus der persönlichen, existenziellen Lebensführung von dem Roheinkommen abzuziehen.[1667] Die Besteuerung nach der Leistungsfähigkeit verlangt die Berücksichtigung der finanziell zu sichernden Erwerbs- und Daseinsvoraussetzungen.[1668]

Aufgrund ihrer Eigenschaft, die objektive und subjektive Leistungsfähigkeit als Ausdruck der steuerrechtlichen Gerechtigkeit abzubilden,[1669] wird

---

1661 BVerfG vom 17.01.1957, 1 BvL 4/54, BVerfGE 6, 55 (67); BVerfG vom 09.02.1972, 1 BvL 16/69, BVerfGE 32, 333 (339); *Hey*, in HHR, EStG, KStG, Einf. EStG, Rn. 1 (297. Lfg. April 2020); *P. Kirchhof*, Besteuerung im Verfassungsstaat, S. 25; *Pezzer*, in FS Zeidler, S. 757 (762); *Tipke*, Steuerrechtsordnung, Bd. II, S. 560.

1662 *Birk*, Leistungsfähigkeitsprinzip als Maßstab der Steuernormen, S. 155 ff., *Hey*, in Tipke/Lang, Steuerrecht, § 3, Rn. 3.40; *Tipke*, Steuerrechtsordnung, Bd. I, S. 479 ff.

1663 *Ratschow*, in Brandis/Heuermann, EStG, § 2 EStG, Rn. 43 (158. Lfg. August 2021).

1664 BVerfG vom 03.11.1982, 1 BvR 620/78, BVerfGE 61, 319 (351); BVerfG vom 22.02.1984, 1 BvL 10/80, BVerfGE 66, 214 (223).

1665 *Birk*, Leistungsfähigkeitsprinzip als Maßstab der Steuernormen, S. 169.

1666 *Birk/Desens/Tape*, Steuerrecht, § 2, Rn. 175; *Tipke*, Steuerrechtsordnung, Bd. II, S. 591.

1667 BFH vom 09.05.2001, XI B 151/00, BStBl. II 2001, 552 (554); *Birk/Desens/Tape*, Steuerrecht, § 2, Rn. 175; *Lang*, Bemessungsgrundlage der Einkommensteuer, S. 60; *Tipke*, Steuerrechtsordnung, Bd. II, S. 574.

1668 BVerfG vom 07.12.1999, 2 BvR 301/98, BVerfGE 101, 297 (310); *Birk/Desens/Tape*, Steuerrecht, § 2, Rn. 175 f. Die Unterscheidung zwischen objektiver und subjektiver Leistungsfähigkeit ist normativ an den Begriffen des Gesamtbetrags der Einkünfte (§ 2 III EStG) und des zu versteuernden Einkommens (§ 2 V EStG) zu begründen. Zunächst ist der Gesamtbetrag der Einkünfte objektiv aus dem Gewinn und dem Überschuss der Einkünfte zu ermitteln. Dieser Betrag ist anschließend in subjektiver Sicht um Sonderausgaben, außergewöhnliche Belastungen und Freibeträge zu verringern, um das zu versteuernde Einkommen zu bilden.

1669 BT-Drucks. VII/1470, S. 211; *Tipke*, Steuerrechtsordnung, Bd. II, S. 560.

die Einkommensteuer als gerechteste aller Steuern,[1670] als Königin der Steuern[1671] oder als schönste Blüte der Steuerkultur[1672] beschrieben. Die Leistungsfähigkeit wird mittels einer synthetischen Einkommensteuer gemessen, bei der ein einheitlicher Tarif auf das Gesamteinkommen als Summe verschiedener Einkunftsarten anzuwenden ist.[1673] Die Einkommensbesteuerung misst das innerhalb einer Periode erzielte Ist-Einkommen.[1674] Mit welcher Mühe, Anstrengung oder Risikobereitschaft der Steuerpflichtige das Einkommen erwirtschaftet, ist dabei irrelevant.[1675] Bei der konkreten Messung der Leistungsfähigkeit und der dahingehend zu bildenden Summe der Einkunftsarten kommt es zu einem Dualismus der Einkünfteermittlung. Es ist zwischen Überschuss- und Gewinneinkünften zu unterscheiden: Den Überschusseinkünften, §§ 2 Abs. 1 S. 1 Nr. 4–7, 19 ff. EStG, liegt ein quellentheoretischer Ansatz zugrunde.[1676] Demnach werden diejenigen Erträge dem Einkommen zugeordnet, die auf eine dauernde Quelle der Gütererzeugung zur Deckung der persönlichen Bedürfnisse zurückzuführen sind.[1677] Dagegen beruhen die Gewinneinkünfte, § 2 Abs. 1 S. 1 Nr. 1–3, 13 ff. EStG, auf Erwägungen der Reinvermögenszugangstheorie.[1678] Sie erfassen den gesamten periodischen Zuwachs an Gütern[1679] und neben den laufenden Einkünften auch Wertveränderungen im Stammvermögen samt Wertrealisation durch Veräußerung.[1680]

Zentrale Vorschrift dieser Prämissen ist § 2 EStG.[1681] Mit der stufenweisen Definition des zu versteuernden Einkommens prägt die Vorschrift

---

[1670] *Hey*, in Tipke/Lang, Steuerrecht, § 8, Rn. 8.1.

[1671] *Popitz*, Handwörterbuch der Staatswissenschaften, S. 402.

[1672] *Schumpeter*, Der deutsche Volkswirt IV, 1929, 380 (382).

[1673] *Birk/Desens/Tape*, Steuerrecht, § 5, Rn. 581; *Hey*, in HHR, EStG, KStG, Einf. EStG, Rn. 14 (297. Lfg. April 2020); *Lang*, Bemessungsgrundlage der Einkommensteuer, S. 218; *Tipke*, Steuerrechtsordnung, Bd. II, S. 593.

[1674] *Lang*, Bemessungsgrundlage der Einkommensteuer, S. 229.

[1675] *Tipke*, Steuerrechtsordnung, Bd. II, S. 574. Das Markteinkommen gilt als Leistungseinkommen. Es zeigt sich beispielsweise kein Unterschied, wenn ein Spitzensportler mit einem Turniersieg das gleiche Einkommen am Ende der Periode aufweist wie ein Bergmann, der unter Tage das Jahr hinweg arbeitet.

[1676] *Birk/Desens/Tape*, Steuerrecht, § 5, Rn. 592; *Hey*, in Tipke/Lang, Steuerrecht, § 8, Rn. 8.50 sowie 8.182.

[1677] *Fuisting*, Die Preußischen direkten Steuern, Bd. IV, S. 110.

[1678] *Birk/Desens/Tape*, Steuerrecht, § 5, Rn. 591; *Hey*, in Tipke/Lang, Steuerrecht, § 8, Rn. 8.50; *Ratschow*, in Brandis/Heuermann, EStG, § 2 EStG, Rn. 43 (158. Lfg. August 2021)..

[1679] *Schanz*, FinArch 1896, 1 (1).

[1680] *Hey*, in Tipke/Lang, Steuerrecht, § 8, Rn. 8.50.

[1681] BT-Drucks. XII/3084, S. 19; *Lang*, Bemessungsgrundlage der Einkommensteuer, S. 33.

das System der Einkommensbesteuerung und beschreibt deren Elemente.[1682] Aus ihr ist die Zusammensetzung der Einkommensbesteuerung abzuleiten.

III. Die drei Entwicklungsstufen des Einkommensteuertatbestandes in Ansehung der insolvenzrechtlichen Begründetheit

1. Die Problemstellung einer Zeitpunktbetrachtung eines zeitraumorientierten Tatbestandes

Die Qualifizierung der Steuerforderungen kann als Paradebeispiel für die Abgrenzungsproblematik der insolvenzrechtlichen Begründetheit betrachtet werden. Kern des Problems ist, die Steuerforderung aufgrund ihrer zeitraumbezogenen Eigenart konsistent der insolvenzrechtlichen Zeitpunktbetrachtung zuzuführen.[1683] Das Tatbestandsmerkmal der Begründetheit erfordert eine zeitpunktbezogene Zuordnung. Für das Steuerrecht fremd und atypisch wird eine Forderung im konkreten Zeitpunkt der Insolvenzeröffnung betrachtet.[1684] Es geht darum, das auf den Zeitraum der Veranlagung angelegte Steuerschuldverhältnis auf die Verwirklichung seiner Berechnungsposten zu analysieren.[1685] Jeder Geschäftsvorfall auf der Einnahmen- und Ausgabenseite ist im bilanzrechtlichen Sinne zu separieren und auf seine insolvenzrechtliche Begründetheit zu überprüfen. Für Insolvenzzwecke hat sich die steuerrechtliche Gewinnermittlung an den Kriterien der Forderungszuordnung zu orientieren. Der gesetzliche, mehraktige Steuertatbestand wird für Insolvenzzwecke zerlegt und nach insolvenzrechtlichen Grundsätzen einer Zeitpunktbetrachtung unterzogen.[1686]

Als Konsequenz aus dem unscharfen Umriss des Begriffshofes der insolvenzrechtlichen Begründetheit und der Beschaffenheit des Einkommensteuertatbestandes ist das Auftreten der problematischen Fallkonstellation unausweichlich: Bei der Einordnung der Einkommensteuer fällt auf, dass

---

[1682] *Ratschow*, in Brandis/Heuermann, EStG, § 2 EStG, Rn. 5 (158. Lfg. August 2021); *Tipke*, Steuerrechtsordnung, Bd. II, S. 590.

[1683] *Frotscher*, Besteuerung bei Insolvenz, S. 139; *Waza/Uhländer/Schmittmann*, Insolvenzen und Steuern, Rn. 1432.

[1684] *Kahlert/Rühland*, Sanierungs- und Insolvenzsteuerrecht, Rn. 7.51; *Onusseit/Kunz*, Steuern in der Insolvenz, Rn. 490; *Waza/Uhländer/Schmittmann*, Insolvenzen und Steuern, Rn. 1432.

[1685] *Frotscher*, Besteuerung bei Insolvenz, S. 137.

[1686] *Frotscher*, Besteuerung bei Insolvenz, S. 139.

die Insolvenzeröffnung gezwungenermaßen zwischen Teil- und Vollverwirklichung der Steuerforderung fällt. Zumindest die Entstehung der Steuer mit Ende des Veranlagungszeitraumes am Jahresende steht im Zeitpunkt einer unterjährigen Insolvenzeröffnung nämlich noch aus.

Hinsichtlich der insolvenzrechtlichen Qualifizierung ist zwischen drei Entwicklungsstufen zu differenzieren, auf die der Rechtsanwender im Rahmen der Begründetheit abstellen kann. Nachfolgend ist zu klären, welche Entwicklungsstufe den insolvenzrechtlichen Anforderungen entspricht. Es ist zwischen der Steuerentstehung, der Einkünfteermittlung und der Einkünfteerzielung zu unterscheiden.

Für die Ertragsteuern der Körperschafts- und Gewerbesteuer gelten die folgenden Ausführungen zu den Entwicklungsstufen entsprechend. Körperschaft- und Gewerbesteuer entstehen ebenfalls mit Ende des Veranlagungszeitraums und verweisen zudem auf die Einkünfteermittlung des Einkommensteuergesetzes.[1687]

2. Die Entstehung der Steuer, §§ 36 Abs. 1, 2 Abs. 7 EStG

Das Jahressteuerprinzip trägt dem Umstand Rechnung, dass das Einkommen in Abgrenzung zum Vermögen keine Bestands-, sondern eine Stromgröße ist.[1688] Sie entsteht am Ende des Veranlagungszeitraums, §§ 38 AO i.V.m. 36 Abs. 1, 25 Abs. 1, 2 Abs. 7 EStG. Innerhalb des Zeitraums von einem Jahr erfasst die Einkommensteuer das zu versteuernde Einkommen, welches sich aus den gesamten dem Schuldner zurechenbaren Einkünften errechnet. In einem zusammenhängenden und fortlaufenden Prozess werden Berechnungsposten aus Erlösen und Aufwendungen angesammelt und miteinander verrechnet.[1689] Das verwirklichte Periodizitätsprinzip ist ein technisches Vehikel:[1690] Es schränkt die ideale Besteuerung nach der wirt-

---

1687 Die Tatbestände der Ertragsteuern der Körperschaft- und Gewerbesteuer beruhen auf einer zeitraumbezogenen Konzeption: Für die Körperschaftsteuer ordnen die §§ 8 I 1, 30 Nr. 3, 31 I 1 KStG eine entsprechende Einkünfteermittlung und Veranlagung an. Bei der Gewerbesteuer sind die fortlaufenden Einkünfte aus dem Gewerbebetrieb, § 2 I 1 Nr. 2 EStG, zu ermitteln und mit Hinzurechnungen und Kürzungen zu verrechnen, § 7 S. 1 GewStG. Erhebungszeitraum ist ebenfalls das Kalenderjahr, §§ 14 S. 2, 18 GewStG.

1688 *Hey*, in HHR, EStG, KStG, Einf. EStG, Rn. 17 (297. Lfg. April 2020).

1689 *Frotscher*, Besteuerung bei Insolvenz, S. 137.

1690 *Hey*, in Tipke/Lang, Steuerrecht, § 8, Rn. 8.44; *Seer*, BB 2004, 2272 (2274).

schaftlichen Leistungsfähigkeit ein,[1691] gewährleistet aber gleichzeitig eine beständige Sicherung des Besteuerungsaufkommens und eine praktikable Steuererhebung.[1692]

Das Tatbestandsmerkmal der Steuerentstehung ist für die insolvenzrechtliche Begründetheit aufzugeben.[1693] Es fügt sich nicht in die zeitpunktbezogene Systematik der Forderungsbestimmung ein. Die Insolvenzordnung ist steuerneutral und folgt nicht der steuerrechtlichen Veranlagung. Die Separationsthese, wonach die Insolvenzeröffnung die steuerrechtliche Veranlagung durchbricht und die Insolvenzmasse als selbstständiges Steuersubjekt gilt, hat der Reichsfinanzhof aufgegeben.[1694] In dem Bemessungszeitraum entstehen nicht etwa drei Einkommensteuerforderungen, die auf vorinsolvenzlichen Einkünften, Insolvenzeinkünften und insolvenzfreien Einkünften beruhen.[1695] Vielmehr wird die einheitlich veranlagte Steuerforderung für Insolvenzzwecke aufgespalten.[1696] Je nach Charakteristikum der insolvenzrechtlichen Vermögensmassen werden die steuerrechtlichen Teilerlöse auf unterschiedliche Gesichtspunkte untersucht: Welche Einkünfte sind vor Insolvenzeröffnung begründet (Insolvenzforderung)? Welche Einkünfte gehen auf eine Verwaltungsmaßnahme des Insolvenzverwalters zurück (Masseverbindlichkeit)? Welche Einkünfte hat der Insolvenzschuldner außerhalb des Insolvenzverfahrens geschaffen (Forderung gegen insolvenzfreies Vermögen)? Um die Einkommensteuer auf diese drei insolvenzrechtlichen Vermögensmassen aufzuteilen, kommt es nicht auf die nach § 36 Abs. 1 EStG einheitlich veranlagte Einkommensteuer an.[1697]

[1691] Die steuerliche Leistungsfähigkeit ist idealiter anhand des Lebenseinkommens zu messen. *Hackmann*, FinArch 1975, 1 (20 ff.); *Lang*, FS Rose, S. 325 (333 ff.); *Mitschke*, StuW 1980, 122 (123).

[1692] BFH vom 11.02.1998, I R 81/97, BStBl. II 1998, 485 (486); *Hey*, in HHR, EStG, KStG, Einf. EStG, Rn. 17 (297. Lfg. April 2020).

[1693] *Frotscher*, Besteuerung bei Insolvenz, S. 136 f.; *Kahlert/Rühland*, Sanierungs- und Insolvenzsteuerrecht, Rn. 7.52; *Onusseit/Kunz,* Steuern in der Insolvenz, Rn. 490.

[1694] Die Separationsthese wurde begründet durch RFH vom 08.02.1928, VI A 71/27, RFHE 23, 70; aufgegeben durch RFH vom 22.06.1938, VI 687/37, RFHE 44, 162; Bestätigung der Aufgabe insbesondere durch BFH vom 12.09.1951, IV 135/51 U, BFHE 55, 477; BFH vom 07.11.1963, IV 210/62 S, BFHE 78, 172; BFH vom 14.02.1978, VIII R 28/73, BStBl. II 1978, 356; BFH vom 11.11.1993, XI R 73/92, BFH/NV 1994, 477 (478).

[1695] *Frotscher*, Besteuerung bei Insolvenz, S. 133.

[1696] *Farr*, Besteuerung in der Insolvenz, Rn. 284; *Waza/Uhländer/Schmittmann*, Insolvenzen und Steuern, Rn. 1433.

[1697] BFH vom 29.03.1984, IV R 271/83, BStBl. II 1984, 602 (603); BFH vom 11.11.1993, XI R 73/92, BFH/NV 1994, 477 (478); *Kahlert/Rühland*, Sanierungs- und Insolvenzsteuerrecht, Rn. 7.52; *Onusseit/Kunz,* Steuern in der Insolvenz, Rn. 490.

Die einheitlich veranlagte Steuerforderung ist lediglich Grundlage für die konkrete Berechnung der einheitlich festgestellten, für Insolvenzzwecke, aber aufgeteilten Steuerforderung; diesbezüglich werden verschiedene Berechnungsmethoden vertreten.[1698]

Die Irrelevanz der Steuerentstehung für die insolvenzrechtliche Begründetheit ist an zwei Punkten zu verdeutlichen: Erstens ist aus der systematischen Gesamtschau der Insolvenzordnung ein einheitlicher Verwirklichungsgrad für die Teilnahme am Insolvenzverfahren zu fordern. Die zu untersuchende Forderung ist bereits mit ihrer wesentlichen Verwirklichung als Insolvenzforderung anzusehen. Das Erfordernis der Entstehung stellt demzufolge zu hohe Anforderungen an die einzuordnende Forderung: Eine entstandene Forderung ist stets im insolvenzrechtlichen Sinne begründet. Jedoch ist eine im insolvenzrechtlichen Sinne begründete Forderung nicht zwingend schon entstanden. Zweitens hält die Steuerentstehung als Auslegungsergebnis einer Kontrollüberlegung nicht stand: Würde man bei den Steuerarten, welche einer Veranlagung am Jahresende unterliegen, auf das Entstehen der Forderung abstellen, wäre die jeweilige Steuerforderung nicht als Insolvenzforderung und nur unter Umständen als Masseverbindlichkeit zu qualifizieren.[1699] Unabhängig vom Datum der Insolvenzeröffnung kann die Einkommensteuer stets nur eine Masseforderung sein. Eine Insolvenzforderung schiede nämlich aus, weil die betreffende Steuerforderung bei unterjährig eröffneten Insolvenzverfahren stets nach Verfahrenseröffnung entstanden wäre. Insoweit liegt der Schluss nahe, dass das Abstellen auf den Zeitpunkt der Jahresgewinnermittlung zu wenig sachgerechten und mit den Prinzipien des Insolvenzrechts nicht in Einklang zu bringenden Ergebnissen führt. Stellte man auf das Entstehen ab, wäre die Steuerforderung im Ergebnis nicht auf die drei Forderungskategorien der Insolvenzforderung, Masseverbindlichkeit und Forderung gegen das

---

1698 Für eine Berechnung nach Teileinkünften, wonach ausgehend von der einheitlich bestimmten Steuerforderung der auf die jeweilige Vermögensmasse anfallende Teil zu bestimmen ist, plädiert die Rechtsprechung, BFH vom 29.03.1984, IV R 271/83, BStBl. II 1984, 602 (604); BFH vom 11.11.1993, XI R 73/92, BFH/NV 1994, 477 (479). Um die Progression zu berücksichtigen, ist in entsprechender Anwendung der §§ 268 ff. AO eine fiktive, auf die Vermögensmassen bezogene Veranlagung vorzunehmen, *Frotscher*, Besteuerung bei Insolvenz, S. 143 ff. Für die jeweiligen Vermögensmassen sind selbstständige Gewinnermittlungen durchzuführen, die die Summe der Gesamteinkünfte des Insolvenzschuldners abbilden, *Onusseit/Kunz,* Steuern in der Insolvenz, Rn. 497. Zudem nähere Ausführungen zum Meinungsstand bei *Kießling*, Besteuerung der insolventen Personengesellschaft, S. 299 ff.

1699 Darauf weist *Frotscher*, Besteuerung bei Insolvenz, S. 138 hin.

insolvenzfreie Vermögen adäquat aufzuteilen. Der Zeitpunkt der Eröffnung des Insolvenzverfahrens hätte auf die Forderungszuordnung keinen Einfluss.

3. Die Einkünfteermittlung, § 2 Abs. 2 EStG

Zur Messung der steuerrechtlichen Leistungsfähigkeit teilt der § 2 Abs. 2 EStG die sieben Einkunftsarten in zwei Gruppen auf. Zudem legt die Vorschrift die gruppenbezogene Art der Einkünfteermittlung fest. In Ausgestaltung des Einkünftedualismus sind die Erträge der Einkünfte der § 2 Abs. 1 S. 1 Nr. 1–3 EStG der *Gewinn* und die Einnahmen über die Werbungskosten, § 2 Abs. 1 S. 1 Nr. 4–7 EStG, als Überschuss definiert.

Den grundsätzlich zu unterscheidenden Gewinn- und Überschusseinkünften als periodisierte Ermittlungsgrößen liegen zwei Systeme zeitlicher Zuordnung zugrunde: Auf der einen Seite führen Bilanzierungspflichtige und freiwillig bilanzierende Unternehmen einen Betriebsvermögensvergleich durch, §§ 4 Abs. 1, 5 Abs. 1 EStG. Nach den handelsrechtlichen Grundsätzen ordnungsgemäßer Buchführung werden die Ergebnisse des Wirtschaftens periodengerecht nach ihrer wirtschaftlichen Verursachung zugeordnet.[1700] Für die Ermittlungsgröße des Gewinns ist das Realisationsprinzip zu beachten. Demnach ist die Realisation am Markt durch einen Umsetzungsakt im Sinne einer realisierten Vermögensmehrung zugrunde zu legen.[1701] Auf der anderen Seite ist für nicht bilanzierungspflichtige Steuerpflichtige und für Überschusseinkünfte eine Überschussrechnung durchzuführen, §§ 4 Abs. 3, 8 Abs. 1 EStG. Diese Berechnung basiert auf dem Zuflussprinzip, § 11 Abs. 1 EStG, wonach es auf den Zeitpunkt des Zufließens und des Erlangens der wirtschaftlichen Verfügungsmacht ankommt.[1702]

Die Maßgeblichkeit der Gewinnermittlungsgrößen von Gewinn und Überschuss ist für die insolvenzrechtliche Begründetheit abzulehnen. Die periodisierte Erfassung der steuerrechtlichen Einkünfteermittlung fügt sich nicht in die insolvenzrechtliche Forderungszuordnung ein. Der steuerrechtliche Tatbestand muss nicht in dem vom Realisations- und

---

1700 *Hey*, in Tipke/Lang, Steuerrecht, § 8, Rn. 8.59.

1701 *Hennrichs*, in Tipke/Lang, Steuerrecht, § 9, Rn. 9.545. Der BFH vom 03.08.2005, I R 94/03, BStBl. II 2006, 20 (21 f.) führt weiter aus, dass eine Forderung auszuweisen sei, wenn die für die Entstehung wesentlichen wirtschaftlichen Ursachen im abgelaufenen Geschäftsjahr gesetzt worden seien. Dem Leistenden sei der Anspruch auf die Gegenleistung in diesem Zeitpunkt so gut wie sicher.

1702 *Lang*, Bemessungsgrundlage der Einkommensteuer, S. 276, 321.

Zuflussprinzip vorgegebenen Maße verwirklicht sein. Denn wie gesehen, ist die vollständige Verwirklichung des steuerrechtlichen Tatbestandes als Auslegungsmaxime der insolvenzrechtlichen Begründetheit abzulehnen. Diese Auslegung verstößt gegen das insolvenzrechtliche Ordnungsprinzip des Gläubigergleichbehandlungsgrundsatzes. Mit dieser Auslegung des § 38 InsO wird der Steuergläubiger gegenüber anderen ungesicherten Gläubigern bevorteilt, weil insbesondere die übrigen Bundesgerichten einen anderen Maßstab wählen. Über den Verstoß gegen das insolvenzrechtliche Ordnungsprinzip wirft diese Auslegungsmaxime zwar verfassungsrechtliche Fragen auf, ein Verfassungsverstoß war jedoch nicht festzustellen. Darüber hinaus war die Auslegung nach der vollständigen Verwirklichung des steuerrechtlichen Tatbestandes abzulehnen, weil sie – in Ansehung der Maßgeblichkeit der Zeitpunkte von Realisation und Zufluss – zu willkürlichen Ergebnissen führt. In Fällen, in denen die Insolvenz des Schuldners zwischen Realisation und Zufluss fällt, wird die Steuerforderung des Gewerbetreibenden einerseits und die des Freiberuflers andererseits allein aufgrund der steuerlichen Gewinnermittlungsmethodik unterschiedlich insolvenzrechtlich qualifiziert. Ferner eröffnet die Maßgeblichkeit des vollständigen Tatbestandes Gestaltungsmöglichkeiten. Dem Insolvenzschuldner ist es möglich, durch die Ausübung von Gewinnermittlungswahlrechten auf die insolvenzrechtliche Forderungseinordung der Steuerforderung Einfluss zu nehmen.

4. Die Einkünfteerzielung, § 2 Abs. 1 EStG

a) Die Erzielung von Einkünften

Die Entwicklungsstufen der Steuerentstehung und der Einkünfteermittlung sind abzulehnen. Vorzugswürdig erscheint, im Rahmen der insolvenzrechtlichen Zeitpunktbetrachtung des zeitraumorientieren Einkommensteuertatbestandes auf die Einkünfteerzielung abzustellen. Von der Ermittlung ist die Erzielung von Einkünften zu unterscheiden.

Die Steuerbarkeit von Einkünften definiert der § 2 Abs. 1 S. 1 EStG mit *P. Kirchhof*[1703] anhand von drei Voraussetzungen: Die Einkünfte müssen eine der sieben benannten Einkunftsarten *unterliegen*, vom Steuerpflichtigen müssen Einkünfte *erzielt* sein und in Wege einer Erfolgsrechnung sind die konkret *erzielten* Einkünfte zu besteuern. Insoweit gliedert sich der Grundtatbestand des § 2 Abs. 1 S. 1 EStG in einen Zustands- Handlungs- und Erfolgstatbestand. Der Zustandstatbestand verkörpert sich in den

---

[1703] *P. Kirchhof*, in Kirchhof, EStG, 19. Auflage, § 2, Rn. 7 ff.

sieben Einkunftsarten und führt zu einer Rechtfertigung der Besteuerung aus der Nutzungsmöglichkeit der bereitgestellten Erwerbsmöglichkeiten.[1704] Der Handlungstatbestand bezeichnet die Nutzung der Erwerbsgrundlage; er verbindet den Zustandstatbestand (Erwerbsgrundlage) mit dem Erfolgstatbestand (Einkommen).[1705] Da die Einkommensteuer die steuerliche Leistungsfähigkeit anhand der Nutzung des allgemeinen Marktes misst, bestimmt der Handlungstatbestand subjektbezogen die Person, die eine Erwerbsgrundlage nutzt, die Einnahmen erzielt und Aufwendungen tätigt.[1706] Am Beispiel der Arbeitstätigkeit liegt der Handlungstatbestand in der Erwerbstätigkeit, die eine individuelle Erwerbsfähigkeit nutzt.[1707] Der Erfolgstatbestand bringt schließlich zum Ausdruck, dass der Besteuerung nur die konkret erzielten Einkünfte – der Vermögenszuwachs aus Gewinn und Überschuss – unterliegen.[1708]

Mit dem Begriff des *Erzielens* – nicht zu verwechseln mit den *erzielten* Einkünften – bestimmt das Einkommensteuergesetz den Kausalzusammenhang zwischen der rein tätigkeitsbezogenen Erwerbstätigkeit und der am Markt geschaffenen erhöhten Leistungsfähigkeit in Form eines konkreten Erfolges.[1709] Der Begriff des Erzielens und die einhergehende, auf Einkünfteerzielung gerichtete Handlung stehen im Mittelpunkt des Einkünftesystems.[1710] Steuerbare, am Markt generierte Einkünfte sind stets auf eine konkrete Tätigkeit zurückzuführen. Das Erzielen von Einkünften ist eine auf Erwerb gerichtete Tätigkeit; sie ist nach objektiven Umständen auf einen Vermögenszuwachs ausgerichtet.[1711] Steuergegenstand der Einkommensbesteuerung ist das Erzielen von Einkünften durch das Nutzen einer Erwerbsgrundlage.[1712] Unter der Verwirklichung des Tatbestandsmerkmals der Einkünfteerzielung stellt die Einkommensteuer erst einen

---

[1704] *P. Kirchhof*, in Kirchhof, EStG, 19. Auflage, § 2, Rn. 7.; *Musil*, in HHR, EStG, KStG, § 2, Rn. 17 (290. Lfg. Januar 2019).

[1705] *P. Kirchhof*, in Kirchhof, EStG, 19. Auflage, § 2, Rn. 8.

[1706] *P. Kirchhof*, in Kirchhof, EStG, 19. Auflage, § 2, Rn. 8.

[1707] *P. Kirchhof*, in Kirchhof/Söhn/Mellinghoff, EStG, § 2, A 109 (121. Lfg. Mai 2002).

[1708] *P. Kirchhof*, in Kirchhof, EStG, 19. Auflage, § 2, Rn. 9; *Musil*, in HHR, EStG, KStG, § 2, Rn. 17 (290. Lfg. Januar 2019).

[1709] *Hey*, in Tipke/Lang, Steuerrecht, § 8, Rn. 8.122; *P. Kirchhof*, in Kirchhof/Söhn/Mellinghoff, EStG, § 2, A 79 (121. Lfg. Mai 2002); *Lang*, Bemessungsgrundlage der Einkommensteuer, S. 238.

[1710] *Lang*, Bemessungsgrundlage der Einkommensteuer, S. 234.

[1711] *P. Kirchhof*, in Kirchhof/Söhn/Mellinghoff, EStG, § 2, A 37 (121. Lfg. Mai 2002).

[1712] *P. Kirchhof*, in Kirchhof, EStG, 19. Auflage, § 2, Rn. 81; *Musil*, in HHR, EStG, KStG, § 2, Rn. 51 (290. Lfg. Januar 2019).

Handlungs- und Erfolgstatbestand dar.[1713] Die Erwerbstätigkeit ist nämlich die *Handlung*, welche auf einen *Erfolg* abzielt. Dementsprechend beruht die Erwerbstätigkeit – dem Nutzen einer Erwerbsgrundlage – auf einem vorsatzgesteuerten, zweckgerichteten, finalen Handeln.[1714] Der Steuerpflichtige vollzieht objektiv ein selbstbestimmtes, planvolles Wirtschaften[1715] unter einer subjektiven Gewinnermittlungsabsicht, eine nach steuerrechtlichen Grundsätzen zu ermittelnde Betriebsvermögensmehrung zu erzielen und dabei dem Streben nach einem allgemeinen wirtschaftlichen Vorteil zu entsprechen.[1716] Die erzielten Einkünfte als tatbestandlicher Erfolg aus dem finalen Handeln sind veranlassungsbezogen demjenigen zuzurechnen, der sie durch eigenes Tätigwerden erwirtschaftet hat.[1717] Der Erfolg aus der Beteiligung am wirtschaftlichen Verkehr gebührt also demjenigen, der den Tatbestand verwirklicht[1718] und dem unter Berücksichtigung eines betrieblichen Veranlassungszusammenhangs die Einnahmen zuzurechnen sind.[1719]

Diese steuerschuldrechtlichen Prämissen sind bei der insolvenzrechtlichen Qualifizierung der Einkommensteuer zugrunde zu legen. Unter dem notwendigen Rückgriff auf den Einkommensteuertatbestand des § 2 Abs. 1 S. 1 EStG ist das Merkmal des *Erzielens* von Einkünften für die insolvenzrechtliche Begründetheit entscheidend: Die Einkommensteuer knüpft in ihrem Wesen unmittelbar an die Beteiligung des wirtschaftlichen Verkehrs und deren Zerfall in eine Vielzahl von Handlungen an, die von dem Gesamtplan beherrscht werden, Gewinn zu generieren.[1720] Die auf dem Gesamtplan der Einkünfteerzielung beruhenden Handlungen

1713 *P. Kirchhof*, in Kirchhof, EStG, 19. Auflage, § 2, Rn. 54, 85; *Ratschow*, in Brandis/Heuermann, EStG, § 2 EStG, Rn. 80 (158. Lfg. August 2021).

1714 *Lang*, Bemessungsgrundlage der Einkommensteuer, S. 307; *Hey*, in Tipke/Lang, Steuerrecht, § 8, Rn. 8.122.

1715 *Lang*, Bemessungsgrundlage der Einkommensteuer, S. 307; *Hey*, in Tipke/Lang, Steuerrecht, § 8, Rn. 8.122.

1716 BFH vom 17.01.1972, GrS 10/70, BStBl. II 1972, 700 (703); BFH vom 25.06.1984, GrS 4/82, BStBl. II 1984, 751 (765).

1717 *Hey*, in Tipke/Lang, Steuerrecht, § 8, Rn. 8.151; Ratschow, in Brandis/Heuermann, EStG, § 2 EStG, Rn. 105 (158. Lfg. August 2021).

1718 BFH vom 29.11.1982, GrS 1/81, BStBl. II 1983, 272 (274); *Tipke*, StuW 1977, 293 (298); *Fischer*, FR 1998, 813 (818); *Musil*, in HHR, EStG, KStG, § 2 EStG, Rn. 103 (290. Lfg. Januar 2010).

1719 BFH vom 27.05.1998, X R 17/95, BStBl. II 1998, 618 (618); BFH vom 14.03.2006, VIII R 60/03, BStBl. II 2006, 650 (650 f.).

1720 *Lang*, Bemessungsgrundlage der Einkommensteuer, S. 307.

verursachen diejenigen Vermögensvorgänge,[1721] die bei der insolvenzrechtlichen Begründetheit zu analysieren sind. Das dem Erzielen von Einkünften immanente *Handeln* und der durch das Handeln bezweckte *Erfolg* sind Grundlage der insolvenzrechtlichen Begründetheit. Mit anderen Worten ist der Fokus auf die konkrete *Erwerbstätigkeit* als Handlung und den *Ertrag* als Erfolgsabsicht aus der Erwerbstätigkeit zu richten.

In Abgrenzung zur konkreten Einkünfteermittlung des § 2 Abs. 2 EStG muss der Ertrag nicht realisiert oder zugeflossen sein. Der Ertrag ist im Sinne einer Absicht nur *zu erzielen*. Der Ertrag als Erfolg ist Zielobjekt. Auf ihn ist der Blick zu richten, um dem Hinarbeiten auf ein Ziel Ausdruck zu verleihen.[1722] Die Erzielung des Erfolgs ist für die insolvenzrechtliche Begründetheit maßgeblich: Dieser Vorgang ist nämlich Form eines zielgerichteten Verhaltens und ermöglicht einem am Markt vorgenommenen Handlungsvorgang die Gewinnerzielungsabsicht nachzuweisen. Der Begriff des „Erzielens" besitzt ausschlaggebende Bedeutung für die Erfassung und Abgrenzung einkommensteuerrechtlicher Sachverhalte.[1723] Begrifflich beschreibt das „Erzielen" ein zielgerichtetes Verhalten; umschrieben wird der Handlungsvorgang zum erfolgreichen Erreichen eines Zieles.[1724] Bezeichnet wird das Hervorbringen von Einkünften aus einer Erwerbsgrundlage. Gemeint ist der Prozess und das Hinarbeiten auf einen Erfolg.[1725] Im Vergleich zu § 2 Abs. 2 EStG genügt es daher bereits, wenn sich der Ertrag in einem Vermögenszuwachs und einer leistungsfähigkeitsrelevanten Vermögensmehrung widerspiegelt. Eine konkrete Verwirklichung des Ertrages aus dem Handlungsvorgang – Realisation oder Zufluss – ist nicht erforderlich. Im Ergebnis ist es für die insolvenzrechtliche Begründetheit allein erforderlich, den Handlungstatbestand des § 2 Abs. 1 S. 1 EStG in Form eines vom Einkünftekatalog umschriebenen Marktvorgangs zu verwirklichen.

b) Die der Einkommensteuer unterliegenden Einkünfte

Worauf muss sich die Handlung beziehen, damit sie steuerbar ist? Was sind die Charakteristika der Einkunftsarten, die der Einkommensteuer unterliegen und entsprechend bei der Bestimmung der insolvenzrechtlichen Begründetheit zu berücksichtigen sind? Die in § 2 Abs. 1 S. 1 EStG

[1721] *Lang*, Bemessungsgrundlage der Einkommensteuer, S. 307.

[1722] *P. Kirchhof*, in Kirchhof/Söhn/Mellinghoff, EStG, § 2, A 79 (121. Lfg. Mai 2002); *Musil*, in HHR, EStG, KStG, § 2, Rn. 57 (290. Lfg. Januar 2019).

[1723] *Musil*, in HHR, EStG, KStG, § 2, Rn. 57 (290. Lfg. Januar 2019).

[1724] *Musil*, in HHR, EStG, KStG, § 2, Rn. 57 (290. Lfg. Januar 2019).

[1725] *P. Kirchhof*, in Kirchhof/Söhn/Mellinghoff, EStG, § 2, A 79 (121. Lfg. Mai 2002).

benannten Einkunftsarten beruhen auf den Einkunftsquellen Arbeit und Vermögen.[1726] Der Steuerpflichtige erwirtschaftet Einkünfte entweder isoliert durch Arbeit oder Vermögen oder durch eine Kombination der beiden Komponenten.[1727] Grundlage der Einkunftsquelle ist die Teilnahme am Marktgeschehen und der einhergehende Umsatz von Leistungen in der vom Einkommensteuergesetz vorgesehen Art und Weise.[1728] Der Begriff der Marktteilnahme ist das zentrale Charakteristikum aller Einkünfte: Er fasst die Phänomene Arbeit und Vermögen zusammen und fungiert als rechtssystematischer Rahmenbegriff für die Beschreibung des Einkünftekatalogs.[1729] Mit der Teilnahme am Markt und dem entsprechend umschriebenen Handlungstatbestand rückt der konkrete wirtschaftliche Vorgang in den Vordergrund. Grundlage der in § 2 Abs. 1 S. 1 EStG steuerbaren, der Einkommensteuer *unterliegenden* Einkünfte ist eine *Präzedenz* des Zivilrechts:[1730] Die Zivilrechtslage und zivilrechtliche Vorgänge sind Ausgangspunkt steuerrechtlicher Leistungsfähigkeit.[1731] Die Zivilrechtslage als maßgeblicher Sachverhalt wird nach einkommensteuerrechtlichen Prämissen bewertet und teleologisch in den steuerrechtlich relevanten Gesamtsachverhalt eingebettet.[1732] Um Leistungsfähigkeit zu erfassen, untersucht die Einkommensteuer die erwirtschaftende Handlung auf zivilrechtliche Gestaltungen.[1733] Der Einsatz von Arbeit und Vermögen in Gestalt eines Verpflichtungsgeschäfts zweier Geschäftspartner zwingt zur Verwirklichung des Einkommensteuertatbestandes.

[1726] *Lang*, Bemessungsgrundlage der Einkommensteuer, S. 230. *Ruppe*, DStJG 1977, S. 28 differenziert ähnlich zwischen Tätigkeits- und Kapitaleinkünften.

[1727] Die Einkünfte aus nichtselbstständiger Tätigkeit sind beispielsweise reine Arbeitseinkünfte. Dahingegen sind Einkünfte aus Kapitalvermögen sowie aus Vermietung und Verpachtung reine Vermögenseinkünfte. Den Einkünften aus Land- und Forstwirtschaft liegt ein kombinierter Einsatz von Arbeit und Vermögen zugrunde. *Lang*, Bemessungsgrundlage der Einkommensteuer, S. 230 f., 242; *Ruppe*, DStJG 1978, S. 28 f.

[1728] *Ruppe*, DStJG 1978, S. 38 f. So auch zur Markteinkommenstheorie *P. Kirchhof*, DStJG 2001, S. 14; *Lang*, Bemessungsgrundlage der Einkommensteuer, S. 232; *Wittmann*, Markteinkommen, S. 28, 129.

[1729] *Lang*, Bemessungsgrundlage der Einkommensteuer, S. 233.

[1730] Vergleiche dazu die allgemeine Präzedenz des Zivilrechts im Verhältnis zum Steuerrecht. *P. Kirchhof*, StuW 1983, 173 (181); *Tipke*, Steuerrechtsordnung, Bd. I, S. 44 ff.

[1731] *L. Schmidt*, DStJG 1978, S. 67; *Tipke*, Steuerrechtsordnung, Bd. I, S. 45.

[1732] *Lang*, Bemessungsgrundlage der Einkommensteuer, S. 247.

[1733] BVerfG vom 27.12.1991, 2 BvR 72/90, BStBl. II 1992, 212 (213); *L. Schmidt*, DStJG 1978, S. 67; *Seer*, in Tipke/Lang, Steuerecht, § 1, Rn. 1.32; *Tipke*, Steuerrechtsordnung, Bd. I, S. 46.

Welche Schlussfolgerungen ergeben sich aus diesen Ausführungen für die insolvenzrechtliche Qualifikation der Einkommensteuer? Neben der Erkenntnis, dass das Merkmal des Erzielens ein zielgerichtetes Handeln und eine darin angelegte Vermögensmehrung erfordert, ergibt sich aus den der Einkommensteuer unterliegenden Einkünften – dem Einkünftekatalog – das Bezugsobjekt dieser Handlung. Es wird die Frage beantwortet, was durch eine Handlung zu mehren ist und worin eine Vermögensmehrung stattzufinden hat. Da das Einkommensteuerrecht mit § 2 Abs. 1 S. 1 EStG an zivilrechtliche Gestaltungen anknüpft, muss im Rahmen der insolvenzrechtlichen Begründetheit demzufolge der Lebenssachverhalt des zivilrechtlichen Marktvorgangs verwirklicht sein. Aufgrund der Präzedenz des Zivilrechts kommt es bei der Begründetheit der Einkommensteuer darauf an, dass der zugrunde liegende zivilrechtliche Lebenssachverhalt der in § 2 Abs. 1 S. 1 EStG beschriebenen Marktvorgänge verwirklicht ist.

Soweit an dieser Stelle auf die Verwirklichung des zivilrechtlichen Sachverhalts abgestellt wird, ähnelt dieser Befund der Ansicht *Frotschers*', welcher die insolvenzrechtliche Begründetheit vornehmlich mit dem Schuldrechtsorganismus definiert.[1734] Es sei jedoch erwähnt, dass in Abgrenzung zur Ansicht *Frotschers*' der zivilrechtliche Sachverhalt in Ansehung der Einkommensteuer deswegen maßgeblich ist, weil der Einkommensteuertatbestand ausweislich der Präzedenz des Zivilrechts an zivilrechtliche Gestaltungen anknüpft.

IV. Eine abschließende Konkretisierung der insolvenzrechtlichen Begründetheit einer Einkommensteuerforderung

Nach dem Typusbild des Insolvenzrechts erfolgt ein Rückgriff auf den einkommensteuerrechtlichen Tatbestand. Nach insolvenzrechtlichen Vorgaben ist für die Begründetheit der Handlungstatbestand des § 2 Abs. 1 S. 1 EStG zu beachten. Dessen Verwirklichung unter Beachtung seiner Wertungen ist Grundlage der Begründetheit der Einkommensteuerforderung. Insoweit ist die Konkretisierung der insolvenzrechtlichen Begründetheit einer Steuerforderung[1735] um folgende Erwägungen zur Einordnung der Einkommensteuer ergänzen:

1734 Siehe D., III., 3., a).

1735 *Eine Forderung ist im insolvenzrechtlichen Sinne begründet, wenn der Gläubiger zum Schuldner eine für das Kreditgeschäft typische Sonderverbindung aufgebaut hat, im Rahmen derer die Forderung nach anwartschaftsrechtlichen Grundsätzen gesichert ist. Der Gläubiger tritt typischerweise als Kredit-geber auf, wenn er als Vorleistender dem*

Eine Einkommensteuerforderung ist begründet, wenn die materiell-rechtlichen und die für den Steueranspruch maßgebenden Voraussetzungen, aus denen sich die später summierte, zu veranlagende Steuerforderung ergibt, erfüllt sind. Insoweit hat der Steuerpflichtige den Handlungstatbestand des § 2 Abs. 1 S. 1 EStG *zu verwirklichen, sodass er die der Einkommensteuer unterliegenden Einkünfte erzielt. Die typusbildende Sonderverbindung ist in dem Zeitpunkt aufgebaut, in dem die final gesteuerte Beteiligung am Markt im Sinne der vom Einkünftekatalog des* § 2 Abs. 1 S. 1 EStG *umschriebenen Erwerbstätigkeit zu einer werthaltigen und gesicherten, aber noch nicht notwendig realisierten oder zugeflossenen Vermögensmehrung führt. Zu diesem Zeitpunkt ist die aus dem Marktvorgang resultierende Vermögensmehrung bereits im Vermögen des Schuldners angelegt und es besteht eine gesicherte Wahrscheinlichkeit, dass der Steuerpflichtige den Überschuss aus dem konkreten Geschäft später realisieren oder vereinnahmen wird. Getragen von einer Gewinnerzielungsabsicht spiegelt sich die Belastung des Steuerschuldners durch die Verwirklichung des vom Zivilrecht geprägten Handlungsvorgangs in der gesteigerten Leistungsfähigkeit wider. Aufgrund der Präzedenz des Zivilrechts zeigt sich diese besteuerungswürdige und am Markt generierte Leistungsfähigkeit, wenn der zugrunde liegende zivilrechtliche Lebenssachverhalt der Erwerbstätigkeit verwirklicht ist.*

Schuldner einen geldwerten Vorteil zeitweise überlässt und im Vertrauen auf die erst künftig zu erbringende Rückleistungsverpflichtung das Risiko des Forderungsausfalls trägt. Eine Steuerforderung ist in diesem Sinne begründet, wenn der dem Belastungsgrund zugrunde liegende Lebenssachverhalt in Gestalt des gesetzlichen Tatbestandes zum Zeitpunkt der Insolvenzeröffnung so weit verwirklicht ist, dass der Steuergläubiger dem vorleistenden Kreditgeber zuzuordnen ist. Die Besteuerungsgrundlagen sind so weit mit dem Lebenssachverhalt verknüpft, dass es gerechtfertigt erscheint, die erst künftig entstehende Verbindlichkeit als eine Bestehende zu behandeln. Der steuerschuldrechtliche Charakter, aus dem sich die spätere Entstehung der Steuerforderung ergibt, wird durch die Teilverwirklichung des Tatbestandes bereits abgebildet. Der Steuergläubiger besitzt mit der wesentlichen Verwirklichung des Tatbestandes eine gesicherte und werthaltige Rechtsposition, die gegen bedingungseintrittsfeindliche Entwicklungen geschützt ist und vom Schuldner nicht mehr einseitig zerstört werden kann. Siehe G., VII.

I. Anwendungsverprobung – Das typologische Verständnis der §§ 38, 55 InsO am praktischen Steuerfall

I. Einführung

Soweit mit der vorstehenden Konkretisierung die insolvenzrechtliche Begründetheit abstrakt beschrieben wurde, ist das insoweit herausgearbeitete typologische Verständnis der §§ 38, 55 InsO an praktischen Fällen zu verproben. Die einzelnen Bestandteile der Konkretisierung fungieren als Hilfsmittel, um die jeweilige Steuerforderung ihrer insolvenzrechtlichen Vollstreckungsform zuzuordnen. Ausgehend von der rechtlichen Qualifikation der finanzgerichtlichen Rechtsprechung ist ein alternativer Maßstab anzuwenden und eine abweichende insolvenzrechtliche Qualifikation vorzuschlagen.

Die Abgrenzung zwischen Insolvenzforderung und Masseverbindlichkeit ist in Fällen problematisch, in denen die vollständige Tatbestandsverwirklichung nach Eröffnung des Insolvenzverfahrens stattgefunden hat, die Grundlage hierfür aber bereits zu einem Zeitpunkt vor Verfahrenseröffnung durch ein Verhalten des Schuldners gelegt worden ist. Problematisch sind die Fälle, in denen der Tatbestand zum Zeitpunkt der Verfahrenseröffnung teilweise verwirklicht ist. Es ist zweifelhaft, ob es sich um eine Insolvenzforderung handelt, weil die Begründung des Steueranspruchs vor Verfahrenseröffnung liegt oder ob wegen der vollständigen Verwirklichung des Tatbestandes während des Verfahrens eine Masseverbindlichkeit anzunehmen ist.[1736] Beschreibt dies allgemein die Fälle, in denen sich der Rechtsanwender im nebulösen Begriffshof des § 38 InsO befindet und die Abgrenzung von Insolvenzforderung und Masseverbindlichkeit einen erhöhten Begründungsaufwand erfordert, lässt sich noch eine gewisse Untergruppierung vornehmen. In Ansehung der Einkommensteuer ist zwischen Fällen zu unterscheiden, bei denen der Steuerpflichtige seinen Gewinn durch Betriebsvermögensvergleich oder durch Einnahme-Überschuss-Rechnung ermittelt. Im Fall der Gewinnermittlung durch Betriebsvermögensvergleich ist das Realisationsprinzip für die vollständige Verwirklichung des Steuertatbestandes zu beachten. Vor dem Hintergrund

[1736] *Pape/Schaltke*, in Kübler/Prütting/Bork, InsO, § 55, Rn. 33 (43. Lfg. Februar 2011).

bilanzieller Besonderheiten gibt es miteinander vergleichbare Fallkonstellationen, in denen der Insolvenzschuldner vor Insolvenzeröffnung in den Genuss einer Steuerverschonung kommt, die während des Insolvenzverfahrens unter Beteiligung des Insolvenzverwalters gewinnwirksam aufgelöst wird. Diese Fallkonstellation eint ein einheitliches Argumentationsmuster. Soweit Rechtsprechung und Literatur zur insolvenzrechtlichen Einordnung der stillen Reserven bereits dargestellt wurden,[1737] sind diese Ausführungen nunmehr um eine Stellungnahme zu ergänzen. Ferner soll dargelegt werden, wie die Auflösung von Rückstellung in Ansehung der typologischen Betrachtungsweise insolvenzrechtlich eingeordnet werden kann.

Ermittelt demgegenüber der Steuerpflichtige seinen Gewinn durch Einnahme-Überschuss-Rechnung gilt das Zuflussprinzip. Diesbezüglich soll anschließend näher untersucht werden, unter welchen Voraussetzungen eine Einkommensteuerforderung aus der Rückgewähr von Zahlungen nach erklärter Insolvenzanfechtung insolvenzrechtlich begründet ist.

II. Die insolvenzrechtliche Qualifikation einer zeitweisen Steuerverschonung des bilanzierenden Insolvenzschuldners

1. Bilanzrechtliche Grundlagen

Gemäß § 252 Abs. 1 Nr. 4 HGB sind Vermögensgegenstände und Schulden vorsichtig zu bewerten, namentlich sind alle vorhersehbaren Risiken und Verluste, die bis zum Stichtag entstanden sind, zu berücksichtigen. Die damit umschriebene vorsichtige Bewertung ist Ausfluss eines allgemeinen Vorsichtsprinzips. Eine vorsichtige Bewertung als Bewertungsregel verlangt, bei unsicheren Werteinschätzungen Vermögensgegenstände mit einem Wert unterhalb und Schulden mit einem Wert oberhalb des Erwartungswertes der Werteverteilung anzusetzen.[1738] **Für** Vermögensgegenstände ist der niedrigste, für Schulden der höchste Wert anzusetzen.[1739] Die vorsichtige, konservative Bewertung dient der Vermeidung einer Übermaßbesteuerung.[1740] Konkretisiert wird das Vorsichtsprinzip durch das Realisations- und Imparitätsprinzip. Nach dem Realisationsprinzip, **§ 252 Abs. 1 Nr. 4,** letzter Halbs. HGB, ist ein Gewinn erst auszuweisen, wenn er

---

[1737] Vgl. D., II. und III..

[1738] *Ballwieser*, in MünchKomm, HGB, § 252, Rn. 45.

[1739] *Ballwieser*, in MünchKomm, HGB, § 252, Rn. 45.

[1740] *Hennrichs,* in Tipke/Lang, Steuerrecht, § 9, Rn. 9.78.

durch Veräußerung oder sonstigen Leistungsaustausch verwirklicht ist.[1741] Die bloße Wertsteigerung ruhender Vermögensgegenstände wird nicht im bilanziellen Gewinn erfasst. Nach dem Imparitätsprinzip sind demgegenüber Risiken und Verluste nicht erst bei Realisation, sondern bereits bei ihrer Entstehung bilanziell zu berücksichtigen, § 252 Abs. 1 Nr. 4, 1. Halbs. HGB.

Infolge des bilanziellen Vorsichtsprinzips und seiner Konkretisierungen durch das Realisations- und Imparitätsprinzips samt der einhergehenden Vermeidung einer Übermaßbesteuerung ist zu beobachten, dass der Steuerpflichtige, auf einen bestimmten Bilanzstichtag bezogen, in den Genuss einer Steuerverschonung kommt. Auf der Aktivseite ergibt sich ein solcher beispielsweise aus der Bildung stiller Reserven. Gemäß § 6 Abs. 1 Nr. 1 EStG sind Wirtschaftsgüter des Anlagevermögens nach dem sog. Anschaffungswertprinzip mit ihren Anschaffungs- und Herstellungskosten anzusetzen. Etwaige Wertsteigerungen werden in der Bilanz nicht abgebildet, sondern unterliegen erst der Besteuerung, wenn es zu einer Marktransaktion kommt und die Wertsteigerung realisiert wird. Für den Zeitraum bis zur Veräußerung wird der Steuerpflichtige trotz bereits gesteigerter Leistungsfähigkeit steuerlich verschont.

Auf der Passivseite sind Rückstellungen für ungewisse Verbindlichkeiten und drohende Verluste aus schwebenden Geschäften zu bilden, § 249 Abs. 1 S. 1 HGB. Rückstellungen sind Passivposten, die Verluste, Verbindlichkeiten oder Aufwendungen berücksichtigen, die in ihrer Entstehung und/oder Höhe noch ungewiss sind.[1742] Sie dienen dem Zweck, zukünftige Ausgaben bereits in der Periode zu berücksichtigen, in der sie wirtschaftlich verursacht worden sind.[1743] In Abgrenzung dazu stellen Verbindlichkeiten dem Grund der Höhe nach sichere Aufwandsschulden dar.[1744] Eine Rückstellung für ungewisse Verbindlichkeiten ist zu bilden, wenn eine sicher oder wahrscheinlich be- oder entstehende Verpflichtung gegenüber einem anderen am Bilanzstichtag rechtlich entstanden oder wirtschaftlich verursacht war und mit einer Inanspruchnahme ernsthaft zu rechnen ist.[1745] Die Bildung von Rückstellungen bewirkt in dem Geschäftsjahr, zu dem sie wirtschaftlich gehören, eine Erhöhung der Aufwendungen in Höhe der Rückstellungen, die den Gewinn des betreffenden Jahres mindern. Da

---

[1741] *Hennrichs,* in Tipke/Lang, Steuerrecht, § 9, Rn. 9.79.

[1742] *Morck/Drüen,* in Koller/Kindler/Roth/Drüen, HGB, § 249, Rn. 1.

[1743] *Morck/Drüen,* in Koller/Kindler/Roth/Drüen, HGB, § 249, Rn. 1.

[1744] *Schubert,* in Beck 'scher Bilanz-Kommentar, § 249, Rn. 2.

[1745] *Schubert,* in Beck 'scher Bilanz-Kommentar, § 249, Rn. 25.

durch die Bildung der Rückstellung bereits ein gewinnmindernder Aufwand entsteht, der sich tatsächlich erst zukünftig verwirklicht, stärkt dies die Liquidität des steuerpflichtigen Unternehmens. Soweit Rückstellungen anzusetzen sind, führen sie zu einer Steuerstundung; sie besitzen einen Finanzierungscharakter.[1746] Der Steuerpflichtige kommt in den Genuss einer Steuerverschonung, weil er einen nach wirtschaftlichen Gesichtspunkten bereits verursachten Aufwand gewinnmindernd ansetzen kann, der erst in einem späteren Wirtschaftsjahr zu realisierten Ausgaben führt. Weil aber Rückstellungen auf Schätzungen und Erwartungen beruhen, sind sie gemäß § 249 Abs. 2 S. 2 HGB aufzulösen, wenn der Grund für ihre Bildung entfallen ist. War die Höhe der Rückstellung größer als die Höhe der tatsächlichen Inanspruchnahme oder ist der Grund für die Verbindlichkeit gänzlich weggefallen, entsteht ein periodenfremder betrieblicher außerordentlicher Ertrag, der in dem laufenden Geschäftsjahr – also dem Jahr der Auflösung – zu einer Gewinnerhöhung führt. Der ursprünglich gewährte Aufwand wird gewissermaßen nachversteuert.[1747] Soweit sich im Nachhinein herausgestellt, dass die Kürzung nicht erforderlich war, wird die frühere Gewinnkürzung durch die Auflösung ausgeglichen.[1748] Durch die Auflösung der Rückstellung entsteht ein Buchgewinn. Ein tatsächlicher Wert fließt dem Steuerpflichtigen nicht zu. Die Bereicherung und der damit einhergehende steuerpflichtige Gewinn beruhen allein auf dem Wegfall einer Verbindlichkeit.[1749] Durchtrennt nunmehr die Insolvenzeröffnung die vorinsolvenzlich gewährte Steuerverschonung – Bildung von stillen Reserven oder einer Rückstellung – und die nachinsolvenzliche Gewinnrealisation, stellt sich die Frage, nach der insolvenzrechtlichen Qualifikation der Einkommensteuer.

2. Die insolvenzrechtliche Einordnung von stillen Reserven auf Grundlage einer typologischen Betrachtung

Für den Fall der stillen Reserven ist ergänzend zu den bereits dargestellten Ausführungen von Rechtsprechung und Literatur[1750] davon auszugehen, dass die Einkommensteuerforderung als Insolvenzforderung einzuordnen ist, soweit die stillen Reserven vor Insolvenzeröffnung angesammelt sind. Denn weil für steuerliche Zwecke der Bewertungssicherheit und der Vermeidung einer Übermaßbesteuerung das Leistungsfähigkeitsprinzip

[1746] *Schubert*, in Beck 'scher Bilanz-Kommentar, § 249, Rn. 1.
[1747] BFH vom 18.05.2010, X R 60/08, BStBl. II. 2011, 429 (431).
[1748] BFH vom 18.05.2010, X R 60/08, BStBl. II. 2011, 429 (431).
[1749] BFH vom 18.05.2010, X R 60/08, BStBl. II. 2011, 429 (431).
[1750] Vgl. D., V.

durchbrochen wird, muss diese steuerliche Besonderheit nicht auch für die insolvenzrechtliche Forderungszuordnung gelten. Soweit bereits bei der Bildung der stillen Reserven ein gewisser Vermögenswert und Vermögenszuwachs besteht, der nach Maßgabe des Leistungsfähigkeitsprinzips Einkommen darstellt, ist der maßgebliche Handlungs- und Erfolgstatbestand des § 2 Abs. 1 S. 1 EStG – das Erzielen von Einkünften – verwirklicht. Der nach dem Einkommensteuergesetz besteuerungswürdige Lebenssachverhalt ist bereits mit der Bildung der stillen Reserven verwirklicht. Die leistungsfähigkeitsrelevante Vermögensmehrung ist eingetreten. Besteuerungswürdig ist nicht die Realisation als bloß die Steuer auslösendes Moment, sondern der leistungsfähigkeitsrelevante Marktvorgang, welcher sich in dem Ansammeln und Halten des sich im Wert entwickelnden Wirtschaftsgutes widerspiegelt.

Wenn darüber hinaus im Wege einer typologischen Betrachtungsweise die Nichtbesteuerung der angesammelten stillen Reserven trotz wirtschaftlicher Leistungsfähigkeit zu einem zinslosen Kredit oder eine Steuerstundung führt, verwirklicht der Steuergläubiger das Leitbild eines ungesicherten Kreditgebers. Durch die Nichtbesteuerung der tatsächlich bestehenden Leistungsfähigkeit überlässt der Steuergläubiger dem Insolvenzschuldner bis zur Realisation zeitweise einen geldwerten Vorteil. Wirtschaftlich steht der Steuergläubiger dem Typ „Null" des Lieferanten gleich, der auf die Revalierung seiner Forderung hofft. Da dem Insolvenzgläubiger gestattet wird, die Steuer zu einem späteren Zeitpunkt zu erbringen, trägt der Steuergläubiger das gleiche Ausfallrisiko des Lieferanten, dass die Forderung bis zum Fälligkeitszeitpunkt an Wert verliert oder sogar gänzlich entwertet wird.

Ferner entspricht die Steuerforderung hinsichtlich der Realisation von stillen Reserven nicht dem typischen Bild des § 55 Abs. 1 Nr. 1, 2. Var. InsO. Die Steuerforderung stellen keine Vermögensverwaltungskosten insolvenzbedingter Betriebsfortführung dar. Soweit Insolvenzforderung und Masseverbindlichkeit nicht zur zeitlich voneinander abzugrenzen sind, sondern auch zu beachten ist, dass der jeweilige Typus verwirklicht ist, fehlt es an einer für den Typus des § 55 Abs. 1 Nr. 1, 2. Var. InsO erforderlichen Verwaltungsmaßnahme, die wesentlich auf den Insolvenzverwalters zurückzuführen ist. Wenn für den Typus des § 55 Abs. 1 Nr. 1, 2. Var. InsO nicht allein entscheidend ist, dass die Forderung zeitlich nach Verfahrenseröffnung entsteht, sondern vor allem der Umstand der Begründetheit maßgeblich ist, fehlt es an einen Hervorrufen der Steuerverbindlichkeit nach Insolvenzeröffnung durch den Insolvenzverwalter. Zwar löst der Verwalter die Steuer durch die Veräußerung aus. Dies ist aber unter Wertungsgesichtspunkten nur ein formaler die Steuer auslösender Akt. Materiell gesehen, hat nicht der Insolvenzverwalter, sondern der Insolvenzschuldner die Steuerforderung hervorgerufen. Wertungsmäßig beruht die Steuer auf dem ökonomischen Verständnis des Schuldner; sie geht nicht auf die alleinige Verwaltungs- und Verfügungsbefugnis des Insolvenzverwalters zurück, § 80 Abs. 1 InsO. Die Gewinnrealisierung durch den Verwalter beruht nämlich allein auf den Zwecken der Verfahrensvereinfachung und der Bewertungssicherheit. Der Insolvenzverwalter realisiert nur die Leistungsfähigkeit, die der Schuldner seinerseits vor Verfahrenseröffnung geschaffen hat. Ist die Leistungsfähigkeit des Einzelnen die Rechtfertigung für die Erhebung der Einkommensteuer, kann nur diese als Entscheidungskriterium heranzuziehen sein. Daher geht die Steuer unter dem Gesichtspunkt der Leistungsfähigkeit nicht auf einer Verwaltungsmaßnahme des Insolvenzverwalters, sondern auf der vorinsolvenzlichen Marktbeteiligung des Insolvenzschuldners zurück. Bei der Steuer aus den stillen Reserven handelt es sich eben nicht um „Sowieso-Kosten" der Insolvenzverwaltung, die in jedem Fall angefallen wären. Sie wird vielmehr nur erhoben, weil sich der Insolvenzschuldner vorinsolvenzlich dazu entschieden hat, das Wirtschaftsgut zu halten. Im Ergebnis ist die Gewinnrealisierung nach Verfahrenseröffnung ein steuerverfahrensrechtliches Instrument, aber kein leistungsfähigkeitsrelevanter Vorgang. Der leistungsfähigkeitsrelevante Vorgang im Wege eines Vermögenszuwachses hat sich bereits vorher verwirklicht.

3. Die insolvenzrechtliche Einordnung der Einkommensteuer aus der Auflösung von Rückstellungen

Soweit eine Einkommensteuerforderung darauf beruht, dass vor Insolvenzeröffnung eine Rückstellung für ungewisse Verbindlichkeiten gebildet wird und diese nach Insolvenzeröffnung aufgelöst wird, ordnet die Rechtsprechung die daraus resultierende Einkommensteuerforderung als Masseverbindlichkeit ein.[1751] Maßgeblich erachtet sie die steuerrelevante Ausbuchung des Bilanzposten.[1752] Eine Insolvenzforderung scheide aus, weil der steuerrechtliche Tatbestand mit der vollständigen Tatbestandsverwirklichung nach Verfahrensöffnet verwirklicht sei.[1753]

[1751] BFH vom 18.05.2010, X R 60/08, BStBl. II 2011, 429 (432)

[1752] In der Entscheidung vom 18.05.2010, X R 60/08, BStBl. II 2011, 429 (432) präzisiert der BFH, dass der Buchgewinn wie ein echter Vermögenszufluss zu besteuern sei. Mit Bildung der Rückstellung sei eine Steuerersparnis festzustellen, die mit Ausbuchung nachversteuert werde. Eine damalige bilanzielle Gewinnverkürzung werde korrigiert.

[1753] BFH vom 18.05.2010, X R 60/08, BStBl. II 2011, 429 (432)

Demgegenüber stellt die Literatur auf die vorinsolvenzliche Bildung der Rückstellung ab und ordnet die Steuer als Insolvenzforderung ein.[1754] Vergleichbar zur Besteuerung von stillen Reserven werde bei der Auflösung von Rückstellungen ein Gewinn versteuert, der wirtschaftlich bereits entstanden ist. Unter Berücksichtigung des Leistungsfähigkeitsprinzips sei das Vermögen des Insolvenzschuldners bereits vor Insolvenzeröffnung – mit Bildung der Rückstellung – um die Ertragsteuerforderung belastet, weil der Fiskus zu diesem Zeitpunkt bereits einen dem Grunde nach höheren Steueranspruch besitzet, auf diesen jedoch zunächst auf Basis des Vorsichtsprinzips verzichtet wird.[1755] Zu diesem Zeitpunkt gewähre der Fiskus dem Steuerpflichtigen eine Steuerverschonung unter der aufschiebenden Bedingung einer wahrscheinlichen Inanspruchnahme.[1756] Bei wirtschaftlicher Betrachtung entstehe nicht erst durch die nachträgliche Auflösung der Rückstellung nach Verfahrenseröffnung ein neuer, eigenständiger Gewinn, sondern es erhöhe sich vielmehr der Gewinn, der vorinsolvenzlich bereits erzielt wurde.[1757] Eine Insolvenzforderung sei schließlich auch deswegen anzunehmen, weil es sich bei der Auflösung der Rückstellung um eine Nachversteuerung früherer Jahre handele, bei welcher die irrige Prognose, welche zur Bildung der Rückstellung und einhergehender Gewinnverkürzung vor Verfahrenseröffnung geführt hat, auszugleichen ist.[1758]

Der Literatur ist zuzustimmen. Die Einkommensteuerforderung aus der Auflösung der Rückstellung ist als Insolvenzforderung zu qualifizieren. Denn wie im Fall der stillen Reserven tritt der Steuergläubiger durch die zeitweise Steuerverschonung als Kreditgeber auf. Wenn auf der Aktivseite eine tatsächlich bestehende Leistungsfähigkeit nicht besteuert wird, ist das wirtschaftlich mit dem Fall gleich zu behandeln, wenn auf der Passivseite eine tatsächlich nicht bestehende reduzierte Leistungsfähigkeit zeitweise steuermindernd berücksichtigt wird. In beiden Fällen gewährt der Steuergläubiger Kredit, weil er infolge des Vorsichts-, Realisations- und Imparitätsprinzips auf eine konsequente Besteuerung nach der wirtschaftlichen Leistungsfähigkeit zeitweise verzichtet. Mit der Bildung der Rückstellung und dem zeitweisen Aufschub der Besteuerung überlässt der Steuergläubiger dem Schuldner zeitweise Kaufkraft, für ein weiteres Wirtschaften. In

---

[1754] *Damerius*, BB 2010, 2551 (2551); *Kahlert*, ZIP 2010, 1274 (1279); *Kießling*, Besteuerung der insolventen Personengesellschaft, S. 317 f.; *Markert*, Steuerforderungen in der Insolvenz, S. 330; *Sämisch/Adam*, ZInsO 2010, 934 (938).

[1755] *Sämisch/Adam*, ZInsO 2010, 934 (938).

[1756] *Kahlert*, ZIP 2010, 1274 (1279).

[1757] *Markert*, Steuerforderungen in der Insolvenz, S. 328.

[1758] *Markert*, Steuerforderungen in der Insolvenz, S. 328.

der Erwartung einer wahrscheinlichen Inanspruchnahme ist es dem Insolvenzschuldner gestattet, seinen steuerlichen Gewinn vorzeitig zu reduzieren. Der Steuergläubiger gewährt dem Schuldner einen Liquiditäts- und Zinsvorteil: Obwohl die Verbindlichkeit dem Grunde und/oder der Höhe nach noch ungewiss ist und realisierter Aufwand nicht besteht, kann der Gläubiger die so ersparten Steuern anderweitig investieren. Stellt sich nach Verfahrenseröffnung nunmehr heraus, dass der Grund für die Bildung der Rückstellung entfallen ist und der Steuerpflichtige tatsächlich leistungsfähiger war, als man es zuvor angenommen hatte, wird die ursprüngliche Steuerverschonung rückgängig gemacht. Wenn sich im lediglich im Nachhinein herausstellt, dass die Kürzung nicht erforderlich war und es erst nach Insolvenzeröffnung zu einer Gewinnerhöhung kommt, geht es um die Einordnung einer Steuerforderung für einen bereits vorinsolvenzlich entstandenen Gewinns. In Ansehung des Leistungsfähigkeitsprinzips wäre die Steuer – wegen der wider Erwartenden Korrektur – bereits vorinsolvenzlich zu erheben gewesen. Wertungsmäßig geht sie auf das vorinsolvenzliche Marktverhalten des Schuldners zurück. Retrospektiv wurde er über die gesamte Zeit hinweg zu Unrecht von der Steuer befreit, soweit er zur Bildung einer Rückstellung berechtigt gewesen ist. Der maßgebliche Handlungsvorgang des § 2 Abs. 1 S. 1 EStG – das Erzielen von Einkünften – ist vor Insolvenzeröffnung verwirklicht, wenn sich nachträglich herausstellt, dass die Rückstellung aufzulösen ist. Der Gesetzgeber hat sich entgegen der rein am Leistungsfähigkeitsprinzip orientierten Sichtweise aus Gründen einer vorsichtigen und sicheren Bewertung dazu entschieden, die Besteuerung erst vorzunehmen, wenn die Belastung wider Erwarten nicht eintritt. Dementsprechend trägt der Steuergläubiger das typische Ausfallrisiko eines Kreditgebers, dass nach der zeitweisen Gewährung der Steuerverschonung die Rückführung des Vorteils wegen einer Insolvenz größtenteils ausfällt. Bereits zum Zeitpunkt der Bildung Rückstellung trägt der Steuergläubiger das Ausfall- und Insolvenzrisiko des Schuldners.

Soweit die Steuerforderung aus der Auflösung der Rückstellung wegen der temporären Steuerverschonung dem Typus eines Kreditgebers zuzuordnen ist, entspricht die Steuer ferner nicht dem typischen Bild des § 55 Abs. 1 Nr. 1, 2. Var. InsO. Soweit nämlich die Steuerforderung zeitlich nach Verfahrenseröffnung vollständig entsteht, kann dieser Umstand allein die Annahme einer Masseverbindlichkeit nicht rechtfertigen. Hinzukommen muss vielmehr, dass die Steuerforderung aus der Auflösung einer Rückstellung auf eine Verwaltungsmaßnahme des Insolvenzverwalters zurückzuführen ist. Ähnlich zu den stillen Reserven geht der steuerbare Gewinn aus der Befreiung von einer Verbindlichkeit auf das ökonomische Verständnis des Schuldners zurück. Wenn nämlich die Rückstellung wider Erwarten aufzulösen ist, wird diejenige Leistungsfähigkeit des Schuldners besteuert, die er zum Zeitpunkt der Bildung innehatte. Die Auflösung bewirkt wirtschaftlich nur eine Korrektur des steuerrechtlichen Ergebnisses. Diese Korrektur ist gemäß § 249 Abs. 2 S. 2 HGB ein rein gesetzlicher Vorgang, an dem der Verwalter nicht beteiligt ist. Werden Rückstellungen aufgelöst, soweit der Grund hierfür entfallen ist, gründet die Steuer allein auf der gesetzlichen Anordnung. Soweit der Insolvenzverwalter bei der Auflösung stiller Reserven formal betrachtet den Realisierungsakt durch die Veräußerung noch selbstvornimmt, beruht die Steuer aus der Auflösung der Rückstellung nur auf der gesetzlichen Anordnung. Insoweit unterliegt die Rückstellung einem gesetzlichen Auflösungsgebot, wenn der Grund für ihre Bildung weggefallen ist, § 249 Abs. 2 S. 2 HGB.[1759] Die Steuer folgt unmittelbar der gesetzlichen Anordnung, die Rückstellung aufzulösen. Über den Umstand, dass der Steuertatbestand zeitlich nach Verfahrenseröffnung vollständig verwirklicht ist, ist der von § 55 Abs. 1 Nr. 1, 2. Var. InsO vorausgesetzte typusbildende Verursachungsbeitrag des Verwalters nicht verwirklicht.

Wenn neben der rein typologischen Fallvergleichung eine Forderung im insolvenzrechtlichen Sinne als begründet anzusehen, wenn ihr Tatbestand nach anwartschaftsrechtlichen Gesichtspunkten gesichert ist, gilt dies auch für die Einkommensteuerforderung aus der Auflösung von Rückstellung. Mit der Bildung der Rückstellung entsteht nämlich ein aufschiebend bedingter Steueranspruch, der mit dem Wegfall des Grundes gemäß § 249 Abs. 2 S. 2 HGB endgültig wird. Zur Bildung einer Rückstellung ist insbesondere erforderlich, dass eine Verbindlichkeit wirtschaftlich verursacht ist.[1760] Das ist der Fall, wenn die begründenden Tatbestandselemente erfüllt sind.[1761] Ungeachtet einer rechtlichen Gleichwertigkeit aller Tatbestandsmerkmale ist notwendig, dass die wirtschaftlich wesentlichen Tatbestandsmerkmale erfüllt sind und das Entstehen der Verbindlichkeit nur noch von

[1759] *Hennrichs,* in Tipke/Lang, Steuerrecht, § 9, Rn. 9.199; *Schubert,* in Beck 'scher Bilanz-Kommentar, § 249, Rn. 40.

[1760] Die Voraussetzung der wirtschaftlichen Verursachung ist zur Bilanzierung notwendig, wenn die rechtliche Entstehung der Verbindlichkeit der wirtschaftlichen Verursachung nachfolgt. BFH vom 06.02.2013, I R 8/12, BStBl. II 2013, 686 (687); BFH vom 17.10.2013, IV R 7/11, BStBl. II 2014, 302 (303); BFH vom 27.06.2001, I R 45/97, BStBl. II 2003, 121 (121 f.); *Osterloh-Konrad*, DStR 2003, 1631 (1634); *Tiedchen*, in HHR, EStG, KStG, § 5, Rn. 693 (308. Lfg. Dezember 2021).

[1761] BFH vom 06.02.2013, I R 8/12, BStBl. II 2013, 686 (688).

wirtschaftlich unwesentlichen Merkmalen abhängt.[1762] Ist insbesondere unter diesen Voraussetzungen eine Rückstellung zu passivieren, hat der Schuldner keinen Einfluss mehr auf den weiteren Bestand dieses Bilanzpostens. Der weitere Bestand richtet sich nach dem Gesetz. Die Pflicht, die Rückstellung aufzulösen, folgt unmittelbar aus § 249 Abs. 2 S. 2 HGB. Der weitere Bestand der Rückstellung hängt nicht mehr vom Willen des Schuldners ab, sondern nur davon, ob der Grund für die Rückstellung entfallen ist.

Im Übrigen ist die Fallkonstellation mit der des Erstattungsanspruchs vergleichbar.[1763] Wie gesehen, entstehen Ansprüche auf Erstattung von Steuervorauszahlungen bereits im Zeitpunkt der Entrichtung der Vorauszahlung unter der aufschiebenden Bedingung, dass am Ende des Besteuerungszeitraums die geschuldete Steuer geringer ist als die Vorauszahlung. Wenn die Vorauszahlung vor Insolvenzeröffnung zu der Annahme eines aufschiebend bedingten Steuererstattungsanspruchs führt, der vorinsolvenzlich begründet ist, so muss dies auch für vor Insolvenzeröffnung gebildete Rückstellung gelten.[1764] Denn die Vorauszahlung vor Verfahrenseröffnung weist gegenüber der vor Insolvenzeröffnung gebildeten Rückstellung für die Beurteilung eines gesicherten und hinreichend verwirklichten Rechtsgrundes keine Unterschiede auf.[1765] In beiden Fällen sind die wesentlichen Grundlagen für den späteren Anspruch aus dem Steuerschuldverhältnis bereits gelegt und hängen nur noch von einem zukünftigen ungewissen Ereignis – geringere Steuerschuld am Ende des Veranlagungszeitraums beziehungsweise Wegfall des Grundes gemäß § 249 Abs. 2 S. 2 HGB – ab.[1766]

Abschließend ist für die Fallgruppe einer zeitweisen Steuerverschonung des bilanzierenden Insolvenzschuldners festzuhalten, dass die insolvenzrechtliche Forderungszuordnung nicht an die vorsichtige und sichere Bewertung gekoppelt ist. Die insolvenzrechtliche Forderungszuordnung folgt nicht den Grundsätzen der Vorsichts-, Realisations- und Imparitätsprinzipen. Beachtlich ist vielmehr die im Handlungstatbestand § 2 Abs. 1 S. 1 EStG zum Ausdruck kommende Leistungsfähigkeit des

1762 BFH vom 01.08.1984, I R 88/80, BStBl. II 1985, 44 (46 f.); BFH vom 19.05.1987, VIII R 327/83, BStBl. II 1987, 848 (849).

1763 Insoweit *Kahlert*, HRI – Handbuch, Restrukturierung in der Insolvenz, § 57, Rn. 162, der auf eine Vergleichbarkeit von Steuererstattungsanspruch und dem Steueranspruch aus der Aufdeckung stiller Reserven hinweist.

1764 *Kahlert*, HRI – Handbuch, Restrukturierung in der Insolvenz, § 57, Rn. 162.

1765 *Kahlert*, HRI – Handbuch, Restrukturierung in der Insolvenz, § 57, Rn. 162.

1766 *Kahlert*, HRI – Handbuch, Restrukturierung in der Insolvenz, § 57, Rn. 162.

Insolvenzschuldners. Soweit der Steuergläubiger dem Steuerpflichtigen bilanzrechtlich einen Zahlungsaufschub gewährt und die Besteuerung zeitweise hinausgeschoben wird, tritt er als Kreditgeber auf und verwirklicht dadurch das Leitbild eines typischen Insolvenzgläubigers. Soweit auf die stillen Reserven und die Rückstellungen eingegangen wurde, gibt es noch weitere Beispiele, in denen es zur einer zeitweisen Steuerverschonung kommt und in denen ähnlich zu verfahren ist. Zu Denken ist beispielsweise an Rücklagen nach § 6b EStG oder Rücklagen nach § 7g EStG[1767], die vor Insolvenzeröffnung gebildet werden, aber im Insolvenzverfahren aufzulösen sind.[1768]

1767 Insoweit eine interessante Entscheidung des FG Rheinland-Pfalz vom 13.11.2014, 6 K 2046/11, EFG 2015, 230. Das Finanzgericht setzt sich mit der Frage auseinander, ob die auf der Auflösung einer Ansparabschreibung gemäß § 7g III, IV EStG a.F. beruhende Einkommen- und Gewerbesteuerforderung als Masseverbindlichkeit oder als Forderung gegen das insolvenzfreie Vermögen des Insolvenzschuldners einzuordnen ist. Der Insolvenzverwalter hat nach Verfahrenseröffnung eine Rücklage für künftige Investitionen gebildet. Nach Freigabe des Betriebs hat er die steuerrechtliche Rücklage mangels Anschaffung des Wirtschaftsgutes gewinnerhöhend aufgelöst. Mit Verweis auf die Rechtsprechung des BFH vom 18.05.2010, X R 60/08, BStBl. II 2011, 429 (432) zur Auflösung einer Rückstellung legt das Finanzgericht eine steuerrechtliche Betrachtung zugrunde. Für die insolvenzrechtliche Einordnung der Steuerforderung sei der Zeitpunkt ausschlaggebend, in dem die Rücklage aufgelöst werde. Daran anknüpfend qualifiziert das FG Rheinland-Pfalz die Einkommen- und Gewerbesteuerforderung nicht als Masseverbindlichkeit, sondern als eine Forderung gegen das insolvenzfreie Vermögen.

Für die Neufassung des in § 7g EStG (UnStRefG 2008 vom 14.08.2007, BGBl. I 2007, 1912) normierten Investitionsabzugsbetrags hat die Anknüpfung an die Auflösung der Rückstellung keinen Bestand. Nach dem steuerrechtlichen Tatbestand des § 7g III 1 EStG ist die Rücklage bei unterlassener Investition rückwirkend im Jahr der Geltendmachung zu korrigieren. Der für das frühere Abzugsjahr ergangene Steuer- und Feststellungsbescheid ist zu berichtigen und die Inanspruchnahme der Steuerminderung zu beseitigen. Seitens des steuerrechtlichen Tatbestandes kommt es allein auf die Bildung der Rücklage an. So auch Glasenapp, BB 2015, 114 (114); Kahlert, Beilage zu ZIP 22/2016, 38 (39).

1768 *Kahlert/Kayser/Bornemann*, Perspektiven für eine kohärente und praxisgerechte Verzahnung von Steuer- und Insolvenzrecht, Rn. 488.

III. Die insolvenzrechtliche Qualifikation einer Einkommensteuerforderung infolge verwirklichter Insolvenzanfechtungsansprüche

1. Grundlagen der Insolvenzanfechtung gem. §§ 143 Abs. 1, 129 ff. InsO

Die Ermittlung und Geltendmachung von Insolvenzanfechtungsansprüchen gemäß §§ 129ff. InsO gehört zu den Pflichten des Insolvenzverwalters. Er reichert damit die Insolvenzmasse an und schafft die Voraussetzung für eine Befriedigung der ungesicherten Gläubiger.[1769] Anfechtbar sind insbesondere Zahlungen, die der Insolvenzschuldner in der Zeit vor der Eröffnung des Insolvenzverfahrens getätigt hat.[1770] Ficht der Insolvenzverwalter eine Zahlung des insolventen Schuldners an, stellt sich die Frage, wie eine nach § 143 Abs. 1 InsO an die Insolvenzmasse erfolgte Rückgewähr des Geldbetrages einkommensteuerlich zu behandeln ist. Hierbei ist zu beachten, dass die Einkommensbesteuerung an den zivilrechtlichen Anspruch aus § 143 Abs. 1 InsO anknüpft. Rechtsgrund und besteuerungswürdiger Lebenssachverhalt der Einkommensteuerforderung ist die Neubegründung des Anfechtungsanspruchs.

Dieser Einkommensbesteuerung liegt ein gesetzliches Rückgewährschuldverhältnis zugrunde. Besteuerungsgrundlage ist der Anspruch aus § 143 Abs. 1 InsO. Gemäß § 143 Abs. 1 S. 1 InsO ist das durch die anfechtbare Handlung aus dem Vermögen des Schuldners Erlangte, zur Insolvenzmasse zurückzugewähren. Der § 143 InsO verdeutlicht, dass die Verwirklichung eines Anfechtungstatbestandes nach den §§ 129 ff. InsO im Fall der Insolvenzeröffnung einen Anspruch im Sinne von § 194 BGB begründet;[1771] der Rückgewähranspruch unterliegt der Verjährung, § 146 Abs. 1 InsO. Auch wenn die Rechtsnatur des Anfechtung seit jeher umstritten ist, begründet der § 143 Abs. 1 InsO einen schuldrechtlichen Verschaffungsanspruch.[1772] Mit der Anfechtung wird kein Handlungsunrecht sank-

---

[1769] Insbesondere bei Insolvenzverfahren stillgelegter Kleinbetriebe stellt die Durchsetzung von Insolvenzanfechtungsansprüchen oft die einzige Möglichkeit dar, nennenswerte Masse zu genieren. *Schenk*, ZInsO 2021, 1997 (1999).

[1770] *Witfeld*, in Insolvenzsteuerrecht, Kap. 5, Rn. 356.

[1771] *Kirchhof/Piekenbroch*, in Münch/Komm, InsO, § 143, Rn. 1.

[1772] So BGH vom 21.09.2006, IX ZR 235/04, ZIP 2006, 2176 (2177); BGH vom 24.05.2007, IX ZR 105/05, ZIP 2007, 1274 (1274); BGH vom 16.10.2014, IX ZR 282/13, NZI 2014, 1057 (1057). Neben der von der Rechtsprechung favorisierten schuldrechtlichen Theorie wird hinsichtlich der Rechtsnatur ferner dinglich und haftungsrechtlich

tioniert, sondern lediglich gläubigerbenachteiligende Rechtswirkungen rückgängig gemacht.[1773] Der anfechtbare Erwerb von Schuldnervermögen ist nicht ipso iure unwirksam.[1774] Anfechtbare Rechtshandlungen, die vor Insolvenzeröffnung zwischen dem Schuldner und dem Anfechtungsgegner vorgenommen werden, sind nach Maßgabe der zivilrechtlichen Regeln voll wirksam.[1775] Soweit allerdings diese Rechtshandlung einem Anfechtungstatbestand unterfällt, begründet jede selbständig anfechtbare Rechtshandlung ein selbständiges Rückgewährverhältnis.[1776] Die erfolgreiche Anfechtung führt insbesondere nicht zur Nichtigkeit der angefochtenen Rechtshandlung; § 142 Abs. 1 BGB findet keine Anwendung.[1777] Bei dem Rückgewährschuldverhältnis gemäß § 143 Abs. 1 InsO ist nicht die angefochtene Rechtshandlung für sich, sondern allgemein deren gläubigerbenachteiligende Wirkung rückgängig zu machen.[1778] Es entsteht ein Rechtsverhältnis eigener Art, das die Haftung des vom Schuldner weggebenden Vermögensguts für seine Schulden verwirklichen soll.[1779] Es hat die Aufgabe, den Bestand des den Gläubigern haftenden Schuldnervermögens dadurch wiederherzustellen, dass Vermögensverschiebungen rückgängig gemacht werden, die insbesondere in der Zeit der Krise vor der Verfahrenseröffnung zum Nachteil der Gläubiger vorgenommen worden sind.[1780] Begründet der Rückgewähranspruch des Insolvenzverwalters aus § 143 Abs. 1 InsO ein zivilrechtliches Rechtsverhältnis, kann beispielsweise das Finanzamt im Falle der Anfechtung von Steuerzahlungen, die der Insolvenzschuldner vor Verfahrenseröffnung gezahlt hat, nicht durch

argumentiert. Nach der Dinglichkeitstheorie solle die Anfechtung die Nichtigkeit der Rechtshandlung zur Folge haben und diese ex tunc beseitigen. Nach der Theorie von der haftungsrechtlichen Unwirksamkeit gehöre ein anfechtbar veräußerter Gegenstand haftungsrechtlich zur Insolvenzmasse, hinsichtlich der übrigen Funktionen des subjektiven Rechts aber zum Anfechtungsgegner. Die haftungsrechtliche Unwirksamkeit bestehe ohne weiteres und bedürfe keines schuldrechtlichen Anspruchs auf Wiederbegründung der Haftungsmasse. Zum Streitstand vgl. *Bork*, in Kübler/Prütting/Bork, InsO, Vor § 129, Rn. 5 ff. (85. Lfg. September 2020); *Borries/Hirte*, in Uhlenbruck, InsO, § 129, Rn. 4 ff.; *Kirchhof/Piekenbroch*, in Münch/Komm, InsO, Vor §§ 129–147, Rn. 11 ff.

[1773] *Rogge/Leptien*, in Hamburger Kommentar, InsO § 143, Rn. 2.

[1774] *Kirchhof/Piekenbroch*, in Münch/Komm, InsO, § 143, Rn. 1.

[1775] *Kirchhof/Piekenbroch*, in Münch/Komm, InsO, § 143, Rn. 4.

[1776] BGH vom 15.01.1987, IX ZR 4/86, NJW 1987, 1812 (1813).

[1777] *Kirchhof/Piekenbroch*, in Münch/Komm, InsO, § 143, Rn. 4.

[1778] BGH vom 09.07.2009, IX ZR 86/08, NZI 2009, 644 (645).

[1779] *Kirchhof/Piekenbroch*, in Münch/Komm, InsO, § 143, Rn. 4.

[1780] BT-Drucks. XII/2443, S. 156.

Abrechnungsbescheid entscheiden.[1781] Anspruchsinhaber und Gläubiger des Rückgewähranspruchs ist der Schuldner.[1782] Der Anspruch aus § 143 Abs. 1 InsO ist vermögensrechtlich dem Schuldner zuzurechnen, weil die Insolvenzmasse selbst nicht als möglicher Rechtsträger ausgestaltet ist.[1783] Der Schuldner ist allerdings nicht zu Anfechtung befugt. Der Rückgewähranspruch ist im Regelinsolvenzverfahren[1784] ausschließlich vom Insolvenzverwalter geltend zu machen.[1785] Ob die Anfechtung erklärt wird, hat der Insolvenzverwalter nach der Zweckmäßigkeit für die Insolvenzmasse zu entscheiden.[1786] Die Verfügungsmacht über den Anspruch liegt allein beim Insolvenzverwalter.[1787] Richtiger Anfechtungsgegner und aus dem Rückgewährverhältnis verpflichtet ist der Empfänger des anfechtbar weggegebenen Gegenstandes, also jeder, zu dessen Gunsten der Erfolg der konkret angefochtenen Rechtshandlung zulasten des Schuldnervermögens eingetreten ist.[1788] Ferner ist die Anfechtung nach den §§ 129 ff. InsO kein Gestaltungsrecht und nicht durch eine Gestaltungserklärung des Insolvenzverwalters geltend zu machen.[1789] Der Anspruch entsteht unabhängig von seiner Geltendmachung mit Eröffnung des Insolvenzverfahrens kraft Gesetzes.[1790] Zudem wird der Rückgewähranspruch mit der Insol-

---

[1781] Im Fall der Anfechtung von Steuerzahlungen geht es aber nicht um die Rückforderung einer ungerechtfertigten Steuerrückzahlung, sondern um die Rückabwicklung der Befolgung der Insolvenzanfechtung. Weil der Anspruch des Insolvenzverwalters auf Rückgewähr in anfechtbarer Weise geleisteter Steuern nach § 143 Abs. 1 InsO kein Anspruch aus dem Steuerschuldverhältnis im Sinne des § 37 Abs. 1 AO, sondern ein bürgerlich-rechtlicher Anspruch ist. Kann auch die Rückforderung einer auf einer unberechtigten Insolvenzanfechtung beruhenden Leistung des Finanzamtes nur in diesem Rechtsverhältnis abgewickelt werden. Denn ein Anspruch auf Rückgewähr einer Leistung teilt die Rechtsnatur des Anspruchs, auf den jene Leistung erbracht worden ist. Für Abwicklung des zivilrechtlichen Rechtsverhältnisses muss das Finanzamt den Zivilrechtsweg beschreiten. BFH vom 12.11. 2013, VII R 15/13, BStBl. II 2014, 359 (360).

[1782] *Borries/Hirte*, in Uhlenbruck, InsO, § 143, Rn. 9.

[1783] *Kirchhof/Piekenbroch*, in Münch/Komm, InsO, § 143, Rn. 5.

[1784] In der Eigenverwaltung kann der Sachverwalter die gläubigerbenachteiligenden Rechtshandlungen anfechten, § 280 InsO.

[1785] BGH vom 10.02. 1982, VIII ZR 158/80, BGHZ 83, 102 (105).

[1786] *Rogge/Leptien*, in Hamburger Kommentar, InsO, § 143, Rn. 5.

[1787] *Borries/Hirte*, in Uhlenbruck, InsO, § 143, Rn. 9.

[1788] BGH vom 19.10.2017, IX ZR 289/14, BGHZ 216, 260 (264); *Kirchhof/Piekenbroch*, in Münch/Komm, InsO, § 143, Rn. 8.

[1789] BGH vom 09.07.1987, IX ZR 167/86, BGHZ 101, 286 (288); BGH, Urteil vom 20.03.1997, IX ZR 71/96, BGHZ 135, 140 (151).

[1790] BGH 22.10.2015, IX ZR 171/14, NZI 2015, 976 (976); *Borries/Hirte*, in Uhlenbruck, InsO, § 143, Rn. 3; *Jacoby*, in Kübler/Prütting/Bork, InsO, § 143, Rn. 9 (73. Lfg. September 2017).

venzeröffnung fällig.[1791] Das Rückgewährschuldverhältnis endet hingegen mit der Aufhebung oder Einstellung des Insolvenzverfahrens.[1792] Hat der Insolvenzverwalter eine gläubigerbenachteiligende Rechtshandlung wirksam angefochten, richtet sich das Schicksal der Forderung des Anspruchsgegners nach § 144 Abs. 1 InsO. Gemäß § 144 Abs. 1 InsO lebt seine Forderung wieder auf, wenn er die angefochtene Leistung zurückgewährt und zwar in derselben Form, wie sie vor Erfüllung bestanden hat.[1793] Der Anfechtungsgegner kann die Forderung nunmehr als Insolvenzforderung zur Tabelle anmelden.[1794]

2. Grundlagen zur Besteuerung des Anfechtungsanspruchs gem. §§ 143, 129 ff. InsO

Ficht der Insolvenzverwalter eine vorinsolvenzliche Zahlung des insolventen Schuldners an und vereinnahmt er den Geldbetrag für die Insolvenzmasse, ist in Ansehung der einkommensteuerrechtlichen Konsequenzen zwischen Schuldnern, die ihren Gewinn durch Betriebsvermögensvergleich gemäß §§ 4 Abs. 1, 5 Abs. 1 EStG und durch Einnahme-Überschuss-Rechnung § 4 Abs. 3 ermitteln, wie folgt zu unterscheiden: Unterliegt der Schuldner dem Betriebsvermögensvergleich, ist der insolvenzrechtliche Rückgewähranspruch aus § 143 Abs. 1 InsO zu aktivieren.[1795] Die Aktivierung erfolgt dem Grunde nach, wenn sich der Anspruch hinreichend konkretisiert hat, beispielsweise dadurch, dass der Anfechtungsgegner den Anspruch anerkannt hat oder eine Verurteilung vorliegt.[1796] Spiegelbildich ist der Anspruch des Anfechtungsgegners aus § 144 Abs. 1 InsO zu passivieren.[1797] Bei Schuldnern, die ihren Gewinn durch Betriebsvermögensvergleich ermitteln, ist damit die Insolvenzanfechtung gewinnneutral.[1798] Ausnahmsweise ist die Insolvenzanfechtung nicht gewinnneutral, wenn der Anfechtungsgegner im Zuge eines Vergleichs auf die ihm gebührende

[1791] BGH vom 01.02.2007, IX ZR 96/04, BGHZ 171, 38 (44).

[1792] *Kirchhof/Piekenbroch*, in Münch/Komm, InsO, § 143, Rn. 14; *Rogge/Leptien*, in Hamburger Kommentar, § 143, Rn. 124.

[1793] *Rogge/Leptien*, in Hamburger Kommentar, InsO, § 144, Rn. 5.

[1794] *Borries/Hirte*, in Uhlenbruck, InsO, § 144, Rn. 3.

[1795] *Schmittmann*, NZI 2014, 638 (639); *Schenk*, ZInsO 2021, 1997 (1999).

[1796] *Schmittmann*, NZI 2014, 638 (639); *Schenk*, ZInsO 2021, 1997 (1999).

[1797] *Schmittmann*, NZI 2014, 638 (639); *Schenk*, ZInsO 2021, 1997 (1999).

[1798] *Aurich*, in BeckOK, InsO, Steuerrecht in der Insolvenz, Ertragsteuerrecht, Rn. 82; *Schmittmann*, NZI 2014, 638 (639); *Schenk*, ZInsO 2021, 1997 (1999).

Forderung gemäß § 144 Abs. 1 InsO verzichtet. Insoweit ist für diese Verbindlichkeit keine Passivierung vorzunehmen.[1799]

Ermittelt demgegenüber der Schuldner seinen Gewinn mittels Einnahme-Überschussrechnung, gilt das Zu- und Abflussprinzip gemäß § 11 Abs. 1 EStG. Die Zahlung des erfolgreich in Anspruch genommenen Anfechtungsgegners stellt einen gewinnwirksamen Zahlungseingang dar. Anders als beim Betriebsvermögensvergleich ist die gemäß § 144 Abs. 1 InsO wieder aufgelebte Forderung des Anfechtungsgegners nunmehr nicht zu berücksichtigen. Insoweit kommt es nämlich zu keinen konkreten Abfluss. Die gemäß § 144 Abs. 1 InsO wiederauflebende Verbindlichkeit stellt keine kompensatorische Ausgabe dar, weil sie als Insolvenzforderung zu qualifizieren und erst im Rahmen der Schlussverteilung mit der Insolvenzquote bedient wird.[1800] Vor diesem Hintergrund reduziert sich der Anwendungsbereich der hier zu betrachtenden Fallkonstellation – Rückgewähr des Erlangten infolge von § 143 Abs. 1 InsO – vornehmlich auf die Fälle, in denen der Schuldner seinen Gewinn nach § 4 Abs. 3 EStG ermittelt.

3. Die Rechtsprechung und die Literatur zur insolvenzrechtlichen Einordnung der Einkommensteuerforderung

Der Bundesfinanzhof hat sich in zwei Entscheidungen mit der insolvenzrechtlichen Begründetheit einer Steuerforderung aus der Rückzahlung insolvenzrechtlich angefochtener Zahlungen auseinandergesetzt. Mit der Entscheidung vom 01.04.2008[1801] vertrat der Bundesfinanzhof zunächst die Auffassung, die Einkommensteuerforderung sei eine Insolvenzforderung. Grundlage dieser Einordnung war die Annahme, bereits mit der vorinsolvenzlichen Zahlung des späteren Insolvenzschuldners entstehe ein aufschiebend bedingter Anspruch. Zwar entstehe das Anfechtungsrecht nach den §§ 129 ff. InsO vollends durch die Eröffnung des Insolvenzverfahrens; allerdings sei dieser Anspruch aufschiebend bedingt durch die

---

1799 So vergleichbar das FG Münster vom 24.08.2021, 6 K 3905/19 E, EFG 2022, 31. Der Anfechtungsgegner hatte zur Abgeltung der dem Insolvenzverwalter zustehenden Ansprüche darauf verzichtet, einen Betrag in Höhe eines Vergleichsbetrages in dem Insolvenzverfahren über das Vermögen des Schuldners zur Insolvenztabelle anzumelden. Aufgrund der Vergleichsvereinbarung zur „endgültigen Abgeltung und Erledigung“ der beiderseitigen Ansprüche in brauchte der Insolvenzschuldner während des Insolvenzverfahrens nicht mit einer Geltendmachung der gemäß § 144 Abs. 1 InsO aufgelebten Forderung zu rechnen, und war dadurch auch nicht durch eine mögliche Rückgewährverpflichtung wirtschaftlich belastet.

1800 *Schenk*, ZInsO 2021, 1997 (2000).

1801 BFH vom 01.04.2008, X B 201/07, BFH/NV 2008, 925.

Insolvenzeröffnung.[1802] Zu diesem Zeitpunkt – der Zahlung des Insolvenzschuldners – sei der für die insolvenzrechtliche Begründetheit maßgebliche Schuldrechtsorganismus vor Verfahrenseröffnung verwirklicht.

Ca. zehn Jahre später nahm der Bundesfinanzhof mit der Entscheidung vom 31.10.2018[1803] hingegen an, die Einkommensteuerforderung sei eine Masseverbindlichkeit. Nunmehr sei nicht der Schuldrechtsorganismus, sondern die Verwirklichung des steuerrechtlichen Tatbestandes für die Begründetheit gemäß § 38 InsO zu beachten. Der steuerrechtliche Tatbestand sei erst mit dem Zufluss des Geldbetrages nach Verfahrenseröffnung vollständig verwirklicht, §§ 4 Abs. 3, 11 Abs. 1 EStG. Ohne den Zufluss der Betriebseinnahme sei der steuerrechtliche Tatbestand nicht abgeschlossen.

Die Literatur votiert vornehmlich für die Annahme einer Insolvenzforderung.[1804] Soweit die Einkommensbesteuerung an den zivilrechtlichen Anspruch aus § 143 Abs. 1 InsO anknüpft und diesen Lebenssachverhalt besteuern will, sei der Lebenssachverhalt des Anfechtungsanspruchs vor Insolvenzeröffnung verwirklicht.[1805] Dies folge maßgeblich aus der Rechtsfolge des § 144 Abs. 1 InsO, wonach die Forderung des Anfechtungsgegner wieder auflebe, wenn er das Erlangte zurückgewährt.[1806] Insoweit bewirke die Vorschrift des § 144 Abs. 1 InsO eine Rückwirkung auf den Zeitraum vor Verfahrensöffnung. Das Recht der Insolvenzanfechtung knüpfe an denjenigen Zustand des zivilrechtlichen Schuldverhältnisses an, der schon vor der Eröffnung des Insolvenzverfahrens und ohne die Verwirklichung des Anfechtungstatbestands vorlag.[1807] Soweit damit die Erfüllung der bürgerlich-rechtlichen Forderung wegen der Rückwirkung entfalle, führe das notwendigerweise zu einer status quo ante-Betrachtung.[1808] Weil die Anfechtung zivilrechtlich den Zustand herbeiführt, der bestünde, wenn die angefochtene Rechtshandlung nicht vorgenommen worden wäre, sei auch für die steuerliche Beurteilung auf den Zeitpunkt der Zahlung vor

[1802] BFH vom 01.04.2008, X B 201/07, BFH/NV 2008, 925 (927).

[1803] BFH vom 31.10.2018, III B 77/18, BFH/NV 2019, 123.

[1804] *Aurich*, in BeckOK, InsO, Steuerrecht in der Insolvenz, Ertragsteuerrecht, Rn. 92; *Schenk*, ZInsO 2021, 1997 (2000). Vergleichbar für Einordnung der Umsatzsteuer *Eisolt*, ZInsO 2017, 630 (632 f.); *Kahlert*, ZIP 2012, 1433 (1435 f.); *Roth*, Insolvenzsteuerrecht, Rn. 4.409; *Witfeld*, in Insolvenzsteuerrecht, Kap. 5, Rn. 360.

[1805] *Aurich*, in BeckOK, InsO, Steuerrecht in der Insolvenz, Ertragsteuerrecht, Rn. 92.

[1806] *Aurich*, in BeckOK, InsO, Steuerrecht in der Insolvenz, Ertragsteuerrecht, Rn. 90.

[1807] *Kahlert*, ZIP 2012, 1433 (1436); *Witfeld*, in Insolvenzsteuerrecht, Kap. 5, Rn. 360.

[1808] *Witfeld*, in Insolvenzsteuerrecht, Kap. 5, Rn. 360.

Verfahrenseröffnung abzustellen.[1809] Maßgeblich sei, dass der durch die Anfechtbarkeit der vorinsolvenzlichen Zahlung ausgelöste Wegfall der Tilgungswirkung bereits im Zeitpunkt der Eröffnung des Insolvenzverfahrens angelegt war.[1810] Im Ergebnis sei der originäre Rechtsgrund des Steuertatbestand mit der bloßen Anfechtbarkeit vor Verfahrenseröffnung gelegt.[1811] Abzustellen sei auf die Vornahme des anfechtbaren Rechtsgeschäfts durch späteren Insolvenzschuldner vor Verfahrenseröffnung.[1812]

4. Stellungnahme zu Rechtsprechung und Literatur

Soweit der Bundesfinanzhof in der Entscheidung vom 01.04.2008[1813] die Einkommensteuer als Insolvenzforderung qualifiziert, weil mit der Zahlung des Insolvenzschuldners vor Verfahrenseröffnung bereits ein aufschiebend bedingter Rückgewähranspruch entstehe, ist dieser Sichtweise nicht zuzustimmen. Insoweit setzt sich der Bundesfinanzhof nämlich in Widerspruch zu der ständigen Rechtsprechung des Bundesgerichtshofes. Der Bundesgerichtshof nimmt an, dass der gesetzliche Rückgewähranspruch originär mit Insolvenzeröffnung entstehe.[1814] Der Anfechtungsanspruch entstehe erst als Folge der Eröffnung des Insolvenzverfahrens,[1815] also insbesondere zu dem Zeitpunkt, in dem die Tätigkeit des vorläufigen Verwalters endet.[1816] Vor diesem Zeitpunkt gehört der Anspruch nicht zur Insolvenzmasse, wenn bereits ihr Rechtsboden – etwa durch die Vornahme der anfechtbaren Rechtshandlung – gelegt war.[1817] Diese Auslegung des Bundesgerichtshofes stimmt überdies mit dem Verständnis des Gesetzgebers überein. So ordnet der Gesetzgeber in seinen Materialien an,

---

[1809] *Aurich*, in BeckOK, InsO, Steuerrecht in der Insolvenz, Ertragsteuerrecht, Rn. 90.Für die Einordnung der Umsatzsteuer vergleichbar *Eisolt*, ZInsO 2017, 630 (632 f.); *Kahlert*, ZIP 2012, 1433 (1435 f.); *Roth*, Insolvenzsteuerrecht, Rn. 4.409; *Witfeld*, in Insolvenzsteuerrecht, Kap. 5, Rn. 360.

[1810] *Eisolt*, ZInsO 2017, 630 (633).

[1811] *Aurich*, in BeckOK, InsO, Steuerrecht in der Insolvenz, Ertragsteuerrecht, Rn. 92.

[1812] *Aurich*, in BeckOK, InsO, Steuerrecht in der Insolvenz, Ertragsteuerrecht, Rn. 92.

[1813] BFH vom 01.04.2008, X B 201/07, BFH/NV 2008, 925.

[1814] BGH, Urteil vom 03.12.1954, V ZR 96/53, BGHZ 83, 102 (105); BGH vom 18.05.1995, IX ZR 189/94, BGHZ 113, BGHZ 130, 38 (40); BGH vom 01.02.2007, IX ZR 96/04, NZI 2007, 230 (231); BGH vom 23.09.2010, IX ZB 204/09, NZI 2011, 73 (73); BGH vom 22.10.2015, IX ZR 171/14, NZI 2015, 976 (976).

[1815] BGH vom 18.07.2013, IX ZR 198/10, NJW 2013, 305 (306).

[1816] BGH vom 29.04.2004, IX ZB 225/03, NZI 2004, 444 (445); BGH vom 18.12.2008, IX ZB 46/08, ZInsO 2009, 495 (496); BGH vom 23.09.2010, IX ZB 204/09, NZI 2011, 73 (73); BGH vom 15.03.2012, IX ZR 249/09, NZI 2012, 365 (367).

[1817] BGH vom 29.04.2004, IX ZB 225/03, NZI 2004, 444 (445).

dass die Anwendbarkeit des Anfechtungsrechts die Eröffnung des Insolvenzverfahrens voraussetzt.[1818]

Ferner überzeugt die Annahme eines aufschiebend bedingten Rückgewähranspruchs nicht, weil die Voraussetzungen dafür nicht vorliegen. Die Begründung eines aufschiebend bedingten Anspruchs setzt voraussetzt, dass die vollwertige und endgültige Entstehung des Anspruchs automatisch herbeigeführt wird. [1819] So hängt es nur noch vom bloßen Zeitablauf ab, dass die notwendige Bedingung eintritt. Erforderlich ist eine gesicherte Aussicht auf den vollständigen Anspruch.[1820] Gemessen an diesen Voraussetzungen besteht aber zum Zeitpunkt der Vornahme der anfechtbaren Rechtshandlung kein derartiger Entstehungsautomatismus, weil noch wesentliche Zwischenschritte erforderlich sind. Das Entstehen des Anspruchs setzt noch einen Insolvenzeröffnungsantrag und einen Eröffnungsbeschluss voraus. Insoweit ist zu berücksichtigen, dass eine Verfahrenseröffnung nicht vom Amts wegen erfolgt, sondern es der Autonomie und Eigenverantwortung der unmittelbar wirtschaftlich Beteiligten obliegt, ob ein Insolvenzverfahren gemäß § 13 Abs. 1 InsO eröffnet wird.[1821] Die Beteiligten können – abseits konkreter Insolvenzantragspflichten[1822] – darüber disponieren, ob ein gerichtliches Insolvenzverfahren, eine außergerichtliche Sanierung oder eine stille Liquidation vorgenommen werden soll. Im Regelfall erfordert dieser Entscheidungsprozess eine umfangreiche Analyse der Unternehmenssituation.[1823] Vor- und Nachteile sind jeweils gegeneinander abzuwägen.[1824] Es ist daher keinesfalls zwingend, dass im Rahmen einer wirtschaftlichen Krise samt dem Vorliegen der Insolvenzeröffnungsgründe, §§ 16 InsO ff. ein Insolvenzantrag gestellt und dieser nicht wieder zurückgenommen wird, § 13 Abs. 2 InsO. Soweit ein formgerechter Antrag gestellt ist, muss sodann das Insolvenzgericht die Eröffnung des Insolvenzverfahrens beschließen. Der Antrag ist vom

[1818] BT-Drucks. XII/2443, S. 156.

[1819] *Wackerbarth*, in NK-BGB, § 158, Rn. 2.

[1820] BGH vom 30.05.1958, V ZR 295/56, BGHZ 27, 360 (368); BGH vom 04.07.1962, V ZR 14/61, BGHZ 37, 319 (321).

[1821] *Vuia*, in Gottwald/Haas, Insolvenzrechts-Handbuch, § 4, Rn. 1.

[1822] Beispielsweise §§ 42 II, 48 II, 89 II, 1489 II, 1980 BGB, § 130a HGB, § 15a I InsO.

[1823] *Vuia*, in Gottwald/Haas, Insolvenzrechts-Handbuch, § 4, Rn. 23.

[1824] Beispielsweise spricht für eine außergerichtliche Reorganisation, dass sie nicht veröffentlicht wird (Wahrung des Prestiges). Für das gerichtliche Insolvenzverfahren spricht, dass opportunistisches Verhalten einzelner Gläubiger effektiv unterbunden werden kann. *Vuia*, in Gottwald/Haas, Insolvenzrechts-Handbuch, § 4, Rn. 24.

Gericht zurück- beziehungsweise abzuweisen soweit er unzulässig[1825] oder unbegründet ist. Der Insolvenzantrag eines Gläubigers ist insbesondere als unbegründet abzuweisen, wenn entweder der Insolvenzgrund nicht vorliegt oder das Gericht nicht in der Lage ist, sich vom Bestehen des Insolvenzgrundes die für die Verfahrenseröffnung notwendige richterliche Überzeugung zu verschaffen.[1826] Ist der Insolvenzgrund nicht feststellbar, geht ein non liquet zu Lasten des antragstellenden Gläubigers.[1827] Vor dem Hintergrund der wirtschaftlichen Bedeutung des Insolvenzverfahrens für alle Beteiligten hat das Insolvenzgericht die Ermittlungen nach § 5 InsO mit besonderer Sorgfalt zu führen.[1828] Soweit sich das Insolvenzgericht im Regelfall mit der bloßen Glaubhaftmachung der Forderung begnügen darf, hat es sich vom Vorliegen des Insolvenzgrundes die notwendige Überzeugung zu verschaffen.[1829] Mag der Antrag zulässig und begründet sein, kann das Insolvenzgericht den Antrag auf Eröffnung des Insolvenzverfahrens im Übrigen nach § 26 Abs. 1 S. 1 InsO mangels Masse abweisen, wenn das Vermögen des Schuldners voraussichtlich nicht ausreichen wird, um die Kosten des Verfahrens aus § 54 InsO zu decken.[1830] Sollte schließlich das Insolvenzgericht die Eröffnung des Insolvenzverfahrens beschließen, steht dem Insolvenzschuldner hiergegen noch das Rechtsmittel der sofortigen Beschwerde zu, § 34 Abs. 2 InsO.

Es zeigt sich also, dass die Eröffnung des Insolvenzverfahrens noch von weiteren, nicht unerheblichen Voraussetzungen abhängt. Sollte ein Insolvenzantrag gestellt werden, ist noch nicht sichergestellt, dass das Insolvenzgericht das Verfahren auch tatsächlich eröffnet. Mit der Vornahme der anfechtbaren Rechtshandlung vor Verfahrenseröffnung steht dementsprechend nicht hinreichend fest, dass ein Rückgewähranspruch im Wege eines Automatismus entsteht. Im Ergebnis besteht mit der Vornahme der

---

1825 Gründe für eine Zurückweisung ist beispielsweise das Fehlen der örtlichen Zuständigkeit gemäß § 3 InsO. Ein Antrag ist auch dann unzulässig, wenn der Gläubiger das nach § 14 I InsO erforderliche rechtliche Interesse an der Verfahrenseröffnung nicht glaubhaft macht.

1826 *Gundlach*, in Gottwald/Haas, Insolvenzrechts-Handbuch, § 16, Rn. 3.

1827 BGH vom 19,12,1991, III ZR 9/91, NJW-RR 1992, 919 (919); *Gundlach*, in Gottwald/Haas, Insolvenzrechts-Handbuch, § 16, Rn. 3.

1828 BGH, Beschl. vom 19.12.1991 - III ZR 9/91, ZIP 1992, 947 (948).

1829 *Gundlach*, in Gottwald/Haas, Insolvenzrechts-Handbuch, § 16, Rn. 3.

1830 Die Ablehnung mangels Masse betrifft vornehmlich die Insolvenz von juristischen Personen und Personengesellschaften. Im Falle der Insolvenz einer natürlichen Person ordnet § 4a I InsO an, dass ihr die Kosten des Verfahrens bis zur Erteilung der Restschuldbefreiung gestundet werden können.

anfechtbaren Rechtshandlung ein zukünftige, nicht aber ein aufschiebend bedingter Rückgewähranspruch.[1831]

Soweit der Bundesfinanzhof in der Entscheidung vom 31.10.2018[1832] auf eine Masseverbindlichkeit erkennt, weil mit dem Zufluss des Geldbetrages der steuerrechtliche Tatbestand verwirklicht ist, ist diese Zuordnung ebenfalls abzulehnen. Wie bereits dargestellt, ist für die insolvenzrechtliche Begründetheit nicht die vollständige Verwirklichung des steuerrechtlichen Tatbestandes, sondern die die nach anwartschaftsrechtlichen Grundsätzen gesicherte Tatbestandsverwirklichung maßgeblich.

Soweit die Literatur die Einkommensteuer aus der Rückgewähr des aus der Rückzahlung insolvenzrechtlich angefochtener Zahlungen als Insolvenzforderung einordnet, weil insbesondere die Vorschrift des § 144 Abs. 1 InsO eine Rückwirkung auf den Zeitraum vor Verfahrensöffnung bewirke, ist dem in der Form nicht zuzustimmen. Zuvorderst ist der Literatur allerdings dahingehen beizustimmen, dass es Sinn und Zweck des Insolvenzanfechtungsrechts ist, den Zustand wieder herzustellen, der ohne gläubigerbenachteiligende Rechtshandlung bestünde. Ziel ist es, den Bestand des den Gläubigern haftenden Schuldnervermögens dadurch wiederherzustellen, dass Vermögensverschiebungen rückgängig gemacht werden, die insbesondere in der Zeit der Krise vor Verfahrenseröffnung zum Nachteil der Gläubiger vorgenommen worden sind.[1833] Allerdings ist hierbei streng zwischen den einzelnen Rechtsfolgen der §§ 143 und 144 InsO zu unterscheiden. Die Verwirklichung dieses Ziels vollzieht sich durch zwei voneinander zu trennende rechtliche Konstrukte, bei denen die Rechtsfolge des einen nicht auf die Rechtsfolge des anderen übertragen werden kann. Der § 143 Abs. 1 InsO bestimmt die Rechtsfolge für die Insolvenzmasse. Der vor Verfahrenseröffnung in gläubigerbenachteiligender Weise veräußerte, weggegebene oder aufgegebener Vermögenswert ist zur Masse zurückzugewähren. § 143 Abs. 1 InsO ordnet einen speziellen Rückgewähranspruch der Insolvenzmasse an. Er kehrt insbesondere nicht den ursprünglichen Ausgangssachverhalt um, sondern zieht im Wege eines neu

[1831] So auch *Jacoby*, in Kübler/Prütting/Bork, InsO, § 143, Rn. 9 (73. Lfg. September 2017). Im Übrigen wird gegen die Annahme eines aufschiebend bedingten Entstehung vorgetragen, dass dem Anfechtungsgegner nach § 95 Abs. 1 InsO so zu Unrecht die Aufrechnung gegen Anfechtungsanspruch ermöglicht wird, wenn ihm gegen den späteren Schuldner bei Verfahrenseröffnung eine unbedingte, fällige und gleichartige Gegenforderung zusteht. *Borries/Hirte*, in Uhlenbruck, InsO, § 143, Rn. 3.

[1832] BFH vom 31.10.2018, III B 77/18, BFH/NV 2019, 123.

[1833] BT-Drucks. XII/2443, S. 156.

entstehendes Rückgewähranspruchs einen Vermögenswert zur Masse.[1834] Die Anfechtung ist keine förmliche Umkehrung von früheren, in sich als Lebenssachverhalt schon abgeschlossenen und real getätigten Betriebsausgaben, sondern ist ein insolvenzverteilungsspezifischer Rechtsakt eigener Art.[1835] Auch ist er kein Rücktrittsrecht, das zu einer Rückabwicklung des Geschäfts führen würden, sondern ein insolvenzrechtlicher und damit bürgerlich rechtlicher separater Anspruch.[1836]

Demgegenüber bestimmt der § 144 Abs. 1 InsO das Schicksal der Forderung des Anfechtungsgegners. Seine Forderung lebt wieder auf, wenn er das anfechtbar Erlangte zurückgewährt. § 144 Abs. 1 InsO ordnet an, dass die ursprünglich vorinsolvenzlich erloschene (§ 362 Abs. 1 BGB) Forderung des Anfechtungsgegners rückwirkend wieder auflebt und er diese als Insolvenzgläubiger gemäß § 174 Abs. 1 InsO als einfache Insolvenzforderung anmelden kann. Denkt man sich die Vorschrift des § 144 Abs. 1 InsO einmal weg, gäbe es den durch Erfüllung längst untergegangenen Anspruch trotz der Anfechtung weiterhin nicht.[1837] Die Norm fingiert Bestandteile des Ursprungzustandes, wie er ohne anfechtbare Handlung bestanden hätte, aber real schon gar nicht mehr existiert.[1838] Der originäre Rückgewähranspruch aus § 143 Abs. 1 InsO und der wiederaufgelebte Anspruch des Anfechtungsgegners stellen eigenständige Forderungen dar, die abstrakt zueinander sind.[1839] Zwar lebt die Forderung des Anfechtungsgegners erst wieder auf, wenn er den Anspruch aus § 143 Abs. 1 InsO erfüllt, jedoch bestehen dessen ungeachtet zwei verschiede Rechtsverhältnisse: Einerseits die Forderung des Schuldners auf Rückgewähr, § 143 Abs. 1 InsO, andererseits die ursprünglich erloschene Forderung des Anfechtungsgegners, § 144 Abs. 1 InsO i.V.m. der ursprünglichen Forderung. Der Rückgewähranspruch des Schuldners und der Erstattungsanspruch des anderen Teils bilden kein einheitliches, sondern ein voneinander zu trennende Schuldverhältnisse.[1840]

Vor diesem Hintergrund vermag es nicht überzeugen, wenn für die insolvenzrechtliche Einordnung der Einkommensteuer, welche den leistungsfähigkeitsrelevanten Sachverhalt des § 143 Abs. 1 InsO besteuert, nunmehr

---

1834 *Ries*, in FS Kayer, S. 817 (827).
1835 *Ries,* in FS Kayer, S. 817 (828).
1836 *Roth*, Insolvenzsteuerrecht, Rn. 4.409.
1837 *Ries*, in FS Kayer, S. 817 (827).
1838 *Ries*, in FS Kayer, S. 817 (827).
1839 *Roth*, Insolvenzsteuerrecht, Rn. 4.409.
1840 *Borries/Hirte*, in Uhlenbruck, InsO, § 144, Rn. 12; *Roth*, Insolvenzsteuerrecht, Rn. 4.409.

auf die Anordnung des § 144 Abs. 1 InsO verwiesen wird. Vielmehr ist die Trennung der selbständigen Schuldverhältnisse in Ansehung der insolvenzrechtlichen Einordnung der Einkommensteuer zu berücksichtigen. Besteuerungsgrundlage ist nicht die Forderung des Anfechtungsgegners, sondern die mit Insolvenzeröffnung neu entstehende Forderung des Schuldners auf Rückgewähr des Weggegebenen, Veräußerten oder Aufgegebenen. Hinsichtlich der Forderung des Schuldners kommt es zu keiner Rückwirkung samt status quo ante-Betrachtung vor Verfahrenseröffnung, weil dieser Anspruch mit der Insolvenzeröffnung vielmehr originär neu begründet wird. Die Rückwirkung und das Wiederaufleben wirken nur isoliert für den Anspruch des Anfechtungsgegners. Die eigentliche Besteuerungsgrundlage – Verwirklichung des Anspruchs aus § 143 Abs. 1 InsO – bleibt davon unberührt. Das Schicksal der Forderung des Anfechtungsgegners ist für die Besteuerung des Schuldners irrelevant. Besteuerungsgrundlage ist nur die Vereinnahmung für die Masse. Inwieweit die Forderung des Anfechtungsgegners wiederauflebt, und zur Tabelle anzumelden ist, ist nur bei dessen Besteuerung zu berücksichtigen. Entsprechend ist für die insolvenzrechtliche Einordnung der Einkommensteuer aus der Rückgewähr des aus der Rückzahlung insolvenzrechtlich angefochtener Zahlungen nur von Belang, welcher Vermögenswert gemäß § 143 Abs. 1 InsO zur Masse zu ziehen ist.

5. Eigener Begründungsansatz zur Einordnung der Einkommensteuerforderung

a) Das Nichtvorliegen einer Insolvenzforderung gemäß § 38 InsO

Für die Fragestellung, wie die Einkommensteuer aus der Rückgewähr des aus der Rückzahlung angefochtener Zahlungen einzuordnen ist, ist im Ausgangspunkt folgendes festzustellen: Der Einkommensteuerforderung liegt der leistungsfähigkeitsrelevante Vorgang des Anfechtungsanspruchs aus § 143 Abs. 1 InsO zugrunde. Soweit der Insolvenzschuldner seinen Gewinn gemäß § 4 Abs. 3 EStG durch Einnahme-Überschuss-Rechnung ermittelt, fließt ihm ein steuerbarer Gewinn aus der Rückgewähr des zuvor veräußerten, weggegebenen oder aufgegebenen Vermögen zu. Besteuerungsgrundlage der Einkommensteuer ist das mit Insolvenzeröffnung neu entstehende Rückgewährschuldverhältnis. Die Fallkonstellation ist mit Blick auf die Abgrenzung von Insolvenzforderung und Masseverbindlichkeit problematisch, weil die Insolvenzeröffnung einzelne Entwicklungsstadien des Rückgewähranspruchs zerschneidet. Vor Insolvenzeröffnung ist mit der Vornahme der anfechtbaren Rechtshandlung der Rechtsboden für einen zukünftigen Rückgewähranspruch gelegt.[1841] Gleichsam ist die daran anknüpfende Steuerforderung dem Grunde nach angelegt. Der insolvenzrechtliche Rückgewähranspruch entsteht aber erst im Zeitpunkt der Insolvenzeröffnung kraft Gesetzes. Nach Insolvenzeröffnung macht der Insolvenzverwalter zudem den Anspruch geltend sowie vereinnahmt den Vermögenswert zur Masse. Zu diesem Zeitpunkt ist der Einkommensteuertatbestand vollständig verwirklicht, § 11 Abs. 1 EStG. Insoweit ergeben sich potenziell vier Anknüpfungspunkte beziehungsweise Entwicklungsstadien. Es ist zwischen der Vornahme der anfechtbaren Rechtshandlung vor Verfahrenseröffnung, der Eröffnung des Insolvenzverfahrens, der Geltendmachung des Rückgewähranspruchs durch den Insolvenzverwalter und schließlich der Vereinnahmung des Entgelts beziehungsweise der Rückgewähr des Erlangten zur Insolvenzmasse zu differenzieren.

Wenn für die Annahme einer Insolvenzforderung gemäß § 38 InsO erforderlich ist, dass die Forderung zum Zeitpunkt der Insolvenzeröffnung begründet ist, scheiden drei der möglichen Anknüpfungspunkte bereits von vornhinein aus: Das Entstehen des Rückgewähranspruchs zum Zeitpunkt der Insolvenzeröffnung, die Geltendmachung des Anspruchs und die Vereinnahmung des Vermögenswertes vollziehen sich allesamt nicht im vorinsolvenzlichen Stadium. Zeitlich sind diese Anknüpfungspunkte dem Zeitraum nach Insolvenzeröffnung zuzuordnen. Insbesondere entsteht der Rückgewähranspruch eine juristische Sekunde nach Verfahrenseröffnung, weil er gerade im Zuge der Insolvenzeröffnung originär neu begründet wird.

Vor diesem Hintergrund ist eine Insolvenzforderung gemäß § 38 InsO für die Einkommensteuer aus der Rückgewähr des aus der Rückzahlung insolvenzrechtlich angefochtener Zahlungen nur anzunehmen, wenn zum Zeitpunkt der Vornahme der anfechtbaren Rechtshandlung vor Verfahrenseröffnung die Einkommensteuer im insolvenzrechtlichen Sinne begründet ist. Mit der oben dargestellten Konkretisierung[1842] liegt zusammengefasst eine einkommensteuerrechtliche Insolvenzforderung gemäß § 38 InsO vor, wenn der Steuergläubiger im Allgemeinen dem Typus eines Kreditgebers entspricht, der Steuertatbestand zum Zeitpunkt der Verfahrenseröffnung nach anwartschaftsrechtlichen Gesichtspunkten gesichert ist sowie zum Zeitpunkt der Insolvenzeröffnung die steuerbaren Einkünfte gemäß § 2 Abs. 1 S. 1 EStG erzielt sind, dass der vom Zivilrecht geprägte Handlungs- und

[1841] *Jacoby*, in Kübler/Prütting/Bork, InsO, § 143, Rn. 9 (73. Lfg. September 2017).
[1842] Vgl. H., IV..

Erfolgstatbestand unter dem Gesichtspunkt einer gesteigerten Leistungsfähigkeit verwirklicht ist. Wie für die typologische Betrachtung üblich, ist anhand einer Fallvergleichung zu untersuchen, ob die einzuordnende Fallgestaltung mit bereits eingeordneten Fällen hinreichend vergleichbar ist. Diesbezüglich dient die Besteuerung der stillen Reserven als Vergleichsmaßstab. Es ist zu fragen, ob dieser Fall hinreichend ähnlich ist, dass von einem typischen Fall des Kreditgebers auszugehen ist, wenn die anfechtbare Rechtshandlung vor Verfahrenseröffnung vorgenommen wird. Der Steuergläubiger tritt im Fall der stillen Reserven als Kreditgeber auf, weil er im Wege einer Steuerverschonung trotz bereits bestehender Leistungsfähigkeit aus bilanzrechtlicher Vorsicht und wegen der Vermeidung einer Übermaßbesteuerung zunächst auf eine Besteuerung verzichtet. Der konkrete Steueranspruch wird mit der Ansammlung der stillen Reserven bis zur deren Realisation kreditiert, weil bereits mit der Ansammlung und dem Halten der stillen Reserven ein dem Grunde nach leistungsfähigkeitsrelevanter Vorgang besteht, der aber nicht der Besteuerung unterworfen wird.

Vergleicht man diesen Befund mit dem Sachverhalt der Vornahme der anfechtbaren Rechtshandlung vor Verfahrenseröffnung, tritt der Steuergläubiger zu diesem Zeitpunkt hingegen noch nicht als Kreditgeber auf. Denn zu diesem Zeitpunkt ist der besteuerungswürdige zivilrechtliche Sachverhalt noch nicht abschließend verwirklicht. Er ist vielmehr unsicher, weil der leistungsfähigkeitsrelevante Sachverhalt – Vereinnahmung des anfechtbar Erlangtem – noch von weiteren wesentlichen Voraussetzungen abhängt. Der Rückgewähranspruch gemäß § 143 Abs. 1 InsO ist zum Zeitpunkt der Anfechtbarkeit unsicher, weil zum Entstehen des Anspruchs noch ein Insolvenzantrag und ein gerichtlicher Insolvenzeröffnungsbeschluss erforderlich sind. Zum Zeitpunkt der Vornahme der anfechtbaren Rechtshandlung befindet sich das gesetzliche Schuldverhältnis aus § 143 Abs. 1 InsO in einem Schwebezustand. Insbesondere besteht noch kein aufschiebend bedingter, sondern bloß ein zukünftiger Anspruch. Die Forderung ist noch nicht hinreichend abgesichert, dass ein gewisser Entstehungsautomatismus oder ein Anwartschaftsrecht besteht. Die Schwebephase ist vielmehr erst mit der Entstehung der Forderung kraft Gesetzes zum Zeitpunkt der Insolvenzeröffnung beendet. Die Einkommensteuerforderung ist von der Verwirklichung des zivilrechtlichen Anspruchs abhängig; sie ist an § 143 Abs.1 InsO gekoppelt (Präzedenz des Zivilrechts). Und soweit diese zivilrechtliche Forderung noch nicht hinreichend realisiert ist, besteht noch keine daran anknüpfende Einkommensteuerforderung. Erst wenn der besteuerungswürdige zivilrechtliche Sachverhalt verwirklicht ist, ist von einer begründeten Forderung auszugehen. Mit anderen Worten tritt der Steuergläubiger nicht als Kreditgeber auf, weil sich dessen Steuerforderung aufgrund des noch vagen zivilrechtlichen Rückgewähranspruchs aus § 143 Abs. 1 InsO noch nicht hinreichend konkretisiert ist. Es besteht also zu diesem Zeitpunkt keine Steuerforderung, auf dessen Geltendmachung kreditgeschäftstypisch zunächst verzichtet werden kann.

Getragen wird diese Überlegung durch eine Betrachtung des konkreten Handlungs- und Erfolgstatbestand des § 2 Abs. 1 S. 1 EStG. Dieser bezeichnet die Nutzung der Erwerbsgrundlage. So kommt nur als Steuerschuldner in Betracht, wer tatsächlich seine Erwerbsgrundlage durch ein Handeln genutzt hat und Einnahmen erzielt.[1843] Das Erzielen ist in Ansehung des dreigliedrigen Tatbestandsbestandsbegriffs des § 2 Abs. 1 S. 1 EStG ein erfolgsqualifizierter Handlungstatbestand.[1844] Erzielen bezeichnet das Hinarbeiten auf ein Ziel und das Erreichen eines Ziels; es drückt einen Handlungsvorgang und seine erfolgreiche Beendigung aus.[1845] § 2 Abs. 1 S. 1 EStG belastet nur die finanzielle Leistungsfähigkeit dessen, der erfolgreich erworben hat.[1846] Es geht darum, wem ein Erwerbserfolg – sei es durch eine Handlung oder eine Vermögenszuordnung – zuzurechnen ist.[1847] Der Handlungstatbestand hat die Funktion, dem handelnden Subjekt die Erwerbseinnahmen zuzurechnen.[1848] Maßgeblich ist dafür die nach objektiven Beweisanzeichen zu bestimmende Erwerbsgerichtetheit.[1849]

Gemessen an diesen Prämissen zum Grundtatbestand des § 2 Abs. 1 S. 1 EStG, sind Einkünfte zum Zeitpunkt der Vornahme der anfechtbaren Rechtshandlung noch nicht erzielt. Soweit der Tatbestand des § 2 Abs. 1 S. 1 EStG einen erfolgsqualifizierten Handlungstatbestand darstellt, hat der Schuldner zu diesem Zeitpunkt weder auf ein Ziel hingearbeitet (Handlung) noch ein solches erreicht (Erfolg). Der Erfolg ist nicht eingetreten, weil – wie bereits betrachtet – der Tatbestand des § 143 Abs. 1 InsO mit der Vornahme der anfechtbaren Rechtshandlung noch nicht entstanden ist. Es besteht bloß ein baldiger, aber kein hinreichend konkreter Anspruch, an den der Steuertatbestand anknüpfen kann. Der Erfolg tritt vielmehr erst mit dem Entstehen des Anspruchs zum Zeitpunkt der Insolvenzeröffnung ein. Darüber hinaus fehlt es auch an einer zielgerichteten Handlung des

---

1843 *P. Kirchhof*, in Kirchhof, EStG, 19. Auflage § 2, Rn. 8.
1844 *P. Kirchhof*, in Kirchhof/Söhn/Mellinghoff, EStG, § 2, A 79 (121. Lfg. Mai 2002).
1845 *P. Kirchhof*, in Kirchhof/Söhn/Mellinghoff, EStG, § 2, A 79 (121. Lfg. Mai 2002); *Musil*, in HHR, EStG, KStG, § 2, Rn. 57 (290. Lfg. Januar 2019).
1846 *P. Kirchhof*, in Kirchhof, EStG, 19. Auflage, § 2, Rn. 8.
1847 *Musil*, in HHR, EStG, KStG, § 2, Rn. 17 (290. Lfg. Januar 2019).
1848 *P. Kirchhof*, in Kirchhof, EStG, 19. Auflage § 2, Rn. 54.
1849 *P. Kirchhof*, in Kirchhof, EStG, 19. Auflage, § 2, Rn. 56.

Schuldners. Die Vornahme der anfechtbaren Rechtshandlung vor Verfahrenseröffnung stellt kein Hinarbeiten auf einen Anspruch aus § 143 Abs. 1 InsO dar. Besteuerungsgrundlage ist der Anspruch aus § 143 Abs. 1 InsO und die entsprechende Vermögenszuwachs aus der Rückgewähr des Erlangten. Besteuert wird das konkrete Rückgewährschuldverhältnis und die daraus folgende Vermögensmehrung. Wollte man nunmehr die anfechtbare Rechtshandlung vor Verfahrenseröffnung – Vermögensfreigabe durch den Schuldner – als Einkünfteerzielung beschreiben, ist dem entgegenzuhalten, dass diese Handlung im Ergebnis das Gegenteil dessen bezweckt, was der zu besteuernde Anspruch aus § 143 Abs. 1 InsO herbeiführen will. Der Schuldner gibt einen Vermögenswert frei, der nach § 143 Abs. 1 InsO zurückzugewähren ist. Die Handlung des Schuldners vor Verfahrenseröffnung ist gerade nicht auf einen Erwerb zur Insolvenzmasse gerichtet. Die Einkünfte aus der Verwirklichung des Anspruchs aus § 143 Abs. 1 InsO sind dem Schuldner zuzurechnen, weil sich seine Handlung allein darauf bezieht, eigene Verpflichtungen gegenüber seinen Gläubigern zu erfüllen und zum Erlöschen zu bringen. Dies steht jedoch in keinem Zusammenhang mit der Verwirklichung des Anspruchs aus § 143 Abs. 1 InsO. Der Anspruch aus § 143 Abs. 1 InsO wird daher nicht aufgrund einem finalen Handeln des Schuldners vor Verfahrenseröffnung, sondern kraft Gesetzes mit Eröffnung des Insolvenzverfahrens erzielt. Mit dem gesetzlichen Schuldverhältnis soll das entgegengesetzte Handeln des Schuldners ausgeglichen werden. Erst mit Eröffnung des Insolvenzverfahrens wird der steuerbare Vermögenszuwachs erzielt und erwirtschaftet. Im Ergebnis sind dem Schuldner die Einkünfte aus der Verwirklichung des Anspruchs aus § 143 Abs. 1 InsO samt dem damit verbundenen steuerbaren Erwerbserfolg nicht zuzuordnen, weil er diesen Vermögenszuwachs nicht erzielen wollte und der erzielte Erfolg letztlich allein auf der Entstehung kraft Gesetzes beruht.

Als Kreditgeber tritt der Steuergläubiger vielmehr erst im Zeitpunkt der Entstehung des Anspruchs zum Zeitpunkt der Insolvenzeröffnung auf. Vom Zeitpunkt der Entstehung des Rückgewährverhältnisses mit Insolvenzeröffnung bis zum Zufluss des Ertrages zur Masse gemäß § 11 Abs. 1 EStG stundet der Steuergläubiger dem Schuldner die Einkommensteuerforderung. Ähnlich zur Besteuerung der stillen Reserven kommt es für diesen Zeitraum zu einer Steuerverschonung, weil der maßgebliche besteuerungswürdige Sachverhalt verwirklicht ist, aber aus Gründen der steuerlichen Zuordnung die endgültige Steuerentstehung hinausgeschoben wird. Insoweit erschöpft sich nämlich die Bedeutung des § 11 Abs. 1 EStG allein in einer zeitlichen Zuordnung zu einem Veranlagungszeitraums. Da die

Einkommensteuer gemäß § 25 Abs. 1 EStG eine periodische Steuer ist und die Grundlagen für ihre Festsetzung nach § 2 Abs. 7 S. 2 EStG jeweils für ein Kalenderjahr zu ermitteln sind, bedarf es für die erforderliche Zuordnung des Einkommens zum jeweiligen Kalenderjahr einer Regelung über die zeitliche Erfassung steuerbarer Einnahmen und steuerlich abzugsfähiger Ausgaben.[1850] Der Gesetzgeber hat sich für einen Teil der Einkunftsarten für das Zu- und Abflussprinzip entschieden; hierfür enthält der § 11 Abs. 1 EStG die grundlegende Regel für die Zuordnung steuerrelevanter Sachverhalte zu einem bestimmten Kalenderjahr.[1851] Der Regelungsgehalt des § 11 Abs. 1 EStG erschöpft sich daher in der Bestimmung des maßgebenden Beteuerungszeitpunkts.[1852] Die Vorschrift regelt nicht, unter welchen Voraussetzungen welche Einnahmen und Aufwendungen mit welchen Einkünften zusammenhängen und was daraus für deren Steuerbarkeit und Abziehbarkeit dem Grunde und der Höhe nach folgt.[1853] Grund und Höhe der Steuerbarkeit folgt vielmehr aus den §§ 2 Abs. 1 EStG, 13 ff. EStG.

Der Umstand, dass der Anspruch aus § 143 Abs. 1 InsO zum Zeitpunkt seiner Entstehung noch nicht geltend gemacht worden ist, ändert an der Beurteilung nichts. Die Annahme einer kreditgeschäftstypischen Sonderverbindung ist nicht etwa auf den Zeitraum von Anfechtungserklärung bis zur Vereinnahmung des Entgelts gemäß § 11 Abs. 1 EStG hinausgeschoben. Denn der Geltendmachung des Rückgewähranspruchs kommt keine eigenständige Bedeutung zu. Eine Anfechtungserklärung ist für das Entstehen des Anfechtungsanspruches nicht erforderlich.[1854] Es bedarf nach Insolvenzeröffnung keiner Ausübung einer im Gesetz nicht vorgesehenen Anfechtungsbefugnis.[1855] Die Geltendmachung ist bloß eine formlose Willensbetätigung; sie enthält keine Rechtswirkungen. Der Anspruch entsteht vielmehr kraft Gesetzes mit Verfahrenseröffnung. Die maßgebliche Besteuerungsgrundlage ist mit Verfahrenseröffnung verwirklicht; die Geltendmachung des Rückgewähranspruchs hat keinen Einfluss auf die grundlegenden Bestand der Steuerforderung.

Die Tatsache, dass der Steuergläubiger ab dem Zeitpunkt der Insolvenzeröffnung bis zur Vereinnahmung des Entgelts als Kreditgeber anzusehen

---

1850 BFH vom 08.09.2004, XI R 28/04, BFH/NV 2005, 321 (322); *Martini*, in Brandis/Heuermann, EStG, § 11, Rn. 7 (159. Lfg. Oktober 2021).

1851 *Martini*, in Brandis/Heuermann, EStG, § 11, Rn. 7 (159. Lfg. Oktober 2021).

1852 BFH vom 07.07.2004, XI R 10/04, BStBl. II 2004, 1058 (1060).

1853 BFH vom 20.09.2006, I R 59/05, BStBl. II 2007, 756 (758); *Martini*, in Brandis/Heuermann, EStG, § 11, Rn. 8 (159. Lfg. Oktober 2021).

1854 *Borries/Hirte*, in Uhlenbruck, InsO, § 143, Rn. 120.

1855 *Jacoby*, in Kübler/Prütting/Bork, InsO, § 143, Rn. 9 (73. Lfg. September 2017).

ist, verhilft im Ergebnis aber nicht zur Annahme einer Insolvenzforderung. Die Annahme einer Insolvenzforderung scheidet aus, weil die Einkommensteuerforderung unter dieser Annahme eine juristische Sekunde nach Eröffnung des Insolvenzverfahrens als begründet anzusehen ist. Die Forderung entsteht erst mit und nicht vor der Insolvenzeröffnung. Entgegen des § 38 InsO ist die Steuerforderung daher nicht mehr zur Zeit der Eröffnung des Insolvenzverfahrens begründet.

b) Das Vorliegen einer Masseverbindlichkeit gemäß § 55 Abs. 1 Nr. 1, 2. Var. InsO

Scheidet die Annahme einer Insolvenzforderung aus, ist die Überlegung anzustellen, ob die Einkommensteuerforderung aus der Rückgewähr des aus der Rückzahlung insolvenzrechtlich angefochtener Zahlungen als Masseverbindlichkeit einzuordnen ist. Dazu müssen die besonderen Voraussetzungen des § 55 Abs. 1 Nr. 1, 2. Var. InsO samt der dem Tatbestand zugrundeliegende Typizität vorliegen.[1856] Gemäß § 55 Abs. 1 Nr. 1, 2. Var. InsO sind Masseverbindlichkeiten Verbindlichkeiten, die in anderer Weise durch die Verwaltung, Verwertung und Verteilung der Insolvenzmasse begründet werden, ohne zu den Kosten des Insolvenzverfahrens zu gehören. Mit der oben dargestellten Konkretisierung[1857] ist zusammengefasst eine steuerrechtliche Masseverbindlichkeit anzunehmen, wenn vor Verfahrenseröffnung bloß eine vage Aussicht auf eine spätere Verwirklichung der Forderung besteht, die Forderung aber in Ansehung des ungeschriebenen Tatbestandsmerkmals nach Verfahrenseröffnung begründet und dabei durch eine Verwaltungsmaßnahme des Insolvenzverwalters hervorgerufen wird. Nicht erforderlich ist eine aktive Beteiligung des Verwalters; es genügt, wenn das Entstehen der Steuerforderung wertungsmäßig dem Insolvenzverwalter zuzuordnen ist. Typologisch sind die steuerrechtlichen Masseverbindlichkeiten nach § 55 Abs. 1 Nr. 1, 2. Var. InsO als Vermögensverwaltungskosten der insolvenzbedingten Betriebsfortführung zu beschreiben. Weil der Insolvenzschuldner im Konkurs Teil einer übergeordneten solidarischen Pflicht- und Haftungsgemeinschaft ist, ist er nicht davon befreit, eine Steuer für die Verwirklichung besteuerungswürdiger Lebenssachverhalte zu entrichten.

Soweit der Rückgewähranspruch aus § 143 Abs. 1 InsO zum Zeitpunkt der Insolvenzeröffnung entsteht, bereit es keine großen Probleme diesen

[1856] Liegen diese Voraussetzungen nicht vor, ist eine Forderung gegen das insolvenzfreie Vermögen des Schuldners anzunehmen.

[1857] Vgl. G., VII.

Anspruch dem nachinsolvenzlichen Vermögen des Schuldners zuzuordnen. Vor Verfahrenseröffnung – insbesondere mit der Vornahme der anfechtbaren Rechtshandlung – besteht bloß ein zukünftiger, aber kein im insolvenzrechtlichen Sinne begründeter Anspruch. Das ungeschriebene Tatbestandsmerkmal des nach § 55 Abs. 1 Nr. 1, 2. Var. InsO um das Erfordernis der Begründetheit nach Verfahrenseröffnung ist gegeben.

Da sowohl der Anspruch aus § 143 Abs. 1 InsO als auch die daran anknüpfende Einkommensteuerforderung allein kraft Gesetzes entstehen, erfordert es jedoch einen erhöhten Begründungsaufwand, eine Verwaltungsmaßnahme des Insolvenzverwalters darzulegen. Soweit die Forderung automatisch mit Verfahrenseröffnung entsteht, ist der Insolvenzverwalter an der Begründung des Rückgewähranspruchs nicht aktiv beteiligt. Er selbst sorgt nicht unmittelbar für die Entstehung des Anspruchs. Soweit allerdings für die Annahme einer Verwaltungsmaßnahme gemäß § 55 Abs. 1 Nr. 1, 2. Var. InsO ausreichend ist, dass der Anspruch kausal auf einer Zuordnungsentscheidung des Verwalters beruhen muss und der Anspruch dem Verwalter unter Berücksichtigung von Wertungsmomenten allgemein zuzuordnen ist, ist der Rückgewähranspruch aus § 143 Abs. 1 InsO aus den folgenden Überlegungen auf eine die Masse bezogene Amtstätigkeit des Insolvenzverwalters zurückzuführen: Rechtlich ist zwischen zwei unterschiedlichen Rechtsverhältnissen zu unterscheiden.[1858] Einerseits besteht ein vorinsolvenzlicher Leistungsaustausch durch den Insolvenzschuldner. Diesem liegt ein wirksames Schuldverhältnis zugrunde. Der Schuldner kann beispielsweise dinglich Eigentum übertragen oder schuldrechtlich Zahlungsverpflichtungen zum Erlöschen bringen. Andererseits entsteht mit Insolvenzeröffnung ein davon unabhängiges gesetzliches Schuldverhältnis auf Rückgewähr des vom Insolvenzschuldner Veräußerten, Weggegebenen oder Aufgegebenen Vermögenswerten. Das Schuldverhältnis zwischen Anfechtungsgegner und Insolvenzschuldner wird nicht bloß rückabgewickelt; es entsteht vielmehr ein separater bürgerlich-rechtlicher Anspruch. In diesem selbständigen Anspruch ist eine Leistungsfähigkeit erhalten, die nach einkommensteuerrechtlichen Grundsätzen zu besteuern ist. Diesen besteuerungswürdigen Lebenssachverhalt verwirklicht nun der Insolvenzverwalter, weil der Anspruch aus § 143 Abs. 1 InsO allein für Zwecke des gerichtlichen Insolvenzverfahrens besteht und dieser Anspruch speziell auf die Befugnisse des Insolvenzverwalters zugeschnitten ist. Im Einzelnen:

Der Anspruch aus § 143 Abs. 1 InsO entsteht mit der Insolvenzeröffnung, unterliegt der regelmäßigen Verjährung, § 146 InsO und erlischt bei

---

[1858] *Roth*, Insolvenzsteuerrecht, Rn. 4.409.

Beendigung des Insolvenzverfahrens. Insoweit besteht der Rückgewähranspruch nur für Zwecke des Insolvenzverfahrens und ist allein für das gerichtliche Verfahren geschaffen worden.[1859] Außerhalb des Insolvenzverfahrens erübrigt sich der Anspruch. Dies unterscheidet insbesondere die vor- und außergerichtliche Sanierung von dem gerichtlichen Insolvenzverfahren. Nur im Fall der formellen Insolvenz besteht das Recht zur Insolvenzanfechtung. Soweit im Insolvenzverfahren der Insolvenzverwalter die maßgebliche Person ist und gemäß § 80 Abs. 1 InsO die Verwaltungs- und Verfügungsbefugnis auf ihn übergeht, steht dem Insolvenzverwalter der insolvenzrechtsspezifische Anspruch zu. Nur der Insolvenzverwalter ist in Ansehung seiner Verwaltungskompetenz befugt, die Masse anreichern, um dasjenige Vermögen, welches der Schuldner vorinsolvenzlich weggegeben hat, dem Zugriff der Gläubiger zurückzugewähren. Der Insolvenzverwalter verwirklicht im Interesse der Gläubiger das Anfechtungsrecht auf Wiedererschließung der vereitelten Zugriffsmöglichkeiten.[1860] Er ist dazu berufen, bestimmte Vermögensverschiebungen rückgängig zu machen, um dadurch den Bestand des haftenden Schuldnervermögens wiederherzustellen.[1861] So ist Insolvenzanfechtung ein insolvenzrechtsspezifischer Rechtsakt.[1862] Die Anfechtung bedeutet a priori kein unternehmerisches Handeln des Schuldners; denn er selbst besaß nie eine eigene Anfechtungskompetenz.[1863] Berechtigter ist nur der Verwalter. Der Anfechtungsanspruch ist nur aus der Amtsstellung des Insolvenzverwalters heraus erklärbar.[1864] Der Anspruch ist untrennbar mit dem Amt des Insolvenzverwalters verbunden.[1865] So entsteht der Anspruch in der Person des Insolvenzverwalters als Aktivum des Sondervermögens Insolvenzmasse.[1866] Anspruchsinhaber ist das im Sondervermögen Insolvenzmasse gebündelte schuldnerische Vermögen, welches mit Verfahrenseröffnung vom Insolvenzverwalter verwaltet wird.[1867] Zudem macht der Insolvenzverwalter den Anspruch geltend;[1868] bei der

---

[1859] BGH vom 10.02.1982, VIII ZR 158/80, BGHZ 83, 102 (105).

[1860] *Borries/Hirte*, in Uhlenbruck, InsO, § 129, Rn. 4.

[1861] BT-Drucks. XII/2443, S. 156; BGH vom 17.02.2011, IX ZR 91/10, NZI 2011, 486 (487).

[1862] *Borries/Hirte*, in Uhlenbruck, InsO, § 129, Rn. 1; *Ries,* in FS Kayer, S. 817 (828).

[1863] *Ries,* in FS Kayer, S. 817 (828).

[1864] RG vom 21.02.1928, VII 369/27, RGZ 120, 189-192).

[1865] RG vom 27.03.1893, VI 2/93, RGZ 31, 40 (43); BGH vom 10.02.1982, VIII ZR 158/80, BGHZ 83, 102 (105).

[1866] BGH vom 11.06.1992, IX ZR 255/91, NJW 1992, 2483 (2484); *Borries/Hirte*, in Uhlenbruck, InsO, § 143, Rn. 8.

[1867] *Rogge/Leptien*, in Hamburger Kommentar, InsO, Vorbem. Zu §§ 129 ff. InsO, Rn. 3.

[1868] *Borries/Hirte*, in Uhlenbruck, InsO, § 143, Rn. 13.

Geltendmachung handelt er im eigenen Namen kraft seines Amtes.[1869] Ob die Anfechtung zu erklären ist, hat er nach Zweckmäßigkeit für die Masse zu entscheiden.[1870] Die alleinige Kompetenz über den Anspruch liegt beim Insolvenzverwalter. Der Insolvenzverwalter ist zu einer pflichtgemäßen Ermessensentscheidung verpflichtet.[1871] Der Verwalter kann lediglich im Innenverhältnis über die §§ 58, 59, 60 InsO zur Geltendmachung angehalten oder in Haftung genommen werden. Im Ergebnis besteht daher eine Verwaltungsmaßnahme im Sinne des § 55 Abs. 1 Nr. 1, 2. Var. InsO, weil der Anspruch aus § 143 Abs. 1 InsO seinem Zweck und seiner Rechtsnatur nach auf den Insolvenzverwalter zugeschnitten ist. Soweit der Rückgewähranspruch einer Person zuzuordnen ist, kann er nur dem Insolvenzverwalter zugeordnet werden. Er ist zur Masseanreicherung sowie zur gleichmäßigen Gläubigerbefriedigung berechtigt und verpflichtet; hierzu stellt ihm die Insolvenzeröffnung das Instrument der Anfechtung – ein dem Insolvenzrecht eigentümliches Rechtsinstitut – zur Verfügung.

Schließlich muss die Einkommensteuerforderung der Typizität des § 55 Abs. 1 Nr. 1, 2. Var. InsO entsprechen. Typischerweise sind die Masseverbindlichkeiten gemäß § 55 Abs. 1 Nr. 1, 2. Var. InsO dem Bild der Vermögensverwaltungskoten insolvenzbedingter Betriebsfortführung zuzuordnen. Im Allgemeinen entspricht die Steuerforderung diesem Bild, weil sie aufgrund der Gleichmäßigkeit der Besteuerung in der Insolvenz zu erheben ist. Allein in Ansehung der bestmöglichen Haftungsverwirklichung ist der Insolvenzschuldner nicht davon befreit, für die Verwirklichung besteuerungswürdiger Sachverhalte, eine Steuer zu entrichten. Auch nach Eröffnung des Insolvenzverfahrens werden zur ordnungsgemäßen Masseverwaltung einkommensteuerpflichtige Einkünfte erzielt, die den Gesetzmäßigkeiten der Besteuerung unterfallen. Im Besonderen stellt die Einkommensteuer aus der Realisierung von Anfechtungsansprüchen derartige Vermögensverwaltungskosten insolvenzbedingter Betriebsfortführung dar. Denn der Anspruch aus § 143 Abs. 1 InsO entsteht mit Insolvenzeröffnung und dient dem Insolvenzverwalter als ein Instrument zur Masseanreicherung; der Rückgewähranspruch geht unmittelbar auf insolvenzrechtliche Masseverwaltung zurück. Der Insolvenzverwalter nutzt im Wege einer ordnungsmäßigen Verwaltung den insolvenzrechtsspezifischen Anfechtungsanspruch, um Einkünfte zu erzielen. Soweit der Anspruch aus § 143 Abs. 1 InsO ohne Insolvenzeröffnung die Insolvenzeröffnung nicht

---

[1869] RG vom 27.03.1893, VI 2/93, RGZ 31, 40 (43); BGH vom 10.02.1982, VIII ZR 158/80, BGHZ 83, 102 (105).

[1870] *Rogge/Leptien*, in Hamburger Kommentar, InsO, § 143, Rn. 5.

[1871] *Borries/Hirte*, in Uhlenbruck, InsO, § 143, Rn. 9.

bestehen würde und die Verfahrenseröffnung notwendige Voraussetzung für das Entstehen des Anspruchs ist, geht er damit unabdingbar auf Vermögensverwaltung nach Verfahrungseröffnung durch den Verwalter zurück. Die Einkommensteuer knüpft an diesen einzig für die Insolvenzverwaltung bestehenden Vermögensanspruch an. Die Steuerforderung stellt Kosten dar, die auf einer Vermögensverwaltungsmaßnahme beruhen.

Letztlich ist im Wege einer typologischen Betrachtungsweise eine Fallvergleichung zu bemühen. Vergleichbar zu der Rechtsprechung des Bundesverwaltungsgerichts, wonach es für die Einordnung eines ordnungsrechtlichen Anspruchs auf Beseitigung von Altlasten auf einem zur Insolvenzmasse gehörenden Grundstück als Masseverbindlichkeit auf die Handlungs- und Zustandsstörung des Insolvenzverwalters ankommt,[1872] entsteht dieser Beseitigungsanspruch ebenfalls originär während des Insolvenzverfahrens. Ähnlich zur Einkommensteuer aus der Realisierung von Anfechtungsansprüchen ist es der Insolvenzverwalter, der im Rahmen der Masseverwaltung einen kraft Gesetzes entstehenden Anspruch begründet. Die Fälle sind im Wege einer typologischen Fallvergleichung miteinander vergleichbar: Wertungsmäßig macht es keinen Unterschied, ob der Insolvenzverwalter durch die Realisierung von Zahlungsansprüchen Steuerforderungen begründet oder aber durch die Inbesitznahme der Insolvenzmasse die tatsächliche Sachherrschaft über ein kontaminiertes Grundstück übernimmt und nicht aus der Masse wieder freigibt. Denn in beiden Fällen wird der Insolvenzverwalter vermögensverwaltend tätig. In Ausübung seine Amtes trifft er für den Bestand der Insolvenzmasse und eine optimale Gläubigerbefriedigung eine Zuordnungsentscheidung. Er belässt das kontaminierte Grundstück im Insolvenzbeschlag und gibt es nicht frei, weil die ordnungsrechtliche Beseitigungslast geringer ist als der Wert des Grundstück. Vergleichbar realisiert er den Anfechtungsanspruch, weil die auf ihm lastende Einkommensteuerforderung geringer ist als der zufließende Ertrag. In beiden Fällen begründet der Insolvenzverwalter eine Verbindlichkeit infolge der insolvenzbedingten Betriebsfortführung. Soweit sich im Wege der typologischen Abgrenzung von Insolvenzforderung und Masseverbindlichkeit zu fragen ist, ob die Forderung wertungsmäßig dem Bild eines ungesicherten Kreditgebers entspricht oder im Allgemeinen den Vermögensverwaltungskosten, zuzuordnen ist, ist die Einkommensteuerforderung aus der Realisierung von Anfechtungsansprüchen letzterem zuzuordnen.

[1872] BVerwG vom 23.09.2004, 7 C 22/03, NVwZ, 2004, 1505 (1505); BVerwG vom 22.07.2004, 7 C 17/03, NVwZ 2004, 1360 (1360).

Literaturverzeichnis

Adams, Michael, Ökonomische Analyse der Sicherungsrechte, ein Beitrag zur Reform der Mobiliarsicherheiten, Dissertation, 1980, Bonn (zitiert als: *Adams,* Ökonomische Analyse der Sicherungsrechte, S._).

Aghion, Philippe/Hart, Oliver/Moore, John, The Economics and Bankruptcy Reform, Journal of Law, Economics and Organization, June 1992, S. 523–546.

Ahrens, Martin, Sozialpläne im Insolvenzverfahren, ZInsO 2003, S. 581–586.

Ahrens, Martin/Gehrlein, Markus/Ringstmeier, Andreas, Insolvenzrecht, Kommentar, 3. Auflage, 2017, Köln (zitiert als: *Bearbeiter*, in Ahrens/Gehrlein/Ringstmeier, InsO, §_, Rn_).

Andres, Dirk/Leithaus, Rolf, Insolvenzordnung, Kommentar, 4. Auflage, 2018, München (zitiert als: *Bearbeiter*, in Andres/Leithaus, InsO, §_, Rn._).

Aufseß, Eckart Freiherr von, Leitfaden zur Einführung in das Konkursrecht und Konkursverfahren zugleich Handbuch für den täglichen Gebrauch, 2. Auflage, 1931, München (zitiert als: *Aufseß*, Konkursrecht und Konkursverfahren, S._).

Bach, Stefan, Die Perspektiven des Leistungsfähigkeitsprinzips im gegenwärtigen Steuerrecht, StuW 1991, S. 116–135.

Balz, Manfred, Sanierung von Unternehmen oder von Unternehmensträgern?, Zur Stellung der Eigentümer in einem künftigen Reorganisationsverfahren, 1986, Köln (zitiert als: *Balz,* Sanierung von Unternehmen oder Unternehmensträgern, S._).

Balz, Manfred, Aufgaben und Struktur des künftigen einheitlichen Insolvenzverfahrens, ZIP 1988, S. 273–294.

Balz, Manfred, Logik und Grenzen des Insolvenzrechts, Zugleich eine Besprechung von Jackson, The Logic an Limits of Bankruptcy Law, ZIP 1988, S. 1438–1445.

Bauer, Joachim, Ungleichbehandlung der Gläubiger im geltenden Insolvenzrecht, Dissertation, 2007, Berlin (zitiert als: *Bauer,* Ungleichbehandlung der Gläubiger, S._).

Bauer, Joachim, Unzulässigkeit der Wiedereinführung eines Fiskusvorrechts im Insolvenzverfahren, ZInsO 2010, S. 1432–1437.

Bauer, Joachim, Insolvenzgläubiger als Einnahmequelle des Fiskus und der Sozialversicherungen?, ZInsO 2010, S. 1917–1921.

Baumbach, Adolf/Hopt, Klaus J., Handelsgesetzbuch mit GmbH & Co., Handelsklauseln, Bank- und Kapitalmarktrecht, Transportrecht (ohne Seerecht), Kommentar, 42. Auflage, 2023, München (zitiert als: *Bearbeiter*, in Baumbach/Hopt, HGB, §_, Rn._).

Baur, Fritz/Stürner, Rolf, Insolvenzrecht, 3. Auflage, 1991, Heidelberg (zitiert als: *Baur/Stürner*, Insolvenzrecht, Rn._).

Baur, Fritz/Stürner, Rolf, Zwangsvollstreckungs-, Konkurs- und Vergleichsrecht, Ein Lehrbuch, Band II, Insolvenzrecht, 12. Auflage, 1990, Heidelberg (zitiert als: *Baur/Stürner*, Insolvenzrecht, Bd. II, §_, S._).

Becker, Enno, Erläuterungen zur Rechtsprechung, Allgemeines Steuerrecht, Einkommensteuer, Gewerbesteuer, StW 1939, S. 1035–1067.

Beck 'scher Bilanz-Kommentar, Handels- und Steuerbilanz, §§ 238 bis 339, 342 bis 342a HGB, herausgegen von Grottel, Bernd/Justhoven, Petra/ Schubert, Wolfgang/Störk, Ulrich, Kommentar, 13. Auflage, 2022, München (zitiert als: *Bearbeiter*, in Beck 'scher Bilanz-Kommentar, §_, Rn._).

Beck 'scher Onlinekommentar, Insolvenzrecht InsO, EGInsO, COVInsAG, InsVV, EuInsVO, Spezialthemen und Länderberichte, herausgegeben von, Fridgen, Alexander/Geiwitz, Arndt/Göpfert, Burkhard, 26. Edition, 2022, München (zitiert als: *Bearbeiter*, in BeckOK, InsO, §_, Rn._).

Behrens, Peter, Die ökonomischen Grundlagen des Rechts, politische Ökonomie als rationale Jurisprudenz, Habilitation, 1986, Tübingen (zitiert als: *Behrens*, Ökonomische Grundlagen des Rechts, S._).

Benne, Dietmar, Einkommensteuerliche und steuerverfahrensrechtliche Probleme bei Insolvenzen im Zusammenhang mit Personengesellschaften, BB 2001, S. 1977–1983.

Birk, Dieter, Das Leistungsfähigkeitsprinzip als Maßstab der Steuernormen, Ein Beitrag zu den Grundfragen des Verhältnisses Steuerrecht und Verfassungsrecht, Habilitation, 1983, Köln (zitiert als: *Birk*, Leistungsfähigkeitsprinzip als Maßstab der Steuernormen).

Birk, Dieter, Gleichheit und Gesetzmäßigkeit der Besteuerung, StuW 1989, S. 212–218.

Birk, Dieter/Desens, Marc/Tappe, Henning, Steuerrecht, 25. Auflage, Heidelberg, 2022 (zitiert als: *Birk/Desens/Tappe*, Steuerrecht, §_, Rn._).

Birkemeyer, Claas/Meyer, Linus, Rückforderungslage beim Widerruf einer Subventionsbewilligung im Rahmen der Insolvenz, NJW 2015, S. 2300–2303.

Bisle, Michael, Fiskusprivileg „light“: Der neue § 55 Abs. 4 InsO, GWR 2011, S. 352–355.

Bley, Erich/Mohrbutter, Jürgen, Vergleichsordnung, Kommentar, Band I, §§ 1–81, 3. Auflage, 1970, Berlin (zitiert als: *Bley/Mohrbutter*, VglO, §_, Rn._).

Blomeyer, Arwed, Studien zur Bedingungslehre, Teil 1, Über bedingte Verpflichtungsgeschäfte, 1938, Berlin (zitiert als: *Blomeyer*, Studien zur Bedingungslehre, Teil 1, S._).

Brandis, Peter/Heuermann, Bernd, Ertragsteuerrecht, Kommentar zum Einkommensteuergesetz, Körperschaftsteuergesetz, Gewerbesteuergesetz, Außensteuergesetz, Investmentsteuergesetz, Umwandlungssteuergesetz und Nebengesetze, Kommentar, Loseblattsammlung, München (zitiert als *Bearbeiter*, in Brandis/Heuermann, jeweiliges Gesetz, §_, Rn._).

Bodden, Guido, Einkommensteuer bei Insolvenz einer natürlichen Person, FR 2014, S. 1114–1128.

Bollig, Horst, Die Abschaffung des Fiskusprivileg als Mittel zur Sanierung insolventer Unternehmen, KTS, 1983, S. 217-246.

Boochs, Wolfgang/Dauernheim, Jörg, Steuerrecht in der Insolvenz, 3. Auflage, 2007, Neuwied (zitiert als: *Boochs/Dauernheim*, Steuerrecht in der Insolvenz, S._).

Bork, Reinhard, Einführung in das Insolvenzrecht, 10. Auflage, 2020, Tübingen (zitiert als: *Bork,* Insolvenzrecht, Rn._).

Bornheimer, Jörg/, Krumm, Marcel, Zweckgebundene staatliche Zuwendungen in der Insolvenz des Zuwendungsempfängers, KTS 2008, S. 145–165.

Böttícher, *Eduard,* Die „Selbstexekution“ im Wege der Aufrechnung und die Sicherungsfunktion des Aufrechnungsrechts in: Festschrift für Hans Schima zum 75. Geburtstag, herausgegeben von Fasching, Hans W./Kralik, Winfried, 1969, Wien, S. 95–110 (zitiert als: *Bötticher,* in FS Schima, S._).

Braun, Eberhardt, Insolvenzordnung, Kommentar, herausgegeben von Braun, Eberhardt, 9. Auflage, 2022, München (zitiert als: *Bearbeiter,* in Braun, InsO, §_, Rn._).

Braun, Eberhard/Uhlenbruck, Wilhelm, Unternehmensinsolvenz, Grundlagen, Gestaltungsmöglichkeiten, Sanierung mit der Insolvenzordnung, 1997, Düsseldorf (zitiert als: *Bearbeiter*, in Braun/Uhlenbruck, Unternehmensinsolvenz, S._).

Brohm, Winfried, Die Dogmatik des Verwaltungsrechts vor den Gegenwartsaufgaben der Verwaltung, VVDStRL, Band 30, 1971, S. 245–306.

Bühler, Ottmar, Lehrbuch des Steuerrechts, Band I, Allgemeines Steuerrecht, 1927, Berlin (zitiert als: *Bühler,* Lehrbuch des Steuerrechts, Bd. I, S._).

Bunjes, Johann, Umsatzsteuergesetz, Kommentar, 20. Auflage, München (zitiert als: *Bearbeiter*, in Bunjes, UStG, §_, Rn._).

Bußmann, Hadumod, Lexikon der Sprachwissenschaft, 4. Auflage, 2008, Stuttgart (zitiert als: *Bußmann*, Lexikon der Sprachwissenschaft, S._).

Bydlinski, Franz, Juristische Methodenlehre und Rechtsbegriff, 2. Auflage, 1991, Wien (zitiert als: *Bydlinski*, Juristische Methodenlehre, S._).

Canaris, Claus-Wilhelm, Die Feststellung von Lücken im Gesetz, Eine methodologische Studie über Voraussetzungen und Grenzen der richterlichen Rechtsfortbildung praeter legem, 2. Auflage, 1983, Berlin (zitiert als: *Canaris*, Feststellung von Lücken im Gesetz, S._).

Canaris, Claus-Wilhelm, Bankvertragsrecht, Erster Teil, 3. Auflage, Berlin (zitiert als: *Canaris,* Bankvertragsrecht, Rn._).

v. Canstein, Rabian, Der Erstattungsanspruch im Steuerrecht, Düsseldorf, 1966 (zitiert als: *v. Canstein*, Der Erstattungsanspruch im Steuerrecht, S._).

Coase, Ronald H., The Nature of the Firm, Economica 1937, S. 386–405.

Classen, Andrea, Konkurs und Einkommensteuer, BB 1985, S. 50–52.

Dahl, Michael/Schmitz, Daniel, Das neue Insolvenzanfechtungsrecht, NJW 2017, S. 1505–1511.

Damerius, Oliver, BFH: Einkommensteuer als Masseverbindlichkeit bei Auflösung einer Rückstellung auf der Ebene der Mitunternehmerschaft, BB 2010, S. 2551.

Danz Daniela, Das Subjektsteuerprinzip – Begriff, Rechtfertigung und Auswirkungen, FR 2018, S. 160–169.

Davydenko, Sergei A./Franks, Julian R., Do Bankruptcy Codes Matter? A Study of Defaults in France, Germany and the U.K., The Journal of Finance, Vol. LXIII, No. 2, April 2008, S. 565–608.

de Boor, Otto/Erkel, Günther, Zwangsvollstreckung, Konkurs und Vergleich, 2. Auflage, 1962, Wiesbaden (zitiert als: *de Boor/Erkel*, Zwangsvollstreckung, Konkurs und Vergleich, S._).

Doehring, Carl, Entwicklungstendenzen des Insolvenzgeschehens und der Wirtschaftskriminalität, Eine statistische Analyse von neueren Daten, KTS 1988, S.89–100.

Dorndorf, Eberhard/Frank, Jürgen, Reform des Rechts der Mobiliarsicherheiten – unter besonderer Berücksichtigung der ökonomischen Analyse der Sicherungsrechte, ZIP 1985, S. 65–84.

Drüen, Klaus-Dieter, Haushaltsvorbehalt bei der Verwerfung verfassungswidriger Steuergesetze? Budgetärer Dispositionschutz durch Aussetzung der Vollziehung nach den Beschlüssen des BVerfG zum Kinderleistungsausgleich, FR 1999, S. 289–294.

Drukarczyk, Jochen, Unternehmen und Insolvenz, zur effizienten Gestaltung des Kreditsicherungs- und Insolvenzrechts, 1987, Wiesbaden (zitiert als: *Drukarczyk,* Unternehmen und Insolvenz, S._).

Drukarczyk, Jochen, Verwertungsformen und Kosten der Insolvenz, BFuP 1995, S. 40–58.

Duden, Der Duden in zwölf Bänden, Die Grammatik, Unentbehrlich für richtiges Deutsch, Band 4, herausgeben von Wermke, Matthias/Kunkel-Razum, Kathrin/ Scholze-Stubenrecht, Werner, 7. Auflage, 2005, Mannheim (zitiert als: Duden, Die Grammatik, Rn._).

Dürig, Günter/Herzog, Roman/Scholz, Rupert, Grundgesetz, Kommentar, Loseblattsammlung, München (zitiert als: *Bearbeiter*, in: Dürig/Herzog/ Scholz, GG, Art._, Rn._).

Ebinger, Barbara, Der unbestimmte Rechtsbegriff im Recht der Technik, Eine Untersuchung anhand des Beispiels der „Gefahren, erhebliche Nachteile oder Belästigungen“ im Anlagengenehmigungsverfahren, Dissertation, 1993, Berlin (zitiert als: *Ebinger,* Unbestimmte Rechtsbegriffe, S._).

Eckardt, Dietrich, Die Feststellung und Befriedigung des Insolvenzgläubigerrechts, Kölner Schrift zur Insolvenzordnung, Das neue Insolvenzrecht in der Praxis, herausgegeben vom Arbeitskreis für Insolvenz- und Schiedsgerichtswesen e.V., Köln, Gesamtredaktion RiAG Fuchs, Karlhans, 2. Auflage, 2000, Herne/Berlin, S. 743–781 (zitiert als: *Eckardt*, in Kölner Schrift zur InsO, S._).

Ehlers, Dirk, Anmerkung zu einer Entscheidung des BVerwG, Urteil vom 26.02.2015 (3 C 8/14) - Rückerstattung einer Subvention nach Insolvenz des Schuldners, JZ 2015, S. 1000–1002.

Eidenmüller, Horst, Unternehmenssanierung zwischen Markt und Gesetz: Mechanismen der Unternehmensreorganisation und Kooperationspflichten im Reorganisationsrecht, Habilitation, 1999, Köln (zitiert als: *Eidenmüller,* Unternehmenssanierung, S._).

Eidenmüller, Horst, Reformperspektiven im Restrukturierungsrecht, ZIP 2010, S. 649–660.

Eidenmüller, Horst, Effizienz als Rechtsprinzip, Möglichkeiten und Grenzen der ökonomischen Analyse des Rechts, 4. Auflage, 2015, Tübingen (zitiert als: *Eidenmüller*, Effizienz als Rechtsprinzip, S._).

Eisolt, Dirk, BFH-Urteil vom 15.12.2016, belastet die Masse zugunsten des Fiskus, ZInsO 2017, S. 630–634.

Elschen, Rainer, Entscheidungsneutralität, Allokationseffizienz und Besteuerung nach der Leistungsfähigkeit, Gibt es ein gemeinsames Fundament der Steuerwissenschaften?, StuW 1991, S. 99–115.

Elschen, Rainer/Hüchtebrock, Michael, Steuerneutralität in der Finanzwissenschaft und der Betriebswirtschaftslehre – Diskrepanzen und Konsequenzen, FA 1983, S. 253–280.

Endres, Klaus, Zur Umsatzsteuer im Konkurs, UR 1988, S. 333–337.

Engberding, Antonius, Was leistet der Insolvenzplan im neuen Insolvenzrecht?, DZWiR 1998, S. 94–98.

Engel-Ciric, Dejan/Moxter, Adolf, Das umstrittene Rückstellungskriterium der wirtschaftlichen Verursachung in der jüngeren Rechtsprechung, BB 2012, S. 1143–1147.

Engisch, Karl, Einführung in das juristische Denken, 12. Auflage, 2018, Stuttgart (zitiert als: *Engisch,* Einführung in das juristische Denken, S._).

Eschenbruch, Matthias, Sanierung in der Insolvenz, Ökonomische Analyse des Besteuerungsverfahrens aus transaktionskostentheoretischer Sicht, Dissertation, 2015, Hamburg (zitiert als: *Eschenbruch,* Sanierung in der Insolvenz, S._).

Etymologisches Wörterbuch des Deutschen, A–L, 2. Auflage, 1992, Berlin (zitiert als: Etymologisches Wörterbuch, S._).

Farr, Carsten, Die Besteuerung in der Insolvenz, Eine Einführung mit Beispielen und Praxishinweisen, 2005, München (zitiert als: *Farr*, Besteuerung in der Insolvenz, Rn._).

Feifel, Hermann, Die Anwendbarkeit der modernen Kreditschöpfungslehre auf die besondere Art des Sparkassengeschäfts, Dissertation, 1959, Berlin (zitiert als: *Feifel*, Die Anwendbarkeit der modernen Kreditschöpfungslehre, S._).

Feuerborn, Elmar, Privilegien des Fiskus im Insolvenzverfahren, Ökonomische Analyse des Rechts unter besonderer Berücksichtigung von § 55 Abs. 4 InsO und der jüngeren Rechtsprechung des BFH, Dissertation, 2014, Frankfurt am Main (zitiert als: *Feuerborn*, Privilegien des Fiskus, S._).

Fikentscher, Wolfgang, Methoden des Rechts in vergleichender Darstellung, Frühe und religiöse Rechte, Romanischer Rechtskreis, Band I, 1975, Tübingen (zitiert als: *Fikentscher,* Methoden des Rechts, Bd. I, S._).

Fink, Paul, Maßnahmen des Verwalters zur Finanzierung in der Unternehmensinsolvenz, Dissertation, 1998, Köln (zitiert als: *Fink*, Finanzierung in der Unternehmensinsolvenz, Rn._).

Finke, Jasper, Entscheidungen mit Anmerkungen, BVerwG, Urt. v. 26.02.2015 – 3 C 8.14, KTS 2016, S. 373–379.

Fischer, Peter, „Faktisches“, „Verdecktes“ und subjektive Zurechnung von Einkünften, FR 1998, S. 813–821.

Flume, Werner, Die Rechtsprechung zur Einkommens- oder Körperschaftsbesteuerung im Konkurs als Exempel einer Rechtsfindung auf Grund rechtswissenschaftlicher Argumentation, in: 50 Jahre Deutsche Finanzgerichtsbarkeit, Festschrift des Bundesfinanzhofs, 1968, Bonn, S. 88–104 (zitiert als: *Flume*, in FS 50 Jahre Finanzgerichtsbarkeit, S._).

Flume, Werner, Allgemeiner Teil des Bürgerlichen Rechts, Zweiter Band, Das Rechtgeschäft, 4. Auflage, 1992, Berlin (zitiert als: *Flume*, Allgemeiner Teil, Bd. II, S._).

Forgach, Andreas, Lohn- und umsatzsteuerrechtliche Abgrenzungsfragen im Konkurs, DB 1976, S. 1561–1567.

Frankfurter Kommentar zur Insolvenzordnung, EuInsVO, InsVV und weiteren Nebengesetzen, herausgegeben von Wimmer, Klaus, 9. Auflage, 2018, Köln (zitiert als: *Bearbeiter*, in Frankfurter Kommentar, InsO, §_, Rn._).

Fries, Deborah, Fiskusprivilegien, Eine rechtsvergleichende Betrachtung der Behandlung von Steuerforderungen in der Unternehmensinsolvenz, Dissertation, 2020, Köln (zitiert als: *Fries*, Fiskusprivilegien, S._).

Frotscher, Gerrit, Konkurs und Steuern, BB 1975, S. 1445–1450.

Frotscher, Gerrit, Besteuerung bei Insolvenz, 7. Auflage, 2010, Frankfurt am Main (zitiert als: *Frotscher*, Besteuerung bei Insolvenz, 7. Auflage, S._).

Frotscher, Gerrit, Besteuerung bei Insolvenz, 9. Auflage, 2021, Stuttgart (zitiert als: *Frotscher*, Besteuerung bei Insolvenz, S._).

Frystatzki, Christian, Die Aufteilung der Einkommensteuer in der Insolvenz, Probleme bei der Kollision zwischen Steuer- und Insolvenzrecht, EStB 2004, S. 88–90.

Fuisting, Bernhard, Die preußischen direkten Steuern, Grundzüge der Steuerlehre, Band 4, 1902, Berlin (zitiert als: *Fuisting*, Die preußischen direkten Steuern, Bd. IV, S._).

Funke, Rainer, Die bestmögliche Befriedigung der Gläubiger als Hauptziel des Insolvenzverfahrens, BFuP 1995, S. 26–39.

Gerhardt, Walter, Grundbegriffe des Vollstreckungs- und Insolvenzrechts, Eine Einführung anhand von Fällen, Stuttgart, 1985 (zitiert als: *Gerhardt,* Grundbegriffe des Vollstreckungs- und Insolvenzrechts, Rn._).

Gessner, Volkmar/Rhode, Barbara/Strate, Gerhard/Ziegert, Klaus A., Die Praxis der Konkursabwicklung in der Bundesrepublik Deutschland – eine rechtssoziologische Untersuchung, 1978, Köln (zitiert als: *Gessner/Rhode/Strate/Ziegert*, Die Praxis der Konkursabwicklung, S._).

Gilson, Stuart C./John, Kose/Lang Larr H.P., Troubled Debt Restructurings: An Empirical Study of Private Reorganization of Firms in Default, Journal of Financial Economics 27, May 1990, S. 315–353.

Glasenapp, *Gero von*, BB-Kommentar zu FG Rheinland-Pfalz, 13.11.2014, 6 K 2046/11, „Zeitpunkt der Auflösung einer Ansparabschreibung entscheidet über die insolvenzrechtliche Begründung des Steueranspruchs daraus“, BB 2015, S. 114.

Gosch, Dietmar, Abgabenordnung, Finanzgerichtsordnung, mit Nebengesetzen, EuGH-Verfahrensrecht, Kommentar, Loseblattsammlung, Bonn (zitiert als: *Bearbeiter*, in Gosch, AO/FGO, §_, Rn._).

Gottwald, Peter, Die Rechtsstellung dinglich gesicherter Gläubiger, in: Insolvenzrecht im Umbruch, Analysen und Alternativen, Würzburger Arbeitstagung der Vereinigung der Zivilprozessrechtslehrer zum Referentenentwurf einer Insolvenzordnung, herausgegeben von Leipold, Dieter, 1991, Köln, S. 197–209 (zitiert als: *Gottwald,* Insolvenzrecht im Umbruch, S._).

Gottwald, Peter/Adolphsen, Jens, Die Rechtsstellung dinglich gesicherter Gläubiger in der Insolvenzordnung, Kölner Schrift zur Insolvenzordnung, Das neue Insolvenzrecht in der Praxis, herausgegeben vom Arbeitskreis für Insolvenz- und Schiedsgerichtswesen e.V., Köln, Gesamtredaktion RiAG Fuchs, Karlhans, 2. Auflage, 2000, Herne/Berlin, S. 743–781 (zitiert als: *Gottwald/Adolphsen*, in Kölner Schrift zur InsO, S._).

Gottwald, Peter/Haas, Ulrich, Insolvenzrechts-Handbuch, 6. Auflage, 2020, München (zitiert als: *Bearbeiter*, in Gottwald/Haas, Insolvenzrechts-Handbuch, §_, Rn._).

Graf-Schlicker, Marie-Luise, Insolvenzordnung, Kommentar, herausgegeben von Graf-Schlicker, Marie-Luise, 6. Auflage, 2022, Köln (zitiert als: *Bearbeiter,* in Graf-Schlicker, InsO, §_, Rn._).

Grimm, Max, Begründete Vermögensansprüche (§ 3 KO), Beiträge zum Zivilprozess, 4. Heft, 1927, Mannheim (zitiert als: *Grimm*, Begründete Vermögensansprüche, S._).

Grohe, Manfred, Rechtsprechung zum Bilanzsteuerrecht, StuW 1994, S. 90–96.

Groß, Paul J., Sanierung durch Fortführungsgesellschaften, 2. Auflage, 1988, Köln (zitiert als: *Groß,* Sanierung durch Fortführungsgesellschaften, S._).

Großmann, Rainer, Konkursrechtliche Stellung von Umsatzsteuerforderungen am Beispiel der Verwertung von Sicherungsgut, DStR 1989, S. 22–28.

Grüneberg, Christian, Bürgerliches Gesetzbuch mit Nebengesetzen, Kommentar, 81. Auflage, 2022, München (zitiert als: *Bearbeiter,* Grüneberg, BGB, §_, Rn._).

Gundlach, Ulf/Rautmann, Heiko, Aufrechnung des Finanzamtes mit dem Erstattungsanspruch gemäß § 37 Abs. 5 KStG in der Insolvenz, Zugleich Anmerkung zum BFH-Urteil vom 23.2.2011, I R 20/10, DStR 2011, S. 1404–1407.

Hackmann, Johannes, Interperiodische Durchschnittsbesteuerung des Einkommens, FinArch 1975, S. 1-38.

Haegele, Karl/Hess, Harald/Theobald, Günter, Konkurs, Vergleich, Gläubigeranfechtung, Ein Handbuch für die Praxis in systematischer Darstellung, 5. Auflage, 1990, Herne/Berlin (zitiert als: *Haegele/Hess/Theobald,* Konkurs, Vergleich, Gläubigeranfechtung, Rn._).

Hahn, Carl, Die gesammelten Materialien zur Konkursordnung und dem Einführungsgesetz zu derselben vom 1. Februar 1877, sowie zu dem Gesetze, betreffend die Anfechtung von Rechtshandlungen eines Schuldners außerhalb des Konkursverfahrens, vom 21. Juli 1879, 1881, Berlin (zitiert als: *Hahn*, Motive zur KO, S._).

Hahn, Hartmut, Die Grundsätze der Gesetzmäßigkeit der Besteuerung und der Tatbestandsmäßigkeit der Besteuerung in rechtsvergleichender Sicht, Dissertation, 1984, Berlin (zitiert als: *Hahn,* Grundsätze der Gesetzmäßigkeit der Besteuerung und der Tatbestandsmäßigkeit der Besteuerung, S._).

Hamburger Kommentar zum Insolvenzrecht, InsO, EuInsVO, EGInsO, InsVV, VbrInsFV, InsOBekV, Insolvenzstrafrecht, herausgegeben von Andreas Schmidt, 9. Auflage, 2021, Köln (zitiert als: *Bearbeiter,* in Hamburger Kommentar, InsO, §_, Rn._)

HRI –Handbuch Restrukturierung in der Insolvenz, Eigenverwaltung und Insolvenzplan, herausgegeben von Kübler, Bruno, 2. Auflage, 2015, Köln (zitiert als: *Bearbeiter*, in HRI – Handbuch Restrukturierung in der Insolvenz, §_, Rn._).

Hanisch, Horst, Die Entwicklung der Wertbegriffe im modernen deutschen Steuerrecht, Habilitation, 1934, Berlin (zitiert als: *Hanisch*, Entwicklung der Wertbegriffe im deutschen Steuerrecht, S._).

Häsemeyer, Ludwig, Die Gleichbehandlung der Konkursgläubiger, KTS 1982, S. 507–575.

Häsemeyer, Ludwig, Insolvenzrecht, 4. Auflage, 2007, Köln (zitiert als: Häsemeyer, Insolvenzrecht, Rn._).

Haugen, Robert A./Senbet, Lemma W., The Insignificance of Bankruptcy Costs to the Theory of Optimal Capital Structure, The Journal of Finance, Vol. XXXIII, No. 2, May 1978, S. 383–393.

Hax, Herbert, Economic Aspects of Bankruptcy Law, Journal of Institutional and Theoretical Economics, March 1985, S. 80–95.

Hax, Herbert/Marschdorf, Hans Joachim, Anforderungen an ein Insolvenzrecht aus betriebswirtschaftlicher Sicht. BFuP 1983, S. 112–130.

Heck, Philipp, Begriffsbildung und Interessensjurisprudenz, 1932, Tübingen (zitiert als: *Heck,* Begriffsbildung und Interessensjurisprudenz, S._).

Heilmann, Annette, Die Anwendbarkeit betriebswirtschaftlicher Methoden im Erbschafts- und Schenkungssteuerrecht, Dissertation, 2010, Düsseldorf (zitiert als: *Heilmann*, Die Anwendbarkeit betriebswirtschaftlicher Methoden im Erbschafts- und Schenkungssteuerrecht, S._).

Hein, Werner, Überlegungen zur Entstehung des steuerrechtlichen Erstattungsanspruchs, DStR 1990, S. 301–306.

Heinze, Harald, Umsatzsteuern aus schwacher vorläufiger Verwaltung als Masseverbindlichkeit nach § 55 Abs. 4 InsO, ZInsO 2011, S. 603–609.

Hellmann, Friedrich, Lehrbuch des deutschen Konkursrechts, 1907, Berlin (zitiert als: *Hellmann,* Lehrbuch des deutschen Konkursrechts, S._).

Henckel, Wolfram, Masselosigkeit und Masseschulden, in: Einhundert Jahre Konkursordnung 1877–1977, Festschrift des Arbeitskreises für Insolvenz- und Schiedsgerichtswesen e.V. Köln zum einhundertjährigen Bestehen der Konkursordnung vom 10. Februar 1877, herausgegeben von Uhlenbruck, Wilhelm/Klasmeyer, Bernd/Kübler, Bruno M., 1977, Köln, S. 169–187 (zitiert als: *Henckel,* in FS 100 Jahre KO, S._).

Hennecke, Hans-Günter, Öffentliches Finanzwesen, Finanzverfassung, Eine systematische Darstellung, 2. Auflage, 2000, Heidelberg (zitiert als: *Hennecke,* Öffentliches Finanzwesen, Rn._).

Herrmann, Carl/Heuer, Gerhard/Raupach, Arndt, Einkommensteuer- und Körperschaftsteuergesetz, Kommentar, Loseblattsammlung, München (zitiert als: *Bearbeiter*, in HHR, EStG, KStG, §_, Rn._).

Herzig, Norbert, Rückstellungen wegen öffentlich-rechtlicher Verpflichtungen, insbesondere Umweltschutz, DB 1990, S. 1341–1354.

Herzig, Norbert/Liekenbrock, Bernhard, Überlegungen zur Beseitigung von steuerlichen Sanierungshindernissen – Ein Beitrag zu steuerlichen Flankierung der geplanten Insolvenzrechtsreform, Ubg 2011, S. 313–327.

Hess, Harald, Kommentar zur Konkursordnung, 6. Auflage, 1998, Neuwied (zitiert als: *Bearbeiter*, in Hess, KO, §_, Rn._).

Hess, Harald, Insolvenzrecht, Großkommentar in zwei Bänden, 2. Auflage, 2013, Heidelberg (zitiert als: *Bearbeiter*, in Hess, InsO, §_, Rn._).

Hess, Harald/Mitlehner, Stephan, Steuerrecht, Rechnungslegung, Insolvenz, 2001, Heidelberg (zitiert als: *Hess/Mitlehner,* Steuerrecht, Rn._).

Hesse, Konrad, Grundzüge des Verfassungsrechts der Bundesrepublik Deutschland, 20. Auflage, 1995, Heidelberg (zitiert als: *Hesse*, Verfassungsrecht, Rn._).

Hey, Johanna, Das Individualsteuerprinzip in Einkommen-, Körperschaft- und Gewerbesteuer, Auflösungstendenzen personal gebundener Steuerpflichten, in Gedächtnisschrift für Christoph Trzaskalik, herausgegeben von Tipke, Klaus und Söhn, Hartmut 2005, Köln, S. 219–237 (zitiert als: *Hey*, in GS Trzaskalik, S._).

Hicks, John R., The foundations of welfare economics, Economic Journal, Band 49, Nr. 196, 1939, S. 696 712.

Hoberg, Ursula/Hoberg, Rudolf, Duden, Deutsche Grammatik, 2. Auflage, 2016, Berlin (zitiert als: *Hoberg/Hoberg*, Deutsche Grammatik, Rn._).

Hoffmann-Riem, Wolfgang/Schmidt-Aßmann, Eberhard/Voßkuhle, Andreas, Grundlagen des Verwaltungsrechts, Band I, Methoden, Maßstäbe, Aufgaben, Organisation, 2. Auflage, München, 2012 (zitiert als: *Bearbeiter*, in Grundlagen des Verwaltungsrechts, Bd. I., §_, Rn._).

Hölzle, Gerrit, Konkurrenz von Steuerrecht und Insolvenzrecht – oder: Ist Steuern zahlen sittenwidrig? Zum Versuch einer dogmatischen Grundlegung, BB 2012, S. 1571–1579.

Hubertus, Oliver/Fürwentsches, Alexander, Das Körperschaftsteuerguthaben in der Insolvenz, DStR 2010, S. 2382–2386.

Hübschmann, Walter/Hepp, Ernst/Spitaler, Armin, Abgabenordnung/ Finanzgerichtsordnung, Kommentar, Loseblattsammlung, Köln (zitiert als: *Bearbeiter*, in HHSp., AO/FGO, §_, Rn._).

Hufen, Friedhelm, Verwaltungsprozessrecht, 12. Auflage, 2021, München (zitiert als: *Hufen*, Verwaltungsprozessrecht, §_, Rn._).

Hüttner, Normann, Aufrechnung des Finanzamtes mit Steueransprüchen in der Insolvenz, Am Beispiel der Aufrechnung gegen Vorsteuervergütungsanspruch aus der Tätigkeit des vorläufigen Insolvenzverwalters gegenüber Insolvenzschuldner, Dissertation, 2008, Hamburg (zitiert als: *Hüttner*, Aufrechnung in der Insolvenz, S._).

Insolvenzstatistik der Bundesrepublik Deutschland 1987, ZIP 1988, S. 271–272.

Insolvenzstatistik der Bundesrepublik Deutschland 1. Halbjahr 1988, ZIP 1988, S. 1357–1358.

Insolvenzstatistik der Bundesrepublik Deutschland 1989, ZIP 1989, S. 614–615.

Isensee, Josef, Steuerstaat als Staatsform, in: Hamburg- Deutschland-Europa, Beiträge zum deutschen und europäischen Verfassungs-, Verwaltungs- und Wirtschaftsrecht, Festschrift für Hans Peter Ipsen zum siebzigsten Geburtstag, herausgegeben von Stödter, Rolf/Thieme, Werner, 1977, Tübingen, S. 409–436 (zitiert als: *Isensee*, in FS Ipsen, S._).

Isensee, Josef, Das Billigkeitskorrektiv des Steuergesetzes, Rechtfertigung und Reichweite des Steuererlasses im Rechtssystem des Grundgesetzes, in: Festschrift für Werner Flume zum 70. Geburtstag: 12. September, 1978, herausgegeben von Jakobs, Horst Heinrich/Knobbe-Keuk, Brigitte/Picker, Eduard/Wilhelm Jan, Band II, 1978, Köln, S. 129–147 (zitiert als: *Isensee,* in FS Flume, Bd. II, S._).

Isensee, Josef/Kirchhof, Paul, Handbuch des Staatsrechts der Bundesrepublik Deutschland, Band V, Rechtsquellen, Organisation, Finanzen, 3. Auflage, 2007, Heidelberg (zitiert als: *Bearbeiter*, in Handbuch für Staatrecht, Bd. V, §_, Rn._).

Isensee, Josef/Kirchhof, Paul, Handbuch des Staatsrechts der Bundesrepublik Deutschland, Band VIII, Grundrechte: Wirtschaft, Verfahren, Gleichheit, 3. Auflage, 2010, Heidelberg (zitiert als: *Bearbeiter*, in Handbuch für Staatrecht, Bd. VIII, §_, Rn._).

Jackson, Thomas H., The Logic and Limits of Bankruptcy Law, 1986, Harvard University Press, Cambridge, reprint 2001, Beard Books, Washington D.C. (zitiert als: *Jackson,* Logic and Limits of Bankruptcy Law, S._).

Jaeger, Ernst, Konkursordnung mit Einführungsgesetzen, Erster Band, §§ 1–70 KO, 8. Auflage, 1958, Berlin (zitiert als: *Bearbeiter,* in Jaeger, KO, §_, Rn._).

Jaeger, Ernst, Insolvenzordnung, Großkommentar, herausgegeben von Heckel, Wolfram/Gerhardt, Walter, 2007, Berlin (zitiert als: *Bearbeiter*, in Jaeger, InsO, §_, Rn._).

Jarass, Hans D./Pieroth, Bodo, Grundgesetz für die Bundesrepublik Deutschland, Kommentar, 17. Auflage, 2022, München (zitiert als: *Bearbeiter*, in Jarass/Pieroth, GG, Art._, Rn._).

Jarchow, Ingmar/Hölken, Helge, Neues zur insolvenzrechtlichen Kommanditistenklage, Auswirkungen der aktuellen Rechtsprechung des BGH auf die Haftung nach §§ 171, 172 HGB, ZInsO 2021, S. 1937–1943.

Jauernig, Othmar, Bürgerliches Gesetzbuch, Kommentar, herausgegeben von Stürner, Rolf, 18. Auflage, 2021, München (zitiert als: *Bearbeiter*, in Jauernig, BGB, §_, Rn._).

Jellinek, Walter, Gesetz, Gesetzesanwendung und Zweckmäßigkeitserwägung, Zugleich ein System der Ungültigkeitsgründe von Polizeiverordnungen und -verfügungen, Eine staats- und verwaltungsrechtliche Untersuchung, 1913, Tübingen (zitiert als: *Jellinek*, Gesetz, Gesetzesanwendung und Zweckmäßigkeitserwägung, S._).

Jesch, Dietrich, Unbestimmter Rechtsbegriff und Ermessen in rechtstheoretischer und verfassungsrechtlicher Sicht, AöR 1957, S. 163–249.

Kahlert, Günter/Rühland, Bernd, Sanierungs- und Insolvenzsteuerrecht, 2. Auflage, 2011, Köln (zitiert als: *Kahlert/Rühland,* Sanierungs- und Insolvenzsteuerrecht, Rn._).

Kahlert, Günter, „Wiedereinführung" des Fiskusvorrechts im Insolvenzverfahren? – Die Fiskusvorrechte sind schon lange da!, ZIP 2010, S. 1274–1282.

Kahlert, Günter, Der V. Senat des BFH als Schöpfer von Fiskusvorrechten im Umsatzsteuerrecht. Zugleich Besprechung des Urteils des V. Senats des BFH vom 9.12.2010, V R 22/10, DStR 2011, 720, DStR 2011, S. 921–926.

Kahlert, Günter, Zur Dogmatik der Umsatzsteuer im Insolvenzverfahren, DStR 2011, S. 1973–1981.

Kahlert, Günter, Umsatzsteuerfolgen von Vereinbarungen über Insolvenzanfechtung, ZIP 2012, S. 1433–1437.

Kahlert, Günter, Insolvenzrechtliche Aufrechnungsverbote im Umsatzsteuerrecht – Aktuelle Entwicklungen und Auswirkungen auf die Insolvenzpraxis, ZIP 2013, S. 500–510.

Kahlert, Günter, Insolvenzrecht und Steuerrecht – Gemeinsam für ein wettbewerbsfähiges Insolvenzrecht, ZIP 2014, S. 1101–1112.

Kahlert, Günter, Ertragsbesteuerung in Krise und Insolvenz, FR 2014, S. 731–744.

Kahlert, Günter, Neues zu den steuerlichen Pflichten von Vermögensverwaltern, Zugleich Besprechung BFH, Urt. 10.02.2015 – IX R 23/14, FR 2015, 622, S. 596–600.

Kahlert, Günter, Einkommensbesteuerung in der Insolvenz, WPg 2015, S. 1197–1203.

Kahlert, Günter, Steuerliche Aspekte der Insolvenzplansanierung: Auflösung einer Rückstellung, eines § 7g EStG-Abzugs und einer § 6b EStG-Rücklage, Beilage zu ZIP 22/2016, S. 38–40.

Kahlert, Günter, Einkommensbesteuerung aus Beteiligung an Personengesellschaft nach Eröffnung des Insolvenzverfahrens als Masseschuld, Rechtsprechungsreport zu BFH, Urteil vom 01.06.2016 – X R 26/14, EWiR 2016, S. 569–570.

Kahlert, Günter, Der Ertragssteueranspruch als Insolvenzforderung im Wandel der Rechtsprechung des Bundesfinanzhofes in: Festschrift zu Ehren von Godehard Kayser, herausgegeben von Bork, Reinhard/Grupp, Dietmar/Kübler, Bruno M., 2019, Köln, S. 405–420 (zitiert als: *Kahlert*, in FS Kayser, S._).

Kahlert, Günter, Die Rechtsprechung des VII. Senats des BFH zur Aufrechnung in der Insolvenz – Eine kritische Bestandsaufnahme, DStR 2020, S. 1993–2005.

Kahlert, Günter/Kayser, Godehard/Bornemann, Alexander, Perspektiven für eine kohärente und praxisgerechte Verzahnung von Steuerrecht und Insolvenzrecht, 2020, Köln (zitiert als: *Kahlert/Kayser/Bornemann*, Perspektiven für eine kohärente und praxisgerechte Verzahnung von Steuer- und Insolvenzrecht, Rn. _).

Kaldor, Nicholas, Welfare Propositions of economics and interpersonal comparisons of utility, Economic Journal, Band 49, 1939, S. 549–552.

Kaltmeyer, Christoph, Der Insolvenzplan als Sanierungsmittel des Schuldners – Unter Berücksichtigung des EGInsOÄndG v. 19.12.1998 (Teil II), ZInsO 1999, S. 316–324.

Kayser, Godehard/Thole, Christoph, Insolvenzordnung, Kommentar, 10. Auflage, 2020, Heidelberg (zitiert als: *Bearbeiter*, in Kayser/Thole, InsO, §._, Rn._).

Kessler, Christian, Keine Haftung des Gesellschafters einer OHG für Neuverbindlichkeiten, Entscheidungsbesprechung zu OLG Brandenburg, Urteil vom 23. 5. 2007 - 7 U 173/06, NZI 2008, S. 41–43.

Kessler, Harald, Erneute Kehrtwende des BFH bei der Interpretation der wirtschaftlichen Verursachung? – Weicht das Wesentlichkeitskriterium der Alimentationsthese? –, DStR 1996, S. 1430–1438.

Kießling, Tina, Einkommensbesteuerung in der insolventen Personengesellschaft, Dissertation, 2018, Berlin (zitiert als: *Kießling*, Besteuerung der insolventen Personengesellschaft, S._).

Kilger, Joachim, Der Konkurs des Konkurses, Betrachtungen zur gegenwärtigen Situation des deutschen Insolvenzrechts, KTS 1975, S. 142–166.

Kilger, Joachim/Schmidt, Karsten, Insolvenzgesetze, KO/VglO/GesO, Kommentar, 17. Auflage, 1997, München (zitiert als: *Kilger/K. Schmidt*, KO/VglO/GesO, §_, S._).

Kinski, Enno, Aufrechnung durch das Finanzamt in der Insolvenz des Steuerpflichtigen, Dissertation, 2006, Köln (zitiert als: *Kinski*, Aufrechnung in der Insolvenz, S._).

Kirchhof, Paul, Die Finanzierung des Leistungsstaates, Die verfassungsrechtlichen Grenzen staatlicher Abgabenhoheit, Jura 1983, S. 505–517.

Kirchhof, Paul, Steuerumgehung und Auslegungsmethoden, StuW 1983, S. 173–183.

Kirchhof, Paul, Die Kunst der Steuergesetzgebung, NJW 1987, S. 3217–3226.

Kirchhof, Paul, Rechtstaatliche Anforderungen an den Rechtsschutz in Steuersachen, in: Der Rechtsschutz in Steuersachen, herausgegeben im Auftrag der Deutschen Steuerjuristischen Gesellschaft e.V., DStJG Band 18, herausgegeben von Trzaskalik, Christoph, Köln, 1995 (zitiert als *P. Kirchhoff*, DStJG 18 (1995), S._).

Kirchhof, Paul, Besteuerung im Verfassungsstaat, 2000, Tübingen (zitiert als: *P. Kirchhof*, Besteuerung im Verfassungsstaat, S._).

Kirchhof, Paul, Verfassungsrechtliche und steuersystematische Grundlagen der Einkommensteuer, in: Besteuerung von Einkommen, herausgegeben im Auftrag der Deutschen Steuerjuristischen Gesellschaft e. V. von Ebling, Iris, 2001, Köln, S. 9–28 (zitiert als: *P. Kirchhof*, DStJG 2001, S._).

Kirchhof, Paul, Einkommensteuergesetz, Kommentar, 19. Auflage, 2020, Köln (zitiert als: *Bearbeiter*, in Kirchhof, EStG, 19. Auflage, §_, Rn._).

Kirchhof, Paul/Seer Roman, Einkommensteuergesetz, Kommentar, 22. Auflage, 2023, Köln (zitiert als: *Bearbeiter*, in Kirchhof/Seer, EStG, §_, Rn._).

Kirchhof, Paul/Mellinghoff/Rudolf, Söhn, Hartmut, Einkommensteuergesetz, Kommentar, Loseblattsammlung, Heidelberg (zitiert als: *Bearbeiter*, in Kirchhof/Söhn/Mellinghoff, EStG, §_, Rn._).

Klein, Franz, Abgabenordnung, einschließlich Steuerstrafrecht, Kommentar, 15. Auflage, 2020, München (zitiert als: *Bearbeiter*, in Klein, AO, §_, Rn._).

Knobbe-Keuk, Brigitte, Einkommensteuer und Zahlungsunfähigkeit, StbJb. 1973/1974, S. 349–378.

Knobbe-Keuk, Brigitte, Konkurs und Umsatzsteuer, BB 1977, S. 757–765.

Kodek, Georg E., Der insolvenzrechtliche Gleichbehandlungsgrundsatz in vergleichender Perspektive – eine Skizze, KTS 2014, S. 215–255.

Koenig, Ulrich, Abgabenordnung, Kommentar, 4. Auflage, 2021, München (zitiert als: Bearbeiter, in Koenig, AO, §_, Rn._).

Koller, Ingo/Kindler, Peter/Roth, Wulf-Hennig/Drüen, Klaus Dieter, Handelsgesetzbuch, Kommentar, 9. Auflage, 2019, München (zitiert als: *Bearbeiter*, in Koller/Kindler/Roth/Drüen, HGB, §_, Rn._).

Kranzusch, Peter, Sanierungen insolventer Unternehmen mittels Insolvenzplanverfahren, ZInsO 2007, S. 804–807.

Kreutziger, Stefan/Schaffner, Margit/Stephany, Ralf, Bewertungsgesetz, Kommentar, 5. Auflage, 2021, München (zitiert als: *Bearbeiter*, in Kreutziger/Schaffner/Stephany, BewG, §_, Rn._).

Krüger, Frank, Insolvenzsteuerrecht Update 2012, ZInsO 2012, S. 149–157.

Krumm, Marcel, Steuervollzug und formelle Insolvenz, Dissertation, 2009, Frankfurt am Main (zitiert *als*: *Krumm,* Formelle Insolvenz, S._).

Krumm, Marcel/Wolf, Sarah, Aktuelle Rechtsprechung unter Berücksichtigung von arbeits- und vertragsrechtlichen Gesichtspunkten, Der Unternehmenserwerb aus der Insolvenzmasse, NWB 2010, S. 3465–3477.

Krumm, Marcel, Steuerliche Bewertung als Rechtsproblem, Eine juristische Untersuchung steuergesetzlicher Bewertungsnormen unter besonderer Berücksichtigung der Verkehrswerte, Habilitation, 2014, Köln (zitiert als: *Krumm*, Steuerliche Bewertung als Rechtsproblem, S._).

Kruse, Heinrich Wilhelm, Lehrbuch des Steuerrechts, Band 1: Allgemeiner Teil, 1991, München (zitiert als: *Kruse*, Steuerrecht, S._).

Kübler, Bruno M./Prütting, Hanns/Bork, Reinhard, InsO, Kommentar zur Insolvenzordnung, Loseblattsammlung, Köln (zitiert als: *Bearbeiter*, in Kübler/Prütting/Bork, InsO, §_, Rn._).

Kuhn, Georg/Uhlenbruck, Wilhelm, Konkursordnung, Kommentar, 11. Auflage, 1994, München (zitiert als: *Kuhn/Uhlenbruck*, KO, §_, Rn._).

Ladiges, Manuel, Der Auszahlungsanspruch nach § 37 Abs. 5 KStG – Probleme bei Aufrechnung und Insolvenz, DStR 2008, S. 2041–2045.

Lakies, Thomas, Insolvenz und Betriebsänderungen, BB 1999, S. 206–210.

Lang, Joachim, Liebhaberei im Einkommensteuerrecht, Grundsätzliches zur Abgrenzung einkommensteuerbarer Einkünfte, StuW 1981, S. 223–234.

Lang, Joachim, Die Bemessungsgrundlage der Einkommensteuer, Rechtssystematische Grundlagen steuerlicher Leistungsfähigkeit im deutschen Einkommensteuerrecht, Habilitation, 1988, Köln (zitiert als: *Lang*, Bemessungsgrundlage der Einkommensteuer, S._).

Lang, Joachim, Konsumorientierte Besteuerung von Einkommen aus rechtlicher Sicht, in: Steuerpolitik – Von der Theorie zur Praxis, Festschrift für Manfred Rose, herausgegeben von Ahlheim, Michael/Wenzel, Heinz-Dieter/Wiegard, Wolfgang, 2003, Berlin, S. 325–344 (zitiert als *Lang*, FS Rose, S._).

Larenz, Karl, Methodenlehre der Rechtswissenschaft, 6. Auflage, 1991, Berlin (zitiert als: *Larenz*, Methodenlehre der Rechtswissenschaft, S._).

Leenen, Detlef, Typus und Rechtsfindung, die Bedeutung der typologischen Methode für die Rechtsfindung dargestellt am Vertragsrecht des BGB, Dissertation, 1971, Berlin, (zitiert als: Leenen, Typus und Rechtsfindung, S._).

Lepsius, Oliver, Anmerkung zu BVerfG, Urteil v. 9. 12. 2008, 2 BvL 1/07, 2/07, 1/08, 2/08, JZ 2009, S. 260–264.

Locher, Peter, Grenzen der Rechtsfindung im Steuerrecht, Habilitation, 1983, Bern (zitiert als: *Locher*, Grenzen der Rechtsfindung im Steuerrecht, S._).

Looschelders, Dirk/Roth, Wolfang, Juristische Methodik im Prozeß der Rechtsanwendung, Zugleich ein Beitrag zu den verfassungsrechtlichen Grundlagen von Gesetzesauslegung und Rechtsfortbildung, 1996, Berlin (zitiert als: *Looschelders/Roth,* Juristische Methodik, S._).

Lucas, Hermann, Die neue Vergleichsordnung, Gesetz über den Vergleich zur Abwendung des Konkurses vom 5. Juli 1927, Mit Einleitung, allen wesentlichen Teilen der amtlichen Begründung und Kommentar, Berlin, 1927 (zitiert als: *Lucas,* Die Vergleichsordnung 1927, S._).

Lüke, Wolfgang, Zur Haftung des Insolvenzverwalters im Planverfahren, in: Insolvenzrecht Wissenschaft und Praxis, Festschrift für Wilhelm Uhlenbruck zum 70. Geburtstag, herausgegeben von Prütting, Hanns/Vallender, Heinz, 2000, Köln, S. 519–536 (zitiert als: *Lüke*, in FS Uhlenbruck, S._).

Lwowski, Hans-Jürgen/Tetzlaff, Christian, Verwertung von Absonderungsgut im Besitz des Insolvenzverwalters, Welcher Besitz des Verwalters ist für die Bejahung einer Verwertungsbefugnis der Insolvenzmasse erforderlich, in: Haftung und Insolvenz, Festschrift für Gero Fischer, herausgegeben von Ganter, Hans Gerhard/Gottwald, Peter/Lwowski, Hans-Jürgen, 2008, München, S. 365–378 (zitiert als: *Lwowski/Tetzlaff*, FS Fischer, S._).

von Mangoldt, Hermann/Klein, Friedrich/Starck, Christian, Grundgesetz, Kommentar, Band 1, Präambel, Artikel 1–19, 7. Auflage, 2018, München (zitiert als: *Bearbeiter*, in: von Mangoldt/Klein/Starck, GG, Art._, Rn._).

von Mangoldt, Hermann/Klein, Friedrich/Starck, Christian, Grundgesetz, Kommentar, Band 2, Artikel 20–82, 7. Auflage, 2018, München (zitiert als: *Bearbeiter*, in: von Mangoldt/Klein/Starck, GG, Art._, Rn._).

Markert, Max, Die Einordnung von Steuerforderungen in der Insolvenz, Entwicklung eines Einordnungsmodells und Frage nach der Privilegierung des Steuergläubigers im Insolvenzverfahren, Dissertation, 2020, Hamburg (zitiert als: *Markert*, Steuerforderungen in der Insolvenz, S._).

Marotzke, Wolfgang, Sinn und Unsinn einer insolvenzrechtlichen Privilegierung des Fiskus, Zugleich eine Stellungnahme zu Art. 3 des Haushaltsbegleitgesetzes 2011 i.d.F. des Gesetzesbeschlusses des Deutschen Bundestages v. 28.10.2010, ZInsO 2010, S. 2163–2180.

Marx, Franz Jürgen, Irrungen und Wirrungen bei der Bilanzierung öffentlich-rechtlicher Anpassungspflichten, FR 2013, S. 969–974.

Maus, Karl-Heinz, Quellensteuer im Konkurs, BB 1989, S. 672–676.

Maus, Karl-Heinz, Steuern im Insolvenzverfahren, Insolvenzrecht in der Praxis, 2004, Recklinghausen (zitiert als: *Maus*, Steuern im Insolvenzverfahren, Rn._).

Meincke, Eberhard/Hinst, Kai-Michael, Der Kreditbegriff im deutschen Recht - de lege lata und de lege ferenda -, WM 2011, S. 633–640.

Meyer, André, Das Insolvenzrecht am Scheideweg, in: Zukunftsfragen des Deutschen Steuerrechts III, herausgegeben von Schön, Wolfgang/Sternberg, Christian, 2018, Berlin, S. 45–76 (zitiert als: *Meyer*, in Zukunftsfragen des Steuerrechts III, S._).

Meyer, André, Insolvenzrecht und Steuerrecht, in: 100 Jahre Steuerrechtsprechung in Deutschland 1918–2018, Festschrift für den Bundesfinanzhof, herausgegeben von Drüen, Klaus-Dieter/Hey, Johanna/Mellinghoff, Rudolf, Band I, 2018, Köln, S. 659–678 (zitiert als: *Meyer*, in FS 100 Jahre BFH, Bd. I, S._).

Meyer-Cording, Ulrich, Umdenken nötig bei den Mobiliarsicherheiten, NJW 1979, S. 2126–2130.

Meyer, Guido/Verfürth Frank, Einkommensteuer- und insolvenzrechtliche Behandlung von Aufgabegewinnen in der Insolvenz der Personengesellschaft, BB 2007, S. 862–866.

Mitschke, Joachim, Lebenseinkommensbesteuerung durch interperiodischen Progressionsausgleich, StuW 1980, S. 122–134.

Mohrbutter, Jürgen/Mohrbutter, Harro, Handbuch des gesamten Vollstreckungs- und Insolvenzrechts, 2. Auflage, 1974, Köln (zitiert als: *Mohrbutter*, Handbuch des Vollstreckungs- und Insolvenzrechts, §_, S._).

Mohrbutter, Jürgen/Mohrbutter, Harro, Handbuch der Konkurs- und Vergleichsverwaltung, 6. Auflage, 1990, Köln (zitiert als: *Mohrbutter*, Handbuch der Konkurs. Und Vergleichsverwaltung, Rn_).

Moll, Wilhelm/Langhoff, Sandra, Ansprüche aus vor Verfahrenseröffnung abgeschlossenen Sozialplänen als bloße Insolvenzforderungen, EWiR 2001, S. 771–772.

Möllers, Thomas, Juristische Methodenlehre, 3. Auflage, 2020, München (zitiert als: *Möllers*, Methodenlehre, §_, Rn._).

Mönning, Rolf-Dieter, Betriebsfortführung in der Insolvenz, 1997, Köln (zitiert als: *Mönning*, Betriebsfortführung in der Insolvenz).

Moxter, Adolf, Neue Ansatzkriterien für Verbindlichkeitsrückstellungen? (Teil I), DStR 2004, S. 1057–1060.

Mugdan, Benno, Die gesamten Materialien zum Bürgerlichen Gesetzbuch für das Deutsche Reich, Band 1, Einführungsgesetz und Allgemeiner Theil, 1899, Berlin (zitiert als: *Mugdan*, Motive zum BGB, Bd. I, S._).

Müller, Franz, Probleme der Aufrechnung mit Konkurs- und Masseforderungen, Dissertation, 1981, Göttingen (zitiert als: *Müller*, Probleme der Aufrechnung).

Münchener Anwaltshandbuch, Insolvenz und Sanierung, herausgegeben von Nerlich, Jörg/Kreplin, Georg, 3. Auflage, 2019, München (zitiert als: *Bearbeiter*, in Münchener Anwaltshandbuch, §_, Rn._).

Münchener Kommentar zum Bürgerlichen Gesetzbuch, herausgegeben von Säcker, Franz Jürgen/Rixecker, Roland/Oetker, Hartmut/Limperg, Bettina, Band 1, Allgemeiner Teil, §§ 1–240, ProstG, AGG, 9. Auflage, 2021, München (zitiert als: *Bearbeiter,* in MünchKomm, BGB, §_, S._).

Münchener Kommentar zum Bürgerlichen Gesetzbuch, herausgegeben von Säcker, Franz Jürgen/Rixecker, Roland/Oetker, Hartmut/Limperg, Bettina, Band 2, Schuldrecht, Allgemeiner Teil, 9. Auflage, 2022, München (zitiert als: *Bearbeiter,* in MünchKomm, BGB, §_, S._).

Münchener Kommentar zum Bürgerlichen Gesetzbuch, herausgegeben von Säcker, Franz Jürgen/Rixecker, Roland/Oetker, Hartmut/Limperg, Bettina, Band 4, Schuldrecht – Besonderer Teil I, §§ 433–534, Finanzierungsleasing, CISG, 8. Auflage, 2019, München (zitiert als: *Bearbeiter,* in MünchKomm, BGB, §_, S._).

Münchener Kommentar zum Bürgerlichen Gesetzbuch, herausgegeben von Säcker, Franz Jürgen/Rixecker, Roland/Oetker, Hartmut/Limperg, Bettina, Band 7, Sachenrecht, §§ 854–1296, WEG, ErbbauRG, 8. Auflage, 2020, München (zitiert als: *Bearbeiter,* in MünchKomm, BGB, §_, S._).

Münchener Kommentar zur Insolvenzordnung, herausgegeben von Eidenmüller, Horst/Stürner, Rolf, Schoppmeyer, Heinrich, Band 1, §§ 1–79 InsO, Insolvenzrechtliche Vergütungsordnung (InsVV), 4. Auflage, 2019, München (zitiert als: *Bearbeiter*, in MünchKomm, InsO, §_, Rn._).

Münchener Kommentar zur Insolvenzordnung, herausgegeben von Eidenmüller, Horst/Stürner, Rolf, Schoppmeyer, Heinrich, Band 2, §§ 80–217

InsO, 4. Auflage, 2019, München (zitiert als: *Bearbeiter*, in MünchKomm, InsO, §_, Rn._).

Münchener Kommentar zur Insolvenzordnung, herausgegeben von Eidenmüller, Horst/Stürner, Rolf, Schoppmeyer, Heinrich, Band 3, §§ 217–359 InsO, Art. 103a–110 EG-InsO, Konzerninsolvenzrecht, Insolvenzsteuerrecht, 4. Auflage, 2020, München (zitiert als: *Bearbeiter*, in MünchKomm, InsO, §_, Rn._).

Münchener Kommentar zur Zivilprozessordnung mit Gerichtsverfassungsgesetz und Nebengesetzen, herausgegeben von Rauscher, Thomas/Krüger, Wolfgang, Band 2, §§ 355–945b, 6. Auflage, 2020, München (zitiert als: *Bearbeiter*, in MünchKomm, ZPO, §_, Rn._).

Münchener Kommentar zum Handelsgesetzbuch, herausgegeben von Drescher, Ingo/Fleischer, Holger/Schmidt, Karsten, Band 4, Drittes Buch, Handelsbücher, §§ 238–342e, 4. Auflage, 2020, München (zitiert als: *Bearbeiter*, in MünchKomm, HGB, §_, Rn._).

Musil, Andreas/Leibohm, Thomas, Die Forderung nach Entscheidungsneutralität der Besteuerung als Rechtsproblem, FR 2008, S. 807–814.

Nachtmann, Andrea, Das Fiskusvorrecht im deutschen Insolvenzrecht, Eine Untersuchung der aktuellen Entwicklung, des aktuellen Stands und der Verfassungsmäßigkeit des Fiskusvorrechts im geltenden Insolvenzrecht, Dissertation, 2014, Frankfurt am Main (zitiert als: *Nachtmann,* Fiskusvorrecht im deutschen Insolvenzrecht, S._).

Nebel, Julian Asmus, BVerwG: Öffentlich-rechtlicher Erstattungsanspruch als Insolvenzforderung, NVwZ 2015, S. 1393–1396.

Nerlich, Jörg/Römermann, Volker, Insolvenzordnung, Kommentar, Loseblattsammlung, München (zitiert als: *Bearbeiter*, in Nerlich/Römermann, InsO, §_, Rn._).

Nomos Kommentar, BGB, Allgemeiner Teil, EGBGB, herausgegeben von Heidel, Thomas/Hüßtege, Rainer/Mansel, Heinz-Peter/Noack, Ulrich, in Verbindung mit dem Deutschen Anwaltverein, Band 1, 4. Auflage, Baden-Baden, 2021 (zitiert als: *Bearbeiter*, in NK-BGB, §_, Rn._).

Obermair, Stefan, Die Aufrechnung mit Steuerforderungen in der Insolvenz, BB 2004, S. 2610–2614.

Oetker, Friedrich, Konkursrechtliche Grundbegriffe, Band I, Die Gläubiger, 1891, Stuttgart (zitiert als: *Oetker*, Konkursrechtliche Grundbegriffe, S._).

Oetker, Hartmut, Kommentar, Handelsgesetzbuch, 7. Auflage, 2021, München (zitiert als: *Bearbeiter*, in Oetker, HGB, §_, Rn._).

Offerhaus, Klaus/Söhn, Hartmut/Lange, Hans-Friedrich, Umsatzsteuer, Kommentar, Loseblattsammlung, Heidelberg (zitiert als: *Bearbeiter*, in Offerhaus/Söhn/Lange, UStG, §_, Rn._).

Onusseit, Dietmar, Zur Realisierung stiller Reserven im Konkurs, ZIP 1986, S. 77–84.

Onusseit, Dietmar, Umsatzsteuer im Konkurs, Dissertation, 1988, Köln (zitiert als: *Onusseit*, Umsatzsteuer im Konkurs, S._).

Onusseit, Dietmar, Die Einkommensteuer und ihre Aufteilung in der Insolvenz, ZInsO 2003, S. 677–686.

Onusseit, Dietmar, Aufrechnung des Finanzamtes in der Insolvenz, Anmerkung zu den Urteilen des BFH v. 5.10.2004 – VII R 69/03 (ZInsO 2005, 542), 16.11.2004 – VII R 62/03 (ZInsO 2005, 495) und 16.11.2004 – VII R 75/03, ZInsO 2005, S. 638–643.

Onusseit, Dietmar, Zur Neuregelung des § 55 Abs. 4 InsO, ZInsO 2011, S. 641–650.

Onusseit, Dietmar/Kunz, Peter, Steuern in der Insolvenz, 2. Auflage, 1997, Köln (zitiert als: *Onusseit/Kunz,* Steuern in der Insolenz, Rn._).

Onusseit, Dietmar, Rechtliche Uneinbringlichkeit im Zusammenhang mit § 55 Abs. 4 InsO, ZIP 2016, S. 452–460.

Onusseit, Dietmar, Einkommensteuer als Masseverbindlichkeit, Einige Anmerkungen zu den BFH Urteilen vom 7.7.2020 – X R 13/19, ZInsO 2020, 2544, und vom 10.7.2019 – X R 31/16, ZInsO 2020, 313, ZInsO 2021, S. 894–903.

Orlopp, Gerd L., Das Fiskusvorrecht im Konkurs und seine Berechtigung, DStZ 1979, S. 219–225.

Osterloh-Konrad, Christine, Rückstellungen für Prozessrisiken in Handels- und Steuerbilanz – Kriterien der Risikokonkretisierung und ihre Anwendung auf die Prozesssituation (Teil I), DStR 2003, S. 1631–1635.

Österreichisches Insolvenzrecht, Kommentar, Erster Zusatzband, BWG (Auszug), GenKonkV, EKEG, VAG (Auszug), URG, Insolvenz und Steuern, herausgegeben von Walter Buchegger, 2009, Wien (zitiert als: *Bearbeiter*, in Österreichisches Insolvenzrecht, Erster Zusatzband, Insolvenz und Steuern, Kap._, Rn. _).

Ott, Claus/Schäfer, Hans-Bernd, Die ökonomische Analyse des Rechts – Irrweg oder Chance der Rechtserkenntnis, JZ 1988, S. 213–223.

Pahlke, Armin, Grunderwerbssteuergesetz, Kommentar, 6. Auflage, 2018, München (zitiert als: *Bearbeiter*, in Pahlke, GrEStG, §_, Rn._).

Pape, Gerhard, Zur Problematik der Unanfechtbarkeit von Stimmrechtsfestsetzungen in der Gläubigerversammlung, ZIP 1991, S. 837–850.

Pape, Gerhard, Entstehung und Geltendmachung ausgenommener Forderungen im Insolvenzverfahren, Anmerkung zu OLG Braunschweig, Beschl. v. 26.2.2014 - 7 U 54/12, ZInsO 2016, S. 1420.

Pech, Janine, Die Einbeziehung des Neuerwerbs in die Insolvenzmasse: Konsequenzen und Probleme des § 35 InsO, Dissertation, 1991, Frankfurt (zitiert als: *Pech*, Einbeziehung des Neuerwerbs in die Insolvenzmasse, S._).

Pezzer, Heinz-Jürgen, Verfassungsrechtliche Perspektiven der Familienbesteuerung, in: Festschrift für Wolfgang Zeidler, herausgegeben von Fürst, Walther/Herzog, Roman/Umbach, Dieter, 1987, Berlin, S. 757–772 (zitiert als: *Pezzer*, FS Zeidler, S._).

Pezzer, Heinz-Jürgen, Gleichmäßiger Gesetzesvollzug in der Steuerrechtsordnung, StuW 2007, S. 101–111.

Pieroth, Bodo/Aubel, Tobias, Die Rechtsprechung des Bundesverfassungsgerichts zu den Grenzen richterlicher Entscheidungsfindung, JZ 2003, S. 504–510.

Popitz, Johannes, Einkommensteuer, in: Handwörterbuch der Staatswissenschaften, herausgegeben von Elster, Ludwig/Weber, Adolf/Wieser, Friedrich, Dritter Band, 4. Auflage, 1926, S. 400–491 (zitiert als *Popitz*, Handwörterbuch der Staatswissenschaften, S._).

Prütting, Hans/Gehrlein, Markus, Zivilprozessordnung, Kommentar, 13. Auflage, 2021, Köln (zitiert als: *Bearbeiter*, in Prütting/Gehrlein, ZPO, §_, Rn._).

Radeisen, Rolf-Rüdiger, Auswirkungen der Insolvenz auf die Umsatzsteuer, INF 2005, S. 658–664.

Ratschow, Eckart, Prinzipien der Einkünfteermittlung – Subjektsteuerprinzip, in: Einkünfteermittlung, 35. Jahrestagung der Deutschen Steuerjuristischen Gesellschaft e.V., Potsdam, 13. Und 14. September, herausgegeben von Hey, Johanna, 2011, Köln, S. 35–59 (zitiert als: *Ratschow*, DStJG 34 (2011), S._).

Rau, Günter/Dürrwächter, Erich, Kommentar zum Umsatzsteuergesetz, Loseblattsammlung, Köln (zitiert als: *Bearbeiter*, in Rau/Dürrwächter, UStG, §_, Rn._).

Reichsjustizministerium, Entwurf einer Vergleichsordnung, nebst Einführungsgesetz und Begründung, 1933, Berlin (zitiert als: Reichsjustizministerium, Entwurf einer Vergleichsordnung, S._).

Reiß, Wolfram, Umsatzsteuer und Insolvenz in: Recht der Wirtschaft und der Arbeit in Europa, Gedächtnisschrift für Wolfgang Blomeyer, herausgegeben von Krause, Rüdiger/Veelken Winfried/Vieweg, Klaus, 2004, Berlin, S. 427–456 (zitiert als: *Reiß*, GS Blomeyer, S._).

Richter, Andreas/Welling, Berthold, Diskussionsbericht zum 51. Berliner Steuergespräch „Sanierung, Insolvenzen und Steuern“, FR 2014, S. 747–751.

Ries, Stephan, Freigabe (auch) von Dauerschuldverhältnissen des § 108 InsO aus dem Insolvenzbeschlag beruflich selbstständiger Schuldner, ZInsO 2009, S. 2030–2036.

Ries, Stephan, Der Bundesfinanzhof und die Bindung seiner Richter an Recht und Gesetz (Art. 20 Abs. 3 GG) – auch gegenüber der spezialgesetzlichen „Rangordnung“ bei Insolvenz – in: Festschrift zu Ehren von Godehard Kayser, herausgegeben von Bork, Reinhard/Grupp, Dietmar/Kübler, Bruno M., 2019, Köln, S. 817–851 (zitiert als: *Ries*, in FS Kayer, S._).

Rödder, Thomas/Herlinghaus, Andreas/Neumann, Ralf, Körperschaftsteuergesetz, Kommentar, 2. Auflage, 2022, Köln (zitiert als: *Bearbeiter*, in Rödder/Herlinghaus/Neumann, KStG, §_, Rn._).

Rodi, Michael, Die Rechtfertigung von Steuern als Verfassungsproblem, dargestellt am Beispiel der Gewerbesteuer, Dissertation, 1994, München (zitiert als: *Rodi,* Rechtfertigung von Steuern als Verfassungsproblem, S._).

Rössler, Rudolf/Troll, Max, Bewertungsgesetz, Kommentar, Loseblattsammlung, München (zitiert als: *Bearbeiter*, in Rössler/Troll, BewG, §_, Rn._).

Roth, Jan, Aufdeckung stiller Reserven im Insolvenzverfahren, FR 2013, S. 441–447.

Roth, Jan, Umsatzsteuer und Insolvenz, ZInsO 2014, S. 309–325.

Roth, Jan, Insolvenzsteuerrecht, Insolvenzrechtliche Implikationen im Steuerrecht, 3. Auflage, 2020, Köln (zitiert als: *Roth*, Insolvenzsteuerrecht, Rn._).

Ruhe, Christian, Steuern in der Insolvenz, Dissertation, 2003, Berlin (zitiert als: *Ruhe*, Steuern in der Insolvenz, S._).

Ruppe, Hans Georg, Möglichkeiten und Grenzen der Übertragung von Einkunftsquellen als Problem der Zurechnung von Einkünften, in: Übertragung von Einkunftsquellen im Steuerrecht, Möglichkeiten und Grenzen der Einkommensverlagerung durch Nießbrauch, Beteiligung und Darlehen, herausgegeben im Auftrag der Deutschen Steuerjuristischen Gesellschaft e. V. von Tipke, Klaus, 1978, Köln, S. 7–40 (zitiert als: *Ruppe*, DStJG 1978, S._).

Rüsken, Reinhart, Die Rechtsprechung des VII. Senates des Bundesfinanzhofes zum steuerlichen Insolvenzverfahrensrecht und zur Aufrechnung im Insolvenzverfahren, NZI 2006, S. 330–334.

Rüsken, Reinhart, Aufrechnung von Steuern im Insolvenzverfahren in der neueren Rechtsprechung des Bundesfinanzhofes, ZIP 2007, S. 2053–2060.

Rüsken, Reinhart, Keine Aufrechnung mit Insolvenzforderungen, wenn aufgrund eines erst während des Insolvenzverfahrens eingetretenen Tatbestandes Umsatzsteuer zu berichtigen ist, Entscheidungsbesprechung zu BFH, Urteil vom 25.7.2012, VII R 29/11, BFH/PR 2013, S. 30–31.

Saenger, Ingo, Zivilprozessordnung, Familienverfahren, Gerichtsverfassung, Europäisches Verfahrensrecht, Handkommentar, 9. Auflage, 2021, Baden-Baden (zitiert als: *Bearbeiter*, in Saenger, ZPO, §_, Rn._).

Sämisch, Henning/Adam, Sven, Fiskalische Begehrlichkeiten: Insolvenzforderung oder Masseverbindlichkeit?, ZInsO 2010, S. 934–939.

Savigny, Friedrich Carl von, System des heutigen römischen Rechts, Band I, 1840, Berlin (zitiert als: *Savigny*, System des heutigen römischen Rechts, Bd. I, S._).

Schäfer, Hans-Bernd/Ott, Claus, Lehrbuch der ökonomischen Analyse des Zivilrechts, 6. Auflage, 2020, Berlin (zitiert als: *Schäfer/Ott*, Ökonomische Analyse des Zivilrechts, S._).

Schanz, Georg, Der Einkommensbegriff und die Einkommensteuergesetze, FinArch 1896, Band 13, S. 1–88.

Schenk, Andreas, Ein neues Fiskusprivileg im Insolvenzverfahren durch die „Hintertür BFH", Zum Beschluss des BFH – III B 77/18 und dessen aktuelle Anwendung durch die Finanzverwaltung in der Praxis, S. 1997–2004.

Schenke, Ralf P., Die Rechtsfindung im Steuerrecht, Konstitutionalisierung, Europäisierung, Methodengesetzgebung, Habilitation, 2007, Tübingen (zitiert als: *Schenke*, Rechtsfindung im Steuerrecht, S._).

Schenke, Wolf-Rüdiger, Verwaltungsprozessrecht, 17. Auflage, 2021, Heidelberg (zitiert als: *Schenke*, Verwaltungsprozessrecht, §_, Rn._).

Schießer, Oliver, Bedingte und betagte Ansprüche nach dem alten und neuem Insolvenzrecht, Dissertation, 1998, München (zitiert als: *Schießer*, Ansprüche nach dem Insolvenzrecht, S._).

Schmidt, Arne, Insolvenzrechtliches Aufrechnungsverbot bei USt-Erstattungsanspruch, DB 2015, S. 2724–2725.

Schmidt, Arne, Einordnung des Einkommensteueranspruchs als Insolvenzforderung oder Masseverbindlichkeit, Entscheidungsbesprechung zu BFH, Urteil vom 3.8.2016 – X R 25/14, NZI 2017, S. 218–221.

Schmidt, Karsten, Organverantwortlichkeit und Sanierung im Insolvenzrecht der Unternehmen, ZIP 1980, S. 328–337.

Schmidt, Karsten, Möglichkeiten der Sanierung von Unternehmen durch Maßnahmen im Unternehmens-, Arbeits-, Sozial- und Insolvenzrecht, Verhandlungen des 54. Deutschen Juristentages, Band I, Teil D, 1982, München (zitiert als: *K. Schmidt*, Gutachten zum 54. DJT, Bd. I, Ziffer_).

Schmidt, Karsten, Gesellschaftsrecht, 4. Auflage, 2002, Köln (zitiert als: *K. Schmidt*, Gesellschaftsrecht, §_, S._).

Schmidt, Karsten, Persönliche Gesellschafterhaftung in der Insolvenz – Gesellschaftsrechtliche und insolvenzrechtliche Betrachtungen zum Urteil des BGH vom 24. 9. 2009, IX ZR 234/07 –, ZHR 174 (2010), S. 163–191.

Schmidt, Karsten, Handelsrecht, Unternehmensrecht I, 6. Auflage, 2014, Köln (zitiert als: *K. Schmidt,* Handelsrecht, §_, Rn._).

Schmidt, Karsten, Insolvenzordnung, InsO mit EuInsVO, Kommentar, 19. Auflage, 2016, München (zitiert als: *Bearbeiter*, in K. Schmidt, InsO, §_, Rn._).

Schmidt, Karsten/Uhlenbruck, Wilhelm, Die GmbH in Krise, Sanierung und Insolvenz, 5. Auflage, 2016, Köln (zitiert als: *Bearbeiter,* in GmbH in Krise, Sanierung und Insolvenz, Rn._).

Schmidt, Ludwig, Möglichkeiten und Grenzen der Übertragung von Einkunftsquellen von Eltern auf Kinder, in: Übertragung von Einkunftsquellen im Steuerrecht, Möglichkeiten und Grenzen der Einkommensverlagerung durch Nießbrauch, Beteiligung und Darlehen, herausgegeben im Auftrag der Deutschen Steuerjuristischen Gesellschaft e. V. von Tipke, Klaus, 1978, Köln, S. 41–67 (zitiert als: *L. Schmidt,* DStJG 1978, S._).

Schmidt, Reinhard H., Ökonomische Analyse des Insolvenzrechts, 1980, Wiesbaden (zitiert als: *Schmidt,* Ökonomische Analyse, S._).

Schmittmann, Jens, Verbindlichkeiten aus dem Steuerschuldverhältnis im vorläufigen und eröffneten Insolvenzverfahren zwischen BMF und BFH, StuB 2012, S. 237–238.

Schmittmann, Jens, Einnahmen in der Zwangsverwaltung und Einkommensteuer, ZfIR 2015, S. 545–552.

Schmittmann, Jens, Steuerrechtliche Folgen einer Insolvenzanfechtung, NZI 2014, S. 638–641.

Schönborn, Norbert, Verbindlichkeitsrückstellung bei progressiver Miete, BB 1998, S. 1099–1102.

Schöne, Torsten/Ley, Dirk, Die Auswirkungen des Zinsabschlaggesetzes im Konkurs von Personenhandelsgesellschaften, DB 1993, S. 1405–1410.

Schumpeter, Joseph, Ökonomie und Soziologie der Einkommensteuer, Der deutsche Volkswirt, Zeitschrift für Politik und Wirtschaft, 4. Jahrgang, 1929, S. 380–385.

Schuster, Silvia, Die neuere BFH-Rechtsprechung zur Steuer in der Insolvenz – Fiskusprivileg versus Gläubigergleichbehandlung, DStR 2013, S. 1509–1512.

Schwarz, Helmut, Masseverbindlichkeit bei Entgeltvereinnahmung durch Insolvenzverwalter, NZI 2011, S. 613–615.

Schwarz, Johannes, Umsatzsteuer in der Insolvenz – neue Facetten des Leistungsfähigkeitsprinzips, Dissertation, 2011, Frankfurt am Main (zitiert als: *Schwarz*, Umsatzsteuer in der Insolvenz, S._).

Schwarz, Bernhard/Pahlke, Armin, AO/FGO Kommentar, Loseblattsammlung, Freiburg (zitiert als: *Bearbeiter*, in Schwarz/Pahlke, AO/FGO, §_, Rn._).

Schwarz, Bernhard/Widmann, Werner/Radeisen, Rolf-Rüdiger, UStG, Kommentar, Loseblattsammlung, Freiburg (zitiert als: *Bearbeiter*, in Schwarz/Widmann/Radeisen, UStG, §_, Rn._).

Seer, Roman, BB-Forum: Einkommensteuerreform – Flat Tax oder Dual Income Tax?, BB 2004, S. 2272–2278.

Seer, Roman, Abschlussbericht der Kommission zur Harmonisierung von Insolvenz- und Steuerrecht, DStR Beihefter zu Heft 42/2014, S. 117–136.

Seer, Roman, Insolvenz, Sanierung und Ertragsteuern – verfassungs- und europarechtliche Überlegungen, FR 2014, S. 721–731.

Siber, Heinrich, Grundriß des Deutschen Bürgerlichen Rechts, Band 2, Schuldrecht, 1931, Leipzig (zitiert als: *Siber*, Grundriß des Bürgerlichen Rechts, S._).

Simon, Veit Herman, Die Bilanzen der Aktiengesellschaften und der Kommanditgesellschaften auf Aktien, 3. Auflage, 1899, Berlin (zitiert als: *Simon*, Die Bilanzen der Aktiengesellschaften und der Kommanditgesellschaften auf Aktien, S._).

Sinz, Ralf/Oppermann, Stefan, § 55 Abs. 4 InsO und seine Anwendungsprobleme in der Praxis, DB 2011, S. 2185–2194.

Smid, Stefan, Kurze kritische Anmerkungen zu den Änderungen der Insolvenzordnung durch Art. 3 und 4 Haushaltsbegleitgesetz 2011, DZWiR 2011, S. 133–136.

Smid, Stefan, Tragung von Massekosten und Masseverbindlichkeiten aus einer Sondermasse, die durch Rechtsverfolgung gemäß § 93 InsO erzielt worden ist, ZInsO 2013, S. 1233–1242.

Smid, Stefan, Handbuch, Insolvenzrecht, 7. Auflage, 2018, Berlin (zitiert als: *Smid,* Insolvenzrecht, §_, Rn._).

Smith, Adam, An Inquiry into the Nature and Causes of the Wealth of Nations, 1776, zitiert nach der im dtv-Verlag erschienenen Übersetzung „Wohlstand der Nationen", 11. Auflage, 2005, München (zitiert als: *A. Smith,* An Inquiry into the Nature and Causes of the Wealth of Nations, S._).

Söhn, Hartmut, Anrechnung von Steuervorauszahlungen (Steuerabzugsbeträgen) und vorläufige Erstattung (§ 69 Abs. 3 Satz 4 FGO, FR 1970, S. 263–268.

Söhn, Hartmut, Steuerrechtliche Folgenbeseitigung durch Erstattung, Zugleich ein Beitrag zum Steuerschuldverhältnis, Habilitation, 1973, München (zitiert als: *Söhn*, Steuerrechtliche Folgenbeseitigung durch Erstattung, S._).

Sonnleitner, Wolfgang/Witfeld, Alexander, Insolvenz- und Sanierungssteuerrecht, 2. Auflage, 2022, München (zitiert als: *Bearbeiter,* in Insolvenzsteuerrecht, Kap._, Rn._).

Stadie, Holger, Umsatzsteuergesetz, Kommentar, 3. Auflage, 2015, Köln (zitiert als: *Stadie*, in Stadie, UStG, §_, Rn._).

Staudinger, Julius von, Kommentar zum Bürgerlichen Gesetzbuch mit Einführungsgesetz und Nebengesetzen, Buch 1, Allgemeiner Teil, §§ 139–163 (Allgemeiner Teil 4b), Neubearbeitung 2020, Berlin (zitiert als: *Bearbeiter*, in Staudinger, BGB, §_, Rn._).

Staudinger, Julius von, Kommentar zum Bürgerlichen Gesetzbuch mit Einführungsgesetz und Nebengesetzen, Buch 2, Recht der Schuldverhältnisse, §§ 488–490; 607–609 (Darlehensrecht), Neubearbeitung 2015, Berlin (zitiert als: *Bearbeiter*, in Staudinger, BGB, §_, Rn._).

Staudinger, Julius von, Kommentar zum Bürgerlichen Gesetzbuch mit Einführungsgesetz und Nebengesetzen, Buch 3, Sachenrecht, ErbbauRG, §§ 1018–1112, Erbbaurecht, Dienstbarkeiten, Vorkaufsrecht, Reallasten, Neubearbeitung 2016, Berlin (zitiert als: *Bearbeiter*, in Staudinger, BGB, §_, Rn._).

Steinberg, Peter, Insolvenzforderung oder Masseverbindlichkeit: Die insolvenzrechtliche Einordnung von Steuern, Dissertation, 2012, Hamburg (zitiert als: *Steinberg*, Die insolvenzrechtliche Einordnung von Steuern, S._).

Stenger, Alfons/Loose, Matthias, Bewertungsrecht, BewG, ErbStG, Kommentar, Loseblattsammlung, Köln (zitiert als: *Bearbeiter*, in Stenger/Loose, BewG, ErbStG, §_, Rn._).

Sterzinger, Christian, Probleme bei der Auszahlung des Körperschaftsteuerguthabens im Insolvenzverfahren, Zugleich Stellungnahme zu den Verfügungen der OFD Münster vom 20.4.2007 und der OFD Koblenz vom 7.12.2007, BB 2008, S. 1480–1483.

Sterzinger, Christian, Fiskusprivileg im Insolvenzverfahren, BB 2011, S. 1367-1372.

Tehler, Hermann-Josef, Privilegierung sich selbst versorgender Unternehmer in der Umsatzsteuer, UR 2013, S. 171–175.

Thomale, Chris, Gemeinschaftliche Gesamtvermögenshaftung – zur ausnahmslosen Geltung der Gesellschafterhaftung nach §§ 128, 171 HGB – (zugleich Besprechung von BGH, Urt. v. 15.12.2020 – II ZR 108/19 und Urt. v. 28.1.2021 – IX ZR 54/20, ZGR 2021, S. 643–680.

Tipke, Klaus, Übertragung von Einkunftsquellen, Zum Thema der Münchener Tagung der Deutschen Steuerjuristischen Gesellschaft, StuW 1977, S. 293–301.

Tipke, Klaus, Rechtfertigung des Themas; Ziel der Tagung, in: Gewinnrealisierung im Steuerrecht, Theorie und Praxis der Gewinnverwirklichung durch Umsatzakt und durch Steuerentstrickung sowie des Besteuerungsaufschubs, Herausgegeben im Auftrag der Deutschen Steuerjuristischen Gesellschaft e.V. von Ruppe, Hans Georg, 1981, Köln, S. 1–12 (zitiert als: *Tipke*, DStJG 4 (1981), S._).

Tipke, Klaus, Auslegung unbestimmter Rechtsbegriffe, in: Handwörterbuch unbestimmter Rechtsbegriffe im Bilanzrecht des HGB, herausgegeben von Leffson, Ulrich/Rückle, Dieter/Großfeld, Bernhard, 1986, Köln, S. 1–11 (zitiert als: *Tipke,* in Handwörterbuch unbestimmter Rechtsbegriffe, S._).

Tipke, Klaus, Die Steuerrechtsordnung, Band I, Wissenschaftsorganisatorische, systematische und grundrechtlich-rechtsstaatliche Grundlagen, 2. Auflage, 2000, Köln (zitiert als: *Tipke*, Steuerrechtsordnung, Bd. I, S._).

Tipke, Klaus, Die Steuerrechtsordnung, Band II, Steuerrechtfertigungstheorie, Anwendung auf alle Steuerarten, sachgerechtes Steuersystem, 1993, Köln (zitiert als: *Tipke*, Steuerrechtsordnung, Bd. II, S._).

Tipke, Klaus, Die Steuerrechtsordnung, Band III, Steuerrechtswissenschaft, Steuergesetzgebung, Steuervollzug, Steuerrechtsschutz, Steuerreformbestrebungen, 2. Auflage, 2012, Köln (zitiert als: *Tipke*, Steuerrechtsordnung, Bd. III, S._).

Tipke, Klaus/Kruse, Wilhelm, Abgabenordnung, Finanzgerichtsordnung, Kommentar zur AO und FGO, Kommentar, Loseblattsammlung, Köln (zitiert als: *Bearbeiter*, in Tipke/Kruse, AO/FGO, §_, Rn._).

Tipke, Klaus/Lang, Joachim, Steuerrecht, 24. Auflage, 2021, Köln (zitiert als: *Bearbeiter,* in Tipke/Lang, Steuerrecht, §_, Rn._).

Uhlenbruck, Wilhelm, Insolvenzordnung, Kommentar, herausgegeben von Uhlenbruck, Wilhelm/Hirte, Heribert/Vallendar, Heinz, 15. Auflage, 2019, München (zitiert als: *Bearbeiter,* in Uhlenbruck, InsO, §_, Rn._).

Ulrich, Winfried, Wörterbuch, Linguistische Grundbegriffe, 5. Auflage, 2002, Berlin (zitiert als: *Ulrich*, Linguistische Grundbegriffe, S._).

Viskorf, Hermann-Ulrich, Grunderwerbsteuergesetz, Kommentar, 20. Auflage, 2022, München (zitiert als: *Bearbeiter*, in Viskorf, GrEStG, §_, Rn._).

Vogels, Werner, Vergleichsordnung, vom 26. Februar 1935, (Reichsgesetzbl. I, S. 321), Kommentar, Berlin, 1935 (zitiert als: *Vogels,* Vergleichsordnung, §_, S._).

Wagenknecht-Hose, Ute, Vertragliche und umsatzsteuerliche Neuverbindlichkeiten des Schuldners in der Insolvenz, Dissertation, 2008, Köln (zitiert als: *Wagenknecht-Hose*, Neuverbindlichkeiten in der Insolvenz, S._).

Wäger, Christoph, Insolvenz und Umsatzsteuer, DStR 2011, S. 1925–1935.

Wäger, Christoph, Vorsteuer- und Steuerberichtigung aufgrund Uneinbringlichkeit in der Insolvenz des Unternehmers, DB 2012, S. 1460–1468.

Wäger, Christoph, Umsatzsteuer in der Insolvenz – Istbesteuerung und Einschränkung von § 55 Abs. 4 InsO als Regelungsalternativen?, ZInsO 2014, S. 1121–1127.

Wagner, Franz W., Neutralität und Gleichmäßigkeit als ökonomische und rechtliche Kriterien steuerlicher Normkritik, StuW 1992, S. 2–13.

Warner, Jerold B., Bankruptcy Costs: Some Evidence, The Journal of Finance, Vol. XXXII, No. 2, May 1977, S. 337–347.

Warrikoff, Alexander, Die Stellung der Arbeitnehmer nach der neuen Insolvenzordnung, BB 1994, S. 2338–2346.

Waza, Thomas/Uhländer, Christoph/Schmittmann, Jens, Insolvenzen und Steuern, Krise, Sanierung und Restrukturierung, 13. Auflage, 2021, Herne (zitiert als: *Waza/Uhländer/Schmittmann*, Insolvenzen und Steuern, Rn._).

Weber-Grellet, Realisationsprinzip und Belastungsprinzip – Zum zeitlichen Ausweis von Ertrag und Aufwand, DB 2002, S. 2180–2184.

Weidmüller, Juliane, Die Rückschlagsperre als Instrument zur gemeinschaftlichen Haftungsverwirklichung – Eine Analyse im Spannungsfeld zwischen Einzel- und Gesamtvollstreckung, Baden-Baden, 2012 (zitiert als: *Weidmüller*, Rückschlagsperre als Instrument zur Haftungsverwirklichung, S._).

Weiland, Stefan, Par condicio creditorum, Der Insolvenzrechtliche Gleichbehandlungsgrundsatz und seine Durchbrechungen zugunsten öffentlichrechtlicher Gläubiger, Dissertation, 2010, Frankfurt am Main (zitiert als: *Weiland*, Par conditio creditorum, S._).

Weiland, Stefan, Wi(e)der die Privilegierung der öffentlich-rechtlichen Gläubiger, Eine zusammenfassende Betrachtung jüngster insolvenzrechtlicher Gesetzgebungsvorhaben sowie höchstfinanzgerichtlicher Rechtsprechung und deren Auswirkungen auf den Grundsatz der Gläubigergleichbehandlung, DZWIR 2011, S. 224-233.

Weilbach, Dietrich, Kommentar zur Grunderwerbssteuer, Loseblattsammlung, Freiburg (zitiert als: *Bearbeiter*, in Weilbach, GrEStG, §_, Rn._).

Weiss, Eberhard, Zur Durchsetzung von Einkommensteueransprüchen im Konkurs, FR 1990, S. 539–544.

Weitzmann, Jörn, Umsatzsteuer als Masseverbindlichkeit für Leistungen vor Verfahrenseröffnung, Anmerkung zu BFH, Beschl. v. 29.1.2009 – V R 64/07, ZInsO, 2009, S. 920–924.

Wellensiek, Jobst, Probleme der Betriebsfortführung in der Insolvenz, Insolvenzrecht für Wissenschaft und Praxis, in: Festschrift für Wilhelm Uhlenbruck zum 70. Geburtstag, herausgegeben von Prütting, Hanns/Vallender, Heinz, 2000, Köln, S. 199–215 (zitiert als: *Wellensiek,* FS Uhlenbruck, S._).

Werth, Franceska, Die Aufrechnung von steuerlichen Erstattungsansprüchen im Insolvenzverfahren, Eine Darstellung aktueller Rechtsfragen unter besonderer Berücksichtigung abgabenrelevanter Fragestellungen, AO-StB 2007, S. 70–76.

Werth, Franceska, Insolvenzaufrechnung von Forderungen aus dem Steuerschuldverhältnis – aktuelle Entwicklung aufgrund der neuen Rechtsprechung des BGH, DStZ 2010, S. 572–576.

Widmann, Werner, Anmerkung zu BFH, Urteil vom 09.12.2010, V R 22/10, UR 2011, S. 555–556.

Wiegandt, Philipp, Die Transaktionskostentheorie, in: Theorien und Methoden der Betriebswirtschaft – Handbuch für Wissenschaftler und Studierende, herausgegeben von Schwaiger, Manfred/Meyer Anton, 2011,

München, S. 115–130 (zitiert als: *Wiegandt*, in Theorien und Methoden der Betriebswirtschaft, S._).

Williamson, Oliver E., The Economic Institutions of Capitalism: Firms, Markets, Relational Contracting, 1985, New York (zitiert als: *Williamson,* Economic Institutions of Capitalism, S._).

Wilmowski, Gustav von, Deutsche Reichs-Konkursordnung, 6. Auflage, 1906, Berlin (zitiert als: *Wilmowski*, Deutsche Konkursordnung, S._).

Witfeld, Alexander, Das Umsatzsteuerverfahren und die Insolvenz, Dissertation, 2016, Frankfurt am Main (zitiert als: *Witfeld,* Umsatzsteuerverfahren und die Insolvenz, S._).

Witfeld, Alexander, BB-Kommentar, FG Köln stärkt der Finanzverwaltung bei der Aufrechnung in der Insolvenz den Rücken (Einkommensteuererstattung aus Lohnsteuerüberzahlung) – keine Klärung durch den BFH, BB 2020, S. 2214.

Wittmann, Rolf, Das Markteinkommen – einfachgesetzlicher Strukturbegriff und verfassungsdirigierter Anknüpfungsgegenstand der Einkommensteuer?, Augsburg, 1992 (zitiert als: *Wittmann*, Markteinkommen, S._).

Wöhe, Günter, Die Aufgaben der Betriebswirtschaftlichen Steuerlehre und das Postulat der Wertfreiheit, in: Festschrift für Peter Scherpf, Unternehmung und Steuer, herausgegeben von Fischer, Lutz, 1983, Wiesbaden, S. 5–20 (zitiert als: *Wöhe*, in FS Scherpf, S._).

Zeek, Sebastian, Die Umsatzsteuer in der Insolvenz, KTS 2006, S. 407–448.

Ziegenhagen, Andreas/Thieme, Hauke, Besteuerung in Krise und Insolvenz, 2010, Wiesbaden (zitiert als: *Ziegenhangen/Thieme*, Besteuerung in Krise und Insolvenz, S._).

Zimmer, Frank, Haushaltsbegleitgesetz 2011 (§ 55 Abs. 4 InsO n.F.) – erste Anwendungsprobleme, ZInsO 2010, S. 2299-2307.

Zippelius, Reinhold, Juristische Methodenlehre, 12. Auflage, 2021, München (zitiert als: *Zippelius,* Juristische Methodenlehre, S._).

Zippelius, Reinhold/Würtenberger, Thomas, Deutsches Staatsrecht, Ein Studienbuch, 33. Auflage, 2018, München (zitiert als: *Zippelius/Würtenberger*, Deutsches Staatsrecht, §_, Rn._).

Schriften zum Steuerrecht

Nils Petersen
Beginn und Ende der Gewerblichkeit im Einkommensteuerrecht und Gewerbesteuerrecht
Die Tatbestandsmäßigkeit der Besteuerung führt dazu, dass eine Steuerpflicht ausgelöst wird, wenn der Tatbestand, an den das Gesetz die jeweilige Leistungspflicht knüpft, erfüllt wird (§ 38 AO). Dies setzt voraus, dass für die sachlichen Anknüpfungspunkte eine eindeutige Definition erfolgt zu welchem Zeitpunkt diese Steuerpflicht beginnt und endet. Im Rahmen der Gewerblichkeit werden hierfür de lege lata bei den unterschiedlichen (Ertrag-)Steuern keine einheitlichen Kriterien verwendet. Die Untersuchung hinterfragt dies und liefert mit Etablierung einer sog. III-Phasen-Dogmatik einen Ansatz für die Herleitung systematischer Kriterien für diese Zeitpunkte.
Bd. 16, 2024, 368 S., 44,90 €, br., ISBN 978-3-643-15604-4

Magnus Dürer
Rechtsfragen bei der tatsächlichen Durchführung des Gewinnabführungsvertrags unter besonderer Berücksichtigung der aktuellen BFH-Rechtsprechung zur Organschaft
Die tatsächliche Durchführung des Gewinnabführungsvertrags bildet das zentrale Anerkennungsmerkmal der ertragsteuerlichen Organschaft. Trotz der langen Historie und einer Vielzahl von Reformbestrebungen lässt § 14 KStG bis heute unbeantwortet, was unter dem abstrakten Rechtsbegriff zu verstehen ist. Der Autor nimmt dies zum Anlass bestehende Rechtsfragen um das Erfordernis der tatsächlichen Durchführung im Kontext der aktuellen Entwicklungen in Rechtsprechung und Literatur einzuordnen. Die jüngste BFH-Rechtsprechung zur Organschaft findet aufgrund der aktuellen Relevanz besondere Berücksichtigung.
Bd. 15, 2024, 56 S., 19,90 €, br., ISBN 978-3-643-15547-4

LIT Verlag Berlin – Münster – Wien – Zürich – London
Auslieferung Deutschland / Österreich / Schweiz: siehe Impressumsseite

Johann Schomaker
Die Verdoppelung der Mitunternehmerstellung in Nießbrauchsfällen
Die Arbeit betrachtet die Folgen des Nießbrauchs am Personengesellschaftsanteil für die Kompetenz zur Ausübung von Gesellschafterrechten und ordnet diese Kompetenzverteilung in die Anforderungen an die steuerliche Mitunternehmerstellung ein. Sie behandelt die Frage, auf welcher Grundlage sich neben der Gesellschafterstellung eine Mitunternehmerstellung annehmen lässt, und ob sich Nießbraucher und Gesellschafter gegenseitig aus dieser ausschließen. Die Untersuchung liefert eine dogmatische Grundlage für das Nebeneinander von Nießbraucher und Gesellschafter in der Mitunternehmerschaft.
Bd. 14, 2023, 252 S., 39,90 €, br., ISBN 978-3-643-15482-8

Stefanie Michaelis
Europa- und verfassungsrechtliche Vorgaben für die umsatzsteuerliche Behandlung von Leistungen der öffentlichen Hand
Unter punktueller Überprüfung der nationalen Regelungen des Umsatzsteuergesetzes
Bd. 13, 2023, 522 S., 49,90 €, br., ISBN 978-3-643-15221-3

Benedikt Jasper
Die Besteuerung nichtverhältniswahrender Spaltungen von Kapitalgesellschaften
Ertragsteuerliche Fragestellungen im Rahmen des §15 UmwStG unter besonderer Berücksichtigung der Besteuerung der Anteilseigner des übertragenden Rechtsträgers
Bd. 12, 2023, 342 S., 49,90 €, br., ISBN 978-3-643-14980-0

Saphira Jüdes
Systematik des neuen Investmentsteuerrechts und Folgerichtigkeit in der Umsetzung
Bd. 11, 2021, 322 S., 39,90 €, br., ISBN 978-3-643-14911-4

Martin Swoboda
Die Auseinandersetzung der Personengesellschaft im Zivil- und Steuerrecht
Bd. 10, 2020, 212 S., 34,90 €, br., ISBN 978-3-643-14836-0

Haakon Michling
Rückstellungen für öffentlich-rechtliche Verpflichtungen in der Steuerbilanz
Bd. 9, 2020, 280 S., 44,90 €, br., ISBN 978-3-643-14695-3

Kolja van Lück
Steuerrecht und Digital Economy
Lösungsansätze sachgerechter Besteuerung multinationaler Unternehmen der digitalisierten Wirtschaft
Bd. 8, 2018, 674 S., 69,90 €, br., ISBN 978-3-643-14214-6

Sebastian Adam
Die Besteuerung ausländischer Familienstiftungen unter besonderer Beachtung des §15 AStG
Ein Besteuerungsvergleich am Beispiel der liechtensteinischen Stiftung
Bd. 7, 2018, 453 S., 59,90 €, br., ISBN 978-3-643-14118-7

LIT Verlag Berlin – Münster – Wien – Zürich – London
Auslieferung Deutschland / Österreich / Schweiz: siehe Impressumsseite

Bonner Schriften zum Steuer-, Finanz- und Unternehmensrecht

hrsg. von Prof. Dr. Rainer Hüttemann, Prof. Dr. Andreas Herlinghaus und Prof. Dr. Stephan Schauhoff

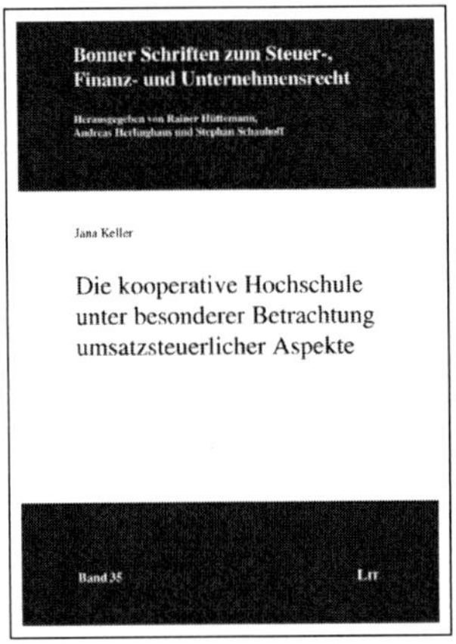

Jana Keller
Die kooperative Hochschule unter besonderer Betrachtung umsatzsteuerlicher Aspekte
Der Veränderungsdruck durch gesellschaftspolitische Entwicklungen führt in der Hochschullandschaft zu einem Zuwachs an Kooperationen. Dieser Wandel hin zur „kooperativen Hochschule“ fällt zusammen mit der Einführung des § 2b UStG und der Ausweitung der Unternehmereigenschaft der öffentlichen Hand. Bestehende und künftige Kooperationen sind rechtlich neu zu würdigen und anzupassen. Die Arbeit untersucht die Auswirkung des § 2b UStG für Hochschulen und gibt einen systematischen Überblick über wichtige umsatzsteuerliche Fragen und Gestaltungsmöglichkeiten.
Bd. 35, 2022, 316 S., 44,90 €, br., ISBN 978-3-643-15238-1

Tobias Witscher
Sachliche Versicherungsteuerbarkeit
Die Versicherungsteuer hat durch ihren stetig gestiegenen Regelsteuersatz und die seit Juli 2010 bestehende Zuständigkeit des Bundeszentralamts für Steuern, das diese Steuer verstärkt in den Blick nimmt, an Relevanz hinzugewonnen. Befasst man sich mit der Versicherungsteuer, ist zunächst zu erörtern, in welchen Fällen die sachliche Versicherungsteuerbarkeit gegeben ist. Die diese regelnden §§ 1 – 3 VersStG werfen viele Probleme auf. Die Arbeit legt diese – auch unter Berücksichtigung des Nebeneinanders von Versicherung- und Umsatzsteuer sowie der unionsrechtlichen Implikationen – offen.
Bd. 34, 2022, 410 S., 49,90 €, br., ISBN 978-3-643-15017-2

LIT Verlag Berlin – Münster – Wien – Zürich – London
Auslieferung Deutschland / Österreich / Schweiz: siehe Impressumsseite

Ruven Erchinger
Die Gleichstellung der mittelbaren mit der unmittelbaren Beteiligung im Ertragsteuerrecht
Die Thematik der Gleichstellung der mittelbaren mit der unmittelbaren Beteiligung im Ertragsteuerrecht betrifft eine äußerst praxisrelevante, aber bislang wenig erforschte Materie des Ertragsteuerrechts. Das Buch untersucht diese Thematik erstmals umfassend und gibt einen systematischen Überblick zur Gleichstellung der mittelbaren mit der unmittelbaren Beteiligung im Ertragsteuerrecht sowohl mit als auch ohne spezialgesetzliche Grundlage.
Bd. 33, 2020, 378 S., 69,90 €, br., ISBN 978-3-643-14816-2

Jan F. J. Lorenzen
Die Geltendmachung von Drittgläubigeransprüchen gegenüber Mitgesellschaftern in der Personengesellschaft
Die Diskussion um die Rechtsstellung des Personengesellschafters als Drittgläubiger seiner Gesellschaft hat nach einer Reihe jüngerer Entscheidungen des Bundesgerichtshofs neue Aktualität erlangt. Die Arbeit dient der Auflösung der Wertungswidersprüche, die dieser Doppelrolle des Gesellschafter-Drittgläubigers immanent sind. Hierbei widmet sich die Untersuchung insbesondere den Einschränkungen, denen der Gesellschafter-Drittgläubiger bei der Geltendmachung von Ansprüchen gegenüber seinen Mitgesellschaftern mit Blick auf die primäre Ausgestaltung der Haftung sowie die Höhe des Anspruchs unterliegt.
Bd. 32, 2019, 266 S., 24,90 €, br., ISBN 978-3-643-14388-4

Till Gröne
Korrespondierende Besteuerung gemäß §32a KStG
Bd. 31, 2017, 448 S., 69,90 €, br., ISBN 978-3-643-13820-0

Eva Juntermanns
Gesellschafterkonten im Handels- und Steuerrecht
Bd. 30, 2016, 214 S., 44,90 €, br., ISBN 978-3-643-13335-9

Iris Klein
Mitunternehmerbegriff
Bestandsaufnahme und Plädoyer für einen Verzicht auf die Mitunternehmerinitiative
Bd. 29, 2016, 250 S., 39,90 €, br., ISBN 978-3-643-13063-1

Georg Lauber
Das Verhältnis des Ausgleichs gemäß § 304 AktG zu den Abfindungen gemäß den §§ 305, 327 a AktG
Bd. 27, 2014, 664 S., 69,90 €, br., ISBN 978-3-643-12722-8

LIT Verlag Berlin – Münster – Wien – Zürich – London
Auslieferung Deutschland / Österreich / Schweiz: siehe Impressumsseite